QUETZALCÓATL Y GUADALUPE

JACQUES LAFAYE

QUETZALCÓATL Y GUADALUPE

*La formación de la conciencia
nacional en México*

Traducción de
IDA VITALE Y FULGENCIO LÓPEZ VIDARTE

FONDO DE CULTURA ECONÓMICA
MÉXICO

Primera edición en francés, 1974
Primera edición en español, 1977
Primera reimpresión, 1983
Segunda edición en español, 1985
Segunda reimpresión, 1993
Cuarta reimpresión. 1995

Título original:
Quetzalcóatl et Guadalupe. La formation de la consciente nationale au Mexique
© 1974, Éditions Gallimard, París

ISBN 968-16-1444-5

Impreso en México

A mi maestro,
Marcel Bataillon

Todas esas voces oscuras, de abuelos indios, que lloran en nuestro corazón, no han tenido desahogo.

ALFONSO REYES, "Carta a Mediz Bolio", 1922

Si se contempla la Revolución Mexicana (...) se advierte que consiste en un movimiento tendiente a reconquistar nuestro pasado, asimilarlo y hacerlo vivo en el presente.

OCTAVIO PAZ, *El laberinto de la soledad*, 1950

PREFACIO

La imaginación es la facultad que descubre las relaciones ocultas entre las cosas. No importa que en el caso del poeta se trate de fenómenos que pertenecen al mundo de la sensibilidad, en el del hombre de ciencia de hechos y procesos naturales y en el del historiador de acontecimientos y personajes de las sociedades del pasado. En los tres el descubrimiento de las afinidades y repulsiones secretas vuelve visible lo invisible. Poetas, científicos e historiadores nos muestran el otro lado de las cosas, la faz escondida del lenguaje, la naturaleza o el pasado. Pero los resultados son distintos: el poeta produce metáforas; el científico leyes naturales, y el historiador —¿qué produce el historiador?

El poeta aspira a una imagen única que resuelva en su unidad y singularidad la riqueza plural del mundo. Las imágenes poéticas son como los ángeles del catolicismo: cada una es en sí misma una especie. Son universales singulares. En el otro extremo, el científico reduce los individuos a series, los cambios a tendencias y las tendencias a leyes. Para la poesía, la repetición es degradación; para la ciencia, la repetición es regularidad que confirma las hipótesis. La excepción es el premio del poeta y el castigo del científico. Entre ambos, el historiador. Su reino, como el del poeta, es el de los casos particulares y los hechos irrepetibles; al mismo tiempo, como el científico con los fenómenos naturales, el historiador opera con series de acontecimientos que intenta reducir, ya que no a especies y familias, a tendencias y corrientes.

Los hechos históricos no están gobernados por leyes o, al menos, esas leyes no han sido descubiertas. Todavía están por nacer los Newton y los Einstein de la historia. Sin embargo, ¿cómo negar que cada sociedad y cada época son algo más que un conjunto de hechos, personas, cosas e ideas dispares? Unidad hecha del choque de tendencias y fuerzas contradictorias, cada época es una comunidad de gustos, necesidades, principios, instituciones y técnicas. El historiador busca la coherencia histórica —modesto equivalente del orden de la naturaleza— y esa búsqueda

11

lo acerca al científico. Pero la forma en que se manifiesta esa coherencia no es la de la ciencia, sino la de la fábula poética: novela, drama, poema épico. Los sucesos históricos riman entre sí y la lógica que rige sus movimientos evoca, más que un sistema de axiomas, un espacio donde se enlazan y desenlazan ecos y correspondencias.

La historia participa de la ciencia por sus métodos y de la poesía por su visión. Como la ciencia, es un descubrimiento; como la poesía, una recreación. A diferencia de la ciencia y la poesía, la historia no inventa ni explora mundos; reconstruye, rehace el del pasado. Su saber no es un saber más allá de ella misma; quiero decir: la historia no contiene ninguna metahistoria como las que nos ofrecen esos quiméricos sistemas que, una y otra vez, conciben algunos hombres de genio, de San Agustín a Marx. Tampoco es un conocimiento, en el sentido riguroso de la palabra. Situada entre la etnología (descripción de sociedades) y la poesía (imaginación) la historia es rigor empírico y simpatía estética, piedad e ironía. Más que un saber es una sabiduría. Ésa es la verdadera tradición histórica de Occidente, de Herodoto a Michelet y de Tácito a Henry Adams. A esa tradición pertenece el notable libro de Jacques Lafaye sobre dos mitos de la Nueva España: Quetzalcóatl/Santo Tomás y Tonantzin/Guadalupe.

La investigación de Lafaye pertenece a la historia de las ideas o, más exactamente, a la de las creencias. Ortega y Gasset pensaba que la sustancia de la historia, su meollo, no son las ideas sino lo que está debajo de ellas: las creencias. Un hombre se define más por lo que cree que por lo que piensa. Otros historiadores prefieren definir a las sociedades por sus técnicas. Es legítimo, sólo que tanto las técnicas como las ideas cambian con mayor rapidez que las creencias. El tractor ha sustituido al arado y el marxismo a la escolástica pero la magia del neolítico y la astrología de Babilonia todavía florecen en Nueva York, París y Moscú. El libro de Jacques Lafaye es una admirable pintura de las creencias de Nueva España durante los tres siglos de su existencia. Creencias complejas en las que se confunden dos sincretismos: el catolicismo español y la religión azteca. El primero marcado por su coexistencia de siglos con el Islam, religión de cruzada y de fin del mundo; el segundo también religión militante de pueblo elegido. La masa de los creyentes no era menos compleja que sus creencias: las naciones indias (cada una con una lengua y una tradición propias), los españoles (igualmente divididos en naciones e idiomas), los criollos, los mestizos, los mulatos. Sobre ese fondo abigarrado se despliegan los dos mitos que estudia Lafaye. Ambos nacen en el mundo prehispánico y son reelaborados en el siglo XVII por espíritus en los que el naciente pensamiento moderno se mezcla con la tradición medieval (Descartes y Tomás de Aquino). Los dos mitos, sobre todo el de Guadalupe, se convierten en símbolos y estandartes de la guerra de Independencia y llegan hasta nuestros días, no como especulaciones de teólogos y de ideólogos, sino como imágenes colectivas. El pueblo mexicano, después de más de dos siglos de experimentos y fracasos, no cree ya sino en la Virgen de Guadalupe y en la Lotería Nacional.

Las reconstrucciones del historiador son asimismo excavaciones en el subsuelo histórico. Una sociedad es sus instituciones, sus creaciones intelectuales y artísticas, sus técnicas, su vida material y espiritual. También es aquello que está detrás o debajo de ellas. La metáfora que nombra esa realidad escondida cambia con las escuelas, las generaciones y los historiadores: factores históricos, raíces, células, infraestructuras, fundamentos, estratos... Metáforas tomadas de la agricultura, la biología, la geología, la arquitectura, todos esos nombres aluden a una realidad oculta, recubierta por las apariencias. La realidad histórica tiene muchas maneras de ocultarse. Una de las más eficaces consiste en mostrarse a la vista de todos. El libro de Lafaye es un ejemplo precioso de esto último: el mundo que nos descubre —la sociedad virreinal de los siglos XVII y XVIII de México— es un mundo que todos conocíamos pero que nadie había visto. Abundan los estudios sobre ese mundo y, no obstante, ninguno de ellos nos lo había mostrado en su singularidad. Lafaye nos revela un mundo desconocido no por haber estado oculto sino por lo contrario: por su visibilidad. Su libro nos obliga a frotarnos los ojos y a confesarnos que habíamos sido víctimas de una extraña ilusión de óptica histórica.

Nueva España: este nombre recubre una sociedad extraña y un destino no menos extraño. Fue una sociedad que negó con pasión sus antecedentes y antecesores —el mundo indígena y el español— y que, al mismo tiempo, entretejió con ellos relaciones ambiguas; a su vez, fue una sociedad negada por el México moderno. México no sería lo que es sin Nueva España, pero México no es Nueva España. Y más: México es su negación. La sociedad novohispana fue un mundo que nació, creció y que, en el momento de alcanzar la madurez, se extinguió. Lo mató México. La ilusión de óptica histórica no es accidental ni inocente. No vemos a la Nueva España porque, si la viésemos realmente, veríamos todo lo que no pudimos y no quisimos ser. Lo que no pudimos ser: un imperio universal; lo que no quisimos ser: una sociedad jerárquica regida por un Estado-Iglesia.

La mayoría de los historiadores nos presenta una imagen convencional de la Nueva España: situada entre el México indio y el moderno, la conciben como una etapa de formación y de gestación. La perspectiva lineal nos escamotea la realidad histórica: Nueva España fue algo más que una pausa o un periodo de transición entre el mundo azteca y el México independiente. La historia oficial representa una negación aún más categórica: Nueva España es un interregno, una etapa de usurpación y opresión, un periodo de ilegitimidad histórica. La Independencia cierra este paréntesis y restablece la continuidad del discurso histórico, interrumpido por los tres siglos coloniales. La Independencia es una restauración. Nuestro defecto de visión ante la realidad histórica de la Nueva España se revela al fin como lo que es realmente: no una miopía sino una ocultación inconsciente. El libro de Lafaye nos obliga a desenterrar el cadáver que teníamos escondido en el patio trasero de nuestra casa.

Nueva España es el origen del México moderno, pero entre ambos hay una ruptura. México no continúa a la sociedad de los siglos XVII y XVIII: la contradice, es otra sociedad. Aunque esta idea no aparece explícitamente en el libro de Lafaye, es una consecuencia que, legítimamente, deduzco de muchas de sus páginas. La sociedad virreinal no sólo fue una sociedad singular sino que muy pronto sintió la necesidad de afirmar su singularidad. No contenta con ser y sentirse diferente de España, se inventó un destino universal frente y contra el universalismo español. Nueva España quiso ser la Otra España: un imperio, la Roma de América. Proposición contradictoria: Nueva España quería ser la realización de la Vieja y este proyecto implicaba su negación. Para consumar a la Vieja España, la Nueva la negaba y se hacía otra. La imagen del fénix aparece constantemente en la literatura de los siglos XVII y XVIII; Sigüenza y Góngora llama a Santo Tomás/Quetzalcóatl: el Fénix de Occidente, es decir, el Fénix americano. El apóstol nace de la pira en que se incendia el dios indio y Nueva España brota de las cenizas *de la Vieja. Misterio insoluble: es otra y es la misma. Este misterio le da el ser pero encierra una contradicción que no puede resolver sin dejar de ser: para ser otra debe morir, negar a la Vieja y a la Nueva. La contradicción que la define posee el carácter ambiguo del pecado original. Sólo que, a diferencia de la "Culpa feliz" de San Agustín, la Nueva España está condenada: la razón de su ser es la causa de su muerte.*

Lafaye observa en el siglo XVI una voluntad de ruptura total con la civilización prehispánica. A la conquista sucedió el exterminio de la casta sacerdotal, depositaria del antiguo saber religioso, mágico y político; a la sumisión de los indios, su evangelización. Los primeros franciscanos —inspirados por el profetismo de Joaquín de Flora— se negaron a todo compromiso con las religiones y creencias prehispánicas. Ninguno de los ritos y ceremonias que describe Sahagún —a pesar de sus turbadoras semejanzas con la confesión, la comunión, el bautismo y otras prácticas y sacramentos cristianos— fue visto como un "signo" que pudiese servir de puente entre la religión antigua y la cristiana. El sincretismo apareció únicamente en la base de la pirámide social: los indios se convierten al cristianismo y, simultáneamente, convierten a los ángeles y santos en dioses prehispánicos. El sincretismo como deliberada especulación con vistas a enraizar el cristianismo en el suelo de Anáhuac y desarraigar a los españoles, surge más tarde, en el siglo XVII, y alcanza su apogeo, magistralmente descrito por Lafaye, en el XVIII.

La reinterpretación de las historias y mitos prehispánicos a la luz de una lectura delirante del Antiguo y el Nuevo Testamentos coincide con la creciente importancia de dos grupos marcados por su ambivalencia frente al mundo indígena y español: los criollos y los mestizos. A los cambios en la composición étnica y social del país corresponde el ocaso de los franciscanos, desplazados por la Compañía de Jesús. Los jesuitas se convirtieron en los voceros de los agravios, las aspiraciones y las esperanzas criollas: hacer de la Nueva España la Otra España. La conciencia de la singularidad novohispana aparece temprano, al otro día de la conquista; la transformación de esa conciencia en una voluntad por crear Otra España duró más de un siglo. Se expresó primero en altas creaciones artísticas y especulaciones sacro-históricas; después en alegatos políticos como el célebre sermón de fray Servando Teresa de Mier en la basílica de Guadalupe en el que afirmó, ahora ya como uno de los fun-

damentos del derecho a la independencia, la identidad entre Quetzalcóatl y el apóstol Santo Tomás.

Los historiadores han interpretado todo esto como una suerte de prefiguración del nacionalismo mexicano. El mismo Lafaye incurre en esta visión lineal de la historia mexicana. Dentro de esa perspectiva los jesuitas, Sigüenza y Góngora y hasta sor Juana Inés de la Cruz serían los "precursores" de la Independencia mexicana. Convertir a una poetisa barroca en un autor nacionalista no es menos extravagante que haber hecho del último tlatoani azteca, Cuauhtémoc, el origen del México moderno. Incluso críticos perspicaces como Alfonso Reyes y Pedro Henríquez Ureña descubrieron en las comedias de Ruiz de Alarcón y en los sonetos y décimas de sor Juana no sé qué esencias mexicanas. Es indudable —basta tener ojos y oídos para darse cuenta— que tanto las artes plásticas como la poesía de la Nueva España, durante el periodo barroco, se distinguen poderosamente de los modelos peninsulares. Esto es particularmente cierto en el caso de la poesía de sor Juana, a pesar de los ecos de Calderón, Góngora y otros poetas que contiene su obra. Lo mismo puede decirse, aunque sean talentos menores, de Luis de Sandoval y Zapata y de Carlos de Sigüenza y Góngora. En la esfera de la arquitectura se produjo el mismo fenómeno: el barroco novohispano es irreductible al barroco español, aunque depende estilísticamente de este último. Estamos en presencia no de un nacionalismo artístico —invención romántica del siglo XIX— sino de una variante, ricamente original, de los estilos imperantes en España al finalizar el siglo XVII.

El arte de la Nueva España, como la sociedad misma que lo produjo, no quiso ser nuevo: quiso ser otro. Esta ambición lo ataba aún más a su modelo peninsular: la estética barroca se propone sorprender, maravillar, extrañar, ir más allá. El arte de Nueva España no es un arte de invención sino de libre utilización —o más bien: utilización más libre— de los elementos básicos de los estilos importados. Es un arte de combinación y mezcla de motivos y maneras. En su gran poema El sueño, sor Juana combina el estilo visual y plástico de Góngora con el conceptismo y ambos con la erudición científica y la neoescolástica. Pero la originalidad de sor Juana no reside únicamente en la combinación más bien insólita de tantos elementos contrarios, sino en el tema mismo de su poema: el sueño del conocimiento y el conocimiento como sueño. No hay un solo poema en toda la historia de la poesía española, desde sus orígenes hasta nuestros días, que tenga por asunto un tema semejante. Aunque sor Juana fue probablemente el poeta más inteligente de su siglo (con la excepción de Calderón), no es la inteligencia lo que la distingue de sus contemporáneos sino la vocación intelectual. Para encontrar algo semejante hay que ir a una tradición que sor Juana no conoció: los poetas "metafísicos" ingleses, con su mezcla de imágenes brillantes, agudezas conceptistas y preocupaciones científicas. Donne y sor Juana comparten la misma fascinación ante los aparatos científicos y los procesos fisiológicos, la astronomía y la física. Ciencia y magia: ambos creían que los astros regían a las pasiones —aunque, hay que confesarlo, la experiencia pasional de sor Juana, comparada con la de Donne, es más bien pobre. El poeta inglés es incomparablemente más rico, suelto, libre y sensual que ella pero, me atreveré a decirlo, no es más inteligente ni más agudo.

Sor Juana, como poeta y salvo en El sueño, no va más allá de su época, y su obra se inscribe, en sus desviaciones mismas, en la sintaxis poética del seiscientos hispano. Lo que la distingue, vale la pena repetirlo, es la mirada intelectual: no ve al mundo como objeto de conversión religiosa, meditación moral o acción heroica —las vías de la poesía española— sino como objeto de conocimiento. Al final de su vida fue sitiada y luego abandonada por su confesor. Además y sobre todo fue hostigada por el poderoso y neurótico arzobispo de México. Este personaje odiaba a las mujeres con la misma pasión con que aborrecía a los herejes, como si ellas hubiesen sido una herejía de la naturaleza. Doblegada por la soledad y la enfermedad, sor Juana cede. Renuncia a la literatura y al saber como otras renuncian a las pasiones de los sentidos. Entregada a los ejercicios devotos, vende sus libros y sus instrumentos de música, calla —y muere—. Su silencio expresa el conflicto sin salida a que se enfrentaba aquella sociedad.

La contradicción de la Nueva España está cifrada en el silencio de sor Juana. No es difícil descifrarlo. La imposibilidad de crear un nuevo lenguaje poético era parte de una imposibilidad mayor: la de crear, con los elementos intelectuales que fundaban a España y sus posesiones, un nuevo pensamiento. En el momento en que Europa se abre a la crítica filosófica, científica y política que prepara el mundo moderno, España se cierra y encierra a sus mejores espíritus en las jaulas conceptuales de *la neoescolástica. Los pueblos hispánicos no hemos logrado ser realmente modernos porque, a diferencia del resto de los occidentales, no tuvimos una edad crítica. Nueva España era joven y tenía vigor intelectual —como lo demuestran sor Juana y Sigüenza y Góngora—, pero no podía, dentro de los supuestos intelectuales que la constituían, inventar ni pensar por su cuenta. La solución habría sido la crítica de esos supuestos. Dificultad insuperable: la crítica estaba prohibida. Además, esa crítica la hubiera conducido a la negación de sí misma, como ocurrió en el siglo XIX. Ése fue el predicamento en que se encontró fray Servando Teresa de Mier: sus argumentos sacro-históricos sobre Quetzalcóatl/Santo Tomás —tomados de Sigüenza y Góngora— justificaban no sólo la separación de la Vieja España sino la destrucción de la Nueva. La sociedad independiente mexicana rompió deliberadamente con Nueva España y adoptó como fundamentos principios ajenos y antagónicos: el liberalismo democrático de los franceses y los ingleses.*

En el ámbito propiamente religioso la situación no era distinta: el catolicismo de la Nueva España era el de la Contrarreforma, una religión a la defensiva y que había agotado ya sus poderes creadores. Contradicción estética, intelectual y religiosa: los principios que habían fundado a Nueva España— el doble universalismo de la Contrarreforma católica y la monarquía española— se habían convertido en obstáculos que la ahogaban. Las generaciones que siguen a sor Juana intentan perforar el muro de la historia: enraizar el catolicismo en la tierra de Anáhuac por medio de la especulación sincretista, hacer de la Nueva España la Otra España y de México-Tenochtitlan, cabeza del Imperio azteca, la Roma de la América Septentrional. Su proyecto culminó con la Independencia, pero la Independencia aniquiló esos sueños y destruyó a los soñadores: México no fue criollo sino mestizo y no fue imperio sino república. En 1847 la bandera de los Estados Unidos se plantó en el palacio de Moctezuma Ilhuicamina y de los virreyes. El sueño del imperio mexicano se disipó para siempre: el verdadero imperio era otro. México se hizo más pobre, no más sabio: un siglo después de la guerra con los norteamericanos nos preguntamos todavía qué somos y qué queremos. Los mestizos destruimos mucho de lo que crearon los criollos y hoy estamos rodeados de ruinas y raíces cortadas. ¿Cómo reconciliarnos con nuestro pasado?

La contradicción novohispana se despliega en todos los ór-

denes y niveles, de la poesía a la economía y de la teología a las jerarquías raciales. La ambigüedad de la Nueva España frente al mundo indígena y el mundo español es la ambigüedad de los dos grupos centrales: los criollos y los mestizos. Los criollos eran españoles y no lo eran; como los indios, habían nacido en América y, casi siempre sin saberlo, compartían con ellos muchas de sus creencias. Los criollos despreciaban y odiaban a los indios con la misma violencia con que envidiaban y aborrecían a los españoles. La ambigüedad mestiza duplica la ambigüedad criolla aunque sólo para, en un momento final, negarla: como el criollo, el mestizo no es español ni indio; tampoco es un europeo que busca arraigarse: es un producto del suelo americano, el nuevo producto. El enraizamiento que busca el criollo por la mediación del sincretismo religioso e histórico, lo realiza existencial y concretamente el mestizo. Socialmente es un ser marginal, rechazado por indios, españoles y criollos; históricamente es la encarnación de los sueños criollos. Su relación con los indios obedece a la misma ambivalencia: es su verdugo y su vengador. En Nueva España el mestizo es bandido y policía, en el siglo XIX es guerrillero y caudillo, en el XX banquero y líder obrero. Su ascenso fue el de la violencia en el horizonte histórico y su figura encarnó la guerra civil endémica. Todo lo que en el criollo fue proyecto y sueño se actualizó en el mestizo. Pero se actualizó como violencia que, hasta 1910, careció de proyecto histórico propio. Durante más de un siglo los mestizos hemos vivido de las sobras de los banquetes intelectuales de los europeos y los norteamericanos.

En el siglo XVII los criollos descubren que tienen una patria. Esta palabra aparece tanto en los escritos de sor Juana como en los de Sigüenza y en ambos designa invariablemente a la Nueva España. El patriotismo de los criollos no contradecía su fidelidad al imperio y a la Iglesia: eran dos órdenes de lealtades diferentes. Aunque los criollos del seiscientos sienten un intenso antiespañolismo, no hay en ellos, en el sentido moderno, nacionalismo. Son buenos vasallos del rey y, sin contradicción, patriotas de Anáhuac. Todavía un siglo y medio más tarde, al reclamar la Independencia, los criollos desean ser gobernados por un príncipe de la casa real española. En el teatro de sor Juana y en sus villancicos cantan y hablan, cada uno a su manera, indios y negros, blancos y mestizos. La universalidad del imperio amparaba la pluralidad de hablas y de pueblos. El patriotismo novohispano y el reconocimiento de sus singularidades estéticas no estaba en contradicción con ese universalismo:

> ¿Qué mágicas infusiones
> de los indios herbolarios
> de mi patria, entre mis letras
> el hechizo derramaron?

La contradicción aparece más tarde, hacia 1730, advierte Lafaye. A medida que pasan los años la discordia se agrava y en el momento de la Independencia se revela insoluble. Hay un episodio que ilustra con cierto dramatismo esta contradicción: la querella entre las dos cabezas de la Independencia, Hidalgo y Allende, uno caudillo de los indios y mestizos y el otro de los criollos.

La necesidad de arraigarse en América y de disputar a los españoles sus títulos de dominación llevó a los criollos a la exaltación del pasado indígena. Una exaltación que fue asimismo una transfiguración. Lafaye describe con perspicacia el sentido de esta operación: "al abolir la ruptura de la historia americana que representaba la conquista, se intentaba dar a la América un estatuto espiritual —y por consecuencia, jurídico y político— que la pusiera sobre un pie de igualdad con la potencia tutora, España". Cuando Sigüenza y Góngora escoge a los emperadores aztecas como tema del arco triunfal que se levantó para recibir al nuevo virrey conde de Paredes (1680), encabeza su texto con esta declaración: "Teatro de virtudes políticas que constituyen un Príncipe: advertidas en los monarcas antiguos del Mexicano Imperio, con cuyas efigies se hermoseó el arco triunfal que la muy noble, imperial ciudad de México erigió..." Sigüenza y Góngora propone al virrey español, como ejemplo de buen gobierno, no a los emperadores de la antigüedad clásica, paradigmas de sabiduría política, sino a los reyes aztecas. Es notable también la insistencia —común en todos los textos de la época— con que aparece el adjetivo imperial, aplicado indistintamente al Estado azteca y a la ciudad de México.

La exaltación del muerto pasado indio coexistía con el odio y el temor ante el indio vivo. El mismo Sigüenza y Góngora cuenta que, al limpiar un canal de la ciudad, se hallaron "un infinito número de pequeños objetos de superstición... muchas figurillas y muñecos de barro, todos de españoles y todos atra-

*vesados por cuchillos y lanzas hechos de la misma materia o
con pintura roja en los cuellos como si los hubiesen acuchilla-
do... prueba indudable del odio que nos profesan los indios y
de la suerte que desean a los españoles..." Sigüenza y Góngora subraya que el canal en donde se habían encontrado esos
objetos de magia negra era el mismo en que habían perecido
muchos españoles durante la Noche Triste.* Admiración, temor,
odio: también amistad. Entre los grandes amigos de Sigüenza
y Góngora se encuentra un indio puro, don Juan de Alva Ixtlilxóchitl, descendiente de los antiguos reyes de Texcoco. Eran tan
amigos que Ixtlilxóchitl, que no tenía herederos, legó a Sigüenza
su rica colección de crónicas, papeles y antigüedades indias. "Sólo
un espíritu simple", decía Gide, "puede decir que hay sentimientos simples."*

*Desde la segunda mitad del siglo XVI hasta finales del XVIII,
Nueva España fue una sociedad estable, pacífica y próspera.
Hubo epidemias, ataques de piratas, escasez de maíz, tumultos
populares, sublevaciones de nómadas en el norte, pero hubo
asimismo abundancia, paz y, con frecuencia, buen gobierno. No
porque todos los virreyes fuesen buenos, aunque los hubo exce-
lentes, sino porque el sistema constituía de hecho un régimen
de balanza de poderes. La autoridad del Estado estaba limitada
por la de la Iglesia. A su vez, el poder del virrey se enfrentaba
al de la Audiencia y el del arzobispo al de las órdenes religiosas.
Aunque en ese sistema jerárquico los grupos populares no podían tener sino una influencia indirecta, la división de poderes
y la pluralidad de las jurisdicciones obligaban al gobierno a
buscar una suerte de consenso público. En este sentido, el sistema de la Nueva España era más flexible que el actual régimen
presidencialista. Bajo la máscara de la democracia, nuestros
presidentes son, a la romana, dictadores constitucionales. Sólo
que la dictadura romana duraba seis meses y la nuestra seis
años. Nueva España no creó una ciencia ni una filosofía, pero
sus creaciones artísticas son admirables, particularmente en las
esferas de la poesía, el urbanismo y la arquitectura. En 1604
Bernardo de Balbuena publicó un extenso poema sobre la ciudad de México y lo intituló "Grandeza mexicana". La expresión
puede parecer hiperbólica, sobre todo si se recuerda la auténtica
grandeza de Teotihuacan mil años antes; no lo es si se piensa*

---

* Episodio del sitio de México-Tenochtitlan por Cortés y sus hombres (nota de J. L.).

en el desastre urbano, social y estético que es la moderna ciudad de México.

La creación más compleja y singular de Nueva España no fue individual sino colectiva y no pertenece al orden artístico sino al religioso: el culto a la Virgen de Guadalupe. Si la fecundidad de una sociedad se mide por la riqueza de sus imágenes míticas, Nueva España fue muy fecunda: la identificación de Quetzalcóatl con el apóstol Santo Tomás fue una invención no menos prodigiosa que la creación de Tonantzin/Guadalupe. El estudio de Lafaye sobre el nacimiento y la evolución de estos dos mitos es un modelo del género. No creo que sea fácil añadir algo que valga la pena, de modo que mis observaciones serán más bien marginales.

El mito de Quetzalcóatl/Santo Tomás nunca fue realmente popular. Desde el principio se presentó como un tema de interpretación histórica y teológica más que como un misterio religioso. Por eso preocupó y apasionó a los historiadores, a los juristas y a los ideólogos. Tonantzin/Guadalupe, en cambio, cautivó el corazón y la imaginación de todos. Fue una verdadera aparición, en el sentido numinoso de la palabra: una constelación de signos venidos de todos los cielos y todas las mitologías, del Apocalipsis a los códices precolombinos y del catolicismo mediterráneo al mundo ibérico precristiano. En esa constelación cada época y cada mexicano ha leído su destino, del campesino al guerrillero Zapata, del poeta barroco al moderno que exalta a la Virgen con una suerte de enamoramiento sacrílego, del erudito del seiscientos al revolucionario Hidalgo. La Virgen fue el estandarte de los indios y mestizos que combatieron en 1810 contra los españoles y volvió a ser la bandera de los ejércitos campesinos de Zapata un siglo después. Su culto es íntimo y público, regional y nacional. La fiesta de Guadalupe, el 12 de diciembre, es todavía la fiesta por excelencia, la fecha central en el calendario emocional del pueblo mexicano.

Madre de dioses y de hombres, de astros y hormigas, del maíz y del maguey, Tonantzin/Guadalupe fue la respuesta de la imaginación a la situación de orfandad en que dejó a los indios la conquista. Exterminados sus sacerdotes y destruidos sus ídolos, cortados sus lazos con el pasado y con el mundo sobrenatural, los indios se refugiaron en las faldas de Tonantzin/Guadalupe: faldas de madre-montaña, faldas de madre-agua. La situación ambigua de Nueva España produjo una reacción se-

mejante: los criollos buscaron en las entrañas de Tonantzin/ Guadalupe a su verdadera madre. Una madre natural y sobrenatural, hecha de tierra americana y teología europea. Para los criollos la Virgen morena representó la posibilidad de enraizar en la tierra de Anáhuac. Fue matriz y también tumba: enraizar es enterrarse. En el culto de los criollos a la Virgen hay la fascinación por la muerte y la oscura esperanza de que esa muerte sea transfiguración: sembrarse en la Virgen tal vez signifique lograr la naturalización americana. Para los mestizos la experiencia de la orfandad fue y es más total y dramática. La cuestión del origen es para el mestizo la central, la cuestión de vida y muerte. En la imaginación de los mestizos, Tonantzin/ Guadalupe tiene una réplica infernal: la Chingada.* La madre violada, abierta al mundo exterior, desgarrada por la conquista; la Madre Virgen, cerrada, invulnerable y que encierra en sus entrañas a un hijo. Entre la Chingada y Tonantzin/Guadalupe oscila la vida secreta del mestizo.

Quetzalcóatl es, como el fénix del poeta barroco Sandoval y Zapata, "alada eternidad del viento". Su nombre es náhuatl pero es un dios antiquísimo, anterior al nombre con que lo conocemos. Fue una divinidad de la costa, asociado al mar y al viento, que asciende al altiplano, se asienta en Teotihuacan como un gran dios y, destruida la metrópoli, reaparece en Tula varios siglos después, ya con su nombre de ahora. En Tula se desdobla: es el dios creador y civilizador Quetzalcóatl, deidad que la gente de Tula, recién salida de la barbarie, hereda o roba a Teotihuacan; y es un sacerdote-rey que tiene como nombre ritual el del dios (Topiltzin-Quetzalcóatl).[1] Tula es devastada por una guerra civil religiosa que es también un combate mítico entre las deidades guerreras de los nómadas y el dios civilizador originario de Teotihuacan. Quetzalcóatl —¿el dios o el rey-sacerdote?— huye y desaparece en el lugar "donde el agua se junta con el cielo": el horizonte marino donde aparecen alternativamente Vésper y Lucifer. La fecha de la desaparición y transfiguración de Quetzalcóatl en la estrella de la mañana es un año ce-ácatl. El año de su regreso, dice la profecía, será también ce-ácatl.

La caída de Tula y la fuga de Quetzalcóatl abren un interregno en Anáhuac. Siglos después surge el Estado azteca, creado

---

* Véase: Octavio Paz, *El laberinto de la soledad* (1950). (N. de J. L.)
[1] El nombre del supremo sacerdote azteca también era Quetzalcóatl.

como el de Tula por bárbaros recién civilizados. Los aztecas edifican México-Tenochtitlan a la imagen de Tula, que, a su vez, había sido edificada a la imagen de Teotihuacan.[2] En el antiguo México la legitimidad era de orden religioso. Así, no es extraño que los aztecas, para fundar la legitimidad de su dominación sobre las otras naciones indias, se proclamasen herederos directos de Tula. El tlatoani mexica gobierna en nombre de Tula. La aparición de Cortés, precisamente por el horizonte marino y un año ce-ácatl, parece cerrar el interregno: Quetzalcóatl regresa, Tula vuelve por su herencia. Cuando los aztecas —o una fracción de su casta dirigente— descubren que los españoles no son los mensajeros de Tula, ya es demasiado tarde. Los historiadores que minimizan este episodio no perciben su verdadero significado: la llegada de los españoles puso al descubierto la falsedad de las pretensiones de los aztecas. Aun antes de que se desmoronase la resistencia de México-Tenochtitlan se había desmoronado el fundamento religioso de su hegemonía.

Quetzalcóatl o la legitimidad: al demostrar con toda clase de pruebas la identidad entre Quetzalcóatl y el apóstol Santo Tomás, don Carlos de Sigüenza y Góngora y el jesuita Manuel Duarte no hacen sino repetir la operación de legitimación religiosa de los aztecas varios siglos antes. Como dice Lafaye: "Si la patria americana debía arraigarse en el suelo mismo, también tenía que adoptar un sentido sui generis; no podía comenzar sino buscando sus fundamentos en la gracia del cielo y no en la desgracia de una conquista que se parecía demasiado a un Apocalipsis. Santo Tomás-Quetzalcóatl fue para los mexicanos el instrumento de este cambio de estatuto espiritual..."

Quetzalcóatl desaparece en el horizonte histórico del siglo XIX, salvo para los escritores y los pintores que, sin mucha fortuna, lo han escogido como tema de sus obras. Desaparece, pero no muere: ya no es dios ni apóstol sino héroe cívico. Se llama Hidalgo, Juárez, Carranza: la búsqueda de la legitimidad se prolonga hasta nuestros días. Cada una de las grandes figuras oficiales del México independiente y cada uno de los momentos capitales de su historia son manifestaciones de ese cambiante principio de consagración. Para la mayoría de los mexicanos la

[2] *Cf.* el estudio de Ignacio Bernal sobre la influencia de Teotihuacan en los destinos de México, publicado en tres números de *Plural* (19, 20 y 21). México, 1973.

Independencia fue una restauración, es decir, un acontecimiento que cerró el interregno iniciado por la conquista. Curiosa concepción que hace de Nueva España apenas un paréntesis. A su vez, Juárez representa la legitimidad nacional frente a Maximiliano, llamado significativamente el intruso; el Imperio de Maximiliano es otro paréntesis histórico. Por último, el grupo vencedor en la Revolución Mexicana se llamó a sí mismo constitucionalista y se levantó contra la usurpación del general reaccionario Huerta. Independencia, Revolución liberal de 1857, Revolución popular de 1910: todos estos movimientos, según la interpretación corriente, han restablecido la legitimidad. Sin embargo, la búsqueda de la legitimidad continúa y ya hay quienes piensan que el régimen que desde hace medio siglo nos rige es una usurpación de la legítima Revolución Mexicana. El interregno abierto por la fuga de Quetzalcóatl en 987 aún no se ha cerrado.

Para un mexicano es una extraordinaria aventura intelectual seguir a Jacques Lafaye en su análisis de los dos mitos, acompañarlo en la descripción de la lógica histórica que los rige y contemplar su reconstrucción de las creencias en que se insertan. Al final de la expedición el lector se encuentra con dos constantes de la historia mexicana: la obsesión por la legitimidad y el sentimiento de orfandad. ¿No se trata de expresiones de una misma situación histórica y psíquica? Los mitos de Nueva España y los del México moderno son tentativas por responder, como todos los grandes mitos, a la pregunta sobre el origen. En este sentido, no son una exclusiva mexicana: orfandad y búsqueda de la legitimidad aparecen, con otros nombres, en todas las sociedades y todas las épocas. El libro de Lafaye nos muestra el carácter doble de la historia: describe situaciones universales y, al mismo tiempo, esas situaciones son particulares e irreductibles a otras. Lévi-Strauss piensa que los mitos, a diferencia de los poemas, son traducibles. Lo son, pero cada traducción, como la de un poema, es una transustanciación: Quetzalcóatl/Santo Tomás no es Topiltzin/Quetzalcóatl. Cada situación histórica es única y cada una es una metáfora del hecho universal de ser hombres. En la obra de Lafaye —etnología, poesía y reflexión— se despliega la ambigüedad de la historia, oscilando siempre entre lo relativo y lo absoluto, lo particular y lo universal. Si no es la metafísica sino la historia la que define al hombre, habrá que desplazar la palabra ser *del centro de nuestras preocupaciones y colocar en su lugar la palabra entre. El hombre entre el cielo y la tierra, el agua y el fuego; entre las plantas y los animales; en el centro del tiempo, entre pasado y futuro: entre sus mitos y sus actos. Todas estas frases pueden reducirse a una: el hombre entre los hombres.*

OCTAVIO PAZ

Cambridge, Mass., a 8 de octubre de 1973

EVOCACIONES

Niño aún, me tocó asistir a la proyección de una película inspirada en la vida heroica de Pancho Villa. Fue mi primer encuentro con México; quedé a la vez fascinado y aterrado. Los sentimientos que hoy experimento respecto a ese país y a su pueblo permanecen impregnados de la ambigüedad de aquel enfrentamiento inicial.

Más tarde, en los cursos del liceo Henri IV, Pierre Darmangeat despertó mi vocación de hispanista y mi interés por América Latina.

Dos encuentros iban a orientarme decididamente hacia México: el de Marcel Bataillon me confirmó que yo estaba empeñado en un camino que era el que me convenía. En 1952 emprendí mi primer trabajo consagrado a México, bajo la dirección de un maestro cuya obra sigue siendo a mis ojos un ejemplo tan fecundo como inimitable.

Hablé de otro encuentro, el de Paul Rivet, al que conocí por Marcel de Coppet. Gracias a Rivet, que me abrió su biblioteca y el tesoro pródigo de su saber y de sus recuerdos y me invitó un domingo por la tarde bajo ese "techo de América" que era su departamento del Museo del Hombre, tuve, sin abandonar París, mi primer contacto vivo con el Nuevo Mundo. El nombre de Rivet, que precedió mis primeros pasos de americanista, me hizo accesibles a la vez los hombres y los libros sin los cuales el estudio de México hubiera quedado probablemente para mí como un sueño de juventud. Robert Ricard y Jacques Soustelle, discípulos ambos de Paul Rivet, iban a prepararme magistralmente para emprender las búsquedas cuyo resultado son las páginas que siguen.

Habría conocido antes México y los países del istmo de haber sido por Paul Rivet, que me propuso que me encargara de una cátedra en Costa Rica unas semanas antes de mi incorporación a la Marina.

A partir de esos años, durante los cuales los caminos de México se cruzaron con el drama de la descolonización argelina, mantuve en mí el interés por el destino de la Nueva España. Nieto de "criollo" argelino, pero recién llegado por ese entonces a Argel, participé de las miras de los liberales de

27

la metrópoli europea, entreví lo que había desgarrado a México a la hora de su independencia. Retenido durante largas horas, de día y de noche, sobre el peñón del Almirantazgo de Argel, esa posición de lucha entre España y el Islam,[1] mientras iba y venía sobre sus murallas, pude intentar reunir los hilos embrollados de una historia en parte común al mundo hispánico y a mi país, por no decir a mi familia. Las reflexiones a las que me entregué entonces dieron origen a mi pasión por la historia, una historia cuyas líneas de fuerza se vuelcan lentamente hacia la izquierda, una historia que, como escribió Marc Bloch en tiempos crueles, "necesita sin cesar unir el estudio de los muertos al de los vivos". En ningún momento está ausente del ensayo que sigue la preocupación por el tiempo actual, el de México y el nuestro.

Hay temas históricos que el presente actualiza, y otros a los que deja dormir; han pasado siglos, las técnicas han evolucionado, desde Diar es Saada hasta la utopía de don Vasco de Quiroga, de los "criollos" a los *pieds noirs* (y millares de leguas de océano separan el Magreb de México); el mundo ha cambiado, pero el hombre sigue siendo el hombre, la expansión colonial europea ha continuado hasta su reflujo sangriento, del cual somos hoy testigos, actores o víctimas. Saber cómo ocurrieron en México el primero y el último acto del drama no es el objeto de una mera curiosidad erudita, ya que es uno de los espejos en el que se refleja nuestra propia imagen de hombres del declinante siglo XX. Las páginas mexicanistas que siguen son la conclusión diferida de mi experiencia argelina, aventura interior crepuscular al margen de una irrisoria acción de guerra.

El resto es apenas la historia de un libro como cualquier otro, cuya preparación y redacción posterior se vieron muchas veces trabadas y diferidas por obligaciones de la enseñanza y de la administración y, sobre todo, por la vida con sus exigencias cotidianas, sus penas y también sus alegrías. El tiempo consagrado a esta obra ha sido, por qué no decirlo, robado a mi mujer y a mis hijos.

¿Acaso el vértigo metahistórico de abarcar con una mirada siglos de historia no exige de la vida un tributo demasiado pesado? Eso es muy cierto, pero educar el sentido histórico es quizá, después de todo, el mayor servicio que se le puede

[1] *Dos expediciones españolas contra Argel, 1541 y 1775*, Madrid, 1946.

hacer a un joven en este siglo de aceleración de la historia. Ojalá este libro pueda ayudar un día a mis hijos a recuperar el tiempo que por mi culpa hayan perdido de niños, a causa de su preparación.

Casa de Velázquez, a 20 de marzo de 1971

AGRADECIMIENTOS

La resolución de llevar a cabo este trabajo habría sido vana sin la ayuda de instituciones francesas y extranjeras, que nos permitieron consultar bibliotecas y archivos, que nos facilitaron el irreemplazable encuentro con el medio geográfico y humano, y nos dieron el tiempo necesario para la búsqueda y la redacción. Este libro no habría visto la luz sin el Centre National de la Recherche Scientifique (CNRS); el Institut des Hautes Études de l'Amérique Latine de la Universidad de París; la Direction Générale des Affaires Culturelles et Techniques du Ministère des Affaires Étrangères; la Universidad Nacional Autónoma de México; el Consejo Superior de Investigaciones Científicas (CSIC) de Madrid; y, por último, *last but not least*, la Casa de Velázquez (École française des hautes études hispaniques, de Madrid). A los hombres y a las autoridades responsables de esas instituciones les expresamos nuestro vivo reconocimiento.

Sería injusto no recordar también nuestra deuda para con aquellos que, de diversos modos, intervinieron personalmente para facilitarnos la tarea, en primer lugar los archiveros y bibliotecarios: el personal de la Biblioteca Nacional de París, del Museo del Hombre, del Instituto de Altos Estudios de América Latina, de la Biblioteca Nacional y Universitaria de Estrasburgo.

El Instituto de Altos Estudios de América Latina fue (con el Museo del Hombre) nuestro verdadero lugar de trabajo. El apoyo constante y amistoso de su director, Pierre Monbeig, director de Ciencias Humanas en el Centre National de la Recherche Scientifique, nos fue precioso. En la Casa de Velázquez, el director, François Chevalier, puso a nuestra disposición su biblioteca personal de obras históricas mexicanas; la directora de la Biblioteca de la Casa, Françoise Cotton, nos proporcionó ayuda cotidiana. Nuestra colega M. C. Gerbet y M. A. Sauvé nos prestaron su socorro hasta el último momento, la primera como paleógrafa, la segunda como cartógrafa. En otras partes, en Europa y en América, de lengua española y de lengua inglesa, dirigimos nuestros pensamientos agradecidos en especial hacia los responsables de las grandes bibliotecas americanistas, E. de la Torre Villar, Guastavino, J. de la Peña, R. P. Egaña, L. Vázquez de Parga, Howard F. Cline (†), doña Matilde López-Serrano, Thomas R. Adams, N. L. Benson, A. Pompa y Pompa, que citamos sin más orden que el que nos depara la memoria. Sería necesario prolongar esta lista de gratitud... A todos les damos nuestras gracias.

Es el momento de decir que hemos recibido tanto del trato de los hombres como de la lectura de los libros. Los nombres del Dr. Garibay (†), de W. Jiménez Moreno, R. P. Zubillaga, J. P. Berthe, M. León-Portilla, E. J. Burrus, Silvio Zavala..., no podrían quedar en el silencio.

Por último, tenemos una particular deuda de gratitud para con Guy Stresser-Péan; sus clases y su incomparable biblioteca de París, su hospitalidad en la Mission Archéologique et Ethnologique Française, en México, enriquecieron ampliamente nuestro conocimiento del México precolombino, trasfondo histórico del periodo estudiado.

OBERTURA

Intentar hacer la luz sobre la devoción a la Guadalupe y la creencia en santo Tomás-Quetzalcóatl, evangelizador de México, es, ante todo, buscar una respuesta al interrogante histórico planteado por la evolución de la cultura en México (Nueva España) entre el primer cuarto del siglo XVI y hoy.

Si bien es indudable que existen analogías y correlaciones significativas entre manifestaciones religiosas y políticas (contemporáneas o no) en diferentes regiones del mundo, como lo ha demostrado Wilhelm Mühlmann,[1] nuestra ambición es más limitada: explicar la formación de la conciencia nacional mexicana con ayuda de sus componentes religiosos.

La convergencia entre la esperanza escatológica de los aztecas, representada por la espera del retorno de Quetzalcóatl y el milenarismo de los evangelizadores católicos, fue una raíz de la mística nacional criolla, que debía tomar los rasgos de la Virgen de Guadalupe antes de laicizarse en la divisa de un pueblo que se creyó a su vez el "pueblo elegido": "Como México no hay dos".

Cuando Marcel Bataillon, que en un curso dictado en el Colegio de Francia había abordado el tema de Quetzalcóatl como una de las manifestaciones originales de la espiritualidad criolla del Nuevo Mundo, nos sugirió que dirigiéramos nuestras búsquedas en ese sentido, llevamos nuestro trabajo hacia el estudio del mito de Quetzalcóatl en la literatura misionera hispanomexicana. Esta apasionante indagación, que debía conducirnos desde los olmecas a las fuentes de la Biblia, nos reveló poco a poco los lazos que unían el mito de Quetzalcóatl con la orientación de la conciencia nacional mexicana. Ese lazo había sido ya percibido por Marcel Bataillon, tanto como el lugar central que ocupa la devoción a la Guadalupe, puesto en evidencia por el llorado Francisco de la Maza en su famoso ensayo: *El guadalupanismo mexicano*.[2] Nuestras búsquedas hicieron aparecer una relación dialéctica entre una serie de temas que parecían extraños

---

[1] Wilhelm Mühlmann, *Messianismes révolutionnaires du tiers monde*, París, Gallimard, 1968 (ed. original, *Chiliasmus und Nativismus*, Berlín, 1961).

[2] Francisco de la Maza, *El guadalupanismo mexicano*, México, 1953.

unos de otros porque provenían de disciplinas diferentes: la antropología física, la historia, la teología natural. Ahora bien, los planteamientos acerca del origen de los indios, de la evangelización de América por un apóstol de Cristo y de la presciencia de Dios entre los gentiles del Nuevo Mundo eran, en el siglo XVI, las caras complementarias de un único y angustioso problema, el del destino sobrenatural de la humanidad.

Esas preocupaciones relacionadas con las poblaciones indígenas de la América recientemente descubierta por los europeos corresponden a un primer momento de la formación de una conciencia americana; eran inseparables de la búsqueda de una vía de salvación espiritual para los indios. La protección de éstos contra los abusos y las violencias de los conquistadores, colonos, cazadores de esclavos, dependía del estatuto jurídico que les sería otorgado, y éste derivaba del lugar que les sería asignado en la economía de la salvación. La identificación del héroe-dios de los indios de México, Quetzalcóatl (la "Serpiente emplumada"), con el apóstol Santo Tomás, evangelizador de las "Indias", ha sido una de las principales vías de redención espiritual y, en consecuencia, de salvación histórica de los indios. Por otro lado, la gracia dispensada a México por la prodigiosa aparición a un neófito indio, de la Virgen María en su imagen de la Guadalupe del Tepeyac, abriría una nueva esperanza salvadora. A fines del siglo XVIII la tentativa del dominico Mier de reunir ambos caminos emancipadores en una sola avenida hacia la independencia nacional puso el acento sobre el lazo funcional entre Quetzalcóatl-Santo Tomás, primer surgimiento de la conciencia nacional mexicana, y Tonantzin-Guadalupe, el surgimiento decisivo. El encuentro en el corazón de la espiritualidad de Nueva España de las figuras míticas de Quetzalcóatl ("buen genio" de los indios) y de Tonantzin (su diosa madre) es muy importante en la medida en que la pareja Quetzalcóatl-Tonantzin habría sido, en la teodicea de los aztecas, uno de los avatares del principio dual universal, Ometéotl. Sólo han retenido nuestra atención las metamorfosis tardías de las antiguas creencias indígenas en el seno de la espiritualidad del México colonial.

Que el lector sepa al menos, en medio del viaje ideológico y espiritual que le va a ser propuesto, de dónde parten nuestros caminos. Y ojalá éstos desemboquen, como esos caminos forestales que no llevan un rumbo determinado, en los claros en que el denso bosque de la historia de pronto se ilumina y respira. Si bien es verdad que no hay historia que no sea global, sin embargo, siguiendo el consejo de Marc Bloch, hay que "admitir de buena fe la subordinación de la perspectiva al ángulo propio de la investigación".[3] Las ideas y las creencias están relacionadas con todas las demás manifestaciones de la vida cultural y también material de una sociedad. El medio geográfico, la infraestructura económica, la evolución demográfica y la organización administrativa del México colonial influyeron sobre el desarrollo de la esperanza milenarista y sobre la aparición de los movimientos mesiánicos. Recíprocamente, esas creencias y sus manifestaciones modificaron las relaciones étnicas y sociales y contribuyeron a desencadenar la crisis política de donde iba a surgir la Independencia, generadora a su vez de transformaciones socioeconómicas y políticas importantes. Sin embargo, para el estudio de los mitos, el peso de las tradiciones seculares y aun milenarias es relativamente superior al de las coyunturas económicas y políticas. La historia de las mentalidades tiene su ritmo propio; en la sociedad que nos interesa conoció *momentos* significativos, y esos momentos no son homogéneos entre ellos. La metamorfosis de las ideas y de las creencias atraviesa por tiempos muertos; desde ese punto de vista hay generaciones largas y generaciones cortas.

Esas comprobaciones implican revisar el empleo habitual de la cronología en historia. Elegimos deliberadamente una fecha "falsa", la de 1531, como punto de partida de nuestro estudio sobre la Guadalupe. Esta fecha no corresponde a ningún hecho establecido en una cronología objetiva: aparece por primera vez en una obra publicada en lengua española en 1648, que la habría tomado de un manuscrito náhuatl redactado quizá entre 1558 y 1572, pero cuya autenticidad es incierta. Según la tradición piadosa, que se remonta a 1648, en 1531 habrían tenido lugar apariciones prodigiosas de la Virgen de Guadalupe. En la perspectiva de la historia de las creencias, saber si la fecha de 1531 es "exacta" importa menos que su "verdad" retrospectiva en el espíritu de los devotos de la Guadalupe, a partir de 1648. Por el contrario, la formación de la leyenda piadosa de 1648 permite considerar esta última fecha como la de la "aparición" real del guadalupanismo mexicano. En el otro ex-

[3] Marc Bloch, *Apologie pour l'histoire ou métier d'historien*, París, 1959 (3ª edición), p. 101.

tremo de la secuencia cronológica que hemos elegido como campo de estudio, la fecha de 1813 no marca el término de los desarrollos de los mitos de Quetzalcóatl y la Guadalupe (el segundo de los cuales está aún vivo en el México actual), pero señala su último avatar, la laicización patriótica. En 1813 el dominico criollo Mier publicó en Londres su *Historia de la revolución de Nueva España, antiguamente Anáhuac.*[4] En un largo apéndice, el autor repite los argumentos que había adelantado en su famoso sermón de 1794, que modificaba la tradición guadalupanista para asociar la Virgen de Guadalupe a santo Tomás, llamado Quetzalcóatl por los indios, primer evangelizador de México. El mismo año, el libertador Morelos lanzaba en el campo de Ometepec una proclama, denunciando como traidores a la nación a todos los que no llevaran la escarapela con los colores de María, o no cumplieran con las usuales devociones a la Virgen.[5] Recordemos que Hidalgo, el año anterior, había elegido el pendón de la Virgen como emblema de los insurgentes. Por tanto, nos ha parecido legítimo tomar esta fecha como el último jalón en una evolución de creencias que se confunden con la conciencia nacional mexicana.

Las dos grandes figuras míticas de Quetzalcóatl y de la Guadalupe permanecerían indescifrables si no estuvieran situadas en la sociedad en que se han desarrollado; la Nueva España parte ella misma de un conjunto más vasto, el imperio español, última forma de unidad política del Occidente cristiano. No estamos en presencia de una evolución paralela entre la sociedad criolla mexicana y sus mitos, sino de un crecimiento único, cuyos diferentes aspectos se iluminan mutuamente, como en un juego de espejos. Ojalá tengamos la fortuna de poder representar a la nación mexicana en su evolución, separando en ésta la función histórica de sus grandes mitos. Esta función es extraña a un "funcionalismo"[6] que se opondría a un "estructuralismo";[7] se inscribe en una dinámica, evoluciona con la sociedad

[4] José Guerra (seudónimo de fray Servando Teresa de Mier), *Historia de la revolución de Nueva España, antiguamente Anáhuac*, Londres, 1813.

[5] Mariano Cuevas, *Álbum histórico guadalupano del IV centenario*, México, 1930, p. 229.

[6] Georges Dumézil, *Mythe et Épopée. L'idéologie des trois fonctions dans les épopées des peuples indo-européens*, París, Gallimard, 1968.

[7] Claude Lévi-Strauss, *Anthropologie structurale*, París, Plon, 1958. *Magie et religion*, pp. 227-255.

cuyas aspiraciones expresa en la duración. Ateniéndonos "a oír los textos",[8] según la fórmula feliz de Marcel Bataillon, hemos adoptado un criterio fenomenológico, borrándonos voluntariamente para dejar que se dibujen mejor las representaciones mentales de los hombres del pasado y, como hubiera dicho Américo Castro, su "vivencia".[9] Esa elección no implica renunciar a la crítica de las fuentes. El estudio que sigue dará la imagen fiel de nuestra concepción de la historia, mejor que una larga exposición teórica. Este ensayo sobre Quetzalcóatl y la Guadalupe tiene, sobre todo, el sentido de probar el movimiento caminando al demostrar que la historia, hoy, no está condenada a la alternativa de desvanecerse en la abstracción (historia "estructuralista")[10] o caer en la crónica (historia de "acontecimientos"). Los métodos seriales y cuantitativos nunca pasarán de ser medios auxiliares, y por preciosos que sean, siempre habrá algo más allá de ellos. Ese algo es, a nuestro modo de ver, lo esencial en la historia de las creencias; corresponde a lo que Marc Bloch definió como el clima humano.[11] Si las nociones de momento espiritual y de clima humano adquieren a lo largo de las páginas que siguen alguna consistencia y aparecen mejor adaptadas al estudio de las mentalidades y de una "intrahistoria", cuya riqueza había presentado Miguel de Unamuno, que las nociones (tomadas de las ciencias económicas) de "estructura" y de "coyuntura", entonces habremos empleado bien nuestras fuerzas.

N. B.: La presente obra es la versión, revisada y condensada para uso del público, de una tesis de doctorado de Estado, presentada a la Universidad de París con el título: *Quetzalcóatl et Guadalupe. Eschatologie et histoire au Méxique.* Bibliothèque de la Sorbonne W, 1971 (52), 1-4 (4 vols., 932 pp., + cuadros, índices, mapas e ilustraciones).

[8] Marcel Bataillon y Edmundo O'Gorman, *Dos concepciones de la tarea histórica con motivo del descubrimiento de América*, 1955 (Carta de M. Bataillon a O'Gorman, p. 96).

[9] Américo Castro, *La realidad histórica de España*, México, 1962 (ed. aumentada), pp. 109-110 y 117 *ss.*

[10] Charles Morazé, *La logique de l'histoire*, París, Gallimard, 1967.

[11] Marc Bloch, *op. cit.*, p. 7.

NUEVA ESPAÑA
DE LA CONQUISTA A LA INDEPENDENCIA
1521-1821

Primera Parte

CLIMA ESPIRITUAL
Una sociedad de segregación

I. HERMANOS ENEMIGOS: ESPAÑOLES Y CRIOLLOS

La VIDA política de Nueva España estaba en manos de una minoría blanca de origen europeo, no constituida únicamente por españoles y descendientes de españoles. Desde los primeros tiempos de la conquista, y a despecho de las medidas restrictivas, pasaron a las Indias extranjeros de los estados de la monarquía castellana. Entre los evangelizadores encontramos flamencos, italianos, más tarde checos... Hay laicos italianos señalados (por Parry) en Zacatecas desde principios del siglo XVII. R. Ricard ha llamado la atención sobre los portugueses de la corte del virrey y de la ciudad de México. Muchos de esos portugueses eran judíos conversos, que en el momento de la unión de Portugal con la monarquía castellana habían huido de los rigores nuevos de la Inquisición. Por lo demás, ya habían sido precedidos por los judíos de Castilla. A menudo también aparecen nombres franceses en los registros de la Inquisición de Nueva España como blasfemos o irreligiosos. Parecería que, con excepción de los ingleses y los holandeses, demasiado sospechosos de herejía, europeos de todos los países pudieron instalarse en Nueva España, pero nunca fueron demasiado numerosos ni lo bastante poderosos como para representar un papel considerable en la vida mexicana en general. La minoría de fuente europea era, pues, relativamente homogénea por su origen hispánico.

Una de las tensiones internas de esta clase dominante, que aparece cada vez que se trata de comprender el sentido de un episodio político en Nueva España, es la oposición entre criollos y españoles: españoles y españoles americanos, como se decía. En la práctica, con los términos de "americanos" y "criollos" se designaba a estos últimos, mientras que los españoles eran siempre designados con un mote peyorativo, cuando no totalmente injurioso: gachupines (término cuyo origen no ha podido ser dilucidado hasta hoy). El antagonismo español-criollo apareció desde los primeros años de la conquista, confundido primero con las hostilidades de los conquistadores respecto a los "licenciados" enviados desde España para imponerles un poder sentido desde esos primeros momentos como extranjero. "El espíritu criollo" precedió al nacimiento del primer criollo *stricto sensu*; después de esto veremos a españoles "acriollados" venidos de la península, aliados a menudo con familias criollas, identificarse espiritualmente con la sociedad criolla mexicana, adoptando sus devociones locales, incluso su odio a los gachupines. Era, pues, el conocimiento del país y, sobre todo, la adhesión a la ética colonial de la sociedad criolla lo que definía al criollo, más que el lugar de su nacimiento. En la práctica, el poder supremo, el de virrey, fue siempre confiado a un español de la península, pero algunos virreyes cedieron a la solicitación del país y se mexicanizaron francamente. Si los virreyes eran españoles, los obispos de México eran a menudo criollos, y de todos modos la duración de su ministerio facilitaba en ellos el proceso de naturalización. En las órdenes religiosas cuya importancia relativa (numérica, espiritual y económica) en la sociedad resulta aplastante para un espíritu moderno, la rivalidad entre criollos y españoles alcanzó muy pronto extremos inquietantes. Se intentó calmarla instituyendo un sistema de alternativa o de ternas entre los priores de los conventos o en el reclutamiento de los religiosos. Según este sistema, el prior era alternativamente un español o un criollo; según las ternas, se distinguía a los españoles por un lado; por otro, a los españoles que habían tomado los hábitos en Nueva España, y, por último, a los oriundos de Nueva España; este último sistema permitía a los criollos reales gobernar dos de cada tres años. En las administraciones civiles, las funciones superiores estaban reservadas casi exclusivamente a los españoles, y en el ejército, totalmente. La selecta minoría criolla formada en la Universidad de México (desde muy pronto casi enteramente criolla) y en los colegios de la Compañía de Jesús se encontraba privada de perspectivas y destinada a empleos subalternos. Para muchos de esos jóvenes mexicanos, salidos de familias pudientes, la exclusión de los empleos públicos no significaba la miseria, pero la privación de honores oficiales producía una profunda llaga, reavivada sin cesar en el naciente espíritu nacional.

Muy pronto los españoles llegados de la península afirmaron su superioridad sobre los criollos y manifestaron su desconfianza con respecto a éstos.

Legalmente, los criollos estaban considerados, sin restricciones, como españoles. En una obra que fue autoridad en estas materias, *Política indiana*, el consejero Solórzano Pereira escribió sobre ellos: "No se puede dudar que sean verdaderos españoles, y como tales hayan de gozar sus derechos, honras y privilegios, y ser juzgados por ellos." [1] De hecho, los criollos estaban apartados de los cargos públicos tanto en la península como en las Indias, y veinte años después de Solórzano Pereira, uno de ellos publicó una memoria "en favor de los españoles nacidos en las Indias"; [2] en ella fueron recogidos y expuestos por primera vez los cargos de los criollos americanos contra la discriminación de la cual eran víctimas. No terminaríamos de enumerar todos los libelos intercambiados con ese motivo; en realidad, la querella sobrepasaba las simples cuestiones de interés o de ambición. En un dominio en el que necesariamente los documentos son discretos, parecería que hubiera habido una competencia vital entre criollos y gachupines. Si hacemos caso de testigos extranjeros, las mujeres criollas (rasgo de "malinchismo" bastante interesante para el historiador de las mentalidades) preferían casarse con un gachupín y no con un criollo, suscitando el odio celoso de éstos. En todas las esferas, esta rivalidad se avivó a medida que los criollos se iban haciendo numérica y económicamente preponderantes, y en el siglo XVIII pasaron abiertamente a la ofensiva. La *Representación vindicatoria* de los criollos mexicanos, en 1771, en una petición al rey, pretendía demostrar, punto por punto, en un largo paralelo, que los criollos americanos no cedían en nada a los españoles de la península. Conviene señalar que desde el siglo XVI el asunto había tomado las dimensiones de un tema de antropología. El doctor Juan de Cárdenas fue el primero en promover esta cuestión, llamada a tener un gran futuro, en su libro *Problemas y secretos maravillosos de las Indias*, aparecido en México en 1591. Nacido él mismo en España, J. de Cárdenas no vaciló en escribir: "...pues en el entender y trascender, no se muestran menos aventajados, pues verdaderamente entiendo que a ninguna cosa de las que se ponen (...) nos dejan de hacer ventaja" [3] y este autor agregó, "en el estilo de los médicos árabes", que

---

[1] Juan de Solórzano Pereira, *Política indiana*, Madrid, 1648, libro II, cap. XXX, p. 244 a.

[2] Pedro de Bolívar y de la Redonda, *Memorial, informe y discurso legal, histórico y político al Rey Nuestro Señor en su Real Consejo de Cámara de las Indias, en favor de los españoles, que en ellas nacen, estudian y sirven, para que sean preferidos en todas las provisiones eclesiásticas, y seculares, que para aquellas partes se hiciesen*, 1667.

[3] Dr. Juan de Cárdenas, *Problemas y secretos maravillosos de las Indias*, México, 1591, libro III, cap. II, p. 177 r.

los criollos son "sanguíneos coléricos", la más favorable de las
nueve complexiones posibles. Todas las críticas, así como las apo-
logías relativas a los criollos, repetirán consideraciones de este
tipo, que hacen intervenir los efectos del clima americano sobre
el hombre de origen europeo. En el siglo XVIII, con motivo de
la publicación, por Cornelius de Pauw, de las *Búsquedas filosóficas sobre los americanos*, y de la polémica que se sucedió en
Europa, los criollos recogieron el desafío con bastante ruido,
por la pluma de un jesuita mexicano exiliado en Italia, Francisco Javier Clavijero. Éste publicó en italiano una *Storia antica
del Messico*, que incluía en un anexo una serie de "Disertacio-
nes" cuyo objeto era la reivindicación del hombre americano.
Uno por uno, el clima, la fauna de América, el indio y el criollo
fueron exculpados de las acusaciones lanzadas sin mucho fundamento por Pauw, que las había tomado de Buffon.

Sin embargo, los criollos no presentaban un frente unido. Entre los "ricoshombres", mineros o hacendados de las "provincias internas" y los monjes de las ciudades, entre éstos y los de
las misiones, entre los doctores de la Universidad de México
y los artesanos o los alguaciles (blancos pobres) existían profundas diferencias. Los criollos de familias nobles o pudientes que
podían esperar alianzas con las familias de la grandeza o simplemente los altos funcionarios gachupines, eran de una lealtad
sincera y se conformaban con su suerte. La corte de los virreyes
dividía a los criollos en dos campos, los privilegiados que eran
admitidos en ella y los otros.

Pero uno de los aspectos más notables de esa mentalidad que
España había transmitido a Nueva España fue el espíritu de
parroquia. Si no hubo antes una conciencia nacional mexicana,
fue en parte a causa del apego exclusivo y casi místico a la patria local (la patria chica). El ejemplo más significativo, sin
duda, de este espíritu fue, a todo lo largo del periodo colonial,
la rivalidad entre México y Puebla. Aunque Puebla haya sido
una ciudad dos veces menos poblada que México y ésta haya
sido el lugar de residencia de los virreyes, la primera fue uno
de esos polos secundarios de la Nueva España cuyo papel no
puede ser ignorado so pena de contrasentido histórico. Un polo
espiritual, en primer lugar, ya que la Puebla de los Ángeles era
la ciudad española por excelencia, fundada en país tlaxcalteca
a pedido de los religiosos franciscanos para descongestionar
México, en vista de la superpoblación europea, si damos fe a

fray Agustín de Vetancurt. Diversas tradiciones relatan las circunstancias prodigiosas de la fundación de esta ciudad: el obispo de Tlaxcala habría tenido una visión, se le habrían aparecido ángeles delimitando el emplazamiento de la futura ciudad; otros atribuirían ese sueño a la reina Isabel la Católica. Es seguro en todo caso que uno de los más venerados pioneros de la evangelización, el franciscano fray Toribio de Motolinía, dijo allí la primera misa. Según una tradición, sin duda tardía, en 1531 (el año mismo en que, según otra tradición, habría aparecido la imagen prodigiosa de la Guadalupe en México), el arcángel san Miguel se le apareció a un indio, en un lugar retirado, entre Puebla y Tlaxcala. La cátedra episcopal erigida en 1526, los conventos numerosos e importantes, el peso de los orígenes ligados a los frailes franciscanos, el lugar que allí les cupo más tarde a los jesuitas (en tiempos de Vetancurt ya había cuatro colegios), el pasaje y el recuerdo radiante del obispo Palafox, en el siglo XVII, conferían a Puebla una personalidad moral capaz de desafiar a la capital. La propia ciudad, a fines del siglo XVII, aventajaba en armonía y atractivos a México (en ese entonces tan elogiada), según Gemelli Carreri, que escribió: "Casi todos los edificios son allí de piedra y cal, y compiten con los de México. Las calles, aunque no están empedradas, son mucho más limpias (...) Es, pues, esta plaza [la de la catedral de Puebla] más hermosa que la de México."[4] Agustín de Vetancurt agregó: "Los que nacen en esta ciudad son de ánimo resuelto, de natural fuertes, y constantes (...) los que se aplican al estudio son agudos, y con emulación loable salen estudiosos y aplicados. Habítanla muchos caballeros de reconocida nobleza, y algunos de hábitos en los pechos; hay coches, y caballos para recreo, y menos lo que dice Corte, son de gala, y aseo así los hombres como las mujeres, cortesanos."[5]

Humboldt nos transmite que, en su tiempo, "la Puebla de los Ángeles [estaba] más poblada que Lima, Quito, Santa Fe (Bogota) y Caracas", y si exceptuamos el complejo minero de Guanajuato (que superaba los 70 000 habitantes), Puebla, con 67 000 ha-

[4] Gemelli Carreri, *Viaje a la Nueva España (México a fines del siglo XVII)*, prólogo de Fernando B. Sandoval, México, 1955, t. II, p. 232.
[5] Fray Agustín de Vetancurt, *Teatro mexicano, Descripción breve de los sucessos exemplares de la Nueva España* (...), México, 1696 (ed. Madrid, 1960), t. II, cap. 8, pp. 305-306.

bitantes, estaba muy a la cabeza de las ciudades de México (con excepción de la capital). Guadalajara, Antequera de Oaxaca, Valladolid de Michoacán, oscilaban en torno a los 20 000 habitantes, mientras que Veracruz, Durango, Mérida de Yucatán, andaban entre los 12 000 y los 15 000 habitantes. Nueva España o México propiamente dicho contaba, pues, con una capital "imperial" (donde vivía la mayoría de los españoles) y una serie de ciudades de mediana importancia, cada una de las cuales consideraba con orgullo su campanario; el de la catedral de Puebla era un poco menos elevado que las torres de la catedral de México, pero en cambio el obispo no tenía que compartir en ella los honores con el virrey, como lo recuerda Gemelli Carreri. Cada una de estas ciudades era antes que nada el centro de una diócesis, y cada diócesis, una ciudadela del criollismo mexicano.

II. ENEMIGOS IRRECONCILIABLES: INDIOS, MESTIZOS, MULATOS

La oposición entre españoles y criollos era una lucha fratricida, pero unos y otros, juntos, constituían una casta dominante del México real, cuya población, aún a principios del siglo XIX, era en gran mayoría india.

La composición de la sociedad mexicana tal como la calculó Alejandro de Humboldt sigue siendo un buen punto de partida para reflexionar sobre la evolución de la Nueva España:

Indígenas o indios		2 500 000	
Blancos o españoles	criollos	1 025 000	1 095 000
	europeos	70 000	
Negros africanos		6 100	
Castas de sangre mezclada		1 231 000	
TOTAL		4 832 100	habitantes

Sobre una población total de alrededor de cinco millones de habitantes (observemos la escasísima densidad por kilómetro cuadrado), la mitad la constituían indios; un cuarto, mestizos diversos, y el último cuarto, los blancos (criollos en su inmensa mayoría). Si interpretamos esos datos relativos al estado alcanzado por la sociedad, después de casi tres siglos de colonización hispánica, bien podemos decir que toda la población era "mexicana". En efecto, sólo los 70 000 españoles nacidos en España y los 6 100 esclavos africanos eran extranjeros. No olvidemos tampoco que entre los criollos tenidos por "blancos", un número difícil de apreciar (pero seguramente muy elevado) eran biológicamente mestizos.

El papel de los mestizos en la sociedad mexicana fue desde muy temprano un factor de inestabilidad; desde los albores de la conquista española se multiplicaron, resultando inquietantes para el poder político. Esos primeros mestizos de padre español y de madre india no tenían ni hogar ni lugar definido en la sociedad de su tiempo. El tipo del pícaro mexicano, el lépero fijado en sus rasgos literarios en el siglo XIX por J. J. Fernández de Lizardi, apareció desde mediados del siglo XVI, mestizo re-

49

chazado a la vez por el mundo indígena y por la sociedad conquistadora. Si en su comienzo fueron hijos de la violación de América por el europeo, hijos de la chingada, los mestizos no tardaron en complicarse con matices nuevos, sobre todo bajo el efecto de la aportación negroide debido a la introducción de esclavos africanos en el país. Una serie de cuadros de la época colonial representa todas las formas conocidas de mestizaje (desde el más claro hasta el más oscuro) y sus denominaciones, algunas de las cuales muy pintorescas, como saltatrás.

El conjunto de esos "mezclados" constituía las castas; Gemelli Carreri, que seguramente se hacía eco de ideas por entonces difundidas en México, explica así el origen de ciertos mestizos: al preferir las mujeres criollas a los hombres españoles, dice, los criollos varones, "por esta razón, se unen con las mulatas, de quienes han mamado, juntamente con la leche, las malas costumbres".[1]

Si bien hay que cuidarse de una generalización excesiva, podemos deducir que el empleo generalizado de nodrizas mulatas por la burguesía criolla volvió realmente influyente a un grupo social despreciable por su número. Los niños nacidos de hombres criollos y de mulatas parecen haber sido abandonados a sí mismos (a diferencia de lo que sucedía en el sistema del patriarcado rural brasileño, por ejemplo). El mismo testigo escribe que "tendrá México cerca de cien mil habitantes; pero la mayor parte negros y mulatos".[2] Pensemos lo que pensemos de las explicaciones demasiado simplistas y unilaterales, debemos reconocer que la obra de sor Juana Inés de la Cruz, exactamente contemporánea, nos da una imagen de México que confirma la visión del viajero napolitano.

Muy distinta se nos aparece la situación rural. El elemento negro de su población fue débil, salvo en las tierras cálidas, donde se trató de implantar el monocultivo tropical (caña de azúcar). A consecuencia del hundimiento de la organización indígena, provocado por la conquista, y las epidemias mortíferas, las comunidades indias muchas veces se desintegraron, poniendo en circulación a indios desarraigados. Éstos, junto con los veteranos de la conquista arruinados por el juego o por cualquier otra circunstancia, con aventureros europeos llegados posteriormente (soldados desertores, monjes que habían colgado los há-

[1] Gemelli Carreri, *op. cit.*, nota 26, t. I, p. 45.
[2] *Ibid.*

bitos o falsos religiosos, delincuentes huidos), constituyeron, a
partir de la primera mitad del siglo XVI, el embrión mexicano
de lo que en España se llamaba el hampa, el medio de truhanes
descrito por Cervantes en *Rinconete y Cortadillo*. Naturalmente,
esos grupos marginales de la naciente sociedad colonial fueron
el terreno privilegiado del mestizaje biológico y cultural, al nivel
más mediocre. A pesar de la prohibición: "que ningún moro,
ningún judío, ningún reconciliado, ni hijo ni nieto de quemado,
pueda pasar a las Indias",[3] la mezcla de las razas y de las creencias se realizó en América desde los primeros tiempos. El odio
de esos *outlaws* hizo de ellos no sólo la plaga de los viajeros
y la obsesión de los comerciantes, sino, sobre todo, los verdugos
de los indios. Todo a lo largo de la época colonial mexicana se
tomaron sucesivas medidas policiales para prohibir, vanamente,
a los españoles (salvo los funcionarios obligados a residencia), a
los negros y a los individuos que correspondían a la definición
legal de castas, que residieran en los pueblos de indios e incluso
"ser vistos en compañía de indios".

Desde los primeros decenios de Nueva España, el indio fue
la víctima del mestizo. El clima de violencia que aún en nuestros días sigue siendo uno de los aspectos más llamativos de
la vida hispanoamericana, tiene aquí su origen. El sentimiento
de casta, heredado del de la "pureza de sangre" español, muy
fuerte entre los criollos, no era menos vivo entre los indios; el
"mezclado" era tan negado por los unos como por los otros.
Así se constituyó una sociedad flotante, caótica, tanto más temible para el equilibrio del cuerpo social que integraba, dis-
persado en el espacio geográfico, en la medida en que con el
tiempo tomó una importancia relativa creciente. Había en Nueva
España una frontera social, que no por ser imposible de dibu-
jar sobre un mapa fue menos determinante. A la larga, esta
frontera social se reveló mucho más amenazante que la "frontera" del norte. A menudo se agitó en Nueva España el espan-
tajo de los apaches; en cambio, fue mucho menos visto el de
los pardos (en principio, mestizos de negros y de indios; el
término llegó a ser sinónimo de castas); su incorporación al ejército, a partir de Carlos III, iba a hacer de ellos los árbitros
del destino nacional durante las guerras de la Independencia.
Toda la historia de México es la del papel creciente de las cas-

[3] Provisión (...) año de 1530, en *Cedulario indiano*, recopilado por
Diego de Encinas (1596), libro IV, p. 135.

tas que antes de asimilarse a una sociedad dotada de un equilibrio nuevo sólo podían expresarse por iniciativas violentas y que hundieron al país en interminables convulsiones, entregándolo a los caudillos surgidos de la anarquía. La historia de la inserción progresiva de los léperos en una sociedad en evolución, sea en las milicias privadas de los hacendados, sea en el ejército, sea como tahúres, o aun como pistoleros ocasionales (instrumentos de venganzas políticas o personales), es una suma de aspectos oscuros, pero para nada despreciables, de la realidad mexicana.

Los indios han sido siempre los vencidos y, como tales, las víctimas permanentes del sistema de explotación de su trabajo. La primera comprobación que se impone es la de la gran diversidad de la condición del indio en Nueva España. Debemos establecer una distinción entre el "México útil" y las zonas recorridas por los nómadas. Éstas son claramente superiores en superficie, pero la densidad de la población era allí mucho más débil, por tratarse en general de estepas o de desiertos (Chihuahua), o bien de bosques tropicales difícilmente penetrables (Huasteca). Los indios de esas regiones habían escapado al dominio de los aztecas; continuaron contra las fronteras de los sedentarios criollos la misma guerra de hostilidades que habían llevado en el pasado. Si los aztecas sólo habían pensado en desalentar sus incursiones, los españoles pretendieron sedentarizarlos a fin de proteger las vías de comunicación y evangelizarlos, para integrarlos a Nueva España. Esas dos empresas: defensa de las fronteras y expansión de la fe, fueron conducidas paralelamente, en el ámbito militar por las marcas fronterizas colonizadas por soldados (presidios), y en el dominio misionero, por las órdenes mendicantes; luego, más tarde, por los jesuitas. Ambas resultaron en parte un fracaso: en el campo militar porque los caciques que se sometían o aceptaban un acuerdo carecían de autoridad sobre el conjunto de una región, y desde el punto de vista misionero, porque los neófitos fueron rara vez sustraídos a la influencia de los sacerdotes de su antigua religión politeísta (chamanes). Estos últimos, llamados en la lengua técnica de la lucha contra la idolatría dogmatizadores, suscitaban periódicamente levantamientos indígenas. La *Historia* de Alegre está colmada con el martirologio jesuítico de la Pimería, de la Tarahumara, de la Baja California. Conocemos, sobre todo, de esos indios del norte mexicano, calificados entonces de bravos, la hosca voluntad de defender los territorios que recorrían y su identidad cultural. No obstante, la implantación misionera, conducida sistemáticamente, ha dejado trazas duraderas en la cultura de las numerosas poblaciones del norte y del oeste. Las investigaciones etnológicas modernas, aun en las poblaciones menos alcanzadas efectivamente por las influencias cristianas, revelan siempre una realidad religiosa sincrética.

Estamos mucho mejor informados de la suerte de los indios sedentarios, agricultores otomíes o nahuas del México central, antiguos súbditos de los señores de México-Tenochtitlan, o de Tlaxcala. Vastas zonas de sombra rodean, en cambio, a Michoacán, Oaxaca, la Huasteca, regiones de transición, antiguas poblaciones a veces tributarias de los mexicanos, pero no asimiladas a su imperio. Cada grupo lingüístico regional era una realidad *sui generis*, tanto desde el punto de vista de su herencia cultural como por las modalidades de su integración al régimen colonial. Los indios mexicanos padecieron en común el choque de la conquista militar, pero sin duda ése era el que estaban mejor preparados para soportar, dado su largo pasado guerrero. El verdadero "traumatismo" fue el derrumbamiento de la organización social tradicional y la erradicación de las creencias religiosas que eran su fundamento. El saqueo del tesoro de Axayácatl por los compañeros de Cortés y el repartimiento de la gente del pueblo (macehuales) entre amos (encomenderos) españoles fueron la inmediata consecuencia para los individuos de la conquista española. La imagen del apocalipsis se impone, en la medida en que los indios creían en las grandes catástrofes periódicas en que la humanidad se hundía repentinamente; el año 1519 coincidió justamente con el término de una era o "sol".

Otras pruebas iban a herir a los indígenas del México central, sobre todo una serie de epidemias, alguna de las cuales por lo menos fue de viruela, llamada en náhuatl *cocoliztli*. Entre la conquista y el final del siglo XVI la población del valle de México habría caído, según los cálculos de Borah y Simpson, de 1 500 000 indios aproximadamente a tan sólo 70 000. Las crónicas de los primeros franciscanos están llenas de lamentaciones relativas a la "desaparición" de los indios. La causa principal de la vertiginosa caída demográfica fue la epidemia; hay que agregar la modificación del régimen de las aguas en el valle de México por las empresas de los conquistadores-colonos y el cambio violento del régimen de trabajo. Esos aspectos han sido estudiados por Charles Gibson en *The Aztecs under Spanish Rule*, y sólo pretendemos aquí indicar las grandes líneas de una historia sin las cuales los fenómenos espirituales que vamos a estudiar serían inconcebibles. El sistema de la encomienda, tomado de España e impuesto primero a los indios, fue destruido poco a poco por los obstáculos legales ("Leyes Nuevas") y por la acusada disminución numérica de los indios *encomendados*. La fuerza del trabajo indígena, que había suplantado en la codicia de los conquistadores al botín en metales preciosos pronto agotado, sufrió una tal disminución que fue necesario buscar nuevas riquezas. La primera fue la propia tierra; entonces comenzó el acaparamiento de tierras, con su corolario, la expoliación de las comunidades agrarias indígenas. El indio de las comunidades, privado de su tierra, huyendo de su encomendero, se convirtió entonces (desde mediados del siglo XVI) en el peón americano, ligado a un hacendado por sus deudas, pero también por una cierta seguridad que le ofrecía la hacienda en un mundo caótico. La importancia de la hacienda aumentó con los años. Al mismo tiempo, los "señores naturales" (antigua aristocracia indígena) que habían sido mantenidos en sus prerrogativas y utilizados especialmente para recolectar tributos padecieron más aún que las gentes del pueblo un empobrecimiento general. Endeudados, obligados a enjugar por sí mismos el déficit fiscal de sus súbditos exangües, los caciques indios no tuvieron otra salvación posible que actuar de funcionarios; promovidos a "gobernadores", apresuraron de este modo la integración al sistema de explotación colonial del mundo indígena, cuyos amos habían sido. El descubrimiento de las minas de plata en el norte del país, con sus nuevas exigencias de mano de obra, provocó nuevos desarraigos de indios arrancados de las comunidades tradicionales. Sin duda, ese fenómeno afectó menos a los indígenas del valle de México que los trabajos de drenaje de las lagunas.

Poco a poco, a mediados del siglo XVI se instituyó una organización administrativo-fiscal represiva que, con nombres modificados, iba a perpetuarse hasta la Independencia. El sistema español de la cabecera (capital de provincia), con un corregidor y dirigida en el campo espiritual por un cura, fue la base de la administración de los indios. La parroquia y la cofradía religiosa consagrada al culto de un santo protector, por una parte, y por otra la caja de la comunidad, fueron la expresión socioeconómica y espiritual de la realidad indígena en Nueva España. En ambos casos se trataba de adaptaciones de antiguas instituciones tradicionales; la comunidad (que hasta nuestros días sigue siendo la célula de la sociedad indígena) era la forma degradada del *calpulli*, y el corregidor (a menudo un indio, pero no siempre un descendiente de cacique) era el heredero colonial del cacique tradicional.

Durante los tres siglos de la colonización, la política española conoció fluctuaciones (así como la prosperidad minera); también la demografía de derrumbamiento del primer medio siglo se elevó, primero lentamente a fines del siglo XVII, luego decididamente en el XVIII, hasta el punto de que la población del valle de México alcanzó (según Ch. Gibson) alrededor de 275 000 indios a fines de la época colonial. Los procesos de evolución parecen haber sido muy lentos después de las grandes conmociones de los treinta años terribles que siguieron a la conquista.

La administración española, en especial bajo la influencia de los religiosos, tomó muchas medidas para proteger a los indios. La mayor parte de esas disposiciones tendían a instaurar una segregación legal, única vía que parecía entonces practicable. Se intentó también promover una minoría selecta indígena, según los criterios aristocráticos que prevalecían en la Europa de ese tiempo. De esa preocupación nacieron los colegios y conventos destinados a recibir y a formar, en un espíritu de asimilación, a los herederos de la aristocracia indígena. En el dominio lingüístico, los evangelizadores contribuyeron en un primer momento (el de las órdenes mendicantes) a la difusión de la lengua náhuatl, utilizada como vehículo de la doctrina cristiana. Por otra parte, la monarquía se permitió esfuerzos para estimular y generalizar la enseñanza del castellano a los indios, pero con muy poco éxito.

Una de las causas mayores de un fracaso de conjunto fue la contradicción entre las medidas segregatorias, que el estado de la sociedad hacía necesarias, para la conservación de los indios sobrevivientes, por un lado, y una política de asimilación que tendía a la completa integración de la aristocracia indígena, por otro. Se produjo una demasiado rápida nivelación, al nivel más bajo, de la condición del indio en Nueva España. El acaparamiento de las tierras de las comunidades indígenas por los hacendados, las faenas impuestas por los corregidores, los abusos fiscales, civiles o eclesiásticos (diezmos), las violencias y los ultrajes físicos infligidos por los "sangres mezcladas", fueron la suerte cotidiana de los antiguos señores de Anáhuac. Así, pues, el clima espiritual de una sociedad indígena a la deriva no se prestaba para nada a una cristianización en profundidad.

III. CREENCIAS SALVAJES BAJO LA INQUISICIÓN

LA ATMÓSFERA espiritual de Nueva España fue afectada por profundos cambios en el curso de su historia, que reflejaban en todo momento las inquietudes y las aspiraciones de la sociedad. Debemos hacer algunas consideraciones previas: la primera, de orden general, es que las crisis estructurales suelen experimentarse con cierto atraso y que la inquietud espiritual que es su efecto no encuentra su expresión ideológica o religiosa hasta pasado un lapso más o menos grande. La segunda observación es que cada uno de los grupos étnicos cuya coexistencia debía desembocar en la formación de la nación mexicana era portador de creencias originales ligadas a su historia. En fin, en las circunstancias históricas que ya sabemos (conquista, epidemias, trabajo forzado...), ninguna de estas herencias espirituales pudo ser transmitida a las generaciones siguientes sin alteraciones importantes. El cristianismo ibérico, introducido metódicamente en las poblaciones indígenas por las órdenes mendicantes (luego conservado en la sociedad criolla por el clero secular y por los frailes, protegido en cuanto a su ortodoxia por un tribunal de la Inquisición y por todo el aparato represivo del cual disponían los virreyes), religión oficial, no fue una excepción. Del mismo modo que se ha vuelto imposible desentrañar la complicada madeja del mestizaje biológico, suele ser arduo establecer el origen de un rito o de una superstición, en medio del abundante sincretismo de las creencias. Hechas esas reservas, es posible distinguir, sin embargo, constantes y tendencias, más precisamente una tendencia constante a la heterodoxia. El hecho no es absolutamente original —la misma España nos ha dado el ejemplo—, pero merece ser señalado en el caso de Nueva España, porque corresponde a un clima espiritual particular. En México, país en el cual la imprenta permaneció embrionaria y entre las manos de los poderes espirituales y temporales, los escritos de los heterodoxos no se publicaron antes de las Cortes de Cádiz, en el siglo XIX. Sabemos que en esta época tuvo gran éxito en Nueva España la obra del ex jesuita chileno Lacunza *La venida del Mesías en gloria y majestad*, ya difundida por manuscritos que habían circulado bajo cuerda. Se trataba de un tardío resurgimiento del milenarismo de los pioneros de la evangelización y de una audaz tentativa para conciliar el judaísmo y el cristianismo.

Los comienzos de la heterodoxia en Nueva España se sitúan a un nivel mucho más modesto, como dan fe los archivos del tribunal de la Inquisición de México, constituido oficialmente en 1570, o sea, un medio siglo después de la conquista. Pero antes de esta fecha la actividad "inquisitorial" no había sido descuidada; incluso podemos adelantar que había sido el revés constante de una medalla cuya otra cara fue la "conquista espiritual". La lucha contra las supervivencias idolátricas o su rebrote ofensivo se asemejó por sus fines y sus métodos al combate librado por los inquisidores de la península contra la herejía. El primer obispo de México, el franciscano fray Juan de Zumárraga, parece haber dado prioridad a esa tarea de inquisidor; fue a sus ojos el complemento indispensable de su obra indigenista. Al mismo tiempo que creaba el Colegio de Santa Cruz de Tlatelolco para instruir en la doctrina cristiana (y en el saber europeo) a los hijos de los caciques indios, Zumárraga perseguía a los caciques apóstatas, vueltos después del bautismo a su idolatría nativa. Gracias a eso disponemos de las actas de las declaraciones de los indios acusados por ese primer tribunal de la Inquisición, que comenzó a funcionar en 1536. La fe de los neófitos indios y su observancia de las disposiciones de la Iglesia eran dudosas. Pero el celo de Zumárraga lo llevó a excesos que —después que hizo quemar en público, en 1539, al cacique de Texcoco, y en 1545 al de Yanhuitlán— causaron la desaparición del tribunal, hasta 1570. Las instrucciones del inquisidor general a ese segundo tribunal preveían expresamente: "no habéis de proceder contra los indios".[1] El historiador dispone, pues, de una perspectiva de cerca de diez años, que coincide con el ministerio de Zumárraga, para estudiar las manifestaciones más o menos clandestinas del politeísmo mexicano en Nueva España. Para el muy largo periodo siguiente, estamos reducidos a hipótesis fundadas sobre testimonios literarios ocasionales, sobre escritos de misioneros, o establecidas por las encuestas etnológicas y folklóricas modernas. Sin embargo, el periodo de actividad del

[1] *Libro primero de votos de la Inquisición de México (1573-1600)*, México, 1949, Apéndice: *Instrucciones del Cardenal D. Diego de Espinosa a los Inquisidores de México, agosto de 1570;* "rubr. 34; *Item, se os advierte que por virtud de nuestros poderes no habéis de proceder contra los indios del dicho vuestro distrito* (...)", p. 297.

primer tribunal de la Inquisición de México parece haber coincidido con un momento tan decisivo para la historia espiritual como para la historia general de la sociedad colonial; la suerte de los indios se decidió a mediados del siglo XVI. También los primeros procesos inquisitoriales de los indios resultan documentos particularmente preciosos. Vamos a examinar algunos ejemplos característicos.

Los cargos de acusación de los inquisidores contra los indios (en general caciques) son a menudo múltiples y se refieren en especial a dos puntos: infracciones a los mandatos de la Iglesia y fidelidad a las divinidades ancestrales combinada con propaganda anticristiana. Para comprender este estado de cosas hay que recordar las circunstancias de la conquista y el espíritu de la evangelización. El primer gesto de Cortés, en la cumbre del gran templo de Tenochtitlan, había sido el de derribar los ídolos. Después de la victoria militar de los españoles, los sacerdotes del politeísmo mexicano fueron aniquilados en cuanto a cuerpo constituido. Los ídolos fueron incinerados en solemnes autos de fe por el obispo Zumárraga; los templos sirvieron de fundamentos para edificar la catedral, las iglesias y las casas del nuevo México. Los indios, en especial sus caciques y los hijos de éstos, fueron bautizados a toda prisa y adoctrinados sumariamente por el puñado de religiosos franciscanos de la primera hora. No es, pues, sorprendente que una decena de años más tarde se haya asistido a un renacimiento larvado del politeísmo ancestral. Pero a consecuencia de las cuadrillas organizadas por los misioneros, ocurrían a menudo manifestaciones furtivas, clandestinas, que se desarrollaban en los bosques o en las montañas, como los sacrificios que tenían lugar cada veinte días para celebrar el nuevo mes. En términos generales, el vacío creado por la desaparición del cuerpo sacerdotal mexicano permitió que las formas degradadas de la religión politeísta, combinadas con las supersticiones populares, se manifestaran más, apareciendo como la herencia espiritual del pasado. Esta circunstancia, consecuencia directa de la conquista y de la evangelización, es esencial para comprender la formación del sentimiento religioso mexicano. El eclipse de los sacerdotes aztecas dejó el campo libre a los brujos o nigrománticos para que expresaran las creencias tradicionales, al abrigo de todo desmentido autorizado. Tal fue el caso de un indio llamado Martín Océlotl, de Texcoco, bautizado en 1525 por los "doce" y juzgado por la Inquisición en 1536 por una serie de delitos de idolatría y de brujería. Esos dos términos recubrían hechos muy heterogéneos:

— Martín Océlotl estaba acusado de poligamia (amancebamiento, exactamente "concubinato"), aunque se había casado públicamente por la Iglesia, delante del guardián del convento franciscano de Texcoco, que había recibido su confesión y levantado acta de su sincero arrepentimiento.
— Estaba acusado, bajo la palabra de varios testigos de Tepeaca y de Acatzingo, de haber convocado a todos los caciques de la región para celebrar ritos propiciatorios a Camaxtli, a fin de combatir la sequía, anunciadora de hambre.
— Especialmente el ex gobernador de Texcoco, Cristóbal de Cisneros, declaró: "que asimesmo oyó decir (...) a dos frailes (...) que tenían por cierto que el dicho Martín perturbaba mucho a los indios no viniesen [a] nuestra fe católica".[2]

Las diferentes acusaciones se encuentran reunidas en la declaración del testigo franciscano, ya citado: "Oía del dicho Martín, que en indio se dice *Telpuche*, que era un diablo, el mayor que ellos tenían y adoraban, que el dicho Martín era hechicero y decía cosas por venir, y se hacía gato y tigre, y que andaba alborotando los indios e imbabucándolos, e otras cosas de vanidad e idolatrías de él; y que tenía muchas mancebas."[3] El interés que este brujo local tiene para el historiador radica en haber sido el primero en el tiempo entre esos pequeños mesías indígenas, que no dejaron de surgir esporádicamente en el curso de los siglos coloniales y aun más tarde. Martín Océlotl era ya el perfecto retrato del mesías indio, hábil mezcla de impostor y salvador inspirado en una herencia religiosa empobrecida, asimilador de elementos tomados en préstamo a la fe victoriosa de los europeos. Efectivamente, Martín Océlotl, según testimonio del "principal" indio de Huaxtepec, pretendía ser uno de esos adivinos que se presentaron ante Moctezuma antes

[2] *Proceso de indios idólatras y hechiceros, Publicaciones del Archivo General de la Nación*, t. III, México, 1912. *Proceso del Santo Oficio contra Martín Ucelo, indio, por idólatra y hechicero*, pp. 17-51.
[3] *Ibid.*, p. 29.

de la aparición de los españoles en el país, para advertirlo proféticamente de su venida. Moctezuma, después de esas revelaciones inquietantes, los había hecho prisioneros; los demás
adivinos murieron en esa triste situación, mientras que Martín
Océlotl fue el único que había escapado. Interrogado a ese respecto, el acusado negó haber pretendido que, después de haber
sido cortado en pedazos por orden de Moctezuma, hubiera resucitado, pero confirmó que él había transmitido al *tlatoani*
mexicano la profecía de la conquista hecha por un señor de
Chinantla, que había visto "signos". Tenemos ante nosotros el
texto del proceso de la aparición de una de esas grandes leyendas sincréticas hispanomexicanas, presentada por todos los historiógrafos de Nueva España, Cortés el primero, como una verdad histórica. ¿Qué fe se le puede otorgar realmente a los relatos
de Martín Océlotl y de los testigos de ese proceso inquisitorial
en 1536? Todo lo que lo rodea está cargado de elementos maravillosos. Un testigo dijo: "que una vez lo habían prendido al
dicho Martín los de Texcoco, y que estando haciéndole pedazos
se les fue de entre las manos y pareció luego cerca de allí riéndose de ellos".[4]
Del mismo modo que ciertos brujos se adornaban con atributos sacerdotales católicos con la esperanza de captar la fuerza
sobrenatural del pastor de la religión victoriosa, Martín Océlotl
sabía lo bastante de doctrina como para intentar poner de su
parte a los apóstoles: "Asimismo les dijo que dijesen al dicho
don Luis su señor, que agora nuevamente habían venido dos
apóstoles enviados de Dios, que tenían uñas muy grandes e
dientes, e otras insignias espantables, e que los frailes se habían
de tornar *chichemicli*, que es una cosa de demonio muy fea."[5]
A menos de veinte años de la conquista de México por los españoles, diez años después de la evangelización de los indios
del valle de México, ya habían aparecido interpretaciones anaclíticas de la tradición cristiana. Es claro en este caso que
los apóstoles de Cristo, con los cuales se habían identificado los
propios religiosos franciscanos, eran comparados por Martín
Océlotl con esos monstruos devoradores que, en la cosmogonía
mexicana, aniquilan cíclicamente a la humanidad, al fin de cada
era o "sol". Lo que Martín Océlotl había anunciado a Moctezuma era el fin del "sol azteca", y lo que anunció luego a las

[4] *Ibid.*, p. 31.
[5] *Ibid.*, p. 20.

poblaciones del Anáhuac fue el fin del "sol franciscano". Este oscuro mesías texcocano fue una especie de Joaquín de Flora a contrapelo, sin saberlo; fiel a la concepción cíclica y apocalíptica de la religión mexicana, intentó integrar en ella a dos apóstoles de Cristo (lamentablemente, no sabemos cuáles, ya que eso podría iluminar directamente los orígenes de santo Tomás-Quetzalcóatl), pero con la finalidad de hacerlos más familiares a los indios, los adornó con los atributos de las divinidades tradicionales, con colmillos y garras, como el dios-jaguar, su nombre totémico (*océlotl*). Durante los siglos siguientes, la esperanza escatológica indígena se alimentó con el recuerdo de una cosmogonía donde el apocalipsis, la catástrofe final de una era, había sido siempre el horizonte del hombre. Eso explica, por lo menos en parte, la adhesión entusiasta de los indios al culto de la Virgen de Guadalupe, protectora y garantía de salvación.

Dos hermanos de Martín Océlotl, en especial uno de ellos, llamado Andrés Mixcóatl, fueron denunciados a la Inquisición al año siguiente, en 1537. Éste iba de pueblo en pueblo haciéndose pasar por un dios; un testigo nos dice que tenía un homólogo, llamado Uiztly, en la región vecina. ¿Qué hacían? Predicaban: "Pasó el dicho Andrés por el barrio de Atliztaca, y luego los pidió copal y papel para hacer sus sacrificios y encantamientos, y luego se lo dieron y mandó juntar toda la gente de noche (...) predicó y díxoles: 'no tengáis miedo, que no se helarán vuestros maizales; todo se hará muy bien lo que tenéis sembrado'; y así los macehuales, como hizo sus encantamientos y les predicó, creyeron todos en él." [6]

Había conquistado la adhesión de los indios porque hacía los sacrificios rituales a Tláloc, para atraer la lluvia fecundante. Los fieles le daban, en cambio, el tributo anual de las mantas y también los hongos alucinógenos cuya absorción facilitaba las visiones proféticas. Su hermano Martín Océlotl había encargado, además, a Andrés Mixcóatl recoger tres mil seiscientas puntas de flecha para combatir a los "cristianos", como ellos mismos se llamaban en vez de españoles. Los últimos sobresaltos de resistencia armada del Anáhuac, quince años después de la toma de Tenochtitlan, fueron los de una guerra mágica conducida por brujos, como Océlotl y Mixcóatl.

Constituían una especie de red que fue desmantelada por el

[6] *Ibid.*, p. 58.

arresto de los más notorios, cuyo castigo fue ejemplar. Paseados a lomo de mula en un armazón infamante, azotados en público en las plazas de los pueblos donde habían dogmatizado, rapados y, en el caso de Martín Océlotl, enviado finalmente a los inquisidores de Sevilla para que dispusieran en última instancia de su persona, en una palabra, asimilados a los hechiceros de la península, esos patriotas mexicanos fueron eliminados como heréticos. Después de ellos, los polígamos, los blasfemos y los curanderos siguieron proliferando en el valle de México, pero el recuerdo vivo del poderío azteca retrocedió hacia un horizonte cada vez más mítico, y la esperanza de un desquite militar fue rechazada hacia las regiones profundas de la conciencia, de donde sólo emergió en forma de gritos, en ocasión de revueltas como la que hubo en México en 1692. Una represión tan implacable no impidió a las antiguas creencias ni a los ritos tradicionales subsistir y mezclarse a la religión cristiana; sobre todo porque el adoctrinamiento había sido demasiado rápido y el número de sacerdotes siguió siendo insuficiente para asegurar el control de la ortodoxia de los indios, hasta en la región más favorecida a este respecto, el Anáhuac. En las otras regiones de Nueva España, más alejadas de la autoridad central y todavía peor provistas de religiosos y sacerdotes, los mesías indígenas aparecieron frecuentemente; no se los conoce a todos. Las antiguas creencias no perdieron su vigor en lo que tenían de más ancestral, su carácter de ritos agrarios propiciatorios. Es muy revelador que, para desprestigiar al cristianismo, el mesías Andrés Mixcóatl haya acusado a los misioneros de impotencia para hacer llover. Fue en ese terreno donde tuvieron que luchar los evangelizadores, y veremos a la Virgen de los Remedios suplantar a Tláloc en ese papel específico, mientras que a la Virgen de Guadalupe se le atribuirá eficacia (complementaria de la precedente) contra las inundaciones.

Esto último atrae nuestra atención sobre un aspecto importante del clima espiritual mexicano. Si los indios, conservando su antigua religión al nivel rutinario del ritual, y en la medida en que ella garantizaba su subsistencia, fueron llevados a tomar de la religión nueva sus símbolos y su supuesta eficacia mágica, el cristianismo se vio igualmente contaminado, sobre todo en su moral. En primer lugar, por raros casos individuales como el del cura de Ocuituco, Diego Díaz, a quien juzgó el tribunal de la Inquisición en 1542, por haber tenido comercio con unas veinte indias, casadas la mitad de ellas, y una era la mujer del cacique. Además, había asesinado al hijo de un "principal" indígena y lo tenía enterrado debajo de la escalera de su presbiterio; también había torturado a muchos indios, a pesar de las advertencias de un franciscano llamado fray Jorge. Ese sacerdote, nacido en Calahorra, ordenado en Logroño, apadrinado en México por fray Julián Garcés en persona, terminó condenado a prisión perpetua. Su solo ejemplo, aun si se lo considera un caso extremo, resulta esclarecedor, y no fue un caso aislado. Una de las razones por las cuales los jesuitas renunciaron a diseminar misioneros entre los indios fue el temor de ver a aquéllos abandonar las reglas de la vida cenobítica. Los "curas de indios", en Nueva España, como en el conjunto de las Indias Occidentales, fueron ampliamente asimilados por el medio que los rodeaba. Entre ellos, uno cerraba los ojos sobre las prácticas idolátricas a cambio de un tributo suplementario; otro, no pudiéndose oponer, tuvo que contentarse con asperjar con agua bendita las ofrendas presentadas por sus feligreses a las divinidades agrarias. Si tal ocurría con el clero secular, no cuesta mucho imaginar lo que ocurrió con los laicos más o menos aislados en medio de una sociedad indígena testarudamente fiel a sus costumbres y a sus creencias ancestrales. Un ejemplo muy curioso nos lo da el hijo del cronista Bernal Díaz del Castillo, que en calidad de corregidor de un pueblo de Guatemala se vio acusado, en 1568, de animar a los indios que administraba a dejar que las iglesias se vinieran abajo, a despreciar al papa y a los obispos y a maltratar a los sacerdotes. El anticlericalismo de los colonos llegó, en casos extremos, al ateísmo puro y simple, y ayudó indirectamente a que siguieran sobreviviendo creencias que la Iglesia trató de extirpar al principio, pero que luego apenas si logró asimilar, en los casos menos desfavorables.

Un indio llamado don Baltasar, cacique de Culhuacan, interrogado por el tribunal de la Inquisición, en 1539, reveló que había ídolos enterrados en todos los pueblos de la región: "En un patio que se dice Puxtlán está enterrado un ídolo que se dice Macuyl Masiciual (...) y que en un sitio que se dice Yluycatitlán está encerrada una figura de otro demonio que se dice Izmain: el dicho sitio es cabe Suchitlán; y que en otro sitio que se dice Tetenmapan, dentro del agua, están cuatro demonios; y que en otro sitio que se dice Tecanalcango están en-

terrados otros ídolos que se dicen Chamelcatl y Ecinacatl; y que
en otro sitio que se dice Yluycatitlán está el corazón del cielo;
y en Ecanago está enterrada la figura del viento; y en Suchi-
calco está Macuyl Tunal, y que son cinco demonios; junto con
esto está una cueva donde está el corazón del demonio; y en
Talchico está enterrada la figura del Ochilobos y la del Quetzalcóatl; y que ha oído decir que en el *cu* [pirámide] que se
dice Uchinabal está un atambor que dicen que es de oro y unas
trompetas de piedra que son de los demonios." [7] A través de
las deformaciones pintorescas que el intérprete inflige a la toponimia azteca y a los nombres de las divinidades, reconocemos
a las primeras figuras del panteón mexicano: Macuilxóchitl,
Chalmacatecuhtli, Ehécatl, Huitzilopochtli, Quetzalcóatl, así como
los accesorios de las fiestas rituales, el tambor (¿se trata aquí
de un *huehuetl* o de un *teponaxtli*?) y las bocinas. Los dioses
que faltan a este llamado debían ser conservados en esta gruta
sellada, que los inquisidores harían abrir imprudentemente para
inventariar el contenido. De este odre de Eolo (y de tantos
otros) se escaparon los "demonios" de las antiguas creencias,
que iban a hacer soplar sobre Nueva España los vientos de la
revuelta mesiánica; movimiento tan mesiánico como la propia
tempestad de la Independencia, que no fue sino eso, pero que
lo fue indiscutiblemente.

Los indios, aun los del valle de México, nunca fueron cristianizados en profundidad. En lo que se refiere a los demás componentes étnicos de la población de Nueva España, a cuya com-
plejidad ya hemos aludido, la situación puede parecer mucho
más favorable, al menos en lo que concierne a los criollos de
las ciudades. La proporción entre ellos de los eclesiásticos, regulares o seculares, era impresionante. En realidad, los archivos
del tribunal de la Inquisición de México, después de 1570, fecha
a partir de la cual los indios escaparon a su competencia, nos
inclinan a dudar seriamente de la ortodoxia de una población
que, sin embargo, incluía tantos monjes. Si por comodidad
limitamos nuestra averiguación al primer periodo del tribunal,
que va de 1573 a 1600 y corresponde al *Libro primero de votos
de la Inquisición de México*, observamos que la mayoría de los
casos sancionados por los inquisidores se reparten así:

— gente del pueblo bígamos o que viven en concubinato, for-

[7] *Ibid.*, p. 178.

nicadores o blasfemos (entre ellos encontramos sobre todo esclavos negros y mulatos);
— sacerdotes, y sobre todo religiosos (la mayoría franciscanos, en este periodo), confesores acusados de haber seducido a penitentes (solicitantes);
— portugueses judaizantes;
— artesanos franceses o flamencos; corsarios ingleses refugiados en las regiones costeras, acusados de herejía luterana en general.

El tratamiento reservado por el tribunal a unos y a otros era muy diferente. La gente humilde era condenada a hacer penitencia (reconciliados), en un convento, luego puesta en libertad y amenazada con sanciones más graves en caso de reincidencia. Los heréticos no bautizados, ingleses o franceses, eran reeducados en la fe católica; lo mismo ocurría con los negros. En cambio, el rigor de los inquisidores golpeaba sin piedad a los confesores indignos y a los judaizantes. A este respecto hay que recordar dos fechas, 1589 y 1600. La primera es la del proceso de un judaizante, Luis de Carvajal, nacido en Mogodorio, en los límites entre España y Portugal (cerca de Benavente, patria de Motolinía), y entonces gobernador de la provincia de Nuevo León (Monterrey). A causa de la posición del acusado, el asunto tuvo gran resonancia. Junto con él, su hermano Gaspar, que era dominico, y el resto de su familia, hombres y mujeres, fueron sometidos a interrogatorio; unos fueron condenados a reconciliación, otros entregados al brazo secular; la sentencia que recayó sobre el gobernador fue la siguiente: "Que en auto público de la fe, sea declarado haber incurrido en sentencia de excomunión mayor, en el cual le sea leída su sentencia, estando con una vela de cera en las manos, en forma de penitente, y abjure *de vehementi*, y sea desterrado de las Indias por seis años." [8]

Ese caso fue el más resonante, pero no el único. También se dio el de un rabino de nombre Antonio Machado, que celebraba clandestinamente en México los oficios religiosos judaicos, y otros muchos cuyos nombres —Andrada, Almeida, Matos, Paiva (la mayoría emparentados con los Carvajal)— no dejan dudas en cuanto al origen portugués de esos judaizantes mexicanos.

[8] *Libro primero de votos* (...), pp. 129-130.

De las formas de ese judaísmo puede deducirse, sin riesgo, lo que por otra parte se sabe del criptojudaísmo ibérico en general; se trata de una religión que restablece los grandes rasgos del cabalismo de Isaac Luria. Si los judaizantes de Nueva España presentaban caracteres particulares, eso sólo podía representar un empobrecimiento mayor de su doctrina, por el hecho de estar aislados con respecto a las fuentes vivientes del judaísmo europeo.

En 1600 se instruyó proceso a un sacerdote "solicitante", lo cual sobrepasa mucho el interés de un asunto de costumbres. El acusado, llamado Juan de la Plata, era capellán del convento monacal de Santa Catalina de Siena, en Puebla; su caso era mucho más grave que el de un sacerdote libertino, entre tantos otros que el tribunal había castigado antes que a él, sin contar todos los que pasaron inadvertidos. Juan de la Plata habría sido uno de esos, dada su posición privilegiada, si no hubiera seducido a una religiosa iluminada, Agustina de Santa Clara. La comunión carnal era para esa pareja de religiosos una fuente de revelaciones, como lo deja entender este comentario inquisitorial: "No se hizo relación del delito que cometió en solicitar en el acto de la confesión, antes y después, próximamente a ella, a Agustina de Santa Clara, monja profesa en el monasterio de Santa Catalina de Siena",[9] y la propia sentencia que preveía que "de aquí en adelante, de ninguna manera trate de revelaciones".[10] La religiosa fue castigada, entre otras penas, con una prohibición análoga: "ni trate por escrito ni de palabra de revelaciones".[11] Aunque fueron menos frecuentes que los de los sacerdotes "solicitantes", los casos de religiosas o de beatas que quebrantaban los votos de castidad tampoco eran excepcionales. La gravedad no radicaba tanto en eso como en las "revelaciones" sobre cuya naturaleza querríamos saber más, ya que el clima que las rodea recuerda asombrosamente el caso de un religioso peruano, fray Francisco de la Cruz, juzgado en Lima una decena de años antes. Éste se consideró un mesías a la vez religioso y político; parece que Juan de la Plata fue más modesto. Uno de sus cofrades "solicitantes" revisó el dogma en función de sus preferencias personales, poniendo en duda la virginidad de la Virgen María. Fuesen cuales fuesen las reve-

[9] *Ibid.*, p. 269.
[10] *Ibid.*, p. 269.
[11] *Ibid.*, p. 270.

laciones de la religiosa, su caso y el de su confesor iluminan
con una luz turbia la vida de los conventos mexicanos a comienzos del siglo XVII. Sin duda también se encontraban en
ellos santos varones y santas mujeres, pero al menos podemos
afirmar que las tendencias iluministas eran tan vivas en ellos
como en la España del siglo precedente. Vista la influencia
preponderante de los religiosos sobre la aparición y el desarrollo
de las tradiciones piadosas en Nueva España, y considerando
que la convergencia de éstas fue el centro de la conciencia
nacional, valdría la pena consagrarles nuevas búsquedas. En
Nueva España los conventos fueron el lugar de mayor actividad
espiritual, en el cuadro (aproximativo) de la ortodoxia católica. Lo que no se ha estudiado sistemáticamente bajo esa luz
es la inserción de esos monjes en la sociedad, su origen geográfico y social, sus lazos de familia, su vida extraconventual.
Se les conoce sobre todo a través de los *menologios* de los
historiógrafos oficiales de sus respectivas provincias religiosas,
fuente, sin duda, irreemplazable, pero sospechosa de espíritu
hagiográfico. Es cierto que este mismo espíritu es un documento
que ilumina el clima espiritual de Nueva España.

No es posible aislar completamente de la fermentación espiritual (y por tanto también política, en una sociedad santifican-
te) de los conventos un episodio ocurrido en 1642: el proceso
inquisitorial contra Guillén de Lampart. Este personaje, llegado
dos años antes a México con el séquito del virrey Escalona (que,
sospechoso de infidelidad al rey, fue arrestado y reemplazado
por Palafox), había urdido una conjura para independizar a
Nueva España. Fue el segundo en fecha de los grandes com-
plots de este tipo, después del de Martín Cortés en 1566. Lampart fue arrestado demasiado pronto como para que podamos
saber si su tentativa hubiera contado con muchas complicidades
en el país, ni con cuáles. Pero su programa de gobierno y re-
formas resulta altamente revelador de las tensiones internas de
la sociedad mexicana a mediados del siglo XVII; no nos parece
tan "extravagante" como lo ha pretendido J. Toribio Medina.
Señalemos en primer lugar que su proyecto se origina en la
convicción, alcanzada al leer la Escritura, de que los soberanos
de España detentaban ilegítimamente las Indias Occidentales.
Lampart redescubrió los argumentos de los adversarios de las
bulas alejandrinas, invocando como razón que los papas no tenían ningún poder temporal. De su programa vemos destacarse

los siguientes puntos (que pese a algunas extravagancias no debemos perder de vista):

— supresión de tributos y contribuciones;
— liberación de todos los esclavos;
— ventajas en especies concedidas a los descendientes de los conquistadores;
— promesas de hábitos (de las órdenes militares) a los indios que se unieran a su causa;
— restitución de las doctrinas a los religiosos, a perpetuidad;
— concesión de rentas a los conventos.[12]

Sacudir el yugo de España era, evidentemente, la coronación de ese programa demagógico. Este aspirante a la corona mexicana proclamaba el gran servicio que le hacía a Dios, y reclamaba para sí el patronato de todos los conventos del país, el derecho de presentación de los obispos, el otorgamiento de las prebendas y de los beneficios eclesiásticos. Es evidente que el rencor de los conquistadores expoliados (o, a esta fecha, más bien de sus descendientes) era todavía suficientemente vivo para aparecer como una carta de triunfo en el juego de un separatista. Salta a la vista que el clero, los canónigos y en especial los religiosos eran un apoyo indispensable para una empresa de "disidencia". Lampart no ahorró nada para asegurarse el concurso de los religiosos; lo esencial era prometerles la restitución de las doctrinas de los indios, llaga abierta en su costado desde hacía un buen medio siglo. Por otra parte, la situación econó-

---

[12] J. Toribio Medina, *Historia del Tribunal del Santo Oficio de la Inquisición en México*, México, 1952, ampliada por J. Jiménez Rueda, p. 259 b.
— *que no haya tributos ni pechos y que los asientos sean libres;*
— *da libertad a todos los esclavos;*
— *promete premios a los descendientes de conquistadores y a sus hijos;*
— *la presentación a los obispos, prebendas y beneficios le han de tocar a él;*
— *que se vuelvan las doctrinas a los religiosos y sean suyas perpetuamente;*
— *promete de hacer títulos y grandes de estos reinos;*
— *promete dar renta a los conventos;*
— *promete casar cada año cien doncellas; acaba con una larga protestación del gran servicio que hace a Dios y a estos reinos en sacudir el tirano yugo de los reyes de España (...).*

mica de numerosos conventos, superpoblados, era mediocre, a veces dramática. Por último, Guillén de Lampart presentaría él mismo a los obispos; eso ofrecía a los religiosos una garantía suplementaria contra el retorno ofensivo de los obispos secularizadores, de los cuales era vivo ejemplo el obispo de Puebla, Palafox (precisamente visitador y virrey interino, en ese momento investido de todos los poderes). Lampart ofrecía, a los criollos que lo ayudaran a tomar el poder, títulos nobiliarios y la creación de una nobleza mexicana. Su programa, por utópico que pueda parecer desde ciertos aspectos, era entonces perfectamente coherente: respondía a las aspiraciones de los sectores más insatisfechos de la sociedad: los monjes, la aristocracia criolla y los esclavos, accesoriamente los caciques indios. La nación mexicana estaba ya allí, y el programa de la Independencia quedaba esbozado con todo lo que implicaría de referencia al pasado mucho más que al futuro.

Menos de un siglo después de Lampart, desembarcó en Veracruz un capitán de fragata de la marina real, llamado Manuel de Bahamón, que pronto fue detenido y presentado ante el tribunal de la Inquisición "por sedicioso y turbativo, así del estado y gobierno espiritual y conciencia de los fieles como del temporal".[13]

Este iluminado había anunciado el nacimiento del Anticristo y profetizado, para muy pronto, el juicio final. Pero antes debía sobrevenir una revolución radical, que pusiera fin al reino del mal para instaurar el reino de la justicia. Reconocemos en esto, una vez más, el viejo sueño milenarista, que podía encontrar siempre en Nueva España el socorro de la añoranza de los primeros tiempos de la evangelización y la nostalgia de la Iglesia indiana. Al sonar la hora de la primera revolución de Independencia, Hidalgo y Morelos (ambos sacerdotes, hay que recordarlo) aparecieron ante sus partidarios como mesías, o por lo menos como hombres providenciales. También así los consideró el poder que, cuando fueron apresados, los condujo ante el tribunal de la Inquisición, al primero en 1811, al segundo en

---

[13] J. T. Medina, *op. cit.* (pp. 325-326). *Edicto del Tribunal de la Inquisición de Nueva España, de 26 de febrero, año de 1735* "(...) *muchas profecías que dicen ha hecho: las cuales son asegurar ser nacido el Antecristo, estar muy próximo el Juicio Final del mundo, pero que antes se ha de acabar el mundo malo y ha de empezar el bueno".*

1815. Acusados de herejía y de apostasía, los dos liberadores protestaron con constancia su sumisión a la Iglesia católica, apostólica y romana.

Los pocos sondeos que acabamos de dar, a título de ejemplo, en la historia espiritual de Nueva España, reclaman, nos parece, las siguientes observaciones:

— Las creencias en Nueva España eran el producto inestable de aportaciones religiosas heterogéneas, debidas a grupos étnicos desiguales en importancia y en influencia.

— Cada una de las religiones de esas minorías, con el contacto prolongado con las demás, sufrieron importantes modificaciones (pérdidas, préstamos, sustituciones).

— A excepción del catolicismo, religión oficial, las otras religiones en presencia (judaísmo, politeísmo mexicano, animismo africano) tenían un carácter residual, debido al alejamiento de su hogar espiritual y a la presión de la ortodoxia católica (persecuciones, prohibiciones).

— Las comunidades indígenas en el mundo rural, los conventos en la sociedad criolla, el medio de los esclavos y de las castas en las ciudades, parecían haber sido los focos de aparición de creencias sincréticas específicamente mexicanas, y de prácticas mágicas.

— La espera mesiánica y una concepción apocalíptica de la historia fueron el denominador común de las religiones en presencia.

— Fue una aspiración común a los indios, a los judíos y a los cristianos herederos de los primeros evangelizadores franciscanos reanudar el hilo roto de una historia sobrenatural (no hay que olvidar que la España del tiempo de la conquista reunía en su suelo, después de más de diez siglos, a cristianos, judíos y musulmanes).

— El encuentro entre las divinidades de papel definido del panteón mexicano y el culto de los santos protectores locales, tan vivo en la sociedad española, dio lugar a sustituciones y a asimilaciones.

— Si el impulso espiritual sólo podía provenir oficialmente de los monjes y de los obispos en la sociedad de Nueva España, la mayoría de la población rural (los indios) y urbana (las castas) permanecía apegada a sus propias creencias.

Si bien los monjes elaboraron leyendas piadosas más o menos compatibles con la ortodoxia, fue el pueblo de las castas y de los indios el que les dio vida o las dejó debilitarse. La minoría criolla dominante necesitaba, para liberarse de la tutela española, del apoyo decisivo de la población; tuvo que elaborar una ideología capaz de integrar idealmente los grupos étnicos dominados, utilizados primero como fuerza de trabajo, luego de combate. El estado de opresión en que vivía la mayoría nacional constituida por los indios y por las castas, ha sido permanentemente terreno propicio a la aparición de movimientos mesiánicos de liberación espiritual y política, y también de emancipación social. Como respuestas míticas destinadas a colmar tales aspiraciones, aparecieron y se desarrollaron las creencias en una evangelización primitiva de México por el apóstol santo Tomás, bajo el nombre de Quetzalcóatl, y en la aparición prodigiosa de la Virgen de Guadalupe en el cerro del Tepeyac, antiguo santuario de Tonantzin, la diosa madre de los aztecas.

Segunda Parte

MOMENTOS DE HISTORIA
Etapas de toma de conciencia nacional

I. EL INDIO, PROBLEMA ESPIRITUAL
1524-1648

LA FE PROVIDENCIALISTA Y LA ESPERANZA MILENARISTA

LA FORTUNA del mito mesiánico de Quetzalcóatl y el desarrollo de la devoción mariana en la especie de la imagen prodigiosa de la Guadalupe sólo se iluminan si se intentan recuperar los grandes momentos de la historia espiritual de Nueva España. El primero todavía pertenece en toda su amplitud a la vieja España; el Viejo Mundo proyectó sobre el Nuevo su esperanza milenarista, en la primera mitad del siglo que siguió a la conquista de México por Cortés y sus compañeros de armas. Ese momento corresponde casi exactamente en la historia eclesiástica y misionera a lo que Robert Ricard ha estudiado bajo el título sugestivo de *La conquista espiritual de México*, y que el subtítulo de la obra define más precisamente como "el apostolado misionero de las órdenes mendicantes".[1] Sin esquematizar excesivamente la realidad, puede decirse que esta primera ola misionera se caracterizó por el espíritu de los franciscanos reformados o frailes menores. Y así podemos delimitar esta fase, que se abre con la llegada a México de los "doce", los primeros franciscanos enviados por Carlos V a pedido de Cortés, en 1524. El paso a una situación espiritual diferente coincide casi con exactitud con la llegada de los primeros misioneros jesuitas en 1572, año en que se produjo otro acontecimiento decisivo para la evolución de la Iglesia mexicana, el comienzo de un largo y activo magisterio espiritual, el de don Pedro Moya de Contreras, arzobispo de México y luego virrey. Señalemos que esta cronología puede ser discutible. Creemos con R. Ricard que la fecha de 1572 es *la de viraje,* pero en su estudio sobre *The Millennial Kingdom of the Franciscans in the New World,* John Leddy Phelan señala como fecha final de *la edad de oro de la Iglesia indiana* la de 1564. Esto es poco importante frente a lo esencial,

---

[1] Robert Ricard, *La "Conquête spirituelle" du Mexique. Essai sur l'apostolat et les méthodes missionnaires des ordres mendiants en Nouvelle-España, de 1523-24 à 1572*, París, ed. Institut d'Ethnologie, 1933.

75

en lo cual coinciden los historiadores, la existencia de una esperanza milenarista —heredada, a través de san Francisco de Asís, de Joaquín de Flora— entre los primeros misioneros franciscanos de México. Hay que observar que la obra profética de Joaquín de Flora, monje calabrés del siglo XII, *Divini abbatis Joachim Concordie Novi ac Veteris Testamenti. . .,*[2] fue publicada por primera vez en Venecia, en 1519, el año mismo en que Hernán Cortés tocó esta tierra mexicana que muy pronto iba a conquistar. Habiendo sido México la primera gran conquista continental en el Nuevo Mundo, y sobre todo el primer encuentro de los conquistadores españoles con una población numerosa, ello conmovió a la opinión peninsular, como lo demostraron las multitudes entusiastas que festejaron a Cortés a su vuelta a España. Para los historiadores contemporáneos, especialmente para el franciscano fray Jerónimo de Mendieta, en su *Historia eclesiástica indiana,* quien aparece como el hombre verdaderamente providencial, reservado por el Señor para esta gran misión de descubrir el Nuevo Mundo, es Hernán Cortés (y no, como lo era antes, Cristóbal Colón). Esto prueba al menos que el aspecto importante del descubrimiento no era tanto la *exploración* de tierras nuevas como la *revelación* o *manifestación* de una nueva parte de la humanidad, prometida como una rica cosecha al celo de los evangelizadores. En efecto, si la geografía debía salir trastornada de los grandes descubrimientos americanos, esta consecuencia, esencial a nuestros ojos de racionalistas modernos, pareció entonces mucho menos importante que el alimento que ofreció a la esperanza escatológica del Reino. Con respecto a esto, las ideas de Joaquín de Flora, caras a los franciscanos, debían desempeñar un gran papel. Se trata de la primera teoría de la historia elaborada en la Edad Media, y que iba a otorgar pleno sentido a esta noción de "Edad Media", a la vez que permitiría que fuese superada.

Para Joaquín de Flora, el destino sobrenatural de la humanidad y su historia se dividía en tres estados sucesivos: "el tiempo de la letra del Antiguo Testamento, el tiempo de la letra

---

[2] *Divini abbatis Joachim Liber Concordie Novi ac Veteris Testamenti, nunc primo impressus et in lucem editus, opere equidem divinum ac aliorum fere omnium tractatum suorum fundamentale, divinorum eloquiorum obscura elucidens, archana referans necnon eorundem curiosis sitibundisque mentibus non minus satietatem afferens.* Venecia, 1519.

del Nuevo Testamento, el tiempo de la comprensión espiritual".[3] En el libro de la *concordancia*, muestra correspondencias precisas entre los acontecimientos de los tres estados sucesivos de la humanidad encaminada hacia su fin. La historia está dividida en periodos, cada uno de los cuales tiene su réplica en los otros dos estados, y llevan el nombre apocalíptico de *sellos*. Los *sellos* de la historia son siete. Es significativo que Joaquín de Flora, evocando el quinto sello, haya escrito: "Fue hecha mención de Babilonia por la primera vez. Así, en nuestros días, multitud de cristianos que consideraban que la Iglesia, por todo el bien que ella ha hecho, posee algún derecho a ser llamada Jerusalén, consideran que ahora, por los incontables males que ella suscita, debe ser llamada Babilonia."[4] Es de imaginar la repercusión de tales consideraciones, publicadas en 1519, justo antes de consumarse el cisma de Lutero. En verdad, los luteranos compartían con Joaquín la preocupación por el Anticristo, cuya venida debía preceder a la del "Señor en la gloria de su Padre, escoltado por todos los santos".[5] Los heréticos no dudaron en identificar al Anticristo con el propio papa, mientras que la tradición judaica lo llama Gog. Reconocemos aquí un versículo del *Apocalipsis*, y precisamente sobre una interpretación de origen judaico del *Apocalipsis* se funda la teoría milenarista de Joaquín de Flora, como lo muestra este pasaje del *Liber in expositionem in Apocalipsim*: "El tercero (estado) ha sido instaurado por san Benito, cuya excelencia no será perfectamente comprendida hasta cerca del fin de los tiempos *cuando Elías reaparecerá*, y el incrédulo pueblo judío retornará a Dios. Entonces el Espíritu Santo surgirá, y clamará con su gran voz: 'El Padre y el Hijo han actuado hasta ahora. Y ahora actúo yo'."[6] Ese último tiempo, el del Espíritu Santo, corresponde al *Evangelio eterno*, nombre que permanece unido a la doctrina de Joaquín de Flora: "¿Y cuál es este Evangelio? Aquel del que habla Juan en el *Apocalipsis*: Vi un ángel que volaba en medio del cielo y tenía un Evangelio eterno. ¿Y qué es lo que se encuentra en este Evangelio? Todo lo que va más allá

[3] Joaquín de Flora, *Liber introductorius in expositionem in Apocalipsim*, en *L'Evangile éternel*, primera traducción francesa precedida de una biografía por Emmanuel Aegerter, París, ed. Rieder, 1958, t. II, p. 96.
[4] *Ibid.*, t. II, p. 50.
[5] *Ibid.*, t. II, p. 111.
[6] *Ibid.*, t. II, p. 92.

del Evangelio de Cristo. Porque la letra mata y el espíritu vivifica."[7] La renovación de la espiritualidad en el siglo XVI se manifestó en el límite, allende el cristianismo, especialmente en las órdenes mendicantes, llamadas por el profeta Joaquín a abolir la Iglesia carnal y a preparar una nueva revelación. Los corolarios políticos de la espera del *Millenium* eran temibles: "Bajo el sexto sello del segundo estado será golpeada la nueva Babilonia. Y como, en este mismo periodo del primer estado, los asirios y los macedonios aplastaron a los judíos, vemos hoy a los sarracenos atacar a la cristiandad, y pronto veremos surgir a los falsos profetas (...). Terminadas estas pruebas, los fieles verán a Dios cara a cara. Este estado será el tercero, reservado al reino del Espíritu Santo."[8] Las victorias turcas en Europa, la decadencia de la Iglesia romana, la aparición del *falso profeta* Lutero (también él identificado por algunos con el Anticristo) y la cosecha espiritual prometida y, al parecer, reservada por la Providencia a los pioneros franciscanos de la evangelización del Nuevo Mundo, eran otros tantos signos convergentes de la aproximación del *Milenio* y del cumplimiento de las profecías del abate Joaquín. También los franciscanos de Nueva España intentaron fundar la Iglesia indiana, que debería ser la del tercer estado, y en la cual los monjes tendrían un lugar preeminente.

En ese clima de exaltación providencialista y de espera mesiánica, nació una corriente franciscana para alimentar la espiritualidad criolla de Nueva España. Es posible afirmar, en el espíritu de sus fundadores, sin jugar con las palabras, que esta Nueva España debía ser tan radicalmente nueva en relación con la tradicional España como la nueva Iglesia en relación con la Iglesia romana. Los primeros misioneros de México fueron indudablemente criollos en la medida en que tuvieron la voluntad de crear un mundo nuevo, que implicaba una ruptura con el antiguo. Por lo demás, su adhesión a la tierra americana, y más aún a la población, se ha expresado con lirismo en la pluma de más de uno de ellos. La espera del *Milenio* (una espera febril y activa) entre los evangelizadores de México es la primera manifestación del espíritu criollo de América, puesto que la propia evangelización y su impulso lo marcaron con un sello indeleble. Resultan sorprendentes los extensísimos privilegios

[7] *Ibid.*, t. II, pp. 117-118.
[8] *Ibid.*, t. II, p. 106.

conferidos a los misioneros franciscanos por los papas sucesivos, León X en 1521, luego Adriano VI, en 1522, que verdaderamente ponían el destino de la Iglesia nueva entre sus manos. Prevalecía, pues, el sentimiento, tanto en la Santa Sede como en América, de que la Iglesia se encontraba en un momento crítico, y también el de que su gran posibilidad estaba constituida por la reserva de almas del Nuevo Mundo, pronto para la conversión. Un momento tan importante de la historia, según las concepciones de esa época, debía ser anunciado en las Escrituras, fuente de toda verdad; de ahí el esfuerzo de exégesis de las Escrituras intentado a la vez para elucidar los aspectos todavía oscuros del acontecimiento y para justificar la edificación de la Iglesia indiana. Esta Iglesia, cuyos fieles eran en primer lugar monjes españoles, fue el primer modelo ideal de una posible sociedad criolla. Nos referimos a una utopía, emparentada por su inspiración con la *Utopía* de Tomás Moro, que un obispo de México, don Vasco de Quiroga (notablemente estudiado por Silvio Zavala), intentó realizar con mediano éxito. A lo largo de los siglos coloniales hasta llegar a nosotros, las sociedades americanas (especialmente la de México) permanecieron marcadas por el sello de la esperanza milenarista y de la gracia original que presidió su nacimiento. El "Nuevo Mundo" fue imaginado primero como un mundo libre de las taras del antiguo; nació bajo el signo del Espíritu Santo y de la mujer del *Apocalipsis*, "vestida de sol, teniendo la luna bajo los pies".

Obreros inspirados de la Providencia, los evangelizadores franciscanos de Nueva España calificaron al conquistador Cortés, que les había abierto el camino, de "nuevo Moisés", en virtud del sistema de concordancias de Joaquín de Flora. Las creencias indígenas que se esforzaban en extirpar eran para ellos idolátricas; las divinidades indígenas, según la tradición bíblica y judía, eran demonios, calificados de "diablos" por fray Bernardino de Sahagún, en su *Historia general de las cosas de Nueva España*. Esta convicción de los evangelizadores tendría como consecuencia el rechazo de todo compromiso con las antiguas creencias, la voluntad de hacer tabla rasa con ellas, lo que R. Ricard ha analizado bajo el nombre de "política de ruptura". Sahagún toma posición implícita al interpretar las Escrituras y el precepto de Jesús a los apóstoles de ir a predicar el Evangelio a *todos* los pueblos, cuando escribe: "¿Qué es esto, señor Dios, que habéis permitido tantos tiempos que aquel enemigo del género humano tan a su gusto se enseñoriase de esta triste y desamparada nación? (...). Por la parte que me toca suplico a V. D. majestad que (...) hagáis que donde abundó el delito abunde la gracia, y conforme a la abundancia de las tinieblas, venga la abundancia de la luz." [9] Es interpretar la cristiandad como *historia.* En efecto, tomado literalmente, el versículo puede entenderse como la misión dada a los apóstoles de predicar el Evangelio, mientras vivieran, a todos los pueblos del mundo. De no ser así, los "doce" franciscanos que habían llegado a México en 1524 podían ser también llamados legítimamente "apóstoles" como los compañeros de Jesús; a ellos correspondía predicar la fe a los últimos pueblos que todavía no habían sido alcanzados por la Palabra.

Correlativamente, fueron las órdenes mendicantes las que prepararon la parusía de Cristo, gracias a la conversión de los últimos gentiles, ¿o se trataba de los "judíos escondidos", cuya conversión debía preceder a la venida del nuevo Mesías: Elías? ¿Cómo explicar la injusticia (la injuria, escribe Sahagún) hecha por Dios a una parte numerosa y aun, se creía, la más numerosa de la humanidad, entregada al diablo durante quince siglos?

Ante todo eso, el espíritu agustiniano oponía los impenetrables misterios de Dios. El amor a los indios del Nuevo Mundo se expresó, pues, en la plegaria fervorosa de los pioneros franciscanos, para que el Señor abundara en su gracia y, sobre todo, en el celo apostólico inspirado en las misiones africanas en los siglos XIV y XV. Agustinianos en ese punto, los frailes menores entraban por lo demás en contradicción con el autor de *La ciudad de Dios,* como lo ha observado justamente Norman Cohn, ya que para san Agustín esta ciudad ya había sido edificada, mientras que para Joaquín de Flora y sus epígonos franciscanos era necesario prepararse para la venida. Vemos a través de esos ejemplos, que la esperanza escatológica del Reino no estaba exenta de dudas y de incertidumbres; la preeminencia temporal de los monjes pronto fue amenazada por el obispo y la edad de oro de las órdenes mendicantes se desvaneció con la primera generación, la de los "doce". En cuanto al *Milenio,* fue diferido en las condiciones que más adelante evocaremos, y que

[9] Fray Bernardino de Sahagún, *Historia general de las cosas de la Nueva España*, libro I, apéndice, cap. XVI, confutación, México, ed. Porrúa, 1956, pp. 90 y 95.

constituyen un segundo momento espiritual de la sociedad criolla mexicana en gestación.

La esperanza milenarista implicaba, pues, cierta visión del descubrimiento del Nuevo Mundo y de la misión providencial de sus conquistadores españoles. Esta última se expresó en las grandes obras historiográficas de la conquista, donde todavía se refleja ampliamente el espíritu de la conquista peninsular sobre los moros. Es así que en la dedicatoria a Carlos V, que precede a su *Historia general de las Indias*, Gómara, capellán de Cortés, escribió que "comenzaron las conquistas de indios acabada la de moros, porque siempre guerreasen españoles contra infieles".[10] No es posible dudar acerca de que esta reflexión expresaba fielmente los sentimientos del propio conquistador de México. La intervención de la Providencia en la historia nacional de España, o más bien de los españoles, que se consideraban a sí mismos como el brazo de la cristiandad en su lucha contra los heréticos, los judíos y los musulmanes, no era nueva; no nació con la conquista del Nuevo Mundo. Las apariciones prodigiosas de la Virgen, de las que tendremos que ocuparnos largamente, tienen que ser situadas en ese mismo clima carismático para ser comprendidas. El mercedario anónimo que redactó una de las historias primitivas de la aparición de la Virgen de Guadalupe de Extremadura pudo escribir a partir de 1440: "Después que el cuchillo de los moros pasó por toda la mayor parte de España, plogo al Señor Dios de esforçar los coraçones de los cristianos para que tornassen a cobrar las fuerças que avían perdido. E así fue que cobraron mucha fuerça de aquella..."[11]

La aparente confusión del dominio religioso y del campo político deriva naturalmente de la concepción escatológica de la historia que prevalecía desde hacía varios siglos en Europa, y que ha sido notablemente definida por Dante. Puede decirse, a grandes rasgos, que para los espíritus comunes la humanidad comprendía a los cristianos, a los judíos, a los musulmanes y a los gentiles. Los cristianos por excelencia eran los españoles, nuevo *pueblo elegido*, cuya misión consistía en vencer a los musulmanes, convertir a los gentiles y conducir a los judíos

---

[10] Francisco López de Gómara, *Hispania Victrix. Primera y segunda parte de la historia general de las Indias*, en *Historiadores primitivos de Indias*, B. A. E., t. XXII, p. 156.

[11] *Códice 55*, Madrid, *Archivo Histórico Nacional*, fol. 6 r.

perdidos al seno de la Iglesia. Entonces la cristiandad sería, por fin, *católica*, es decir, universal, y el Mesías, en su gloria, rodeado de todos los santos, vendría a reinar en el mundo. Los "soldados de Cristo" eran, en primer lugar, los monjes evangelizadores, que podían ser también inquisidores como Zumárraga y aun combatientes. El desarrollo de la historia según los impenetrables designios de Dios podía, no obstante, ser descifrado en la Escritura, en particular en los *Profetas* y en el *Apocalipsis*. Sin duda nadie ha llevado tan lejos como Joaquín de Flora la empresa de elucidación de la Escritura, en el sentido de una interpretación de la historia medieval, correspondiente, término a término, con la historia antigua.

Sin embargo, aunque los *Profetas*, y por lo general el Antiguo Testamento, hayan sido ampliamente utilizados, la concepción apocalíptica de la historia que prevalecía en la Europa medieval y en la del Renacimiento, se apartaba de la tradición judaica y presentaba rasgos típicamente paulinos. La historia de la humanidad se confundía con la del pecado, con la de un mundo entregado a Satán (de ahí la visión de tipo maniqueo en la cual las fuerzas del bien se oponían a las del mal sin llegar a triunfar sobre éste); se prolongaría hasta la parusía, el establecimiento del Reino de Dios. La tarea de los cristianos consistía en apresurar la venida de ese "reino". La voluntad de Dios era, según se pensaba, que allí donde había abundado el pecado, abundara la gracia. La humanidad cristiana debía quedar transida periódicamente por una fiebre milenarista. San Hipólito había calculado que el año 600 sería el del *Millenium*; para Joaquín de Flora sería el 1260, pero el plazo se iba prolongando cada vez más. En este punto, la esperanza milenarista de los evangelizadores franciscanos del Nuevo Mundo no debía ser una excepción. A pesar de la multiplicación de los signos precursores: la decadencia de la Iglesia romana, las victorias musulmanas, el desarrollo de la herejía luterana en Europa septentrional, la numerosa conversión de los gentiles de América..., la "espera" resultó vana.

Cabe pensar que la interpretación joaquinista del *Apocalipsis*, capaz de reconciliar el Mesías judaico y el Mesías cristiano, encontró resistencias. Para la cristiandad (en el espíritu de los pensadores europeos de ese tiempo, la humanidad) se trataba de saber si iba a concluir la Edad Media, ese largo periodo intermedio entre la resurrección de Jesús después de la pasión y su retorno glorioso. La primavera del mundo, cuya eclosión era anunciada cada vez que los tiempos se volvían intolerables a consecuencia de las guerras o las epidemias, parecía a todos los oprimidos como una especie de desquite final. La *condena en la tierra* sería reemplazada por el *Reino de la Justicia*. Tanto los poderes temporales como la Iglesia acogieron siempre con muchas reservas el *Millenium*. Los propios sostenedores del milenarismo encontraron a cada paso dificultades internas. En el aspecto que nos ocupa, debían presentarse muchas con relación a un conjunto de problemas cuya solución confirmaría la espera milenarista o, por el contrario, la debilitaría.

La irrupción repentina de una fracción desconocida pero numerosa de la humanidad en un mundo todavía organizado según la cosmografía de la antigüedad helénica, apenas revisada por la Iglesia de Occidente, no podía dejar de despertar graves preguntas. En el espíritu de los misioneros de entonces, que representaban la tendencia más avanzada de la Iglesia de España, la búsqueda de la verdad, en primer lugar, debía consistir en un esfuerzo exegético. Por tanto, se pusieron a indagar en el *Apocalipsis* y en los *Profetas*, para encontrar en ellos el anuncio del descubrimiento del Nuevo Mundo, del cual Gómara pudo escribir que "la mayor cosa después de la creación del mundo, sacando la encarnación y muerte del que lo creó, es el descubrimiento de las Indias, y, así, las llaman Mundo Nuevo".[12] Esta frase (la primera de la dedicatoria a Carlos V, que ya hemos citado) transmite perfectamente el sentido que los contemporáneos dieron al descubrimiento de América, y también a esa expresión: Nuevo Mundo. Ese mundo, es decir, antes que nada, sus poblaciones, era una nueva etapa en la historia de la cristiandad en marcha hacia su consumación. Los teólogos tenían, pues, como tarea interpretar correctamente, a la luz de las Escrituras, este acontecimiento, que, dada su importancia escatológica, debía estar *escrito* en los textos sagrados. La idea recibida de que la historia de la humanidad estaba escrita crípticamente (en cifra) en las Sagradas Escrituras permitía las hipótesis más audaces: Colón no tardó en ser reconocido en el Antiguo Testamento, y, además, su nombre "Cristóforo" (el porta-Cristo), ¿no era ya el signo, acaso, de los designios de la Providencia a su respecto? Para los racionalistas modernos es fácil sonreír ante

---

[12] Gómara, *op. cit., ibid.*

tales explicaciones, pero para los espíritus impregnados de esoterismo de los europeos del siglo XVI sólo se trataba de un signo
más de las intenciones de Dios.

EL PROBLEMA DEL ORIGEN DE LOS INDIOS

Según la respuesta que se diese a esta pregunta, la venida del
Millenium estaría o no próxima, los judíos y los cristianos se
reconciliarían o no, el sistema del mundo, la cristiandad occidental estarían o no en quiebra, y la interpretación de la Escritura debería ser largamente discutida. Habría, pues, motivo
para una permanente inquietud del poder temporal y del poder
espiritual, en épocas en que el Islam estaba en plena expansión
y en que se propagaba la herejía luterana; estaba en juego la
preservación de la unidad de la especie humana, la de la Iglesia
y la del Imperio. Como el derecho de gentes tenía fundamentos
trascendentes, y el único título verdadero de los españoles eran
las bulas alejandrinas —que les concedían el derecho de dominar las Indias Occidentales, y de sacar tributos en especie de
las poblaciones, a cambio de las cargas soportadas por la monarquía castellana para evangelizar a los indios—, era necesario
probar lo bien fundado de tal empresa. No olvidemos que la
infalibilidad papal no se transformó en dogma hasta el siglo XIX
(y sólo se aplica por lo demás a aspectos de la fe, y en circunstancias particulares), y que los teólogos y juristas del siglo XVI
y del siglo XVII podían discutir la validez de las bulas alejandrinas, sin caer en sanciones eclesiásticas. Cierta tradición de
la corona castellana en materia de regalías los animaría a esto;
los soberanos de Francia, en especial, consideraban las bulas
como no concedidas, y había que dar un fundamento más sólido
a la dominación española en el Nuevo Mundo. Tal fue el sentido, especialmente, de las *Relectiones de Indis,* las lecciones sobre las Indias dictadas por Vitoria en la Universidad de Salamanca.

El racionalismo actual, de origen kantiano, ha descalificado
los problemas del origen y del fin último, relegándolos a la metafísica, para aplicar todo su esfuerzo a las causas y a las relaciones; es decir, que estamos en los antípodas de los religiosos
del Renacimiento, para los cuales este renacimiento fue en primer lugar el de la inquietud escatológica. El destino sobrena-

tural de la humanidad era una túnica irrompible, y, por tanto, la
suerte de la cristiandad dependía de la de los indios, y la propia suerte de los indios *debía estar escrita* por toda la eternidad;
el problema consistía entonces en identificar a los habitantes
del Nuevo Mundo con la descendencia de uno de los patriarcas de la Biblia, de relacionarlos de alguna manera con la estir-
pe de Adán (o, por el contrario, en excluirlos, cosa que no
dejó de ser encarada). También aquí nuestra sorpresa se explica
por el peso de una tradición *rousseauniana* semiconsciente
en el espíritu moderno. Para los hombres del siglo XVI español,
nutridos de lo maravilloso medieval, de humanismo antiguo y
de exégesis judaizante, la novedad radical de América ofrecía
un campo inesperado. La búsqueda de las amazonas o de los
cíclopes, de las sirenas o de los descendientes de los judíos desterrados por el rey Salmanasar, fue frecuente en la época de la
conquista americana. No es asombroso; basta pensar que la humanidad medieval, reducida a la cuenca mediterránea y a sus
marcas germánicas o númidas, se consideraba a sí misma completa y terminada (a excepción de un Oriente vago cuya imagen
maravillosa habían difundido los relatos de Marco Polo). Como
lo ha demostrado O'Gorman, el mundo de entonces comprendía
tres continentes, simbólica correlación de la Santísima Trinidad
y de las tres coronas de la tiara pontificia.

No había lugar, al pie de la letra, para ese cuarto y nuevo
mundo, que había llegado demasiado tarde para una cosmología
heredada de Ptolomeo e incorporada al dogma por la Iglesia. No
se sabía qué hacer con los indios, de los que Colón había escrito que no eran ni negros ni canarios. Si Vasco de Quiroga vio
en ellos a los saturnianos de Luciano, también podía resultar
igualmente económico y tranquilizador separarlos de la humanidad e identificarlos con esos *monstruos* que colmaban las leyendas antiguas y que todavía no se había tenido ocasión de
encontrar nunca. Eso es lo que aparece gráficamente en ciertos
grabados de fines del siglo XV y aun más tardíos. Tal posición
presentaba el peligro de hacer inútil toda tentativa de evangelización, como lo comprendieron muy pronto los misioneros,
pescadores de almas que se convirtieron en los campeones de
"la humanidad" de los indios. A la vez, los conquistadores veían
en ello la ventaja de poder explotar sin piedad a los habitantes
del Nuevo Mundo. El problema de la naturaleza de los indios
fue uno de los terrenos del enfrentamiento que iba a oponer,

sobre todo durante la primera generación, los religiosos a los colonos.

Ese debate sobrepasaba los antagonismos religioso-conquistadores por la dominación del Nuevo Mundo; así, la monarquía tomó oficialmente posición, pronto seguida por el papa Pablo III. El breve *Cardinali toletano*, dirigido al primado de las Españas, seguido de la bula *Sublimis Deus*, sólo aparecerán, sin embargo, en 1537, es decir, que esos textos son posteriores a las grandes conquistas continentales, las de México y Perú. Mientras los indios podían ser presentados bajo los rasgos de nómadas cazadores y recolectores del Darién, todavía era posible hacer creer en Europa que entre ellos había cíclopes y amazonas; eso se volvía inverosímil después de las revelaciones de Cortés sobre el imperio azteca y las de Pizarro sobre los incas. Las "Leyes Nuevas", cinco años más tarde, tomaron en lo sustancial las ideas expresadas por el pontífice romano en la bula *Sublimis Deus*. Pero se recordará que desde fines del siglo xv la reina Isabel la Católica había hecho liberar a los indios llevados a la península como esclavos, exigiendo que fueran repatriados; el joven Bartolomé de las Casas había sido testigo directo de esta intervención, puesto que su padre poseía un esclavo traído de la Isla Española (Santo Domingo). Si bien la humanidad de los indios fue puesta en duda por algunos espíritus, no parece haber sido en ningún momento un problema a los ojos de los soberanos.

El reconocimiento de la humanidad de los indios los convertía en semejantes, en almas capaces de salvación. El acercamiento de los indios a la naturaleza humana era un paso previo de importancia decisiva, pero abría un nuevo campo de hipótesis, un campo cerrado donde se enfrentarían, durante más de dos siglos, los exegetas y los historiógrafos. Mencionar aquí, una por una, las diferentes posiciones, sólo llevaría a un fastidioso catálogo; por lo demás, esta tarea fue cumplida a principios del siglo xvii por un dominico, fray Gregorio García, en una obra publicada en Valencia, *Origen de los indios del Nuevo Mundo e Indias Occidentales* (1607). La génesis del libro de fray Gregorio García y su realización son reveladoras. Habiendo pensado escribir primero una historia del antiguo Perú (lo que para él significaba el imperio de los incas), renunció a ello provisionalmente, luego de un tiempo pasado en Nueva España que le valió un considerable cuerpo de informaciones sobre la

Mesoamérica precolombina. Dado que el problema del origen de los indios era un asunto más de "opinión" que de información, eligió publicar primero lo que sólo tendría que haber sido la segunda parte de un tríptico (en el capítulo siguiente hablaremos por extenso de la tercera). Este religioso recuerda, desde el primer capítulo del libro primero, precisamente que "el fundamento primero es de fe católica: conviene, a saber, que todos cuantos hombres y mujeres hubo y hay, desde el principio del mundo, proceden y traen su principio y origen de nuestros primeros padres, Adán y Eva".[13] Esta declaración de ortodoxia es importante; según tenemos entendido, todos los autores del siglo XVI, que emitieron hipótesis relativas al origen de los indios, se sometieron a ella, y tendremos que llegar al siglo XVII, con Isaac La Peyrère, para que la hipótesis de los indios *preadamitas*, exentos del pecado original, sea emitida (y combatida entonces vigorosamente por el benedictino Feijoo). Pero aun aceptando la vinculación de los habitantes del Nuevo Mundo con la descendencia de Adán, cabían muchas divergencias. Recordemos el segundo gran principio de Gregorio García, que está de acuerdo con la concepción trinitaria del mundo citada anteriormente: "El segundo fundamento, que habemos de suponer, es que las gentes que hay en las Indias, a quien llamamos indios, fueron a ellas de una de las tres partes del mundo conocidas: Europa, Asia y Africa."[14]

La idea, todavía ampliamente difundida entre los paleontólogos modernos, de que América no ha tenido poblaciones autóctonas y que todas sus poblaciones tienen un origen exótico, se remonta al siglo XV y se nos presenta como la secuela de una antropología vacilante y una cosmología abandonada.

El margen dejado por ambos principios a las hipótesis sobre el origen de los indios occidentales, compatibles con la ortodoxia católica, seguía siendo muy amplio. Sólo nos referiremos aquí a algunos ejemplos, entre los más significativos. En realidad, todas las respuestas dadas a la pregunta en torno a dicho origen se remontaban a dos fuentes: la ciencia pagana de la antigüedad romana y helénica, por un lado, y, por otro, la tra-

---

[13] Gregorio García, *Origen de los indios del Nuevo Mundo e Indias Occidentales, averiguado con discurso de opiniones por el Padre Presentado Fray (...) de la Orden de Predicadores*, libro I, cap. I, Valencia, 1607.

[14] *Ibid.*, nota 35.

dición judeo-cristiana. En el tercer capítulo del primer libro, el padre Gregorio García se refiere a Aristóteles: "Aristóteles (en un libro que escribió de las cosas maravillosas de la naturaleza) refiere una navegación de una nao cartaginense que partiendo de las columnas de Hércules, es decir, Gibraltar, o de Cádiz, y siendo llevada con un recio viento de levante, aportó a una isla, hasta entonces no sabida, ni vista, la cual, por las señas que de ella allí da (...), es, sin duda, la Isla Española, que descubrió Colón (...). Por ventura, como algunos advierten, era aquella tierra, que descubrieron los cartaginenses, la que ahora se llama Firme, y les pareció isla." [15] Luego, en un capítulo siguiente, se refiere a Séneca: "De lo que profetizó Séneca de las Indias".[16] Pero sin duda lo más interesante es el esfuerzo exegético que aparece en el sexto capítulo, siempre del primer libro, titulado: "Cómo se halla mención de las Indias en la Sagrada Escritura". Aunque sea un poco largo, citaremos aquí un pasaje revelador de la actitud espiritual de los evangelizadores del Nuevo Mundo: "El mismo profeta Isaías, según la interpretación de los setenta intérpretes, dice: '¡Ay de la tierra que envía navíos a la otra parte de Etiopía!' (*Isaías*, 18). Todo aquel capítulo lo declaran de las Indias autores muy graves y doctos, y señaladamente fray Luis de León, el cual, con lo que se dice en este capítulo y lo que dice el profeta Abdías en el fin de su profecía, prueba que la conversión de los indios por gente española fue profetizada muchos años antes por estos profetas (Luis de León, comentario de *Abdías* y del *Cantar de los Cantares*, o cap. VIII)." Es manifiesta la relación entre varias cuestiones, diversas para nosotros, pero entonces inseparables: el conocimiento de América por los antiguos, la población de América por inmigrantes salidos de una de las tres regiones del mundo conocido, la conversión de los indios al cristianismo y, sobre todo, la explicación del contenido de las profecías bíblicas durante el curso de la historia. Sobre cada uno de esos puntos era importante acumular la mayor cantidad de autoridades posible; por tanto, el séptimo capítulo trata: "De lo que sintieron Orígenes y San Jerónimo acerca del Nuevo Mundo", donde el autor nos recuerda que "Clemente, discípulo de los apóstoles, hace mención también de aquellos a quien los griegos llaman antípodas (...)". La reunión convergente de testimonios

---

[15] *Ibid.*, cap. III, § 2.
[16] *Ibid.*, cap. VIII.

tomados de los filósofos griegos clásicos, de los profetas del Antiguo Testamento y de los padres de la Iglesia, testimonios a menudo crípticos (en especial los de los profetas) pesaban más como demostración que las observaciones hechas sobre el terreno por los misioneros o los administradores.

Sin embargo, también se echaba mano de la experiencia del Nuevo Mundo y de sus poblaciones, como vemos en el libro segundo, en donde la autoridad de Aristóteles coincide con la visión americana para sostener la hipótesis cartaginesa: "Del cuarto fundamento, donde se refieren grandes antiguallas y ruinas de edificios, que parecen ser de cartaginenses." [17] Las ruinas ciclópeas del Alto Perú evocaron a los españoles las murallas de Cartago... Es la primera vez que vemos mencionadas aquí las *antiguallas* precolombinas, que desempeñarían un papel cada vez más importante en la conciencia americana. Los caracteres antropológicos eran una frágil barrera a la autoridad conjugada de los antiguos, los profetas, los padres de la Iglesia y los doctores modernos; "y el parecer de los indios, que aquella gente se diferenciaba de ellos, no es argumento para que no fuesen de la nación cartaginense, primera población de aquella tierra (...) en esta ajena y extranjera para ellos adquirieron diferente color, complexión y otras propiedades, cual ahora tienen los indios".[18] El autor pasa sin problemas de México a Perú, de Yucatán a Tiahuanaco, donde se encontraban otras ruinas *cartaginesas*, que los indios atribuían a "otras gentes barbudas y blancas como nosotros".[19]

Con la misma convicción y honestidad que destinó a sostener la tesis del origen cartaginés de los indios, fray Gregorio García va a combatirla: "De la primera duda que se pone contra esta opinión." Desarrolla aquí el argumento lingüístico: "Si los indios procedieran de los cartaginenses, hablarían su lengua (...); antes vemos grande variedad." [20] Esta objeción suscita otra, y es que "el demonio, como tiene tan buen entendimiento, sabía por conjeturas que la Ley Evangélica había de ser predicada en aquellos reinos (...); procuró inducir a estos indios a que inventasen nuevas lenguas".[21] Semejante argumentación no debe

[17] *Ibid.*, libro II, cap. i, § 4.
[18] *Ibid.*, nota 17.
[19] *Ibid.*, libro II, cap. ii.
[20] *Ibid.*, nota 19.
[21] *Ibid.*

sorprendernos de parte de un religioso español formado en el siglo XVI, y para el cual la historia de la humanidad se explicaba por la lucha incesante entre los designios salvadores de la Providencia y las tentativas perversas del enemigo. Recordemos que la *Apologética historia de las Indias*, del dominico Las Casas, comprende un gran número de capítulos consagrados a las empresas del demonio, y que uno de los principales móviles tanto de los indios como de los conquistadores era la obsesión por la condena eterna. La obra del jesuita J. de Acosta refleja análogas preocupaciones.

La historia del pasado de América no podía ser concebida sino como un aspecto y un momento de la lucha que, desde la resurrección de Jesús, oponía a Dios y al diablo, en esta edad intermedia llamada a cerrarse justamente en el *Millenium*. La confusión sólo es aparente en estas obras que a primera vista se nos presentan como un fárrago de lucubraciones fantasiosas, apoyadas en una plétora de citaciones patrísticas y de referencias clásicas. En realidad estamos ante una concepción coherente de la historia de la humanidad, a la cual se intenta integrar a los habitantes del Nuevo Mundo, reabsorbiendo su novedad en una verdad, si no ya elucidada, al menos revelada desde hace mucho por la Escritura.

Una de las hipótesis más interesantes en cuanto al origen de los indios fue expuesta por Gregorio García en el libro tercero de su obra, cuyo capítulo I se titula "De la quinta opinión, en que se prueba cómo los indios proceden de los hebreos de las diez tribus que se perdieron". Cabe imaginar la resonancia que puede haber tenido esta tesis en la España de Felipe III, también soberano de Portugal. Gregorio García, como, después de él, Menasseh Ben Israel, se limitaron a recoger tradiciones que se remontan a los primeros tiempos de los descubrimientos en el Nuevo Mundo. André Neher nos dice que la aparición en Ferrara de un tal Reubeni, llegado de las Indias, había suscitado un movimiento mesiánico, descrito en 1524 por Abraham Farissol. Este autor hace una descripción fantasiosa de las diez "tribus perdidas" y encontradas por Reubeni en la India. ¿Qué India, o qué Indias?, se preguntaba. En España, la Inquisición perseguía a los judíos conversos acusados de criptojudaísmo; recordemos, en la propia Nueva España, el proceso de Luis de Carvajal, gobernador de Nuevo León. Numerosos judíos habían pasado a Perú y a Nueva España a pesar de las trabas legales puestas al establecimiento en el Nuevo Mundo de individuos que no fuesen cristianos viejos. Si los judaizantes del Viejo Mundo se encontraban con sus hermanos en el Nuevo, ¿no irían a unirse creando una división? Si las órdenes mendicantes continuaban su cosecha de almas, la conversión masiva de los indios, descendientes de judíos, ¿no era el preludio de la parusía anunciada por Joaquín de Flora como próxima y aguardada por sus discípulos franciscanos? Estas circunstancias bastarían para demostrar que el problema del origen de los indios no era una curiosidad de erudito, un ocioso asunto de paleontología, en una época en que esta ciencia ni siquiera estaba en pañales. Se trataba, repetimos, de un grave problema escatológico, que podía tener consecuencias políticas, como lo hace pensar el comienzo del primer capítulo de Gregorio García: "Opinión ha sido de muchos; la gente vulgar española que mora en las Indias lo siente así, que los indios proceden de las diez tribus de los judíos que se perdieron en el cautiverio de Salmanasar. El fundamento que para ello tienen es la condición, el natural, y costumbres, que en aquella gente indiana experimentan muy conforme a las de los hebreos." [22] No insistiremos sobre la fragilidad de tal argumento, ya que nuestra función no es la de juzgar, sino la de comprender y aclarar.

Percibimos aquí el juego dialéctico que unía la inquietud escatológica de los clérigos y la experiencia cotidiana de la gente vulgar. De modo análogo, los soldados de Cortés, si hemos de creer en el testimonio de Bernal Díaz del Castillo, calificaban espontáneamente de mezquitas a los templos mexicanos, asimilando entre ellas a todas las religiones no cristianas, y sintiendo otra vez el ardor de las guerras de la Reconquista para combatir a los gentiles del Nuevo Mundo. Si por efecto de una simplificación similar los colonos de América se convencían de que los indios eran judíos, encontraban de inmediato a su disposición una serie de comportamientos idénticos a los que habrían tenido ante los judíos de Castilla o de Aragón. En ambos casos se trataba de superar el cambio de costumbres del Nuevo Mundo, asimilando sus poblaciones y su cultura con otras mejor conocidas por la tradición histórica y más familiares. En el capítulo siguiente, el dominico nos informa sobre los rasgos que los españoles de las Indias atribuían tanto a los judíos

[22] *Ibid.*, libro III, cap. I.

como a los indios, y cuya analogía constituía "el segundo fundamento de la quinta opinión".[23] Ésta era la opinión común: "A todos los que han vivido y viven hoy día entre estas gentes (...) es muy notorio cuán tímidos y medrosos son, cuán ceremoniáticos, agudos, mentirosos e inclinados a la idolatría, todo lo cual tenían los judíos."[24] Naturalmente, detrás de la última frase está el clero como sostén de la opinión vulgar, confirmando la tendencia ideolátrica común a unos y a otros; los mexicanos adoraban a varias serpientes, sobre todo el Xiuhcóatl y Quetzalcóatl, de los cuales nos ocuparemos largamente.

Un texto como éste, muy débil en cuanto a las pruebas que aporta, nos muestra cómo se operó, en momentos en que la sociedad criolla de México estaba en formación, una transferencia de los sentimientos antisemitas de la sociedad de cristianos viejos de la península, hacia los indios y en detrimento suyo. El fundamento bíblico de semejante actitud y su justificación trascendente están en parte en el origen del régimen de las castas, régimen que nadie pensó discutir antes del siglo XIX, y que era una adaptación a la sociedad criolla americana del principio de la pureza de sangre en la España contemporánea de las conquistas americanas. En el tercer capítulo del mismo libro de Gregorio García vemos cómo la tradición mexicana de las migraciones primitivas viene a reforzar los prejuicios hispanocriollos y a apoyar al Antiguo Testamento: "¿Quién no dirá que parece esta salida y peregrinación de los mexicanos, a la salida de Egipto?"[25]

La evangelización apostólica y la presciencia de Dios

El problema de la evangelización de los indios por los apóstoles parece relacionado con el asunto precedente (el del origen de los indios). Hay que observar que el dominico Gregorio García, cuyo estudio sobre el origen de los indios acabamos de mencionar, haya considerado que un examen de las hipótesis de la evangelización apostólica era complementario de éste. Escribe, efectivamente, el teólogo: "Pero en tres cosas particularmente reparé más que en otras. La primera, qué reyes gober-

[23] *Ibid.*, cap. II.
[24] *Ibid.*, nota 23.
[25] *Ibid.*, § 3.

naron aquel reino, qué guerras tuvieron y qué sujetos, hasta que entraron los españoles. La segunda, de qué parte fueron a aquellas tierras, y las demás de los indios, los primeros pobladores. La tercera, si se predicó el Evangelio en estas tierras en tiempos de los apóstoles. De todo lo cual tuve propósito de hacer tres libros, contenidos en un mismo volumen." [26] La idea de reunir las tres obras en un solo volumen no puede deberse al azar, y subraya una vez más la coherencia en el espíritu del autor de los tres temas tratados. En los hechos, se puede comprobar que ningún historiador de las Indias Occidentales, en el siglo XVI y en el XVII, trató de eludir uno de esos tres puntos: la historia política del periodo precolombino (póliza y modo de gobierno), la filiación a partir de los patriarcas de la Biblia (origen de los indios), la evangelización por los apóstoles o viviendo los apóstoles. El pasado indígena debía derivar de la naturaleza de los indios y del destino que Dios les había reservado en este mundo y en el otro. La evidencia de un pasado político y de notables realizaciones arquitectónicas y artísticas acarreó naturalmente la comparación con los pueblos más evolucionados de la antigüedad pagana de la cuenca mediterránea, como los fenicios y los cartagineses. Pero la práctica de los sacrificios humanos y otras costumbres bárbaras llevó más bien a pensar que los indios del Nuevo Mundo descendían de los bárbaros de Europa, por ejemplo, de los iberos. Esta última hipótesis tenía ventajas políticas para la monarquía castellana.

De modo general, la distancia entre una organización eficaz, por una parte, y la práctica de ritos sanguinarios, por otra, despistó a los misioneros y a los teólogos. Se buscaron explicaciones para esta aparente contradicción. La más simple consistía en recordar el ejemplo de los griegos, que sin duda estaban "civilizados" y habían producido espíritus como Aristóteles, y a pesar de ello eran paganos porque Dios, misteriosamente, lo había decidido así. Los indios podían muy bien ser gentiles, entonces, como los griegos y los romanos del tiempo de san Pablo. Sin embargo, el problema era diferente, ya que Jesús había enviado a los apóstoles a predicar el Evangelio en el mundo entero; eso podía entenderse como una misión que debían cumplir en vida. El obstáculo de la distancia oceánica no era real, puesto que (según san Agustín) los apóstoles ha-

---

[26] Fray Gregorio García, *op. cit.*, proemio al lector.

brían podido ser transportados al Nuevo Mundo sobre las alas de los ángeles. La cuestión se reducía a interpretar un versículo del Evangelio literal o alegóricamente. En el primer caso el sentido era claro, y en el segundo había que entender que los apóstoles de Cristo, es decir, los apóstoles o sus hijos espirituales (también los franciscanos del siglo XVI), debían llevar por todas partes la palabra de Dios. Literalmente interpretada, la misión confiada a los apóstoles implicaba que al menos uno de ellos hubiera evangelizado a los indios quince siglos antes que los españoles. Como consecuencia de esto surgían muchas preguntas: ¿cuál había sido el apóstol de los indios?; ¿qué rastros ha dejado de esta evangelización primitiva?; ¿de qué modo los indios habían desnaturalizado el mensaje divino? La primera cuestión era a la vez exegética y arqueológica. Tendremos que ocuparnos de ella por extenso a propósito de Quetzalcóatl; aquí vamos a examinar sobre todo las otras dos. Digamos tan sólo que muchas divinidades indígenas de la antigua América han sido identificadas con el apóstol santo Tomás el Mayor.

Encontrar al apóstol e identificarlo no era, en resumidas cuentas, sino un juego detectivesco; estudiar las creencias de los indios para encontrar en ellas los rastros de un antiguo monoteísmo o de la Santísima Trinidad representó el esfuerzo de toda una vida para el franciscano Torquemada. Se estaba generalmente de acuerdo en considerar desfigurada la imagen del Señor o la de la Virgen María, cuando se las creía reconocer. Las prácticas religiosas de los indios, en especial los sacrificios humanos usuales entre los aztecas de México, cuyos testigos fueron los primeros franciscanos, llevaron a éstos a pensar que la Palabra no había resonado jamás en estas regiones. "También se ha sabido por muy cierto que Nuestro Señor Dios (a propósito) ha tenido oculta esta media parte del mundo hasta nuestros tiempos, que por su divina ordenación ha tenido por bien de manifestarla a la Iglesia romana católica... con propósito [de] que [los indios] fuesen alumbrados de las tinieblas de la idolatría en que han vivido." [27] Vemos aquí una de las expresiones de la política de ruptura, o de tabla rasa, practicada por los franciscanos reformados, en materia misionera. Sahagún y sus compañeros interpretaban la cristiandad como historia; habían venido a las Indias a cumplir la Palabra y a preludiar de ese

[27] Fray Bernardino de Sahagún, OFM, *Historia general de las cosas de Nueva España*, libro XII, prólogo, México, ed. Garibay, t. IV, p. 18.

modo la parusía. No hay por qué insistir sobre el hecho de que esta creencia era perfectamente coherente con la esperanza milenarista, evocada más arriba. A los ojos de los "doce", los auténticos apóstoles de los indios eran ellos mismos. Todo lo que, en las creencias indígenas, podía evocar lejanamente la verdadera fe, no era a sus ojos sino parodia demoníaca, inventada por el enemigo para perder mejor a los indios; éstos, pues, en pleno siglo XVI, eran considerados como gentiles.

En cambio, elegir la solución de la evangelización por uno de los apóstoles era aplacar un tanto la fiebre milenarista de los franciscanos. Eso podía permitir una explicación más racional de un hecho, difícilmente explicable por los designios misteriosos del Señor. Se trataba de un problema de exégesis y de una dificultad teológica. El agustino del Perú fray Antonio de la Calancha, uno de los más firmes sostenedores de la evangelización de los indios por medio de alguno de los apóstoles, nos recuerda un versículo de la *Vulgata*: "Se proclamará esta Buena Nueva del Reino para la edificación de los gentiles, y en seguida vendrá el fin de los tiempos" (*Mateo*, 24). Contra la opinión de Orígenes y de acuerdo en eso "con veintenas de santos y de graves doctores", Calancha sostiene que la consumación debe entenderse "no del fin del mundo, sino de la destrucción de Jerusalén, que fue el año setenta y dos después del nacimiento de Cristo".[28] Que así fue lo atestiguan san Juan Crisóstomo y san Jerónimo, y si creemos en el Evangelio de Marcos la evangelización universal fue muy rápida: "fundándose en las palabras del capítulo último de san Marcos (...), que fue la predicación en todo el mundo años antes que Jerusalén y su templo llorasen su ruina (...) a los veinte años, y cuando más a lo largo de treinta, se había predicado el Evangelio de Cristo en todos los reinos y naciones y provincias del mundo".[29] Pensar que Dios habría podido dejar a los indios sin luz, durante tantos siglos como los que separan la venida de Jesús del envío de las misiones españolas al Nuevo Mundo, "afrenta las leyes naturales, divina y positiva, e es un insulto a la misericordia de la justicia de Dios".[30] Es bien claro que la primera actitud

---

[28] Fray Antonio de la Calancha, agustino, *Crónica moralizada de la Orden de San Agustín en el Perú*, Barcelona, 1639, libro II, cap. I, p. 311.

[29] *Ibid.*, p. 312.

[30] *Ibid.*, nota 29.

espiritual pertenece al dominio de la teología moral, y que la interpretación de Mateo dimana de ella; en una tercera y última fase, se buscan los signos y las trazas materiales y rituales de la evangelización primitiva.

Si el Evangelio había sido predicado a los indios desde los tiempos apostólicos, resultaba cómodo explicar por esa iluminación los aspectos favorablemente juzgados de sus costumbres, y por la insinuación demoníaca todos los lados que se consideran perversos. En cambio, el papel de los misioneros enviados en el siglo XVI por la monarquía castellana podía sufrir una considerable disminución, al menos en la perspectiva escatológica que tenían los franciscanos. Así pues, al mismo tiempo que postergaban el *Millenium* hacia un porvenir indeterminado, los partidarios de la evangelización apostólica de las Indias Occidentales imaginaron otro medio de salvar la misión providencial de los nuevos apóstoles de las Indias. Entre las profecías atribuidas al seudo santo Tomás de América estaba la de la venida de una segunda ola de evangelizadores, cuyo vago retrato permitía identificarlos ya con los dominicos, ya con los agustinos, ya con los jesuitas. El P. Francisco de Vera no dudó en interpretar audazmente a Josué; júzguese: "En que parece está claramente significada la entrega que hizo el santo duque san Francisco de Borja, el Josué de nuestra Compañía de Jesús (...) de la tierra del nuevo Orbe al Caleb Explorador, y conquistador de él; (...) *Hebrón*, como consta de san Jerónimo, y de la interpretación de los lugares hebreos, que está al fin de la Biblia, quiere decir *Societas*, la Compañía, esto es: entrego al cuidado y providencia de el primer Provincial, el padre doctor Pedro Sánchez, rector de Alcalá, nuevo Caleb." [31]

No es posible pretender que se trata de un juego retórico; reconozcamos más bien aquí la tendencia (ya observada en Joaquín de Flora y muy extendida en el siglo XVI entre los religiosos) a poner en claro la Escritura, a descubrir signos por todas partes, a establecer correspondencias entre las *edades* históricas. Bajo la pluma de los cronistas y de los historiadores primitivos del Nuevo Mundo, las analogías bíblicas no son figuras de estilo o reminiscencias escolares, sino el sentimiento de re-

[31] R. P. Francisco de Florencia, S. J., *Historia de la Provincia de la Compañía de Jesús de Nueva España*, México, 1694. Parecer que dio el M. R. P. Francisco de Vera, como censor de la obra; *Josué*, II, 14, 15.

vivir antiguas hazañas o momentos de la historia de Israel. Las profecías son invocadas frecuentemente y el R. P. Florencia escribió que "la entrada de la Compañía de Jesús en la India se halló profetizada en Malipur por el apóstol santo Tomás, y por él mismo, según las señas, la que los apostólicos hijos de ella hicieron en el Paraguay".[32] De este modo quedaba echado un puente entre la evangelización apostólica y la nueva evangelización por los jesuitas.

En ese gran debate, nutrido de préstamos a los profetas y a los Evangelios, en el que a veces los padres de la Iglesia son invocados unos contra otros por las necesidades de la causa, los jesuitas se separan resueltamente de los franciscanos en un punto esencial. Si para éstos los indios han sido privados de la gracia y mantenidos en las tinieblas durante largos siglos para ser al fin iluminados el día elegido por el Señor, los teólogos jesuitas tenían una concepción diferente. A los ojos de la mayoría de ellos, la invencible ignorancia de Dios era imposible o muy excepcional; esta fe optimista estaba en perfecta coherencia con la noción de que las creencias idólatras eran como adarajas de la verdadera fe. Estamos en los antípodas de la doctrina franciscana de la *tabula rasa*. Es interesante observar que los jesuitas llegaron más tarde a las misiones, así como tratar de aclarar la génesis de tal cambio de la doctrina misionera, después de la experiencia de las grandes misiones americanas. Si no hay entre los gentiles (y en particular entre los indios del Nuevo Mundo) ignorancia invencible de Dios, ni siquiera es indispensable recurrir a una evangelización apostólica, puesto que la gracia ya se ha manifestado, es innata. Al menos es lo que puede pensarse si interpretamos *lato sensu* los versículos 18 a 23 de la primera *Epístola a los romanos*. Sobre este último punto se dividieron los primeros teólogos de la Compañía de Jesús; unos entendían que ningún filósofo tiene una ignorancia invencible de Dios; otros, que la palabra de san Pablo es también aplicable al vulgo. Un ejemplo notable de evolución fue revelado por el R. P. Achútegui, el de Suárez, cuyo pensamiento parece haber sido vacilante, bajo la influencia de Acosta, en especial (y de las experiencias misioneras americanas de éste). Suárez habría afirmado, por una parte, que muchos ignoran a Dios, y, por otra, que el caso normal (*frequentius*) es el cono-

---

[32] Florencia, *op. cit.*, libro I, cap. I.

cimiento de Dios sin el socorro de la evangelización. A través de esta duda de uno de los más grandes teólogos jesuitas (que se refiere expresamente a los indios de Brasil), registramos las oscilaciones del estatuto espiritual (y por ende social y político, por vía de consecuencia) del indio en el imperio español de América.

Las actitudes apasionadas de un Las Casas o de Sepúlveda, o las más moderadas de Vitoria, son igualmente inseparables de las respuestas proporcionadas a las preguntas que acabamos de exponer brevemente y cuyas soluciones eran buscadas más bien en la exégesis bíblica (fuente de toda verdad ortodoxa) que en la experiencia misionera o en la observación de los indios. A través de las controversias relativas a la naturaleza, el origen, la historia y la evangelización de las Indias son interpretaciones divergentes de la Escritura y filosofías diferentes las que se enfrentan. Bajo Carlos V, lo que estaba en juego antes que nada era el destino de la cristiandad, y más inmediatamente, la salvación de la Iglesia romana y el poderío de la monarquía española, reunida en una sola cabeza con el Sacro Imperio. El indio sólo intervenía en este debate como un objeto, un signo de contradicción, un importuno que no había sido previsto en el *órganon* del saber judeo-helénico. Embarazoso en el plano de las dificultades intelectuales que había provocado, el indio era, sin embargo, una presa infinitamente preciosa para los pescadores de almas, que rivalizarían en celo, disputando su salvación eterna. En el orden temporal, los evangelizadores debieron luchar, y con poco éxito, contra los cazadores de esclavos y los colonizadores, hasta contra los curas, para proteger a los neófitos indios.

¿En qué medida la experiencia cotidiana de los misioneros influyó en la reflexión teológica y exegética? Esto es lo difícil de medir. P. de Achútegui escribe: "El que la mayor parte de nuestros teólogos, siguiendo la opinión común, estén por la imposibilidad de la ignorancia invencible se debe principalmente a su sincera adhesión a la doctrina de Santo Tomás. Pero, por otra parte, el que también la mayoría de ellos (trece entre diecinueve) no hayan dudado en conceder la posibilidad, por lo menos limitada, de la ignorancia invencible de Dios, creemos se debe a la atención que prestaron a los 'hechos' misionales."[33]

[33] Pedro S. de Achútegui, S. J., *La universalidad del conocimiento de Dios en los paganos según los primeros teólogos de la Compa-*

La legislación de Indias quedó muy marcada por las relaciones entre los religiosos y sus superiores. En la escala exacta en que el estatuto antropológico de los habitantes del Nuevo Mundo dependía de la medida en que participaban en la revelación y de su papel en la realización de la cristiandad, vemos precisarse la imagen del indio. Las divergencias de los juristas con respecto a ellos se fundaban en querellas de exégesis. El lugar finalmente acordado al indio en un Viejo Mundo bruscamente dilatado hasta los límites del mundo conocido, fue motivo de inquietudes religiosas del siglo XVI europeo. A veces, para superar las dificultades teológicas (la actitud inversa se da a veces en Las Casas), los espíritus religiosos de esta época confirieron al indio (y en algún caso a su origen, a su pasado y a sus creencias) una dignidad espiritual que, a pesar de todo, garantizaría su salvación dentro de la sociedad colonial de las Indias, durante tres siglos.

La obra de Juan de Solórzano Pereira *Política indiana*, que puede ser considerada como la síntesis oficial de las ideas más confirmadas sobre las Indias en el primer cuarto del siglo XVII, refleja todos los aspectos que acabamos de evocar. Una parte del libro primero de este tratado de derecho y de administración está consagrada al problema del origen de los indios (capítulo V), a las profecías del descubrimiento del Nuevo Mundo y a la eventualidad de una evangelización apostólica de los indios (capítulo VII).

Las posiciones tomadas sobre esos diferentes puntos por Juan de Solórzano Pereira (que era, recordemos, miembro a la vez del Consejo de Castilla y del de las Indias) revelan la importancia política de esos problemas metafísicos. El consejero no esconde su sorpresa ante el crédito que grandes espíritus contemporáneos han podido conceder a la idea de que los indios eran de origen judaico: "Pero más digno de admirar es que Varones tan grandes tengan por infalible lo que es tan dudoso." Sostiene, por el contrario, que los indios occidentales son en su mayoría originarios de la India oriental, como lo ha pretendido Arias Montano. Y concluye que los judíos de las doce tribus "están hoy en el mismo cautiverio que antes, y lo han de estar

ñía de Jesús (1534-1648), CSIC, Delegación de Roma, 1951. Parte II: *Extensión e interpretación que dan nuestros autores al texto Rom. I, 18-23 y Sap. I, 31-9, en relación con la universalidad del conocimiento de Dios en los paganos.*

hasta los fines del mundo".[34] Todavía encontraremos en los rodeos de los caminos que toma la conciencia criolla americana
ese debate provocado por las infiltraciones del mesianismo
judaico en la espiritualidad cristiana. En cuanto al providencialismo, surge aquí con provocadora seguridad: "He dicho, y
vuelvo a decir, que esta predicación y conversación se reservó
a nuestros tiempos y a nuestros reyes y a sus ministros y vasallos (...) que hasta nuestra entrada no la tuvo en este Orbe
Nuevo el Santo Evangelio." [35] De tales certidumbres se desprende fácilmente una política castellana para con las Indias Occidentales: "Vamos más firmes y alentados en continuar esta
predicación, pues vemos que Dios nos la tenía anunciada, y
reservada, y así lo damos a entender a los indios." [36] El derecho
eminente de los españoles en América aparece aquí no como
el efecto de las bulas alejandrinas, sino como la misma gracia
divina, una gracia que promete el acceso a la salvación de toda
la humanidad, por mediación de los Reyes Católicos, bien nom-
brados, puesto que su imperio era universal. Los españoles, escribe Solórzano Pereira, "como salvadores y nuncios del Evangelio, vendrán a poseer las ciudades del Austro, que son las del
Nuevo Orbe (...) con esto predicado ya el Evangelio por todo
el mundo, vendrá el día del Juicio en que puesto Dios en el
Monte de su Trono y grandeza y teniendo consigo los salvadores..." [37]

Aparece aquí claramente que los españoles son el nuevo pueblo elegido, según la Nueva Alianza; pronto veremos cómo los
criollos mexicanos del siglo XVIII lograrán confiscar en provecho de su país esta certidumbre profética. ¿Qué importancia
hay que otorgarle a las ambiciones políticas de la monarquía
castellana, sobre todo del emperador Carlos V, en las soluciones impuestas a los problemas espirituales y antropológicos que
hemos expuesto? ¿Cuál fue la parte del cálculo político y cuál
de la fe religiosa y la preocupación escatológica en el emperador
y sus voceros? Sería arriesgado tratar de mensurarlo. Sólo hemos tratado de señalar aquí la interferencia entre la exégesis,
la ciencia, la teología, el derecho y la política. Dicho de otro
modo, ninguno de los problemas suscitados por el descubrimien-

[34] Solórzano Pereira, *Política indiana*, 1648, libro I, cap. V, p. 20 b.
[35] *Ibid.*, libro I, cap. VII, p. 30 a.
[36] *Ibid.*, libro I, cap. VII, p. 29 b.
[37] *Ibid.*, libro I, cap. VII, p. 29 a.

to de las poblaciones americanas, y formulados en términos de espiritualidad, ha sido gratuito. Uno de los hilos conductores que permite reunir la política misionera, las Leyes de Indias y la explotación colonial, y que accesoriamente ilumina la historiografía contemporánea, es la espera ansiosa de la parusía del Cristo. En ese clima, el indio apareció ante todo como una cuestión espiritual y pronto como un elemento de respuesta a la pregunta por excelencia, de la cual el dominico Malvenda, una de las grandes autoridades de la Iglesia, escribirá por la misma época que: "Sólo Dios Padre la conoce"; esta pregunta era la de la fecha y hora de la llegada del Mesías en gloria, para liberar al mundo e instaurar el Reino milenario. En la exacta medida en que esta interrogación pareció actual, y la llegada de los tiempos inminente, los términos en que se formulaban las preguntas americanas en la primera mitad del siglo XVI conocieron un rebrote de actualidad a fines de la época colonial mexicana, en el siglo XIX.

II. LA UTOPÍA CRIOLLA DE LA "PRIMAVERA INDIANA"
1604-1700

LA "GRANDEZA DE MÉXICO",
SEGÚN BERNARDO DE BALBUENA (1562?-1627)

EL AÑO 1604 es un faro para el historiador que trata de orientarse en ese largo siglo XVII mexicano en que —según se suponía en el XIX— no había pasado nada. De su oscuridad parecían emerger tan sólo los perfiles efímeros de los arcos de triunfo de cartón piedra y los catafalcos levantados en ocasión de la llegada de un virrey o de la muerte de un príncipe. En realidad, fue gracias a un largo periodo de paz (por lo menos en la capital y en las grandes ciudades de Nueva España) que se consolidaron los valores y las creencias en torno a las cuales la nación mexicana iba a concentrarse en el siglo XIX, a la hora de la Independencia. Se estaba muy lejos de esas aspiraciones en ese comienzo del siglo XVII, cuando los criollos de México reemplazaban las ruinas aztecas por palacios de estilo renacentista y, disipado el olor del vivac, disfrutaban de las dulzuras refinadas de esos años de posguerra. Al menos tal es el cuadro que nos ofrece de la "grandeza de México" el poeta Bernardo de Balbuena, nacido en la península pero espiritualmente criollo, sin sombra de duda. Escrito dos años antes, el libro fue publicado, en 1604, en el mismo México, coincidiendo significativamente con la desaparición de un religioso franciscano, campeón de la utopía milenarista, fray Jerónimo de Mendieta, muerto ese año sin haber podido publicar la obra de su vida, la *Historia eclesiástica indiana*.[1] Mendieta era el último sobreviviente de los adelantados de la evangelización (había venido, sin embargo, después de los "doce"). Con él desapareció uno de los grandes fundadores de una Nueva España militante, evangélica. Ya hemos señalado el cambio, si no el viraje que a ese respecto lleva aparejada la llegada de los primeros jesuitas, y después la del arzobispo Moya de Contreras. Pero en 1604 esta revisión de la política evangelizadora era también cosa del pasado. Después de haberse curado las llagas de la gran epidemia (*matlazá-*

---

[1] Fray Jerónimo de Mendieta, OFM, *Historia eclesiástica indiana*, (1596), Introducción de J. García Icazbalceta, México, 1945.

huatl) de los años 1576 a 1579, la ciudad de México floreció en medio de fiestas de un lujo importado, gracias a los medios proporcionados por la explotación de las minas de plata, exhibido sin discreción por los caballeros (la imagen del charro se remonta a esta época). Bernardo de Balbuena les consagra cerca de cien versos en octavas:

> *Los caballos lozanos, bravos, fieros;*
> *soberbias casas, calles suntuosas;*
> *jinetes mil en mano y pies ligeros.*
> *Ricos jaeces de libreas costosas*
> *de aljófar, perlas, oro y pedrería,*
> *son en sus plazas ordinarias cosas.*[2]

En este escorzo se evoca una sociedad cuyos gustos y aspiraciones nada tienen de común con el ascetismo conquistador de un Motolinía, ni con su ideal de caridad. Una generación sin guerras y sin epidemias, la prosperidad minera y el desarrollo urbano contribuyeron a esta revolución de las costumbres, digna de más profundo examen.

En esta nueva Florencia (algunos preferirán decir Venecia a causa de sus canales), la cultura literaria no iba a la zaga si se cree a Bernardo de Balbuena, tanto en la *Grandeza mexicana* como en el *Siglo de oro en las selvas de Erífile*, dos títulos que, por lo demás, anuncian la entusiasta exaltación del autor. Se ha podido escribir de Balbuena que fue "el anti-Guevara", siguiendo en sentido contrario los pasos del autor del *Menosprecio de corte y alabanza de aldea*, puesto que su carta poética "describiendo la famosa ciudad de México y sus grandezas" es un elogio de la ciudad. ¿Quién podría negar sin embargo que el *Siglo de oro en las selvas de Erífile* es una pastoral en la más pura tradición del Renacimiento italiano? La *Grandeza mexicana* misma, obra a veces recargada de alusiones clásicas, alcanza su cima en el capítulo VI, enteramente consagrado a cantar la naturaleza:

> *Aquí suena un faisán, allí enredado*
> *el ruiseñor en un copado aliso*
> *el aire deja en suavidad bañado.*[3]

---

[2] Bernardo de Balbuena, *Siglo de oro y grandeza mexicana*, ed. de la Real Academia Española, Madrid, 1831, p. 37.

[3] *Ibid.*, p. 60.

¿No nos parece escuchar a Garcilaso? Aunque quizá sea más oportuno evocar a Lope de Vega, quien igualmente estuvo enamorado de su ciudad, Madrid, a la que supo cantar mejor que a jardín alguno. Sin embargo, no hay contradicción entre la imitación de la pastoral en México, después de Montemayor, y el amor por una ciudad cuyo encanto provenía de sus paseos, en especial la Alameda (que todavía existe) y el paseo de Jamaica, que el viajero napolitano Gemelli Carreri describirá a fines del siglo, y también de sus floridos alrededores, a los que no se osa llamar cigarrales —como a los toledanos— aunque eso eran las floridas y flotantes chinampas de Xochimilco, tan evocadoras del Toledo de Tirso como del Madrid de Lope.

España se recreó, pues, en la Nueva España, aunque ésta haya surgido como una España utópica, rompiendo con las taras de la vieja España. En realidad, los evangelizadores franciscanos habían representado una corriente evangélica que apareció a partir de la liquidación del erasmismo como una verdadera disidencia espiritual. Es bastante inútil pretender que, por el solo motivo de que la ciudad contara con una gran cantidad de conventos, el espíritu monástico dominara en México. La distancia espiritual entre los religiosos que vivían esos primeros años del siglo XVII en los conventos urbanos de México y sus predecesores de Actopan, de Tzintzuntzan y aun de Santiago de Tlatelolco, era en verdad muy grande. La circunstancia humana era totalmente diferente, y esos conventos estaban muy abiertos al mundo exterior. Si (medio siglo más tarde) sor Juana Inés de la Cruz se impuso limitar voluntariamente sus visitas, fue porque la vida cenobítica mexicana se pasaba en conversaciones, conciertos, etc. La cultura humanística, con su cortejo de referencias al politeísmo helénico, fue transmitida en forma principal e incluso casi exclusivamente por eclesiásticos (religiosos más que seglares).

El propio Bernardo de Balbuena es un ejemplo privilegiado de la confusión entre el estado laico y el estado eclesiástico en México, como lo eran Lope y Tirso (sobre todo el primero) en la España contemporánea. Ese gran poema lírico que es la *Grandeza mexicana* fue presentado por el autor como una "carta" a una dama de ilustre familia, doña Isabel de Tovar y Guzmán. A veces la historia menuda ilumina a la historia, sobre todo cuando se trata de hacer revivir la atmósfera de un momento. Cuando escribió la *Grandeza mexicana*, B. de Balbuena, si bien no era un jovencito, era un hombre joven, ya que tenía justo cuarenta años. Estudiante de teología, había ganado antes concursos poéticos en México; ordenado sacerdote y luego, mediante una prebenda, capellán de la Audiencia de Guadalajara, no parece haber vivido mucho tiempo en Nueva Galicia, prefiriendo los encantos de la capital. Sin embargo, fue en una ciudad alejada, que pertenecía a su provincia administrativa, en Culiacán, donde trabó conocimiento con la destinataria de la carta sobre la grandeza de México. Parece fuera de discusión que Balbuena amó a Isabel de Tovar con amores muy humanos, y que la entrada en religión de ésta permitiendo la dedicatoria y la publicación de la *Grandeza mexicana* no puede sino alegrar a los amantes de la poesía. El lirismo de la obra no engaña; no es de una ciudad, sino de una mujer de la que Balbuena está prendado. Esto no le impidió dedicar este poema al arzobispo de México, con la esperanza de alguna ventaja, que obtuvo muy pronto, por lo demás, llegando a ser abad de Jamaica, y después fue promovido a obispo de Puerto Rico. La vida profana y la carrera sagrada de Bernardo de Balbuena se burlan de los fundadores de la Iglesia mexicana.

Más que la represión sorda que se abatió sobre los escritos de Sahagún, de Mendieta, de Durán, el eclipse de la utopía evangélica de las órdenes mendicantes por la prosperidad económica, y el fenómeno (favorecido por la paz) del renacimiento literario en México, fueron factores decisivos. La *Grandeza mexicana* es, desde todo punto de vista, significativa de esa transformación. El indio, personaje central de todos los escritos de los primeros evangelizadores, está ausente de ella. En México, en 1602, el indio no era ya ni un guerrero temible ni un alma que salvar: era ignorado; sin embargo, su presencia física no podía pasar inadvertida entre los mulatos y los mestizos que vivían en la capital. Los morrillos del gran templo de México-Tenochtitlan habían servido para edificar una imponente catedral.

Sobre las ruinas de la capital de los aztecas se había levantado una ciudad europea, aún más, una ciudad entera, nueva, en el estilo del Renacimiento italiano, una especie de Salamanca del Nuevo Mundo. El entusiasmo de Balbuena por la arquitectura es inseparable del que experimenta por la sociedad de México, que no le cedía en nada a su marco. La belleza de las mujeres y el espíritu de los hombres, el hablar cuidado de unas y otros, inspiraron al poeta algunos de sus versos mejor hechos, que uno solo resume:

Indias del mundo, cielo de la tierra [4]

En esta obra, toda impregnada de lirismo amoroso, la imitación de la naturaleza heredada de Horacio no alcanza a transmitir plenamente lo maravilloso propiamente mexicano, revelador a nuestros ojos de una de las primeras "salidas" (en el sentido quijotesco) de la conciencia nacional. Cuando Balbuena titula el capítulo VI de la *Grandeza mexicana* "Primavera inmortal y sus indicios", echó expresamente las bases de una nueva utopía mexicana, llamada a reemplazar a la utopía evangélica de la Iglesia indiana, que había fracasado. Los monjes españoles del siglo precedente habían proyectado su esperanza escatológica sobre sus ovejas indígenas; los criollos mexicanos iban a exhumar el mito del Edén para aplicarlo a su patria americana. En realidad, no se trataba de una exhumación, sino de un nuevo empréstito tomado de la Escritura, que en vez de referirse a los escritos apocalípticos se apoyaba en el *Génesis*. Quizá se trata también de una respuesta patriótica a quienes creían reconocer en el dibujo de las lagunas de México a la bestia del *Apocalipsis*, identificada con la antigua dinastía azteca. Esta hipótesis alegórica será recordada en los últimos años del siglo XVII por Gemelli Carreri. Lo que no vacilamos en llamar "la utopía criolla de la *Primavera indiana*" ha encontrado su expresión acabada en la *Grandeza mexicana*, más de medio siglo antes que las obras famosas de Carlos de Sigüenza y Góngora, que señalaron su florecimiento. Al leer la *Primavera inmortal* de Bernardo de Balbuena, no podemos dejar de pensar en la *Primavera indiana*, "poema sacro-histórico" dedicado a la Virgen de Guadalupe y publicado sesenta y seis años más tarde por Sigüenza y Góngora. Si pensamos en la tradición literaria española, en el Boscán "místico", en la técnica de exégesis sagrada aplicada por Juan de la Cruz a poesías de aspecto puramente erótico, en la línea pura del *Cantar de los Cantares* (traducido y comentado por la misma época por Luis de León), no nos sorprende nada. Balbuena, sin embargo, tardío continuador de Petrarca, canta el amor inaccesible por una Laura encontrada

[4] *Ibid.*, p. 35.

en Culiacán, mientras que don Carlos (que era un hombre muy distinto) verá en el milagro invernal de las rosas del Tepeyac "el brazo poderoso" de Dios. Podemos concluir que se trata de poesía profana en el caso de Balbuena, de poesía sagrada en el de Sigüenza y Góngora; pero el corazón humano no se conforma con distinciones tan simples.

A través de la España del siglo precedente, a la que Andrea Navagero había llevado la moda de Petrarca y de Sannazaro, Nueva España, o, por lo menos, sus letrados, habían asimilado una herencia poética hecha de un intercambio constante entre lírica amorosa y poesía espiritual, teniendo como denominador común el vocabulario y las metáforas petrarquistas tomadas especialmente de Garcilaso, de Montemayor y de Gil Polo. Leer la *Primavera inmortal* de Bernardo de Balbuena produce en el lector moderno la misma impresión que contemplar la *Consagración de la primavera* de Botticelli, como ha observado J. Rojas Garcidueñas. Es cierto que la capital de Nueva España fue en el siglo XVII teatro de un conjunto de fenómenos culturales que recuerdan asombrosamente a la Florencia del *Quattrocento*. Todo se daba como si, no pudiendo realizar en el Nuevo Mundo las aspiraciones de la tendencia iluminista (encarnada en Florencia por Savonarola y en Nueva España por Mendieta), los europeos, o, mejor dicho, sus descendientes criollos hubieran elegido deliberadamente un derivativo estético.

Tal explicación haría caso omiso, sin embargo, de la falta de designio que caracteriza a las grandes opciones colectivas. Hay que volver a un nivel de explicación más prosaico y comprobar otra vez que la paz, que sucedió a las guerras y a las epidemias, fue propicia, en el último cuarto del siglo XVI, a la instauración de un clima de sibaritismo en México. La espera de la parusía de Cristo, durante el medio siglo precedente, no podía prolongarse indefinidamente. Esta tensión aspiraba a una distensión; y la que el Reino prometía iba retrocediendo hacia un futuro cada vez más inseguro; la espera se agotó por sí misma. Ahora bien, el Renacimiento italiano fue al principio una doble corriente: renovación de la espiritualidad evangélica y resurgimiento de la cultura antigua, griega y latina. Dado el clima épico de los primeros decenios mexicanos y el importantísimo puesto ocupado por la evangelización, fue el primer aspecto del Renacimiento el que se manifestó en Nueva España en primer lugar. Savonarola, por intermedio de Cortés y de sus inspiradores franciscanos, Erasmo, a través del primer obispo de México, Zumárraga, luego Tomás Moro, gracias a Vasco de Quiroga, fueron el primer rostro del Renacimiento en Nueva España. El otro aspecto, la imitación de los antiguos, que exigía estabilidad y tradición, tardó tres cuartos de siglo en implantarse. Los primeros balbuceos del diálogo platónico sobre la meseta de Anáhuac están bien representados por los *Diálogos latinos*, aparecidos en 1554, de un profesor de retórica, Cervantes de Salazar. Sería interesante saber en qué fecha exacta llegó a México el primer ejemplar del *Cortigiano*, y si no fue precedido por los *Dialoghi d'amore*, en la traducción de un hijo ilustre de la cultura criolla, el Inca Garcilaso de la Vega. El renacimiento de la cultura antigua en Nueva España no está comprobado antes de la obra de Bernardo de Balbuena; incluso ésta sólo da de él un reflejo pastoral y mitológico, asimilado por intermedio de la literatura italiana y de sus prolongaciones en la península ibérica.

La interrogante sobre la aparición del *Cortigiano* o de los *Dialoghi d'amore* en el mercado del libro en México, o por lo menos en algunas bibliotecas, no es una simple curiosidad de erudito; es verosímil que León Hebreo y Baltasar Castiglione hayan sido conocidos en México en los primeros diez años del siglo XVII. En todo caso, es seguro que el espíritu de Nueva España cambió cuando cambiaron las lecturas de sus habitantes. Todavía en esta época el texto impreso estaba aureolado por un prestigio y una autoridad comparable a la de la propia Santa Escritura (de ahí los ataques de Cervantes contra las novelas de caballería). A lo largo de la época colonial mexicana, la Escritura y los diferentes catecismos fueron la base misma de la cultura, oral y escrita, la referencia constante (explícita o no), que aclaraba a la vez el pasado, el presente y el futuro individual y colectivo, con una luz finalista. Lo que en cambio ha conocido variaciones importantes en el curso de generaciones sucesivas ha sido la literatura de ficción; los libros que se leían por mero placer. Gracias al irreemplazable estudio de Irving A. Leonard sobre *Los libros del conquistador*, conocemos bastante bien el clima maravilloso en el cual pudieron transcurrir las expediciones de un Orellana en pos de las amazonas, o la de Ponce de León en busca de la fuente de la juventud. Enrique de Gandía también ha reconstruido el catálogo de todos esos mitos fascinantes de la conquista. Podemos concluir, al menos, que desde los primeros descubrimientos del Nuevo Mundo ha estado presente lo maravilloso pagano, heredado de la antigüedad clásica. Pero los censos estadísticos efectuados por Irving A. Leonard revelaron el masivo predominio de los libros de caballería. El cronista de la conquista de México, Bernal Díaz del Castillo, narrará en su vejez cómo la primera visión de Tenochtitlan resultó a los compañeros de Cortés comparable a los "palacios encantados del libro de Amadís".

A lo maravilloso literario medieval, que había obsesionado los sueños de los primeros descubridores, le sucedería muy pronto (en realidad, se superpone, cronológicamente) lo maravilloso cristiano, producto de la fiebre milenarista inspirada por la primavera de la expansión misionera. Sin embargo, se observa una sistemática desconfianza por parte de los primeros cronistas de las órdenes mendicantes frente a la reputación milagrosa. En cambio, los prodigios que supuestamente confirmaban la santidad de ciertos religiosos (lenguas de fuego, lluvias de sangre...) eran comúnmente aceptados. Los más incrédulos con respecto a los milagros y prodigios fueron, indiscutiblemente, los franciscanos. Los agustinos, por el contrario, parecen haber contribuido desde los primeros tiempos de la evangelización a difundir las tradiciones piadosas. Con la llegada de los primeros jesuitas a México, en 1572, se generalizó un nuevo estado de espíritu favorable a las asimilaciones, a veces audaces, de las creencias politeístas locales con la tradición de la Escritura. Los jesuitas introdujeron en sus colegios autores latinos profanos: Ovidio, Horacio, Virgilio, vehículos de la mitología antigua. También los elementos maravillosos que en 1604 pueden encontrarse en una obra tan profana como la *Grandeza mexicana*, de De Balbuena, no tienen en sí mismos nada de insólito; sabemos de dónde vienen, pero sesenta años más tarde se sabrá a dónde van. Un comentario puramente estético de "Primavera inmortal" (cap. VI de *Grandeza mexicana*) dejaría sin registrar lo esencial.

Bernardo de Balbuena tejió una guirnalda primaveral en torno de algunas figuras de la mitología helénica en la primera octava, y luego evoca a México en estos términos:

> *Y aunque lo general del mundo es esto,*
> *en este paraíso mexicano*
> *su asiento y corte la frescura ha puesto.*[5]

[5] *Ibid.*, p. 59.

La noción de "paraíso mexicano", que aparece aquí por primera vez después de la *Apologética historia* de Las Casas, prefigura directamente el *Paraíso occidental* de Sigüenza y Góngora. La idea de que "su asiento y corte la frescura ha puesto" adquiere toda su fuerza si la relacionamos con los versos siguientes:

> *Aquí, señora, el cielo de su mano*
> *parece que escogió huertos pensiles,*
> *y quiso él mismo ser el hortelano.*[6]

El mismo Dios, que ha querido "ser el hortelano" de ese nuevo Edén junto al cual palidece el valle de Tempe, tan elogiado por los antiguos, ha volcado profusamente sobre el Anáhuac las flores de abril:

> *aquí con mil bellezas y provechos*
> *las dio todas la mano soberana.*
> *Este es su sitio, y éstos sus barbechos,*
> *y ésta es la primavera mexicana.*[7]

La eterna primavera mexicana encontró en Balbuena no sólo su primera expresión poética; aparece ya con sus correlaciones trascendentes: la identificación del Anáhuac con el Paraíso terrenal y la elección del Anáhuac como residencia divina. (El historiador de la literatura podría encontrar, sin duda, fuentes literarias antiguas o peninsulares de esas imágenes. En cuanto a nosotros, en ellas sólo vemos elegantes figuras de estilo.) Basta abrir los ojos sobre México, aún hoy, para comprobar el lujuriante florecimiento del valle de México y el admirable uso ornamental que los indios (o sus herederos mestizos) hacen de las flores. El tema de la primavera florida es en Balbuena uno de los empréstitos menos discutibles que toma de la realidad mexicana. El halo de lo bíblico maravilloso que rodea la descripción en la *Grandeza mexicana* abre directamente la vía hacia la trasmutación "a lo divino" que iba a realizarse bajo la pluma inspirada del "primer evangelista" de Guadalupe en 1648. Balbuena había creado, inocentemente, sin ninguna duda, el universo maravilloso propicio a la aparición prodigiosa de la

---

[6] *Ibid.*, p. 59.
[7] *Ibid.*, p. 65.

Virgen de Guadalupe. Faltaba a la plenitud de ese paisaje edénico el sello del milagro, el *signo* que confirmaría la elección divina del valle de México; Guadalupe, la antigua diosa-madre de los indios (trasmutada ella misma en "Nuestra Señora") iba a ser ese signo.

La alianza de la mujer divina (o divinizada) y de la ciudad no era, en verdad, nueva; después de Virgilio y de Du Bellay, que cantó:

> *La bérécynthienne couronnée de tours,**

bien podía Balbuena, sin ninguna licencia poética, presentar a México como una ofrenda a su "dama". Si prestamos más atención se ve, sin embargo, cuál es el íntimo lazo que en la sensibilidad del poeta une la ciudad de México y la mujer mexicana:

> *Lo menos de su ser es la hermosura,*
> *pudiendo Venus mendigarla dellas.*[8]

Habría que citar este pasaje completo, del cual recordaremos al menos otros versos:

> *Cuantas rosas abril, el cielo estrellas,*
> *Chipre azucenas, el verano flores,*
> *aquí se crían y gozan damas bellas.*[9]

Pasemos rápidamente por sobre la gracia muy lopesca de la primera octava y observemos que las rosas con las que será creada la Guadalupe ya aparecen aquí relacionadas con las mujeres mexicanas, y lo mismo ocurre con las estrellas del manto de la Guadalupe. Sin duda, la disposición poética de esas nociones es diferente, pero bastará la chispa del "milagro", que recompone todo, para que la belleza mexicana, de émula de Venus que era, pase a ser la nueva Eva, María. Por primera vez en las letras mexicanas, Balbuena asocia la exaltación de la ciudad de México a la adoración de la mujer mexicana al escribir en términos que hacen pensar en el español Sánchez de Badajoz: "nueva Roma parece en trato y talle".[10] Después de una

---

* *La berecintiana coronada de torres.*
[8] *Ibid.*, p. 54.
[9] *Ibid.*, pp. 54-55.
[10] *Ibid.*, p. 79.

enumeración en la que recuerda que la India produce marfil; el Perú, plata; el Japón, seda, etc., concluye:

> *México, hermosura peregrina*
> *y altísimos ingenios de gran vuelo*
> *por fuerza de astros o virtud divina;*
> *al fin, si es la beldad parte del cielo,*
> *México puede ser cielo del mundo,*
> *pues cría la mayor que goza el suelo.*[11]

Esos cuatro últimos dísticos revelan la influencia del ideal neoplatónico (probablemente a través de los poetas del *Quattrocento*) sobre Balbuena, pero el rasgo nuevo y llamado a tener gran futuro en la espiritualidad criolla mexicana es la "virtud divina", otorgada a México por la gracia de la belleza, y la calificación hiperbólica de "cielo del mundo" que se le aplica. Pero se trata de una gracia todavía profana, en este poema de Balbuena, del que nos apartamos con pena:

> *Aquí entre sierpes de cristal segura*
> *la primavera sus tesoros goza,*
> *sin que el tiempo le borre la hermosura.*
> *Entre sus faldas el placer retoza,*
> *y en las corrientes de los hielos claros,*
> *que de espejos le sirven, se remoza.*
> . . . .
> *y ésta [es] la primavera mexicana.*[12]

UN PETRARCA MEXICANO, DON CARLOS DE SIGÜENZA Y GÓNGORA (1645-1700)

El siglo, que se había iniciado con las pastorales galantes de Bernardo de Balbuena, iba a encontrar su expresión más auténtica en los últimos cuarenta años. Dos personajes y dos obras dominan ese periodo: Carlos de Sigüenza y Góngora, profesor de matemáticas en la Universidad de México, y una religiosa jerónima, sor Juana Inés de la Cruz. Don Carlos de Sigüenza está más directamente ligado a las preguntas que nos plantea-

---

[11] *Ibid.*, p. 55.
[12] *Ibid.*, pp. 61 y 65.

mos. Su curiosidad universal ha hecho que su biógrafo I. A. Leonard lo comparara con Petrarca, con quien compartió la ventaja de no haber entrado en conflicto con la ortodoxia. Tal circunstancia en este fin del siglo XVII, marcado por la crisis de la conciencia europea, parecería confirmar un juicio que, aplicado a la cultura colonial de Nueva España, la calificaba de "provincial". Es indiscutible que el alejamiento geográfico produjo en esta época un retraso en la evolución de las ideas en México. Sin embargo, ha habido que revisar ciertas concepciones del siglo XIX, según las cuales las prohibiciones de libros europeos y la acción de la Inquisición habían asfixiado literalmente a la América hispana. No cabe duda que existieron reglamentos opresivos, pero los hechos desmienten que hayan sido aplicados con rigor. En primer lugar, hay que tener en cuenta las dispensas y las excepciones, de derecho o de hecho, en beneficio de los personajes civiles o religiosos; de los religiosos más precisamente, que fueron los guías ideológicos de la sociedad. Cuando hablamos de sociedad, esta expresión debe ser entendida en su valor restrictivo. Las hermosas damas y los hermosos espíritus elogiados por Bernardo de Balbuena se limitaban a algunas decenas de familias nobles y a los que de entre ellas habían abrazado la carrera eclesiástica o universitaria (ambas estaban, por lo general, confundidas). En esta sociedad fue poco a poco tomando cuerpo una conciencia nacional mexicana cuyos componentes se reunieron todos por primera vez, al parecer, en la obra de Sigüenza y Góngora.

Sobrino, por parte de madre, del gran poeta andaluz Góngora, pertenecía por su padre a una familia de oficiales y de grandes servidores de la monarquía; su propio padre había sido preceptor del príncipe Baltasar Carlos. Sigüenza y Góngora entró en la Compañía de Jesús y pronunció votos simples en Tepotzotlán, a la edad de diecisiete años; quizá a causa de la incertidumbre de su vocación fue despedido (o *expeditus*) al cabo de siete años, por motivos que han quedado oscuros. Pero los esfuerzos que hizo en 1668 (sin éxito) para reintegrarse al seno de la Compañía, permiten al menos suponer que su pensamiento, por original que fuese, no se apartaba demasiado de la espiritualidad jesuítica, que dominaba entonces a Nueva España.

La supremacía de los jesuitas no fue inmediata; los comienzos de la Compañía fueron, incluso, muy modestos. Pero no nos parece que, como ha escrito W. Jiménez Moreno, el espíritu de las órdenes mendicantes haya sido el que dominara en Nueva España hasta 1624. El sabio mexicano señala, precisamente, la aparición, en esta fecha, por iniciativa del obispo Palafox, de la arquitectura de estilo herreriano, y ve en ello el signo del triunfo de los obispos secularizadores. Es un índice revelador, pero no una prueba decisiva, y preferimos seguir al mismo autor cuando llama la atención sobre el papel del arzobispo Montúfar en el primer concilio provincial mexicano, de 1555. Sabemos, por lo demás, que el último cuarto del siglo XVI vio aparecer, en gran parte bajo la égida de los jesuitas, aspectos de la cultura renacentista hasta ese momento desconocidos en Nueva España. Los *Diálogos latinos* de Francisco Cervantes de Salazar testimonian esta imitación, bastante escolar aún, de los antiguos. Sin duda, desde el punto de vista que nos ocupa, lo más importante que ha ocurrido en la historia espiritual de la primera mitad del siglo XVII en Nueva España es la eclosión en la sensibilidad y la expresión literaria de lo *maravilloso americano*. En el autor de la *Grandeza mexicana* se nos aparece su doble origen, el paganismo antiguo heredado del Renacimiento, por una parte, y por otra, la realidad física del valle de México.

El otro aspecto de lo maravilloso criollo, que va a florecer en el curso de la segunda mitad del siglo, no es menos ambiguo que el precedente y resulta de la confluencia de lo maravilloso cristiano con las antiguas creencias indígenas. Dado que las órdenes mendicantes no pudieron llevar a cabo su programa de "hacer tabla rasa" con la idolatría, después de medio siglo se asistió a una serie de sustituciones de ídolos indígenas por imágenes cristianas, en los lugares de peregrinación. En relación con esas sustituciones materiales se desarrollan creencias sincréticas y leyendas piadosas. W. Jiménez Moreno señala el surgimiento de nuevos centros de peregrinación y la adhesión, tanto de la población mestiza y criolla como de la indígena. Las devociones renovadas, como, entre otras, la de la Virgen de Guadalupe del Tepeyac, van, pues, a realizar en un impulso de esperanza unanimista, la amalgama de los criollos, de los indios y de las castas. El carácter nacional o muy a menudo regional de imágenes generalmente consideradas prodigiosas, apresuró la toma de conciencia de la *"pequeña patria"* americana. Sobre la base de una amplia adhesión popular, los clérigos iban a elaborar una ideología nueva que rompería no sólo con las antiguas creencias indígenas, sino con las de los colonizadores. Uno de los hombres que jugó uno de los primeros papeles en esa transformación espiritual, con apariencias tranquilizadoras para la doble ortodoxia política y religiosa, fue, sin duda, Sigüenza y Góngora.

El mesianismo político-religioso de los conquistadores espirituales había hecho de la España representada por esos monjes misioneros un pueblo elegido, y de los indios un objeto de salvación espiritual. La riqueza y la potencia de los criollos, confirmadas por el esplendor de una capital que podía rivalizar con la de España, volvieron pronto intolerable la tutela espiritual de los gachupines. Toda reivindicación de dignidad nacional de parte de los criollos de Nueva España debía implicar la revisión de su estatuto de dependencia espiritual. La historiografía española de las Indias Occidentales, fundada sobre el postulado de la misión providencialista, cuya expresión triunfante tenemos en Solórzano Pereira, debía, como consecuencia, ser totalmente derrotada. Hasta entonces la idolatría de los indios se había opuesto a la misión evangelizadora de los españoles; había que empezar, pues, por lavar a los indios del más grave de los pecados.

La cultura criolla naciente (que comprendía, en su segundo momento, su mitología tomada de la antigüedad helénica) era en todo, en sus valores como en sus medios de expresión, el resultado de lo que hoy llamaríamos una "transculturación". Las formas de vida, la administración, la Iglesia y la fe misma eran productos de importación; el mundo americano sobre el cual acababan de abrirse los ojos de los criollos maravillados, era negado. Semejante inautenticidad cultural no podía ser viable por mucho tiempo, menos aún en un país cuya fascinante belleza hacía, en pocos años, de un buen castellano un criollo en espíritu. El proceso de mexicanización (se siente la tentación de escribir "re-mexicanización") de Nueva España, gracias al consenso devoto que se desarrollaba en un clima maravilloso sincrético, había ya ganado todas las capas de la población, cuando Sigüenza y Góngora comenzó sus estudios sobre el México antiguo, en 1668. Ese mismo año publicó la *Primavera indiana. Poema sacro-histórico, idea de María Santísima de Guadalupe*. La gran obra, en apariencia dispersa, en buena parte inédita, y hoy desaparecida de ese polígrafo, es esencialmente homogénea.

Con un sentido seguro de los problemas espirituales subyacentes a las controversias relativas a la historia antigua de los

indios de México, Sigüenza y Góngora fue el primero en Nueva
España en concentrar su atención sobre dos grandes creencias
mexicanas, Quetzalcóatl y Guadalupe. Sigüenza y Góngora es-
crutó, como un augur, las entrañas palpitantes de su patria hu-
millada y, no obstante, su visión no se oscureció por eso. Hacía
precisamente veinte años que el bachiller Miguel Sánchez había
publicado lo que Francisco de la Maza llamó con fortuna "el
primer Evangelio de Guadalupe", cuando Sigüenza y Góngora
escribió su *Poema sacro-histórico* a la Virgen del Tepeyac. Un
poco antes hemos llamado la atención, a propósito de Balbuena, sobre la expresión "primavera indiana", tomada por Sigüenza y Góngora; más precisamente, "la primavera inmortal" del
Anáhuac, que Balbuena traspone de pastorales antiguas, bastante prisionero aún de sus fuentes literarias, y que aparecerá
como plenamente autóctona en Sigüenza y Góngora. El adjetivo
"indiano" es muy rico en implicaciones. Lo encontramos en el
título de una obra de Mendieta, que no vería la luz de la imprenta hasta muchos años después de la independencia mexicana. Por tanto, su empleo por Sigüenza y Góngora, hombre al
tanto de las historias antiguas de México, anotador de Torquemada, que había tomado muchas cosas de Mendieta, no puede
ser atribuido a una simple casualidad. Recordemos que en esta
época se llamaba indio o, con condescendencia, indito (denominación todavía usual en la mayoría de las regiones rurales de
México) al indígena y que se reservaba el nombre de indiano
(en la península) para el criollo. En esto vemos un resurgimiento de las pretensiones primeras de un Mendieta. Sin duda, con
Sigüenza el contenido cambia; ya no se trata de edificar una
Iglesia nueva, sino de reconocer su existencia. Si bien la parusía
iba siendo siempre diferida, la "espera" había sido colmada
por la aparición "prodigiosa" de la Virgen María en el Tepeyac.
La *Primavera indiana* de Sigüenza y Góngora, no era otra que la
Primavera del mundo, esperada ansiosamente durante siglos por
los milenaristas. El hilo del joaquinismo de los franciscanos
evangelizadores se renovó entonces, secretamente. A decir verdad, el cielo mexicano, cargado de un fluido espiritual de alta
tensión, estaba pidiendo la venida de la Guadalupe. Si Miguel
Sánchez lanzó la fecunda idea del lazo entre la imagen del Tepeyac y la mujer del *Apocalipsis*, es Sigüenza y Góngora quien
tiene el mérito de haber injertado la devoción nueva sobre el
viejo tronco vivaz del milenarismo:

> *Si entre breñas la patria fue sagrada*
> *de este portento de uno y otro mundo,*
> ....
> *Toda una primavera fue expresiva*
> *en tosca tilma del trasunto hermoso.*[13]

Bajo el hipérbaton gongorino estalla la primavera patriótica mexicana bañada con una luz sobrenatural que todavía la aureolará hasta mucho después de la Independencia. La intención redentora de la patria mexicana, rescatada de las tinieblas de la idolatría y convertida por la gracia divina en portadora de la esperanza de salvación de la humanidad, aparece en una de las más bellas octavas del poema:

> *María soy, de Dios omnipotente*
> *humilde madre, Virgen soberana,*
> *antorcha cuya luz indeficiente*
> *Norte es lucido a la esperanza humana:*
> *Ara fragante en templo reverente*
> *México erija donde fue profana*
> *morada de Plutón, cuyos horrores*
> *tala mi planta en tempestad de flores.*[14]

Cómo no sentir aún toda la carga espiritual de la palabra "Norte", que tomará veinte años más tarde el jesuita Florencia en el título de uno de los libros más importantes por sus efectos sobre el desarrollo del guadalupanismo mexicano: *La estrella del Norte de México, historia de la milagrosa Imagen de María Santísima de Guadalupe.* Si la *"Primavera indiana"* fue un avatar criollo de la "Primavera del mundo", Guadalupe fue el "Norte" (el polo) espiritual de la conciencia nacional mexicana en busca de sí misma. En la misma fuente de las palabras claves del guadalupanismo mexicano, encontramos a Carlos de Sigüenza y Góngora.

El subtítulo de "poema sacro-histórico" es sorprendente para un lector moderno; a primera vista, sólo percibimos su carácter de poesía sagrada. Pero a la luz de lo que ya sabemos, resulta claro que se trata antes que nada de historia, en primer lugar

---

[13] Carlos de Sigüenza y Góngora, *Primavera indiana* (1662?), México, 1945, p. 41.

[14] *Ibid.*, p. 31.

porque la *historia* se confundía con la *historia de la salvación* de la humanidad, en cuyo desarrollo la aparición del Tepeyac era un signo de primera magnitud. Sólo después el autor debió pensar en la salvación del indio y en la elección divina de su patria, prometida a un destino histórico redentor:

> *La morada de luces cristalina*
> *te rinda glorias, pues amante subes,*
> *oh México, a ser solio preeminente,*
> *que dora rayos del amor ardiente.*[15]

La historia del pueblo mexicano aparece santificada por los rayos del amor divino que doran su morada. La "preeminencia" mexicana es una noción que nace formalmente bajo la pluma de Sigüenza y Góngora; se convertirá en una de las ideas rectoras de la fe religioso-patriótica del siglo XVIII.

Ya tendremos ocasión de estudiar el *Fénix del Occidente, santo Tomás apóstol, hallado con el nombre de Quetzalcóatl entre las cenizas de antiguas tradiciones conservadas en piedras, en tecamoxtles toltecas y en cantares teochichimecas y mexicanos.* Limitémonos a señalar por el momento que, dentro de la lógica de un proyecto de conjunto de redención del pueblo mexicano, el santo Tomás-Quetzalcóatl esbozado tiempo atrás por el dominico Durán era tan indispensable a Sigüenza y Góngora como la imagen prodigiosa del Tepeyac. Ésta prometía un futuro de elección, aquélla lavaba el pasado del pecado de idolatría. Don Carlos de Sigüenza reunió observaciones a propósito de Quetzalcóatl; no lo hizo como quien persigue un propósito maquiavélico, sino con el escrúpulo de un sabio y la humildad de un cristiano, hasta el punto de que se le ocurriera esta exclamación: "Quiera Dios que la hipotética predicación de santo Tomás de México haya tenido verdaderamente lugar." La sinceridad patriótica de Sigüenza y Góngora no obnubiló su sentido crítico, pero despertó en él proyectos de estudios tendentes a la exaltación del pasado indígena de Nueva España. Aquí nos corresponde dejarle la palabra a un profundo conocedor de la historia mexicana: "En 1680, cuando por primera vez —a iniciativa de Sigüenza y Góngora— aparecen en los arcos triunfales con que se da la bienvenida a un nuevo virrey, figuras tomadas de la historia prehispánica en vez de las que se acostumbraba extraer

[15] *Ibid.,* p. 19.

de la mitología clásica, se advierte ya que lo indio ha ganado a los criollos..."[16] Efectivamente, fue para acoger al conde de Paredes que don Carlos escribió el *Teatro de virtudes políticas que constituyen a un príncipe: advertidas en los monarcas antiguos del mexicano Imperio, con cuyas efigies se hermoseó el arco triunfal...*[17] Se trata de una verdadera revolución, puesto que se sustituye ahora la tradicional y casi sacrosanta mitología grecolatina con la mitología de los indios mexicanos. Aún más, los emperadores aztecas eran propuestos como ejemplo al nuevo virrey, que llegaba de España. Si volvemos a colocar en su contexto esa iniciativa criolla, puede aparecer como un desafío. Después de las justas teóricas en que Erasmo, Ribadeneyra, Saavedra Fajardo, etc., se enfrentaron para definir las virtudes de un "príncipe cristiano", la irrupción de los "príncipes bárbaros" del antiguo México, en una escena a la que nadie los había invitado, habría tenido que provocar a primera vista las protestas del virrey. Y no debe haber protestado, puesto que el comentario al arco de triunfo, redactado por Sigüenza y Góngora, se publicó en México poco después.

La audacia alegórica de don Carlos y el silencio del virrey son igualmente elocuentes. Hay varias razones para que el interés por el pasado indígena, las virtudes ejemplares de los soberanos aztecas y la "dignificación" literaria de las divinidades del antiguo México se hayan manifestado al mismo tiempo en los criollos mexicanos, después de 1650. En primer lugar, nos llama la atención que, con la obra de don Carlos, aparezca bruscamente lo que hay que considerar un "sentimiento indigenista". Ya hemos señalado que el indio estaba notablemente ausente, tres cuartos de siglo antes, de la *Primavera mexicana* de B. de Balbuena, Arcadia apenas transportada. Sucede que en 1604 los criollos gozaban de una paz reciente, y contemplaban su propia fortuna en el desarrollo de su capital. Los indios habían ocupado un lugar demasiado esencial en la vida de Nueva España como para que no se estuviera un poco cansado, ahora que estaban verdaderamente vencidos, aún más que diezmados, y que sólo se los catequizaba por rutina. El indio que vemos renacer bajo la pluma de don Carlos en 1680 ya no es el de

[16] W. Jiménez Moreno, *Estudios de historia colonial*, México, 1958, p. 128.
[17] Sigüenza y Góngora, *Teatro de virtudes políticas* (...), Medina 1 216.

Sahagún y el de Motolinía, alma que salvar y también hombre que instruir y al que temer. El indio de Sigüenza y Góngora es un indio muerto; incluso podemos decir que la obra de don Carlos es la comprobación del deceso del imperio mexicano. Si al paso de un virrey pueden alzarse las imágenes de los emperadores de Anáhuac, es porque esos gigantes ya no dan miedo; han ido a juntarse con los moros exhibidos en las fiestas españolas de "moros y cristianos". Se había abierto una nueva era, en la cual el pasado indígena y sus creencias habían perdido toda capacidad subversiva en México; la plaza estaba franca para que en ella se diera un proceso de mitificación del pasado indígena. Durante mucho tiempo, Clavijero fue tenido en México por el primero en comparar a los soberanos aztecas con los emperadores romanos; cuando no hizo más que tomar las ideas de Sigüenza y Góngora, del que fue atento lector. Volvemos a encontrar a don Carlos al comienzo de uno de los caminos por donde los criollos mexicanos iban a abrirse paso hacia la emancipación espiritual.

Le hubiese sido necesaria una perspicacia y un sentido político verdaderamente excepcional al conde de Paredes para desentrañar lo que guardaban en germen aquellos emperadores de cartón piedra erigidos para recibirlo. Nueva España estaba bien pacificada, excepto algunos esporádicos levantamientos de indios; realmente no había el temor a la restauración de un imperio azteca. Menos cabía aún que el virrey (recién llegado, por lo demás) sospechara la fuerza subversiva que llegaría a tener un día la apropiación, por la élite criolla, del pasado indígena y una utópica tentativa de restauración del imperio azteca, dado que don Carlos era un súbdito leal, solícito ante los virreyes y, por lo demás, un inofensivo erudito. La constancia con la cual ese sabio se dedicó a dotar a su patria de un pasado digno del presente escogido que acababa de conferirle la aparición de la Virgen del Tepeyac, el esfuerzo correlativo del poeta y del prosista, que además coexistieron en él, para hacer que la antigua mitología mexicana consiguiera la dignidad literaria de la mitología helénica, fueron la expresión misma de la afirmación de sí de la sociedad criolla. La glorificación del conquistador Cortés en *La piedad heroica de don Fernando Cortés*, obra escrita una docena de años más tarde, sólo está en aparente contradicción con el elogio de los soberanos aztecas; en este nuevo libro, principalmente destinado a mantener lo que su título promete, vemos a Cortés como fundador del Hospital del Amor de Dios, lo que le otorga al autor la oportunidad de escribir una historia de la ciudad de México después de la conquista. No nos sorprende una digresión como ésta: "Y era alguna ocasión en que poder decir dónde se apareció la imagen de María Santísima de Guadalupe al ilustrísimo obispo don fray Juan de Zumárraga. Dará licencia esta historia a quien no ha tenido otro fin en sus escritos, tales cuales, sino ilustrar a la patria..."[18]

Don Carlos se presenta, pues, desembozadamente como un patriota mexicano, y si no lo ha ocultado es porque no alimentaba ninguna segunda intención de separatismo político. La competencia con la vieja España en el plano de la gracia divina, la reivindicación del solio preeminente de México era, por el contrario, plenamente consciente en él, como lo era en sus contemporáneos M. Sánchez, Florencia y Siles. Los progresos del arraigo de la sociedad colonial en el suelo americano, paisaje y fondo histórico-mítico, se aceleraron desde el día en que el indio dejó de presentarse como una amenaza vital para la sociedad criolla. Ésta, embriagada por su desarrollo, se dejó acunar impunemente por un sueño triunfalista, cuya nota dominante resulta de la simple enumeración de los títulos de los escritos de Sigüenza y Góngora: *Primavera indiana, Glorias de Querétaro, Triunfo parténico, Paraíso occidental, Piedad heroica, Trofeo de la justicia, Fénix del Occidente...* Toda la literatura mexicana de la segunda mitad del siglo XVII (veremos que ese clima se prolongará hasta muy avanzado el XVIII, hasta la expulsión de los jesuitas) se nos aparece como una interminable acción de gracias, un unánime hosanna. Carlos de Sigüenza y Góngora fue, sin ninguna duda, el gran alquimista de las trasmutaciones mitológicas e históricas de las cuales nació la espiritualidad original de una minoría colonial inflamada del arraigo telúrico. Sobre todo, gracias al impulso de la devoción por la Virgen de Guadalupe y gracias a quienes, como don Carlos, le dieron una expresión literaria, los criollos mexicanos ganaron si no su salvación eterna, al menos su salvación histórica. Incapaces de fundar el mestizaje biológico sobre bases sociojurídicas viables, impotentes para crear un clero indígena, lograron con la pluma de Carlos de Sigüenza y Góngora (entre otros) el mestizaje espiri-

---

[18] Carlos de Sigüenza y Góngora, *Piedad heroica de don Fernando Cortés*, Madrid, 1960 (ed. por Jaime Delgado), p. 57.

tual, sin el cual se habrían convertido en un grupo de exiliados
en una patria que se les negaba. Al no haber sabido descubrir
primero, o reconocer, la América que se había abierto, tuvieron
que reinventarla después de haberla mutilado horriblemente. Las
dos caras de la obra histórica de don Carlos evocan en con-
trapunto el maravilloso decorado y su revés: "México: ciudad
verdaderamente gloriosa, y dignamente merecedora de que en
los ecos de la fama haya llegado su nombre a los más retirados
términos del universo, aun no tanto por la amenidad deleitosí-
sima de su sitio, por la incomparable hermosura de sus espa-
ciosas calles; por la opulencia y valor de sus antiguos reyes; por
la copia y circunspección de sus tribunales; por las prendas
que benignamente les reparte el cielo a sus ilustres hijos; por
las mejoras conquistadas en el tiempo de su cristiandad ha con-
seguido ser la cabeza y metrópoli de la América; cuanto porque
a beneficio de este y de otros innumerables templos, con que
se hermosea su dilatado ámbito se puede equivocar con el cielo
empíreo..." [19]

"Por aquella calle donde yo estaba (y por cuantas otras des-
embocaban a las plazas sería lo propio) venían atropellándose
bandadas de hombres. Traían desnudas sus espadas los españoles y, viendo lo mismo que allí me tenía suspenso, se detenían;
pero los negros, los mulatos y toda la plebe gritaban a porfía:
¡Muera el virrey y cuantos le defendiesen!, y los indios: ¡Mueran
los españoles y gachupines (son los venidos de España) que nos
comen nuestro maíz!"

"¡Ea, señoras!, se decían las indias en su lengua unas a otras,
¡vamos con alegría a esta guerra y, como quiera Dios que se
acaben en ella los españoles, no importa que muramos sin confesión! ¿No es nuestra esta tierra? Pues ¿qué quieren en ella
los españoles?" [20]

Y don Carlos concluye: "No me pareció hacía cosa de provecho con estarme allí." [21]

Estos dos textos de Sigüenza y Góngora (separados apenas
por algunos años) nos permiten medir exactamente la distancia
entre lo *maravilloso criollo* y la *realidad mexicana*, y entrever el
abismo que separaba a los indios emperifollados encaramados

[19] Sigüenza y Góngora, *Paraíso occidental*, México, 1684, pp. 47-48.
[20] Carlos de Sigüenza y Góngora, *Alboroto y motín de México del
8 de junio de 1692*, ed. Irving A. Leonard, México, 1932, p. 65.
[21] *Loc. cit.*

sobre arcos de triunfo barrocos de los indios hambrientos que lapidaron al arzobispo y al Santo Sacramento, antes de incendiar el palacio del virrey. Con una falta de perspicacia notable en espíritu tan amplio, don Carlos (como suele ocurrir) compartió totalmente los prejuicios de su medio social contra los indios, atribuyendo a los efectos del pulque o licor del agave todo el drama y pensando que se evitarían eficazmente nuevas asonadas prohibiendo por completo el pulque en Nueva España. Ese letrado tan hábil para hacer revivir a los indios del pasado, prefirió apartar su mirada del indio de su tiempo. Quizá la utopía criolla de la *Primavera indiana* tuvo su origen en una fuga onírica ante el espectáculo diario del "infierno indiano", y las "rosas milagrosas" del Tepeyac fueron una metamorfosis de ese "lecho de rosas" que Cuauhtémoc, martirizado por orden de Cortés, evocó con amarga ironía.

SOR JUANA INÉS DE LA CRUZ, NUEVO FÉNIX DE MÉXICO (1648-1695)

Todavía tendemos a evocar la luz irreal de Botticelli cuando pensamos en sor Juana; la luz diáfana de la *Primavera indiana* volvía evanescentes a los seres de carne y hueso en este final del siglo XVII, y la reverenda madre Juana Inés de la Cruz no escapó a ese proceso de "desrealización espontánea". Esta joven verdaderamente genial se convirtió en un mito (hoy diríamos en un "monstruo sagrado") para sus compatriotas, aún en vida suya. El nombre de "Fénix" que le fue otorgado, la vincula, claro está, con su predecesor, el poeta español Lope de Vega, apodado el "Fénix de los Ingenios", pero en seguida percibimos que ambos ejemplos no son reductibles uno al otro. Nacida en el valle de México y habiendo vivido en su adolescencia en el círculo del virrey marqués de Mancera, Juana de Asbaje, era el "Fénix de América", un florón más en la corona del triunfalismo criollo. Se recordará el elogio entusiasta que Bernardo de Balbuena había hecho, a principios de siglo, del espíritu de las mujeres mexicanas; sor Juana era, pues, previsible, aún más, esperada; al parecer deslumbró a la corte, a la Universidad, y su gloria no tardó en extenderse por Europa. Si Guadalupe, la Virgen milagrosa del Tepeyac, *es* mexicana, recíprocamente sor Juana era *divina*, o casi divinizada por la admiración idólatra de sus contemporáneos de México. Entre el "Fénix del Occidente", santo Tomás-Quetzalcóatl, que Sigüenza y Góngora trató de lanzar de nuevo y el "Fénix de América" o "Fénix de México", como se llamó a sor Juana, la diferencia es leve. El derroche verbal colectivo a que invitaba el *arte de ingenio*, cultivado y tomado por último al pie de la letra, y al cual los criollos se entregaban en esos últimos decenios del siglo XVII, borraba las fronteras entre el sueño y la realidad. Nos sentimos tentados de ver la confirmación de esto en el hecho de que la obra quizá más original de sor Juana, en todo caso la única que no fue una tarea de encargo, y cuya riqueza despista en parte las interpretaciones, fue precisamente un "sueño". Ahora bien, el *Sueño*, si bien pertenece a la tradición alejandrina, constituye también una tentativa, nueva en ese momento, de elucidar la vida onírica. Del sueño dormido a la ensoñación de la vigilia sólo hay un paso, que sentimos la tentación de franquear con sor Juana. Sin embargo, en ninguno de ambos casos, nada hace pensar en el sueño colectivo de los criollos proyectando hacia un empíreo la imagen exaltada de su patria. En esta obra culta (se trata de una silva), inspirada en Góngora en cuanto a su estilo, las divinidades de la antigüedad clásica están presentes en todas partes; nos creeríamos otra vez (pero acaso se trata de un retorno) en los tiempos de Bernardo de Balbuena, en ese renacimiento del paganismo antiguo que habíamos observado en el autor de la *Grandeza mexicana*. La ausencia de referencias a Dios, a los santos y a los padres de la Iglesia, justamente señalada por R. Ricard en el comentario que ha hecho del *Sueño*, es correlativa con el exceso de mitología grecolatina. En cuanto a la mitología mexicana, que Sigüenza acababa de colocar en un lugar de honor, no hay ni rastros.

A partir de estas observaciones, y obnubilado además por lo que para un lector moderno sólo puede parecer un juego escolástico (la imitación de los antiguos y el trasplante de su mitología), un historiador de la literatura ha llegado a pretender que sor Juana había sido antes que nada un poeta del Siglo de Oro español y que México no había dejado ningún rastro en su obra y en su sensibilidad.

La realidad es muy diferente. De otro modo no se explicaría bien la devoción de la que fue objeto sor Juana por parte de sus compatriotas, y que ella misma ha evocado con ingenio:

Era de mi patria toda
el objeto venerado
....
llegó la superstición
popular a empeño tanto,
que ya adoraban deidad
el ídolo que formaron.[22]

No sólo la modestia ha dictado los dos últimos octosílabos; el "Fénix de México" percibió (la única, que sepamos, entre los escritores mexicanos de su tiempo) la tendencia "mitopoética" de los mexicanos, ya fuesen criollos, mestizos o indios. De la adoración absolutamente erótica (más que petrarquista) de la mujer criolla tal cual fue expresada por la pluma de B. de Balbuena, a la divinización de Juana de Asbaje, y a la devoción de la imagen prodigiosa de una Virgen india, hay un largo proceso de trasmutación sagrada, una sublimación progresiva de la patria mexicana encarnada en una mujer del país. Desde ese punto de vista, sor Juana fue una especie de relevo; mujer de genio considerado sobrehumano, se nos aparece como una réplica humana de la imagen del Tepeyac; como esta última, fue objeto de un culto de los mexicanos, y su fama traspasó las fronteras, esbozando una reconquista de España por la Nueva España, desquite mágico de la conciencia criolla sobre la nación tutora. El homenaje póstumo publicado en Madrid, en 1714, bajo los cuidados del doctor Castorena y Ursúa, al mismo tiempo que consagró el éxito de los criollos, recordó involuntariamente en su título el íntimo lazo que unía en la conciencia pública a las dos glorias de la Nueva España, a las dos mujeres tutelares: *Fama y obras póstumas del Fénix de México, la décima Musa, poetisa americana, sor Juana Inés de la Cruz, religiosa profesa del convento de San Jerónimo de la imperial ciudad de México* (...) *Dedicadas a la Soberana Emperadora del cielo y de la tierra, María Nuestra Señora*. Si aquí la Virgen no está expresamente mencionada como la Guadalupe, basta referirse a la literatura guadalupanista para notar que muy a menudo esta Virgen es calificada de "Emperadora" y "Reina" de los mexicanos. En ese título, María Emperadora está en directa relación con la "ciudad imperial" de México; en verdad, se tra-

---

[22] Sor Juana Inés de la Cruz, *Los empeños de una casa*, jornada I, esc. II, v. 321-332, *Obras completas*, FCE, México, 1976, t. IV, pp. 37-38

taba de un imperialismo mexicano, un imperialismo que podemos calificar retrospectivamente de "mágico", o más simplemente de "espiritual", pero cuya existencia no podríamos desconocer sin privar a la Independencia de uno de sus resortes principales. En la medida en que el sentimiento de orgullo nacional de los mexicanos con sus implicaciones creadoras de mitos tutelares se polarizó sobre su persona primero, luego sobre su memoria, sor Juana Inés de la Cruz ha sido plenamente mexicana. Ya vimos que con plena conciencia de serlo.

En una obra de circunstancias, dedicada a "Doña María de Guadalupe Alencastre, la única maravilla de nuestros siglos", la gran poetisa expresó en seis cuartetos vivaces una visión de su patria, que podría haber sido tomada de la *Grandeza mexicana*, sazonada con la travesura característica de la "Décima Musa":

> Que yo, señora, nací
> en la América abundante,
> compatriota del oro,
> paisana de los metales,
>
> adonde el común sustento
> se da casi tan de balde,
> que en ninguna parte más
> se ostenta la tierra madre.
>
> De la común maldición
> libres parecen que nacen
> sus hijos, según el pan
> no cuesta al sudor afanes.
>
> Europa mejor lo diga,
> pues ha tanto que, insaciable,
> de sus abundantes venas
> desangra los minerales.[23]

Las estrofas precedentes bastan para mostrar que la obra de sor Juana contiene todos los aspectos de la conciencia nacional mexicana de su siglo. Recordémoslo en el orden en que se presentan en dichas estrofas, o mejor aún, uniéndolos como corresponde:

[23] Sor Juana Inés de la Cruz, *Obras completas*, romances, núm. 37, t. I, pp. 102-103.

La tierra madre (¿resurgimiento criollo de la antigua Chicomecóatl?), identificada con América (es decir, con "América septentrional" o México), es presentada como generosa y nutricia; fue en los hechos el sustrato telúrico y mítico del "Paraíso occidental". Si esta última expresión no fue tomada por sor Juana de su contemporáneo Sigüenza y Góngora, la noción del Edén deriva de la evocación de un pueblo mexicano exento del pecado original [24] (la común maldición), es decir, "inmaculado", como lo fue la propia Virgen María. Ese rasgo, por lo menos heterodoxo, debía hacer que la "naturalización" de María, en su imagen del Tepeyac, fuese aún más fácil.

A la creencia en la elección divina de la patria y del pueblo mexicano correspondía el sentimiento de humillación y de injusticia, el rencor contra el europeo ávido, que agotaba las minas de plata nacionales. Pero para terminar es la mujer la que habla, la mujer seductora que debió ser sor Juana, evocando la seducción (de la que B. de Balbuena nos había hablado más en detalle) a la cual sucumben los gachupines:

> Pues entre cuantos la han visto,
> se ve con claras señales
> voluntad en los que quedan
> y violencia en los que parten.[25]

Por los años en que se apagó prematuramente la poetisa mexicana, el viajero napolitano Gemelli Carreri describió en estos términos a México: "Por sus buenos edificios y el ornato de sus iglesias, puede decirse que compite con las mejores de Italia; mas las supera por la belleza de las damas..." [26] Sor Juana compartía, pues, expresamente los sentimientos de sus compatriotas, que justamente reconocieron en ella una de las primeras grandes voces de "su América".

Por lo demás, América está siempre presente en la obra extensa y variada de sor Juana, con tal de que no nos dejemos deslumbrar o desanimar por la superabundancia de reminiscencias clásicas y el conceptismo de ciertas composiciones poéticas. Si la mayoría de los escritores contemporáneos mexicanos han

[24] Francisco Bramón, *Los sirgueros de la Virgen sin original pecado* (1620), México, 1943, pp. 109-111.
[25] Sor Juana, *Obras completas*, romances, núm. 37, t. I, p. 103.
[26] Gemelli Carreri, *Viaje a la Nueva España*, libro I, cap. III, México, 1955, t. I, p. 45.

sido olvidados hoy, es porque no eran más que juegos del ingenio y de la pluma. La sensibilidad y vivacidad de espíritu de
sor Juana, tanto como la facilidad de su escritura han preser-
vado, sin duda, sus obras de tal desgracia, pero su carácter
nacional merece también retener nuestra atención. América aparece especialmente en sus loas, género español tradicional que
sor Juana utilizó como preludio a sus autos sacramentales, directamente inspirados en un teatro donde brillaba en la misma
época el gran Calderón de la Barca. El telón de *El divino Narciso* se alza sobre esta visión:

> Sale el Occidente, indio galán, con corona, y la América, a su
> lado, de india bizarra: con mantas y huipiles, al modo que se
> canta el tocotín. Siéntanse en dos sillas; y por una parte y
> otra bailan indios e indias, con plumas y sonajas en las ma-
> nos, como se hace de ordinario esta danza, y mientras bailan
> canta la música.[27]

Reconocemos aquí claramente esos indios de teatro, los mismos que adornaban los arcos de triunfo inventados por Sigüenza y Góngora. Esos indios, tanto en sor Juana como en su ilustre contemporáneo, sólo pudieron nacer o renacer de las cenizas
del indio real, exterminado físicamente o relegado por la comunidad nacional en formación. América apenas está presente aquí
en forma alegórica, en un diálogo edificante, en el cual se opone
a la religión, junto al Occidente. En algunas escenas aparece
estilizado el encuentro de las civilizaciones, la del gran dios de
las siembras y la del cristianismo. Teniendo en cuenta las leyes
de un género caído en desgracia, la loa americana de sor Juana
tiene un ritmo ágil. El empleo escénico del tocotín, danza folklórica que la pequeña Juana de Asbaje había podido ver en un
marco muy distinto del de la corte del virrey, durante su in-
fancia en Amecameca, introduce en la convención la misma realidad del México contemporáneo.

Es, principalmente, en poemas tradicionales populares en donde sor Juana nos ha dado la imagen de la sociedad de su tiempo, en especial en los villancicos religiosos y en una variedad
particular llamada ensaladilla; en ellos expresa con todo su ingenio la mezcolanza étnica de la capital de México en el siglo XVII.

[27] Sor Juana Inés de la Cruz, *El divino Narciso*, escena I (indicación escénica).

1. *Quetzalcóatl*. Estatuilla de pórfido, proveniente del valle de México, probablemente de época azteca tardía (40 cm. de alto, aproximadamente). Museo del Hombre, París.

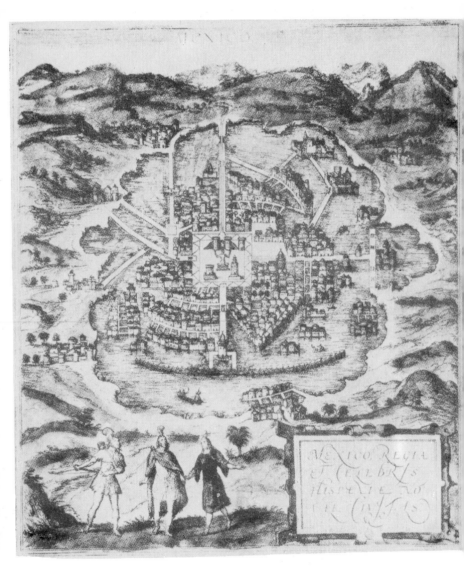

2. *Plano de la ciudad de México en 1582.* In Georgius Braun et Franciscus Hogenbergius, tomado de *Cartografía de Ultramar-Méjico* (carpeta III, mapa n.º 48). Madrid, 1955.

3. *Prodigiosa cruz de Tépic (Jalisco)*. Según Fray Francisco de Ajofrín (capuchino), *Diario del viaje (...) a la América septentrional en el siglo XVIII*, Madrid, 1958.

4. *San Josafat, mártir*. Grabado que circuló clandestinamente en Nueva España, en el momento de la expulsión de los jesuitas. En él aparece San Josafat, amigo de los jesuitas, maldiciendo a sus enemigos.

5. *La cátedra de San Pedro en México*. Carátula de la edición de un sermón predicado en la catedral de México, México, 1735.

6. *Quetzalcóatl.* Monolito descubierto en Teayo, zona del Tajín (2,20 m. de alto). Se trata probablemente de un fuste de columna de un edificio religioso.

7. *Quetzalcóatl. Códice borbónico* (pl. 22). Biblioteca del Palais Bourbon. París.

ACTA SOLEMNE

de la declaracion de la independencia de la América

septentrional.

El congreso de Anahuac legitimamerte instala-
do en la ciudad de Chilpancingo de la America septentrional por las provincias de ella: declara solemnemente, a presencia del Sr. Dios, arbitro modera-
dor de los imperios y autor de la sociedad, que los
da y los quita segun los designios inescrutables de
su providencia, que por las presentes circunstancias
de la Europa ha recobrado el exercicio de su soberanía usurpado: que en tal concepto queda rota para
siempre jamas, y disuelta la dependencia del trono
español: que es arbitro para establecer las leyes que
le convengan para el mejor arreglo y felicidad interior, para hacer la guerra y paz, y establecer alianzas con los monarcas y republicas del antiguo continente; no menos que para celebrar concordatos
con el sumo Pontifice romano, para el regimen de
la Iglesia Católica, Apostólica, Romana, y mandar
embaxadores y cónsules: que no profesa ni reconoce otra religion mas de la católica, ni permitirá, ni
tolerara el uso públ.co ni secreto de otra alguna: que
protegerá con todo supoder, y velará sobre la pureza de la fé y de sus dogmas, y conservacion de los
cuerpos regulares: declara por reo de alta traycion
á todo el que se oponga directa ó indirectamente á
su independencia, ya sea protegiendo á los europeos opresores, de obra, palabra, ó por escrito; ya no

8. La «Declaración de Independencia» de México (6 de noviembre de 1813). Reproducción facsimilar, según el Boletín del Archivo General de la Nación, II serie,
t. IV, n.º 3, México, 1953.

9. *Quetzalcóatl - Ehecatl.* Monolito basáltico, probablemente de época azteca tardía, proveniente del México central. Museo de Toluca (México).

11. *Quetzalcóatl. Códice vaticano 37-38* (llamado «*Codex vaticanus A*» o «*Ríos*») (pla. 9 v.). Biblioteca vaticana, Roma.

10. *Templo de Quetzalcóatl-Ehecatl.* Calixtlahuaca (México).

12. *Estela religiosa precolombina, ornada con una cruz.* Monolito en forma de disco solar, de unos 30 cm. de diámetro. Museo de Teotihuacán (México).

13. *Quetzalcóatl*. Manuscrito Tovar de la John Carter Brow Libray, ed. J. Lafaye. U.N.E.S.C.O., 1972 (Col. de obras representativas).

14. *Santo Tomás-Quetzalcóatl*. Grabado del siglo XVIII, según Nicolás León, *Bibliografía mexicana del siglo XVIII*.

16. *Guadalupe.* La imagen sagrada del Tepeyac, México, D. F. (1.50 m. de alto, aproximadamente). Según Mariano Cuevas, S. J., *Album guadalupano del IV centenario,* pl. 1, México, 1931.

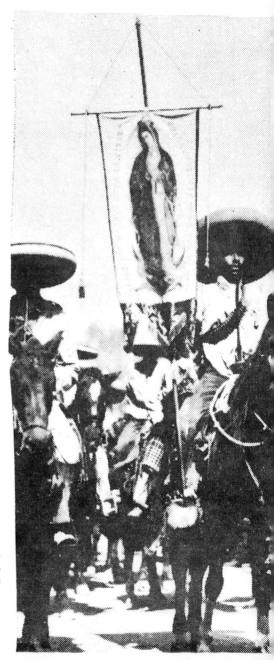

15. Tropas de Emiliano Zapata, el día de su entrada victoriosa a la capital, portando el estandarte de la Virgen de Guadalupe.

Muger vestida del sol, luna, y dece estrellas. El dragón arrastra con su cola la tercera parte de las estrellas, y es arrojado á la tierra

17. *La mujer del Apocalipsis.* Según Gregorio López, *Tratado del Apocalipsis de San Juan, traducido del latín al castellano, con su explicación interlineal* (siglo XVI), Madrid, 1804, p. 144.

18. *Frontispicio de la «Imagen de la Virgen María Madre de Dios de Guadalupe»*, del bachiller Miguel Sánchez, impr. Vda. de Bernardo Calderón, México, 1648.

19. *Frontispicio de «Huei Tlamahuiçoltica (...)»*, México, 1649, primera historia de las apariciones de Guadalupe, publicado en náhuatl, atribuida al Dr. Luis Lasso de la Vega.

21. *Fachada de la colegiata de Guadalupe del Tepeyac,* en el momento de la coronación de la Virgen, en 1895.

20. *Indias tarahumaras llevando en procesión la imagen de la Guadalupe,* en Papajichi, pueblo de los alrededores de Norogachic (Chihuahua).

En sus "ensaladas lingüísticas" en forma de villancicos, sor Juana fue dando la palabra a las castas; oigámosla evocar lo que
constituye una anticipación del juramento a la Guadalupe ins-
tituyéndola patrona de la nación mexicana; los indios cantan:

> Los mexicanos alegres
> también a su usanza salen,
> . . . .
> y con las cláusulas tiernas
> del mexicano lenguaje,
> en un tocotín sonoro
> dicen con voces suaves:
>
> Tla ya timohuica,
> totlazo Zuapilli,
> maca ammo, Tonantzin,
> titechmoilcahuiliz.[28]

Sor Juana, que era música, no fue insensible a la musicalidad
discreta de la lengua náhuatl y en el coro unánime del marianismo mexicano destinó un lugar a cada una de las masas co-
rales de la sociedad de México: criollos, mestizos, mulatos, indios. El año siguiente, en 1677, con ocasión de la fiesta de san
Pedro Nolasco, la poetisa compuso otro tocotín en *pidgin* espa-
ñol-náhuatl, y en él, sin duda, se refleja la realidad lingüística
que la rodeaba. Poniendo fin al diálogo burlesco de un negro
y de un estudiante demasiado imbuido de mal latín, hace intervenir a un indio, quien quedará con la última palabra, como le
ocurriría al mestizaje en la historia mexicana:

> Púsolos en paz un indio,
> que, cayendo y levantando,
> tomaba con la cabeza
> la medida de los pasos;
> el cual en una guitarra,
> con ecos desentonados,
> cantó un tocotín mestizo
> de español y mexicano.[29]

[28] Sor Juana Inés de la Cruz, *Obras completas*, villancicos, número 224, t. II, pp. 16 *ss.*
[29] Sor Juana Inés de la Cruz, *Obras completas*, villancicos, número 241, t. II, p. 41.

Nada mejor, a guisa de comentario, que citar este juicio de Robert Ricard: "Una mirada rápida sobre su obra podría llevar a la idea de que sor Juana es tan sólo una criolla (...) Pero semejante idea corre el riesgo de resultar superficial, ya que ese criollismo no es exclusivo. Dado el lugar que supo otorgarle a los indios, a los mestizos, a los negros, a la lengua náhuatl, sor Juana es una mexicana, en el más amplio sentido de la palabra, y su obra representa un eslabón esencial en la formación progresiva de una conciencia nacional en México." [30]

Sería cómodo multiplicar los ejemplos, pero no indispensable. Colón aparece en una loa, que servía de obertura a un auto inspirado en san Hermenegildo; el héroe exclama: "¡que hay más mundos, que hay *plus ultra*!" [31]

Sin embargo, queríamos dedicar ahora nuestra atención a otro aspecto específicamente mexicano de la obra poética de sor Juana, el de la devoción a la Virgen, en especial a su imagen del Tepeyac. Conviene recordar que hasta 1648, año del nacimiento de sor Juana, la devoción a Nuestra Señora de Guadalupe no tomó verdadero impulso en los medios criollos de México, gracias a la publicación de la obra de Miguel Sánchez. No es, pues, demasiado sorprendente que, en una obra poética relativamente abundante como lo fue la de sor Juana, sólo encontremos un soneto dedicado expresamente a la Guadalupe. Además, es un soneto de circunstancias, como la mayoría de las poesías de sor Juana, consagrado a alabar "el numen poético del padre Francisco de Castro, de la Compañía de Jesús", que había cantado al modo heroico la aparición de la imagen prodigiosa, en un poema todavía inédito, y sor Juana esperaba conseguir un mecenas. Tal como se presenta, ese soneto sin pretensiones resulta revelador de la naturaleza del guadalupanismo mexicano, después de Miguel Sánchez, a partir de la segunda mitad del siglo XVII, antes de que el fenómeno hubiese alcanzado su pleno desenvolvimiento (hacia mediados del siglo XVIII):

> *La compuesta de flores Maravilla,*
> *divina Protectora Americana,*
> *que a ser se pasa Roja Mexicana,*

[30] Robert Ricard, *Une poétesse mexicaine du XVIIᵉ siècle, Sor Juana Inés de la Cruz*, París, 1954, p. 38.
[31] Sor Juana Inés de la Cruz, *Obras completas*, loa para "San Hermenegildo", núm. 369, p. 107, v. 273.

apareciendo Rosa de Castilla;
la que en vez del dragón —de quien humilla
cerviz rebelde en Patmos...[32]

No es necesario citar el final de este soneto, consagrado a elogiar el talento del jesuita, cuyo poema heroico era un segundo milagro de la Guadalupe... Lo que en cambio merece ser anotado es que sor Juana, después del padre Francisco de Castro y del bachiller Sánchez, identifica a la "prodigiosa imagen" del Tepeyac con la visión de san Juan en Patmos. La Guadalupe *es* la mujer del *Apocalipsis*, la que pisotea al dragón (o a la bestia del *Apocalipsis*), y así promete la salvación de la humanidad. Llegado el momento veremos las implicaciones espirituales de ese fundamento profético del guadalupanismo mexicano.

El primer cuarteto es interesante por la fusión íntima del conceptismo y de un simbolismo de las flores, gracias al cual se opera una verdadera transustanciación. Guadalupe es una maravilla compuesta de flores; cómo no pensar en una flor de los campos abundante en México, la maravilla precisamente (la *mirabilis jalapa*). Resulta natural pensar en ella, dado que los indios tenían la costumbre (que no han perdido) de componer cuadros o imágenes piadosas por medio de flores. En el caso particular de las maravillas recordemos que existe en una ciudad del moderno estado de Hidalgo la tradición prodigiosa de un "Señor de las maravillas"; este Cristo había salvado de la venganza de su marido a una mujer adúltera, por la transformación milagrosa, en maravillas, de las provisiones que ésta llevaba a su amante, haciendo de ella una émula de santa Isabel de Hungría. A la luz de esta leyenda (¿anterior a la aparición del Tepeyac?; parece haber sido posterior), la palabra "Maravilla" en el soneto puede aparecer cargada de doble sentido. Lo mismo ocurre con el título del opúsculo guadalupanista, posterior, del pintor Miguel Cabrera, *Maravilla americana y conjunto de raras maravillas...*[33] En ese "soneto de las flores" de sor Juana asistimos a otra transustanciación, la de las rosas, que los indios llamaban "flores de Castilla" (*castilan xóchitl*), en flores mexicanas; es la imagen misma de la transformación del español

---

[32] Sor Juana Inés de la Cruz, *Obras completas*, sonetos sagrados, núm. 206, t. I, p. 310.
[33] J. T. Medina, *La imprenta en México*, núm. 4, 310.

en criollo. La riqueza simbólica de ese cuarteto, expresión críptica del "misterio" guadalupanista, misterio teológico, quizá, pero, sin duda, crisol del alma mexicana, alcanza su pináculo. La expresión "Protectora Americana" que sor Juana aplica a la Guadalupe, es una anticipación de un siglo a la promesa oficial que reconoció a la Guadalupe como patrona de México. Por lo demás, las diferentes obras en verso que la gran poetisa mexicana consagró a la Asunción apoyan el guadalupanismo, ya se trate de poesía popular en forma de tocotín, donde sor Juana nos revela indirectamente el consenso devoto de los diversos grupos étnicos y sociales, o de obras cultas, como ese estribillo de un villancico compuesto en ocasión de la Asunción de 1676:

> *Quae est Ista? Quae est Ista,*
> *quae de deserto ascendit sicut virga,*
> *Stellis, Sole, Luna pulchior? —María!* [34]

También, cuando un caballero de Santiago escribió, en ocasión del llamado de sor Juana al seno de Dios, un soneto: *"A la incomprensible elevación del genio milagroso de la única musa, hermana Juana Inés de la Cruz"*,[35] vemos en ello algo más que una hipérbole en el gusto de la época. Sor Juana fue un testimonio lúcido, con una gracia literaria y una sensibilidad inigualadas, del México que la rodeaba. Más profundamente, amasó la pasta simbólica, que muy pronto iba a leudar en una conciencia nacional mestiza. La alianza, dentro de su obra, del águila de Patmos con la del escudo mexicano, las rosas de Castilla trocadas en flores mexicanas, la metamorfosis del "Divino Narciso" (que, sin duda, recuerda a Ovidio), son la trasposición literaria de la metamorfosis de la propia sociedad mexicana. En la medida en que este nacimiento de una nación fue en primer lugar el renacimiento utópico del pasado indio y del profetismo de los evangelizadores, podemos muy bien afirmar, aún hoy, que sor Juana Inés de la Cruz ha sido "el Fénix" de México.

---

[34] Sor Juana Inés de la Cruz, *Obras completas*, villancicos, número 218, t. II, p. 5.
[35] *Fama y obras póstumas del Fénix de México...*, Madrid, 1714, p. 39.

III. LA EMANCIPACIÓN ESPIRITUAL
1728-1759

LA GENERACIÓN DE 1730 Y SUS LIBROS

EL CLIMA espiritual y las preocupaciones intelectuales de cada generación resultan de la interferencia de una educación y de una experiencia comunes. Los criollos mexicanos nacidos en los alrededores de 1700, que habían abrazado la carrera profesoral o pronunciado votos en una orden religiosa (los dos caminos muchas veces marchaban parejos), o incluso elegido el sacerdocio en el clero secular, constituyen un medio notablemente homogéneo. En la medida en que podemos hablar de una conciencia colectiva y de una opinión, en el seno de una sociedad tan diferente de la nuestra, puede decirse que se expresaron mediante sus voces y sus plumas. Su inquietud escatológica, su fervor devoto, sus aspiraciones patrióticas son las mismas que la historia haría triunfar menos de un siglo más tarde. Es decir, que avanzaban en el mismo sentido que la nación mexicana, si entendemos por tal a la multitud callada, que se expresa con sus peregrinaciones, sus grandes miedos o sus regocijos solemnes.

Los treinta años que debían conducir a la emancipación espiritual de Nueva España (y a su consagración oficial) fueron antecedidos por más de dos siglos de reivindicaciones criollas sin resultados. No fueron precedidos por ninguna ruptura, por ninguno de esos repentinos vuelcos en el curso de las cosas que permitieran aislarlos. Por el contrario, se observa una perfecta continuidad con un pasado, a lo largo del cual ha germinado lentamente la conciencia nacional mexicana. Los años del treinta al sesenta del siglo XVIII son anteriores al impacto de las Luces sobre la ideología tradicional de los reinos hispánicos: corresponden a la edad madura de los hombres educados en el primer cuarto de siglo. Esos clérigos recibieron fundamentalmente la misma formación intelectual que sus mayores del siglo anterior: se refieren a los mismos autores, abrazan sus querellas de escuelas y comparten sus aspiraciones. Sin embargo, a este inmovilismo de los principios se oponen importantes factores de turbación en los espíritus, que avivan el fervor devoto y despiertan la inquietud escatológica de los "americanos", como les gusta calificarse a sí mismos, a partir de Feijoo, para distinguirse de los "españoles" o, peyorativamente, gachupines. La vacante de la sede arzobispal de México, en 1728, luego la elección como nuevo arzobispo de un criollo mexicano, ex alumno del colegio jesuita de San Ildefonso de México, la acogida que le fue reservada por las autoridades de la ciudad y por su pueblo, la duración de su magisterio espiritual (diecisiete años, seis de los cuales fueron de suplencia del virrey), son otras tantas circunstancias que hacen aparecer los años de 1730 a 1747 como un todo. Se abren con los arcos de triunfo (uno levantado delante de la iglesia de los jesuitas, y otro, delante de la catedral), bajo los cuales el nuevo prelado, revestido de la capa pluvial, pasó seguido de una brillante procesión, en medio de la alegría popular. Esa decoración barroca, de rigor en Nueva España en semejante circunstancia, no merecería que uno se detuviera en ella, si no apareciese justamente como el pórtico de una generación triunfante. La muerte del arzobispo criollo Juan Antonio de Vizarrón y Eguiarreta, en 1747, no debía interrumpir ese impulso, porque su sucesor castellano, Manuel Rubio y Salinas, tomó a pechos los intereses espirituales americanos: hizo edificar la nueva colegiata de Guadalupe y terció ante la Santa Sede para obtener la aprobación pontificia del patronato de Nuestra Señora de Guadalupe sobre la América septentrional. El papa Benedicto XIV aprobó el "patronato universal" de la Guadalupe en 1757, y el obispo murió en 1765, dieciséis años después de su consagración.

La unanimidad espiritual y la paz apostólica que acabamos de entrever no dejaron de ser turbadas por violentas querellas escolásticas, en especial la discordia suscitada por el problema de la gracia, a propósito del cual los dominicos y los agustinos, partidarios de la gracia eficaz, se opusieron a los jesuitas, partidarios de la "ciencia intermediaria". Pero no insistiremos sobre este aspecto de la vida intelectual y espiritual, cuya importancia, sin embargo, no hay que desconocer. En la perspectiva que hemos elegido, el estudio de las manifestaciones de la fe con relación a la toma de conciencia nacional, nos parece más interesante seguir el impulso de una generación que iba a liberar a la patria mexicana de su dependencia espiritual con relación a España. Más allá de sus disputas escolásticas, los religiosos criollos supieron cantar al unísono las glorias sobre-

naturales de "su América", la América septentrional, dentro de
una común aspiración a una gracia inmediata, que debía lavar
a su pueblo del pecado, prometiéndole un destino de elección.
La generación criolla que nos ocupa tuvo como móvil hacer que
la autoridad pontificia y la real reconociesen la evidencia de
que el cielo favorecía a los mexicanos, nuevo *pueblo elegido*; ello
será también su triunfo. Intentaremos evocar las etapas de esta
victoria, que fue ciertamente decisiva para la historia política
posterior de México (en primer lugar, para su independencia),
situándolas en la atmósfera espiritual del *momento*.

Cuando algunos afirman que la historia de las ideas no ha
encontrado todavía sus métodos, están lamentando que sea necesario "medir"; es cierto que las "aproximaciones cuantitati-
vas" corren el riesgo de seguir siendo todavía por bastante tiempo un instrumento grosero cuando se trata de apreciar el fervor
devoto o el entusiasmo patriótico. El *clima espiritual*, sin que
podamos pretender captarlo del todo, puede, sin embargo, ser
identificado con ayuda de ciertas piedras de toque. Sólo podemos tener un reflejo de las ideas o de las aspiraciones de los
indios en encomienda, o de los indios independientes del norte
del país, a través de sus comportamientos colectivos (fugas, revueltas, matanzas de misioneros). Las castas, compuestas por
diferentes mestizos de blancos y de indios, con un elemento
negro de importancia relativamente débil en la mayoría de las
regiones de Nueva España (con excepción de Veracruz), no nos
resultan más fáciles de conocer desde ese punto de vista. Eso
no significa que el folklore actual, los archivos administrativos,
parroquiales, allí donde existen, sobre todo de la Inquisición,
no puedan revelar aún mediante conmovedoras visiones un aspecto del rostro colectivo de quienes constituían de hecho
"la población" de la Nueva España. Si hemos preferido estudiar la
vida espiritual en el vértice de la pirámide social, no es ni por
desdén ni por ignorancia de su base, y menos aún porque desco-
nozcamos la importancia de ésta. Muchas comprobaciones nos
han llevado a tal elección. La primera, que las fuentes de información relativas a la vida espiritual de los criollos, o por lo
menos de sus guías, los sacerdotes, son abundantes; la segunda, que el material es rico; la tercera, que no ha sido objeto
hasta ahora de los estudios que merecerían. Pero la consideración decisiva fue el papel principal de los religiosos criollos,
a partir del siglo XVI y a lo largo de toda la historia de Nueva

España, dentro de la evolución que iba a llevar a la nación mexicana hasta su emancipación espiritual, preludio de su independencia política. Seguramente los patriotas mexicanos de los años 1730 y 1760 no pensaban conquistar por las armas la independencia política de una patria cuya autonomía trataban de lograr, sin embargo, con todas sus fuerzas. Muchos sacerdotes aspiraban a una completa autonomía administrativa con respecto a España, con la cual Nueva España sólo estaría ya ligada por la común sumisión a un mismo soberano. Otros, menos atrevidos, seguramente apenas aspiraban a que se le devolviese a los criollos la mitad de los puestos decisivos dentro de la administración, el ejército y la Iglesia del virreinato (la otra mitad quedaría confiada a los "españoles europeos"). Por lo demás, la noción de patria a la que nos referimos inconscientemente es inseparable de los efectos de la Revolución francesa y del despertar de las nacionalidades en Europa y en América Latina en el siglo XIX, y por eso mismo no corresponde en un estudio que se limita al siglo XVIII en México. Los criollos mexicanos y entre ellos especialmente los instruidos (eclesiásticos, religiosos, profesores) expresaron en sus textos, por poco que nos preocupemos por leerlos atentamente, la imagen de la patria mexicana que llevaban dentro. No hemos ahorrado nada para comparar entre sí esos textos y aislar todo su sentido dentro de la perspectiva a la que damos prioridad, pero nos hemos prohibido toda extrapolación que hubiese llevado a perfeccionar una imagen todavía indecisa de una patria que sólo el futuro podía concluir.

Si es cierto que es imposible captar totalmente la vida intelectual y espiritual de una sociedad, tomando como única base los textos impresos: libros, periódicos, reglamentos, proclamas, etc., el valor de los índices que nos ofrecen es, no obstante eso, de primer orden. Los diarios íntimos, libros de cuentas y otras formas de confesiones, de los cuales ciertas épocas son ricas, no existen en la Nueva España de ese tiempo, o desaparecieron, sin duda, definitivamente. En este orden de ideas, sólo la correspondencia secreta de los virreyes con el Consejo de Indias, las instrucciones secretas de los mismos a sus sucesores, las memorias secretas dirigidas por obispos al rey, o al papa por los superiores de los conventos, documentos todos de una relativa rareza, completan o desmienten (según los casos) las fuentes impresas. Indirectamente, las cuentas de fábricas o de congregaciones, las rentas de los canónigos, los legados, al informarnos sobre la escasez o la prosperidad de tal fundación piadosa, o de una comunidad eclesiástica, proporcionan un reflejo de los comportamientos. La masa, importante para esta época, de publicaciones, en especial devotas, que ha sido inventariada por José Toribio Medina, resulta una base bastante amplia para tratar de esbozar un cuadro de la vida espiritual en Nueva España, iluminando, sobre todo, los aspectos que se relacionan con una toma de conciencia nacional.

Es evidente que en este capítulo no corresponde analizar, ni siquiera por un periodo de treinta años, todas las obras inventariadas por José Toribio Medina en su estudio clásico, *La imprenta en México*. Sólo hemos retenido de esta colección las publicaciones cuyo nexo con el sentimiento de patria, en especial bajo la forma de la devoción a una imagen piadosa, es patente en el título. Aun así reducido, el campo propuesto a nuestro análisis era todavía muy vasto. Nos hemos visto obligados a seleccionar y a retener para nuestra exposición tan sólo algunos ejemplos entre los más representativos.

Dejemos por ahora un punto prejudicial, el de la representatividad de textos sometidos a una cuádruple o quíntuple censura, antes de su impresión y de su difusión, o expuestos a un eventual secuestro posterior. Se nos ocurren dos respuestas: una, general; otra, fundada sobre los resultados de las búsquedas relativas al funcionamiento de la censura en Nueva España en los años considerados. El lector convendrá con nosotros que nuestra época ha perfeccionado grandemente los medios de represión del pensamiento y que, sin embargo, las ideas consideradas más subversivas por los gobiernos más dictatoriales han logrado siempre expresarse en forma impresa. Si es cierto que las imprentas eran mucho más raras y el costo de los impresos comparativamente bastante más elevado en la Nueva España del siglo XVIII que en un país industrial moderno, en cambio los controles eran sensiblemente menos rigurosos. La existencia de una censura oficial obliga habitualmente a los autores a una autocensura previa, a la adopción de un código, y a los lectores a una descodificación más o menos fácil. En el caso que nos ocupa, el historiador apenas necesita entregarse al ejercicio siempre peligroso de una descodificación (sobre todo, si se efectúa dos siglos después de redactado el texto). En efecto, las aspiraciones patrióticas de los criollos aparecen a plena luz, veladas a lo sumo por la exuberancia de la retórica y el abuso de las citas y de las parábolas bíblicas. En los autores mexicanos de esos treinta años que hemos estudiado no parece haber disimulo sistemático del fervor patriótico. Tal comprobación no deja de suscitar interrogantes, pero limitémonos por ahora al estudio de las condiciones objetivas de la edición en Nueva España durante este periodo.

La introducción de la imprenta en Nueva España está comprobada, sea como sea, desde 1542. Podemos decir, sin temor a error, que dos siglos más tarde se beneficiaba con lo adquirido en una larga tradición. Sin embargo, dos obstáculos importantes entorpecían su progreso: la instalación de una imprenta estaba subordinada a una autorización previa, emanada del rey en su Consejo de Indias; por otra parte, el costo de la impresión era tan elevado que la venta de los libros impresos en Nueva España tenía que ser muy reducida, mientras que su difusión en España o en los otros virreinatos de América era casi imposible. Por esas razones había muy pocos impresores en Nueva España. En 1730 sólo hay dos que tengan una actividad regular y un volumen de publicaciones apreciable: José Bernardo de Hogal y la viuda (y luego sus herederos) de Miguel de Rivera, doña María de Rivera. A partir de 1748 comienza a funcionar la imprenta del colegio de San Ildefonso, que conoció un nuevo impulso en 1755, luego hacia 1760 y fue un importante instrumento de la influencia jesuita. En 1753, don Juan José de Eguiara y Eguren instaló la "Imprenta nueva", de donde saldría dos años más tarde el primero y único tomo publicado de la *Biblioteca mexicana* (en latín), ya precedida de un ejercicio devoto para celebrar el misterio de la Concepción de María y el *"Estupendo milagro de su prodigiosa aparición en su soberana y divina Imagen de Guadalupe, en este dichoso reino de Nueva España"*. Los treinta años que estudiamos se caracterizaron por un impresionante desarrollo de la impresión en México, puesto que en lugar de dos grandes impresores, en 1727 y años siguientes, hallamos cuatro a partir de 1753.

Debemos ser muy prudentes en lo que concierne a la apreciación de las tiradas: Medina nos indica que el célebre ensayo de Cayetano Cabrera y Quintero, *Escudo de armas de México: celestial protección* (...) *María Santísima, en su portentosa imagen del mexicano Guadalupe*,[1] impreso por la viuda de José B.

---

[1] 1746, Medina 3752.

de Hogal, en 1746, fue editado en ochocientos ejemplares. Se trata seguramente de un máximo, que se explica por el hecho de que ese sacerdote había escrito su libro por orden del obispo, y porque el capítulo civil de México había tomado a cargo de la ciudad los gastos de impresión de la obra, dedicada al rey. Para agotar las existencias debió recurrirse, por un lado, a regalos oficiales, y por otro, a las compras obligatorias por parte de las bibliotecas de los conventos y de los colegios, y aun por funcionarios civiles. A pesar del alcance de ese libro y de su interés para numerosos contemporáneos, es difícil juzgar su "éxito" con ayuda de los datos de que disponemos. Desde el punto de vista comercial, la cuestión no tiene sentido. Ahora bien, muchas de las obras que despiertan nuestra atención fueron publicadas en condiciones semejantes: tiradas cuya importancia a menudo desconocemos, ediciones cuyos gastos eran asumidos por una hermandad religiosa o un mecenas privado. En cambio, podemos afirmar que tales publicaciones encontraban un gran favor oficial. En efecto, para que un libro fuera publicado, debía merecer la opinión favorable de dos o tres censores religiosos que pertenecían a órdenes (y, por tanto, a escuelas) diferentes, además de las autorizaciones civiles, del obispo ordinario y, por último, de la orden a la que por lo común pertenecía el autor. El mecenas, en el caso en que se tratara de un particular, solía ser un "minero", un terrateniente, un señor o a veces un oficial; el gesto del donante es para el historiador como la aquiescencia de la sociedad civil ante las ideas desarrolladas por los sacerdotes en sus libros.

Diferente, pero correlativo del problema que suscita la importancia de las tiradas, es el de las reimpresiones o el de las tardías publicaciones póstumas. Fuera de todas las consideraciones comerciales (en muchos casos el impresor tenía que ejecutar el trabajo, pero ceder las existencias al mecenas, convertido anticipadamente en el comprador), es difícil imaginar que se haya resuelto la reimpresión de un libro cuya tirada inicial no se hubiese agotado, y que no hubiese sido objeto de una demanda relativamente importante. La reimpresión podía explicarse para el caso de una primera tirada muy reducida, dictada por la prudencia o impuesta por la falta de medios. En otros casos, se trata de libros editados en una capital de provincias (Puebla, lo más habitual) o de otro virreinato o capitanía general (Santiago de Guatemala, La Habana, etc., hasta en España o en

Roma) y reeditados en México, a fin de ponerlos rápidamente o en mayor cantidad (si no más barato) al alcance de los lectores de "la ciudad imperial". Citemos a título de ejemplo el tratado de devoción de Alonso A. de Velasco, *Renovación por sí misma de la Soberana Imagen de Cristo Señor nuestro crucificado, que llaman de Itzmiquilpan,*[2] cuya quinta edición apareció en México, en 1729. Parecería absurdo pretender que el Cristo de Ixmiquilpan no haya sido objeto de una gran devoción entre los letrados mexicanos de la generación que estamos estudiando. Ahora bien, ¿quiénes sabían leer y podían comprar libros sino, en primer lugar, los religiosos (las bibliotecas de las congregaciones) y las familias de la aristocracia minera, terrateniente o administrativa? Todo el que haya estudiado la historia de Nueva España desde su origen, sabe la importancia que se le atribuía, en el seno de la religiosidad criolla, a todos los signos de la gracia divina acordados a la patria mexicana. La "prodigiosa renovación" de Cristo de Ixmiquilpan era una de esas piadosas tradiciones que se transmitían de generación en generación como estigmas que avivaban el sentimiento carismático criollo. No por azar se reimprimió también, en 1733, una novena *En honra de la milagrosísima imagen de María Santísima, Nuestra Señora de Zapopan;*[3] en 1738, un *Ejercicio a mayor culto de la Milagrosa Imagen del Santo Cristo,*[4] *que se venera en (...) la parroquia de la Santa Vera Cruz, de México,* es reimpreso por J. B. de Hogal. En 1743, el sermón del ex rector de la universidad de México, J. Fernández de Palos, titulado: *Triunfo Obsidional (...) por medio de la Virgen María Nuestra Señora en su portentosa Imagen de Guadalupe,*[5] impreso primero por doña María de Rivera, se reimprime en la imprenta de la viuda de Hogal. Tres años más tarde, un impresor menos importante, José Ambrosio de Lima, reedita una novena *A la Gran Madre de Dios y Reina soberana, Nuestra Señora de la Salud, de la ciudad de Pátzcuaro.*[6] En 1749, aparece en la imprenta de doña María de Rivera (sin indicación de mecenas, con la esperanza de ventas capaces de amortizar los gastos de impresión y de producir beneficios) la segunda edición del libro de un

[2] 1729, Medina 3098.
[3] 1733, Medina 3296.
[4] 1738, Medina, 3510.
[5] 1743, Medina 3653 y 3654.
[6] 1746, Medina 3785.

sacerdote, Juan José M. Montúfar, *La maravilla de prodigios, y flor de los milagros, que aparecen en Guadalupe, dando claro testimonio de la Concepción en Gracia y Gloria de María Nuestra Señora;*[7] este título por sí solo merecería un comentario teológico, pero limitémonos por el momento a comprobar el gusto de los lectores mexicanos por las tradiciones milagrosas y las imágenes prodigiosas. En 1750 es la *Historia de la milagrosísima imagen de Nuestra Señora de Ocotlán, que se venera extramuros de la ciudad de Tlaxcala,*[8] escrita por el capellán del santuario (como sucedía por lo común), que es objeto de una reedición en casa de la viuda de J. B. de Hogal; el mismo editor publicará el año siguiente una reedición de la *Novena en honra de la milagrosísima imagen de María Santísima Nuestra Señora de San Juan, sita en el Valle de la Villa de los Lagos, del obispado de Guadalaxara;*[9] una tercera edición aparecerá tres años más tarde, en 1754, con el mismo editor. ¿Hay que deducir de esto que la segunda edición había tardado más de dos años en agotarse? ¿O que la causa de esta demora fue la lentitud de las autorizaciones de reimpresión? Es difícil resolverlo. Esta misma novena será una de las primeras obras impresas por las prensas de la *Biblioteca mexicana*, el año siguiente, en 1755. Si proseguimos con nuestro inventario de las reimpresiones encontraremos aún, en 1753, la de una novena y *Breve relación del origen de la milagrosa Imagen de Nuestra Señora de la Consolación, que se venera en el sagrario del convento de la Santa Recolección de Nuestro Santo Padre San Francisco, nombrado San Cosme, extramuros de esta imperial ciudad de México,*[10] en casa de doña María de Rivera. Mientras que en 1755, la nueva imprenta de la *Biblioteca mexicana* reimprimiría otra novena en honor de la Santa Cruz, la de Querétaro. El mismo editor, don Juan José de Eguiara y Eguren, cuyas devotas intenciones nos son ya conocidas, publicó en segunda edición la obra del jesuita Escobar y Mendoza, *Nueva Jerusalén, Señora María, poema heroico* (...);[11] todavía se publicará una tercera edición por la *Biblioteca mexicana*, en 1759. En 1758, las prensas del colegio jesuita de San Ildefonso reimprimirán la novena compues-

---

[7] 1749, Medina 3953.
[8] 1750, Medina 4001.
[9] 1751, Medina 4058.
[10] 1753, Medina 4111.
[11] 1758, Medina 4464 y 1759, Medina 4542.

ta por un religioso para celebrar el Misterio de la Inmaculada Concepción.

EL CARISMA CRIOLLO

¿Cómo negarles un cierto grado de representatividad a esas obras piadosas, reimpresas varias veces con pocos años de intervalo, o varios años más tarde? Desde el momento que no aparece ningún nombre de mecenas (cuando hay un mecenas, le gusta que sus armas figuren en la tapa y su nombre en el colofón), se trata de libros que se vendían o se agotaban en poco tiempo. Bastan sus títulos para darnos preciosas indicaciones sobre la sociedad de ese tiempo. La práctica de las novenas era muy frecuente, circunstancia fácil de verificar. Sobre todo, el gusto por lo maravilloso cristiano, la pasión por las tradiciones milagrosas relacionadas con las imágenes santas, tan características del pueblo mexicano, aparece como un aspecto esencial de la devoción criolla; en tal grado, que vemos desfilar sucesivamente las diferentes provincias de Nueva España, cada una con su "prodigiosa imagen protectora". En este aspecto, la Virgen María gozaba de un fervor especial, seguida por los Santos Cristos de Querétaro, de Ixmiquilpan, etc. Entre las obras reimpresas que merecen ser mencionadas, a causa de su significación en la historia de la espiritualidad de Nueva España, indiquemos todavía una novena, obra del padre Antonio de Paredes, de la Compañía de Jesús en Nueva España, y cuyo título evoca el clima de esos años decisivos de mediados del siglo XVIII: *Novena de la triunfante Compañía de Jesús, San Ignacio de Loyola y sus bienaventurados hijos* [12] (reimpresa en el Colegio de San Ildefonso, en 1756).

Si la publicación de las novenas y las numerosas reediciones consagradas a devociones locales nos proporcionan un dato de primer orden, tal dato sólo asume todo su valor situado en un cuadro de conjunto de las publicaciones contemporáneas. Hay que recordar que éstas son encabezadas por los tratados de devoción, y por los sermones panegíricos, que nos traen un eco directo de la elocuencia sagrada, uno de los principales aspectos de la vida pública en Nueva España. Muy a menudo era desde el sagrado púlpito, verdadera tribuna, de donde emanaban y se extendían las ideas y las novedades entre la población. La dis-

[12] 1756, Medina 4352.

tribución de los autores inventariados por Beristáin da los siguientes resultados:

Órdenes mendicantes	925
Clero secular	900
Jesuitas	375
Total eclesiásticos	2 351
Seglares	829
Anónimos	470
Total seglares	829

Esas proporciones, establecidas sobre el conjunto de la historia del virreinato, son verosímiles, en su orden de magnitud, para el periodo considerado. Señalemos que muchos de los anónimos eran miembros de las órdenes religiosas, y que las mujeres también lo eran, como sor Juana Inés de la Cruz.

La oración fúnebre, género complementario, generalmente edificante, ocupa también un lugar bastante considerable en las publicaciones de la época. La vida pública de Nueva España estaba pautada por las fiestas, los funerales y las prédicas, a los cuales corresponden, respectivamente, en las publicaciones: las descripciones de los arcos de triunfo y los discursos de bienvenida a las nuevas autoridades, las oraciones fúnebres y los sermones. La celebración del santo protector o fundador de una orden religiosa y la de la milagrosa imagen de una parroquia o de una ciudad daban lugar a solemnidades, que al año siguiente las imprentas eternizaban con un libro o con un opúsculo, una vez obtenidas todas las autorizaciones previas. Durante este periodo, los sermones y ejercicios devotos estaban consagrados por lo general a la Virgen María, en sus imágenes de la Luz, del Carmen, de Guadalupe, de los Remedios, etc., y también de Nuestra Señora de Loreto. Respecto a esta última, como respecto a Nuestra Señora de la Luz, se trataba de cultos alentados por los jesuitas; otro tanto cabe decir de la devoción del rosario (dominica en su origen) y del Sagrado Corazón de Jesús. Esta observación rige para la devoción a la Virgen en general y a su Inmaculada Concepción, pero el culto a la Inmaculada (primero exclusivamente franciscano) era compartido por todo el mundo hispánico donde, mucho antes de la promulgación del dogma por la Santa Sede, se había convertido en un verdadero artículo de fe.

San Ignacio de Loyola, fundador de la Compañía, san Francisco Javier, el misionero, y san Luis Gonzaga, el estudiante, aparecen con frecuencia en los temas de los sermones o de ejercicios espirituales. El título de un sermón, predicado en Puebla el día de san Ignacio, es por sí solo elocuente. *El cielo venido a nuestras manos por las de Ignacio y su Compañía,*[13] sermón seguido de una misa pontifical celebrada por el obispo auxiliar de Puebla; vemos que los tiempos habían cambiado mucho desde la querella del obispo Palafox con los jesuitas de su diócesis... Sólo el rayo que por dos veces se había abatido en 1747 sobre la capilla de san Ignacio de Loyola, en la catedral, podía presagiar la expulsión de la Compañía. En 1752, la Universidad Real y Pontificia de México reconoció a san Luis Gonzaga como su patrono, por un juramento público de fidelidad; este acto tiene valor ejemplar: significa que los jesuitas se habían adelantado a los dominicos y a los franciscanos en la enseñanza superior, y sustentaban la mayoría en el "colegio" de los profesores.

Aparte del culto a la Virgen, bajo sus diversas advocaciones, y a los nuevos santos jesuitas, señalemos el lugar ocupado por la devoción a la Santísima Trinidad, al apóstol san Pedro y a san José (éste ligado al culto mariano). San Bernardo, san Francisco y san Juan de la Cruz eran objeto de un fervor particular por parte de las órdenes religiosas correspondientes, igual que san Jerónimo y san Felipe Neri (para el Oratorio). La devoción popular por Santiago, herencia de los conquistadores, parece haber sido constante. Por último, hay que señalar la devoción a santa Gertrudis y a santa Catalina de Siena. Pero la cantidad de títulos y los datos que poseemos con relación a las reediciones, y ocasionalmente a las tiradas, sitúan en primer lugar la devoción a la Virgen María y en particular a sus imágenes mexicanas. Entre éstas, la "prodigiosa imagen" de Guadalupe conquista sin discusión el primer puesto durante estos treinta años.

Las causas del auge tardío de la devoción guadalupana (la tradición hace que su aparición se remonte a 1531, y el bicentenario fue celebrado con pompa en 1732) son complejas y habremos de volver sobre ellas con más espacio, pero las fases de su ascensión son claras. A este respecto, la fecha de 1737

---

[13] J. T. Medina, *La imprenta en México*, t. V, p. 152, Medina 4033.

tiene una gran importancia; una epidemia de peste asolaba al país, y los mexicanos decidieron llevar en procesión la imagen de Nuestra Señora de Loreto, que había triunfado sobre el sarampión diez años antes. Este acto de devoción no tuvo efectos y se recurrió a Nuestra Señora de los Remedios, y luego sucesivamente a todas las imágenes santas de la ciudad, a las cuales se les dirigieron rogativas sin éxito. "Sin embargo, reservaba el Señor esta gloria para su Santísima Madre, en la milagrosa imagen de Guadalupe; a cuyos amparos quería que se pusiese todo el reino." Desde que fue tomada la decisión de reconocer mediante un juramento solemne el patronato de la Virgen de Guadalupe del Tepeyac, agrega el cronista de la Compañía: "Parece que el ángel exterminador no esperaba más que... esta resolución para envainar [...] su espada".[14] En la competencia devota que oponía a las diversas imágenes consideradas milagrosas (no sólo las de la Virgen, sino también las de los Santos Cristos), Nuestra Señora de Guadalupe se aseguró entonces la ventaja. Después de San Luis Potosí, la ciudad de Valladolid de Michoacán declaró a la Guadalupe principal protectora contra las epidemias.

Sin embargo, se elevó una voz discordante, como lo atestigua un tratado —cuyo autor ha querido guardar el anonimato— destinado a combatir la opinión de un adversario de la Guadalupe. En 1741 doña María de Rivera imprimió *El patronato disputado, disertación apologética por el voto, elección y juramento de Patrona a María Santísima, venerada en su imagen de Guadalupe de México;*[15] este panfleto estaba dirigido contra el maestro de ceremonias de la catedral de Puebla, que había rehusado extraer las consecuencias del patronato de la Guadalupe en los oficios, dando luego una amplia publicidad a su decisión. No nos sorprende que haya sido una voz de Puebla antes que de cualquier otra ciudad mexicana la que se haya levantado contra el patronato de Guadalupe del Tepeyac, que consagraba la trascendente supremacía de "la ciudad imperial de México" en Nueva España.

En verdad, sólo se trataba de un combate de retaguardia, y el mismo editor publicó, al año siguiente, el sermón pronun-

---

[14] Francisco Javier Alegre, *Historia de la Provincia de la Compañía de Jesús de Nueva España*, libro IX, cap. XVIII, Roma, 1960, ed. E. J. Burrus y F. Zubillaga, t. IV, pp. 379-380.

[15] 1741, Medina 3566.

ciado en el santuario de Guadalupe en Valladolid de Michoacán por un religioso agustino: *Eclipse del Sol divino, causado por la interposición de la Inmaculada Luna María Señora Nuestra, venerada en su sagrada imagen de Guadalupe*.[16] Este título es como el acta de bautismo de la "mariofanía" mexicana. El Sol es Dios mismo, y María, identificada por los exegetas de entonces con la mujer del *Apocalipsis*, de la cual es una réplica la imagen del Tepeyac, es heredera de la mitología selénica grecolatina, reforzada en el caso presente por una tradición remotamente venida de Qumran, a través del Antiguo Testamento. La importancia del Sol y de la Luna en el panteón de los antiguos mexicanos está todavía atestiguada materialmente por las dos pirámides de la antigua ciudad santa de Teotihuacan (a algunas leguas del Tepeyac), las dos mayores del Nuevo Mundo (con la de Cholula), la pirámide del Sol (Tonatiuh) y la pirámide de la Luna (Teteoinnan). El padre Sahagún nos dice que, en los tiempos del imperio azteca, la diosa Toci —doble de Teteoinnan— tenía un santuario en el cerro del Tepeyac, y numerosos indios iban allí en peregrinación. La imagen de Nuestra Señora de Guadalupe del Tepeyac concretaba en ella un puñado de creencias —unas, salidas de la tradición judeo-cristiana, y las otras, del politeísmo mexicano— que iban a asegurar, en la espiritualidad de Nueva España, un esplendor que eclipsaría pronto a todas las demás imágenes "milagrosas". Más adelante expondremos con amplitud los orígenes y el desarrollo del guadalupanismo mexicano.

Ese último avatar de la vieja Toci de los aztecas ilumina con una luz singular al universo espiritual de los criollos del siglo XVIII mexicano. La Virgen María, en su imagen de Guadalupe, aparecida a los mexicanos representados por un humilde neófito indio, habría dotado a los "americanos" de un carisma. La identificación de María con la mujer del *Apocalipsis*, al referirse a las profecías atribuidas al apóstol san Juan, dejaba ver en la mariofanía del Tepeyac el anuncio del fin de los tiempos, o por lo menos de la Iglesia de Cristo, a la cual sustituiría la Iglesia parusíaca de María. Del mismo modo que Dios había elegido a los hebreos para encarnarse en Jesús su hijo, del mismo modo María, la redentora del final de los tiempos, la que iba a triunfar sobre el Anticristo, había elegido a los mexicanos. Esta última idea está expresada sin equívocos en un sermón

---

[16] 1742, Medina 3606.

pronunciado el 12 de diciembre de 1749, titulado: *La celestial concepción y nacimiento mexicano de la imagen de Guadalupe*.[17] Guadalupe, es decir, la Virgen María, madre de Cristo, *es* mexicana. Uno de los grandes apologistas de Guadalupe, el "maestro" Ita y Parra, podrá clamar en la catedral de México, en presencia del Santísimo Sacramento, del virrey, de la Audiencia, del capítulo, de los tribunales y de las religiones: "En esto no sólo a Israel, a todas las naciones del mundo excede y se adelanta el indiano";[18] indiano debe ser entendido aquí no en su acepción étnica, sino con la referencia trascendente que ya se encontraba en la expresión Iglesia indiana, empleada en el siglo XVI por el franciscano Jerónimo de Mendieta. En verdad, la realización de la antigua esperanza escatológica de los pioneros de la "conquista espiritual", los franciscanos joaquinistas, triunfa tardíamente en el siglo XVIII, bajo los rasgos de la devoción por la Guadalupe, tan enérgicamente combatida en sus comienzos por esos mismos franciscanos. La "Iglesia indiana" (ahora diríamos "criolla"), si alguna vez hubo una, es aquella en la que la devoción por la Guadalupe eclipsó la devoción por Jesús. ¿Dónde estaban, pues, los temidos inquisidores y qué hacían? Iban de acuerdo con la común devoción; el propio Ita y Parra era censor del Santo Oficio y los censores de tales sermones compartían, sin reserva ni medida, el entusiasmo patriótico de osados predicadores por la Guadalupe.

Obispos y virreyes —empujados por los clérigos, los profesores, los confesores y los predicadores criollos, y animados en esta senda por la adhesión popular, unánime, ya que englobaba a los indios (y a las castas) y a los criollos— pagaron su tributo a la Guadalupe, en 1750 se construyó una nueva colegiata en el Tepeyac, y, en 1754, las gestiones del arzobispo de México y la verdadera campaña llevada adelante por los jesuitas ante la Santa Sede lograron el reconocimiento pontificio del patrocinio de Guadalupe sobre Nueva España o, como también solía llamársele, "la América septentrional". Un oficio de primera clase del 12 de diciembre vino a traducir en términos canónicos la famosa referencia al *Salmo 147*, que quedará ligada como una leyenda a la imagen de Guadalupe: *Non fecit taliter omni nationi*. (No hizo nada semejante para ningún otro pueblo.)

[17] 1750, Medina 3991.
[18] B. F. de Ita y Parra, *El círculo del amor* (...), 1747 (The New York Public Library, microfilmes, Medina 3837).

Dejando de lado por el momento la figura de la Guadalupe con sus implicaciones escatológicas, sólo tendremos en cuenta ahora su significación patriótica, que es uno de los aspectos esenciales. El "traslado" de la Virgen María, bajo los rasgos de la imagen del Tepeyac, "no de Nazaret a Judá, sino del empíreo mismo hasta ese sitio afortunado [el Tepeyac]",[19] era la garantía trascendente de las aspiraciones nacionales mexicanas. Agregaremos, precisando, que la aparición de la Virgen María de Guadalupe en el Tepeyac era una respuesta criolla a la *traslación* de la Virgen María al Pilar de Zaragoza (esto debe entenderse en el mismo sentido en que Américo Castro escribió que la devoción peninsular por Santiago "matamoros" fue una respuesta a Mahoma). El tema de la "traslación" parece haber sido un clisé; en un opúsculo devoto publicado en México en 1731 vemos que el papa había acordado una indulgencia plenaria "el día en que Nuestra Santa Madre la Iglesia celebra el descendimiento de la Santísima Virgen María, desde lo alto de los cielos, para fundar sobre la tierra su religión de los Mercedarios, bajo la invocación de Santa María de la Merced".[20] La rivalidad en la búsqueda de la gracia entre España y Nueva España tiene nombres, en el periodo que estudiamos: el franciscano criollo Agustín de Bengoechea, antes citado, el "maestro" Ita y Parra, profesor de teología sagrada en la Universidad de México, y otros muchos predicadores mexicanos. Contra su devoción se elevó la voz solitaria de un dominico catalán, en nombre de la congregación del Pilar de Zaragoza, precedido desde mucho antes en este sentido por el agustino fray Pedro de San Francisco, que había predicado en México un sermón panegírico de *La Reina de la América, Nuestra Señora del Pilar de Zaragoza*[21] en 1739, cuando la realeza, celeste y terrestre, de Guadalupe sobre la América septentrional todavía no estaba establecida de modo indiscutible.

El papa Benedicto XIV, dejándose llevar la mano, en 1754 proporcionó al guadalupanismo mexicano un renuevo de fuerza y de audacia. No contentos con haber liberado a su patria de

---

[19] Fr. Agustín de Bengoechea, *La Gloria de María* (...), 15 de mayo de 1768, México, 1768, impr. Zúñiga y Ontiveros (The John Carter Brown Library, microfilmes, Medina 5224).

[20] *Compendio breve de las indulgencias y jubileos* (...) *de Nuestra Santísima Madre la Virgen María de la Merced* (...), México, por Joseph Bernardo de Hogal, año de 1731.

[21] 1739, Medina 3552.

la deuda espiritual con España ("América ya no teme que se enrostre su idolatría",[22] había predicado Ita y Parra, ya en 1747), los religiosos criollos mudaron su devoción en un mesianismo conquistador. El jesuita Carranza, uno de los grandes artesanos del guadalupanismo, no había aguardado la bendición pontificia para profetizar *El traslado de la Iglesia a Guadalupe*.[23] Sólo tal consagración le faltaba a la gloria de México; sólo *La cátedra de san Pedro, en México*,[24] tema de un sermón pronunciado por un archidiácono de la catedral de México, podía hacer de la ciudad imperial "una nueva Roma". Esa transferencia geográfica del jefe de la cristiandad de Roma a México, asegurándole a Nueva España una preeminencia espiritual sobre la península, tenía como corolario el patrocinio mediato (en el que Nueva España aparecía como mediadora) de Guadalupe sobre la propia España, idea expresada por el franciscano criollo fray Joaquín de Osuna, en 1744, en su sermón apologético: *El lirio celeste de las católicas Españas, la Aparición y el Patrocinio de Nuestra Señora de Guadalupe*.[25] Se trata, pues, y esos pocos ejemplos alcanzan para verlo (y sería fácil citar otros), de un verdadero vuelco del estatuto de dependencia trascendente que ligaba a España con Nueva España, desde la "conquista espiritual" de México por las órdenes mendicantes en el siglo XVI. Este aspecto de las cosas no pasó inadvertido, y el dominico Juncosa, ya mencionado, tituló su sermón apologético de Nuestra Señora del Pilar de Zaragoza: *El triunfo de la fe en la Antigua y la Nueva España*.[26] Pero en 1758, la partida ya estaba virtualmente perdida para la "Antigua España".

Todos los argumentos, extraídos o no de la Escritura, les venían bien a los predicadores mexicanos para hacer aparecer a su patria como la tierra de elección de María, como el país en que debía representarse el último acto de la historia de la cristiandad en marcha hacia su culminación. La Iglesia vendría en busca de asilo al Tepeyac al final de los tiempos, para huir de las persecuciones del Anticristo. La identificación de la imagen de Guadalupe con la mujer del *Apocalipsis* y el sentido críptico del *Apocalipsis 12* dan la clave de tal pretensión, muy bien resumida por el jesuita Carranza: "La imagen de Guadalupe

[22] Ita y Parra, *op. cit.*
[23] Medina 3931.
[24] Medina 3381.
[25] Medina 3742, The John Carter Brown Library, HA-M 51-19.
[26] Medina 4474.

será, a fin de cuentas, la Patrona de la Iglesia universal, porque es en el santuario de Guadalupe donde el trono de san Pedro vendrá a hallar refugio al final de los tiempos... *Ave María*".[27] Tales opiniones sólo podían tener posibilidades de éxito si "los tiempos" parecían próximos. Bien que esta creencia no haya podido ser expresada abiertamente, pensamos que estaría presente en el corazón de religiosos criollos que se refieren con frecuencia a la autoridad de un dominico del siglo precedente, fray Tomás Malvenda.

En su libro *Sobre el Anticristo*, aparecido en Roma en 1604,[28] dedicado al papa Inocencio X, Malvenda consagraba una buena parte a los problemas espirituales planteados por el descubrimiento de las poblaciones del Nuevo Mundo. A propósito del punto capital de la fecha de llegada del Anticristo, afirmó en principio que sólo Dios la conoce, pero compartía la común creencia, según la cual no se produciría antes de que el Evangelio se predicase por toda la Tierra. Ahora bien, agregaba Malvenda que ese momento no había llegado (en 1604), pues muchas islas y tierras estaban por descubrir, sobre todo en las Indias Occidentales, y citaba precisamente las vastas regiones situadas al norte de Nueva España, la Florida y Virginia. Siglo y medio más tarde, la prosecución de la expansión misionera a partir de Nueva España —hecho que se tradujo en la difícil creación de las misiones jesuitas y franciscanas de California, de la Pimería y de la Tarahumara— podía dejar pensar a los espíritus religiosos suficientemente informados que las condiciones trascendentes de posibilidad de llegada del Anticristo iban a darse de ahí a muy poco. Sin este trasfondo de angustia escatológica, el traslado de la Iglesia a Guadalupe no habría tenido mucho sentido. En ese clima, el jesuita Joaquín Rodríguez Calado, prefecto de los estudios en el Colegio de San Pedro y San Pablo de México, pudo escribir proféticamente que en el Tepeyac se establecería "el imperio de toda la santa Iglesia y el trono de san Pedro, cuando ésta fuese perseguida por el Anticristo y obligada a abandonar la santa ciudad de Roma".[29]

---

[27] 1749, Medina 3931.
[28] *R. P. F. Thomae / Malvenda setabitani ord. Praedicatorum / Sacrae Theologiae Novi Magistri / de Antichristo / Tomus Primus / in quo Antichristi Praecursores, adventus... / Lugduni, / MDCXLVII* (ed. príncipe: Roma, 1604; Biblioteca Nacional, Madrid, 3/24 801).
[29] 1749, Medina 3931, *Parecer...* (The New York Public Library).

Esta misma perspectiva explica que uno de los censores de *El traslado*... haya escrito con un hermoso impulso de entusiasmo guadalupanista: "Tú eres, oh mi reina y mi dama, nuestra esperanza, *spes nostra*, y ya estaba a punto de llamarte mi diosa, oh Virgen Inmaculada." [30] Guadalupe, madre de los indios, reina de los mexicanos, era la diosa tutelar de la religión patriótica, aunque el miedo de caer en la herejía frenara la utilización evemerista de las reminiscencias de la antigüedad clásica. El peligro de deslizamiento no era menor por el lado de las creencias indígenas, como lo probarían las tentativas contemporáneas de interpretaciones cristianas de la simbología mexicana primitiva.

En verdad, si el ejemplo de la devoción a Nuestra Señora de Guadalupe es el más notable y el que primero se impone a la atención, no se podría, sin desnaturalizar su significado, aislarlo de un conjunto de manifestaciones comparables. Junto a Guadalupe, calificada aún de "sagrado paladión del americano orbe" [31] por el franciscano fray José de Arlegui, México reivindicaba la protección del apóstol san Pedro por boca del dominico fray Antonio C. de Villegas, en su sermón: *La piedra de la Águila de México. El Príncipe de los Apóstoles y padre de la Iglesia universal, señor San Pedro.*[32] Ya es sabida la explotación que por esos años se hizo de la presencia de un águila (que fue asimilada arriesgadamente con el águila azteca) bajo los pies de la mujer, en el *Apocalipsis 12.* La exégesis alegórica, en un sentido guadalupanista, del símbolo mayor del escudo azteca, acompaña las audacias semánticas que autorizan silogismos como éste: "y todo esto son citas de la Escritura: Pedro pide para ir a buscar a Cristo sobre las aguas: Cristo es México: por lo tanto, Pedro pide ir a México".[33] Si la Escritura atestiguara, según los exegetas criollos, la elección de México por la Virgen María y la predilección del apóstol san Pedro por el Anáhuac, eso no impediría (todo lo contrario) osadas interpretaciones del símbolo de la cruz y la alusión conjunta a la Santa Cruz de Querétaro y al Árbol de la Vida de los mayas: *El querubín custodio del Árbol de la Vida, la Santa Cruz de Querétaro.*[34]

[30] 1749, Medina 3931, *Aprobación...*
[31] 1743, Medina 3641.
[32] 1750, Medina 4029.
[33] *Op. cit.*, nota 32.
[34] 1731, Medina 3173.

Aunque la referencia al Árbol de la Vida pueda originarse en la exégesis simbólica (que identifica al árbol del Paraíso con la cruz redentora), el encuentro con las antiguas creencias indígenas no parece casual. El favor de que gozaba el pasado mexicano, sobre todo después de los trabajos de Carlos de Sigüenza y Góngora en el siglo anterior, explica bien que las grandes figuras de la mitología mexicana antigua hayan venido a reforzar las filas de los héroes helénicos para mayor facilidad de la exégesis alegórica y del evemerismo. Así no nos sorprenderemos ante un sermón con un título como éste: *La más verdadera copia del Divino Hércules del Cielo y el sagrado Marte de la Iglesia, el Glorioso arcángel señor San Miguel, a las sagradas plantas de María Nuestra Señora, en su milagrosamente aparecida imagen de Guadalupe, para protección y amparo de este Nuevo Mundo mexicano.*[35]

La Nueva España, más corrientemente llamada "México" por los autores criollos, tenía, pues, sus blasones recargados. Guadalupe aparecía en ellos rodeada de un coro de otras imágenes marianas: la Virgen de Ocotlán, la Virgen de la Luz, la Virgen de San Juan de los Lagos, la Virgen de la Soledad, la Virgen de los Remedios, la Virgen del Carmen, la Virgen de los Dolores, cada una de las cuales estaba vinculada a una ciudad, a un convento o a una iglesia de Nueva España. Estas devociones locales pretendían justificarse por medio de una tradición milagrosa, cuyos fundamentos eran tan sólidos (o tan frágiles) como la tradición guadalupanista. Todas esas piadosas tradiciones convergían inconscientemente hacia un mismo fin: lavar a México del antiguo pecado de paganismo y de idolatría.

El esfuerzo exegético, del cual hemos dado resúmenes demasiado breves, fue uno de los aspectos de una empresa de emancipación espiritual que no dudamos en calificar de "nacional". La gran mayoría, con sus peregrinaciones, dio crédito a las tradiciones milagrosas, mientras que la élite de los sacerdotes examinó a fondo la Santa Escritura, en especial los libros proféticos, el *Apocalipsis* de Isaías y el *Apocalipsis* llamado de Juan, para descubrir el anuncio de un destino sobrenatural sin igual: "Como México no hay dos",[36] según una canción popular. Faltaba demostrarlo mediante pruebas históricas y escritura-

---

[35] 1753, Medina 4147.
[36] Francisco de la Maza, *El guadalupanismo mexicano*, México, 1953, p. 107. [Hay ed. del FCE, 1981.]

rias, pero como todos estaban persuadidos (los inquisidores encargados de velar por la ortodoxia tanto como los otros), eran complacientes. De esta tolerancia, consecuencia de un iluminismo colectivo, encontramos la ingenua confesión en un censor carmelita: "Si esto no surgiera de evidentes profecías, yo habría podido al menos deducirlo de profecías ambiguas." [37] La argumentación, incluso cuando se presenta bajo forma silogística, sólo tiene una importancia secundaria; su rigor no es necesario, ya que lo que importa en último análisis depende de un acto de fe, de fe patriótica más aún que de fe religiosa.

MÉXICO, NUEVA JERUSALÉN

Guadalupe, antiguamente combatida por los franciscanos, era el objeto de una creciente devoción popular y lograba casi la unanimidad de las órdenes religiosas, por lo demás tan divididas. Sobre todo, el Tepeyac estaba muy cerca de la ciudad de México y su santuario era un lugar de paseo, para los habitantes de la capital, desde el siglo XVI. Si la gracia del cielo se hubiera manifestado en México, hubiera tenido que ser preferentemente en su capital (se recordará que fue en el mismo México donde la imagen florida de María apareció sobre la tilma del indio Juan Diego). El patriotismo de campanario, en la Nueva como en la antigua España, triunfaba sobre el espíritu nacional todavía indeciso. En la medida en que podemos esquematizar los sentimientos, parecería que la aspiración a hacer de México una nueva Roma jugó un papel determinante. Pero también pesaron en el mismo sentido causas que no resultaban de ninguna elección y que son consecuencia del poder de la capital y de su casi monopolio de la imprenta. En especial, el fervor guadalupanista de los jesuitas, que dispusieron en el momento oportuno de la imprenta del Colegio de San Ildefonso, y el de J. J. de Eguiara y Eguren, que por esos años hizo instalar la imprenta de la *Biblioteca mexicana*, contribuirían de modo apreciable a la difusión de la tradición apologética guadalupanista.

Desde el punto de vista de la mística nacional mexicana, la elección por la Virgen María del valle de México como residencia, o más bien *La celestial concepción y nacimiento mexi-*

[37] 1735, Medina 3381.

cano en la imagen de Guadalupe,[38] es inseparable del destino imperial de la ciudad de México. La historia, tal como podían concebirla los religiosos mexicanos de mediados del siglo XVII, nutridos de profetismo judeo-cristiano, aparecía como una proyección terrestre de los designios misteriosos de la Providencia, inscriptos bajo forma críptica en los libros proféticos del Antiguo Testamento, revelados también por milagros. Milagros y prodigios habían acompañado la venida de Cristo entre los hombres, y por analogía se pensaba que nuevos prodigios debían acompañar la evangelización del Nuevo Mundo y la fundación de una nueva Iglesia en un mundo llamado Nuevo, no tanto por razones de orden geográfico como escatológico. La nueva Iglesia sería la de María, Madre de Jesús sin duda, pero sobre todo la que en el *Apocalipsis* de Juan derrota al dragón, símbolo del Anticristo. Y la nueva Roma de esta nueva Iglesia tenía que ser México. Con una llamativa insistencia, los autores de ese tiempo mencionan a México con el nombre de "ciudad imperial", comparándola muy a menudo con Roma, por razones que ahora resultan claras. La relación con la antigua Troya no resulta en primera instancia tan convincente, pero he aquí la explicación dada por uno de los censores: "Minerva emigró del Cielo a la ciudad de Troya (...) María ha querido que la tierra celebre ese trofeo y ha descendido del Cielo, por una traslación aparentemente sobrenatural, hasta la bienaventurada México, émula de la antigua Troya." [39] Tales son las razones dadas por un mercedario, en ese entonces rector del colegio de San Ramón Nonato, de México. El sitio y la conquista de Troya por traición no son evocados para justificar la comparación con México, pero, en el clima que hemos tratado de captar, no podemos dejar de pensar en el sitio de México por Cortés y en la resistencia desesperada de Cuauhtémoc, último emperador de este "imperio mexicano", cuyo recuerdo era inseparable de la calificación "imperial" generosamente dispensada a la capital de Nueva España (en el origen por Carlos V).

Un halo de mitología grecolatina y de mitología mexicana y una aureola cristiana hacían centellear con todos sus fuegos la capital de México, en pleno progreso, ante los ojos deslumbra-

[38] 1750, Medina 3931.
[39] Fr. Manuel de Bocanegra y Cantabrana (*El círculo del amor...*, 1746, *Parecer...*): "*la cantó un cisne jesuita, para que no le faltara a esta segunda Roma su Virgilio*".

dos de los apologistas criollos, cuanto más que éstos, embria-
gados por lo que hoy llamaríamos el *desarrollo* de su país, veían
en la prosperidad económica una nueva señal del favor divino.
Habría que reconocer que la riqueza minera apuntalaba la exégesis bíblica para la mayor gloria del pueblo mexicano, que
(como lo había hecho un siglo y medio antes el pueblo de Madrid) proyectaba sus sueños megalomaníacos sobre su capital
imperial. Este imperio era el de las Indias Occidentales; tanto
en los títulos de las obras como en la iconografía se afirma
una concepción bicéfala de las posesiones de la corona de España: el rey es designado como rey de las Españas y emperador
de las Indias (denominación que se remonta a Felipe II). Pero
la expresión "las Indias" fuera de ese estereotipo es menos
empleada que "América septentrional", sinónimo de México o
Nueva España, o "nuestra América" (denominación populariza-
da más tarde por José Martí, en quien se opondrá a la América
anglosajona, en tanto que para sus predecesores criollos expresaba distanciamiento con respecto a España). Los autores criollos parecen evitar toda alusión a Madrid, en un cotejo del cual
la capital de las Españas hubiera podido salir malparada. Por el
contrario, al abrigo de la devoción, en especial del culto mariano, los más insensatos sueños nacionalistas pudieron desarrollarse libremente, durante esos treinta años decisivos.

¿Sobre qué bases materiales y objetivas reposaban las quime-
ras patrióticas de los mexicanos? El descubrimiento de nuevos
filones argentíferos en San Luis (llamado Potosí, por comparación con el famoso Potosí de la América meridional) no sólo
arrastró el rápido desenvolvimiento de esta ciudad, sino que
tuvo repercusiones en la capital del país. En el campo espiritual, los criollos pensaban que el descubrimiento tardío de esas
inmensas riquezas había sido reservado hasta entonces providencialmente; ese hecho podía relacionarse con el incremento
de la expansión misionera, la guerra contra los heréticos ingleses y la consagración pontificia del patrocinio de Guadalupe. Paralelamente, la generalización de ciertos procedimientos de
amalgama (en aquel periodo se publicaron tratados sobre este
tema) facilitó la explotación sistemática de todas las minas de
plata. La posesión potencial por los mexicanos de un inagota-
ble tesoro en moneda metálica, en tiempos en que las teorías
mercantilistas hacían de ésta la riqueza por excelencia, era
como para afirmarlos en la convicción de un nuevo "pueblo

elegido". El aspecto mismo de la ciudad de México cambió y se emprendieron grandes obras, como la Casa de Moneda, cuya construcción fue iniciada en 1729 por el virrey, marqués de Casafuerte, y concluida el año de su muerte, en 1734; menos de treinta años más tarde fue necesario agrandarla para atender la afluencia de metal precioso. La *Gaceta de México*, creada a imitación de la de Madrid, nos informa que ese solo edificio había costado una suma considerable. En la misma época se construyó un pabellón de aduanas. La Escuela de Minas ocupaba un lugar importante en la vida de la ciudad; esta presencia se afirmaba por juegos poéticos. Si nos quedasen dudas acerca de que hubiese habido interferencias en el espíritu de los criollos del siglo XVIII entre la riqueza material de México y su destino providencial, que la primera hubiese sido considerada por ellos como el signo de la gracia, nos han dejado con qué disipar esas dudas: "La mina de la Virgen, tapada en Nazaret y descubierta en el cerro de Guadalupe, para ser universal Patrona de los americanos y muy principal de los mineros, y por mina de oro, de los de la minería de Potosí. Oración panegírica...",[40] sermón de un religioso de la Visitación, pronunciado en 1757. La otra gran fuente de riqueza del país, la tierra, parecía comparativamente un poco agotada, y los propietarios le ofrecían novenas a la Guadalupe para obtener la lluvia fecundante.

Entre tanto, el impulso urbano de México y de otras muchas ciudades de Nueva España alimentaba en los mexicanos la admiración por sí mismos. Si el jesuita Carranza ve a México como "la Roma del Nuevo Mundo", podemos caer en la tentación de atribuir esta visión a su entusiasmo patriótico; el predicador ha querido defenderse: "que no se ponga esto a cuenta de una exageración hiperbólica", mientras que otro, un mercedario, confiesa: "quedé arrobado por el dulce amor de la patria, deleitándome en la pintura de México".[41] Y, sin embargo, el barón de Humboldt verá a México, medio siglo más tarde, con los mismos ojos: "Ninguna ciudad del nuevo continente, sin exceptuar las de los Estados Unidos, ofrecen establecimientos científicos tan grandes y sólidos como la capital de México (...) ¡Qué hermosos edificios encontramos ya en México, e incluso en ciudades de provincia, en Guanajuato y en Querétaro! Esos mo-

[40] 1758, Medina 4487.
[41] Fray Manuel de Bocanegra y Cantabrana, *op. cit.*

numentos, que a menudo cuestan un millón o un millón y medio de francos, podrían figurar en las más hermosas calles de Berlín o de Petersburgo." [42] Si la monarquía española decidió fundar en Madrid en 1740, una congregación de Guadalupe, cuyo tutor fue el rey, no lo hizo por devoción, sino, como escribirá crudamente fray Servando Teresa de Mier, por amor a "los pesos duros".[43] Podemos preguntarnos si la consideración de las limosnas y de los legados no influyó también en la actitud de la Santa Sede, que en decenios anteriores se había mostrado intratable sobre el tema de la tradición guadalupanista mexicana.

Valgan o no estas hipótesis, comprobamos que la devoción a la Guadalupe, que en 1731 ya contaba dos siglos, tuvo que esperar todavía veintitrés años antes de ser canónicamente reconocida, y eso no sin reservas, como lo prueba la expresión *fertur* (se dice que), a propósito de la tradición milagrosa. El vuelco del estatuto de dependencia espiritual, que ligaba entonces a España con Nueva España, se efectúa en los años en que España apelaba cada vez más al sostén financiero de los "mineros" mexicanos, para llevar a cabo sus guerras en Europa, de modo que la vieja España aparecía como tributaria de la Nueva. En el dominio intelectual, la Universidad de México y los colegios jesuitas y franciscanos aseguraban a la élite criolla una formación que muchos gachupines hubieran envidiado, si atendemos a los testimonios de los contemporáneos, debidamente criticados. El pretexto de la ofensiva torpeza del deán Martí, invocado por el canónigo Eguiara y Eguren al pedir autorización para instalar una imprenta, importar de Europa el material y publicar un monumento (al menos el primer tomo) a la gloria de todos los escritores criollos, un parnaso nacional mexicano, sólo a medias debe ser tomado en serio. La apologética criolla, en esta generación de hombres, tenía sin duda necesidad de pretextos tranquilizadores y de biombos devotos, pero sin duda no de acicates.

El entusiasmo de los criollos por su patria era tan comu-

---

[42] Alejandro de Humboldt, *Essai politique sur le royaume de la Nouvelle-Espagne*, París, 1811, t. II, pp. 11 y 13.

[43] Fray Servando Teresa de Mier, *"Relación de lo que sucedió en Europa al Dr..."* (en *Memorias*, México, 1946, t. II), escribe: "No hay, ni sueña haber devoción en ninguna parte de España ni de Europa con nuestra Virgen de Guadalupe, ni con ninguna otra cosa de América, sino los pesos duros" (p. 198).

nicativo que el caballero milanés Lorenzo Boturini Benaduci
se dispuso a reescribir la historia de Nueva España o de sus
antigüedades mexicanas. Esta tentativa culminó con la publicación, en 1746, de la *Idea de una nueva historia general de la
América septentrional,* acompañada del catálogo de los manuscritos y de los códices que su autor había reunido. Pero la
empresa de Boturini fue bruscamente interrumpida, y su biblioteca, confiscada, porque por otra parte había hecho el proyecto
de ofrecer una corona a la Virgen de Guadalupe, y para esto
había empezado una colecta, confiando en la liberalidad de los
devotos. La actitud espiritual de Boturini, llevado a redactar
una *Historia general* porque había logrado reunir muchos (demasiados y demasiado pocos) documentos, con la ayuda de los
cuales pretendía solamente dar un fundamento histórico a la
tradición guadalupanista, nos parece reveladora. Eguiara y Eguren era, también él, un devoto de Guadalupe y un apologista
de la patria criolla y de sus compatriotas; en ciertas observaciones de su *Biblioteca mexicana* se trasluce un rencor que, más
allá del deán Martí, apunta a España entera. Los criollos luchaban en todos los frentes por emanciparse de la tutela de los gachupines.

Por más que en materia histórica sea imprudente sacar conclusiones o arriesgarse a deducciones seductoras, al menos se
pueden promover preguntas cuyo alcance supera al acontecimiento. Hemos esbozado a grandes rasgos el cuadro del triunfalismo mexicano criollo a mediados del siglo XVIII, observando
que se fundaba sobre la conciencia de la riqueza mineral, del
desarrollo urbano, de una supremacía del intelecto, real o supuesta, sobre el sentimiento carismático de ser un pueblo elegido. El combate espiritual movido por los mexicanos para
emanciparse se situaba en la "vivencia" hispánica; en ese sentido es revelador el principal terreno elegido, la devoción a la
Virgen. Los fundamentos últimos (pero cronológicamente primeros) de la dominación de España sobre Nueva España eran
de esencia trascendente y aun muy precisamente misionera; tan
sólo cuando a su vez se convirtió en el trampolín de una renovada expansión misionera, Nueva España logró liberarse de la
antigua tutela. Pero la ruptura suponía una profunda adhesión:
la competencia en la búsqueda de la gracia de María recuerda
una Edad Media peninsular en la que Nuestra Señora de Covadonga, la Virgen del Pilar y Nuestra Señora de Guadalupe

misma, la de Extremadura, compartían el fervor de los cristianos de España.

Cómo silenciar el hecho de que la Guadalupe de Las Villuercas (provincia de Cáceres) apareció, según su más antiguo cronista, a fin de "esforzar los corazones de los cristianos para
que tornasen a cobrar las fuerzas que habían perdido. Y así
fue que cobraron mucha fuerza." [44] Su émula mexicana, la Guadalupe del Tepeyac, desempeñó el mismo papel ante los neófitos
indios, diezmados por las grandes epidemias y los excesos del
trabajo forzado, y desamparados por el hundimiento de la sociedad indígena. (El problema de la apropiación, por la élite
criolla, del pasado indígena y de la mariofanía guadalupanista
es otro aspecto de la cuestión, que volveremos a encontrar más
adelante.)

El sentimiento que tenían los mexicanos del siglo XVIII de
que el mundo era, como la Escritura, un tejido de signos a
descifrar, no podía sino favorecer la ansiosa espera del fin de
los tiempos. Una trágica ambigüedad marca estos años decisivos.

A la continuidad eclesiástica se oponía una gran inestabilidad de los virreyes; pero, sobre todo, fenómenos sísmicos
de gran amplitud, cometas y epidemias fueron interpretados
como *signos* sobrenaturales. Las grandes pestes, la de 1725 y la
de 1736, fueron evocadas por Alegre con acentos de terror, y
no olvidemos que el patrocinio de Guadalupe sobre Nueva España fue consecuencia de la segunda epidemia. El eclipse de
sol de 1752, seguido seis años más tarde por la erupción del
volcán del Jorullo, el cometa de 1742 y el terremoto de Guatemala en 1751 acarrearon gran turbación en los espíritus. El
martirio de numerosos misioneros en las provincias del norte,
arrasadas por los levantamientos de los indios, y la hagiografía que mantenía el recuerdo, fuese en el caso del franciscano
fray Antonio Margil de Jesús o en el de infinidad de pioneros
jesuitas de las misiones de California, evocaban el *Apocalipsis*,
tanto el de Isaías como el de Juan. A los criollos mexicanos
los fascinaba más un porvenir parusíaco que un presente próspe-
ro. Según un jesuita inspirado, "en esta tela divina, la imagen
del Tepeyac, la sabiduría de Dios ha insinuado la trama delicada de los más altos decretos de la predestinación de este

[44] *Códice de 1440* (Archivo Histórico Nacional, Madrid, cod. núm. 555,
fol. 6 *r*).

Nuevo Mundo".[45] Cuando Roma esté nuevamente ganada por la gentilidad, y el sacrificio de la misa haya desaparecido de este mundo, seguirá siendo celebrado en el Tepeyac, pretendía Carranza. Los mexicanos constituían el nuevo pueblo elegido, y México no sólo era la nueva Roma, sino, más aún, la nueva Jerusalén. El criollo Carranza fundaba esta convicción en la exégesis del *Cantar de los cantares* y del *Apocalipsis 12.*

El mesianismo expansionista mexicano del siglo XVIII —obra, en parte, de un puñado de hombres que se habían conocido en el Colegio de San Ildefonso, y al que sostenían los "mineros" con su poder económico— tenía garantías proféticas. La exégesis bíblica y el acto de fe tienen dudosas tradiciones milagrosas; lejos de ser apenas el estilo obligatorio tomado de la nación dominadora, o el vestido a la moda de aspiraciones nacionales en busca de un lenguaje, son inseparables de ellas. Fe religiosa y fe nacional se confunden; la primera sirve a la segunda de garantía metafísica, mientras que la segunda es el soplo que anima a la primera. La religión de la nación dominante no podía arraigarse verdaderamente en México hasta después de haber sido asimilada, mexicanizada. Si México se convertía, con el (próximo) fin de los tiempos, en la patria de todos los cristianos del mundo, refugiados en el Tepeyac entre los pliegues del manto estrellado de la Guadalupe, entonces los mexicanos dependientes, amenazados por los heréticos ingleses, aterrorizados por los azotes y los elementos, podrían recuperar su ánimo. La preeminencia de la Nueva España sobre la vieja España, en el sector clave de la riqueza en metales preciosos, en el siglo XVIII, asociada a la certidumbre carismática fundada sobre una nueva epifanía (la "encarnación" de la Virgen María en el Tepeyac), hicieron posible que el mexicano escapara de la mancha original de ser un "cristiano convertido a lanzazos" y un "bárbaro" a los ojos del europeo "civilizado".

[45] Francisco Xavier Carranza (S. J.), *La transmigración* (...), México, 1749, p. 24, Medina 3931.

IV. LA GUERRA SANTA
1767-1821

La hora de la expulsión de los jesuitas (1767-1770)

> Los RR. PP. jesuitas, puestos a los pies de V. Ex., le suplican
> les permita su venia para que, pasando por Nuestra Señora
> de Guadalupe, se encomienden y despidan de esta divina se-
> ñora.[1]

Este ruego, dirigido al marqués de Croix, virrey de Nueva España, por los últimos grupos de jesuitas desde el camino del
exilio, da el tono del momento histórico. Recordemos el papel
desempeñado por los jesuitas en el desarrollo de la devoción
a la Virgen de Guadalupe y, todavía muy recientemente, en el
reconocimiento de la tradición por la congregación de los ritos.
El triunfalismo criollo mexicano del siglo XVIII se confundió
con la apoteosis de la Compañía, según nos demuestra la literatura devota. Recordemos estos elocuentes títulos de sermones
y novenas: *Novena de la triunfante Compañía de Jesús*, o *El
cielo puesto en nuestras manos por las de san Ignacio y las de
su Compañía*.[2] Las condiciones eran, pues, óptimas para que
apareciera y comenzara a desarrollarse un mito de la edad de
oro jesuítica, después de la expulsión de los jesuitas de Nueva
España. En efecto, este accidente histórico había sido precedido,
exactamente veinte años antes, por ciertos "signos": el rayo,
como ya dijimos, se había abatido dos veces, en 1747, sobre la
capilla de san Ignacio de Loyola en la catedral de Puebla, uno
de los centros de la irradiación jesuítica, teatro también del
primer episodio de la lucha de la Compañía contra los obispos
secularizadores. El rayo oficial que cayó sobre los jesuitas de
México la mañana del 25 de junio de 1767 tuvo un efecto tanto
más sorpresivo por sobrevenir en un cielo sereno. Dos años
antes, el soberano pontífice había confirmado por el breve *Apos-
tolicus pascendi* las constituciones de la Compañía, que, por

---

[1] Beatriz Ramírez Camacho, *Breve relación sobre la expulsión de
los jesuitas de Nueva España*, en "Boletín del Archivo General de la
Nación", 2ª serie, t. VII, núm. 4, México, 1966, p. 885.
[2] J. T. Medina, *La imprenta en México*, t. V, núm. 3, 855.

tanto, podía considerarse al abrigo, en la más católica de las monarquías, y venerada, asimismo, por una sociedad muy devota, como la constituida por los criollos mexicanos del siglo XVIII. En ese entonces los jesuitas eran unos 700 en Nueva España, y muchos de ellos ocupaban posiciones eminentes en la sociedad. Toda Nueva España quedó estupefacta, como lo demuestran numerosos documentos. Pese a las grandes precauciones que se tomaron, la partida de los jesuitas fue dramática en la mayoría de los pueblos y las misiones. Las distancias, la lentitud de los desplazamientos, la espera de vientos favorables para aparejar barcos que debían conducir a Europa a los religiosos, el cruce del país por los jesuitas repatriados desde las Filipinas (dependientes de la provincia de México), todo ello hizo que cerca de tres años después de la notificación en Nueva España del decreto de expulsión de la Compañía de Jesús atravesaran todavía el país grupos de jesuitas flanqueados por soldados.

El clima de esos tres años decisivos para el futuro de la nación mexicana se desprende por sí mismo de los acontecimientos, tal como nos fueron transmitidos por las minutas de los procesos, los diarios de viaje y los panfletos. Las reacciones populares, en todos los grados posibles, fueron registradas en esta ocasión. La más violenta vino de los indios; en San Luis de la Paz, en Sonora, los indios impidieron "a viva fuerza la expulsión y salida de los jesuitas del colegio que con nombre de misión tenían aquí".[3] ¿Qué mejor confirmación de la influencia de los jesuitas en sus misiones? Esos movimientos no eran hechos insólitos en Nueva España; otros semejantes pueden ser observados en el siglo XVI en los territorios de las misiones. Los levantamientos de indios fueron frecuentes, en general. Lo singular, aunque sólo en cierta medida, fue la brutalidad de la represión y su carácter inmediato. A menos de un mes del levantamiento, estaba concluido el juicio de los culpables: "Que sirva de condigno castigo a los reos y de escarmiento a todos los demás, fallo que debo condenar y condeno a pena capital y de muerte a Ana María Goatemala, india viuda; Julián Martínez Serrano; Vicente Ferral Rangel, y Marcos Pérez de León, por decirse que es principal descendiente de cacique, a ser arcabuceado por la tropa en calidad de traidor, y en la misma plaza, las cabe-

---

[3] B. Ramírez Camacho, *op. cit.*, p. 833.

zas de todos cuatro separadas de sus cuerpos muertos, puestas en otras tantas picotas donde deberán perseverar hasta que el tiempo las consuma".[4]

Esas cabezas pudriéndose que el tiempo consumió inspiraron, sin duda, el saludable terror que el visitador esperaba, a fin de prevenir nuevas conmociones. Pero también prolongaron el choque causado por la expulsión de los jesuitas; esos mártires indios convirtieron un episodio efímero en una hora decisiva en la historia del país. Morir por los jesuitas fue un fundamento aún más poderoso que vivir por ellos. Comparable a la evicción de los franciscanos de sus misiones, la expulsión de los jesuitas puede aparecer incluso como un tardío desquite de la orden franciscana, puesto que fue a ella a la que se confiaron la mayoría de las misiones jesuíticas. Pero entre jesuitas y franciscanos no había hostilidad en Nueva España. Comparar la expulsión de los franciscanos y la de los jesuitas de sus respectivas misiones aclara muchas cosas, sobre todo por las diferencias que surgen. El abandono de las misiones franciscanas, que comienza en el último cuarto del siglo XVI, es una empresa hecha por etapas; a mediados del siglo XVIII todavía no había concluido. Los motines causados a veces por la partida de los franciscanos o la llegada de los curas que debían reemplazarlos fueron episodios locales desperdigados en el espacio y, sobre todo, en el tiempo. Además, los frailes franciscanos no fueron expulsados de Nueva España, sino enviados a las misiones de otras regiones o reagrupados en conventos. La desposesión no fue presentada como un castigo ni como un destierro. El abandono progresivo de las misiones franciscanas fue precedido por una innegable declinación del celo misionero en las órdenes mendicantes en general. La expulsión de los jesuitas, por el contrario, en esta segunda mitad del siglo XVIII, que podríamos llamar el "siglo jesuítico" de Nueva España, como lo testimonia todavía hoy el esplendor de la arquitectura religiosa de ésta, presenta características de ruptura que conviene señalar.

En primer lugar, su carácter repentino; de un día para el otro, un cuerpo que ocupaba tan importante posición en la vida de Nueva España y en todos los grupos sociales y étnicos que constituían su población fue totalmente arrancado de ella, sin que nada hiciera prever una medida tan radical. Los jesuitas

---

[4] B. Ramírez Camacho, *op. cit.*, pp. 883-884.

habían conquistado una posición moral y una influencia sobre
la élite criolla y sobre la población de los indios y de las castas, sólo comparable a la de los pioneros franciscanos en los
veinte años que siguieron a la llegada de los "doce" en 1524.
Fueron expulsados en el apogeo de su poder, después que hicieron triunfar la causa religiosa nacional de la Guadalupe y
mantuvieron en jaque el poder del virrey en las misiones y el
de los obispos secularizadores, impidiendo la beatificación de
Palafox. La derrota en este último punto fue apenas anterior
a la medida de expulsión de la Compañía, y fue quizá el único
signo anunciador de ella para los espíritus sensibles a los indicios discretos de una evolución papal. Esencial, sí, es la simul-
taneidad de las medidas de expulsión; y de un extremo al
otro del virreinato de Nueva España (y de todo el inmenso
imperio americano) los indios se levantaron por la misma causa,
hecho que no tenía precedentes. Incluso la insurrección de
Cuauhtémoc en el siglo XVI sólo había unido a los aztecas del
valle de México, mientras que los indios de las misiones jesuíticas pertenecían a distintos grupos étnicos muy alejados unos
de otros por la distancia y por la cultura. Aquí cabe hablar
por primera vez de un movimiento nacional, aunque no haya
sido registrado como tal por sus actores, ni por la autoridad
represiva; nacional, sí, sobre todo porque fue la reacción espontánea de todos los grupos sociales, regionales y étnicos de Nueva
España ante una conmoción sentida por unos y otros con igual
agudeza. Por primera vez quizá, los criollos, las castas y los indios hicieron causa común, de un cabo al otro del país, contra un
enemigo común, que ya no era el anónimo gachupín, rival secular
del criollo, sino el propio rey de España. Un poder político
fundado sobre la unidad de la fe entraba en abierto conflicto
con los que aparecían como los intérpretes de la ortodoxia en
Nueva España, los jesuitas. En realidad, éstos eran los guar-
dianes de la fe del pueblo mexicano, cuyas aspiraciones habían
sabido interpretar apareciendo por todas partes como campeones de la devoción mariana, en particular de su expresión guadalupanista. De este modo la "estación" de grupos de jesuitas
en el santuario de Guadalupe, en ese calvario que iba a condu-
cirlos lejos de su patria (primero a Córcega y luego, de allí, a
Italia), tiene una significación nacional de primera importancia.
Los mexicanos de todas las razas habían comulgado bajo la
égida de la Compañía, en una devoción unánime a la Virgen

del Tepeyac; el cristianismo guadalupanista mexicano tuvo también sus mártires y su memorial.

Se habían tomado grandes precauciones para evitar todo contacto entre los jesuitas y la población rural. En las ciudades la tensión no era menor, como lo demuestra el diario de un jesuita de las Filipinas. Este jesuita atravesó Nueva España con sus compañeros, de Acapulco a Veracruz, en febrero de 1770, es decir, en una fecha para la que podríamos suponer fundadamente que los revuelos suscitados por una medida de expulsión que se remontaba al 25 de junio de 1767 se habían apaciguado. Pero he aquí lo que escribe el jesuita: "A causa de los caminos, fue necesario pasar cerca de Puebla, y por esta razón nos agregaron como escolta un piquete de dragones a caballo, bajo las órdenes de un oficial; y a despecho de las precauciones que se tomaron, tales como hacernos pasar por la mañana muy temprano y muy ligero, hubo, sin embargo, gente allí que se tiraron sobre nuestros coches, entre los soldados, intentando al menos besarnos las manos, a riesgo de hacerse aplastar." [5] Al día siguiente los jesuitas entraron en Veracruz "en fila india, con soldados formados adelante, atrás y a los flancos".[6] El pueblo mexicano —"los hijos de Guadalupe"— era bastante heterodoxo en su fe católica, pero no más que los inquisidores; sin embargo, fue sometido a violencias al ser expulsados los jesuitas. Uno de éstos, de la misión de California, nos ha dejado un emocionante testimonio de la represión: "Encontramos en el puerto de San Blas cantidad de indios de San Luis Potosí y de los alrededores, condenados por haberse amotinado. Habían tomado las armas cuando se les había querido llevar sus misioneros (...) Uno de nosotros fue llamado para oír la confesión de uno de esos desdichados: lo encontró tan deshecho a golpes que sólo se veía en él sangre y huesos; y, sin embargo, seguían flagelándolo despiadadamente todos los días." [7] La sangre de los indios y la sombra amenazante de los soldados, del norte al sur y del este al oeste de Nueva España, sellaron entonces, como por un sacramento, la unión de todos los mexicanos. Lo

[5] Ernest J. Burrus, *A Diary of exiled Philippine Jesuits (1769-1770)*, Archivum Historicum Societatis Iesu, vol. XX, 1951, p. 298.

[6] Ernest J. Burrus, *op. cit.*, p. 299.

[7] *Charles III et les jésuites de ses états d'Europe et d'Amérique en 1767*, documentos inéditos publicados por el padre Auguste Carayon (S.J.), París, 1868, p. 374.

que la devoción por la Guadalupe había comenzado, lo concluyeron los mártires de la fe guadalupanista jesuita, y esta obra del tiempo y de las circunstancias fue la propia patria mexicana.

La lealtad con respecto a la monarquía española quedó irremediablemente quebrada. La duda se insinuó en todos los espíritus; esta declaración del obispo de Guadalajara, transmitida por el testigo precedente, es un buen ejemplo de ello: "Acabábamos de salir de Guadalajara, cuando el obispo envió a uno de sus canónigos a saludarnos de su parte y a felicitarnos —son sus propias palabras— de que soportáramos el exilio en nombre de Jesús." [8] La continuación de este diario da una imagen conmovedora de la atmósfera en la cual los jesuitas abandonaron Nueva España; a las violencias de los indios y las castas que querían retenerlos hace eco la preocupación de los criollos por suavizar su tribulación: "En el pueblecito de Jerez —cuenta el mismo jesuita—, los religiosos, sobre todo, no descansaron hasta conseguir que la misa del día siguiente fuese dicha en cada convento por uno de nosotros. Los caballeros del poblado nos llevaron en sus carruajes. Los confesores de los diferentes monasterios nos contaron que se hacían allí tantas austeridades para obtener de Dios el retorno de la Compañía, que muchos hubieran perdido la salud, si no se hubiese puesto orden en ello." [9] La objeción que podría hacerse a testimonios como éste y los anteriores es la de ser sospechosos por emanar de jesuitas exiliados. Es probable que éstos hubieran querido añadir un último capítulo, particularmente edificante, a las *Cartas edificantes,* pero los hechos no son inventados. Los juicios sumarios instruidos contra los instigadores de los levantamientos indígenas y los panfletos criollos requisados, con notable falta de empeño, por los inquisidores confirman que la expulsión de los jesuitas se desarrolló en el clima descrito por los propios jesuitas. El último testimonio citado declara el celo de los religiosos y las maceraciones a que se sometían los fieles.

No hay que olvidar que los jesuitas tenían la dirección espiritual de muchos conventos, y desde el siglo XVI la de las hermandades marianas, eficaz instrumento (con los colegios) de su influencia entre los laicos. Por la importancia de estas hermandades en Nueva España, cabe decir que la expulsión de la Com

[8] A. Carayon, *op. cit.*, p. 377.
[9] A. Carayon, *op. cit.*, pp. 377-378.

pañía decapitó una de las instituciones más vivas, verdadera célula (aún más que las parroquias) de la vida religiosa urbana y rural. Así pues, la partida de los jesuitas significó una catástrofe cultural, de importancia comparable en la historia de Nueva España a lo que debió ser, nueve siglos antes en el antiguo México, la partida hacia el exilio del sacerdote-rey de Tula, Quetzalcóatl. Por lo demás, las estaciones del calvario de los jesuitas hasta Veracruz evocan más de una vez las estaciones de Quetzalcóatl, que hizo prodigios durante su camino y antes de alejarse sobre las aguas prometió regresar triunfante. El esquema cíclico, que implicaba después de la muerte o del exilio el retorno glorioso del Mesías, se aplica tanto a Quetzalcóatl como a los jesuitas. La Independencia, conquistada bajo el estandarte de la Guadalupe, que ellos antes que nadie habían levantado en alto, y a los gritos de "¡Muerte a los gachupines!" (sus perseguidores), permitiría el retorno triunfante de la Compañía. Haya sido o no consciente en la población, la comparación con el exilio de Quetzalcóatl-Topiltzin se impone. También la expulsión de los jesuitas fue acompañada de brotes mesiánicos e iluministas y de signos sobrenaturales.

El jesuita anónimo de California nos ha dejado todavía un precioso testimonio más a este respecto: "Mientras que el buque se aprestaba a hacerse a la mar, el 4 de abril, después de las seis horas y veinte minutos de la mañana, se sintió un temblor de tierra que duró cerca de siete minutos (. . .) en las plazas públicas el pueblo se prosternaba en tierra reclamando con grandes gemidos la misericordia divina; muchos gritaban que bien se veía que el Cielo comenzaba a castigar la expulsión de los jesuitas." [10] Fue, pues, en una atmósfera de apocalipsis que esos misioneros zarparon de Veracruz, a bordo del *Santa Ana*, un barco podrido que no habría podido soportar la travesía sin "la protección de lo alto".[11] Algunos religiosos que habían estado confiados a la dirección espiritual de los jesuitas tuvieron "revelaciones" que anunciaban la próxima restauración de la Compañía y el retorno de los exiliados. A la luz de estos hechos resulta ridícula la prohibición de penetrar en la ciudad de México que recayó sobre estos religiosos. Habían penetrado en lo más profundo de la conciencia colectiva, aureolados con la reputación de mártires. El mito jesuita, más o menos con-

---

[10] A. Carayon, *op. cit.*, p. 380.
[11] A. Carayon, *op. cit.*, p. 381.

fundido con el de la Virgen de Guadalupe, iba a producir efectos mucho más graves para el futuro de la dominación española que los levantamientos que se lograron evitar en la capital. De San Antonio de Texas a San Francisco, desde el santuario del Tepeyac a los altares domésticos que todavía hoy abrigan los jacales indígenas, la imagen de Guadalupe recordaba la presencia de los jesuitas y alimentaba la esperanza de su regreso.

En esta medida, el asunto apasionadamente debatido, a propósito del jesuita peruano Viscardo, autor de una *Carta abierta a los españoles de América*,[12] en 1791, del papel personal desempeñado por algunos ex jesuitas en los movimientos de independencia americanos, en los momentos finales del siglo y a comienzos del xix, pierde mucha de su importancia. A nivel ideológico, es probable, como escribió el padre Furlong refiriéndose a la Argentina, que la doctrina "populista" de Suárez haya preparado el terreno para la penetración del nuevo ideal democrático puesto en circulación por Rousseau y los ideólogos de la Revolución francesa. Pero la "mina escondida" dejada por los jesuitas en las Indias Occidentales luego de su expulsión, y presentida por el obispo de Buenos Aires, estaba más profundamente hundida. En Nueva España, en especial, su potencia explosiva derivó del hecho de que llegó a conmover las capas más profundas de la psicología colectiva. El accidente histórico que en un principio fue la expulsión de la Compañía se insertó en la conciencia religiosa al nivel de la facultad creadora del mito. Las "revelaciones" de las beatas con respecto al retorno de los jesuitas representaban el tardío resurgimiento, en ese siglo de las Luces, de las revelaciones de otras religiones del siglo xvi, reprimidas entonces, ya vimos con qué despiadado rigor, por la Inquisición. Pero la Inquisición de México mostró una sorprendente pasividad ante la proliferación de libelos difamatorios para con el rey, y ante las expresiones iluministas, tan evidentemente heterodoxas, de la adhesión de los mexicanos a la Compañía. Los confesores no eran menos indulgentes con aquellos de sus penitentes que eran acusados de desear la muerte de un rey tan tiránico como Carlos III, tratado con todas las letras de herético en carteles colocados sobre

---

[12] Miguel Batllori, S.J., *El abate Viscardo. Historia y mito de la intervención de los jesuitas en la independencia de Hispanoamérica*, Caracas, 1953.

los muros de las ciudades de Nueva España. Fue necesario, sin
embargo, que el tribunal, después de una severa llamada al
orden de la monarquía, se decidiera a perseguir a los sacerdotes que, no contentos con no denunciar a los regicidas potenciales, los alentaban a favor de la confesión. Estamos todavía
muy lejos de los confesores-seductores del pasado; la pasión
política aflora a la conciencia colectiva. Este gran cambio fue,
sin duda, una de las consecuencias más graves, proporcional-
mente, de la expulsión; en todo caso, fue su efecto inmediato.

Junto a esas repercusiones decisivas para que viniese a cua-
jar la conciencia nacional mexicana, otros aspectos de la expulsión de los jesuitas tienen importancia secundaria. Sin embargo, la secularización de los bienes muebles e inmuebles de
la Compañía no dejó de tener consecuencias en la vida económica de Nueva España. Incluso este aspecto dependió de factores religiosos; cuando se trató de aplicar las instrucciones
oficiales de decomiso de los ganados de la Compañía, hubo
que renunciar localmente, ya que los bueyes y los caballos de
las misiones jesuíticas eran, para los indios, animales sagrados,
protegidos por un tabú, y su venta hubiese provocado nuevos
levantamientos. El grado de santificación de todo lo que concernía a los jesuitas era tan grande, que la persona sagrada del
rey sufría correlativamente una disminución irremediable. El
rey de España quiso afirmar su patronato sobre la Iglesia de
las Indias, y manifestar visiblemente sus derechos de regalía,
expulsando de ellas a la Compañía, medida que fue seguida de
otras en los años siguientes, para hacer entrar por vereda a
las órdenes religiosas dependientes del patronato real. Pero, por
un error político fatal, provocó la conmoción de donde salió
la primera chispa de una guerra santa, que sólo se extinguiría
una vez conquistada la independencia. Patrono y protector de
la Iglesia oficial, del clero secular y regular de Nueva España, el
rey no era el guía ni el jefe eminente de la Iglesia real de los
mexicanos, esa Iglesia indiana que desde el siglo XVI siempre
había sido de los monjes. Después de largos avances subte-
rráneos, un nuevo avatar de la Iglesia indiana de los pioneros
franciscanos se había alzado en el horizonte de la conciencia
mexicana; tenía por emblema a la Guadalupe, y por cuerpo sacerdotal, a los jesuitas, sobre todo. Su expulsión fue el acto
de fundación tardía, después de dos siglos y medio de evangelización, de una Iglesia auténticamente nacional que reclamó

de inmediato y en forma violenta sus derechos, enfrentada a la Iglesia de los colonizadores. Iglesia combativa, estuvo movida al principio por una gran aspiración mesiánica, que implicaba el retorno de los jesuitas.

La partida de los jesuitas de las tierras de las misiones tuvo frecuentemente consecuencias dramáticas: los socorros tanto materiales como espirituales que habían proporcionado a los indígenas faltaron de un día para otro, y pasaron a menudo largos meses antes de la llegada de los relevos franciscanos. Allí donde este relevo fue asegurado por el clero secular, se asistió muchas veces al mismo naufragio espiritual que había acompañado en el pasado el reemplazo de los franciscanos por curas. En el dominio de la enseñanza, las cátedras universitarias que dejaron vacantes los jesuitas, abiertos al saber europeo de su tiempo, fueron excepcionalmente provistas con maestros de una brillantez comparable. En resumen, la partida de los jesuitas creó en diferentes regiones geográficas y en muchos de los sectores esenciales de la vida del virreinato un vacío espiritual e intelectual que nada pudo colmar.

En ese vacío propicio iban a precipitarse en desorden las Luces, con su cortejo de ideas heterodoxas. Los progresos limitados del deísmo, incluso del ateísmo, y de los principios revolucionarios que promovían (o, en todo caso, aceptaban) el regicidio, en el último cuarto del siglo XVIII, sólo fueron posibles en Nueva España a favor del desorden espiritual, del rencor contra la monarquía y de la desorganización de la función educadora, provocados por la brutal partida de los jesuitas. Si los historiadores han cuestionado en extremo acerca de las causas de la expulsión de los jesuitas,[13] el interrogante sobre sus consecuencias es un problema histórico de mucho mayor alcance.

[13] Esas causas son imperfectamente conocidas; están ligadas a una caída en desgracia de la Compañía ante varios soberanos de Europa; la expulsión de los jesuitas de los reinos de España, Portugal y Francia fue decidida con unos años de intervalo, y un poco más tarde el papa mismo decretó la disolución de la Compañía de Jesús. En el caso particular de las Indias Occidentales y en especial de México, parece que la influencia de los jesuitas, tanto sobre la élite criolla de las ciudades como sobre los indios de las misiones, fue considerada como un obstáculo a la voluntad reformadora y autocrática de un déspota ilustrado como Carlos III. Había frecuentes conflictos de autoridad entre los jefes militares encargados de los presidios y los misioneros de las "Provincias internas", cuya inseguridad preocupó constantemente a los virreyes en el siglo XVII y en

En las páginas precedentes hemos llamado la atención sobre los signos que revelaron la importancia de la expulsión de los jesuitas en el proceso del surgimiento de una conciencia nacional mexicana. Esta reseña demasiado breve sobre un fenómeno tan amplio quedaría incompleta además si omitiéramos el papel de los jesuitas en el exilio. Ya aludimos brevemente a los que tomaron parte directa en las guerras de independencia. La *Carta a los españoles americanos* del abate Viscardo, ex jesuita del Perú, la acción de otro ex jesuita tucumano, que volvió a los países del Plata y participó en la revolución de Mayo en la Argentina, el padre Diego León Villafañe, merecen ser por lo menos mencionados. Es interesante observar que ninguno de los jesuitas mexicanos exiliados tomó parte activa en el movimiento de Independencia, si bien es cierto que muchos de ellos estaban muertos en ese momento, posterior en más de medio siglo a su expatriación. Cuando se intenta determinar qué papel desempeñaron los jesuitas refugiados en Italia (la mayoría se reagruparon en Cesena), en la emancipación de Nueva España y en la restauración de un imperio mexicano enormemente mítico, no hay que orientarse hacia la acción revolucionaria, sea física, sea ideológica. En algunas páginas magistrales, el padre Batllori ha hecho justicia a las leyendas seudohistóricas relativas al complot jesuítico, que habría estado en el origen de las guerras de la independencia americana. La obsesión en torno al jesuita, ya sea inspirada por un espíritu de negación o por uno apologético, ha sido nefasta durante demasiado tiempo para la historia, como para que todavía nos detengamos a refutarla.

Preferimos retener del autor citado un juicio que ofrece un buen punto de partida a la reflexión; Batllori escribe que "aquellos españoles americanos —en la terminología de Viscardo, el más avanzado de todos— no eran *ya* españoles puros ni *todavía* americanos puros: representaban una *fase regionalista prenacional*, en la que la nostalgia de desterrados representó el papel que el romanticismo histórico había de ejercer (...) en Europa..."[14] Todo lo que hemos tratado de demostrar desde el co-

el XVIII. Por último, la administración hábil de los vastos dominios de la Compañía (bienes inmobiliarios en las ciudades, y haciendas en las regiones rurales más prósperas) había hecho de ésta la primera sociedad capitalista de Nueva España.

[14] Miguel Batllori, *La cultura hispano-italiana de los jesuitas expulsos*, Madrid, 1966, IV, 28, p. 578.

mienzo de este libro tiende a comprobar que, desde mediados del siglo XVI, los criollos mexicanos no eran ya españoles; se sentían como súbditos del rey de España y, sin duda, descendientes de españoles, pero mantenían con éstos una relación de oposición y renegaban de ellos. El epíteto de "españoles americanos" aparecía en los textos jurídicos, pero la lengua hablada (y a menudo la lengua escrita) sólo conservaba el adjetivo "americano" o "criollo". A fines del siglo XVIII, y desde hacía dos siglos, los mexicanos ya no eran de ninguna manera "españoles puros". ¿Se habían convertido, a consecuencia de ello, en "americanos puros"?

Francisco Javier Clavijero, en la dedicatoria a la Universidad de México de su *Historia antigua de México*,[15] fechada en 1780, en Bolonia, traiciona con su inseguridad semántica su desgarramiento existencial. Sus primeras palabras son: "Una historia de México escrita por un mexicano...", lo que parecía expresar un sentimiento patriótico plenamente consciente, y orgulloso de serlo. En menos de cuatro páginas, menciona cuatro veces a su patria y presenta su obra "como un testimonio de mi sincerísimo amor a la patria". El contexto no deja la menor duda en cuanto a la identidad de esta patria, que es México. Escribe también, dirigiéndose a los profesores de la Universidad de México: "(...) la historia de nuestra patria". Refiriéndose a los criollos mexicanos, todavía escribe: "nuestros compatriotas". Pero observamos que si Clavijero se considera a sí mismo "mexicano", en el resto de la obra aplica ese término sólo a los indios del antiguo México. Es una primera dificultad. A propósito de las fuentes de la historia del antiguo México, cita: "los misioneros y otros antiguos españoles", por un lado, y, por otro, a los propios indios. Si califica de "compatriotas" a los criollos de la Universidad de México, va a escribir en el prólogo que sigue: "mis nacionales",[16] hablando de los españoles.

El concepto de "nación", en su acepción clásica, antes del

---

[15] Francisco Clavijero, *Historia antigua de México*, México, 1958, t. I, pp. 1-4. Véase Lafaye, *Conciencia nacional y conciencia étnica en Nueva España, Acts of the IVth International Congress of Mexican Studies* (U.C.L.A., California), 1973.

[16] Clavijero, *op. cit.*, t. I, p. 7. Compárese con: Juan José de Eguiara y Eguren, *Biblioteca mexicana*, ed. A. Millares Carlo, México, 1944, Prólogo, XX: "Entiéndase que los que llamamos de nación mexicanos, son los nacidos en América, a menos que expresamente digamos haber sido hijos de padres indios" (p. 211).

triunfo de los movimientos nacionalistas promovidos por la Revolución francesa, pertenecía al vocabulario de la antropología física; una antropología derivada, como todo saber, de la Escritura. En el origen encontramos la oposición entre Israel y las "naciones". Ese término era, pues, casi sinónimo de "población", en la lengua de la antropología moderna. Clavijero llamaba a los españoles sus compatriotas o "nacionales", porque él era de cepa española. Haciendo eso los distinguía de sus "compatriotas", los criollos de Nueva España, con los cuales tenía en común una "patria" (¿hay que entender patria chica, en el sentido peninsular?), es decir, el país natal. La "nación" expresaba el lazo de sangre y la patria el del terruño; lo mismo ocurría con los adjetivos correspondientes: "nacionales" y "compatriotas". Observemos aún que en la relación detallada que hace de los episodios de la conquista, llama a los indios "mexicanos" y a los españoles "españoles", con exclusión (en el primer caso) de "indios", término que Clavijero parece reservar a los indios de su tiempo, y (en el segundo caso) de expresiones como nuestros "antepasados" o nuestros "mayores", que aplicaba a los criollos mexicanos. El fundador de la Real Congregación de Nuestra Señora de Guadalupe de México, de Madrid, había resumido las finalidades de ésta de este modo, en 1757: "El honor y la gloria de la nación; el beneficio de los nacionales y de aquellos que tienen lazos con las Indias, y el provecho de las Américas, y el orgullo de saber que ellas no valen menos que las naciones extranjeras." [17] Observemos el valor del término "nación" y el empleo del término "nacionales" aplicado a los mexicanos; este uso de neologismos ("nación" no tiene aquí su sentido étnico de "población", derivado de la Escritura) es tanto más interesante para la historia del sentimiento nacional mexicano cuanto más se opone a "naciones extranjeras", y en primer lugar a España.

Si comparamos este texto con el de Francisco Javier Clavijero que acabamos de analizar, tendremos una idea más clara de la aparición de una conciencia nacional mexicana al nivel del lenguaje, y de la fecha aproximada de ese fenómeno. Nos vemos obligados a retrotraer cada vez un poco más hacia el pasado la aparición de un sentimiento de identidad nacional consciente, capaz de explicar su primordial reivindicación de dignidad ante

[17] *Colección de obras y opúsculos* (...) *de Nuestra Señora de Guadalupe*, Madrid, 1785, p. 798.

nación española dominante. De esas aparentes indecisiones podemos, sin embargo, subrayar que Clavijero llamaba "mexicanos" a los indios antes de su derrota, y que todavía se llama "mexicano" a sí mismo; no escribe "los criollos", sino "mis compatriotas".

La historia de Clavijero concluye con la evocación del sitio de México y su destrucción por los españoles, comparada con la destrucción de Jerusalén por los romanos. Esta imagen proclama con claridad adónde van las simpatías del ilustre jesuita exiliado; por lo demás, no hace misterio de ello: "El rey de México, a pesar de las grandiosas promesas del general español [esta perífrasis para designar a Cortés es reveladora de la negación de la conquista por parte de los criollos en vísperas de la independencia], fue pocos días después puesto ignominiosamente en tortura." Ve en el abandono en que vivieron tanto los criollos como los "viles esclavos africanos y sus descendientes",[18] el funesto ejemplo de la justicia divina y de la inestabilidad de los reinos. El noble calificativo de "mexicano" es, pues, el privilegio de los indios del pasado, dueños de su patria, y de los criollos modernos, que aspiran a hacerse dueños. Los españoles son mencionados en general como simples extranjeros; en cuanto a las castas, están relegadas en su condición servil. Rehusando la integración de los mulatos y de otros mestizos a su patria, Clavijero surge plenamente como un criollo (un criollo más atrasado que sor Juana Inés de la Cruz, un siglo anterior a él, sin embargo). Dándole la preferencia a los lazos de sangre, Clavijero se muestra también como un criollo típico. Los aspectos innovadores de su espíritu criollo son la notable ausencia en su libro de la expresión sólo oficialmente empleada de "Nueva España" y, sobre todo, la ambivalencia del nombre "mexicano". La integración del pasado mexicano a la patria criolla, correlativa de la exclusión del indio contemporáneo, es reveladora de una actitud espiritual que ya hemos registrado en Sigüenza y Góngora.

Clavijero era *ya* un mexicano, altamente consciente de serlo. ¿Podemos reprocharle no haberse dado cuenta de que su patria sólo llegaría a ser ella misma mediante la integración de todos los grupos étnicos que habitaban allí, cuando más de un siglo después de la Independencia muchos espíritus (y no mediocres)

[18] Clavijero, *op. cit.*, t. III, pp. 291-293.

seguirían pensando como los criollos del siglo XVIII? Cabe decir
que el patriotismo de Clavijero correspondía a "una fase del
regionalismo prenacional", si entendemos por ello la ausencia
de conciencia de que una nación es una realidad *sui generis*,
caracterizada justamente por la integración de comunidades étnicas distintas, unidas por lazos políticos voluntarios, intereses
y un patrimonio afectivo comunes. Quizá ha sido una ironía
de la historia que los jesuitas mexicanos exiliados en Italia, in-
conscientes parteros de la "nación" mexicana (nación, en el sentido moderno esta vez), aislados de la realidad cotidiana de su
patria, no hayan podido medir las repercusiones de su propio
exilio en la conciencia colectiva. Esos hijos de la burguesía
criolla, cuya expulsión había amputado a casi todas las familias
mexicanas más destacadas, volvieron a encontrar, para evocar
su exilio, el término bíblico de "tribulación", identificándose de
modo semiconsciente con el pueblo de Israel, impresión confirmada por la comparación de México con la antigua Jerusalén,
tema que hemos visto desarrollado por los predicadores. Reconstruir el Templo, abolir el exilio y, en primer lugar, ese destierro
dentro de su tierra, representado por los siglos coloniales, será
la aspiración profunda y constante de los patriotas criollos. La
desaparición del nombre de "Nueva España" de la *Historia*
de Clavijero preludia el reemplazo que los liberadores, en la siguiente generación, harían por el de "México" para designar a
una patria de la que, al fin (de nuevo, pensaban ellos), eran
los amos. Puesto que la ruptura del lazo con España queda
tácitamente consumada en su *Historia*, Clavijero merece ya el
nombre de "mexicano", sin ninguna restricción.

Hay otra razón para ello, y es que Clavijero ha desempeñado
un papel privilegiado en la difusión europea de la cultura mexicana. Es explicable, ya que el padre Batllori ha escrito de la
producción intelectual de esos jesuitas americanos en exilio que
"en ella se agota el enciclopedismo setecentista en el marco
limitado de una provincia ultramarina".[19] Es muy cierto, en el
caso de los jesuitas mexicanos, que Clavijero y Andrés Cavo
escribieron historias de México; Alegre, una historia de la Compañía en Nueva España, y que Rafael Landívar cantó en latín
la *Rusticatio mexicana*, y Maneiro, los hombres ilustres de México. Si se agrega que A. Diego Fuentes y, una vez más, Clavije-

---

[19] M. Batllori, *La cultura hispano-italiana* (...), p. 577.

ro, publicaron opúsculos devotos a la gloria de la Virgen de Guadalupe, nos encontramos en presencia de una colección de obras que indican un espíritu regionalista. Pero, ¿no podríamos plantear también la cuestión de si alguna vez ha habido otras en los países del mundo hispánico, en la época moderna, si exceptuamos el intermedio fugitivo de la Ilustración? Lo que, en cambio, parece cierto (este aspecto ha sido objeto de un notable estudio del padre Batllori para Italia) es que los jesuitas mexicanos exiliados en Italia contribuyeron a sacar el pasado, la naturaleza, la cultura y la espiritualidad de su patria de su "provincialismo" —término que preferimos aquí al de regionalismo—. Las lucubraciones de Pauw en particular, caracterizadas por un apriorismo dogmático, al suscitar la réplica circunstanciada de un Clavijero, despertaron la curiosidad de los europeos por México.

En esa Alemania media donde crecía el genio precoz de Goethe y en donde la pasión por el folklore (a instigación de Herder) bañaba los espíritus, un Schiller se entusiasmó con América. Gracias a los jesuitas nostálgicos de su patria, México hizo una entrada triunfal en la Europa de la *Aufklärung*, antes de aparecer libre en el concierto de las naciones. Sería injusto ver tan sólo en Clavijero a un provinciano defendiendo su terruño. En una tribuna prestigiosa en la Europa de su tiempo, el *Teutsche Merkur*, revista publicada en Weimar, el jesuita presentó su lejana patria a los lectores ávidos de exotismo. Los números de julio, agosto y octubre de 1786 contenían artículos de Clavijero, en traducción alemana: "Tratado de las condiciones naturales del reino de México"; [20] en el mismo número de la revista, apareció un examen de la *Historia* de Acosta por el abate Cornelius de Pauw. Hay que recordar con este motivo que México era conocido en Europa casi exclusivamente por la *Historia* de Antonio de Solís, que había sido abundantemente reeditada, así como la de Acosta. Por esta época no había aparecido ninguna obra moderna de un autor de lengua española. La *Historia de América* del escocés William Robertson vino a llenar un vacío antes de que la Academia de la Historia de España confiase a Juan Bautista Muñoz la vasta obra que nunca pudo llevarse a término. La gran obra de Clavijero consagrada al México an-

---

[20] *Der Teutsche Merkur*, Weimar, julio de 1786, *I Des Herrn Abts Clavigero Abhandlung...*, pp. 3-52; agosto de 1786, pp. 154-181; octubre de 1786, pp. 44-57.

tiguo, y las historias de Nueva España de los jesuitas Cavo y
Alegre, pusieron al alcance de los europeos todo un cuerpo de
saber enciclopédico relativo a México, que vino a satisfacer la
sed de exotismo de ese tiempo. Es de rigor inclinarse ante el incomparable *Ensayo político sobre el reino de la Nueva España*,
de Alejandro de Humboldt, pero no se ha subrayado bastante
que ese joven gentilhombre tenía diecisiete años en 1786, y que
sin el ruido que se hizo en los medios de la *Aufklärung* en torno
a México y por la "disputa del Nuevo Mundo" —estudiada por
A. Gerbi— no se le hubiera ocurrido la idea de viajar a América para estudiar sus diferentes regiones. Para ser más expli-
cito, recordemos el discreto homenaje que Humboldt le rinde
a Clavijero: "Este imperio, si se le ha de creer a Solís, se ex-
tendía desde Panamá hasta la Nueva California. Pero las sabias
búsquedas de un historiador mexicano, el abate Clavijero, nos
han enseñado que..." [21]

Sin la presencia de los jesuitas mexicanos en Italia, y en particular la de Clavijero, que junto con Cornelius de Pauw fue
uno de los protagonistas de esa gran confrontación, no habría
habido polémicas sobre el Nuevo Mundo, o bien no habrían tenido una tan prolongada resonancia, hasta Hegel y aun más
acá. Con las publicaciones (y gracias a los encuentros personales) de los exiliados en Italia, México asumió un rango entre las
naciones, en cuanto a entidad geográfica y cultural autónoma
dotada de un pasado prestigioso y prometida a un rico futuro.
En la medida exacta en que el conocimiento del pasado y de la
realidad de México por los europeos, a través de la visión que de
ella había dado Clavijero unos treinta años antes que Humboldt,
fue uno de los componentes de la Ilustración, México entró en
la historia universal en este fin del siglo XVIII. No fue un simple
retorno, porque el México criollo, al romper las amarras de su
provincialismo colonial, sólo tenía en común con el descrito
por Cortés hacia 1520 la vinculación religioso-nacional con un
brillante pasado recreado por una historiografía nostálgica. Pero
la irrupción, tan repentina como el exilio de los jesuitas, de las
antigüedades mexicanas en medio de ese segundo renacimiento
europeo (un renacimiento crítico) que fueron las Luces, realizó
la incorporación de los valores criollos (a través de la visión
criolla del pasado) a los valores nuevos que pronto triunfarían

[21] Alejandro de Humboldt, *Essai politique sur le Royaume de la
Nouvelle-Espagne*, París, 1811, t. I, l. I, cap. I, p. 217.

a favor de los movimientos nacionales. Este aporte mexicano original, favorecido por el despertar del sentido nacional europeo, habría estado ausente o habría llegado demasiado tarde sin los jesuitas exiliados. Haciendo en sentido contrario el camino de los primeros doce jesuitas que llegaron de España en 1572 a fundar una Iglesia colonial apuntalada por el poder político español, los jesuitas expulsados en 1767 fundaron en los corazones la Iglesia mexicana, cuyo mensaje difundieron (desde su exilio italiano) a la Europa de las Luces, esta nueva religión que la Revolución francesa muy pronto iba a cambiar en religión patriótica.

Los curas "guerrilleros", Hidalgo y Morelos (1810-1815)

"—¿Qué bandera tenía ese ejército?

—Al pasar por Atotonilco, el cura tomó de la iglesia un estandarte con la imagen de la Virgen de Guadalupe. Colocó este lienzo querido y venerado de todos los mexicanos en la asta de una lanza, y ésta fue la bandera de este extraño e improvisado ejército.

—¿Qué grito de guerra tenía este ejército?

—¡Viva la religión! ¡Viva nuestra Madre Santísima de Guadalupe! ¡Viva la América, y muera el mal gobierno!"[22]

En estos términos recuerda el escritor Manuel Payno el gesto de Hidalgo, cura de Dolores, en un manual de historia para uso de los alumnos de la enseñanza pública mexicana. Se puede observar que está presentado como un cuestionario para ser aprendido con sus respuestas, como un catecismo cívico. La edición que utilizamos es de 1883, la séptima, y debe de haber habido por lo menos trece; estamos en presencia del estereotipo fijado por mucho tiempo en la conciencia colectiva mexicana. Detrás de la imagen de Épinal y las fórmulas lapidarias del "grito de Dolores", hay que descubrir una realidad compleja, la del *momento*, la mañana del 16 de septiembre de 1810, en la que el *grito* del cura conspirador despertó un formidable eco en la conciencia ciudadana. Desde hacía casi tres siglos, los

---

[22] Manuel Payno, *Compendio de la historia de México para el uso de los establecimientos de Instrucción pública de la República Mexicana* (séptima edición corregida y notablemente aumentada...), México, 1833, lección 14, pp. 120-121.

levantamientos indígenas conmovían como sacudimientos sísmicos (igualmente imprevisibles) las diferentes regiones de Nueva España; eran ahogados en sangre y volvía la calma, pesada, por años o decenas de años. El movimiento desencadenado por el cura de Dolores se distingue de todos los precedentes por dos aspectos: fue como un reguero de pólvora por todo el virreinato, y duró más de diez años, sin aplacarse en los hechos hasta haber alcanzado su finalidad, la Independencia. Un arbitrista español, de los que nunca dejan de surgir en tales circunstancias, describió en estos términos los progresos de la rebelión de Hidalgo: "(...) en todas partes se le fueron agregando los militares, los eclesiásticos, hacendados, mineros, la gente grande y chica; en fin, todos sus paisanos, con muy pocas excepciones (...) como la mayor parte de los eclesiásticos y demás gente que sabe leer y escribir y tiene influxo sobre la multitud son criollos, éstos no sólo no la contenían, sino que la incitaban al desorden y sublevación, y bastaba que cuatro pelados gritasen en una población de miles de almas: '¡Viva Nuestra Señora de Guadalupe, y mueran los gachupines!', para que toda ella se rebelase." [23]

La atmósfera del movimiento es, pues, típicamente, la que Luis Villoro ha definido como "el instantaneísmo", una atmósfera revolucionaria. El propio Hidalgo dirá a los jueces del tribunal de la Inquisición que había actuado "por instinto". Veinte años más tarde, otro pionero de la Independencia escribirá de Hidalgo: "Pero es evidente que este célebre corifeo no hizo otra cosa que poner una bandera con la imagen de Guadalupe y correr de ciudad en ciudad con sus gentes, sin haber indicado siquiera qué forma de gobierno quería establecer." [24]

Podría objetársele a Lorenzo de Zavala que hay un momento para cada acto; no se hace una revolución con proyectos constitucionales, y sin el sobresalto heroico inicial del cura de Dolores la Constitución de Apatzingán no habría visto la luz dos años más tarde. Hidalgo tenía las condiciones de un jefe revolucionario. Al enterarse de que iban a detenerlo, mientras deliberaba con otros conjurados sobre la táctica que había que

[23] *Bosquejo de la anarquía de América* (...) (Biblioteca Nacional, Madrid, ms. 3 049).
[24] Lorenzo de Zavala, *Ensayo histórico sobre las revoluciones de Nueva España* (1831), México, 1949, cap. IV, p. 71.

adoptar, tuvo el gesto "irracional" de precipitar el curso de las cosas. Como confesor conocía el alma de sus feligreses, mejor aún, la sentía. Sabía que un programa político era prematuro: hacía falta una bandera y un enemigo. ¿Qué mejor símbolo de las aspiraciones populares hubiese podido encontrar que la Virgen de Guadalupe? ¿Qué enemigo más próximo y más débil que los pocos millares de españoles que vivían en Nueva España? La doctrina que proclamó era, por tanto, simple: "Nosotros no conocemos otra religión que la católica, apostólica y romana (...) Estamos prontos a sacrificar gustosos nuestras vidas en su defensa (...) Para la felicidad del reino es necesario quitar el mando y el poder de las manos de los europeos (...) En vista, pues, del sagrado fuego que nos inflama y de la justicia de nuestra causa, alentaos, hijos de la patria, que ha llegado el día de la gloria y de la felicidad pública de esta América. ¡Levantaos, almas nobles de los americanos, del profundo abatimiento en que habéis estado sepultados! (...) Abrid los ojos, considerad que los europeos pretenden poneros a pelear criollos contra criollos." [25]

El estilo de esta proclama va sensiblemente al corazón; Hidalgo agita el espectro del combate fratricida para invitar a los criollos a abandonar las filas de un ejército represivo. El contenido ideológico y el lenguaje revolucionario utilizados aquí por el ex alumno del colegio de los jesuitas de Valladolid, Michoacán, revelan una profunda evolución de los espíritus en Nueva España. El "fuego sagrado que nos inflama", los "hijos de la patria", el "día de gloria", tomados textualmente de una estrofa de *La Marsellesa,* anuncian que la insurrección que acababa de comenzar no era ningún simple levantamiento campesino ni un pogrom (aunque haya incluido esos dos aspectos), sino la manifestación regional de un proceso revolucionario mundial, que se iba amplificando desde el éxito de la Revolución francesa. Eso no impide que el cura de Dolores haya aparecido, en el microcosmos de las parroquias rurales y de las comunidades indígenas, como el último, en tiempo, de los mesías. Recíprocamente, los panfletistas leales presentaron a Hidalgo como el demonio, el Anticristo y el "Napoleón de América". Si el lenguaje revolucionario estaba por sufrir un cambio, al

[25] Ernesto de la Torre Villar, *La Constitución de Apatzingán y los creadores del Estado mexicano,* México, 1964, *Documento 10. Proclama del cura Hidalgo a la nación americana* (1810), pp. 203-204.

llegar al nivel de un jefe que sabía francés y había podido leer a los clásicos de la Revolución, la conciencia pública aún traducía con términos religiosos el hecho político.

El eco del "grito de Dolores" (esa primera *tempestad sobre México*) se explica bien por todo lo que había ocurrido en Nueva España desde la expulsión de los jesuitas en 1767 y en España desde el 2 de mayo de 1808, cuando el pueblo de Madrid se había levantado contra las tropas francesas. La historia política, compleja, de este periodo tan agitado deja traslucir una línea de evolución relativamente simple y algunos momentos críticos. La conmoción provocada por la expulsión de los jesuitas no tuvo tiempo de aplacarse, cuando ya otras medidas autoritarias de Carlos III (aunque menos radicales, es verdad) alcanzaron a otras órdenes religiosas. De 1770 a 1778, aproximadamente, los religiosos de Nueva España, en particular los de los conventos de Puebla, rehusaron someterse a una cédula real, que les ordenaba retomar la "vida comunitaria". Ya antes evocamos la vida de los conventos en el siglo XVII, a propósito de sor Juana Inés de la Cruz; se recordará que las religiosas llevaban una existencia profana, eran servidas por sirvientes personales... Los conventos mexicanos se parecían, pues, a pensiones de señoras, donde cada una llevaba individualmente su vida. Muchas religiosas acogían así a niñas cuya educación aseguraban. La expulsión de estas niñas fue uno de los aspectos que hizo más apasionada la resistencia de las religiosas; sin embargo, es cierto que la presencia de las niñas era incompatible con el retorno a la regla comunitaria. Se pretendía nada menos que imponer, en nombre del regalismo, una reforma de las órdenes religiosas, trastornando costumbres establecidas desde hacía dos siglos, y ello produjo una revolución: las campanas sonaron echadas a vuelo y el obispo de Puebla renunció; la correspondencia del virrey Bucareli con el visitador Gálvez está llena de episodios de este asunto, que, en realidad, vino a reemplazar inmediatamente la crisis provocada por la expulsión de los jesuitas.

En un reino en el que los religiosos tenían un lugar preponderante, desde los comienzos de la evangelización, atentar contra las comunidades religiosas de modo tan brutal (por expulsión, supresión o reforma) no podía menos que conmover a la propia sociedad mexicana en sus fundamentos. Como la expulsión de los jesuitas, el asunto de la "vida comunitaria" fue un problema político que reveló las tensiones o las reanimó; las intervenciones del ayuntamiento de Puebla y de la Audiencia de México no dejan dudas sobre esto. Estas diferentes medidas, que no eran sino la aplicación estricta de las regalías de la corona en virtud del patronato real, fueron sentidas como manifestaciones tiránicas del poder, en la medida en que atentaban contra la autonomía habitual de las órdenes religiosas. En el periodo precedente, esta autonomía había sido disminuida por la expansión del clero secular bajo el impulso de los obispos selectos, como Moya de Contreras y luego Palafox; pero esta lucha de autoridad había sido, en fin de cuentas, un asunto interno del estado eclesiástico. Carlos III, "déspota ilustrado", rodeado de consejeros italianos e inspirado en las ideas filosóficas francesas, aunque personalmente fuese un católico irreprochable, según hemos visto pasó por hereje ante los ojos de Nueva España a partir de la expulsión de la Compañía de Jesús. Lo que el soberano y sus consejeros habían concebido en Madrid como una recuperación del clero regular, fue sentido en Nueva España como un atentado criminal (el nuevo crimen de lesa religión) a la casta sacerdotal.

Las consecuencias del abandono de las misiones por los jesuitas y del "reenclaustramiento" de los religiosos en las ciudades tuvieron una gravedad comparable (guardando las proporciones) con lo que había significado para el politeísmo mexicano la eliminación de sus sacerdotes por los conquistadores. Privado de los frailes, sostenedores de la ortodoxia y santificados portadores de su fe, el pueblo mexicano se replegó en la vida parroquial y en las devociones esenciales. La Virgen de Guadalupe, sobre la cual se volcaban las esperanzas de salvación más profundamente mexicanas, se convirtió aún más en la diosa-madre de los mexicanos. Los curas rurales permanecieron a salvo del rigor del poder y pudieron asegurar al fin el reemplazo de los religiosos. Hay que tratar de imaginar lo que fue la "democracia de los monjes" de Nueva España, para medir la amplitud de una revolución realizada por imprudentes iniciativas gubernamentales.

A la vez que disminuía el estado monacal, que había gozado de una autonomía y de una preeminencia indiscutida desde la primera mitad del siglo XVI, el estado militar salía de la nada, con ocasión de la guerra contra Inglaterra. En 1758, el ejército de Nueva España comprendía tan sólo 3 000 hombres, la mayoría sobre la frontera norte, lejos del México útil, además de las "milicias" compuestas por hombres reclutados ocasionalmente entre la población (con excepción de los indios) de México y de Puebla. En 1800, el ejército regular sobrepasaba los 6 000 hombres y las milicias urbanas y costeras habían conocido un desarrollo todavía mayor, pasando de unos 9 000 en 1766 a cerca de 40 000 en 1784. Los progresos numéricos de la clase militar habrían bastado para que emulara a la de los religiosos, pero el "estado de guerra" instaurado en el virreinato en 1761, bajo el virrey Cruillas, que era él mismo militar, acentuó esta evolución. La guerra de los Siete Años, la toma de La Habana por los ingleses, en 1762, amenazando directamente la costa del golfo de México y cortando la ruta marítima de Veracruz a Cádiz (cordón vital entre Nueva España y la metrópoli europea) tuvieron parte en el desenvolvimiento del ejército y del espíritu militarista.

Poco a poco los desfiles militares vinieron a compartir con las procesiones religiosas el favor del pueblo mexicano. Mientras que los fueros eclesiásticos eran atacados por las nuevas medidas regalistas, el fuero militar se volvió a codificar en un código voluminoso, en 1768. Los militares escapaban de derecho a la jurisdicción civil; ese privilegio estaba acompañado de ventajas diversas (exención de impuestos y de servicios...), que hacían de ellos privilegiados, igual que los religiosos. En 1784 terminó la guerra con Inglaterra y, con ella, los donativos excepcionales, pero, de vuelta a la paz, el prestigio del ejército no dejó de seguir creciendo, sobre todo gracias a la llegada (era su regreso al país) en 1785 del virrey Bernardo de Gálvez, joven general cubierto de gloria. En 1796, España, aliada de Francia, volvió a declarar la guerra a Inglaterra, despertando la amenaza de un desembarco en las posesiones de las Indias Occidentales. Nueva España comenzó a pagar contribuciones extraordinarias, que no iban a cesar hasta la Independencia. El virrey Iturrigaray se quejaba de tener que enviar fondos y tropas a La Habana, en previsión de un posible ataque inglés. En 1807, el fracaso del desembarco inglés en Buenos Aires tuvo una gran resonancia en Nueva España, a través del *Diario de México*, al favorecer el carácter belicoso de un patriotismo reciente que aliaba el fervor religioso con el odio a los herejes. La bendición de los estandartes y otras pompas religiosas, de las cuales gustaban de rodearse los militares, contribuyeron a realizar una transferencia de depósito sagrado (la religión y la patria) de las manos de la casta religiosa declinante a las de la casta militar. El estado de guerra (de derecho o de hecho) desde hacía más de una generación aseguraba la preeminencia de los militares. La inmunidad jurídica de éstos acarreó abusos y tiranía al paso que afirmaban su poder.

Mientras en Nueva España se operaba esta profunda revolución, obra de Carlos III, Europa entró en una fase revolucionaria sin precedentes, de inspiración nacional y patriótica. La metrópoli española no quedaría al margen de esos acontecimientos; aliada de la Francia revolucionaria y de su heredero cesarista, Napoleón, cayó bajo la dependencia de éste en 1808. La noticia del levantamiento del 2 de mayo, del pueblo de Madrid contra los franceses, desencadenó un gran movimiento de simpatía en Nueva España. La declaración de guerra de España a la Francia napoleónica, el 3 de agosto, fue celebrada en numerosas ciudades de Nueva España. Una especie de delirio patriótico hizo creer que los franceses habían sido derrotados y que había vuelto a España el joven rey Fernando VII, quien se convirtió en ídolo, como lo prueban los diarios y los grabados de la época. Pronto hubo que cambiar el tono y España apareció en toda su debilidad. Los criollos se cansaron de las contribuciones que no tenían ya nada de excepcional; la venta de los bienes inalienables por aplicación de la cédula de consolidación de 1804, que había levantado protestas, no alcanzaba evidentemente para socorrer a la "madre patria". Los rencores acumulados contra una monarquía estimada tiránica y el ancestral odio contra el gachupín eran sentimientos más duraderos que un movimiento sentimental a favor de la metrópoli escarnecida por el nuevo "Anticristo", y quedaron cortadas las comunicaciones con España.

No teniendo ésta ya rey (porque no era asunto de reconocer a José Bonaparte) o estando prisionero de los franceses el heredero del trono, el lazo jurídico entre Nueva España y España quedaba también cortado. No siendo una dependiente de la otra, sino ambas dependientes de la persona del rey, quien delegaba su poder en un virrey, este último se encontraba privado de toda legitimidad. Los criollos no tardaron en ver en esto la ocasión de asumir ellos mismos esos poderes que tan constantemente se les habían rehusado desde la deposición de Cortés y la instalación de la primera Audiencia. Desde que las tristes noticias de España llegaron a México, un religioso de nombre fray Melchor de Talamantes elaboró un proyecto muy completo de Constitución para un México independiente, dotado de un congreso que tendría poder legislativo, "y revistiese al reino de Nueva España de aquel carácter de dignidad, grandeza y elevación que debía hacerlo respetable entre las naciones cultas e independientes de América y Europa".[26] El llamado a "la voz de la nación", representada por sus notables, para poner remedio a la falta de virrey y de Audiencia, la referencia bíblica: "Esa voz tan respetable y soberana, que obligó al mismo Dios a mudar el gobierno de Israel, concediéndole el rey que pedía",[27] da el tono de esos años decisivos para el destino nacional mexicano. El tomar prestada la ideología de la Revolución francesa (la del 89, y aún con restricciones importantes) y la fidelidad al humanismo cristiano (Suárez): *vox populi*, *vox Dei*, dos años más tarde serán también las dos caras de la inspiración del cura Hidalgo, quien como fray Melchor, querrá en principio evitar el derramamiento de sangre, pero éste era inevitable.

En efecto, el proyecto de fray Melchor estaba inspirado en el resentimiento contra el verdadero golpe de Estado perpetrado por una camarilla compuesta por funcionarios de la Audiencia, comerciantes de Veracruz, etc., que sin lucha se apoderaron de la persona del virrey Iturrigaray, el 15 de septiembre de 1808. Las circunstancias de este complot y sus causas fueron expuestas por Mier en su *Historia de la Revolución de Nueva España*. Solamente recordemos que toda la legalidad había quedado aniquilada por la "contrarrevolución" preventiva de un puñado de gachupines. También el levantamiento de Hidalgo pudo ser presentado por su iniciador como el restablecimiento de la legalidad, de la única legalidad posible en ausencia del virrey nombrado por el rey, la soberanía nacional. La expresión, citada anteriormente, de la proclama de Hidalgo: "Para la felicidad del reino es necesario quitar el mando y el poder de las manos de los europeos", cobra todo su sentido a la luz de la situación creada por la prisión del virrey. El gran comercio español, que tenía su centro en Cádiz y su parada en Veracruz, tenía ahora vara alta sobre el virreinato, lo que prometía el desvalijamiento ordenado de un país que ya estaba en dificultades a causa de las medidas autoritarias y las cargas financieras.

[26] Ernesto de la Torre Villar, *op. cit.*, Documento 3, p. 112.
[27] Ernesto de la Torre Villar, *op. cit.*, p. 131.

El grito de guerra: "¡Mueran los gachupines!", apuntaba, en primer lugar, a los usurpadores del poder, representados en el país por los comerciantes españoles, pero esta invectiva no agotaba toda su significación. "Muerte a los gachupines" era la liberación tardía y tanto más incontrolable del viejo odio heredado de los propios conquistadores contra los "licenciados" españoles ávidos de despojar, tanto al criollo como al indio. Hijo de la burguesía criolla, educado en el Colegio de San Francisco Javier, de Valladolid, Michoacán, y luego doctor de la Universidad de México, lector de Clavijero y de los autores franceses del siglo XVIII (parece que sabía bien el francés), en fin, cura de pueblo, primero en Colima y después en la región de Guanajuato, privilegiado por su saber y por su experiencia, Miguel Hidalgo y Costilla debía sentir tanto las aspiraciones de la burguesía criolla de las ciudades como las del pueblo indígena del campo. Lanzó el "grito de Dolores" en el momento oportuno y alzó el pendón de la Guadalupe con entero conocimiento. No tiene ningún sentido seguir repitiendo con Lorenzo de Zavala, en su *Ensayo histórico de las últimas revoluciones de México* (escrito en París en 1831): "Hidalgo obraba sin plan, sin sistema y sin objeto determinado. Viva Nuestra Señora de Guadalupe era su única base de operaciones; la bandera nacional, en la que estaba pintada la imagen, constituía su código y sus instituciones." [28] En esa hora de la verdad en que tomó en sus manos el destino histórico del pueblo mexicano, Hidalgo aportó lo que éste necesitaba de inmediato: una bandera que fuese también un símbolo.

Cuando había sido rector del Colegio de San Nicolás, en su ciudad de Valladolid, Michoacán, tuvo un alumno: José María Morelos y Pavón, al que convirtió en su lugarteniente en 1810. Morelos era también cura de una parroquia rural, Carácuaro. Pero ambos hombres eran muy distintos uno del otro. Morelos, descendiente de españoles "por rama paterna y materna" y nacido en Valladolid, Michoacán, era lo que un sociólogo moderno llamaría un "blanquito". A la edad de catorce años se hizo campesino en Apatzingán, y allí permaneció once años. Luego volvió a Valladolid, donde hizo el mínimo de estudios indispensables para ordenarse como sacerdote. Después de un año de interino, logró ser titular en Carácuaro. En 1810, Morelos tenía cuarenta y cinco años; Hidalgo tenía cincuenta y siete. Este último se

[28] Lorenzo de Zavala, *op. cit.*, cap. III, p. 63.

hacía llamar "Protector de la Patria", recuerdo del título de "Protector de los indios", evocador de Las Casas y también del primer obispo de Michoacán, don Vasco de Quiroga, que había intentado crear allí la Utopía de Tomás Moro, y cuyo recuerdo veneraban los indios bajo el nombre reverencial de *Tata Vasco*. Morelos, en un acto de humildad devota respecto a una divinidad nueva, se calificaba a sí mismo de "Siervo de la Nación", expresión calcada de la de "Siervo de Dios", esclavo de Dios, aplicada a los religiosos.

Los nuevos dioses que irrumpían en el ya rico panteón del pueblo mexicano eran tan intolerantes como la Iglesia de los inquisidores y tan sedientos de sangre como el dios de la guerra de los aztecas, Huitzilopochtli; Hidalgo, Morelos y otros curas, como Matamoros, Balleza, Correa, Verduzco o el doctor Cos, todos miembros del estado mayor revolucionario, fueron los oficiantes de esos grandes sacrificios humanos sobre los altares de la patria y de la nación. Es justo recordar que Hidalgo hizo constantes llamadas a la unidad de los criollos para evitar las efusiones de sangre. Morelos se convirtió pronto en un general que volaba de victoria en victoria y que era llamado por los diarios de México "El Relámpago del Sur". Este hombre fue como la emanación del pueblo; el inspirado discurso que pronunció en la sesión de apertura del Congreso de Chilpancingo nos parece no sólo a la altura de ese gran momento histórico, sino también como el mejor testimonio del clima de esta primera Revolución mexicana: "Este pueblo oprimido, semejante con mucho al de Israel trabajado por Faraón, cansado de sufrir, elevó sus manos al cielo, hizo oír sus clamores ante el solio del Eterno, y compadecido éste de sus desgracias, abrió su boca y decretó, ante la corte de serafines, que el Anáhuac fuese libre. Aquel espíritu que animó la enorme masa que vagaba en el antiguo caos, que le dio vida con un soplo, e hizo nacer este mundo maravilloso, semejante ahora a un golpe de electricidad, sacudió espantosamente nuestros corazones, quitó el vendaje a nuestros ojos y tornó la apatía vergonzosa en que yacíamos, en un furor belicoso y terrible. En el pueblo de Dolores se hizo oír esta voz semejante a la del trueno." [29] Morelos, que era un

[29] Xavier Tavera Alfaro, *Dos etapas de la Independencia (Documentos)*, Universidad Michoacana de San Nicolás de Hidalgo, 1966, *Discurso pronunciado por Morelos en la apertura del congreso de Chilpancingo, 14 de septiembre de 1813*, p. 49.

hombre de poca cultura, encontró aquí la verdadera elocuencia, una elocuencia sagrada bastante cercana a los sermones
barrocos de un siglo XVIII que todavía era el suyo hasta la víspera. En verdad el depósito sagrado de la patria mexicana había
escapado a los monjes criollos, a los clérigos de la Universidad;
había pasado a manos más seguras, como antes los ídolos de
la antigua Anáhuac durante periodos de anarquía. La religión de la élite criolla acababa de dejarle el sitio a la fe del pueblo, la que se había elaborado en las parroquias rurales y cuyos
sostenedores eran los curas de éstas; la casta sacerdotal en su
nivel más modesto estaba al fin en disposición de representar
su papel de guardiana de la fe. La entrega del poder al pueblo,
la afirmación de la soberanía nacional a consecuencia del impe-
dimento del virrey, no fue sino la expresión laicizada de esa
vuelta del sagrado patrimonio religioso-patriótico a la propia
nación. Morelos debió sentir eso confusamente, y lo expresó
con ayuda del vocabulario y de las imágenes bíblicas que le eran
familiares y que constituían a la vez la materia y el estilo de
sus sermones. Es conmovedora la trasposición, en el campo
sobrenatural, de la Independencia en acto. El empleo de la palabra Anáhuac: "que el Anáhuac fuese libre", por un decreto
del Eterno, revela que Morelos era el portavoz de la utopía
criolla, el heredero inconsciente, tanto de Sigüenza y Góngora
como de Clavijero y de los predicadores conceptistas del siglo XVIII. El romanticismo de la acción revolucionaria había
reemplazado en él a la nostalgia del pasado indígena, pero la
referencia al pueblo elegido de Israel, al Anáhuac, a ese "mundo maravilloso" que recuerda a la *Primavera indiana*, no deja
lugar a dudas en cuanto a la continuidad del iluminismo criollo. Como lo había anunciado Hidalgo, ¿el "día de gloria" había
llegado para la... "democracia india"?

Toda la atmósfera de la época está en las frases resonantes
de Morelos. El soplo divino, que había organizado el caos, convertía al pueblo mexicano en una furiosa leona: se anuncia una
nueva génesis. Pero precedida por "la desolación y la muerte"; [30]
así debía manifestarse el Eterno antes del reino milenario. La
gran voz del cura de Dolores es la réplica exacta de esta gran
voz, que, el día del apocalipsis, haría temblar a toda la tierra. El
primer acto de la liberación del Anáhuac fue sentido y definido por su principal actor como el *dies irae*. En ese discurso

[30] X. Tavera Alfaro, *op. cit.*, p. 50.

inaugural de una era nueva para México, la reunión de los comienzos originales y de la espera escatológica, el aporte de la ciencia moderna —ese "golpe de electricidad" que alumbra una revolución inspirada por el Eterno— da el tono justo de la Revolución de Independencia. La evocación final, de los manes de los héroes muertos por la causa de la patria, funda el culto a los grandes hombres, sobre el cual reposa todavía hoy la religión patriótica mexicana, sostén sensible del corazón y del que no puede prescindir ninguna ideología política para ser aceptada por el pueblo: "¡Manes de los muertos de las Cruces, de Aculco, de Guanajuato y de Calderón, de Zitácuaro y de Cuautla, unidos a los de Hidalgo y de Allende!" Morelos asocia a los antepasados indios víctimas de la barbarie de los gachupines: "¡Genios de Moctezuma, de Cacama, de Cuauhtémoc, de Xicoténcatl y de Caltzontzin, venid a celebrar en torno de esta augusta asamblea con una danza sagrada, como celebrasteis el mitote en que fuisteis acometidos por la pérfida espada de Alvarado, el fausto momento en que vuestros ilustres hijos se han congregado para vengar vuestros ultrajes y desafueros y librarse de las garras de la tiranía francmasónica que los iba a sorber para siempre!" [31]

Sin duda, Hidalgo, a pesar de las acusaciones de Lorenzo de Zavala, tenía ideas constitucionales, que fueron expresadas por lo menos con su asentimiento en los *Elementos constitucionales* del licenciado Rayón, y empleadas por Morelos en la Constitución de Apatzingán. El primer artículo de los *Elementos* preveía: "Que la religión católica sea la única, sin tolerancia de otra." Artículo 2º: "Sus ministros, por ahora, serán y continuarán dotados como hasta aquí." Artículo 3º: "El dogma será sostenido por la vigilancia del tribunal de la fe..." [32]

Tenemos la sensación de estar más ante una constitución religiosa que ante una constitución política; en todo caso, se trata de una constitución política, cuya primera preocupación la constituyen la Iglesia y la ortodoxia. La unidad de la fe, que era el fundamento de Nueva España, debía estar en la base del Anáhuac liberado. Los *Sentimientos de la nación*, publicados en 1813, por Morelos, expresan los mismos principios: Artículo 2º: "Que la religión católica sea la única, sin tolerancia de otra." Artículo 3º: "Que todos sus ministros se sustenten de todos y solos los diezmos y primicias, y el pueblo no tenga que pagar

[31] X. Tavera Alfaro, *op. cit.*, p. 52.
[32] E. de la Torre Villar, *op. cit.*, nota 7, *Documento 74*, p. 358.

más obvenciones que las de su devoción y ofrenda." Artículo
4º: "Que el dogma sea sostenido por la jerarquía de la Iglesia,
que son el Papa, los obispos y los curas..."[33]

El artículo primero proclamaba la Independencia; el artículo
quinto se limitaba a llamar la atención sobre un aspecto político
esencial, la soberanía nacional. Quien lea con atención los artículos segundo y cuarto verá claramente que la Independencia significaba, en primer lugar, para sus promotores, el refuerzo
de la postura de la Iglesia en el país, la abolición del tribunal de
la Inquisición, cuyo papel sería asumido por el clero secular,
y la supresión de las prebendas; en cierto sentido era el último
acto del despojamiento de las órdenes religiosas por los obispos
secularizadores y, aún más, el desquite de los curas rurales
sobre los canónigos de las catedrales. Por último, significaba
para el pueblo la abolición de los diezmos eclesiásticos. La Constitución de Apatzingán tomará y codificará esos diferentes puntos; hará oficialmente de las asambleas electorales de las parroquias las verdaderas células de la vida política, y determinará
lo siguiente: "Se declaran con derecho a sufragio los ciudadanos
que hubieren llegado a la edad de dieciocho años, o antes si se
casaren, que hayan acreditado su adhesión a nuestra santa causa."[34] Esta causa sagrada es la del pueblo, tomada entre sus
manos por curas que han salido de ese pueblo y que no han roto
sus lazos con él. A diferencia de los monjes evangelizadores que
habían ejercido una benévola tutela sobre sus ovejas y una
misión protectora, un cura como Morelos estaba a sus anchas
con los peones de hacienda y los arrieros, habiéndolo sido él
mismo algunos años antes. Con él, la Iglesia de México pasó
del paternalismo a la fraternidad; en ese nivel es donde hay
que situar lo que tendría de más fecundo la Revolución de Independencia para un futuro democrático.

Puede darse por seguro que tales trastornos, que amenazaban
la autoridad de la jerarquía eclesiástica y al mismo tiempo sus
prebendas, iban a suscitar la inmediata reacción de los obispos.
El primero en excomulgar a Hidalgo, y después a Morelos, fue el
obispo designado (sólo *designatus,* no consagrado todavía; Hi-

---

[33] X. Tavera Alfaro, *op. cit.,* p. 54.
[34] E. Lemoine Villicaña, *Zitácuaro, Chilpancingo y Apatzingán, tres
grandes momentos de la insurgencia mexicana,* en "Boletín del Archivo General de la Nación", serie II, t. IV, núm. 3, México, 1963, páginas 711-730. Constitución de Apatzingán, cap. v, art. 65.

dalgo se basará en esto para desdeñar su anatema) de Michoacán, Abad y Queipo, pronto seguido por el arzobispo de México, Lizana y Beaumont. Abad y Queipo era bastante clarividente en lo que concierne a los males de Nueva España y menos lúcido en cuanto a los remedios que todavía podían aplicarse. En 1814, escribirá al virrey Calleja una carta que preconizaba una política de integración: generalización de la "alternancia" entre españoles y criollos, nombramiento de criollos meritorios, para cargos de la administración pública, e igualdad de los derechos acordados a los criollos y a los indios de América con los de los españoles de Europa. Sugerencias muy tardías, superadas por los acontecimientos. Eran más concretas sus demandas de tropas para asegurar "la pacificación y la conservación de las Américas".[35] En esta fecha, Hidalgo había sido ejecutado hacía tres años, y Morelos sería hecho prisionero y fusilado a su vez el 22 de diciembre de 1815. Éste rehusó la asistencia de un religioso, y fue el cura de San Cristóbal quien recibió su última confesión y bendijo su sepultura provisional.

Las actas del proceso inquisitorial que conduciría a ese fatal y previsible desenlace, confirman que en esta época, en Nueva España, la subversión política se consideraba todavía como un producto derivado del iluminismo herético. Morelos fue acusado de haber abandonado sus obligaciones de sacerdote y de cristiano, "pasándose de su purísimo y santo gremio [del pueblo cristiano] al feo, impuro y abominable de los herejes Hobbes, Helvecio, Voltaire, Lutero y otros autores pestilenciales, deístas, materialistas, y ateístas..."[36] En esa mezcla de acusaciones contradictorias y carentes de pruebas —que seguramente (?) leyó— se reconoce el estilo y los estereotipos de los inquisidores mexicanos de los últimos decenios del siglo XVIII. No acusaron tanto a Morelos de haber tenido tres hijos de madres diferentes (concebidos evidentemente fuera del sacramento del matrimonio) como de haber enviado al mayor, de trece años de edad, a hacer (¡ya!) sus estudios en los Estados Unidos, lo que pareció una iniciativa herética de su parte. A la décima acusación que se le hacía, de haber persuadido al pueblo de que "la causa que él defendía era la de la religión, sacando provecho de su estado sacerdotal", Morelos respondió sin disimulos: "Que es cierto

[35] E. Lemoine Villicaña, *op. cit., ibid.*, p. 600.
[36] X. Tavera Alfaro, *op. cit., Decreto del Tribunal de Inquisición*, cap. 20, p. 108.

que contó en muchas partes con su sacerdocio, con la adhesión
del pueblo a los sacerdotes, para persuadirles de que la guerra
tocaba algo de la religión, porque trataban los europeos que
gobernasen aquí los franceses, teniendo a éstos por contamina-
dos en la herejía." [37]

Estamos bordeando la contradicción vital de un movimiento
de insurrección inspirado en los grandes principios de la Revolución francesa, en primer lugar: la soberanía nacional, y que
se atribuía como fin preservar la ortodoxia católica. Morelos,
acusado también de haber difundido la leyenda de un niño iluminado que sería su propio hijo, se defendió (asegurando no
haber cometido de ninguna manera tal error), pero ¿cuál es la
verdad, dado que la leyenda del chico que llamaban "el divino" [38] acompañó la segunda salida de ese "Don Quijote de Michoacán",[39] cuya primera encarnación había sido el cura de
Dolores? Seguimos sin salir de la atmósfera religiosa que caracterizaba a Nueva España desde sus orígenes, característica
que hemos pintado a grandes rasgos al comienzo de este libro,
ayudados por algunas muestras de procesos de la Inquisición. Y
eso no obstante las actuaciones de franceses patriotas y repu-
blicanos, y la afluencia más o menos clandestina, desde hacía
unos veinte años, de publicaciones revolucionarias y su difusión
en medios variados. A pesar de la aparición —amén de los carteles de antes, las canciones satíricas y los dibujos obscenos— de
una prensa, clandestina o autorizada, que llevaba por todo el
país las "ideas nuevas", el gran fermento revolucionario seguía
siendo la pasión religiosa, cuyo contenido se transformó durante
esos años, sin renovar sus itinerarios tradicionales.

En 1823, el gobierno de México, este imperio del Anáhuac al
fin liberado de sus cadenas coloniales, decidió rendir un homenaje solemne a los héroes de su liberación, e hizo levantar un
catafalco o pira en la catedral, donde se expusieron poesías de
circunstancias. Hubiera hecho falta un Sigüenza y Góngora, como
lo demuestra esta oda elegíaca:

> *"Temblad tiranos, retemblad impíos.*
> *Que al fin, al fin, la Providencia santa*

[37] X. Tavera Alfaro, *Respuesta al capítulo 10*, pp. 105-115.
[38] X. Tavera Alfaro, *op. cit., ibid.*
[39] Ruth Wold, *El "Diario de México", primer cotidiano de Nueva
España*, Madrid, 1970, p. 168.

de los suyos se acuerda: confundíos
en esta pira que el honor levanta." [40]

Observaremos, reafirmada, la santidad de la causa de la Independencia; la "tiranía y la impiedad", asociadas, son desafiadas simultáneamente. No podemos dejar de pensar en la imagen de san Josafat maldiciendo a los enemigos de la Compañía de Jesús, considerados impíos. El homenaje de la sociedad criolla mexicana a los héroes muertos estaba dentro de la más pura tradición de los honores fúnebres en Nueva España, y prolongaba el espíritu carismático criollo en el cuadro políticamente renovado del México independiente. Como en el caso de la devoción a la Guadalupe, son, no obstante, las conductas populares las que mejor aclaran la devoción nueva a esos recién nacidos entre los dioses tutelares mexicanos. Los guerreros muertos en combate iban al país de Tamoanchan, el paraíso de Tláloc, según las creencias aztecas. Los nuevos *teules* (recordemos que el término designaba tanto a los dioses como a los manes de los antepasados) del nuevo Anáhuac fueron festejados a la manera del país. Carlos María de Bustamante ha encontrado el tono justo para narrar ese "retorno de las cenizas", en su *Diario histórico de México*:

Ve y escribe, dijo el espíritu de Dios a san Juan, en el *Apocalipsis*; si fuera puritano, creería que el eco de mi patria llegaba a mis oídos y me decía lo mismo. Cumplo con este precepto.

En la mañana de ayer, llegaron los venerables restos de Morelos a Guadalupe; serían las doce y media cuando entraron en la Villa y se presentaron a la Colegiata. Acompañábanlos tres músicas de indios de diversos pueblos, y en vez de cánticos y músicas lúgubres, tocaban valses y sones alegres.[41]

La basílica de Guadalupe, lugar de peregrinación de los mexicanos —ilustres u oscuros— por lo menos desde el año 1620, se había convertido en el templo de la religión nacional. El conte-

---

[40] E. Lemoine Villicaña, *Apoteosis de los mártires de la guerra de Independencia Mexicana en 1823*, "Boletín del Archivo General de la Nación", serie II, t. VI, núm. 2, México, 1965, pp. 205-250 (cita p. 239).

[41] Carlos María de Bustamante, *Diario histórico de México (16 de septiembre de 1823)*, México, 1896, t. I, en E. Lemoine Villicaña, *op. cit.*, p. 228.

nido de la fe apenas había cambiado, los areitos y los mitotes de los indios, descritos en su momento por Motolinía, se habían adaptado al gusto del día. Pero los valses y las zarabandas, con los cuales acompañaron los restos de Morelos a modo de marcha fúnebre, traducían un ritualismo sin cambio (con relación al politeísmo azteca) ante el "muertito". Aún hoy, la costumbre del velorio traduce una actitud psicológica diferente de la europea ante el duelo. El homenaje de los indios, al unísono con la música celeste que según el cronista debía acunar entonces el oído del liberador "en la región de la paz", delante de la colegiata de la Guadalupe, fue la primera estación del héroe para siempre vivo en la conciencia popular. Morelos, como Cuauhtémoc, se había convertido en un "padre de la patria". Todo el esfuerzo de la conciencia nacional ha tendido a borrar la "Edad Media" de Nueva España, a fin de que renaciera el imperio del Anáhuac de sus cenizas. De ahí, sin duda, la constancia con que resurgió en Nueva España el mito del ave fénix. No sabemos qué entendía Bustamante por la región de la paz; no escribe "el paraíso", ni "la gloria", ni siquiera "la paz eterna", sino la región de la paz, expresión que evoca también al antiguo Tamoanchan y prefigura "la región más transparente", ese Anáhuac llevado a un dibujo ideal por una de las voces mexicanas más auténticas de nuestro siglo, la de Alfonso Reyes.

La segunda etapa de las urnas funerarias fue el convento de Santo Domingo de México, donde, después de los indios del Anáhuac, los herederos de los evangelizadores y de los predicadores barrocos iban a intentar a su vez, y en su propio estilo (que no volveremos a describir), rendir un homenaje póstumo —que quizá no estaría exento de reservas— al "Siervo de la nación", cuya antipatía para con los monjes era conocida. Por último, al otro día de ese 16 de septiembre (desde entonces fiesta nacional), formaciones del ejército acompañaron los restos de los próceres desde el convento de Santo Domingo hasta la catedral. En una simbólica amalgama del nuevo orden nacional, la procesión en la que se mezclaban militares y eclesiásticos, escoltada por un escuadrón de granaderos y por la milicia nacional, acompañó a los héroes muertos hasta la catedral. Alrededor de los despojos de Hidalgo, de Morelos y de sus compañeros de la primera hora, el coro de la nación mexicana (apenas distinto del que había descrito en el siglo XVII sor Juana Inés de la Cruz en sus villancicos) cantó, quizá por una vez, al unísono. Las metamorfosis de la fe y de la devoción no iban a detenerse aquí, pero las imágenes discordantes de los héroes muertos no podían obstaculizar la unidad nacional santificada por la sangre derramada. En los fundadores del México moderno la preocupación intolerante de la ortodoxia católica expresaba antes que nada, sin duda, el miedo a la anarquía, anarquía política derivada de la anarquía de las creencias, idea obsesiva en Morelos. Bajo una unidad de fe proclamada se sigue viviendo la espiritualidad específica de los diferentes grupos étnicos que componían la nación mexicana llegada a su madurez política, con su independencia conquistada, pero distante de una integración cultural que, hasta hoy, aún no se ha realizado por completo.

Un monje inspirado y un general providencial: Mier contra Iturbide (1821-1823)

Sin duda, en ninguna parte del mundo los héroes muertos están tan presentes y actuantes como en los países de Mesoamérica; por eso hemos cuidado de no separar el papel histórico de Hidalgo y de Morelos de su destino póstumo, que fue como su emanación y su realización. Si pensamos que uno y otro habían salido de esa tierra de Michoacán, ya rebelde durante el imperio azteca, no dejaremos de vislumbrar por ahí un modo de alcanzar la verdad de la Independencia mexicana. Venidos de la tierra de Utopía por excelencia, del obispado de Vasco de Quiroga, invocarán también la memoria del rey Caltzontzin, martirizado por los conquistadores españoles. En ese país, las cruces nacían como la hierba, nos dice el licenciado Matías de la Mota y Padilla en su *Historia de la conquista de la Nueva Galicia*; el árbol de la libertad, en virtud de esta generación espontánea del país tarasco, debía desarrollarse tanto como la cruz milagrosa de Tepic. La conquista española, manejada por el sanguinario Nuño de Guzmán, había sido allí más cruel que en el imperio azteca. Entre los manes generosos de Vasco de Quiroga y los manes funestos de Nuño de Guzmán —esas dos caras (cara y cruz, rostro de la devoción y cruz del martirio) de la presencia europea—, a los indios de Michoacán se les ofrecía una doble vocación de vengar la muerte de Caltzontzin y de realizar la utopía diferida de su obispo tutelar. Esos dos fines superiores han estado constantemente presentes en los discur-

sos, las proclamas y los proyectos constitucionales de la primera
Revolución de Independencia, emprendida en Valladolid, Michoacán. Sin duda, Hidalgo y Morelos eran de cepa española, pero
la sangre importa menos aquí que el soplo espiritual y, en ese
aspecto, ambos fueron hijos del país tarasco. Allí se alzaron
a sus llamados los primeros combatientes de la guerra de liberación. Humboldt escribía en Europa, en el mismo momento
en que resonaba el "grito de Dolores": "Toda la parte meridional de la intendencia de Valladolid está habitada por indios: en
los pueblos no se encuentra otro rostro blanco que el del cura,
que a menudo también es indio o mulato. Los beneficios son
tan pobres que el obispo de Michoacán tiene muchísima dificultad para encontrar sacerdotes que quieran radicarse en un país
donde casi nunca se oye hablar español (...)" [42] Hidalgo y Morelos eran, por tanto, curas selectos, en un país de misión, su
patria. La reconquista de México parte de la región quizá menos
hispanizada de Nueva España; allí donde la "leyenda negra" era
menos que en otras partes una leyenda. Los momentos decisivos
de la guerra de Independencia sucedieron en Michoacán. Morelos
reunió en Chilpancingo el primer congreso constituyente y proclamó la Independencia el 6 de noviembre de 1813; pero sufrió
uno de sus primeros reveses cuando trataba de instalar su gobierno en Valladolid. El hecho merece ser subrayado, sobre todo,
porque su vencedor fue un joven oficial a entrar diez años más
tarde en la ciudad de México en calidad de liberador: Agustín
de Iturbide.

Como ocurriría en 1874, cuando Socorro Reyes se alzó al grito de "religión y fueros", y en el siglo XX con la rebelión de los
cristeros, el levantamiento de Michoacán aparece en principio
como la convulsión de una región rural al margen de la vida
nacional, contra un poder central demasiado lejano. Este aspecto no agota el sentido de la cruzada contra los gachupines,
provocada por los curas de Michoacán, pero quizá explica que
los llamados a la deserción, lanzados con una insistencia paté-
tica por Hidalgo a las tropas leales, no hayan sido escuchados.
Esa fue la gran razón del fracaso objetivo de una guerra de liberación que pudo parecer terminada, después de ser fusilados
Hidalgo y Morelos. La ola se detuvo a las puertas de México, y
luego refluyó como si Hidalgo hubiese quedado intimidado a la
vista de la ciudad imperial. Este error fue fatal; pronto las

---

[42] Alejandro de Humboldt, *op. cit.*, libro III, cap. VIII, t. II, p. 304.

victorias de Iturbide sobre los insurgentes y la habilidad del nuevo virrey, Apodaca, dispersaron a los hombres de la revolución y quebraron su impulso conquistador. El congreso debió huir más lejos, hasta Apatzingán, y hacerse nómada. El 22 de diciembre de 1815, Morelos fue ejecutado como un traidor y el fracaso de la revolución pareció definitivo. Sin embargo, no se puede clasificar ese levantamiento de los indios de Michoacán, conducidos por sus curas, entre aquellas numerosas revueltas de indios que agitaron periódicamente a Nueva España durante su existencia histórica.

Los acontecimientos que sobrevinieron de 1810 a 1815 en Nueva España coincidieron en el tiempo con uno de los periodos más revueltos de la historia de España. Circunstancias varias de orden político y jurídico influyeron en forma determinante sobre el curso de los acontecimientos mexicanos. Vacante el trono de España, el poder de los virreyes se debilitó, y el golpe de Estado perpetrado por los españoles contra el virrey Iturrigaray echó por tierra a una institución esencial. España misma dio el ejemplo de una revolución armada contra un ocupante extranjero; no hubo que forzar la verdad para presentar a los gachupines como extranjeros en México. Las Cortes de Cádiz discutían la abolición del tribunal de la Inquisición y la decidían en el momento en que la Inquisición de México entregaba a Hidalgo al brazo secular, y decretaban la libertad de prensa cuando las hojas revolucionarias, cuyos títulos emblemáticos evocan más el pasado que el futuro que anunciaban, comenzaban a proliferar en México: *El centzontle*, *El despertar americano*, *El águila mexicana*. La confusión de las ideas nuevas y de las pasiones ancestrales, el desorden de un poder discutido, la crueldad de una represión inoportuna, la audacia de un pueblo que acababa de descubrir que era capaz de tener en jaque a un ejército organizado, y el desaliento de los españoles, fueron los factores convergentes de la prosecución de la guerra de Independencia.

La gran novedad era la aparición en la escena política de un personaje que representaría un gran papel en ella hasta pleno siglo xx: el guerrillero. Según una dinámica propia, que depende mucho de las condiciones sociopsicológicas (y también geográficas), la revuelta, una vez lanzada, rebota y difícilmente se detiene en su carrera. Según las fluctuaciones políticas, el bandidaje social endémico produce "caudillos" que, venciendo junto al partido dominante, se transforman en héroes liberadores, o, vencidos con la fracción más débil, vuelven al bandidaje si escapan a la muerte violenta. Los escritores costumbristas del siglo XIX mexicano han descrito ese fenómeno, pero fue un novelista de nuestro siglo, Mariano Azuela, quien, en *Los de abajo*, mejor ha captado esta verdad. Cuando la guerra de Independencia estaba "liquidada" recibió un refuerzo imprevisto de España. Francisco Xavier Mina, un francotirador de la reconquista de la península contra el ejército de Napoleón, era, como Hidalgo, hijo de una provincia muy particularista, alejada de la capital; era navarro. Rechazado por la restauración de Fernando VII, que de inmediato actuó como un tirano, Mina intentó una revolución en España y, habiendo fracasado en su tentativa, huyó a Londres. Allí encontró a emigrados criollos de América, en especial a un dominico de Monterrey que había dado mucho que hablar, fray Servando Teresa de Mier. Esta alianza del monje y del guerrillero terminó con el desembarco de un puñado de hombres cerca de Soto la Marina, en la costa del golfo de México, en abril de 1817. Hasta el 27 de octubre, fecha en la cual fue hecho prisionero y ejecutado en el Venadito, Mina hizo una fulgurante campaña militar, se apoderó de San Felipe, amenazó León y creó gran inquietud en el poder, reiterando aquella atmósfera de miedo que había acompañado las victorias de Morelos algunos años antes. La derrota de Mina no impidió que un antiguo teniente de Morelos, Vicente Guerrero, reanudara la lucha en el sur del país, logrando una serie de victorias en 1819.

Entonces tuvo lugar un golpe teatral que iba a precipitar el éxito de los ejércitos revolucionarios; el general Iturbide, enviado por el virrey para reducir la rebelión de Guerrero (como había hecho con la de Morelos), invitó a su adversario a encontrarse con él, personalmente, en Acatempan. De este encuentro saldría el Plan de Iguala. La defección de Iturbide, que se transforma en general en jefe de los ejércitos de la Independencia, provocó pánico en México. En esto, desembarcó en Veracruz un nuevo virrey, Juan O'Donojú. Como la situación lo tomaba por sorpresa, aceptó encontrarse con Iturbide en Córdoba y firmó con él un tratado, intentando salvar lo que todavía se podía de la presencia española. O'Donojú fue desautorizado por el gobierno de la península, y México vivió durante una decena de años bajo la amenaza de una guerra de reconquista. Sin embargo, el ejército de las Tres Garantías (la religión, la unión y la independencia) entró en triunfo en la ciudad de México el 27 de septiembre de 1821.

La atmósfera en que comenzó la vida del México liberado gracias al efecto acumulativo y precipitado de los factores que hemos señalado (unos solidarios de las nuevas vicisitudes de la historia de España, fruto los demás de una lenta maduración regional) ha sido evocada con acierto por Javier Ocampo en un libro reciente: *Las ideas de un día (el pueblo mexicano ante la consumación de su Independencia)*: "La imagen de Iturbide se presenta en ese momento como la síntesis de la conciencia colectiva en su entusiasmo ante el acontecimiento. Su figura expresa, aunque sea de una manera fugitiva, la dimensión carismática..." [43] Hemos seguido, desde la fundación de la primera misión franciscana, en 1524, la trayectoria del sentimiento carismático en Nueva España y sus metamorfosis. Ese sentimiento está presente, sobre todo, alrededor de la figura de Morelos (después de la de Hidalgo), al que aureola. Pero con Iturbide, llamado a su vez "padre de la patria", "hombre de Dios" y, lo que es más interesante, "estrella del septentrión", aparece un fenómeno nuevo. Esta "estrella polar", que recuerda directamente a la Virgen de Guadalupe ("estrella del norte" de México), es por vez primera, en la historia de lo que había dejado de ser Nueva España, un general. Sin duda, Hidalgo se había hecho llamar "capitán general", luego "generalísimo", y Morelos había sido un gran militar, pero uno y otro eran inalienablemente sacerdotes. Iturbide, por el contrario, había adoptado el estado militar a la edad de dieciséis años y nunca lo había dejado, y fue calificado de "nuevo Josué", como antes Cortés por Mendieta.

La "Tierra prometida" mexicana (¿era una tierra o un "Paraíso occidental"?) había tenido que ser duramente disputada, y en lugar de la felicidad anunciada por Hidalgo, el pueblo mexicano cayó rápidamente en la anarquía temida por Morelos. El tribunal de la Inquisición había prohibido el *Paraíso perdido*, de Milton, pero el "Paraíso occidental" mexicano no iba menos hacia su pérdida. La lucha secular de la corona —cuyas regalías se habían hecho más rígidas bajo Carlos III— y de la jerarquía

---

[43] Javier Ocampo, *Las ideas de un día (el pueblo mexicano ante la consumación de su Independencia)*, México, 1969, III, *La imagen sublime del héroe*, p. 82.

eclesiástica contra las órdenes religiosas, había minado los fundamentos socioespirituales de Nueva España. Los frailes habían arriado sus banderas, o estaban exiliados, como los jesuitas, y habían dejado tras de sí —en manos novicias— una máquina infernal: la aspiración utópica y la certidumbre carismática del pueblo mexicano. Esta máquina estalló por todas partes, gracias a una conjunción de hechos políticos generadores de temor y de desorden, y en un momento en el que medidas liberales tomadas en España abatieron las últimas barreras de la ortodoxia religiosa y política. La figura del monje evangelizador había dominado la hagiografía de Nueva España desde sus orígenes; el sentimiento carismático criollo se había elaborado en los conventos franciscanos y agustinos, luego había sido difundido desde lo alto del púlpito por predicadores a menudo jesuitas. En ese principio del siglo XIX cuya luz (tan diferente de las "Luces") viene de los curas de los indios de Michoacán, el carisma criollo fue anegado en la corriente de las devociones indias, magníficamente representadas por el estandarte de la Guadalupe.

Diríamos en el lenguaje revolucionario de hoy que la inspiración sobrenatural "partió de la base" en vez de seguir siendo el privilegio de los clérigos. En ese dominio se desarrolló la revolución democrática que hasta ahora pasó inadvertida a los historiadores. Habría que hablar de "nuevo equilibrio" más que de revolución completa, puesto que las creencias, las devociones locales y las peregrinaciones eran manifestaciones muy vivas de la fe popular en Nueva España, sobre todo desde la primera mitad del siglo XVII. Lo que más profundamente afectó a la mentalidad colectiva mexicana, en los años de la Independencia y luego hasta el gobierno de la Reforma, fue el oscurecimiento de los monjes y la aparición de los militares. A consecuencia de las guerras de Independencia que sobrevinieron al cabo de casi medio siglo de "estado de guerra" (arrastrando como secuela la crisis de las franquicias eclesiástica y universitaria), la figura del militar y aún más su antítesis el guerrillero (con el cual, por lo demás, no tardó en confundirse) polarizaron a la nación.

Iturbide, que había destruido a las fuerzas del cura Morelos, surgió él también de Michoacán "como el águila que golpearía con sus alas al león español"; apareció, pues, como "el enviado de Dios" y el "padre de la patria", y ello trajo una consecuencia política: su coronamiento. Elegido, bajo la presión popular, emperador del Anáhuac, con el nombre de Agustín I, se suponía que haría revivir el imperio de los aztecas (aunque éstos eran enemigos inveterados de los tarascos, eso importaba poco). El propio Iturbide era de origen vasco, pero ya sabemos cómo a partir de Sigüenza y Góngora se concilió lo inconciliable, para la mayor gloria de México. El día de la Independencia fue, como bien lo vio Ocampo, aquel en el que "lo imposible se convirtió en acto": si los mexicanos seguían unidos (la obsesión de unidad, expresada en política por el antagonismo entre los centralistas y los federalistas, va a dominar toda la historia de México después de la Independencia), México podría llegar a ser "la capital del mundo".[44] Una relativa laicización del carisma religioso de los siglos XVII y XVIII, que ya estudiamos, se operó bajo el choque de la ideología de la Ilustración que había dado su lenguaje a la revolución política.

Desde fines del siglo XVIII, el desarrollo demográfico de México, la importancia del consumo, etc., eran una fuente de inquietud para los españoles, en la medida en que la capital de Nueva España eclipsaba a Madrid. Después de la ocupación de ésta por los mamelucos de Napoleón, México sostenía sola la antorcha de lo que todavía se llamaba "la hispanidad", pero que, en cambio, tenía un rico contenido afectivo. Cuando un diputado de las Cortes de Cádiz exclamó, ante esta asamblea: "La naturaleza ha unido de tal suerte a los europeos y a los criollos que aunque lo quisiera no podría separarlos",[45] podemos pensar que los acontecimientos le dieron un desmentido contundente; pero, en cierto nivel de profundidad, tenía plena razón. En 1829, luego en 1833, las medidas de expulsión golpearon a los españoles que todavía estaban en México, abolieron en la realidad una de las "tres garantías", la de la unión, pero la competencia\en la gracia entre la Guadalupe y la Virgen del Pilar, entre México y Madrid, cuya expresión laicizada no era otra que la rivalidad por el *leadership*, ya no solamente de los países hispánicos, sino del mundo, la lucha fratricida traspuesta al plano del sueño carismático, mantuvo todavía durante mucho tiempo los lazos espirituales entre la ex Nueva España y la España declinante.

Probablemente ninguna obra exprese con tal riqueza como la

[44] Javier Ocampo, *op. cit.*, p. 87.
[45] Fray Cesáreo de Armellada, OFM, *La causa indígena americana en las Cortes de Cádiz*, Madrid, 1959, p. 86.

de fray Servando Teresa de Mier la ambigüedad vital de esta situación histórica de ruptura y de adhesión a la vez, entre España y su proyección americana, agravada por siglos de utopía: el México políticamente independiente. En cierto sentido, ese dominico fue el último de los frailes criollos que forjaron la patria americana durante los siglos coloniales. Nacido en Monterrey, capital de Nuevo León, pertenecía a una familia noble, que había contado entre sus miembros a un gobernador de esta provincia y a un presidente del tribunal de la Inquisición; por su madre, pretendía descender de Moctezuma. Pero sobre todo estaba empeñado en defender los privilegios de la nobleza criolla, apartada de los honores y de los empleos. En su *Historia de la Revolución de Nueva España,* las razones que aduce, para justificar la Independencia de Nueva España, se confunden con la "defensa e ilustración" de la aristocracia mexicana. Lo que era simple reivindicación en los apologistas criollos de los decenios anteriores, se volvió polémica apasionada en fray Servando, quien escribió desde su exilio de Londres, después de haberse fugado de las cárceles españolas. Discute en primer lugar la validez del fundamento histórico-providencialista de los derechos de España sobre América: "Los criollos diremos que la religión que hay en América no la llevasteis los españoles, sino nosotros, pues fue con nuestros padres."[46] Protesta contra la "alternancia" de las órdenes religiosas y demuestra que los gastos de la Iglesia en Nueva España eran enteramente soportados por los criollos; por su pluma se expresan todavía en el amanecer del siglo XIX el rencor de los conquistadores contra la monarquía y el de los frailes criollos marginados de las prelaturas y de las más ricas prebendas. Como había sido perseguido por el arzobispo Haro y Peralta y el tribunal de la Inquisición de México, a consecuencia de un sermón pronunciado en 1794 y considerado subversivo, había contraído durante sus tribulaciones en la península una especie de manía de persecución que Antonello Gerbi ha comparado con la de Juan Jacobo Rousseau. Mier se consideraba a sí mismo como el tipo del americano eminente víctima de la desconfianza de los gachupines hacia todos los criollos dotados de talento. Pero este estado de cosas, que se parece mucho a un fenómeno de discriminación racial (aunque no se trate en puridad de raza), no lo llevó a sostener el principio de la igualdad, la abolición de la escla-

[46] Mier, *Historia de la Revolución...,* Londres, 1813, t. II, p. 285.

vitud y de las castas, temas sobre los cuales compartía las reservas de los criollos.

Lo que Mier reclamaba sobre todo era la aplicación estricta de un cuerpo de leyes y de medidas antiguas que, todas juntas, formaban, según él, la verdadera "Constitución americana" en el cuadro de la monarquía española. El carácter jurídico de esos argumentos traiciona al especialista de derecho canónico que siguió siendo a lo largo de su vida errante. Puede recordarse que, en general, Nueva España nunca estuvo al margen de las influencias y de las manifestaciones del pensamiento jurídico español, durante el periodo precedente. Fray Servando se sitúa en el punto extremo de lo que podría llamarse el "legalismo revolucionario" mexicano, cuya importancia en Hidalgo y en el licenciado Rayón ya hemos señalado. Los criollos, en principio, no querían rechazar la sumisión a Fernando VII, sino paliar apenas su falta temporal, y aprovechando ésta, reforzar sus privilegios de casta dominante. Morelos, primer adepto de la soberanía nacional, en su sentido más ampliamente democrático, tuvo que forzarle la mano a Rayón para borrar el nombre de Fernando de la primera Constitución mexicana. Por el contrario, Mier desconfiaba de la soberanía nacional: "de la soberanía del pueblo, que no quiere decir otra cosa sino que de él nace la autoridad que ha de obedecer porque todo él no puede mandar".

En el momento en que escribía estas líneas, tenía presentes los acontecimientos de la Revolución francesa, cuyo testigo había sido en parte: "De la igualdad, que absolutamente no puede haber entre los hombres, sino para ser protegidos por justas leyes sin excepción, los débiles y necios contra los fuertes y entendidos, dedujeron los franceses que debían degollar para igualarse en los sepulcros, donde únicamente todos somos iguales." [47] En resumen, el hombre que fue perseguido sin interrupción desde 1794, primero por la Inquisición, después por Iturbide, por su espíritu no conformista y su rebeldía contra las autoridades políticas y espirituales, prodigó a sus compatriotas, en lo más fuerte de la rebelión de Morelos, consejos de moderación: "Los pueblos nunca se han gobernado sino por usos, prescripciones y leyes. Por eso me he tomado tanto trabajo en exhibir los nuestros. Por ellos somos independientes de España; por ellos podemos estar autorizados a serlo enteramente,

[47] Mier, *Historia de la Revolución* (...), t. II, p. 318.

y no sólo las naciones respetarán así en nuestra separación el derecho de gentes, sino que todos los americanos seguirán unidos (...) Pero no hagáis nuevas leyes. Menos hagáis innovaciones en materia de religión..." [48]

Llamemos por su nombre a la obsesión de la guerra civil: "el miedo de la Revolución" hace de Mier en esta fecha el portavoz de una fuerte corriente de pensamiento criollo, la que impondrá la primera de las "tres garantías" de Iturbide: la "unión" con los españoles, pero con independencia de España; esa España para la que fray Servando nunca tiene palabras suficientemente duras en sus *Memorias*, en las que expresa en forma conmovedora los cargos tradicionales de los criollos: "España vive de la América, como Roma de las bulas"; y aún más: "Sin embargo, hay muy grande distinción entre las gentes de cada reino o provincia de España... Sólo convienen en ser todos fieros y soberbios más o menos, en ser ignorantes y supersticiosos. En este último punto hablo del vulgo, en que se comprenden los frailes y los soldados. En los demás sucede lo que en el resto de la Europa: el deísmo es el dominante, sin excluir el ateísmo." [49]

Es bastante claro que la simpatía de fray Servando va a los defensores del orden social y de la ortodoxia religiosa; y en parte a causa de su obra, la Revolución de Independencia ha podido ser presentada como una "contrarrevolución". Si es cierto que Mier sólo tuvo segundos papeles en la Revolución de Independencia, eso no impide que haya estado presente por todas partes. Exiliado en un convento de La Montaña de Santander por la Inquisición de México, veinte años antes que los liberadores, fue el único criollo mexicano que conoció la península y la describió en los años que precedieron a la ruptura política. En Italia frecuentó a los jesuitas exiliados y siguió la disputa que opuso a Clavijero contra Pauw y Buffon. En sus tribulaciones se encontró con Clavijero, con el abate Gregorio y con Alejandro de Humboldt, a los que trató de ganar para sus ideas sobre la evangelización apostólica de América, obteniendo

---

[48] Mier, *op. cit., ibid.* Fray Servando no duda en lamentar la abolición del tribunal de la Inquisición, cuya víctima había sido, sin embargo, porque atribuía sus desdichas tan sólo a las maquinaciones del arzobispo gachupín de México; y así escribe: "Mirad lo que está pasando en España por haber mandado apagar los quemaderos de la Inquisición" (*ibid.*, p. 320).

[49] Mier, *Memorias*, México, 1946, t. II, p. 15 y p. 139.

un arbitraje de la Academia de la Historia de España sobre el asunto de la tradición guadalupanista. A Jovellanos le debió una efímera rehabilitación. En el momento de las Cortes de Cádiz, entabló una polémica contra el Consulado de México, que pretendía limitar la representación parlamentaria mexicana. Capellán militar en los ejércitos de la reconquista española, fue hecho prisionero por los franceses. Evadido a Londres, aparece en medio de los conspiradores americanos, de donde saldrían Viscardo y Miranda. Probable instigador del desembarco de Mina en México, desempeñó en él un papel militar forzosamente mediocre; vuelto a apresar por la Inquisición en el fuerte de San Juan de Ulúa, fue liberado por los liberadores.

En el momento de la elección del primer Congreso constituyente mexicano, después de la entrada en México del ejército de las "tres garantías", sus compatriotas de Monterrey, tan olvidados de él durante sus años de exilio, se sintieron muy felices de encontrar entre ellos un "revolucionario" auténtico que los representara. Mier fue elegido diputado, y en su primera intervención en el Congreso expuso argumentos familiares para hacer que se revisara la tradición guadalupanista mexicana. En general, sugería que la milagrosa tela había sido dejada como reliquia a los antiguos mexicanos por el apóstol santo Tomás, primer evangelizador del Anáhuac, conocido en las tradiciones indígenas bajo el nombre de Quetzalcóatl. Tales discursos sólo pueden parecer intempestivos en un Congreso revolucionario si se pierde de vista el emblema nacional, el pendón de Guadalupe, que condujo a los "americanos" a la victoria. Como recordara el diputado por Monterrey, se trataba de lavar a los mexicanos de una mancha original: "Y si no era posible sostener la tradición, para que nos quedase una cosa tanto más gloriosa cuanto va de no haber merecido la parte mayor del mundo una ojeada de misericordia a Jesucristo ni a su Madre hasta mil seiscientos años después de la muerte del Redentor, o haberla logrado al mismo tiempo que las demás partes del mundo, no menos pecadoras que la América." [50] En la atmósfera "milenaria" en la que se desarrolló la guerra de la Independencia, la reivindicación de una gracia divina compartida por igual entre los mexicanos y otros pueblos, desde los tiempos evangélicos, representaba un paso previo necesario al reconocimiento de las ambiciones planetarias de un nuevo pueblo elegido. A

[50] Mier, *Apología del doctor Mier* (*Memorias*, t. I, p. 19).

pesar de las numerosas contradicciones aparentes (y a veces también reales), el pensamiento político y el pensamiento religioso de Mier eran coherentes. Uno y otro miraban hacia el pasado para fundar en él un presente glorioso, que fuera en su esencia la restauración de una edad de oro a la vez legalista y carismática. La doble influencia del milenarismo, que él había seguido de cerca en Europa, y del ciclo mesiánico indígena, prometedor de un retorno en gloria de Quetzalcóatl, parecen haber dominado su espíritu sin que él lo supiera.

La horrible impresión que dejaron en su memoria los excesos del "Terror" en Francia le hizo temer sobre todo el salto en la novedad constitucional y la heterodoxia religiosa. Buscó apoyo, naturalmente, en las "Leyes de Indias", en la Escritura y también en la tradición oral y jeroglífica mexicana, para fundar un orden político nuevo sobre principios antiguos. Preservar la unión casi sacramental con la corona de España y la unidad de la fe eran, a sus ojos, medios de garantizar el respeto de las leyes y evitar la anarquía. Fray Servando no quería de ningún modo minar un estado social que aseguraría a su medio (la nobleza criolla) la preeminencia, desde el momento en que los fueros serían lealmente aplicados. Esta posición coincidía con la de muchos mexicanos, y no los menores, a la hora de la Independencia. ¿Es necesario recordar que incluso José Joaquín Fernández de Lizardi, "El Pensador Mexicano", se había levantado contra la suspensión del privilegio eclesiástico (en momentos en que había estallado la rebelión de Hidalgo), lo que le había valido la prisión? Más significativos aún son los préstamos (para no hablar de plagio en un caso en que esta noción no tenía mucho sentido) que Simón Bolívar tomó de fray Servando, como lo demostró André Saint-Lu. En la célebre "Carta profética" del Libertador, toda la argumentación jurídica relativa a la aplicación de las Leyes de Indias está copiada, a veces textualmente, de la *Historia de la Revolución de Nueva España*, de Mier, aparecida dos años antes; la copia se extiende con el elogio de fray Bartolomé de las Casas, que concluye la obra de ese "último dominico de Nueva España" que fue en realidad fray Servando.

La apología que hizo de su ilustre antecesor no deja de plantear dificultades cuando lo califica de "hombre celeste, que tanto pugnó por la libertad de los antiguos americanos contra los furores de la conquista, nuestro abogado infatigable, nuestro verdadero apóstol (...) genio tutelar de las Américas".[51] Unas veces Mier reivindica la aplicación de las Leyes de Indias como debida a sus antepasados los conquistadores, y otras se siente heredero de los "antiguos americanos", los indios, para protestar contra la barbarie española, olvidando que los bárbaros eran esos mismos conquistadores, enemigos de Las Casas. ¿Logró darse cuenta de esta contradicción? La hipótesis de la mala fe cínica no es satisfactoria. En realidad, la historiografía de las Indias, que había sido un coto vedado durante tres siglos, y cuyo izquierdismo providencialista había garantizado la legitimidad de la preeminencia española, estaba sometida a la hora de la Independencia a una revisión obligatoria. Arma entre las manos de la monarquía para asegurar su dominación, tenía que convertirse en un arma en manos de los patriotas mexicanos para coadyuvar a la liberación nacional. Las Casas, que al comienzo había proporcionado la materia prima de la "leyenda negra", opuesta a la "leyenda providencialista", tenía que aparecer retrospectivamente como el apóstol y el precursor de la liberación americana.

La trilogía Guadalupe-Quetzalcóatl-Las Casas desembarazaba a la causa de la Independencia mexicana de lo que podía tener de inquietante para una "revolución" cuyo grito de guerra inicial había sido "¡Viva la religión!", y cuya Constitución acababa de reconocer a la religión católica, apostólica y romana como primer principio. Más sorprendente puede parecerle a un lector moderno que un Bolívar se haya hecho eco igualmente de las ideas de fray Servando relativas a una evangelización apostólica de América por Quetzalcóatl. Vemos en ello el signo de que este hijo de Monterrey no era quizá el espíritu "pobre e incoherente" que Antonello Gerbi ha visto en él; más equitativo nos parece, en fin de cuentas, el elogio que le ha hecho su genial compatriota Alfonso Reyes, al llamarlo: "el abuelo de la patria". El diputado Mier, quizá impresionado por los efectos del bonapartismo, se opuso ruidosamente al cesarismo naciente, encarnado por Iturbide, calificado entonces por sus partidarios de "padre de la patria". Fray Servando recordó con un poco de vanidad la actitud que debía valerle ser una vez más encarcelado, en una carta a un amigo "...ni Iturbide pudo doblarme con mil promesas para mí y para mi familia, y el día que entré en el Congreso hablé como si tuviera cincuenta hombres a la

[51] Mier, *Historia de la Revolución* (...), t. II, p. 320.

espalda".[52] Una de las últimas víctimas del tribunal de la Inquisición, y de las primeras del caudillismo militar mexicano, gran reformador de las tradiciones piadosas y de la historiografía nacional, proveedor de ideología constitucionalista a una revolución que tenía la vital necesidad de conciliar la tradición y la novedad, e inspirador de Simón Bolívar, fray Servando tiene bien merecido su sitio en el panteón de los "antepasados de la patria".

[52] Mier, *Carta a Dn. Miguel Ramos Arizpe, chantre de Puebla,* 14 de mayo de 1823 (The University of Texas Library, ms. 1319 TxU-A, núm. 629).

Libro II

QUETZALCÓATL O EL AVE FÉNIX

I. LOS PRIMITIVOS FRANCISCANOS

Fray Toribio de Motolinía (?-1568)

Entre los "doce" —los misioneros franciscanos que llegaron a Nueva España en 1524— se encontraba fray Toribio de Paredes, originario de Benavente, al que los indios llamaron *Motolinía* (el pobre) a causa de los signos exteriores de su pobreza. Él resolvió adoptar ese nombre, y así firmó sus escritos. Evangelizador activo en México y Yucatán, fue guardián del convento de Texcoco y, durante bastante tiempo, del de Tlaxcala. También contribuyó a la fundación de Puebla de los Ángeles, cerca de Tlaxcala, y la primera misa celebrada en la nueva ciudad la celebró él, en 1530. Construyó el convento de Atlixco y fue el séptimo provincial de su orden en Nueva España. Se había hecho una reputación de caridad tanto entre los indios como entre los españoles. Se convirtió en un maestro de la lengua náhuatl, y también conocía otras lenguas indígenas.

Su estadía prolongada en la región de Tlaxcala-Puebla-Cholula le permitió recoger en las fuentes, en la ciudad santa de Quetzalcóatl, las informaciones que nos ha dejado sobre este dios y sobre el culto de que era objeto en el momento de la llegada de los "doce". En Tlaxcala, pudo también enterarse directamente de todo lo que concernía al doble mítico de Quetzalcóatl: Camaxtli, adorado en aquella ciudad. Motolinía escribió en particular los *Memoriales* (publicados en 1903 por el hijo de J. García Icazbalceta; Ricard ha estudiado las modificaciones y la ordenación de los capítulos de esta obra). En 1541, Motolinía dirigió al conde de Benavente la epístola dedicatoria de su *Historia de los indios de Nueva España.* Cabe, pues, considerar a este franciscano como el primero que escribió una historia de los indios de México.

Sólo el padre Olmos (otro de los "doce"), del que ninguna obra ha podido ser identificada con seguridad, podría disputar la prioridad a Motolinía. Se sabe que Sahagún llegó a Nueva España un poco más tarde y que su obra es posterior en unos treinta años a la *Historia* de Motolinía. La vida de éste ha sido estudiada por José Fernando Ramírez, y, a pesar de las reservas que debe merecernos una obra superada por búsquedas más recientes, puede ser útilmente consultada. Motolinía murió, el último de los "doce", en 1568.

A diferencia de lo que ocurre con la *Historia* de Sahagún, no tenemos los borradores de Motolinía, y no nos ha dejado indicaciones relativas a sus métodos de investigación ni a sus informantes indígenas. Guardián de Tlaxcala hacia 1536 —por consiguiente, en los años que redactó su *Historia*— Motolinía tenía que concederle un lugar privilegiado a Quetzalcóatl, principal divinidad regional, y en el capítulo XXIV de sus *Memoriales*, nos dice que ha vivido seis años en la región de Tlaxcala y que el dios principal de Tlaxcala, Huexotzinco y Cholula era "Camaxtle, y de éste usaban más en Tlaxcalla, y Huexucinco; llamábase ansimismo Quizalcohatlh, y este nombre se usaba mucho en Cholulla; también le nombraban Mixcovath".[1] La identidad de Camaxtli y de Quetzalcóatl está generalmente admitida, pero su identificación con Mixcóatl puede dejar perplejo a un mitólogo. ¿Será una falla de la memoria del franciscano?, que escribe un poco más adelante: "con muchas cerimonias y crueldades que no me recuerdo bien para escribir la verdad".[2] Pensamos que Motolinía, que pretendió haber bautizado a cuatrocientos mil indios y confesado a infinidad de ellos, refleja (más quizá que Sahagún, cuyos informantes eran notables o sacerdotes de la antigua religión) la opinión común, el culto popular más que la verdad esotérica. Esta interpretación tendería a confirmar nuestra opinión sobre las profundas transformaciones experimentadas por el mito de Quetzalcóatl en el periodo que precedió inmediatamente a la conquista española. Motolinía concuerda con Sahagún y con todos los cronistas sobre el carácter de ciudad sagrada de Cholula: "y a esta Chololla tenían por gran santuario, como otra Roma, a do había muchos templos del demonio".[3] Así, sabemos (lo esencial del capítulo XXIV está consagrado a esto) que se hacían sacrificios humanos rituales en honor de Quetzalcóatl, y tales actos prueban la aztequización de su culto, puesto que las leyendas más importantes lo presentan siempre como el enemigo irreductible de los sacrificios humanos. Motolinía fue testigo del último avatar indígena de Quetzalcóatl.

No obstante, Motolinía nos habla en la carta prefacio de sus

[1] Motolinía, *Memoriales*, cap. XXIV, p. 67.
[2] *Ibid.*, p. 68.
[3] *Ibid.*

Memoriales del Quetzalcóatl tradicional, el de la *Leyenda de los soles*: "El mismo viejo Iztamixcotlh (...) hubo otra mujer llamada Chimalmatlh, de la cual hubo un hijo que se llamó Quizalcoatlh. Éste salió hombre honesto y templado. Comenzó a hacer penitencia de ayuno e disciplina y a predicar, según se dice, la ley natural (...) Este Quizalcoatlh tuvieron los indios de la Nueva España por uno de los principales de sus dioses, y llamábanle 'dios del aire', y por todas partes le edificaron templos."[4] Encontramos en este retrato, que asocia a Quetzalcóatl con la ley natural, la idea implícita de un precursor del cristianismo, acusada por esta observación: "Este Quizalcoatlh dixcen que comenzó el sacrificio y a sacar sangre de las orejas y de la lengua, no por servir al demonio, según se cree, más por penitencia contra el vicio de la lengua y del oír; después el demonio aplicólo a su culto y servicio."[5] Este esquema histórico de un ascetismo inspirado por la moral natural, de un culto apartado de su finalidad por el demonio, y por tanto, una perversión, podía preparar el terreno para la leyenda de Quetzalcóatl-santo Tomás en el siglo XVII.

En el capítulo XXIX de los *Memoriales*, Motolinía describe la gran fiesta cuadrienal de Quetzalcóatl en Cholula, que duraba ochenta días y estaba señalada por el ayuno de los sacerdotes. En esta ocasión la estatua del dios era adornada ritualmente, "según sus divisas, poniéndole ricas piedras e joyas de oro, y ofreciéndole muchas codornices y conejos y papel, y muchos sartales de mazorcas de maíz". Después, Motolinía nos indica que "los que sacrificaban en esta fiesta eran muy poquitos".[6] En el capítulo XXVII describe la fiesta dedicada a Camaxtli en Tlaxcala, y nos cuenta que de Quetzalcóatl "decían ser hijo del mismo Camaxtle".[7] También nos dice que los tlaxcaltecas revestían los hábitos de Quetzalcóatl para "ofrecer al demonio"; esos trajes e insignias eran traídos de Cholula para la circunstancia; lo inverso tenía lugar en Cholula con las insignias de Camaxtli. El lazo aparecía, pues, con la mayor intimidad posible entre ambas divinidades.

Por otra parte, a propósito del calendario, Motolinía examina la estrella Lucifer o Héspero, "y de este nombre y estrella nues-

[4] *Ibid., Epístola proemial*, p. 13.
[5] *Ibid.*
[6] *Ibid.*, cap. XXIX, p. 81.
[7] *Ibid.*, cap. XXVII, p. 77.

tra España en un tiempo se llamó Hesperia".[8] En cuanto a los antiguos mexicanos: "Después del Sol, a esta estrella adoraban e hacían más sacrificios que a otra criatura ninguna, celestial ni terrenal."[9] Motolinía recuerda luego que los astrónomos mexicanos tenían un precioso conocimiento de las revoluciones de este planeta, Venus, y concluye: "La causa y razón porque contaban los días por esta estrella y le hacían reverencia y sacrificio era porque estos naturales, engañados, pensaban y creían que uno de los principales de sus dioses, llamado Topiltzin, y por otro nombre Quetzalcóatl, cuando murió y de este mundo se partió se tornó en aquella resplandeciente estrella."[10] Así queda bien indicada la importancia de Quetzalcóatl, en su título de Tlahuizcalpantecuhtli y su función en el calendario, pero la confusión reina entre el Topiltzin histórico de Tula y el Quetzalcóatl primitivo. Efectivamente, tan sólo después de su muerte Topiltzin se transformó en un dios. Además, Motolinía señala que todos los muertos eran llamados *téotl* fulano (el bienaventurado fulano); la noción de *téotl* o *teul* habría significado, pues, tanto "espíritu" o "bienaventurado", como "dios".

Motolinía, para nosotros, tiene el mérito de iluminar una pretensión de los soberanos (*tlatoani*) de México, la de descender de Quetzalcóatl. En su *Historia* nos refiere lo siguiente: "Un indio llamado Chichimecatl ató una cinta o correa de cuero al brazo de Quetzalcóatl, en lo alto cerca del hombro, y por aquel tiempo y acontecimiento de atarle el brazo aclamáronle Acolhuatl; y de éste dicen que vinieron los de Colhua, antecesores de Moteuczoma [*sic*], los señores de México y de Colhuacan."[11] Piénsese lo que se piense de esta ingeniosa explicación, es evidente la degradación del mito de Quetzalcóatl en garantía política y jurídica de una dinastía. En cuanto al resto, la *Historia* sigue casi palabra por palabra los *Memoriales* (que son una especie de borrador o de esbozo de aquélla). Observemos que en la *Historia*, Motolinía describe el *teocalli* de Cholula (el gran templo de Quetzalcóatl), comparándolo por primera vez con la torre de Babel. Como la de Babel, la ambición desmesurada de los cholultecas mereció un flagelo del cielo.

[8] *Ibid., Calendario*, p. 54.
[9] *Ibid.*, p. 56.
[10] *Ibid.*, p. 57.
[11] Motolinía, *Historia de los indios de Nueva España* (ed. 1956), pp. 9-10. Pero encontramos una indicación contradictoria en *Memoriales, Epístola proemial*, p. 13.

Parece, en resumen, que los diferentes aspectos de Quetzal-cóatl que Motolinía nos ha señalado, sin relación entre sí, si bien corresponden principalmente a las creencias y al ritual popular de Tlaxcala y de Cholula, derivan también de fuentes escritas importantes. Vemos evocada la metamorfosis —en la "estrella de la mañana"— que parece haber sido conocida por Motolinía en Nicaragua y que será también contada por otros autores posteriores.[12] Esta especie de confusión entre los diferentes Quetzalcóatl no correspondería, a nuestro parecer, a una información insuficiente del religioso español, sino más bien al estado de degeneración a que habían llegado esas diferentes creencias al final del periodo azteca. Motolinía nos ha dejado un balance exacto de los mitos de Quetzalcóatl, tal como estaban recogidos en los anales y en los libros sagrados mexicanos, en el momento de la conquista española.

Fray Bernardino de Sahagún (1500?-1590)

El más ilustre historiador primitivo de México, fray Bernardino de Sahagún, era también franciscano y consagró una parte de su vida al colegio de indios de Santiago Tlatelolco. La redacción de la *Historia general de las cosas de la Nueva España*, también llamada el *Calepino*, especie de enciclopedia del antiguo México, se sitúa entre 1558 y 1569. Se trata de una obra más tardía que la de Olmos y la de Motolinía, pero los métodos de investigación de Sahagún, que nos han sido descritos por él mismo, dan a esos testimonios un valor ejemplar. Es imposible referir detalladamente todos los métodos de información y de exposición de Sahagún, los cuales hacen de él un auténtico precursor de la etnología moderna. Supo operar una especie de desdoblamiento entre el evangelizador que era y el indigenista que llegó a ser. Sus fines proclamados son conocer y hacer conocer bien a los sacerdotes españoles las creencias y las supersticiones de los indios, para extirpar mejor la idolatría. En realidad, Sahagún tenía la curiosidad de un etnólogo,

---

[12] Fray Jerónimo Román y Zamora, *Repúblicas de Indias* (1575), *Colección de libros raros o curiosos que tratan de América*, t. XIV, Madrid, 1897, libro I, cap. xv (vol. I, p. 170), quien tomó esta información de Las Casas, *Apologética historia* (...) (B.A.E., t. CVI, p. 140 *a*).

y su amor de las cosas indígenas se transparenta a menudo en sus escritos. El franciscano está tan preocupado por desarraigar el paganismo como por hacer lo posible para conservar la cultura indígena: el artesanado, cuyas obras de arte ha visto, el folklore (todo lo que pudiera ser aislado de las antiguas creencias) y especialmente la lengua, que él hablaba e hizo transcribir en nuestra escritura alfabética.

Siendo Quetzalcóatl y su culto uno de los aspectos más importantes de las antiguas creencias paganas de México,[13] no es sorprendente que Sahagún se haya encontrado en muchas ocasiones con esta divinidad y con su leyenda. En su *Historia*, ha tratado ampliamente acerca de Quetzalcóatl, y en especial en el libro III, titulado *De el origen de los dioses*; en los capítulos III a XIV, enteramente consagrados a Quetzalcóatl, éste aparece con los rasgos del gran sacerdote de Tula, probablemente llegado de la costa del golfo. Su pontificado coincide con el reino temporal de Huémac, y sobre todo con la edad de oro, largamente descrita por Sahagún: "Y más tenía el dicho Quetzalcóatl todas las riquezas del mundo de oro y plata y piedras verdes (...) y los dichos vasallos del dicho Quetzalcóatl estaban muy ricos";[14] lo que corresponde a un esquema parecido al del Njördr de los escandinavos y al "buen genio" de las mitologías americanas. Quetzalcóatl es mostrado también, pero brevemente, como el iniciador del autosacrificio. Luego viene el largo relato de las persecuciones de que fue víctima por parte de los nigrománticos, y el camino del exilio, con los prodigios que lo acompañaron. Quetzalcóatl construyó su casa subterránea llamada *Mictlancalco*. El lugar de Tlapallan, término de su fuga, no está precisado de otro modo; pero tampoco su punto de partida explica su metamorfosis en la estrella de la mañana. Sahagún ha recogido la leyenda de una prodigiosa navegación: "y así, en llegando a la ribera de la mar, mandó hacer una balsa hecha de culebras que se llama *coatlapechitli*, y en ella entró y asentóse como en una canoa, y así se fue por la mar navegando, y

[13] Principales santuarios de Quetzalcóatl en México (lugares arqueológicos): Calixtlahuaca (México), Teayo (Veracruz), Cholula (Puebla), Coatepec (Veracruz), Chalco (México), Ecatepec (México), Tenayuca (México), Teotihuacan (México), Tepoztlán (Morelos), Toluca (México), Tula (Hidalgo), Xochicalco (Morelos).

[14] Sahagún, *Historia general*..., ed. Garibay, México, 1956, t. I, p. 279.

no se sabe cómo y de qué manera llegó al dicho Tlapallan".[15] Esta versión refuerza nuestra convicción de que Quetzalcóatl era un dios marino, venido de la región costera. La asociación entre el dios de los vientos y el dios del mar no tiene nada que pueda sorprender.

En el capítulo v del libro VII, Sahagún nos presenta a Quetzalcóatl como el dios de los cuatro vientos, que sopla desde los cuatro puntos cardinales, afectados por su valor moral y metafísico. En el libro IV, a propósito del calendario, consagra el capítulo VIII a *Ce-Ácatl*, el signo de Quetzalcóatl, "día en que la gente noble hacía muchos sacrificios y ofrendas a honra de este dios".[16] Encontramos en esto la confirmación de que Quetzalcóatl llegó a ser en la víspera de la conquista española el dios de la clase dirigente y la garantía "tolteca" de la dinastía azteca; Sahagún repite en otra parte que todos los que hablan bien el náhuatl son descendientes de los toltecas que no pudieron seguir a Quetzalcóatl en su exilio. Más interesante para nosotros es la distinción que hizo Sahagún entre el Quetzalcóatl histórico, gran sacerdote de Tula, y el dios Quetzalcóatl, indicando el carácter monoteísta de ese culto: "Adoraban a un solo señor que tenían por dios, el cual le llamaban Quetzalcóatl, cuyo sacerdote tenía el mismo nombre que también le llamaban Quetzalcóatl (...) y les solía decir muchas veces que había un solo señor y Dios que se decía Quetzalcóatl." [17] Encontramos acá una de las bases objetivas que indujeron a otros religiosos españoles y a ciertos historiadores modernos a ver en Quetzalcóatl un apóstol de Cristo o un misionero irlandés. Sahagún nos presenta al primer Quetzalcóatl como una divinidad de rostro alargado y barbudo; esos rasgos contribuyeron a hacer pensar que se trataba de un español.

Sahagún, en el capítulo v del libro I, se ha anticipado a negar todas las tentativas de asimilación, al escribir: "aunque ese Quetzalcóatl fuera un hombre, ellos lo tenían por un dios",[18] y más adelante: "Llamaron dios a ese Quetzalcóatl, que fue un hombre mortal y perecedero, y aunque tuvo alguna apariencia de virtud, según dicen, fue, sin embargo, un gran brujo, amigo de los demonios (...) digno de ser confundido y padecer las lla-

---

[15] Sahagún, *op. cit.*, nota 36, vol. I, p. 291.
[16] Sahagún, *op. cit.*, vol. I, pp. 330-331.
[17] Sahagún, *op. cit.*, vol. III, p. 188.
[18] Sahagún, *op. cit.*, vol. I, p. 45.

mas del infierno (...) Lo que dijeron vuestros antepasados que Quetzalcóatl fue a Tlapallan y que ha de volver, y lo esperéis, es mentira, que sabemos que murió, que su cuerpo está reducido a polvo y que Nuestro Señor Dios ha precipitado su alma en los infiernos, donde conoce un tormento eterno." [19] Así se expresaba la política de la "ruptura" practicada por la primera generación de misioneros españoles en el Nuevo Mundo. Resulta interesante para nosotros la asimilación de las divinidades paganas, en cuanto se les encuentra "alguna apariencia de virtud", a los demonios. Los primeros evangelizadores tenían que impedir el posible despertar de un movimiento mesiánico, inspirado por las profecías del retorno de Quetzalcóatl. Sahagún y sus compañeros fueron clarividentes, puesto que varios levantamientos tardíos de indígenas se inspiraron en la vieja promesa de Quetzalcóatl de que vendría a liberarlos. Tomando abiertamente partido contra la hipótesis de la preevangelización, Sahagún escribe: "Y yo siempre he tenido opinión que nunca les fue predicado el Evangelio, porque nunca jamás he hallado cosa que aluda a la fe católica, sino todo tan contrario, y todo tan idolátrico que no puedo creer que les haya sido predicado el Evangelio en ningún tiempo", [20] rechazando así de antemano al reino de las fantasías la asimilación de Quetzalcóatl al apóstol santo Tomás, que sólo unos cuarenta años más tarde será generalmente admitida. Hay que relacionar esta actitud del franciscano con la de su orden, hostil a la devoción que más tarde se desarrollará con relación a la pretendida imagen milagrosa de la Virgen de Guadalupe, cerca de México. La reserva y la incredulidad de Sahagún, frente a fenómenos sincréticos o prodigios insuficientemente controlados, son características de los franciscanos reformados de la primera generación misionera. Pero un poco más adelante, contradiciéndose a sí mismo, desanimado por el fracaso de la evangelización, fracaso que sin duda su cansancio exageraba, Sahagún escribe: "Paréceme que pudo ser muy bien, que fuesen predicados por algún tiempo; pero que muertos los predicadores que vinieron a predicarlos, perdieron del todo la fe que les fue predicada (...) y esto conjeturo por la dificultad grande que he hallado en la plantación de fe en esta gente, porque yo ha más de cuarenta años que predico por estas partes de México (...) de manera que podemos tener

[19] Sahagún, *op. cit.*, vol. I, p. 90.
[20] Sahagún, *op. cit.*, vol. III, p. 358.

bien entendido que con haberlos predicado más de cincuenta
años, si ahora se quedasen ellos a sus solas (...) tengo entendido que con menos de cincuenta años no habría rastros de
la predicación que se les ha hecho." [21] Si Sahagún, en sus horas
de desánimo, no excluye totalmente la posibilidad de una evangelización primitiva de México, nunca aparece en su obra la idea
de que Quetzalcóatl haya podido ser un religioso evangelizador.
Al contrario, según vimos, lo consideraba un nigromántico.

El testimonio de Sahagún, por su riqueza de detalles, por la
sobriedad de la transcripción de los testimonios indígenas (orales o escritos) y la clara separación entre las informaciones recogidas (y entresacadas) y los juicios del misionero, puede ser
considerado como el más fiel a las creencias indígenas en el momento de la conquista, el reflejo menos deformado de la mitología de los antiguos mexicanos. Es alentador comprobar que
Sahagún llega a las mismas conclusiones, relativas al Quetzalcóatl prehispánico, que los trabajos más recientes de la arqueo-
logía, de la historia de México y de la mitología a que hemos
acudido.

La "Histoyre du Méchique" (1543?)

Este documento fue publicado por primera vez por E. de Jonghe, en 1905. Es una traducción o una adaptación francesa, atribuida a André Thevet, de un escrito de un franciscano español, contemporáneo de Motolinía, y también evangelizador de
México, el padre Andrés de Olmos. Se trataría de un fragmento
de una obra más vasta, los *Memoriales*, perdidos, del padre
Olmos. Éste trabajaba según los métodos de lo que se podría
llamar, retrospectivamente, la escuela franciscana de México. La
última parte, la única atribuible a Olmos según Garibay, constituye el décimo y último capítulo truncado del texto publicado por De Jonghe y se llama *De ung idole, nomé Queçalcóatl,
de son originé et temps qui régna*. Lo que indujo a Garibay
a atribuírsela a Olmos es que revela un esfuerzo de síntesis de
las diferentes fuentes indígenas. Olmos fue otro Sahagún, cuyo
Calepino se perdió, pero escritos como el capítulo x de la *Histoyre du Méchique* exponen buenos ejemplos de su obra. Aunque
mutilado, ese capítulo ofrece el interés de una síntesis y da

[21] Sahagún, *op. cit.*, vol. III, p. 359.

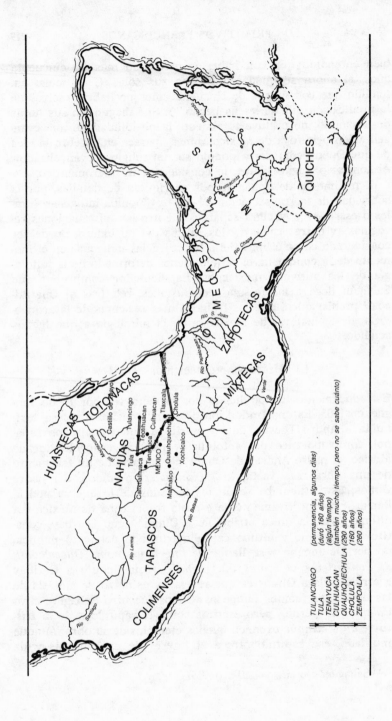

QUICHES

HUASTECAS

TOTONACAS

NAHUAS

Castillo de Teayo

Tulancingo

Tula

Teotihuacan

Calixtlahuaca   Culhuacan

Tenayuca

MEXICO   Tlaxcala

Quauhquechula   Cholula

Maxinalco   Xochicalco

TARASCOS

OLMECAS

ZAPOTECAS

MIXTECAS

Río Lerma

Río Santiago

Río Moctezuma

Río Balsas

Río Pánuco

Río S. Juan

Río Verde

Río Papaloapan

Río Coatzacoalcos

Río Usumacinta

Río Chapa

Río Hondo

COLIMENSES

TULANCINGO   (permanencia, algunos días)
TULA   (duró 160 años)
TENAYUCA   (algún tiempo)
CULHUACAN   (también mucho tiempo, pero no se sabe cuánto)
QUAUHQUECHULA   (290 años)
CHOLULA   (160 años)
ZEMPOALA   (260 años)

informaciones que no figuran en ninguna otra fuente, y cuya autenticidad no es sospechosa.

Quetzalcóatl, según ese documento, es presentado como uno de los hijos (y no el hijo único) de Camaxtli y de Chilmalman, lo que confirma las leyendas tlaxcaltecas recogidas por Motolinía. Sus hermanos intentaron matarlo varias veces, y finalmente fue él quien los mató a todos para vengar la muerte de su padre. Sus vasallos *"qui l'aimoynt fort le vindrent quérir honorablement"*,[22] y después de haber celebrado la victoria *"se vindrent à la terre de Méchique, et demeura quelques jours en un village, nommé Tulancingo, et de là s'en alla à Tula, où on ne savoyt encore que s'estoit de faire sacrifices et par ainsi, comme il aporta l'usaige du sacrifice, fut tenu pour dieu..."* [23] Toda la primera parte de esta leyenda sólo nos es conocida por la *Histoyre du Méchique*. Puede verse en ella un eco de las luchas cosmogónicas entre Quetzalcóatl, Tezcatlipoca y los demás dioses nacidos de la pareja original, el principio dual Ometéotl. Otras leyendas cuentan que Quetzalcóatl había matado al Sol a flechazos; posiblemente es un relato simbólico de la lucha entre los dioses. La continuación nos recuerda las migraciones de los toltecas, de Tulancingo a Tula; la duración de su estadía: "algunos días", debe ser entendida como "algunos años". Más adelante, el autor escribe que el reinado de Quetzalcóatl duró ciento sesenta años en la ciudad de Tula; ¿se trata de tres eras sucesivas de cincuenta y dos años cada una (el "siglo" mexicano), o sea, ciento cincuenta y seis años?

En el capítulo XI, titulado "De la venida de Tezcatlipoca a Tula y de cómo hizo huir a Quetzalcóatl", se manifiesta la tradición general de las astucias de Tezcatlipoca para abatir a Quetzalcóatl, pero toma una forma particular. La idea, claramente expresada, es la de que las divinidades paganas de los antiguos mexicanos son diablos y que "como han sido hechos los ángeles, y hay ángeles unos más grandes que otros, también los diablos", y esta asimilación, implícita por todas partes en los escritos de los misioneros, implica en este caso consecuencias: "Ahora

[22] *Histoyre du Méchique*, ed. de E. de Jonghe, *Journal de la Société des Américanistes*, nouvelle série, t. II, núm. 1, París, 1905, cap. X, p. 35.
[23] *Op. cit., ibid.*, "se vinieron a la tierra de México, y permaneció algunos días en un pueblo, llamado Tulancingo, y de allí se fue a Tula, donde aún no se sabía qué era hacer sacrificios y por ello, como trajo el uso del sacrificio, fue tenido por dios...".

bien, ese Quetzalcóatl era menor que Tezcatlipoca, y, por lo tanto, lo temía..." [24] Las astucias de Tezcatlipoca son más groseras que en otras versiones, y terminan con una brutal destrucción de la imagen de Quetzalcóatl, seguida de la fuga de éste con algunos de sus servidores. Es perseguido por Tezcatlipoca y sus auxiliares; eso corresponde a las otras versiones conocidas de la leyenda.

Lo que aparece únicamente en la *Histoyre du Méchique* son las "estaciones" de Quetzalcóatl en el camino del exilio y su duración. Primero se detuvo "algún tiempo" en Tenayuca, y después en Culhuacan, "donde permaneció también mucho tiempo, pero no se sabe cuánto".[25] Luego atravesó la sierra y se fue a Huaquechula (cerca de Huexotzinco), "y levantó un templo y un altar para sí, y fue adorado como dios, y no había sino él, y allí permaneció doscientos noventa años";[26] ciertamente, otra vez una duración mítica. Partió de allí (no sin haber dejado el poder a un personaje llamado Matlacxóchitl) y se trasladó a la ciudad de Cholula, en la que residió durante ciento sesenta años, y donde le construyeron el famoso templo... cuyos vestigios todavía existen y que fue obra de los gigantes (de los cuales no se sabe nada más). ¿Se trata de las migraciones toltecas a través de México, como han pensado algunos? Después, Quetzalcóatl se fue a Zempoala, y allí permaneció todavía doscientos sesenta años, pero ante las persecuciones de Tezcatlipoca, escapó a un desierto y se mató. ¿Hay que ver en esto el progreso de los invasores chichimecas (¿los aztecas?) o el de los cultos sangrientos que reclamaban víctimas humanas? En todo caso, las indicaciones de lugar y de duración (aun simbólicas) son preciosas. El desenlace es el de otras tradiciones: el holocausto de Quetzalcóatl; incinerado por sus compañeros, se metamorfosea en el planeta Héspero o Vésper (Venus). El autor de este capítulo había recogido una variante muy conocida: "Otros dicen que cuando debía morir se fue a un lugar..." [27] Aquí el manuscrito está mutilado, pero se adivina que se trata de ese mítico Tlillan Tlapallan, desde donde Quetzalcóatl se embarcó hacia el este sobre una balsa de serpientes, profetizando la restauración de su reino, como el auténtico mesías que él fue.

[24] *Op. cit.*, cap. xi, p. 36.
[25] *Op. cit.*, *ibid.*, p. 37.
[26] *Op. cit.*, *ibid.*
[27] *Op. cit.*, cap. xi, p. 38.

Resulta interesante la ausencia de Quetzalcóatl como Ehécatl. Está sobreentendida en el culto que le rendían en Cholula, pero si el autor hubiese pensado que era esencial, la habría mencionado. El héroe de la *Histoyre du Méchique* es el que se parece más al jefe (más o menos mítico) de una de las tribus chichimecas del antiguo México. De las diferentes versiones de la leyenda de Quetzalcóatl, ésta es la que mejor reúne a los dos Quetzalcóatl: al histórico y al divino. Geografía y cronología dan arraigo a la leyenda. La historia de la huida de Quetzalcóatl permite relacionar al Quetzalcóatl de Cholula con el de Tula, y a la leyenda con las migraciones de los toltecas. Su metamorfosis en Vésper lo enlaza con el calendario mexicano. La *Histoyre du Méchique* es el único texto que da cuenta de todos los aspectos de Quetzalcóatl (con excepción de Ehécatl), ligándolos entre ellos en un todo histórico-mítico coherente. A la luz de los capítulos x y xi se aclaran la *Leyenda de los soles* y los *Anales de Cuauhtitlán*, exposiciones esotéricas (y sobre un único plan) del complejo a la vez histórico y mitológico de Quetzalcóatl. En esta versión, Quetzalcóatl estuvo más cerca del Tepozteco actual que en las demás versiones.

Desde el punto de vista que nos ocupa, Quetzalcóatl está presente en la *Histoyre du Méchique* como el iniciador del autosacrificio, adorado con ese título como un dios. Esa es la base textual de las hipótesis futuras que tenderían a asimilarlo a un misionero cristiano (español); luego, más aventuradamente, al apóstol santo Tomás, y, más cerca de nosotros, a un monje irlandés o a un sacerdote budista. En todo caso, la *Histoyre du Méchique* no deja dudas sobre que ese Quetzalcóatl, hijo de un dios y de una diosa, tuvo un destino humano. Es fácil imaginar el poder de sugestión ejercido sobre el espíritu de los evangelizadores españoles del siglo xvi por este hombre-dios, venido a restaurar la piedad entre los hombres. Sin embargo, es mérito de los franciscanos haber rehusado la tentación de las fáciles asimilaciones que hubieran servido a su causa, tanto ante los indios como ante los españoles. El padre Olmos, si es el autor de esos capítulos, se limitó a introducir un vínculo lógico entre las diferentes versiones indígenas de la leyenda de Quetzalcóatl. Thevet, que ensambló los fragmentos de las crónicas españolas, mantuvo en su arreglo la sobriedad de las leyendas indígenas transcriptas por los franciscanos. Por esas diferentes razones, y aunque sea menos completa y menos detallada que los testimonios de Sahagún, consideramos que la *Histoyre du Méchique* es la fuente más pura (la comparación no se aplica, como es natural, a los cantares en lengua náhuatl) de la leyenda de Quetzalcóatl. El espíritu de los historiadores posteriores ha trabajado sobre una noción casi idéntica para llegar al Quetzalcóatl criollo que nos proponemos estudiar principalmente.

II. LA GÉNESIS DEL MITO CRIOLLO

ENTRE LOS indios existía la creencia general de que Quetzalcóatl regresaría de su exilio y que su reinado, identificado con la edad de oro, sería restaurado. Los esfuerzos de los misioneros católicos para desanimar esta esperanza mesiánica demostraron indirectamente su vitalidad: "lo que dijeron vuestros antepasados que Quetzalcóatl fue a Tlapallan y que ha de volver, y lo esperéis, es mentira, que sabemos que murió..."[1] Es un rasgo común a los mesías que su retorno glorioso sea anunciado por profecías. Comparémoslo, en este aspecto, con el retorno de los heraclidas en la antigüedad helénica; más turbador aún es el parecido con el mito contemporáneo de la vuelta del rey Sebastián de Portugal. Si un mito semejante podía desafiar o desnaturalizar el cristianismo en un Portugal en principio católico, no es sorprendente que un mito comparable haya podido desarrollarse en el México de los aztecas. Ese Quetzalcóatl cuyo retorno se esperaba, ¿era hombre o dios? La pregunta parece no tener sentido, puesto que, según Motolinía, la palabra *téotl* designaba a los muertos que tenían acceso al paraíso de Tláloc. La profecía mostraba un carácter cronológico preciso, el héroe volvería bajo su signo calendárico: 1 *ácatl*; ahora bien, el año 1519, cuando Cortés desembarcó en México, era un año 1 *ácatl*. Hubo, pues, un primer avatar colonial, altamente sincrético, el Quetzalcóatl-Cortés. La presunción de identidad entre Juan de Grijalva, primero, y luego Hernán Cortés, y el Quetzalcóatl de Tula, llegado para recobrar su trono y deponer a los *tlatoani* aztecas (que se consideraban ellos mismos como regentes provisionales), surgió muy fuerte desde el comienzo en el ánimo de los mexicanos.

Es justo agregar que esta creencia fue de corta duración. Si bien Moctezuma hizo llevar ante Cortés los ornamentos sagrados de Quetzalcóatl, quizá a fin de verificar su identidad, la

---

[1] Sahagún, *Historia general* (...), libro I, cap. XVI. *Confutación*, t. I, p. 90.

ilusión pronto se disipó. Bernal Díaz, que es el testigo menos sospechoso, escribe tan sólo que en el momento de la llegada de los conquistadores a México Moctezuma declara: "que verdaderamente debe ser cierto que somos los que sus antecesores, muchos tiempos pasados, habían dicho que vendrían hombres de donde sale el Sol a señorear aquestas tierras, y que debemos ser nosotros".[2] Después, el soberano azteca manifestó riéndose que nunca los había tomado por dioses que lanzan el rayo, sino por hombres de carne y hueso, como él mismo. La confusión entre los españoles y los compañeros de Quetzalcóatl fue pronto disipada; parece haber sido sobre todo cosa de pueblo crédulo, como lo son todos. En las *Cartas de relación*, del propio Cortés, asistimos a la elaboración de un discurso de Moctezuma a la manera de los historiadores latinos, demasiado perfecta para ser verosímil; ante el colegio de los señores, Moctezuma dice: "y él [Quetzalcóatl] se volvió, y dejó dicho que tornaría o enviaría con tal poder que los pudiese constreñir y atraer a su servicio. E bien sabéis que siempre lo hemos esperado, y según las cosas que el capitán nos ha dicho de aquel rey y señor que le envió acá, y según la parte de do él dice que viene, tengo por cierto, y así lo debéis vosotros tener, que aqueste es el señor que esperábamos, en especial que nos dice que allí tenía noticia de nosotros. E pues nuestros predecesores no hicieron lo que a su señor eran obligados, hagámoslo nosotros, y demos gracias a nuestros dioses porque en nuestros tiempos vino lo que tanto aquéllos esperaban",[3] es decir, el retorno de la edad de oro. Pero la matanza perpetrada en Cholula, precisamente en la ciudad sagrada de Quetzalcóatl, hubiera bastado, entre otros indicios, para disipar este terrible malentendido. Lo que sabemos de la elocuencia náhuatl hace imaginar que la arenga de Moctezuma fue más discreta. ¿El texto de Cortés es la relación abreviada, para uso de Carlos V, de la traducción aproximativa de las palabras de Moctezuma, según doña Marina? ¿Es una pura invención del conquistador? La relación de Cortés sigue siendo la fuente más importante de numerosos textos de historiadores posteriores, en particular de Gómara, que fue se-

---

[2] Bernal Díaz del Castillo, *Historia Verdadera* (...), t. I, cap. LXXXIX, p. 266.
[3] Hernán Cortés, *Cartas de relación* (...), *Carta II* (B. A. E., t. XXII, p. 30 *a* y *b*) y también el primer discurso de Moctezuma (*ibid.*, página 25 *b*).

guido por la mayoría de los historiadores del Nuevo Mundo en el siglo siguiente. Moctezuma tomó a Cortés y a los españoles por descendientes de los toltecas que habían acompañado al Quetzalcóatl de Tula a su exilio, y que venían a cumplir la profecía, a reclamar por la fuerza el reino de sus antepasados. Así reducida a sus proporciones humanas, la leyenda historiográfica de Quetzalcóatl-Cortés pierde bastante de su carácter maravilloso. Sahagún, en el libro XII de su *Historia general*, transmite el relato en náhuatl de la llegada de los españoles a México y sostiene la idea de que Moctezuma había tomado a Cortés por Quetzalcóatl (al menos antes de haberlo visto, y visto actuar): "Era como si pensara que el recién llegado era nuestro príncipe Quetzalcóatl." [4] Pero se trata de un relato indígena posterior a la conquista; se puede sospechar la intención de salvar el honor de Moctezuma y de los mexicanos, o de renovar de este modo el hijo quebrado de la historia mexicana. Si los españoles habían llegado para cumplir la profecía del gran sacerdote de Tula, entonces la historia cíclica del México antiguo entraba simplemente en un nuevo "sol" (una nueva era de Quetzalcóatl). Lo cierto es que Quetzalcóatl había partido hacia el este, desde la costa del golfo, y que los españoles desembarcaron en el este, en esa misma costa, bajo el signo calendárico 1 *ácatl*, símbolo de Quetzalcóatl. Por este concurso de circunstancias, los mexicanos identificaron a Cortés con Quetzalcóatl, pero la observación de conducta de los españoles hizo desvanecerse la esperanza mesiánica que aportó su llegada.

La profecía de Quetzalcóatl aparece como un caso particular, para México, de una creencia común a la mayoría de las poblaciones indígenas, según la cual unos superhombres vendrían del este para dominarlos. Álvar Núñez lo comprobó durante su odisea a través de las llanuras, y Gómara en La Española; los chibchas, los tupíes del Brasil y los guaraníes del Paraguay tenían creencias semejantes. En diferentes regiones del Nuevo Mundo los españoles fueron considerados "hijos del Sol". Y lo más interesante para nosotros es la transformación sufrida por esta creencia. Simple medio político de penetración del continente por los conquistadores, la profecía fue pronto un tema de reflexión para los misioneros, antes de convertirse en un arma de dos filos, cuyos efectos ya veremos. Posiblemente a causa, sobre todo, de la profecía que se le atribuía, Quetzalcóatl sería

[4] Sahagún, *op. cit.*, libro XII, cap. III, t. IV, p. 86.

identificado más tarde con un evangelizador. Si lo pensamos, ¿no es bien natural que un jefe político, al partir para el exilio, prometa volver por sus fueros a recobrar el poder que momentáneamente está obligado a abandonar? Si al principio se les apareció a los mexicanos como el profeta de la conquista española, el mediador entre el pasado y el presente, Quetzalcóatl fue también para los españoles, gracias a la profecía de su retorno, la confirmación de su papel providencial. Ese personaje —hombre, héroe, dios o nigromántico (chamán)— tranquilizaba la conciencia de unos y de otros. Para los indios era la única compensación metafísica del cataclismo de la conquista, y para los españoles era el sello de Dios sobre una aventura inaudita, llave preciosa de una historia desmesurada, si no indescifrable. Quetzalcóatl era el único capaz de colmar el foso histórico que separaba el Nuevo Mundo del Antiguo. Gracias a la profecía de Quetzalcóatl, indios y españoles pensaron que pertenecían a una misma historicidad. Ese proceso de solicitación del héroe-dios culminará en el título de un capítulo de la *Historia de las Indias*, del dominico Durán: "Del ídolo llamado Quetzalcóatl, dios de los cholultecas, padre de los toltecas, y de los españoles, puesto que anunció su venida." [5] Así se echa un puente no sólo sobre el abismo de la metahistoria, sino también sobre la falla jurídica de la conquista. Si los soberanos aztecas habían justificado su dominación mediante un supuesto parentesco con los antiguos toltecas, los españoles podían reivindicar a México en nombre de la profecía de Quetzalcóatl. Ni los mexicanos ni los españoles dudaban, al parecer, de que fuese la venida de éstos la anunciada por Quetzalcóatl. Sahagún, sin embargo, lo atenúa un poco: "pensaron que [Grijalba] era el dios Quetzalcóatl que volvía". [6] El comentarista del *Codex Vaticanus 3738* piensa que este encuentro había sido efecto del azar y de una superchería del demonio que, a fin de conservar su crédito en cualquier circunstancia, había querido prevenir toda invasión: *"Ha voluto dir quello, acció che quando alcuna altra natione li soggiogasse, restasse con crediti, dicendo che gia, lici l'haveva profetizzato!"* [7]

La astucia del demonio podía explicar, en efecto, la imprecisa profecía de Quetzalcóatl, de la que se habían beneficiado los

[5] Diego Durán (OP), *op. cit.*, cap. LXXXIV, México, 1880, t. II, p. 118.
[6] Sahagún, *op. cit.*, libro XII, cap. III, t. IV, p. 25.
[7] *Codex Vaticanus 3738*, fig. 9, comentario.

españoles, especialmente gracias a una coincidencia de fechas.
Pero no era la única explicación posible. Las Casas consagra un
capítulo de su *Historia de las Indias* al tema siguiente: "Esta
orden muchas veces quiso asimismo la Providencia divina permitir, que unas veces para castigo y pena de los infieles entre ellos
hubiese, y otras veces para utilidad y conveniencia y governa-
ción de los reinos y así del mundo, permitiendo que los teólogos
y hechiceros y adivinos y los mismos demonios, respondiendo en
sus oráculos a los idólatras, den de las cosas por venir adversas
o prósperas, ciertos responsos." [8]

Los ejemplos que aduce Las Casas son tomados de los paganos de la antigüedad, y especialmente de Séneca, que habría
profetizado el descubrimiento del Nuevo Mundo, en su tragedia
sobre Medea; no está allí lo importante, sino en la autoridad
de san Agustín invocada por Las Casas en apoyo de su explicación. Es fácil de concluir: Dios, en su misericordia, ha querido advertir por boca de un "demonio" (Quetzalcóatl) a los
paganos extraviados la llegada de los evangelizadores españoles.
Si aceptáramos esta explicación, que podríamos llamar absolutamente "profética", los prodigios que habían precedido a la
llegada de los españoles serían comparables a los del nacimiento
de Cristo. Sahagún consagra el primer capítulo de su libro XII,
"Que trata de la conquista de México", a ese tema: "De las
señales y pronósticos que aparecieron antes que los españoles
viniesen a esta tierra." [9] Enumera ocho, entre ellos el rayo, la
tempestad, monstruos y cometas, es decir: la gama completa
de los prodigios de la época. Pero el franciscano no afirma que
el cielo los haya provocado. En ninguna parte Sahagún pretende que Quetzalcóatl haya predicho la llegada de los españoles,
sino que se limita a comprobar que la profecía del retorno de
Quetzalcóatl hizo pensar a los mexicanos que los españoles eran
los compañeros de Quetzalcóatl. Las Casas, por su parte, transmite la profecía, enriqueciéndola, como veremos, y escribe:
"Cuando vieron los cristianos los llamaron luego dioses, hijos
y hermanos de Quetzalcóatl, aunque después que conocieron y
experimentaron sus obras no los tuvieron por celestiales." [10] Es

[8] Fray Bartolomé de las Casas (OP), *Historia de las Indias*, libro I,
cap. X, FCE, México, 1ª reimpresión, 1981, p. 58.
[9] Sahagún, *op. cit.*, t. IV, pp. 23-24.
[10] Las Casas, *Apologética historia* (...), cap. CXXII (B. A. E., t. CV,
p. 425 *a*).

cierto que pronto los mexicanos perdieron su ilusión, como lo demostró su resistencia, y luego el levantamiento de Cuauhtémoc y, mucho más tarde, como dice el comentarista del *Codex Vaticanus 3738*, la rebelión de los zapotecas, en 1550, "*diedero la causa della sollevatione dire que giá era venuto il suo dio, che haveva da redimerli*".[11] El mesianismo *quetzalcoatlico* sobrevivió, pues, a la conquista española y a la evangelización, en el ánimo de las poblaciones que la evangelización no había tocado (o apenas). Lo cierto es que en un sentido la historia, heredada del profetismo judaico en los españoles y surgida del politeísmo ancestral en los indios, dio a la profecía de Quetzalcóatl una importancia que el mero azar del calendario no habría podido conferirle. Por una especie de acuerdo tácito, los ánimos de unos y otros reclamaron la leyenda de Quetzalcóatl, a fin de salir de una situación intolerable para su conciencia religiosa: vivir un momento, *no previsto* por sus respectivos profetas, de una historia en lo sucesivo común. Lo que había sido en un principio, para Cortés, una hábil superchería (sacar partido de una tradición religiosa azteca con fines políticos) llegó a ser para los misioneros y los teólogos la feliz solución de una dificultad exegética.

LOS SIGNOS CRUCIFORMES Y LAS ANALOGÍAS RITUALES

Independientemente (al menos al principio) de la profecía que pasó por haber anunciado su llegada al Nuevo Mundo, los conquistadores y luego los evangelizadores creyeron observar en los templos, sobre las imágenes sagradas de los mexicanos y sobre los códices, signos que a sus ojos no podían provenir sino del cristianismo o del judaísmo. El más impresionante de esos signos fue la propia cruz. Primer testigo de esas cruces, Bernal Díaz cuenta lo que vio en Campeche, en compañía de Juan de Grijalva: "tenían figurados en unas paredes muchos bultos de serpientes y culebras y otras pinturas de ídolos (...) y en otra parte de los ídolos tenían unas señales como a manera de cruces, y todo pintado, de lo cual nos admiramos como cosa nunca vista ni oída".[12]

Bernal Díaz quedó sobre todo sorprendido, pero un siglo

---

[11] *Codex Vaticanus 3738*, fig. 9, comentario.
[12] Bernal Díaz del Castillo, *op. cit.*, cap. III, t. I, p. 48.

más tarde, el franciscano López de Cogolludo, citando a Bernal Díaz, añadirá: "Se halló en este Reyno de Yucatán fundamento para poder presumir una evangelización de las Indias por los apóstoles y que no dio poco que considerar a los escritores antiguos, pues nuestros españoles, cuando en él entraron, hallaron cruces, y en especial una de piedra, relevada en ella una imagen de Cristo redentor nuestro crucificado, la cual está en nuestro convento de Mérida, y a quien veneraban los indios".[13] En efecto, las cruces de valor religioso eran bastante numerosas en el México antiguo. Una de las más conocidas, la de Palenque, era la estilización del árbol de la vida de los mayas. La cruz que Quetzalcóatl llevaba en la cabeza, al igual que otra del *Códice Fejérvary-Mayer*, sobre la cual está dibujado un personaje barbudo, era el símbolo de las cuatro direcciones del espacio, de los puntos cardinales, como correspondía al dios del viento, Quetzalcóatl-Ehécatl. Pero la complicada simbología religiosa de los antiguos mexicanos era impenetrable para los primeros españoles; o, más bien, sólo les decía algo analógicamente. Inclinados por una fuerte tradición judeo-cristiana, observaron, dándole primordial existencia, un símbolo (el de la cruz) significante para ellos, concediéndole una exagerada importancia, además de una significación errónea. Venidos de un mundo espiritual cerrado y exclusivo, no podían imaginar que una cruz pudiera tener otro origen y otro sentido que la cruz cristiana. Así, las cruces del antiguo México, muy diferentes unas de otras, fueron unificadas y llevadas a su esquema cruciforme, para ser interpretadas como los signos de una evangelización anterior. La cruz del manto de Quetzalcóatl, cruz de san Andrés, simbolizaba en realidad el principio dual, en el origen de los dioses y de los hombres. Al pie del templo de Ehécatl, en Calixtlahuaca, hay un monumento funerario, sobre planta cruciforme. De ahí se dedujo rápidamente una especie de ley de frecuencia, que revelaba la asociación de Quetzalcóatl y de la cruz.

Tal hecho no podía pasar inadvertido para espíritus en busca de una explicación providencial y de un anuncio profético de la conquista española. La atribución de la profecía a Quetzalcóatl, y el símbolo de la cruz asociado a este personaje, constituían, juntamente, un misterio. Por otra parte, ese héroe era también una estrella que no dejaba de recordar a la estrella de David.

[13] López de Cogolludo (OFM), *Historia de Yucatán*, libro II, cap. XI, México, 1957, pp. 95-96 y 99.

Sus representaciones más corrientes lo mostraban coronado con un sombrero cónico, que recordaba a la tiara del papa, y portador de un bastón curvado con la forma de una cruz episcopal, aunque mucho más pequeña. ¿No era llamado el *papa* Quetzalcóatl? Ese haz de analogías formales entre los símbolos cristianos y los ornamentos sagrados de Quetzalcóatl no tardaron en intrigar enormemente a los misioneros. Incluso un rasgo antropológico, la barba representada en casi todos los Quetzalcóatl, parecía convertirlo en un europeo, o al menos en un extranjero para los indios imberbes. El propio Sahagún, a pesar de su gran prudencia, escribió: "También he oído decir que en Champotón o en Campeche hallaron los religiosos que fueron allí a convertir primeramente muchas cosas que aluden a la fe católica y al Evangelio, y si en esas dos comarcas hubo una predicación (apostólica) del Evangelio, sin duda que también tuvo lugar en México y sus provincias y aun en toda Nueva España...", y señaló lo que a sus ojos reforzaba la sospecha de una evangelización anterior: "El año de 70 o por allí cerca me certificaron dos religiosos dignos de fe que vieron en Oaxaca, que dista de esta ciudad sesenta leguas hacia el oriente, que vieron unas pinturas muy antiguas pintadas en pellejos de venados, en las cuales se contenían muchas cosas que aludían a la predicación del Evangelio; entre otras, era una ésta: que estaban tres mujeres vestidas y tocados los cabellos como indias, estaban sentadas como se sientan las mujeres indias, y las dos estaban a la par y la tercera estaba delante de las dos en el medio, y tenía una cruz de palo según significaba la pintura, atada en el nudo de los cabellos, y delante de ellas estaba en el suelo un hombre desnudo y tendido pies y manos sobre una cruz, y atadas las manos y los pies a la cruz con unos cordeles: esto me parece que alude a Nuestra Señora y sus dos hermanas, y Nuestro Señor crucificado, lo cual debieron tener por predicación antiguamente." [14] Éste es el testimonio más preciso y más turbador emanado de la más alta autoridad; lamentablemente, fray Bernardino habla de oídas, puesto que él mismo no había visto el códice que describe con tanta precisión. Observemos que Sahagún no establece ninguna relación entre la *profecía* de Quetzalcóatl y la *preevangelización* de México. Quetzalcóatl, a sus ojos, es un gran brujo indígena, de ningún modo un precursor de los misioneros.

[14] Sahagún, *op. cit.*, libro XI, cap. XIII, t. III, pp. 358-359.

Sin embargo, la multiplicidad de los indicios que parecían confirmar la preevangelización, naturalmente, requería un apoyo entre los héroes del antiguo México. Quetzalcóatl, adversario de los sacrificios humanos, casto y ascético, iniciador de la mortificación, promotor de la creencia en un dios único creador de toda cosa, anunciador de la conquista, depuesto y perseguido, concluyendo su existencia por una ascensión hacia el cielo y la promesa de una restauración futura de su reino bienaventurado, presentaba una cantidad demasiado grande de rasgos comunes con Jesús, como para no suscitar interrogantes apasionadas. Este héroe, según algunas versiones de su leyenda, había nacido de una virgen, milagrosamente engendrado por una mota de pelusa, cuyo carácter ligero e inasible habría podido simbolizar al Espíritu Santo. En el ritual cargado de los antiguos mexicanos aparecían la circuncisión, la confesión oral, el ayuno, la tonsura, etc., usos que en el espíritu de los misioneros católicos sólo podían provenir de la religión judeo-cristiana. Lo mismo ocurría con la creencia en el diluvio y en la "torre de Babel", que los antiguos mexicanos habían querido edificar precisamente en Cholula, ciudad sagrada de Quetzalcóatl. El comentarista del *Codex Telleriano remensis* escribió sobre eso: "En esta fecha 'uno caña' hacían la otra gran fiesta en Cholula al Quezalcoatle o primer *papa* o sacerdote, salvado del diluvio." [15] En este aspecto, nuevo Moisés. Mesías de los indios, resultaba tentador tratar de mostrar que era la promesa de la luz, del Mesías Jesucristo, cuya Palabra y Verdad habían traído los españoles. Además, como Tlahuizcalpantecuhtli, dios de la aurora, creado antes que el Sol, Quetzalcóatl —nos dice el comentador del *Codex Vaticanus 3738*— era la prueba de "*quanta cognitione hanno del* Génesis *perche ancor che il Demonio ha procurato mescolar tanti errori, va conformando tanto con la veritá catholica la sua buggia, che si puo credere, c'hanno havento notitia di quello libro*". [16]

Demasiados indicios coincidieron por sí mismos en torno a la figura de Quetzalcóatl como para que ella no se convirtiera en el centro de las hipótesis relativas a la preevangelización.

Como parecía probado el conocimiento, por parte de los mexicanos, de nociones judeo-cristianas —o cercanas a éstas— antes de la llegada de los misioneros españoles, se enfrentaron

[15] *Codex Telleriano remensis*, quinta trecena, Cielo, *caña*, p. 24.
[16] *Codex Vaticanus 3738*, fig. 21, p. 22.

dos interpretaciones opuestas de esa comprobación. Una, que según Las Casas, podríamos llamar "agustiniana", vio en ello los designios de Dios que, en su misericordia, había querido si no iluminar a los indios, por lo menos prepararlos para que lo fueran, para recibir la luz, gracias a analogías formales entre sus antiguas creencias y la nueva fe. El nombre del libro sagrado de los mayas, *Chilam Balam*, fue hábilmente vinculado al del mago Balaam que, también él, había predicado la venida del Mesías. *Quetzalcóatl*, que en sentido figurado significaba el gemelo precioso, apareció como sinónimo del griego *Thomé*, que también significaba gemelo; de ahí la traducción de Quetzalcóatl por *santo Tomé* o *Tomás*. Como la filología ayudó al ritual, a las creencias y a las representaciones de la antigua religión politeísta de México, Quetzalcóatl pronto presentó los rasgos de un apóstol de Cristo o de un evangelizador español, y se convirtió como consecuencia en el personaje más importante y más interesante del antiguo México a los ojos de los españoles y en particular de los misioneros. Este interés se explica en última instancia por el etnocentrismo espontáneo de los españoles, que los impulsó inconscientemente a buscar referencias familiares que les permitieran reconocerse en el fárrago de las manifestaciones religiosas del Nuevo Mundo. La impresión de estar en presencia de una novedad radical constituía, por lo demás, un escándalo, desde el punto de vista de la Verdad revelada. De ahí que una hermenéutica de inspiración alegórica reveló en los profetas del Antiguo Testamento el sentido críptico de pasajes que parecían anunciar el viaje de Colón al Nuevo Mundo, que se convertía así en propiedad de España *sub specie aeternitatis*, puesto que estaba *escrito*. Sería erróneo o malintencionado ver en tal actitud espiritual mala fe o ingenuidad. Negada *a priori* la novedad, porque hubiera revelado una laguna intolerable en la totalidad de la Verdad revelada por la Escritura, sólo cabía inquirir en los profetas, por un lado, y en América, por otro, para descubrir los *signos* que permitirían relacionar el Nuevo Mundo con la revelación. Quetzalcóatl reunía una buena cantidad de signos que parecieron luminosos. La única pregunta que correspondía era la de si Quetzalcóatl había sido un adepto de la religión natural, un brujo, y si las analogías con el cristianismo eran una parodia demoníaca, como pensaba Sahagún. Otros pensaron que Dios había utilizado este engaño realmente demoníaco como una propedéutica a la ver-

dadera fe. La idea que pronto tendió a imponerse fue que Quetzalcóatl era el apóstol *santo Tomás,* y que todas las analogías
de creencias y de ritual del antiguo México con el cristianismo
derivaban de una pretérita evangelización de América y de la
degradación ulterior de la doctrina. Esta última interpretación
no era el producto de imaginaciones desordenadas; estaba fundada sobre las *Acta Thomae* (reconocidas luego como apócrifas), según las cuales el apóstol había evangelizado las Indias
supra Gangem (más allá del Ganges). El redescubrimiento por
los misioneros franciscanos y dominicos de los "cristianos de
santo Tomás", en la región de Mylapore, en la India oriental,
proporcionaba argumentos a esta hipótesis. La confusión geográfica inicial que llevó a bautizar a América como las *Indias
Occidentales* contribuyó también a que la hipótesis "tomista"
resultase verosímil. Un motivo de orden, puramente teológico,
debía pesar mucho en este sentido. Si los indios resultaron innumerables, y el Nuevo Mundo pareció inmenso, ¿cómo admitir que
Jesús hubiese *olvidado* lo que en aquel entonces se suponía
que era la mayor parte del mundo y la más poblada, en el reparto de la humanidad que hizo entre sus apóstoles: *Ite et docete
omni creaturae?* Quetzalcóatl resultó ser un personaje bastante
conocido y a la vez bastante enigmático como para traer una
solución a dudas serias. Sólo tomándolo como una aporía metafísica a superar se podrá comprender el avatar criollo del
Quetzalcóatl de los antiguos mexicanos en el cual nada, a nuestros
ojos modernos, predisponía para su identificación con un apóstol de Cristo. Quetzalcóatl fue la respuesta parcial a un problema multiforme y, por tanto, también espiritual, el problema americano en el siglo XVI y en el siglo XVII.

LOS DEFENSORES DE LA EVANGELIZACIÓN APOSTÓLICA DE MÉXICO

Fray Diego Durán, O.P.

Casi contemporáneo de los primeros evangelizadores, el dominico Durán lo fue exactamente de Sahagún, y puede ser considerado también él como un conocedor de los últimos sobrevivientes del mundo azteca prehispánico. En ese carácter, es
interesante analizar la imagen que nos ha dado de Quetzalcóatl
y confrontarla con las que ya hemos examinado en Motolinía, en

Sahagún y en el autor de la *Histoyre du Méchique*. Al leer a Durán, tenemos la impresión de que años, decenios incluso, lo separan de los pioneros de la evangelización. Él no se propuso como tarea, al igual que ellos, escribir la historia de los antiguos mexicanos y de sus creencias, sino interpretarla como la propia historia de su patria de adopción. No es casual que en su obra aparezca la primera gran transformación literaria del personaje de Quetzalcóatl.

En el capítulo LXXIX de su *Historia de las Indias de Nueva España*, Durán expone su concepción de Quetzalcóatl. No hay que perder de vista que esta presentación del héroe se inserta en un plan de conjunto, la apología del antiguo México. Desde el comienzo de la obra, el autor nos anuncia sus intenciones: "...quanto ha sido mi deseo de dalle vida y resucitalle de la muerte y olvido en que estaba, al cabo de tanto tiempo ... para que las gentes advenedizas y extrañas de diversas naciones ... pierdan la mala y falsa opinión con que condenaban la barbaridad que a estas gentes atribuían".[17] En los últimos parágrafos del capítulo LXXVIII, que precede inmediatamente al consagrado a Quetzalcóatl, Durán deplora la destrucción de los antiguos códices: "Y assí erraron mucho los que con buen celo (pero no con mucha prudencia) quemaron y destruyeron al principio todas las pinturas de antiguallas que tenían; pues nos dexaron tan sin luz, que delante de nuestros ojos idolatran y no los entendemos."[18] El objetivo del padre Durán, religioso misionero, es, pues, el mismo que el de Sahagún. Pero, mientras que Sahagún aplicó sin vacilar la doctrina de la *tabula rasa* y no perdonó ninguna creencia de los antiguos mexicanos, Durán fue el primero en entreabrir la puerta a la hipótesis de la preevangelización, cuya fortuna, como veremos, fue grande. El título del capítulo LXXIX anuncia una interpretación: "De quien se sospecha que fue un gran varón que hubo en esta tierra, llamado Topiltzin y por otro nombre Papa, a quien los mexicanos llamaron Hueymac; residió en Tula."[19] Observemos que el Quetzalcóatl no figura en ese título ni aparecerá en el capítulo. Se trata del "papa Topiltzin", es decir, del Quetzalcóatl histórico, gran sacerdote de Tula, considerado como hombre y no como dios (tampoco se alude a su transformación en la estrella matu-

[17] Durán, *op. cit.*, t. I, cap. III, p. 18.
[18] *Ibid.*, t. II, p. 71.
[19] *Ibid.*, p. 72.

tina). Sólo mucho más adelante Durán tratará: "Del ídolo llamado Quetzalcóatl, dios de los cholultecas",[20] y aunque este ídolo sea llamado "padre de los toltecas, y de los españoles porque anunció su venida",[21] en ningún momento aparece relacionado con el "papa Topiltzin". Por consiguiente, Durán separa al dios de los cholultecas, Quetzalcóatl-Ehécatl, del Quetzalcóatl histórico. Su "papa Topiltzin" se confunde por lo demás con el Huémac de Tlaxcala. Durán escribe de este personaje: "Este Topiltzin ... fue una persona muy venerable y religiosa a quien ellos tuvieron en gran veneración y le honraban y reverenciaban como a persona santa."[22]

La clave estaba dada, y tendría éxito: el "papa Topiltzin" era un "santo". La descripción de su comportamiento y la historia de su vida se modelarán sobre esta naturaleza adquirida. Durán no se detiene en analogías formales; la palabra papa no tenía para él ninguna relación con las lenguas neolatinas del Viejo Mundo, sino que significaba "el hombre de los largos cabellos", es decir, sacerdote, ya que los sacerdotes del antiguo México dejaban crecer sus cabellos. La insinuación es más sutil: "Estaba siempre recogido en una celda orando (...) era hombre muy abstinente y ayunador; vivía castamente y muy penitenciero; tenía por ejercicio el edificar altares y oratorios por todos los barrios, y colocar imágenes en las paredes y sobre los altares, e hincarse de rodillas ante ellas y reverenciarlas y besar la tierra."[23] A sus discípulos les enseñaba a "orar y predicar". A los lectores contemporáneos de Durán no podía dejar de llamarles la atención el empleo de un vocabulario cristiano para pintar la devoción de Topiltzin (celda, orar, penitencia, oratorio), y la indicación de rasgos como "abstinente", "penitenciero" e "hincarse de rodillas".[24] Si se agrega que "las hazañas y maravillas de Topiltzin" tenían "apariencias de milagros", el retrato de un Topiltzin cristiano queda de suyo dibujado. La argumentación de Durán en favor de la identificación del "papa Topiltzin" de Tula con un apóstol de Cristo está fundada sobre razones teológicas y sobre hechos, después de haber afirmado su ortodoxia: "en todo me sujeto a la corrección de la Santa Igle-

[20] *Ibid.*, cap. LXXXIV, p. 118.
[21] *Ibid.*
[22] *Ibid.*, cap. LXXIX, p. 73.
[23] *Ibid.*
[24] *Ibid.*

sia católica, porque aunque me quiera atar al sagrado Evangelio que dice por san Marcos, que mandó Dios a sus sagrados apóstoles que fuesen por todo el mundo y predicasen el Evangelio a toda criatura (...) pues éstas eran criaturas de Dios (...) que no las dejaría sin predicador, y si le hubo fue Topiltzin, el cual aportó a esta tierra, y según la relación del se da era cantero que entallaba imágenes en piedra y las labraba curiosamente, lo cual leemos del glorioso santo Tomás, ser oficial de aquel arte, y también sabemos haber sido predicador de los indios..." [25] De este modo quedan echadas las bases de la asimilación de Topiltzin al apóstol santo Tomás. Al mismo tiempo, se destruye la hipótesis de que Durán habría sido simplemente el traductor de una crónica indígena llamada *Crónica X* a falta de un nombre más preciso. Es cierto que Durán, como los franciscanos que ya estudiamos, tuvo entre manos los códices y se los hizo comentar por los indígenas. Es posible que uno de esos códices, hasta hoy desaparecido, haya sido su principal fuente. Pero un ejemplo como el de la imagen que nos ha dado de Topiltzin prueba que las crónicas indígenas fueron elaboradas por el dominico. A los autores posteriores les tocará completar el retrato de un Quetzalcóatl apostólico. Otro dominico, Las Casas, lo describirá así: "Era hombre blanco, crecido de cuerpo, ancha la frente, los ojos grandes, los cabellos largos y negros, la barba grande y redonda." [26]

El interés del Topiltzin de Durán está en que nos revela las actitudes espirituales que condujeron a identificar el Topiltzin de Tula con el apóstol santo Tomás. Cierto número de rasgos legendarios del personaje y "la reputación milagrosa" hacen suponer que se trataba de un misionero cristiano. El reconocimiento (después de las controversias cuyos primeros papeles correspondieron a Las Casas, a Sepúlveda y a Vitoria) de los indios como "criaturas de Dios, racionales y capaces de la bienaventuranza", [27] confrontado con el Evangelio según Marcos y con las *Actas de Tomás*, entrañaba la conclusión de que las Indias habían sido evangelizadas por un apóstol, precisamente por santo Tomás. Una serie de casualidades hizo que el apóstol y Topiltzin tuvieran analogías. Topiltzin había esculpido la pie-

---

[25] *Ibid.*
[26] Las Casas, *Apologética historia* (...), cap. CXXII (B. A. E., t. CV, p. 424 *a* y *b*).
[27] Durán, *op. cit.*, t. II, cap. LXXIX, p. 73.

dra, y Tomás también, etc. Esas semejanzas hubieran pasado inadvertidas de no ser por la necesidad teológica de encontrar en el Nuevo Mundo los rastros de una primitiva evangelización apostólica.

La profecía de Topiltzin tiene en Durán características precisas: la descripción de los extranjeros venidos del este tiende a ser una pintura ingenua de los españoles, y el sentido de la profecía, sobre todo, es completamente nuevo y deriva de la ética cristiana: "que aquel castigo les había de enviar Dios en pago del mal tratamiento que le habían hecho y la afrenta con que le echaban".[28] Topiltzin habla ahora como santo Tomás o más bien como un religioso español del siglo XVI podía imaginar que hubiera hablado el apóstol. Hubo todo un bando dispuesto a justificar los crímenes de la conquista española, considerándola como un flagelo de Dios enviado a los indios para castigarlos por su incredulidad tenaz y sus vicios. Cabe preguntarse si Durán inventa los términos que Topiltzin habría podido emplear verosímilmente, a fin de presentarlo de acuerdo con el personaje que él imaginaba que era, es decir, santo Tomás. Obrando así, el padre Durán no hizo lo que sus contemporáneos, a ejemplo de los historiadores latinos. (Ninguno de los discursos de generales antes de las batallas, de los que están llenos Salustio y Tito Livio, ha sido pronunciado.) Pero también podría pensarse que el dominico recogió esta versión de boca de algún informante indígena; es menos probable, pero no está excluida la posibilidad. Ahora bien, Durán, como todos los misioneros españoles de México, sabía de la fragilidad de tales relatos y desconfiaba de ellos, puesto que escribió algunos renglones más abajo: "aunque preguntado a otro indio viejo la noticia que tenía de la ida de Topiltzin, me empezó a relatar el capítulo catorce del *Éxodo* (...) y como vi que había leído donde yo y dónde iba a parar, no me di mucho a preguntarle".[29] Si un viejo indio recitaba el *Éxodo*, para contar la fuga de Quetzalcóatl, ¿qué pensar de los relatos de los jóvenes ladinos? En todo caso, la imagen de Quetzalcóatl ¿no era ya, desde antes de Durán, marcadamente sincrética? A qué conclusión llegar cuando Durán cuenta: "también me dijo un indio viejo que pasando el *Papa* por Ocuituco, les había dejado un libro grande (...) y me juraron que habrá seis años que le quema-

[28] *Ibid.*, p. 75.
[29] *Ibid.*, p. 76.

ron porque no acertaban a leer la letra (...) lo cual me dio pena porque quizá nos hubiera satisfecho de nuestra duda que podría ser el Sagrado Evangelio en lengua hebrea".[30] ¿No es más sencillo suponer que ese viejo indio no sabía leer la escritura ideográfica de los códices, o que se trataba de un códice mixteca o maya, o incluso tolteca, incomprensible en tierras zapotecas? Lo interesante es la actitud espiritual que va de la verdad revelada (el Evangelio según Marcos y las *Actas de Tomás*) a la búsqueda no de *pruebas* fácticas, sino de *signos* materiales de un pasado conocido por la revelación. Sintiendo lo que se les quería hacer decir, los indios se adelantaban a los deseos de los religiosos españoles; cuando esta complacencia era demasiado visible (como en el caso del *Éxodo*, antes mencionado), no engañaba a nadie. Pero ¿quién podría desentrañar las sutiles deformaciones de la leyenda de Quetzalcóatl que por sucesivos retoques aparejaron la confusión entre el héroe-dios mexicano y la idea que en esta época podía tenerse de un apóstol de Cristo? Los indios tenían interés en convencerse; era la prueba de que su pasado no se reducía a tinieblas y de que su presente no era un salto en el vacío. La palabra de Cristo estaba muchísimo más próxima para ellos si había sido proclamada por boca de Quetzalcóatl. Los misioneros indigenistas encontraban en esta tradición cristiana del Nuevo Mundo el signo de la gracia del cielo sobre las Indias y sus poblaciones; por tanto, razones metafísicas para desautorizar a los cazadores de esclavos y a los verdugos de la conquista y de la colonización llevada al extremo. Los primeros criollos vieron en la evangelización apostólica la señal de que su *patria* no era reprobada, olvidada por el Señor.

Fray Diego Durán no era criollo, pero muy posiblemente era un judío converso,[31] y en el tan debatido problema del origen de los indios fue de los que pensaron "que podríamos últimamente afirmar ser naturalmente judíos y gente hebrea, para probación de lo cual será testigo la Sagrada Escritura, donde clara y abiertamente sacaremos ser verdadera esta opinión".[32] Sería arriesgado pretender penetrar en los móviles ocultos de la conciencia de un religioso español del siglo XVI. Si Durán

[30] *Ibid.*
[31] Durán, *Historia de las Indias* (...), México, 1967, ed. A. M. Garibay, Notas de introducción, pp. 13-15.
[32] Durán, *op. cit.*, t. I, cap. I, p. 1.

fue un judío converso, quizá sintió la vocación de convertir al cristianismo a los "judíos escondidos" de que hablan los profetas, lo que debía preludiar la llegada del Reino. Así el dominico se uniría a la poderosa corriente del pensamiento milenarista, que no fue sólo asunto de franciscanos. Durán clamó con pasión el amor a su patria mexicana "en las cosas de gobierno y policía, sujeción y reverencia, grandeza y autoridad, ánimo y fuerzas, no hallo quien les sobrepuje, y en querer señalarse en todo para que su memoria durase para siempre".[33] Esos eran los puntos sensibles para un lector español contemporáneo de Durán. Los antiguos mexicanos compartían con los conquistadores la ética de la hazaña, la preocupación por la gloria, la fama y el honor. Vemos cómo, en comparación con ese pasaje, la identificación de Quetzalcóatl con santo Tomás se ubica dentro de una tentativa más vasta para vencer la radical singularidad del Nuevo Mundo y de las costumbres de sus habitantes. Había que vincular a los indios con la historia del único mundo posible, el mundo judeo-cristiano, mediante las profecías, las creencias, el sistema de valores. Quetzalcóatl fue una carta alta en este juego en el que los misioneros participaban contra los conquistadores. En los relatos de éstos, los indios aparecían sobre todo como paganos y antropófagos; los religiosos hicieron su apología con las armas espirituales de la época.

Fray Juan de Tovar, S.J.

Hay una serie de textos estrechamente relacionados: la *Historia de las Indias*, de fray Diego Durán; la *Historia*, de Tovar; la *Historia natural y moral* (por lo menos el libro VII, referido a México), de José de Acosta; por último, la *Crónica mexicana*, de Fernando A. Tezozómoc. Dos cartas iluminan especialmente la relación entre esas obras, una del padre Acosta al padre Tovar, y otra, la respuesta del segundo.[34] El manuscrito autógrafo probable de Tovar, llamado *Tovar de Phillips*, parece un resumen de una primera *Historia* (perdida hasta hoy) de Tovar, que tal vez éste envió a Acosta, quien agregó de su mano notas marginales. El propio Tovar declara haber aprovechado la his-

[33] Durán, *op. cit.*, t. I, cap. III, p. 18.
[34] Joaquín García Icazbalceta, *Don Fray Juan de Zumárraga*, México, 1947, t. IV, Documento núm. 65, pp. 89-95.

toria de un dominico, que no puede ser sino Diego Durán. Así se aclararon los lazos de filiación:

Durán = Tovar I = Tovar II = Acosta.

El erudito mexicano José F. Ramírez descubrió en el convento de San Francisco de México un documento conocido después con el nombre de *Códice Ramírez*. Bandelier estableció que el *Manuscrito Phillips* y el *Códice Ramírez* eran del mismo autor. La identidad reconocida entre el *Manuscrito Phillips* y el *Códice Ramírez*, el primero siendo una copia del segundo con ligeras variantes, y la identificación de ambos manuscritos con la segunda *Historia*, de Tovar, escrita en 1586 o 1587, da el esquema siguiente:

Durán = Tovar de Phillips = Tovar Ramírez =
Acosta = Tezozómoc.

Las diferentes hipótesis han sido examinadas por Kubler y Gibson, en un estudio cuya conclusión es que la *Historia* de Durán es la obra madre. Por otra parte, Robert H. Barlow había lanzado una nueva "hipótesis indigenista", según la cual una *Crónica X*, hoy desaparecida, había sido la fuente indígena común de Durán y de Tezozómoc. Es dudoso que la *Crónica X*, si es que alguna vez existió, sea encontrada e identificada un día. El problema se circunscribe, finalmente, a las relaciones entre Durán y Tovar; según se admita que el segundo ha resumido la obra del primero o que han utilizado como fuente común la *Crónica X* (que quizá utilizó también Tezozómoc), las fuentes de la historia de México aparecerán más o menos "puras". Vamos a aclarar ese problema desde el ángulo específico de Quetzalcóatl.

En ausencia de la eventual *Crónica X*, comenzaremos por estudiar el personaje de Quetzalcóatl, en el *Manuscrito Tovar*, partiendo de la presunción de que la *Historia* de Durán es a la vez la más rica y la primera en tiempo de las obras consideradas, y la fuente del *Manuscrito Tovar-Códice Ramírez*.

Tovar ubica la profecía de Quetzalcóatl en tiempos de la conquista española y no en el momento del exilio del Quetzalcóatl histórico. Efectivamente, escribe: "En este tiempo anunció el ídolo Quetzalcóatl, dios de los cholultecas, la venida de gente extraña a poseer estos reinos." La expresión "en este tiempo" designa el momento en que "habían aparecido en los puertos navíos con hombres extraños",[35] es decir, Grijalva en 1518, o Cortés en 1519. Ese desplazamiento temporal de la profecía no deja la menor duda acerca de si eran los españoles los anunciados. Entre los prodigios precursores de la conquista española, Tovar cuenta que un labrador fue transportado por un águila a una gruta e invitado por la voz de Dios a quemar el muslo de Moctezuma: "Ya es tiempo que pague las muchas ofensas que ha hecho a Dios." [36] Bajo una forma un poco diferente, encontramos la idea, presente en Durán, del azote de Dios sobre los indios para castigarlos por su paganismo y por sus vicios. Esta idea, que apareció muy temprano para tratar de justificar las atrocidades de la conquista española, sólo puede ser considerada como una aportación española; es, indudablemente, extraña a las profecías indígenas.

Los observadores enviados por Moctezuma "dijeron todos que, sin falta, era venido su grande emperador Quetzalcóatl (...) el cual dejó dicho que habrá de volver, que lo fuesen a recibir".[37] Encontramos acá las huellas de la única profecía indígena atestiguada por las mejores fuentes, la de Quetzalcóatl-Topiltzin al partir para el exilio. La segunda profecía, la del ídolo de los cholultecas, contemporánea de la conquista, tuvo verosímilmente como origen, en el texto de Tovar, la confusión creada por el nombre de Quetzalcóatl. Haciendo que la profecía se repitiera en el momento de la conquista entre los diferentes prodigios (señalados por las demás crónicas), Tovar unió más estrechamente al Quetzalcóatl de los antiguos mexicanos con los españoles. Y, prosiguiendo, Tovar explicó: "y porque esto mejor se entienda, es de advertir que hubo en esta tierra en tiempos pasados un hombre que, según la relación que hay de él, fue santísimo, tanto que muchos certifican que fue algún santo, aportó a esta tierra a anunciar el Santo Evangelio".[38] Tovar era prudente al escribir "según la relación", pero sería deseable que hubiese sido más preciso. Si se tratara, como hay motivos para pensarlo, de la "relación de Durán", estaría ligeramente atrasada respecto a Tovar, puesto que Durán había escrito simplemen-

---

[35] *Manuscrit Tovar. Origines et croyances des Indiens du Mexique*, ed. Jacques Lafaye, Colección UNESCO de obras representativas, Akademische Druck und Verlagsanstalt, Graz, 1972, p. 69.

[36] J. de Tovar, *op. cit.*, p. 70.

[37] J. de Tovar, *op. cit.*, p. 73.

[38] J. de Tovar, *op. cit.*, p. 73.

te: "Este Topiltzin fue una persona muy venerable y religiosa
(...) y [los indios] le honraban y reverenciaban como a persona santa." [39] Tovar, resumiendo el texto de Durán, considera
como cierto lo que era hipotético, según lo testimonia la expresión: "fue un hombre santo", si bien hay que ver cierta reserva
en lo que sigue: "muchos certifican que fue algún santo";[40] se
pretendía convencer al lector por la pluralidad de los testimonios, pero Tovar no enumera a esos "muchos". Si se trataba de
informantes indígenas, sabemos, por el propio Durán, cuán sospechoso era su testimonio; si (como seguramente es el caso)
sólo Durán representaba a esos numerosos autores, se trata de
un giro de estilo bastante vago, con el que no podría conformarse la erudición moderna. Tovar parece parafrasear aquí a
Durán, pero refuerza la presunción de que Topiltzin era un
evangelizador, mediante una acumulación de detalles que, según
las fuentes más auténticas, no cabían en la idea que los indígenas se hacían de Quetzalcóatl, según podemos conocerla a través de los cantos y de las historias que aluden a "un cuero
curtido muy antiguo donde estaban figurados todos los misterios de nuestra fe sin faltar ninguno, en figuras de indios, aunque con muchos yerros". Tovar no nos revela tanto la seguridad
de las informaciones no verificadas por él mismo, como el empleo que quiso darles. Tan sólo nos dice que "persuádense más
a esto los que encontraron en un pueblo que está junto a la
mar un cuero curtido".[41] Es interesante comparar la actitud del
jesuita con la de Sahagún, que, ante un testimonio similar, había
manifestado antes que nada su sorpresa por no haber descubierto nada igual en el México central.

Al citar los diferentes nombres del héroe, Tovar escribe: "el
primero era Topiltzin", lo que hace pensar que, para él como
para Durán, Quetzalcóatl era el *Quetzalcóatl Ce-Ácatl Topiltzin*
histórico, de Tula. Al llegar a su tercer nombre, Tovar escribe:
"el tercero era 'papa' y entre las figuras que se hallan de su
efigie le pintan con una tiara de tres coronas, como la del Sumo
Pontífice".[42] Aunque el autor no haya sacado ninguna conclusión
del enunciado de esos dos hechos, los junta, dejando al lector
la tarea de relacionar el nombre de "papa", dado a Topiltzin,

[39] D. Durán, *op. cit.*, t. II, cap. LXXIX, p. 73.
[40] J. de Tovar, *op. cit.*, p. 73.
[41] J. de Tovar, *op. cit.*, p. 73.
[42] J. de Tovar, *op. cit.*, p. 73.

con la "tiara" que llevaba sobre la cabeza, en los códices indios. Esos signos exteriores del cristianismo refuerzan la impresión producida por el ascetismo del personaje, su piedad, su amor por la virtud, sus milagros... Tovar no dice que el nombre de "papa" servía para designar a los sacerdotes de la antigua religión, porque llevaban los cabellos largos. La omisión de un detalle, que basta para disipar las presunciones "cristianas", es intencional de parte de un hombre como Tovar, que conocía admirablemente a los indios y su lengua náhuatl. La presencia de esta explicación del nombre papa, en la *Historia* de Durán, hace aparecer a éste como atrasado con respecto a Tovar, en la línea de evolución que tendía a identificar cada vez más a Quetzalcóatl con el apóstol santo Tomás. Ese hecho aislado no bastaría para probar que Durán fue la fuente de Tovar, que habría resumido la obra de su predecesor; pero este indicio, añadido a los que ya señalamos, revela un propósito de conjunto, el de reforzar la presunción de una tarea evangelizadora de santo Tomás en México. Por una serie de correcciones de detalle del testimonio de Durán, ya omisiones, ya agregados, por la elección de palabras diferentes, Tovar se empeña en presentar a Quetzalcóatl como un apóstol de Cristo. El examen que acabamos de hacer del único ejemplo de Quetzalcóatl-Topiltzin vuelve inverosímil que Tovar haya podido ser la fuente de Durán. En ambos casos, las respectivas visiones de Topiltzin no deben mucho a un anónimo autor indígena, como lo habían supuesto Ramírez y Chavero, ni a Sahagún, ni a Motolinía. Lo que es verdad de Topiltzin no lo es de ningún modo del ídolo Quetzalcóatl, dios de los cholultecas, tema del capítulo IV del *Códice Ramírez*. Está pintado con términos semejantes a los de Sahagún y sin ningún lazo con el Quetzalcóatl histórico, también llamado "papa Topiltzin". Esta manifestación de la divinidad mexicana, en una parte de la literatura misionera, demuestra que el esfuerzo de síntesis de las fuentes indígenas (*tonalámatl*, etc.) intentado por los religiosos obedecía a una visión englobadora del mundo indígena y de sus creencias profundamente diferente de la de los indios antes de la conquista española. Durán y Tovar nos transmiten algunos aspectos de la antigua religión bajo una forma aparentemente más fiel, pero hay que desentrañarlos de en medio de un material más elaborado. Es el caso de Quetzalcóatl, ídolo de los cholultecas, al que el padre Durán presentaba incluso como perseguidor de Topiltzin, entre los nigrománticos: Tezcatlipoca, Ilhuimecatl y Quetzalcóatl, lo cual nos aleja bastante de Motolinía, de Sahagún y de la literatura náhuatl.

Los comentadores de los códices de Reims y del Vaticano

Las fuentes escritas que acabamos de utilizar son las más importantes. Pero afortunadamente están completadas con códices pictográficos. Al parecer, el padre José de Acosta en su *Historia* ya había aludido al *Codex Vaticanus A*, manuscrito mexicano número 3738 de la Biblioteca Vaticana, llamado *Códice Ríos*, y ello confirma que el documento estaba en esa biblioteca desde fines del siglo XVI. El comentario en italiano que acompaña a ese códice parece la bastante torpe transcripción (por todas partes deja transparentar el original español) del comentario oral de un dominico español. El padre Pedro de los Ríos, que al parecer perteneció a la misión dominica de Oaxaca hasta 1566 más o menos, ¿reprodujo un códice mexicano o sólo comentó su significado? Acosta nos dice que un jesuita aclaró el sentido del códice para el bibliotecario de Su Santidad, que no entendía nada.[43] Ese jesuita, probablemente italiano, sería quien transcribió el comentario en español del padre Ríos.

Existe una réplica del *Codex Vaticanus 3738*, es un código mexicano de la colección del obispo de Reims, Le Tellier, llamado por eso *Codex Telleriano remensis*. La ejecución de los dibujos del *Telleriano remensis* es más perfecta y más delicada que la del *Vaticanus 3738*, que pasaría más fácilmente por ser una copia imperfecta del precedente, debida quizá al padre Ríos o, en todo caso, a una mano española ignorante de la significación simbólica o jeroglífica de ciertos detalles. El *Telleriano remensis* está, además, acompañado de un comentario manuscrito en español, que sólo imperfectamente corresponde al comentario italiano del *Vaticanus 3738*.

En el comentario español del *Codex Telleriano remensis*, Quet-

[34] José de Acosta (S.J.), *Historia natural y moral de las Indias*, libro VII, cap. XIX (B. A. E., t. LXXIII, p. 231): "Así está todo hoy día pintado en los *Anales mejicanos*, cuyo libro tienen en Roma y está puesto en la sacra biblioteca o librería vaticana, donde un padre de nuestra Compañía, que había venido de México, vio ésta y las demás historias y las declaraba al bibliotecario de Su Santidad, que en extremo gustaba de entender aquel libro, que jamás había podido entender."

zalcóatl aparece varias veces, primero como uno de los signos de la segunda trecena del *tonalámatl* o calendario sagrado. El comentario, bastante deshilvanado, recuerda los rasgos principales del héroe-dios: "Es el que nació de la virgen que se dice Chimalman (...) salióse del diluvio (...) sería penitente (...) Este Quetzalcóatl fue el que dicen que hizo el mundo y así le llaman señor del viento, porque dicen que este Tonacatecuhtli, cuando a él le pareció sopló y engendró a este Quetzalcóatl. A éste le hacían las iglesias redondas sin esquina ninguna. Éste dicen que fue el que hizo el primer hombre (...) después del diluvio se sacrificaba desta manera * y no mataban hombres." [44]

En otra parte se dice que su mellizo, Xólotl, fue salvado del diluvio. La vinculación de Quetzalcóatl con el diluvio es especialmente clara en el *Telleriano remensis*, y constituye un elemento posible de asimilación de las antiguas creencias relativas a Quetzalcóatl con la tradición judeo-cristiana. El comentarista ha deducido también que Quetzalcóatl había nacido de una virgen y del "soplo" o del "espíritu" de un dios e incluso "señor de los dioses": Tonacatecuhtli. Ello significaba juntar rasgos que evocan directamente al cristianismo y que no figuran en las tradiciones más próximas a la fuente indígena. La práctica del autosacrificio recuerda las mortificaciones de los ascetas cristianos.

En el comentario de la tercera trecena, se dice que: "Topiltzin-Quetzalcóatl nació el día de '7 cañas', y el día de estas '7 cañas' se hacía una gran fiesta en Cholula (...) y lo mismo se hacía el día que se fue o murió, que fue en el día de '1 caña'." [45] Este interesante pasaje muestra que el comentarista del *Codex Telleriano remensis* identificaba a Topiltzin con Quetzalcóatl (a diferencia de Durán, por ejemplo) y con el gran dios de Cholula (el Camaxtli de los tlaxcaltecas). La indecisión que expresa "se fue o murió" corresponde a las variantes que ya encontramos de las tradiciones de Quetzalcóatl. En el comentario de la novena trecena, el autor escribe: "Esta lumbre o estrella fue criada antes que el Sol. Este Tlahuizcalpantecuhtli o estrella Venus es el Quetzalcóatl. Cuando se fue o desapareció tomó su nombre." [46] Esto corresponde al *Génesis* y además evoca la estrella de Oriente, que había anunciado la venida del Mesías. El

---

* Se hacían escarificaciones.
[44] *Codex Telleriano remensis*, p. 22.
[45] *Codex Telleriano remensis*, p. 23.
[46] *Codex Telleriano remensis*, p. 26.

comentario de la cuarta trecena nos dice: "ayunaron los cuatro días postreros al Quetzalcóatl de Tula, que es el que tomó nombre del primer Quetzalcóatl y ahora le llaman '1 caña' y que es la estrella Venus." [47] El comentarista agrega (quinta trecena) "en esta '1 caña' hacían la otra gran fiesta del Quetzalcóatl, o primer papa, o sacerdote (. . .) salvóse del diluvio".[48] Aquí está, pues, claramente establecida la distinción entre el primitivo dios Quetzalcóatl y el Quetzalcóatl Ce-Ácatl de Tula, que aparecía como "primer papa o sacerdote" del precedente; el iniciador del autosacrificio es, seguramente, el segundo, salvado del diluvio. En el códice *Telleriano remensis* se reconocen, pues, los distintos rostros del Quetzalcóatl de las tradiciones mexicanas, gracias al recuerdo sucinto (y por ello un poco incoherente) de las principales tradiciones indígenas. Se le da un rango especial al diluvio, que parece una aportación cristiana, no porque el diluvio esté ausente en las tradiciones mexicanas, pero no está tradicionalmente asociado al mito de Quetzalcóatl. Si admitimos la anterioridad del códice *Telleriano remensis* respecto al *Vaticanus 3738*, que posiblemente había sido copiado de un original mexicano (¿el propio *Telleriano remensis*, a partir de 1555?), hay que considerar al comentador del *Telleriano remensis* como uno de los historiadores primitivos de México, al menos tan antiguo como Durán y más antiguo que Tovar. Este autor anónimo está bien informado de las diversas tradiciones indígenas a propósito de Quetzalcóatl y es mucho más prudente que Durán y que Tovar en el sentido de la asimilación del mito de Quetzalcóatl a las tradiciones bíblicas. Parece negarse a sacar partido de cegadoras analogías. ¿Se trata de prudencia ante la Inquisición o el propósito de hacer "tabla rasa"?

El comentarista italiano del códice *Vaticanus 3738* —el jesuita, mencionado por Acosta, probablemente había transcrito el comentario oral del dominico fray Pedro de los Ríos— se aparta en forma notable de la concisión del *Codex Telleriano remensis*. Más desarrollado, el comentario italiano es también menos rico y deja a un lado aspectos importantes de las tradiciones indígenas. En cambio desarrolla por extenso las analogías judeo-cristianas. ¿Estamos ante un caso semejante al de la filiación Durán-Tovar; un dominico inspira a un jesuita, que va más lejos que él en el camino de los compromisos entre las creencias

---

[47] *Codex Telleriano remensis*, p. 23.
[48] *Ibid.*, p. 24.

paganas y la tradición bíblica? (La querella de los ritos chinos en el siglo XVII no será sino la fase aguda de una divergencia que se remonta a los comienzos de las misiones.) Los jesuitas tenían buenos argumentos al oponer al rigor de los otros (de los franciscanos en especial) todo lo que el cristianismo europeo había conservado de las tradiciones paganas anteriores. Como el padre Durán, el padre Ríos, su hermano en religión (¿era también descendiente de un converso como su nombre permite suponer?), piensa que "esas gentes descienden de los hebreos", y agrega: "y uno de los argumentos que me han convencido de ello es ver qué conocimiento tienen del *Génesis*".[49]

Este conocimiento del *Génesis* está muy ligado a Quetzalcóatl, puesto que se trata de la creencia según la cual Tlahuizcalpantecuhtli, divinidad de la aurora, habrá sido creado antes que el Sol. "Cómo han llegado a este país, no se sabe." El confusionismo implícito en esta actitud espiritual no tiene nada de sorpresivo de parte de un europeo de fines del siglo XVI. Suponer a causa de tales analogías que los antiguos mexicanos eran esos famosos "judíos escondidos" de la tradición profética, llevaba incluso a atribuirle un origen judaico a Quetzalcóatl. Dado que la piedad de los hebreos es sabida, el héroe-sacerdote, Quetzalcóatl, apareció, naturalmente, como "el primero que comenzó a invocar a los dioses y a celebrarles sacrificios, fue también el primero en hacer penitencia a fin de aplacar a los dioses".[50] Primer constructor de templos, Quetzalcóatl presenta todos los rasgos de un héroe hebraico, y además el de haber cruzado misteriosamente el mar, como un nuevo Moisés: *Tlapallan* "quiere decir lo mismo que mar Rojo". El carácter mesiánico de Quetzalcóatl tampoco ha escapado al comentador que recuerda el levantamiento zapoteca de 1550: "Que su dios había llegado, que los rescataría." Pero a pesar de todas esas analogías, y en contradicción con la tesis del origen hebraico de los indios, el autor escribe de las profecías sobre el retorno de Quetzalcóatl: "Y que no se deduzca de esto que el demonio, que inventaba todo esto, podía saber lo que sucedería",[51] era una simple maña de Satán, destinada a conservar su crédito ante los indios; era fácil prever que un día u otro sobrevendría una invasión.

Aludiendo, en el comentario de la figura XIV, al origen de

---

[49] *Codex Vaticanus 3738*, pl. XXI.
[50] *Ibid.*, pl. VII, verso.
[51] *Ibid.*, pl. IX, verso.

Quetzalcóatl, nacido de una virgen y de un espíritu divino, el Citlaltonalli, el padre Ríos (o su intérprete) protesta contra la atribución a ese demonio, Quetzalcóatl, del papel providencial de Jesús, "el cual encontrando el mundo corrompido, lo reformó haciendo penitencia y muriendo en la Cruz por nuestros pecados, y no el miserable de Quetzalcóatl, al cual estos míseros atribuyen esta obra".[52] La tesis franciscana de la parodia demoníaca del cristianismo reaparece aquí. ¿Hay que atribuírselo al dominico Ríos, o a su intérprete jesuita anónimo? Dentro de este espíritu, la asimilación gráfica al cristianismo de los Quetzalcóatl del *Codex Vaticanus 3738* no presentaba más peligro para la ortodoxia. Hay que señalar, sin embargo, que el autor de los dibujos de ese códice, simplificando los del *Telleriano remensis*, representa, en vez del principio dual de los antiguos mexicanos, cruces cristianas en la capa de un Quetzalcóatl que marcha sobre las aguas del Tlapallan: "el mar Rojo". No hay que insistir acerca del valor sugestivo de esas coincidencias, para quien hubiera querido mostrar que Quetzalcóatl pertenecía a la tradición judaica. Para nosotros, el interés del comentario del *Codex Vaticanus 3738* se halla en que esboza un retrato de Quetzalcóatl que acentúa los parecidos con Jesús y, en términos generales, las creencias judeo-cristianas, compensando esas analogías con la afirmación de una parodia demoníaca. La *Historia* de Durán, la primera (en fecha) aberrante con respecto a las primitivas historias franciscanas (Sahagún, Olmos, Motolinía) y dominicas (fray Pedro de los Ríos) parece ser el origen de las tentativas de asimilación de Quetzalcóatl con un personaje de la tradición bíblica.

Un censor oficioso, el jesuita Acosta

Las dos cartas (una del padre Tovar, otra del padre Acosta) publicadas por J. García Icazbalceta, y reproducidas por G. Kubler y Ch. Gibson, prueban que la *Historia* del padre Tovar (*Manuscrito Tovar - Códice Ramírez*) fue casi la única fuente de Acosta para escribir la parte de su *Historia natural y moral* consagrada a México. En efecto, el célebre jesuita tenía una experiencia directa y prolongada de Perú, pero en materia mexicana tuvo que conformarse con informaciones de segunda

[52] *Ibid.*, pl. IX.

mano. Su carta al padre Tovar nos muestra con qué escrúpulos las utilizaba. Nos resulta de interés ver qué acogida daba un espíritu como el del padre Acosta a las sugerencias de Tovar relativas a Quetzalcóatl.

Sobre el problema general del carácter providencial del descubrimiento y la evangelización del Nuevo Mundo, Acosta compartía la opinión de todos sus contemporáneos. Como ellos, pensaba que un acontecimiento tan importante tenía que haber sido anunciado por los profetas: "Y parece cosa muy razonable que de un negocio tan grande como es el descubrimiento del Nuevo Mundo haya alguna mención en las Sagradas Escrituras. Isaías dice: '¡Ay de las alas de las naves que van de la otra parte de la Etiopía!' Todo aquel capítulo, autores muy doctos le declaran de las Indias, a quien me remito." [53] La fragilidad de tal interpretación se explica por el carácter vago tanto de las profecías como de la geografía antigua, y más aún la de fines del siglo XVI, con respecto a Asia y a América. Por otra parte, Acosta se salvaguarda detrás de "autores muy doctos" que se guarda de nombrar y cuyas opiniones no parece compartir con entusiasmo. Prosiguiendo por su cuenta el comentario de Isaías, el jesuita escribe: "Pues ya lo que el Salvador con tanto peso nos afirma, que se predicará el Evangelio en todo el mundo, y que entonces verán el fin, ciertamente declara que en cuanto dura el mundo hay todavía gentes a quien Cristo no esté anunciado." [54] Dando esta interpretación al *Ite et docete omnes gentes* de la *Vulgata* (*Mateo*, XXVIII, 19), Acosta se apartaba de la corriente milenarista de los pioneros franciscanos de Nueva España, y al mismo tiempo la idea de una preevangelización de los indios dejaba de ser necesaria y con ella la identificación de Quetzalcóatl con un apóstol de Cristo.

Por tanto, no es sorprendente encontrar en Acosta una visión de Quetzalcóatl profundamente diferente de la que le había propuesto el *Manuscrito Tovar* que había tenido entre sus manos y anotado. "En Cholula adoraban a Quetzalcóatl porque hacía ricos a los que quería, como el otro dios Mammón, o el otro Plutón (...) Llamábanle Quetzalcóatl, que es culebra de pluma rica, que tal es el demonio de la codicia",[55] escribiría

---

[53] José de Acosta (S.J.), *Historia natural y moral de las Indias*, libro I, cap. XV (B. A. E., t. LXXIII, p. 25 *b*).
[54] Acosta, *op. cit. ibid.*, p. 26 *a*.
[55] Acosta, *op. cit.*, libro V, cap. IX, p. 150 *b*.

Acosta. Esta imagen de Quetzalcóatl se corresponde demasiado bien con el "genio bueno" difundido por todas las poblaciones americanas, como para que no nos parezca más justa. ¿De dónde había sacado Acosta esas informaciones? Quizá de los franciscanos, pero más probablemente de investigaciones orales entre otros jesuitas de México. La referencia a Mammón sorprende, en particular; si bien es cierto que "no se puede servir a la vez a Dios y a Mammón", el Quetzalcóatl de Acosta está en los antípodas del de Tovar, su principal informante. Apostólico para éste, encarnaba por el contrario la idolatría y lo diabólico para Acosta. La profecía de Quetzalcóatl: "El ídolo de los cholultecas, llamado Quetzalcóatl, anunció que venía gente extraña a poseer aquellos reinos", sin ser negada está vista bajo la misma luz que encontraremos en Torquemada. Esta profecía, lejos de ser atribuida a un misionero, fue vista por Acosta como paralela a la de Nezahualcóyotl, rey de Texcoco, "que era gran mágico y tenía pacto con el demonio, vino a visitar a Moctezuma, a deshora, y le certificó que le habían dicho sus dioses que se le aparejan a él y a todo su reino, grandes pérdidas y trabajos. Muchos hechiceros y brujos le iban a decir lo mismo..." [56] La conclusión se desprende sola: "Finalmente, quiso nuestro Dios (...) hacer que los mismos demonios, enemigos de los hombres, tenidos falsamente por dioses, dieran a su pesar testimonio de la venida de la verdadera ley, del poder de Cristo y del triunfo de su Cruz, como por los anuncios, y profecías y señales y prodigios arriba referidos." [57] Acosta dio cabida a la voz sobrenatural oída por un campesino en su campo y que le había dado la misión de "que le fuese a despertar de su sueño [a Moctezuma]"; esta voz había dicho, entre otras cosas: "Ya es tiempo que pague las muchas ofensas que ha hecho a Dios." [58] Hemos encontrado esta frase en un contexto diferente, en Tovar, y completaba admirablemente la imagen de un Quetzalcóatl apostólico.

Acosta, consecuente, explica así ese prodigio: "Pudo ser que esto que el rústico refirió le hubiese a él pasado en imaginaria visión. Y no es increíble que Dios ordenase, por medio de ángel bueno, o permitiese por medio de ángel malo, dar aquel aviso al rústico (aunque infiel) para castigo del rey; pues semejantes

[56] Acosta, *op. cit.*, libro VII, cap. XXIII, p. 236 *a*.
[57] Acosta, *op. cit.*, libro VII, cap. XXVIII, p. 246 *b*.
[58] Acosta, *op. cit.*, libro VII, cap. XXIV, p. 237 *b*.

apariciones leemos en la Divina Escritura, haberlas tenido también hombres infieles y pecadores, como Nabucodonosor y Balaam, y la pitonisa de Saúl."[59]

La circunspección y la prudencia de Acosta se revelan aquí en toda su extensión. Al contrario de Tovar, hombre fogoso, Acosta, visitador de la Compañía en las Indias, cortesano, no comprometió su autoridad en terreno tan poco seguro. Conocía los temores de la Inquisición en este terreno, y sus armas. Sin embargo, es interesante señalar a dónde van sus preferencias. Están fundadas sobre la autoridad de la Escritura. Los primeros historiadores de América habían explicado las profecías indígenas razonando sobre los antecedentes proporcionados por la Escritura. Acosta, replegándose sobre una posición políticamente sin peligro para España y teológicamente agustiniana, representará por mucho tiempo una especie de ortodoxia en lo que concierne al problema de la evangelización apostólica del Nuevo Mundo. Sin duda, había sido oficiosamente encargado de sanear la historiografía de las Indias. En 1571, una cédula real había definido las tareas del cosmógrafo y cronista real de las Indias: escribir una historia general de las Indias y hacer su historia natural,[60] a lo que corresponde precisamente, término a término, el título de la *Historia natural y moral de las Indias* (1590), de J. de Acosta. Aparece atrás de ese otro agustiniano que fue Las Casas, para el cual la revelación tardía de la verdad a los indios, en el preciso momento en que se hallaban hundidos en las tinieblas, era la manifestación evidente de la gracia de Dios: "para que tanto más se conociese abundar la gracia cuanto menor era el merecimiento".[61] Pero Las Casas, lector de Sahagún (?), consideraba a Quetzalcóatl como un hombre virtuoso, a la manera de los filósofos de la antigüedad clásica: "Estas indianas gentes vencieron a griegos y romanos en elegir por dioses, no hombres viciosos y criminosos y notados de gran infamia, sino virtuosos, según que la virtud entre gente sin el conocimiento del verdadero Dios que por la fe se alcanza pudo hallarse (...) y aquel llamado Quetzalcóatl."[62] Acosta, después de

---

[59] Acosta, *op. cit.*, libro VII, cap. XXIV, p. 237 *b*.

[60] *Cedulario indiano*, recopilado por Diego de Encinas (1956), libro I, p. 23, Cosmógrafo Cronista.

[61] Las Casas, *Historia de las Indias*, cap. I (B. A. E., t. XCV, página 19 *b*).

[62] Las Casas, *Apologética historia* (...), cap. CXXVII (B. A. E., t. CV, p. 438 *a*).

Sahagún, nos ofrece, pues, la imagen más desfavorable de Quetzalcóatl, la vuelta a la *tabula rasa* de los primeros misioneros, minando la hipótesis de un Quetzalcóatl-santo Tomás, adelantada por Tovar. La explicación teológicamente aceptable de las profecías, que proponía Acosta, hacía inútil y peligrosa la hipótesis de la evangelización apostólica. Vemos que incluso Las Casas, el apologista por excelencia de los indios, no trató de salvar a Quetzalcóatl, y tampoco lo había hecho Motolinía, presentándolo como un hombre virtuoso, según la moral natural, y según Evémero. La hipótesis de Durán (seguida por Tovar) del "papa Topiltzin", misionero cristiano, es la primera creación del espíritu criollo ante el desprecio de los gachupines.

Una imagen demoníaca de Quetzalcóatl en Torquemada (ofm)

Es preciso relacionar la *Monarquía indiana* —obra de fray Juan de Torquemada, provincial de la orden franciscana en Nueva España— con la tradición de los primeros franciscanos. Los *Veintiún libros rituales y monarquía indiana* fueron compuestos en los primeros años del siglo xvii, por tanto, muchas decenas de años después de la *Historia* de Durán, del *Manuscrito Tovar* y de la *Historia natural* de Acosta, derivando de ellas, pero apartándose en puntos importantes. La *Monarquía indiana* nos da un retrato de Quetzalcóatl incompatible con lo que nos sugieren dichos autores. Más elegante que sus predecesores franciscanos, que conoció directamente o a través de Mendieta, Torquemada tenía pretensiones literarias y, estando más próximo de las fuentes escritas indígenas, desarrolló los nuevos datos de que dispuso.

Torquemada consideraba a Quetzalcóatl como un demonio, adorado por los cholultecas, y tan sediento de sangre india como las otras divinidades del antiguo México, a las cuales sus predecesores lo habían opuesto en ese punto.[63] Por lo que toca al problema de los dos Quetzalcóatl, toma posición en estos términos: "No se sabe cómo hubiesen llegado (...) estas gentes traían consigo una persona muy principal por caudillo, que los gober-

[63] Fray Juan de Torquemada, *Monarquía indiana*, libro II, capítulo xlix (ed. 1723, p. 162): "se hizo una gran fiesta, y en ella fueron muertos y sacrificados estos seis mil y doscientos cuetlaxtecas, de que no poco quedaría alegre el demonio Quetzalcóatl".

naba, al cual llamaban Quetzalcóatl (que después los cholultecas adoraron por dios)." [64] Para Torquemada, el dios Quetzalcóatl es, pues, el antiguo jefe divinizado de ese pueblo desconocido que desembarcó en México, en la región de Pánuco, intentó fijarse en Tula y se dispersó luego, a causa de dificultades con los antiguos ocupantes; algunos se fijaron, sobre todo, en Cholula, la cual "fue la madre general de la supersticiosa religión de la Nueva España".[65] No quedaba ninguna duda, Quetzalcóatl había sido la divinidad suprema de una religión pagana: "De manera, que cuando juraban, o decían: 'Por nuestro Señor', se entendía por Quetzalcóatl, y no por otro alguno." [66] Torquemada explicó la caída y el exilio del Quetzalcóatl histórico de Tula en estos términos: "La causa de persuadirse este Quetzalcóatl tan fácilmente a lo que Titlacahua le decía fue desear sumamente hacerse inmortal." [67] El Quetzalcóatl de Torquemada está visto a la misma luz que el de Sahagún: "gran mágico, y nigromántico".[68] Torquemada cuenta cómo los pioneros franciscanos habían plantado la cruz sobre el gran templo de Quetzalcóatl, en Cholula, y habían edificado allí una capilla consagrada a Nuestra Señora de los Remedios. El único aspecto positivo de la antigua creencia en Quetzalcóatl que hallaba gracia a los ojos de Torquemada era la exhortación ritual que se dirigía a los niños consagrados a Quetzalcóatl y enviados al *calmécac*: "Hacémoste saber, que Dios invisible, creador de todas las cosas, llamado Quetzalcóatl, te crió, por cuya voluntad naciste en el mundo..."; seguían consejos de abstinencia y de penitencia, que inspiran esta reflexión a Torquemada: "No sé cómo dijeron estos indios esta doctrina, que es lenguaje de san Pablo (*Ad Ephes.*, *Parénesis*, 6)."

"Y cierto, no sé qué más se pudiera decir en nuestro cristianismo, si no fueron errados en los votos, y pienso que son pláticas, que debían ser muy encomendadas a la memoria; pues no importa ser gentiles, cuando las razones son católicas, y como dice san Agustín: 'y lo bueno que ellos dicen lo hemos de tomar, y reducir a las cosas de nuestra Ley'." [69] Esto denota

---

[64] Torquemada, *op. cit.*, libro III, cap. VII, t. I, p. 255.
[65] Torquemada, *op. cit.*, libro III, cap. XIX, t. I, p. 281.
[66] Torquemada, *op. cit.*, libro VI, cap. XXIV, t. II, p. 51.
[67] Torquemada, *op. cit.*, libro VI, cap. XXIV, t. II, p. 49.
[68] Torquemada, *op. cit.*, libro IV, cap. XIV, t. I, p. 380.
[69] Torquemada, *op. cit.*, libro VI, cap. XXIV, t. II, p. 51.

una actitud nueva en los franciscanos, más abierta a los valores
y a la civilización de los antiguos mexicanos. Actuar con los
aztecas como con los griegos de la antigüedad representaba un
audaz paso adelante, ampliamente compensado en Torquemada
con el rechazo de todas las creencias paganas. La actitud del
franciscano sigue siendo muy diferente de la de Durán y la de
Tovar. Para éstos, las analogías entre la conducta, el aspecto,
los discursos de Quetzalcóatl y los de un apóstol de Cristo, eran
numerosas como para que no se les impusiera la idea de que
Quetzalcóatl era un apóstol o misionero cristiano. Esta hipótesis
ni siquiera es encarada por el espíritu de Torquemada.

Para el franciscano, como para sus antecesores, el problema
de Quetzalcóatl estaba ligado con el del origen de los indios:
"Quieren decir algunos que fueron romanos o cartaginenses...
Otros quieren decir que debieron ser de algunos irlandeses. Y
en cuanto a esto, por no desvariar, sólo se puede dejar a
Dios..." [70] Observemos que Torquemada no menciona la eventualidad de un origen judío de los indios (a diferencia de lo
que leemos en Durán y en el comentarista del *Codex Vaticanus 3738*, partidarios de esta hipótesis). Como más tarde Clavijero, Torquemada se niega a tomar posición sobre un problema
demasiado dudoso. Sin embargo, Torquemada aporta argumentos a los partidarios de un origen blanco de Quetzalcóatl: "se
tiene por muy averiguado que fue de muy buena disposición,
blanco y rubio, y barbudo y bien acondicionado".[71] Es el retrato
de un escandinavo o de un germano (recordemos tan sólo que
el conquistador Alvarado correspondía a esta descripción; los
indios mexicanos le habían puesto por nombre Tonatiuh, como
a su dios solar). El retrato sólo corresponde parcialmente a
este otro del gran sacerdote de Tula: "Dicen de él, que era
hombre blanco, crecido de cuerpo, ancha la frente, los ojos grandes, los cabellos largos y negros, la barba blanca y redonda." [72]
En el segundo caso, el personaje pasaría más fácilmente por
mediterráneo. Sin embargo, Torquemada se limita a ofrecer
las descripciones físicas tradicionales de Quetzalcóatl, sin inferir absolutamente nada con relación al origen posible del personaje. Quizá debamos ver en ello el efecto de la exigencia de
verdad que expuso ampliamente en el prólogo del libro primero.

[70] Torquemada, *op. cit.*, libro III, cap. VII, t. I, p. 255.
[71] *Idem.*
[72] Torquemada, *op. cit.*, libro VI, cap. XXIV, t. II, p. 48.

Donde, sin duda, se manifiesta con más originalidad el pensamiento de Torquemada es en la interpretación que propuso de la profecía del retorno de Quetzalcóatl y de cómo había facilitado la conquista española. "Pero esto fue locura en ellos (...) creer que este encantador iba a verse con el Sol, para volverse después a gozar el reino temporal, que había dejado; pero bien creería yo, que ya que el demonio inventó este engaño, y causó este embuste, para tener engañados estas gentes, que también será permisión de Dios, y no para que en el engaño perseverasen estos hombres errados, sino para cuando llegasen los cristianos a estas tierras, con el apellido y voz de su evangelio santo, estuviesen ya algo dispuestos para recibirle (...) y si el demonio lo alcanza bien a entender, supiera que este Quetzalcóatl, que él fingía rey dios de esta gente, había de ser señor de todo lo criado." [73]

Como en una especie de complemento a la teoría, según la cual el demonio parodiaba el ritual cristiano para perder mejor a los indios, Torquemada se convierte aquí en el campeón de un sutil providencialismo. Ya se sabe hasta qué punto el descubrimiento y la conquista estuvieron bañados en la atmósfera providencialista. Cortés, después de Colón, fue presentado como un hombre que el cielo había designado para cumplir una misión más escatológica que militar y política. Aquí, los designios de Dios corren por el molde preestablecido de las profecías paganas y de las creencias diabólicas, sintiendo o presintiendo la significación mesiánica del mito de Quetzalcóatl; Torquemada transforma la profecía de su retorno en anuncio providencial de la palabra del verdadero Mesías. No cabe hablar de identificación, sino más bien de coincidencia misteriosa entre Quetzalcóatl y Jesús. Esta concepción se inserta en una teoría más vasta, según la cual, la creencia en el diluvio, el rito de la confesión, el sacramento del bautismo, la penitencia y otros rasgos de ciertas religiones indígenas habían sido dados a los indios como *adarajas*, de acuerdo con el plan divino de una propedéutica al cristianismo. El Inca Garcilaso, especialmente, desarrollará esta tesis, a propósito de las creencias de los incas, refiriéndose al precedente del imperio romano, según san Agustín.

Torquemada aportaba una interpretación nueva, con respecto a Durán y Tovar, de las analogías formales entre el cristianismo y las antiguas religiones indígenas, especialmente en lo que

[73] Torquemada, *op. cit.*, libro IV, cap. XIV, t. I, p. 381.

concierne a Quetzalcóatl. Durán y Tovar, impresionados por la
cantidad y calidad de las semejanzas, se negaron a sólo ver en
ellas simples semejanzas. Esta actitud espiritual era natural por
parte de los europeos (y aún más de los religiosos) del siglo XVI,
para los cuales el dedo de la Providencia se escondía bajo los
azares aparentes, *a fortiori* bajo las realidades americanas, que
eran sentidas como revelaciones. Las razones teológicas que hemos señalado (la predicación apostólica *in omnibus partibus*)
los habían llevado a la convicción de que esas analogías eran
la huella de un apóstol de Cristo, de santo Tomás, apóstol de las
Indias. Torquemada, más influido que los dominicos y los jesuitas por sus predecesores franciscanos, no podía oponerse a
la doctrina de éstos de la parodia demoníaca. Su optimismo
tomará por el atajo de una utilización providencial de los designios diabólicos del maligno. Así nada se modifica en el esquema
tradicional; una profecía pagana, la de Balaam, había anunciado, sin proponérselo, la venida de los cristianos y del Rey universal.[74] En la historia es frecuente que profecías paganas oscuras no encuentren su verdadero sentido hasta mucho más
tarde. Así, en Europa, se descubrió en Virgilio el anuncio del
Mesías, en términos impenetrables para sus contemporáneos.
Séneca habría anunciado el viaje providencial de Colón, etc. El
Quetzalcóatl de Torquemada, su cultura clásica, su gusto por
las figuras y por las imágenes, lo llevaron a proyectar al pasado
pagano de México la visión providencialista y profética que ins-
piraba en su tiempo a todas las historias de la conquista.

Pero el providencialismo de Torquemada no afectaba a Quetzalcóatl en lo que concierne a la profecía de su retorno. En cuanto al resto, la concepción demoníaca del dios mexicano es análoga a la de Sahagún. Torquemada escribió: "Decían de él que
era muy humano y misericordioso. Esta mentira se conservó
en aquellos tiempos."[75] Hasta esta virtud moral, que Motolinía
no había dudado en comparar con la moral natural, es puesta en
duda por Torquemada. ¿Debemos ver en esto la obediencia
a una consigna? Todo lo que podía prestarse a la asimilación o
favorecer la supervivencia o el resurgimiento de las creencias
indígenas (y despertar a la vez sentimientos de independencia)
estaba proscripto, como lo había demostrado la incautación de
los manuscritos de Sahagún, y la reserva que rodeaba a los

---

[74] Torquemada, *op. cit.*, libro IV, cap. XIV, t. I, p. 380.
[75] *Idem.*

de Mendieta, principal fuente de Torquemada. La asimilación de Quetzalcóatl a un demonio era perfecta; así la voz de una potencia sobrenatural, que llamaba a los macehuales del Tzatzitépec, cerca de Tula, no era puesta en duda "ya se ve, que no podía ser humana, sino con arte e invención del demonio, y puede creerse esto por verdad".[76] Torquemada cita un rasgo que conoció particular forma en todo el Nuevo Mundo: las huellas de pasos de santo Tomás, sin embargo dice que se trata de las manos de Quetzalcóatl, impresas en un peñasco vecino de Tlalnepantla (cerca de México) "que hasta el día de hoy se ven las señales de todo en ellas".[77] El autor no nos dice que es también un prodigio del demonio, pero podemos inferirlo de lo anterior.

La creencia en el influjo de los astros sobre la vida de los hombres estaba tan extendida en la Europa del siglo XVI como entre los antiguos mexicanos, así que lo que sigue nos deja perplejos: "Y que el alma del dicho Quetzalcóatl se volvió, y transformó en estrella (...) y algunas veces se ha visto (...) la tal cometa o estrella, y tras ella se han visto seguir pestilencias en los indios y otras calamidades."[78] Estamos en los límites entre el antiguo paganismo mexicano y el europeo. Si Quetzalcóatl-Topiltzin era simplemente un mal demonio, Tlahuizcalpantecuhtli aparece como un cometa anunciador de pestilencias. Aquí, menos que en parte alguna, Quetzalcóatl no aparece como un mito. La propia noción del mito, que se ha vuelto tan familiar, era extraña a los hombres del siglo XVI. Existía la verdadera fe, que evidentemente no tenía nada que ver con el mito, pero que era adhesión o más bien gracia dada por la verdad. Frente a ésta, el no-ser, la falsedad, el mal absoluto, el diablo. Los dioses de los no cristianos no eran creaciones de la imaginación de los hombres, sino invenciones del diablo y de sus auxiliares, o sea de los demonios. Decir que Quetzalcóatl era un demonio no significaba negar su realidad ontológica, sino, al contrario, reconocerla plenamente; Quetzalcóatl era un mensajero de las tinieblas. Tal fue la concepción franciscana de Quetzalcóatl, por lo menos la de Sahagún y Torquemada. Se sitúa, pues, en los antípodas de la concepción "apostólica" de los PP. Durán (O.P.) y Tovar (S.J.). No obstante, sería esta última la que alcanzaría mayores desarrollos hasta el final del siglo XVIII.

---

[76] Torquemada, *op. cit.*, libro VI, cap. XXIV, t. II, p. 48.
[77] *Ibid.*, libro VI, cap. XXIV, t. II, p. 50.
[78] *Ibid.*, libro VI, cap. XLV, t. II, pp. 79-80.

III. SANTO TOMÁS-QUETZALCÓATL, APÓSTOL
DE MÉXICO

Santo Tomás en la India Oriental, según Marco Polo

La creencia en una primera evangelización del Nuevo Mundo
por el apóstol santo Tomás fue el resultado del encuentro de
una serie de textos bíblicos y de hechos nuevos con creencias
antiguas. Según las *Acta Thomae*, este apóstol había predicado
el Evangelio más allá del Ganges (*supra Gangem*), o sea, en la
India. Los franciscanos, que habían sido los primeros en enviar
misiones a la costa de Malabar, encontraron allí nestorianos a
los que llamaron los "cristianos de santo Tomás", santo Tomás
de Mylapore (al cual fray Servando Teresa de Mier le asegu-
rará nueva prosperidad en el siglo XVIII). Así, un misionero
español, fray Antonio Caballero de Santa María, escribió: "Santo
Thomé es tradición, estuvo en la China y vemos se retiró a la
India." [1] Otro franciscano, el padre custodio fray Martín Ignacio, evangelizador en China, escribía en su *Itinerario*: "Dan
bastante y claro indicio de haber en algún tiempo tenido noticia particular de la ley evangélica (...) por la predicación
del bienaventurado apóstol santo Thomé, que pasó por este
reino cuando fue a la India, y de allí a la ciudad de Salamina,
que en su lengua se llama Malipur, donde le martirizaron por
el nombre y fe de Cristo, de quien dicen el día de hoy se acuer-
dan en aquel reino por la tradición de sus antepasados." [2]
En su *Viaggio dell'Inde*, fray Giovanni Battista Lucarelli de
Pisauro relata la conversión al catolicismo romano de "Mar
Simeón, obispo caldeo", en estos términos: "El glorioso apóstol
santo Tomás, mi particular abogado, obtuvo una gracia semejante, después de haberla ganado al precio de su sangre, imitando al hijo único de Dios, fundando la Iglesia de esta India
sobre el sacrificio de su vida." [3] Por su lado, fray Giovanni de

---

[1] Alphons Väth (SJ), *P. F. Antonio Caballero de Santa María über
die Mission der Jesuiten und anderer Order in China*, Archivum
Historicum Societatis Iesu, anni I, Fasc. Iul-dec., Roma, 1932.

[2] *Sinica Franciscana*, Ad Claras Aquas, Florencia, 1933, volumen II,
4ª parte, p. 206.

[3] *Sinica Franciscana*, vol. II, 4ª parte, p. 790.

Marignolli escribía en su *Relatio*: "La tercera provincia de la
India se llama Malabar, y allí está la iglesia de santo Tomás,
que el apóstol construyó de su mano." El apóstol había lanzado un leño al mar, exclamando: "Ve y espéranos en el puerto de
la ciudad de Mylapore." [4] El soberano, a pesar de la ayuda
de diez mil hombres, no pudo traerlo a tierra, sin el prodigioso
socorro del mismo Tomás.

Los jesuitas corroboraron los descubrimientos de los franciscanos y el nombre de san Francisco Xavier está ligado a esta
creencia en santo Tomás dè Mylapore. La gran centralización
de la Compañía de Jesús fue quizá una de las causas importantes del descubrimiento de los rastros de santo Tomás en
Brasil y en Paraguay. Si los vestigios de cristianismo en Mylapore resistieron los análisis de la ciencia moderna, ése no es
el caso del santo Tomás de América. El santo Tomás de Oriente
no fue santo Tomás el Mayor, sino un misionero más tardío.
Queda en pie el hecho de que los símbolos interpretados —primero por los franciscanos y luego por los jesuitas— como
símbolos cristianos lo eran realmente, al menos algunos de ellos.
Para comprender la importancia de la hipótesis de una primera
evangelización de las "Indias" por el apóstol santo Tomás, hay
que volver a situarse en el clima espiritual contemporáneo de
los grandes descubrimientos y del ímpetu misionero que de ellos
derivó. Primero, hay que recordar que la creencia en una evangelización del Oriente por el apóstol santo Tomás era una tradición heredada de los siglos anteriores. Marco Polo había traído
un poco de tierra del lugar donde el apóstol había sido martirizado, según la tradición: "El cuerpo de mi señor santo Tomás
el apóstol está sepultado en la provincia de Malabar, en una
pequeña ciudad [5] (...) y os dicen que allí se cumplen durante
todo el año muchos otros milagros (...) especialmente la curación de cristianos estropeados y lacerados en su cuerpo." [6] El
gran éxito de la *Descripción del mundo*, nunca desmentido, desde
los últimos años del siglo XIII hasta el siglo XVII, primero en
latín, luego en italiano en las *Navigazioni e viaggi*, de Ramusio
(1559), contribuyó a difundir ampliamente la tradición de santo
Tomás de Mylapore. El franciscano italiano fray Giovanni de

---

[4] *Sinica Franciscana*, vol. I, X, *De cultu post Diluvium*, p. 544.
[5] Mylapore, que se ha convertido en un barrio de la ciudad moderna de Madrás, gran puerto de la costa de Coromandel.
[6] Marco Polo, *La descripción del mundo*, cap. CLXXVII, París, ed
francesa, 1955, pp. 264-266.

Monte Corvino había visitado el sepulcro de santo Tomás, en Mylapore, sin duda, el mismo año que Marco Polo, en 1292 o 1293.

A esta tradición, reforzada por el relato de Marco Polo y los de los misioneros franciscanos, se agregaban "pruebas" bíblicas de la evangelización del Oriente por el apóstol santo Tomás. Ahora bien, más tarde se descubriría que una parte de los *Hechos de los apóstoles* era apócrifa; las *Acta Thomae* parecen haber sido obra tardía de san Gregorio. Pero en el siglo XVI los doctores católicos no discutían la autenticidad de *De miraculis beati Thomae*. Según esta obra, al apóstol le habían correspondido las regiones situadas *supra Gangem*. La geografía de Tolomeo, que en sus grandes líneas era la de Cristóbal Colón y la de la mayoría de sus contemporáneos (y hasta pleno siglo XVII), no permitía darle un contorno muy preciso a la India. Al sur del Magreb, África era llamada Etiopía al este y Guinea al oeste. Asia, más allá del imperio del gran turco, era la India. Entre la India, Catay (China) y Cipango (Japón) resultaba difícil trazar los límites. Cuando —después de los viajes de Colón, de Américo Vespucio, el afortunado florentino, y de los navegantes españoles— fueron conocidas las Antillas y la costa oriental del Nuevo Mundo, y poco a poco un vasto continente se fue revelando, se pensó durante un siglo que ese continente estaba unido con Asia. La inmensidad del océano Pacífico sólo se descubrió más tarde. Ningún obstáculo geográfico insuperable se oponía, pues, a la asimilación, más o menos completa, de la India Oriental a las Indias Occidentales, que fueron llamadas simplemente "las Indias". La tradición de santo Tomás de Oriente pareció en consecuencia aplicable al Occidente.

En verdad, la evangelización primitiva de los indios por el apóstol era tranquilizadora. Jesús había enviado a sus apóstoles por el mundo entero, y san Pablo había confirmado esta evangelización universal desde los tiempos apostólicos: "Su sonido ha ido por toda la tierra, y sus palabras hasta el confín del mundo."[7]

La verdad revelada no permitía la exclusión de las Indias nuevamente descubiertas de una gracia dispensada por igual a todos los hombres, salvo que se excluyera a los indios también

---

[7] San Pablo, citado por Jean de Léry, *Histoire d'un voyage fait en la terre de Brésil,* 1957, p. 343, y *Salmo,* XIX, *Mateo,* 28.

de la humanidad. Justamente los encomenderos españoles pretendían rebajarlos al rango de bestias para oprimirlos desmedidamente. El esfuerzo de los misioneros y de los juristas-teólogos consistiría en hacer entrar a los indios en el seno de la Iglesia católica, por la predicación, pero incluyéndolos primero en la historia de la humanidad, confundidos con la de la cristiandad en marcha hacia su acabamiento. Ya dijimos que las ideas de Joaquín de Flora, que tuvieron mucha influencia en ese comienzo del siglo XVI, trabajado de fiebres espirituales, permitían esperar el fin del mundo después de la conversión de los últimos gentiles. Los primeros éxitos de la evangelización en el Nuevo Mundo, el entusiasmo de los neófitos, su abundancia, hicieron presentir el cumplimiento de la profecía. La existencia de una primera evangelización de América por santo Tomás era como para hacer caer la fiebre milenarista. La persecución de todas las formas de profetismo y de iluminismo, que siguió a la declinación del erasmismo y del evangelismo en Europa, y concidió con lo que se llamó con poco discernimiento la "Contrarreforma", tenía que sacar provecho de la preevangelización apostólica de las Indias. El papel de los jesuitas en la renovación de la Iglesia en esta época explicaría que esos mismos jesuitas hayan estado entre los primeros en descubrir los rastros de santo Tomás en las Indias Occidentales. Fuera de los signos cruciformes que hemos señalado en la simbología del México antiguo, pero que existían también en otras partes (tanto como las coincidencias mitológicas, tal la creencia en el diluvio y ciertos usos rituales, como el ayuno), las dificultades que los misioneros no tardaron en experimentar con los neófitos indios surgieron como una nueva razón (negativa) para creer en la evangelización de santo Tomás. En la distribución del mundo entre los apóstoles, Tomás el incrédulo había recibido las Indias, es decir la tarea más ingrata: "Envíame donde quieras, Señor, pero no entre los indios." [8] Así las Indias entraban en la historia desde los tiempos evangélicos y no con un distanciamiento de dieciséis siglos, que hubiera sido incompatible con la doctrina de la gracia otorgada a toda la humanidad. La teología racional y la Escritura se daban la mano para afirmar la idea de que santo Tomás el Mayor había lle-

[8] Marcel Bataillon, Curso dictado en el Colegio de Francia en 1952-1953, manuscrito inédito (cf. Anuario del Colegio de Francia, 1953), pp. 277-286.

vado la palabra a los indios antes que los franciscanos españoles. Faltaba encontrar *in situ* los rastros del paso del apóstol, pero en tiempo en que la revelación cristiana primaba sobre el "descubrimiento" ése era un aspecto secundario de la prueba.

La buena voluntad de los indios, su entusiasmo de neófitos, su veneración de los misioneros contribuyeron no poco para facilitar la identificación de los vestigios de la evangelización primitiva. Los primeros descubridores de las huellas de santo Tomás fueron los agustinos del Perú, pero han sido los escritos de los jesuitas —recogidos por numerosos historiadores del Nuevo Mundo, en el siglo XVI y el XVII— los que hicieron circular los testimonios de ello. No exageramos al decir que la constancia de la existencia de santo Tomás en América es este pasaje de una carta escrita por el padre Manuel da Nóbrega, el 15 de abril de 1549, estando en Bahía: "Una persona digna de fe también me ha contado que la mandioca con la que se hace el pan en este país fue un don de santo Tomás, puesto que en otros tiempos los indios no tenían ninguna especie de pan. Y eso se sabe por la tradición oral difundida entre ellos *quia patres eorum nuntiaverunt eis.* Hay no lejos de aquí rastros de pasos impresos sobre un peñasco y todos dicen que son las huellas de santo Tomás." [9]

El "camino de santo Tomás" en las Indias Occidentales

Esas huellas de pies en un peñasco, mostradas por los tupinambas del Brasil al padre Nóbrega, despiertan el recuerdo del fundador de la Compañía de Jesús, san Ignacio de Loyola. El padre Gonçalves de Cámara, su biógrafo, cuenta que Ignacio, en peregrinaje por los Santos Lugares, sintió deseos de volver al monte de los Olivos antes de partir, porque "hay una piedra, desde la cual Nuestro Señor subió a los cielos, en la que todavía se puede ver la huella de sus pies, y eso es lo que Ignacio quería volver a ver". Comprando a los turcos con regalitos, Ignacio obtuvo permiso para ir a verificar "a qué parte estaba el pie derecho, o de qué parte el izquierdo".[10] Por consiguiente,

[9] *Monumenta Brasiliae Societatis Iesu,* vol. I (1538-1553), p. 117, § 3.
[10] San Ignacio de Loyola, *Autobiografía, Obras completas,* BAC, Madrid, 1952, cap. IV, § 47, p. 59.

el padre Nóbrega quiso saber a qué atenerse: "Como todavía tenemos que andar, iremos a verlo",[11] y en el siguiente mes de agosto "fui a verlas para tener la absoluta seguridad y vi con mis propios ojos, cuatro marcas de pies, muy nítidas, con los dedos bien marcados".[12] Una vez comprobada por el jesuita la existencia de las huellas de pies, no podía dudarse de su origen apostólico. Esta hermenéutica desconcertante se explica por la revelación del paso de santo Tomás por el Nuevo Mundo. La analogía del *signo* del apóstol con el de Jesús en el monte de los Olivos reforzaba el valor de prueba de las huellas en cuestión. Así veremos tres años más tarde a otros jesuitas peregrinando al lugar de las huellas de santo Tomás. Los indios los acompañaban haciendo cruces y, una vez llegados al sitio, los jesuitas portugueses fueron acogidos con simpatía por el "principal" del pueblo cercano: "Y en ese mismo pueblo bailamos y cantamos a su manera, cantando himnos en su lengua, y la mujer del señor principal se levantó para venir a bailar con nosotros (...) De allí partimos en dirección a las marcas, cantando himnos cristianos, y los gentiles del poblado nos acompañaron. Y en el sitio de las huellas, cantamos un himno del Espíritu Santo."[13] Este extraordinario testimonio nos lleva a pensar en el origen de la leyenda de santo Tomás en América. ¿Quiénes eran los engañados en este asunto, los tupinambas o los portugueses? El padre Nóbrega había dado una precisión interesante, que los tupinambas decían Tomás *Zumé*, nombre dado por este pueblo a todos los profetas, brujos, chamanes, llamados *pay* (¿*Pay Zumé*, o *Zomé*, había sido un profeta local?). No hay duda acerca de que se trataba de una creencia extendida en el conjunto de las poblaciones tupinambas, ya que el jefe tupinamba de Maranhão, Iappy Guazú, dijo más o menos este discurso, en 1612, a los capuchinos franceses: "(...) los profetas (*pay*), viendo que los de nuestro pueblo no los querían creer, volaron al cielo, dejando las marcas de sus personas y de sus pies grabados, con cruces en el peñasco que está cerca de Potyion."[14] ¿Cuál era, entonces, el origen de la leyenda?

---

[11] *Monumenta Brasiliae Societatis Iesu*, libro V, cap. I, nota 18.
[12] *Ibid.*, libro I, § 9, p. 154.
[13] *Ibid.*, libro I, § 52, p. 389.
[14] Claude d'Abbeville (capuchino), *Histoire de la mission* (...) *en l'île de Maragnan...*, París, 1614 (repr., por A. Métraux y J. Layafe, Graz, 1963), cap. XI, p. 70 *r*.

Los numerosos contactos de los indios con los portugueses, desde hacía más de medio siglo, en el momento en que escribía Claude d'Abbeville, permiten suponer por lo menos que la mitología indígena podía haber sido influida por el mesianismo cristiano. Por esta misma época, un profeta indígena tomaba, sin lugar a dudas, ciertos rasgos de Jesús.[15] El santo Tomás de los tupinambas se parece demasiado al genio bueno de las mitologías americanas para no ser sospechoso. Ese mito se extendió por la totalidad del continente americano; sus elementos permanentes son las huellas prodigiosas y el llevar barba; sus atributos, los del héroe bienhechor indígena. *Pay Zumé* en Brasil y en Paraguay, *Viracocha* en Perú, *Bochica* en Colombia, el héroe bienhechor identificado con santo Tomás aparece en las poblaciones aymaras, chibchas, tupíes y guaraníes, y en la mapuche de Chile. El glorioso mártir Nicolás Mascardi había sabido que "en el valle del Iaurua, en la pampa, había un pico sobre el cual santo Tomás (o san Bernabé) había subido para predicar; había dejado sobre una piedra las huellas de sus pies y de su cayado (...) y, lo que es más, letras grabadas sobre un peñasco de la mano de los apóstoles, letras que el padre Mascardi desprendió del peñasco y mandó a Roma para que fueran examinadas".[16] No se puede reprochar a los jesuitas falta de exigencia en cuanto a pruebas: la medida del padre Mascardi —enviar una piedra de Chile a Roma, en el siglo XVI, para hacerla analizar— es plenamente digna de un sabio moderno.

Así pues, la duda de ninguna manera menoscababa la creencia en las huellas. La repetición de los signos y de los caracteres del héroe bienhechor en diversas regiones de América parecía confirmar que se trataba siempre del mismo personaje, cuyo paso iba quedando atestiguado por todo el continente.

El preámbulo de la obra célebre de fray Gregorio García (O.P.), *Origen de los indios del Nuevo Mundo e Indias Occidentales*, es revelador de la importancia del pretendido santo Tomás de América. El dominico escribe: "En tres cosas reparé más que en otras (...) La tercera, si se predicó el Evangelio

---

[15] Claude d'Abbeville, *op. cit.*, cap. XII, "Histoire d'un certain personnage qui se disait descendu du Ciel", pp. 76-78.

[16] Giuseppe Rosso, *Nicoló Mascardi Missionario Gesuita esploratore del Cile e della Patagonia* (1624-1674), Archivum Historicum Societatis Iesu, anno XIX, fasc. 37-38, Roma, 1950, § 8, p. 57.

en estas partes en tiempo de los apóstoles."[17] Las "Indias" plantearon a los europeos del siglo XVI y del XVII un problema histórico (principalmente dinástico), un problema antropológico (el origen de la población de América) y un problema teológico, el de la evangelización apostólica de los indios. Se trataba nada menos que de la doctrina de la gracia y de la concepción cristiana de la historia. Las opciones sobre los diferentes problemas teológicos fueron las que crearon de hecho una división entre los partidarios y los adversarios de santo Tomás de América, y no la supuesta autenticidad de los pretendidos vestigios del cristianismo primitivo, descubiertos en las Indias. La prueba de que la creencia en la evangelización apostólica del Nuevo Mundo había sido formulada anteriormente a la hipótesis de santo Tomás-Quetzalcóatl se desprende del hecho de que otros apóstoles habían sido de algún modo presentados. San Bernabé, en el Chile meridional, por el P. Mascardi; san Mateo, en Nayarit, por fray Francisco de Burgoa, y también en Brasil por el calvinista ginebrino Jean de Léry, que escribió: "De ningún modo apruebo los libros fabulosos en los cuales, más allá de lo que la palabra de Dios ha dicho, se escribe sobre los viajes y las peregrinaciones de los apóstoles. Sin embargo, Nicéforo, contando la historia de san Mateo, dijo expresamente que había predicado el Evangelio en el país de los caníbales que comen a los hombres, pueblo no demasiado alejado de nuestros brasileños americanos." Vemos qué frágil es esta pista y cuánto más decisiva fue la creencia en una evangelización apostólica universal; Léry prosigue: "Pero me fundaría mucho más en el pasaje de san Pablo, extraído del salmo XIX, a saber: 'Su sonido ha ido por toda la tierra, y sus palabras hasta el fin del mundo', que algunos buenos expositores refieren a los apóstoles (...) Sin embargo, no quiero afirmar ni con mucho esto con relación a los apóstoles."[18]

A las prudentes dudas de Léry se opuso la actitud decidida del agustino criollo del Perú, fray Antonio de la Calancha (posterior al ginebrino en un buen medio siglo): "Los que no se persuaden que predicó un apóstol en este mundo van contra las leyes naturales, divina y positiva, y agravian a la misericordia

---

[17] Fray Gregorio García (OP), *Origen de los indios del Nuevo Mundo e Indias Occidentales*, Valencia, 1607, proemio al lector.
[18] Jean de Léry, *Voyage fait en la terre de Brésil*, Ginebra, 1578 (ed. París, 1957, p. 343).

y a la justicia de Dios; van contra la ley natural, pues quieren para estas tierras la desdicha de no haberse predicado la fe por un apóstol, cosa que los europeos no quisieran para sí..."[19] Estamos en 1639, quince años después del examen crítico, por fray Gregorio García, de todas las hipótesis relativas a la *Predicación del Evangelio en el Nuevo Mundo, en vida de los apóstoles.*[20] La vivacidad de Calancha contrasta mucho con la serenidad de Gregorio García; no es cuestión de temperamento, o al menos no es eso lo principal. La querella se ha desplazado; ya no se trata de oponer una hermenéutica a otra, y, aunque eso todavía importe, lo que realmente está en juego es otra cosa. El punto sensible para el religioso criollo radica en que "quieren para estas tierras (...) lo que los europeos no quisieran para sí".[21] La creencia en la evangelización apostólica del Nuevo Mundo ya no es tanto un problema teológico como un problema de orgullo nacional. Con Calancha, el santo Tomás de América se vuelve el caballo de batalla de los criollos americanos en su reivindicación de dignidad e igualdad con los europeos. Por esa época se produce también el surgimiento del culto mariano y los milagros atribuidos a la Virgen (ya por el Inca Garcilaso) se multiplican en el Nuevo Mundo, y aparecen a los ojos de los criollos como la manifestación evidente de la gracia del cielo otorgada a ellos y a su patria americana. Hubiera sido muy simple si ese sentimiento no hubiese estado ligado al rencor contra los españoles. La devoción de los gachupines (en Perú se les decía chapetones) a la Virgen del Pilar (cuyos milagros eran relegados a segundo plano por los criollos americanos) tenía como corolario la incredulidad para con las apariciones americanas. Se establecía naturalmente un paralelo entre la Virgen de Guadalupe en México y la de Montserrat en Cataluña. Y se entablaba una competencia entre santo Tomás, apóstol de las Indias, y Santiago, apóstol de España. El Santiago de los conquistadores, auxiliar sobrenatural de la conquista, se transforma en el dios del trueno para los indios de Perú; pero los criollos prefieren a santo Tomás, que rescataba

[19] Fray Antonio de la Calancha (agustino), *Crónica moralizada del Orden de San Agustín en el Perú*, Barcelona, 1639, libro II, cap. I, p. 312.
[20] Fray Gregorio García, *Predicación del Evangelio en el Nuevo Mundo viviendo los apóstoles*, Baeza, 1625.
[21] Calancha, *op. cit., ibid.*

a la patria americana de la sospecha de haber sido mantenida durante dieciséis siglos al margen de la revelación.

A pesar de la pasión patriótica (criolla) que lo anima, Calancha hizo una excelente exposición del problema de santo Tomás de América. El agustino se refiere a santo Tomás de Aquino "en su *prima-secundae question*, 106, art. 4, con otros expositores...".[22] Se trataba de saber si la expresión de la *Vulgata* ("El Evangelio será predicado por toda la tierra [...] y entonces será la consumación de los siglos") se refería al apocalipsis o a la destrucción de Jerusalén. Calancha invoca la autoridad de san Juan Crisóstomo, de san Marcos y de san Jerónimo, entre otros, a favor de la segunda interpretación. Si la evangelización universal se hubiera cumplido antes de la destrucción de Jerusalén, las Indias hubiesen sido evangelizadas en tiempo de los apóstoles. Esta interpretación, digamos literal (que considera la Jerusalén histórica, y no, simbólicamente, la Jerusalén terrestre), ponía fin también a la esperanza milenarista de los primeros misioneros del Nuevo Mundo. Un argumento geográfico y estadístico vino todavía a fortalecer la convicción de Calancha (y nos deja vislumbrar la conmoción espiritual provocada por los descubrimientos en el Nuevo Mundo): "¿En qué razón hallan que siendo doce los apóstoles, los enviase Dios todos doce al medio mundo más corto, y no enviase siquiera uno a estotro medio mundo mayor?"[23] Estamos ante una de las más antiguas tentativas (el camino había sido abierto por Gómara) de pensar en el mundo como totalidad, haciendo entrar en él al Nuevo Mundo, y discutir el eurocentrismo, que ya había pasado a ser un punto de dogma. En fin de cuentas, el fondo del debate consistía en saber si Israel seguiría siendo el pueblo elegido hasta el fin de los tiempos. En general, se estaba de acuerdo en negarlo, pero los portugueses, por boca del jesuita Vieira, se consideraban el nuevo pueblo elegido en virtud de una Nueva Alianza; mientras que la doctrina imperial española (un pastor, una espada, un rebaño) consideraba a estos últimos como encargados de una misión providencial. Por la misma época aparecía en Amsterdam el famoso libro de Menasseh Ben Israel —teólogo y filósofo judaico— significativamente titulado: *Origen de los americanos, es decir, espe-*

---

[22] Calancha, *op. cit.*, libro II, cap. I, p. 311.
[23] Calancha, *op. cit.*, nota 14 *p*, libro II, cap. I, p. 312.

ranza de Israel.[24] Según el filósofo judío, las poblaciones desconocidas de Tierra Firme (Venezuela) eran los *judaei clausi*, los judíos escondidos que descendían de las tribus de Israel perdidas cuando la gran diáspora; su descubrimiento y su retorno próximo a la Tierra Prometida, bajo el reino del Mesías, hijo de David, a consecuencia del descubrimiento del Nuevo Mundo, debía cumplir las profecías judaicas. En un clima semejante, dentro del cual la novedad geográfica y la historia natural de América quedaban relegadas, no es de extrañar que los criollos a su vez hayan sido alcanzados por la fiebre iluminista y que hayan pretendido ser ellos (y su patria) el nuevo pueblo elegido.

Las huellas del apóstol santo Tomás eran la señal que Dios les hacía a los criollos americanos; por tanto, Calancha no tuvo problemas para seguirlas "desde Brasil, porque es de allí que parten los rastros". Las encontramos en Paraguay y, naturalmente, en Perú. Pero, a pesar de su certeza, Calancha sentía una turbadora necesidad de acumular autoridades en favor de su tesis: "asegurando al lector, que he visto cuantos libros tratan este punto, y así hecho por orden de los virreyes las informaciones, dándolos a la imprenta después, como de los que por noticia las han escrito, y por los que hoy las están viendo, siendo lo que aquí dijere la quintaesencia de cuanto han dicho todos, habiendo trabajado para elegir lo cierto, en informarme de los que hoy viven entre los que ven, o ha poco que lo vieron, si es como lo que escribieron los antiguos que lo afirmaron." [25] Recordemos que la identificación de santo Tomás como el evangelizador apostólico del Nuevo Mundo estaba fundada sobre un texto apócrifo, las *Acta Thomae*. Pero la identidad del apóstol era fundamentalmente indiferente; se buscaban los rastros de un "apóstol tipo", por así decir. La visión que de los apóstoles tenían los europeos era la de un semita de cabellos y barba negros y abundantes, vestido con una especie de larga túnica blanca y con el bordón apostólico en la mano. El comportamiento característico del apóstol era el de los misioneros españoles del siglo XVI, pero (como rasgo específico) el apóstol demostraba la verdad de la religión que predicaba mediante pro-

[24] Menasseh Ben Israel, *Origen de los americanos, esto es esperanza de Israel*, Amsterdam, 1650 (ed. Madrid, 1881, cap. II, § X, p. 30; cap. IV, § XVI, p. 41, y cap. XX, § VII completo).
[25] Calancha, *op. cit.*, libro II, cap. II, p. 316.

digios y milagros. Se esperaba encontrar detrás de sus huellas los principales símbolos cristianos, en especial cruces. En vez de asombrarnos de que los buenos genios americanos, dadores de plantas comestibles, nacidos de una virgen en circunstancias sobrenaturales y capaces de marchar sobre las aguas y desaparecer sin dejar rastros, hayan podido pasar por apóstoles de Cristo, más bien hay que admirar la prudencia de los misioneros que no reconocieron apóstoles por todos lados. Hay que imaginarse la presión ejercida sobre el espíritu de los indios (tradicionalmente abiertos a todas las corrientes mesiánicas) por la religión cristiana, su voluntad de adelantarse a los deseos de los misioneros y relacionar sus creencias ancestrales con la fe nueva. El alejamiento en el tiempo y las empresas del diablo para pervertir en las Indias al cristianismo original hacían verosímil que ese cristianismo se hubiese vuelto casi desconocido. La leyenda que entre los indios rodeó pronto a la personalidad de ciertos misioneros españoles permite afirmar que, si se hubiesen hecho averiguaciones medio siglo más tarde, habrían retrocedido tan lejos en el mítico pasado indígena que se los hubiera podido tomar también por apóstoles. En cuanto a la doctrina que habían enseñado, hubiese sido irreconocible, según propia confesión de Sahagún. La actitud abierta de los indígenas ante toda nueva revelación era compensada por un rápido olvido. Los "buenos genios" indígenas de la tradición fueron perdiendo poco a poco sus atributos de "divinidad bienhechora" en el ámbito terrenal, para convertirse en profetas siempre en plegaria, de estilo anacorético, mientras que sus ropas tendían a parecerse más y más a la idea que los españoles del siglo XVI se hacían de las apostólicas.

Como la seguridad de una evangelización de las Indias por santo Tomás era una revelación, la dificultad radicaba tan sólo en la identificación de las huellas y de las tradiciones auténticas de santo Tomás. Distinguir la memoria del verdadero santo Tomás de los falsos apóstoles era una tarea tanto más difícil cuanto que los indios (como los españoles) tenían la ardiente necesidad de explicar el cataclismo que acababan de vivir. Era para ellos tan vital arraigar su presente de neófitos cristianos con la tradición heredada de sus antepasados, como para los europeos encontrar en la Biblia el anuncio profético del descubrimiento del Nuevo Mundo. Puede decirse, pues, que a pesar de la incomprensión recíproca de los mundos en contacto, sus

aspiraciones espirituales respectivas los incitaban a colmar el
foso abierto por la conquista, abismo metafísico que amenazaba
tragarse a unos y otros. En efecto, los indios acababan de per-
derlo todo política y militarmente, sus ídolos estaban derrotados, sus sacerdotes perseguidos y la nada se abría delante
de ellos. Necesitaban recuperar su plena condición de hombres
convirtiéndose a la fe de los vencedores, que les resultaría más
íntima si algún *signo* en su pasado los unía a ella: ese signo
fue la primitiva evangelización por santo Tomás. Para los españoles, el sistema del mundo y la propia religión que lo fundaba
sobre la revelación se hubieran derrumbado si la Biblia hubiese mentido o simplemente hubiese omitido a América; la
ignorancia, el olvido o la injusticia de Dios eran igualmente
insostenibles. Si había existido una verdad positiva independiente de la verdad revelada, si el Nuevo Mundo había sido
"nuevo para el mismo Dios", todo el pensamiento europeo, desde
san Agustín hasta Suárez, se hubiera destruido. La hipótesis
de la evangelización apostólica de América salvaba a la vez a
los indios, haciendo entrar la conquista en el movimiento cíclico de su historia, y a los españoles, para los cuales la religión
era la garantía última. Los mestizos, nacidos de los españoles
vencedores y de los indios, heredaron esa doble aspiración. En
los criollos (que espiritualmente eran mestizos) esta inquietud
de indios y españoles se interiorizó aún más. Para los criollos
americanos el tender lazos entre la tradición histórica y las
creencias indígenas, por un lado, y la Biblia, por otro, era un
problema vital; el pretendido apóstol santo Tomás, evangelizador de las Indias, fue para todos la inesperada salida de un
callejón sin salida. Sucedió que entre las diversas divinidades
indígenas identificadas con santo Tomás, una de las más representativas de la espiritualidad indígena en sus formas más
evolucionadas fue el héroe-dios mexicano, Ce-Ácatl Quetzalcóatl-
Topiltzin, llamado también Ehécatl, e identificado con la estrella
matutina, Tlahuizcalpantecuhtli. Quetzalcóatl-santo Tomás, era,
pues, el ejemplo más privilegiado del sincretismo entre los mitos
cosmológicos de la antigua América y el cristianismo, el punto
extremo en el que dos mundos avanzaron uno hacia el otro.
Al mismo tiempo, el santo Tomás de América fue una de las
raíces de la conciencia americana tal como aparece todavía hoy,
cargada de certidumbre carismática y de espera mesiánica.

LA SERPIENTE EMPLUMADA, NUEVO
"FÉNIX DE OCCIDENTE"

Si hemos trazado un aparente rodeo por el santo Tomás peruano (de todos modos, específicamente sudamericano) de Calancha, es porque representa un estado intermedio entre el Quetzalcóatl-santo Tomás de Tovar y el de Sigüenza y Góngora. En
Calancha se ve con claridad que lo esencial no es la tradición
indígena, sino el empleo que la espiritualidad criolla hizo para
sus fines propios. Desde los tiempos de Tovar, el peligro de
tales asimilaciones había sido presentado por la monarquía española, que había hecho recoger los manuscritos de Sahagún y
prohibir "que por ninguna manera, persona alguna escriba cosas
que toquen a supersticiones y manera de vivir que estos indios
tenían." [26] El futuro, digamos, "político" de Quetzalcóatl confirmaría más tarde, manifiestamente, lo bien fundado de los temores españoles. Quetzalcóatl-santo Tomás sería una de las más
poderosas palancas de que dispondrían los criollos para inclinar
a Nueva España hacia el separatismo, prosiguiendo con el glorioso pasado del Anáhuac. Todavía no se había llegado a eso
con el universal Sigüenza y Góngora, matemático e historiador,
ex jesuita excluido del convento de Puebla y el mejor escritor
del México colonial, si exceptuamos a sor Juana Inés de la Cruz.
El conjunto de los escritos relativos a Quetzalcóatl y atribuidos a Sigüenza y Góngora (o al jesuita Manuel Duarte; ya
volveremos sobre ese problema, que aquí no viene al caso),
fragmentos dispersos que entre ellos sólo tienen en común la
referencia a la evangelización apostólica de América, constituye,
según parece, el primer "legajo" completo sobre el tema. Alrededor de 1675, al sabio mexicano Sigüenza y Góngora le pareció
de interés hacer una síntesis de las ideas que circulaban a
propósito de la predicación de Santo Tomás en el Nuevo Mundo. Los textos, perdidos durante mucho tiempo y recuperados
por Ramírez, son de la mano del padre Duarte. Este jesuita
portugués había dejado su manuscrito a don Carlos, según da
a entender: "yo lo saqué a la letra en aquel manuscrito, que
dexé al Br. Sigüenza",[27] y agrega: "en 1680, cuando me volví

[26] Cédula del rey Felipe II al virrey de Nueva España, del 22 de
abril de 1577.
[27] Nicolás León, *Bibliografía mexicana del siglo XVIII, Pluma rica*,
§ 39, p. 506.

a Filipinas, dejé al bachiller don Carlos de Sigüenza y Góngora, catedrático de matemáticas, juntamente con un cuaderno manuscrito de cincuenta y dos fs. de noticias de haber predicado en Nueva España santo Thomé Apóstol".[28] Sobre esas declaraciones, Ramírez fundó la hipótesis de una atribución a Manuel Duarte. Pero, por su parte, Sigüenza y Góngora había aludido, en el prólogo de su libro *Paraíso occidental*, a una "cosa probada" concerniente a la predicación de santo Tomás y cuya publicación antes de su muerte deseaba. Irving A. Leonard ha mencionado los diferentes puntos de vista expresados con ese motivo; el sabio estadunidense ha llamado la atención sobre un pasaje del *Catálogo* de Boturini: "Además, tengo unos apuntes históricos de la predicación del glorioso apóstol santo Tomás en la América. Hállanse en treinta y cuatro fojas de papel de China, que supongo sirvieron para escribir en el mismo asunto la obra de *Fénix de Occidente*, que no he podido hasta lo presente conseguir por no haberse dado a las estampas."[29] Esos datos nos llevan a identificar los textos encontrados por Ramírez y publicados por Nicolás León, con los que poseía Boturini; el "papel de China" es apenas una pista complementaria para reconocer el manuscrito del jesuita de las Filipinas, Manuel Duarte. Las razones internas en favor de la atribución a Duarte son mucho más fuertes:

— Duarte se dice el autor explícitamente.
— Habla varias veces de "los padres de nuestra Compañía".
— El tratado que Sigüenza y Góngora daba por suyo era un ensayo coherente y no un simple legajo que agrupara documentos independientes.

Esta última razón resulta convincente, sabiendo cómo trabajaban los historiadores de esta época. Ya lo hemos visto con relación a Motolinía, Acosta y otros. Duarte había vuelto a copiar de los historiadores anteriores lo referente a la predicación de santo Tomás que constituía un argumento en favor de esta predicación. Tradujo al castellano una historia indígena, es decir, el comentario en náhuatl de un códice, redactado por un

[28] Nicolás León, *op. cit.*, p. 514.
[29] Lorenzo Boturini Benaduci, *Catálogo del Museo Histórico Indiano. Idea de una nueva historia general de la América septentrional*, México, 1871, p. 283.

alumno de los misioneros o por un religioso nahuatlaca, y después remitió el conjunto de esos textos, acompañado de sus opiniones, a don Carlos, que redactó la síntesis. La mayoría de los historiadores de la antigüedad mexicana trabajaron así, en los siglos XVI y XVII. El ensayo redactado por Sigüenza y Góngora fue destruido o simplemente está perdido desde hace tres siglos, cosa que quizá el futuro revelará. Para nosotros, los fragmentos editados bajo el título de *Pluma rica, nuevo Fénix de Occidente*, son los materiales reunidos por Manuel Duarte y entregados por él a don Carlos, que los utilizó en un ensayo desaparecido de tiempo atrás. En efecto, citada por Sebastián de Guzmán, por Vetancurt y por Boturini, la disertación (esta única palabra bastaría para anular la identificación con los fragmentos que poseemos) de Sigüenza y Góngora sólo nos es conocida por esas únicas menciones, y los autores antiguos que la mencionaron no la habían leído por sí mismos.

Desde el punto de vista de la historia de las ideas en Nueva España, poco importa saber quién fue realmente el autor del *Fénix de Occidente*, puesto que conocemos su fecha. La duda que pueda subsistir sobre la atribución se circunscribe a Duarte y a Sigüenza y Góngora. El primero era un jesuita, y el segundo, expulsado en su juventud del convento de la Compañía en Puebla, pasó el final de su vida tratando de hacerse reintegrar en la Compañía de Jesús. Los dos posibles autores están vinculados con la espiritualidad jesuítica mexicana. Parecería que por esta fecha (1675) la hipótesis de la evangelización apostólica había madurado lo bastante como para justificar una nueva toma de posición. Hasta entonces los sostenedores de la evangelización del Nuevo Mundo por santo Tomás, encabezados por el agustino Calancha, se habían limitado a adelantar esta hipótesis dándola por muy verosímil, con ocasión de una historia general del pasado indio, de la conquista y de la evangelización. Por primera vez, en los manuscritos de Duarte la evangelización del Nuevo Mundo por santo Tomás fue objeto exclusivo de una investigación particular. Ese mismo hecho es significativo de la importancia acordada al problema, que ocupó el centro de la inquietud espiritual del Nuevo Mundo y que como consecuencia produjo una revisión general de la historiografía anterior de América: "porque los pocos autores que han relatado los acontecimientos de las Indias no los conocen". Muy a menudo se recurre a Herrera, el cronista oficial de la corona, pero también muy a menudo es recusado. A esta historia escrita por españoles que ignoran lo que tienen entre manos se opone la "historia pura y verdadera". Los autores indígenas: "son los que muy bien las supieron, y las pusieron en historia al principio por sus figuras y caracteres, y después, que supieron escribir, algunos curiosos de ellas las escribieron, las cuales tengo en mi poder, y tengo tanta envidia al lenguaje y estilo con que están escritas, que me holgará saberlas traducir en castellano con la elegancia y gracia que en su lengua mexicana se dicen".[30]

En este final del siglo XVII asistimos al desquite póstumo de Sahagún, invocado primero por Duarte en ese mismo pasaje como el gran precursor que "conoció todos los secretos". A la desconfianza con respecto a la historia española oficial, corresponde en los criollos la exaltación de las historias indígenas y del pasado indio. Entre el fárrago de lo tomado a los jesuitas del Brasil (Nóbrega y Vasconcelos) a Calancha y a Torquemada, a Las Casas y a Solórzano Pereira, vemos perfilarse las grandes líneas de lo que debió ser la disertación de Sigüenza y Góngora. En primer lugar, la ausencia de una evangelización de las Indias por los apóstoles hubiera sido incompatible con el mandamiento *docete omni creaturae*, que figura en los Evangelios. Las Indias representaban un tercio de la humanidad; era, pues, teológicamente imposible que no hubieran sido evangelizadas por un apóstol de Cristo. Pero conocemos la vida de los apóstoles. Tan sólo habría podido evangelizar las Indias, teniendo en cuenta su biografía, el incrédulo santo Tomás. Los que le niegan la gracia a los indios son los mismos que quieren su perdición, porque tienen interés en ella. Puesto que la evangelización por santo Tomás era parte integrante de la revelación, ¿qué signos materiales hay del paso de santo Tomás por el Nuevo Mundo? La huella indeleble de sus pasos, las fuentes milagrosas y las cruces prodigiosas encontradas aquí y allá, desde Bahía, en Brasil, hasta Huatulco, eran *signos* convincentes. El conjunto de los ritos indígenas que evocaban vagamente el cristianismo: confesión, ayuno, circuncisión; la creencia en un Dios único y creador, en una Virgen que concibe prodigiosamente, en el diluvio universal; la interpretación audaz de los símbolos cruciformes de los templos y de los códices; astutos acercamientos filológicos; el descubrimiento de indios tonsura-

---

[30] Nicolás León, *op. cit.*, *El apóstol santo Tomás* (...), p. 525.

dos; todo parecía atestiguar los vestigios de un cristianismo degradado por el tiempo. Un personaje omnipresente en América, llamado Zumé en Paraguay y en Brasil, Viracocha en Perú, Bochica en Colombia, Quetzalcóatl en México, Kukulcán entre los mayas, cristalizaba a su alrededor el máximo de analogías cristianas. Su historia y su retrato, tal como lo mostraban las tradiciones indígenas, facilitaban su identificación con un apóstol de Cristo; su alejamiento en el tiempo permitía borrar las últimas dudas: se trataba del apóstol santo Tomás. Esta "demostración" provenía tanto del cúmulo de las presunciones convergentes tomadas de los cronistas como de las interpretaciones simbólicas de la Escritura y de los códices americanos. Las asimilaciones propuestas resultan simplemente de la unidad del fondo común a todas las grandes religiones; en cuanto a las traducciones del griego y del tupí, no resisten un elemental examen lingüístico. Si hacemos abstracción de este aparato rudimentario, quedamos enfrentados a actitudes espirituales caducas (o abandonadas) a partir de la Ilustración. Todos los argumentos de Duarte descansan sobre una interpretación de la revelación, cuyas manifestaciones habría que buscar tan sólo. No hay ningún descubrimiento de *pruebas*, en el sentido moderno; apenas si un registro de *señales* del pasaje de santo Tomás por América. La elección efectuada entre los autores es tan selectiva como la operada en las representaciones y las creencias indígenas; de Las Casas y de Torquemada, Duarte sólo retuvo los pasajes favorables a la evangelización primitiva. Las dudas de Sahagún son ignoradas, o por lo menos silenciadas. Pero aparece actuante el espíritu de simpatía por el mundo indígena, herencia de Sahagún y de Las Casas. La adhesión a la tesis de santo Tomás de América está presentada como la piedra de toque de la justicia que se hace al pasado indígena, a la propia América, por tanto, y a sus hijos modernos, los criollos. La evangelización por santo Tomás, signo de la gracia del cielo, es la forma que en esta fecha (1675) toma la reivindicación criolla de igualdad espiritual con España, de dignidad ante el Mundo Antiguo. Ese lazo entre el lejano pasado indígena y el presente colonial de América está subrayado por el que Becerra Tanco ha establecido entre santo Tomás-Quetzalcóatl y la milagrosa Virgen de Guadalupe. "Pero para que veas cómo estuvo en Nueva España, lee la *Aparición de la Virgen de Guadalupe*, impresa en México año de 1675 a fs. 76

Verbo Divino, y verás cómo estuvo en Tula, como bien lo escribe allí el bachiller Becerra, catedrático de lengua mexicana, que en las historias de los indios leyó las obras maravillosas y la doctrina que enseñó aquel Ketzalcohuatl." [31] La gracia dispensada continuamente a América y a sus pueblos, desde los tiempos evangélicos, y ese acuerdo que facilitó la evangelización española, dándole a los indios el sentimiento de que no había habido ruptura con su historia, sino realización de su destino sobrenatural, era la base espiritual indispensable para las reivindicaciones de dignidad de los criollos del siglo XVII.

El aspecto más notable es la transferencia del pasado indio, recogido y exaltado en sus fuentes náhuatl y asumido por los criollos descendientes de españoles como su propio patrimonio. Vimos cómo el sentimiento de la patria americana había nacido en parte del desprecio compartido por los indios y los criollos. Como estos últimos eran, a pesar de todo, los más favorecidos entre los hijos de América, se apropiaron de la historia precolombina de América, prevaleciendo la predestinación telúrica sobre los lazos de sangre. Se trataba de saber en definitiva si los pueblos americanos participaban desde el comienzo de la era cristiana en la humanidad y en su aventura sobrenatural, o si América había sido durante quince siglos un *no man's land* espiritual. La elección de la segunda hipótesis, fundada sobre una interpretación de la cristiandad como una aventura desplegada en el tiempo, dejaba las manos libres a todos aquellos que identificaban a las "Indias" con una Babilonia digna de los peores azotes de Dios. Por el contrario, dar a la realización del mandato misionero un límite de treinta años, privaba a los crímenes de la conquista de toda justificación posible, y confería a los territorios dependientes de América y a sus poblaciones, antiguas y actuales, una dignidad igual a la de España. Esto es tan cierto que el autor, buen lector de la *Apologética historia* de Las Casas, cita todas las supersticiones de griegos y romanos (¡y de los iberos!), consideradas (al igual que las de los indios) como infortunadas aproximaciones a la verdadera fe. El sentido de todos los testimonios que Sigüenza y Góngora reunía para Duarte consiste, pues, aboliendo la ruptura de la historia americana representada por la conquista, en

[31] Nicolás León, *op. cit.*, nota 2, *El apóstol santo Tomás* (...), p. 500.

dar a América un estatuto espiritual (por consiguiente, jurídico
y político) que la pusiera en pie de igualdad con la potencia
tutelar, con España. La hábil utilización de las profecías bíblicas, de los códices mexicanos y de los testimonios de misioneros
es un verdadero respaldo americano de candidatura anacrónica
para una "sociedad espiritual de las naciones", que no por estar
privada de existencia jurídica era menos real. Para entrar en
el concierto de las naciones, los países de América tenían que
mostrar su "patente" apostólica de "cristianos viejos", justificar su pertenencia a la cristiandad desde los orígenes. Entre
los cristianos (católicos) y los musulmanes sólo había lugar
para un estatuto inferior y dependiente, el de los bárbaros nuevamente cristianizados. De la dependencia espiritual se des-
prendía como una consecuencia la sujeción política y administrativa. Si la patria americana debía arraigarse en el propio
suelo, también debía tomar un sentido *sui generis*, tenía que
empezar por buscar sus fundamentos en la gracia del cielo y
no en la desgracia de una conquista que se parecía demasiado
a un apocalipsis. Santo Tomás-Quetzalcóatl fue para los mexicanos el instrumento de ese vuelco del estatuto espiritual, sin
el cual la conciencia criolla no hubiera encontrado, un siglo y
medio más tarde, la energía necesaria para sacudir el yugo
colonial y restaurar políticamente ese "Imperio del Anáhuac"
que los gustadores de "antiguallas", como Sigüenza y Góngora,
levantaron de su decadencia espiritual. Si previamente no se
hubieran apropiado del pasado indígena, los criollos no hubieran
podido jamás tomar entre sus manos el futuro nacional.

La "Disertación sobre santo Tomás-Quetzalcóatl" del dominico Mier (1813)

El uso político que podía hacerse del santo Tomás de América
sólo se hizo evidente un siglo más tarde, con el dominico de
Monterrey fray Servando Teresa de Mier. Si santo Tomás-Quetzalcóatl apareció en la segunda mitad del siglo XVII como una
tabla de salvación para América, fue por razones aún esencialmente espirituales. El fin de la esperanza escatológica de los
primeros franciscanos, el sueño milenarista de una Iglesia indiana, expuesto por fray Jerónimo de Mendieta, se había desva-
necido a comienzos del reinado de Felipe III. A falta de un

futuro que permitiera exaltarla, la Iglesia indiana tuvo que bus-
carse un gran pasado; ¿quién hubiera podido dárselo mejor
que un apóstol de Cristo? Así pues, santo Tomás-Quetzalcóatl
aparece —como una especie de caballo de posta, destinado a
echar a andar de nuevo la historia espiritual de Nueva España
agotada por un siglo y medio de exaltación escatológica— en el
momento en que Duarte y Sigüenza y Góngora vuelven a ac-
tualizarlo. Por otra parte, era natural considerar que si la Iglesia
indiana no era la nueva Iglesia evangélica como la de Jesús y
los apóstoles, debía relacionarse de alguna manera con ella. El
abandono de la primera hipótesis sólo dejaba subsistir, lógica-
mente, el otro término de la alternativa. El papel de los monjes
iluminados, que había sido grande en la formación de un sentimiento americano con fundamentos proféticos, seguiría siendo
esencial en esta segunda fiebre espiritual, menos ambiciosa que
la precedente, pero cuya laicización progresiva sería uno de los
fermentos del separatismo político.

El regiomontano fray Servando Teresa de Mier Noriega y
Guerra pertenecía a la familia de un antiguo gobernador de
Nuevo León y gustaba de que se le rindieran a su calidad las
consideraciones que le eran debidas. A lo largo de sus *Memorias*
reivindica el beneficio y las prerrogativas de su nobleza, de su
calidad de doctor universitario y de religioso de la orden de
predicadores. Un accidente se atravesó en su vida y en su carrera de predicador: el sermón que pronunció en 1794, el día de
la fiesta solemne de la Virgen de Guadalupe. Espíritu erudito
y vivo, sentía la fragilidad de las pruebas de la milagrosa aparición de la Virgen y trató (según dijo durante el proceso que
se le siguió) de fundar más antiguamente la tradición. Mier no
hizo sino exponer las borrosas ideas de un amante de las antigüedades mexicanas, el licenciado Ignacio Borunda, y sostuvo
que la aparición de la Virgen sobre la tilma del indio Juan
Diego, y ante los ojos del obispo Zumárraga, era una leyenda
piadosa. Según el dominico, el manto era el de santo Tomás de
Mylapore (y no el del apóstol santo Tomás), que había evangelizado a México hacia el siglo VI, acaecimiento que demos-
traban con toda evidencia las creencias, los ritos y los códices
de los antiguos mexicanos. Así, sin negar la tradición milagrosa de Guadalupe, retiraba el beneficio a los españoles: la aparición los había precedido en diez siglos. La Guadalupana, patrona de los indios y de Nueva España, era tradicionalmente

opuesta a la Virgen de los Remedios, invocada por los conquistadores derrotados, durante la Noche Triste; si la hipótesis
de Mier hubiera triunfado, Guadalupe se hubiera vuelto aún
más específicamente india. Ligada a la hipótesis de la evangelización prehispánica, hubiese minado el principal (e incluso el
único) fundamento jurídico de la conquista, la misión evangelizadora. Teniendo en cuenta el fervor de los mexicanos (tanto
indios como criollos) por la Guadalupe, y su odio por los gachupines, la completa autonomía espiritual que les ofrecía la
doble hipótesis de Mier hubiese corrido el riesgo de enardecer
los espíritus en favor de la autonomía política. Lo que antes
había fundado el derecho de conquista de los españoles, hubiera sido barrido, al mismo tiempo que se reconocía el signo
de la gracia sobre México; y éste se hubiera encontrado a su
vez liberado de la tutela mesiánica española. Mucho más tarde,
en 1822, resumiendo su intención ante el Congreso constituyente, donde asistía como diputado, fray Servando declaró: "Lo
que yo prediqué fue que la América, no más pecadora que el
resto del mundo, entró también en el plan de la redención del
género humano." [32]

Mier había consultado a todos los autores que habían abordado antes que él el problema de la evangelización prehispánica; invocó en su favor el estudio de Sigüenza y Góngora (que
no había leído) y el "de un jesuita portugués de Manila", en el
cual reconocemos a Manuel Duarte. (Esas consideraciones de
fray Servando tienden a confirmar nuestra hipótesis, según la
cual el ensayo de Sigüenza y Góngora se habría perdido y los
textos publicados por Ramírez serían los materiales reunidos
por Duarte.) Es significativo del sentido de la *Disertación sobre
la prédica del Evangelio en América antes de la conquista* [*española*] que Mier la haya publicado en apéndice a la *Historia
de la Revolución de Nueva España, antiguamente Anáhuac,*[33]
aparecida en Londres (donde el autor estaba exiliado) en 1813.
Los ensayos anteriores sobre este tema hablaban de la evangelización de América "en tiempos de los apóstoles". El nuevo

[32] Edmundo O'Gorman, *Fray Servando Teresa de Mier*, México,
1945, *Discurso de Fr. S. T. de Mier al formular la protesta de ley
como diputado en el primer Congreso constituyente*, 15 de julio de
1822.
[33] José Guerra (seud. de fray S. Teresa de Mier Noriega y Guerra),
Historia de la Revolución de Nueva España, antiguamente Anáhuac,
Londres, 1813 (repr. México, 1922).

libelo es revelador de la diferencia de perspectiva. La referencia
al "tiempo de los apóstoles" ponía el acento sobre la misión
confiada por Cristo a los apóstoles y la dificultad teológica de
apartar a América de la evangelización primitiva. Por el contrario, Mier (que identificaba a Quetzalcóatl, Viracocha, etc.,
con un santo Tomás del siglo VI, y no con el apóstol) se refirió
a la conquista, indicando con ello que el punto importante a
sus ojos era que tanto los antiguos mexicanos como los modernos se habían beneficiado con la gracia inmediata de la revelación y no con una gracia mediata (y muy tardía) de la cual los
españoles aparecerían como mediadores, como el pueblo elegido por Dios para traer la luz a los gentiles del Nuevo Mundo.
Poco importaba la fecha de la primera evangelización de América; sólo importaba el hecho de que hubiera tenido lugar antes
de la conquista.

La tesis de la evangelización de Nueva España, "antiguamente
Anáhuac", por santo Tomás está en armonía preestablecida con
la duda de los liberadores de Nueva España en lo que se refiere
al nombre que llevaría en adelante el país; después de haber
oscilado entre "Anáhuac" y "México", eligieron el segundo; en
ambos casos la voluntad de reanudar el hilo de una historia interrumpida por la conquista era evidente. En la *Disertación*
(más explícitamente que en la *Apología del Dr. Mier*, en donde
justifica su posición sobre el problema conexo de Guadalupe)
hay una parte interpretativa y una parte crítica; ésta es la más
interesante. La tesis positiva no resiste un examen científico
moderno, y podría resumirse con esta declaración del autor:
"Es cosa admirable cómo toda la mitología mexicana se explica
a consecuencia del cristianismo, en traduciendo a 'Quetzalcóatl'
por 'santo Tomás'." [34] Esto de recurrir a argumentos sobre todo
lingüísticos para demostrar la identidad de las creencias de los
antiguos mexicanos y del cristianismo aparece en Mier como una
novedad. Sin embargo, lo toma en parte del licenciado Borunda,
en su *Clave general de jeroglíficos americanos*.[35] Sabemos que
Borunda fue el inspirador del sermón de 1794 sobre Guadalupe.
Gracias a una hábil interpretación simbólica de los códices y
de los glifos mexicanos, Mier hizo entrar a Cristo, a la Virgen,

[34] Mier, *Disertación*..., en: Nicolás León, *op. cit.*, p. 548.
[35] Ignacio Borunda, *Clave general de jeroglíficos americanos*; en:
Nicolás León, *Bibliografía mexicana del siglo xviii*, sección I, parte III, pp. 196-351.

a la Trinidad y a todos los santos del Paraíso (¡y al propio Paraíso!) en la religión de los mexicanos y de los mayas. Ya Boturini había esbozado esta tendencia, cuando escribía: "El glorioso apóstol santo Tomás, que los indios llamaban metafóricamente Quetzalcóatl, es decir, 'Serpiente emplumada'." [36] Mier va más lejos, e imputa a la ceguera voluntaria de los españoles el error de atribuir a los mexicanos, después de la conquista, el culto idolátrico de la serpiente (con su valor cristiano de símbolo diabólico): "Con lo que en efecto parece México el país más culebrero y enculebrinado del mundo." [37] La acusación se hace más precisa: "Pero vuelvo a decir que los españoles y los misioneros empeñados en no ver sino al diablo aun en las cruces, todo lo endiablaron sin escrúpulo; y recogiendo los ritos y creencias de las diferentes provincias, y por haber quemado las bibliotecas, informándose del vulgo necio, que entre los católicos daría también de nuestra creencia una relación endiablada, hicieron una pepitoria insoportable." [38]

Ya vemos adónde quiere ir a parar fray Servando, monje criollo y aristócrata mexicano. Hace el proceso de los métodos de evangelización y cuestiona la historia de los antiguos mexicanos tal como ha sido escrita antes que él por frailes gachupines. Dos causas concurrieron al error sobre el cristianismo primitivo de los indios mexicanos: la malevolencia y la ignorancia. "Los españoles se empeñaron en hacer diablos, y aun en hallar los dioses de los romanos." [39] Sahagún, que cae bajo esa acusación, no es mencionado en parte alguna por Mier; ¿habrá temido meterse con tal adversario? Es bastante probable, pero su mal humor contra los franciscanos se manifiesta repetidas veces. Por el contrario, exaltó muchas veces a los dominicos, sus hermanos de religión, y especialmente a Las Casas. Desde muchos ángulos, Mier aparece como el continuador tardío del obispo de Chiapas, tanto en su obra apologética sobre los indios como en su contribución a la "leyenda negra" de la conquista. Curiosamente este aristócrata, pariente de un gobernador colonial, exalta a los indios, o más bien al pasado indíge-

---

[36] Boturini, *Historia General de la América septentrional, por el caballero Lorenzo Boturini Benaduci*, cap. xx, p. 352, en *"Documentos inéditos para la Historia de España"*, t. VI, Madrid, 1948, *Papeles de Indias*, II.

[37] Mier, *Disertación* (...), *ibid.*, p. 544.

[38] *Ibid.*, p. 556.

[39] *Ibid.*

na; este dominico hace el proceso de la evangelización hispánica a causa de que su odio a los gachupines triunfa sobre cualquier otro sentimiento. Mier reprochará a Clavijero su falta de osadía y de sinceridad, con respecto a la tesis de la evangelización prehispánica, cuyo secreto partidario lo creía. En el siglo XVIII los criollos habían llegado a ser una mayoría aplastante en las órdenes religiosas americanas (como en el caso de los dominicos de Nueva España desde la segunda mitad del siglo XVII), y sufrían con la regla que les imponía la alternancia con los gachupines.

La oposición entre *españoles* y *españoles americanos*, aparecida con la primera generación criolla, por 1550, alcanzó a fines del siglo XVIII una agudeza explicada por causas de distinto origen, que precedentemente expusimos. Perseguido por haber sostenido una hipótesis histórica que había parecido peligrosa a la autoridad española (en aquel momento el arzobispo Haro y Peralta), Mier expresó la revuelta de los criollos en términos históricos.[40] Denunció la falsificación del pasado de su patria mexicana por el choque entre la razón de Estado y la cobardía. Retornando al origen de la cuestión, explicó las dificultades que sus hermanos en religión, Remesal y Dávila Padilla, habían encontrado para publicar sus obras respectivas, por ponerse en favor de la evangelización apostólica de México. En cuanto al jesuita Acosta, "atribuye todo a enseñanza del diablo, que dice quiso hacer la mona de Dios. ¡Al diablo verdaderamente se le ofrece meterse a fabricante de cruces y maestro de doctrina cristiana!"[41] Acosta, en *De procuranda indorum salute*, había demostrado, por otra parte, que no creía de ningún modo eso; y tal vez fue por servilismo que más tarde —en la *Historia*—, hizo como si creyera en la "parodia demoníaca". Acosta estaba en realidad convencido, según Mier, de que los mexicanos habían conservado los recuerdos de una evangelización antigua, la de Quetzalcóatl, como lo habían probado las palabras de Moctezuma a Cortés: "Por lo cual y otras muchas cosas, no cesa Acosta

---

[40] *Escritos inéditos del Dr. Mier*, México, 1944; *Manifiesto apologético del Dr.* (...), p. 140. "La predicación y profecías de santo Tomé sobre la venida de gentes de su misma religión y de hacia el Oriente, que todo lo dominarían, son la verdadera clave de la conquista en ambas Américas, y mientras no se asiente esta base, no se escribirán más que absurdos y tonterías."

[41] Mier, *Disertación, ibid.*, p. 539.

de decir que estaba abierta la puerta para haber introducido el Evangelio en América sin ninguna efusión de sangre." [42] Contradictoriamente en apariencia, pero en realidad de modo complementario, Mier escribió: "Todos los ritos e historia de los mexicanos están aludiendo tan claramente a ritos y pasajes del Antiguo y Nuevo Testamento, que los autores españoles lo han notado a cada paso; y el viaje de los mexicanos al Anáhuac es tan idéntico al de Israel por el desierto, que en la primera edición de Torquemada se suprimió, y para restituirlo en la segunda, véanse las salvas que tuvo que hacer el editor en su prólogo." [43] Los hechos, aquí, parecen darle toda la razón a fray Servando, puesto que el editor de la segunda edición de Torquemada, después de muchos circunloquios, publica el capítulo sobre el "Viaje que hicieron los indios mexicanos parecido al del pueblo de Israel" a la cabeza de la obra, pero tomándolo de fray Gregorio García, que había expresado "el mesmo concepto delineado con mayor brevedad." [44]

El temor a las herejías criollas no era del todo injustificado a finales del siglo XVI y en el XVII, como lo demostró el proceso de un tal fray Francisco de la Cruz en el Perú. El miedo por "la seguridad del territorio" tenía mucho que ver en la lucha contra la herejía. Las cartas al confesor del rey están llenas de insinuaciones, según las cuales los monjes iluminados (los españoles al comienzo) podían suscitar un movimiento mesiánico americano ("respuesta" al mesianismo conquistador), levantando a los indios contra la administración española. Más tarde, los iluminados se hicieron más raros, pero los criollos patriotas no dejaron de inquietar al poder español. Todo lo que en el pasado anterior a la conquista podía hacer aparecer a los indios como un pueblo elegido (¿no había llegado a suponerse que eran los descendientes de las tribus de Israel?), o hacer de los americanos un nuevo pueblo elegido, debía ser borrado de las *Historias*; de ahí los secuestros de manuscritos en el siglo XVI, y las persecuciones contra Mier en el XVIII, acusado de herejía, pero en realidad temido por su patriotismo americano. Fue una táctica constante de la corona de España hacer pasar por heréticos a los separatistas de las Indias. La consigna del silencio

[42] Mier, *Disertación, ibid.*, p. 556.
[43] Mier, *Disertación, ibid.*
[44] Fray Juan de Torquemada (OFM), *Monarquía indiana*, Madrid, 1723, proemio a esta segunda impresión, p. 4.

era más grande que nunca en ese siglo XVIII que concluía y en el cual el mundo entero estaba en revolución: el pasado nacional de los virreinatos americanos quedaría bajo las cenizas. Mier tuvo, pues, el mérito de denunciar la hipocresía oficial, de mostrar bajo una luz política un problema que siempre lo había sido en alguna medida: "¡Qué lástima que el miedo haya impedido en México dar sobre este punto las instrucciones competentes al sabio barón de Humboldt, y que éste, dando a luz en una edición tan magnífica las antigüedades mexicanas, y la historia de Quetzalcóatl, las copie literalmente con las equivocaciones de los antiguos misioneros, y gaste su exquisita erudición en buscar un pueblo adorador de culebras, para comparar al mexicano!" [45] Para enmendar ese daño causado a la historia de su patria, Mier escribe la *Disertación...*: "Pero yo, que he estudiado bien la mitología mexicana, tomo a Torquemada, que disparatadamente como todos los autores españoles (...) y me entro desde luego, sin el miedo que tuvieron los soldados de Cortés, por la boca de serpiente que figuraba la boca del templo de Quetzalcóat." [46] Mier aprisionó la serpiente, denunció la superchería que la razón de Estado española había impuesto desde hacía dos siglos y medio.

Así al menos concebía fray Servando su papel. Dijimos que sus teorías no resisten el examen. Pero en el sistema del mundo de fray Servando, que seguía siendo metafísicamente el mismo que el de sus antecesores los monjes misioneros, su interpretación de la mitología mexicana era tan coherente como la de éstos. O bien los indios habían sido idólatras, como lo había visto Sahagún, y en ese caso las analogías con el cristianismo eran parodias diabólicas, o bien habían sido evangelizados antes de la llegada de los españoles y su cristianismo se había pervertido entre tanto. Las búsquedas de Mier, sus estudios sobre los cristianos orientales que lo llevaron a identificar a Quetzalcóatl con un judío helenizado, santo Tomás de Mylapore, hacen que su tesis parezca más coherente (si no más convincente) que la de los primeros misioneros franciscanos, dentro de un común sistema de ideas. Hoy sabemos que ninguna de las teorías que entonces se enfrentaban era aceptable. Pero la imbricación entre la revelación, la Escritura y la política imperial, hasta comienzos del siglo XIX, es reveladora de la distancia espiritual entre

---

[45] Mier, *Disertación* (...), *ibid.*, p. 543.
[46] Mier, *Disertación* (...), *ibid.*, p. 544.

España (posterior, no obstante, a Carlos III) y la Europa de
ese tiempo. Todo el mundo hispánico, la propia América que
acababa de abrirse a Rousseau y a Bentham, todavía andaba
disputando sobre el exilio del pueblo de Israel.

De estas discusiones, quizá tanto como del *Contrato social*,
saldría la independencia de México, movimiento simbolizado por
el cura Hidalgo blandiendo el pendón de Guadalupe. El hecho material que constituye la publicación conjunta de la *Revolución de Nueva España* (...) y de la *Disertación* (...)
sobre Quetzalcóatl es de los más significativos. La revolución
no se hizo tanto en nombre de las "ideas nuevas", cuanto de los
principios antiguos, como los de esa *Constitución* del México
colonial cuya aplicación reclamaba Mier y que estaba basada en
las Leyes de Indias. En virtud de que el mundo occidental estaba fundado sobre la religión católica, era vital para el florecimiento del sentimiento nacional mexicano (y de todos los
patriotismos americanos) que Quetzalcóatl no hubiese sido español, sino que hubiese sido un misionero cristiano. Mier tuvo la
inteligencia política de sentir esta necesidad, y sus perseguidores
la clarividencia de presentir el peligro de sus intenciones para el
futuro colonial de Nueva España. Esas circunstancias nos revelan una continuidad entre las primeras hipótesis relativas al
pasado de América, y los grandes movimientos de independencia del siglo XIX. Lo que importa en las revoluciones no son
las modas ideológicas, sino las pasiones atávicas. Quetzalcóatl
(menos afortunado que la Guadalupe, como bien lo había visto
Bolívar) hubiera podido, como la "Reina de los patriotas", reunir en torno a su nombre a los soldados de la independencia.
La historia de sus fluctuaciones político-literarias se confunde
entre tanto con la del sentimiento de la patria mexicana (y, en
un sentido más amplio, americana), desde la conquista hasta la
independencia, e incluso más allá, puesto que los resortes y
las finalidades de la conciencia nacional de México siguen siendo fundamentalmente los mismos.

SANTIAGO DE COMPOSTELA Y SANTO TOMÁS DEL NUEVO MUNDO

Entre los conquistadores españoles, algunos como Bernal Díaz
del Castillo se habían resistido a ver al apóstol Santiago cabal-
gando entre las nubes y blandiendo la espada flamígera que

hacía huir a los indios. Las guerras de la conquista (la de México y otras regiones de América) se desarrollaron, después de las de la reconquista peninsular, bajo el signo del apóstol Santiago. Ningún apóstol hubiera sido más indicado para patrocinar la mayor empresa de evangelización de la historia de la cristiandad, desde los tiempos evangélicos. En un responso del 24 de julio, víspera del "Día del Apóstol", el papa Calixto II había escrito: "En el segundo tono [del canto pleno] 'Jesús llamó a Santiago y a Juan Boanerges', que quiere decir 'Hijos del Trueno'. Así como el fragor del trueno hace estremecerse a toda la tierra, así el mundo entero se estremeció con sus voces. Eso quiere decir 'Hijos del Trueno'." [47]

Los descubridores y los conquistadores de América eran tan devotos del patrón de España y de la Virgen María que los indios de México tomaban a "Santiago y María" por la pareja original de su religión, *Ome téotl*. El cronista dominicano Remesal escribió, por su parte, que los indios ignoraban "si Santiago era hombre o mujer." [48] La aspiración sincrética jugó en ambos sentidos, y en el caso presente favoreció el desarrollo de la devoción a Santiago entre los indios. En México, el apóstol se había aparecido desde los primeros combates, librados en Tabasco por Cortés, a juzgar por lo que Gómara, el historiógrafo del conquistador, escribió: "y todos dijeron que vieron por tres veces al del caballo rucio picado pelear en su favor contra los indios (...) y que era Santiago, nuestro patrón". [49] Santiago había vuelto a intervenir en Otumba, en Jalisco a favor de Nuño de Guzmán, en Querétaro, en Nuevo México, en Guadalajara y (lo que es más notable) había tomado parte activa en la famosa matanza del gran templo de México, durante la cual Alvarado hizo exterminar a la nobleza mexicana desarmada, ocupada en sus danzas rituales. Pero si la virtud de intervención militar de Santiago lo hizo aparecer primero a los indios como una divinidad aterradora, eso no impidió que, establecida la paz, fuera incorporado a los mitotes populares a favor de la intro-

[47] *Liber Sancti Jacobi* (*Codex Calixtinus*), Santiago de Compostela, 1951, p. 259.
[48] Remesal (OP), *Historia de la Provincia de San Vicente de Chiapa y Guatemala*, Madrid, 1619, libro IV, cap. VII, § 2, "sin saber si Santiago era hombre o mujer".
[49] Francisco López de Gómara, *Historia de la conquista de Nueva España* (BAE, t. XXII, *La batalla de Cintla*, p. 309, *b*).

ducción de las fiestas de "moros y cristianos". Una de las manifestaciones más originales de la devoción a Santiago en México
es, sin duda, la danza "de los Santiagos". R. Heliodoro Valle y R.
Ricard han aclarado los fenómenos religiosos sincréticos inseparables de la aclimatación de las fiestas de "moros y cristianos" en México, en las cuales el apóstol Santiago desempeña
el papel de protagonista. Carecemos de espacio para presentar una visión sintética de esto, que, por lo demás, no sería
más que la utilización de los resultados obtenidos en sus investigaciones por los autores que acabamos de citar. El esbozo de
los avatares americanos de Santiago no sería completo (aun en
su necesaria brevedad) si omitiéramos recordar que el Santiago
guerrero es capaz de súbitos despertares, cuando las circunstancias históricas se prestan para ello. Una de las intervenciones militares más significativas entre las recogidas por R. H.
Valle es la de Janitzio, adonde el apóstol acudió en ayuda de
los indios tarascos sitiados por las tropas leales, durante los
combates de la guerra de la Independencia. Si se recuerda que
Michoacán había sido el punto de partida de la rebelión de Hidalgo, veremos en ello un símbolo de liberación espiritual. El
vuelco del papel de Santiago, que se convierte en aliado de los
indios contra los gachupines en una guerra de liberación, es el
signo de la transferencia del poder santificador de España a
Nueva España. El arraigo en México de este santo, español por
excelencia, marca el término de un proceso general de asimilación de los valores culturales de la nación colonizadora. La
descolonización se hizo posible a partir del momento en que las
principales divinidades tutelares cambiaron de campo, lo que
se tradujo en una migración divina de los antiguos lugares de
peregrinación hacia los nuevos. El "traslado" de la Virgen María al cerro del Tepeyac es, sin duda, el caso más rico de implicaciones nacionales en una transferencia de lugares sagrados,
pero dista mucho de ser el único. El indio que, bailando al
son del ritual *teponaxtli* azteca, encarna al "señor Santiago",
al pie de las pirámides de Teotihuacan, no tiene una vida religiosa muy diferente de la de sus antepasados, que encarnaban
en ocasiones a Quetzalcóatl o a otra divinidad del antiguo panteón mexicano. El disfraz ha variado, pero el diálogo náhuatl
en su ambigüedad y el conjuro (exento de toda ambigüedad)
revelan una permanencia de la actitud espiritual, que es su aspecto más importante.

Si la devoción a santo Tomás-Quetzalcóatl no se popularizó realmente en Nueva España, fue en parte a causa de la concurrente devoción a Santiago. Fray Servando Teresa de Mier escribió, a propósito de la pretendida predicación de "Santo Tomás, que los indios llamaron Quetzalcóatl": "No extrañé esta predicación que desde niño aprendí de la boca de mi sabio padre. Cuanto he estudiado después me ha confirmado en ella, y creo que no hay americano instruido que la ignore, o que la dude." [50] Esta confesión nos dice que se trataba de una creencia extendida entre los criollos instruidos, pero que no llegó a difundirse en el conjunto de la población. La controversia relativa a la evangelización de América por el apóstol santo Tomás, nacida a fines del siglo XVI entre los teólogos, prosiguió luego entre los historiógrafos y fue planteada ante el tribunal supremo de la historiografía española e hispanoamericana, la Real Academia de la Historia, a fines del siglo XVIII. Y eso incluso fue casual, con motivo del proceso inquisitorial contra fray Servando, cuyo objeto era la devoción por la Guadalupe. Mier fue molestado por haber pretendido revisar la tradición guadalupanista y porque había hecho público el debate en un sermón predicado en la catedral. Observemos que el punto sensible no era santo Tomás-Quetzalcóatl, vinculado hábilmente en su argumentación con la Virgen de Guadalupe, sino sólo esta última. Sin embargo, la reivindicación de igualdad sobrenatural con España se expresa mejor en Mier, bajo la forma de la hipótesis de una evangelización de México por el apóstol santo Tomás. En su *Apología* escribe: "Vi que la patria se aseguraba de un apóstol, gloria que todas las naciones apetecen, y especialmente España, que, siendo un puño de tierra, no se contenta menos que con tres apóstoles de primer orden, aunque todos se los disputen." [51] (Se trataba de Santiago, san Pablo y san Pedro.) El debate está llevado a su verdadero terreno: la captación del poder santificador, cuyos focos (lugares de apariciones o de santas reliquias) eran los difusores de los poderes carismáticos que la evolución de las sociedades, más que nunca, iba a confundir con la fuerza política y el poder militar. El propio Mier ha confirmado esta interpretación, cuando, tratando de llevar a J. B. Muñoz y a Traggia a su juego, atribuyó al segundo esta

[50] Fray Servando Teresa de Mier, *Memorias*, México, 1946, t. I, p. 5.
[51] *Ibid.*, p. 8.

frase, dicha delante de la Academia de la Historia: "y aseguro a ustedes que si los españoles tuviéramos para la predicación de Santiago en España la décima parte de las pruebas que los americanos tienen para la predicación de santo Tomás en América, cantaríamos el triunfo".[52] Los países, como diría este autor, "se disputan a los apóstoles", y España, que pretendía haber tenido ella sola tres, le negaba a América (que es un tercio del mundo) el único santo Tomás, el apóstol incrédulo; ésta era, para el dominico, la manifestación más indignante de la injusticia de los gachupines. Favorecer la devoción a Santiago en América no aparejaba, aparentemente, ningún peligro (sólo aparentemente, como se vio más tarde), pero dejar que se extendiera la devoción a un apóstol propiamente americano, tan americano que se confundía en la creencia popular con una de las más importantes divinidades del panteón politeísta, Quetzalcóatl, hubiera sido una imprudencia política para la monarquía española. Uno de los espíritus más distinguidos entre los representantes de ésta en Nueva España, el obispo Palafox, había hecho destruir en su diócesis de Puebla —ciudad situada a las puertas de Cholula, ciudad santa de Quetzalcóatl— las últimas estatuas de divinidades mexicanas que quedaban en lugares públicos; también había hecho quitar los escudos sellados con el águila azteca. La posesión de un apóstol autóctono, arraigado en la Escritura, por una parte, y en la tradición legendaria de los toltecas, por otra, hubiera sido una carta de triunfo en las manos de los héroes que iban a jugar el destino del Anáhuac renaciente, nuevo "Fénix de Occidente". Fray Servando, aunque no fuese propiamente hablando uno de esos monjes iluminados, en los que Nueva España había sido fértil, debió presentir las virtudes potenciales que tendría, incluso en política, un apóstol plenamente mexicano como santo Tomás-Quetzalcóatl. Vemos así aparecer bajo su pluma, cual una resurrección de la lucha cósmica entre Quetzalcóatl y Tezcatlipoca, el combate simbólico de los dioses autóctonos contra los dioses extranjeros: Santiago, campeón de España, contra santo Tomás, campeón de México.

La *Apología del Dr. Mier*, que se confunde parcialmente con la apologética de santo Tomás-Quetzalcóatl, presenta dos aspectos principales. Uno no se distingue sensiblemente de la *Diser-*

[52] *Ibid.*, pp. 270 s.

tación, en la que repite de modo más difuso los principales argumentos a favor de la hipótesis de la evangelización de México por el apóstol. El otro, crítico con respecto a las tradiciones piadosas españolas, merece, en cambio, toda nuestra atención. Ya nos aplicaremos en el libro III al examen de las críticas de Mier en punto a las tradiciones marianas; por el momento limitémonos a lo que concierne al apóstol Santiago. En la *Relación de lo que sucedió en Europa al Dr. Mier*, el dominico (ya al final no lo era, habiéndose hecho secularizar) dice que la aparición de la Virgen a Santiago, en el Pilar de Zaragoza, no era más que una creencia del "vulgo aragonés", y agrega: "No sólo la negaron Benedicto XIV y Natal Alejandro, la impugnó Ferreras, con los innumerables que niegan la predicación de Santiago en España, y los académicos de la historia me decían que era absolutamente insostenible. "Tengo en mi poder —me decía el doctor Traggia, aragonés y cronista eclesiástico de Aragón— el monumento más antiguo, y es del siglo XIV." [53]

Los argumentos que fray Servando había adelantado en favor de la evangelización de América por santo Tomás le resultan tanto más fuertes cuanto más débiles parecían las pruebas de la evangelización de España por Santiago. Si estas últimas hubieran sido consideradas suficientes para España *a fortiori*, los indicios mucho más abundantes del paso de santo Tomás por América (las famosas huellas) debían resultar pruebas admisibles. Mier deducía de la fragilidad de una tradición hagiográfica la solidez de otra tradición hagiográfica que en verdad es apenas menos débil. El fondo del asunto era que todos los países se disputaban a los apóstoles y que Nueva España no aceptaba el reparto demasiado desigual que le atribuía tres a la vieja España sola ("un puñado de tierra") y le negaba uno solo a la Nueva. El desarrollo que tomó en la historiografía de México (y de las Indias Occidentales en general) el tema de la evangelización de santo Tomás fue un aspecto importante del diálogo instituido desde los primeros decenios coloniales entre España y los virreinatos americanos. Con Mier, precursor y actor del movimiento de independencia mexicano, el diálogo se hizo claramente reivindicativo, y de la leyenda hagiográfica se pasó a la polémica. Pero la continuidad con el pasado es total, con un pasado que se remonta mucho más allá de la conquista.

[53] *Ibid.*, pp. 156 s.

Los obstáculos a la verosimilitud de la tradición de Santiago en España y las controversias que había suscitado prefiguraban las resistencias encontradas por la tradición de santo Tomás en América. Para convencerse basta leer el tratado apologético publicado en 1609 por el ilustre historiador jesuita Mariana, *De adventu B. Jacobi Apostoli in Hispania*. Los títulos de los capítulos son por sí solos elocuentes: cap. v: "Argumentos desfavorables a la venida de Santiago a España"; cap. vi: "Los argumentos susodichos han sido demolidos".[54] Habían surgido dificultades exegéticas y teológicas, tanto para el apóstol de España como para el de América. Mariana había invocado los *Actos de los apóstoles* en favor de una evangelización universal en vida de éstos. Una objeción a la evangelización de España por el apóstol parecía decisiva, dado el silencio secular de los historiadores hasta el papa Calixto II, que había escrito en el siglo x tan sólo el primitivo *Liber Sancti Jacobi*. A esto (es realmente extraordinario que un acontecimiento de esta importancia haya pasado en silencio), Mariana[55] contestó que sin duda antes no se sabía dónde estaban las reliquias del santo, que el caso no era único, y que muchas devociones cuyos orígenes eran oscuros habían tomado más tarde un gran desarrollo tal como sucedía con Guadalupe de Extremadura y con el santuario de Montserrat en Cataluña. También este jesuita pareció no asombrarse de un silencio historiográfico de cerca de diez siglos: "No me sorprende que el silencio haya rodeado la venida del apóstol..."[56] Esta fase de ocultación de las reliquias dura por lo menos un siglo, se da en todos los casos; es como una ley de incubación de las creencias. Los principales argumentos aducidos por Mariana a favor de la evangelización de Santiago eran todos de autoridad: tres o cuatro (*trium aut quator*), no lo sabe bien ya, papas han aceptado la tradición; san Braulio la ha testimoniado, y por último "la autoridad de san Isidoro [de Sevilla] viene a confirmarla".[57]

Los argumentos de Mariana serán repetidos con más convic-

---

[54] *Ioannis Marianae e Societatis Iesu Tractatu VII*. I, *De adventu B. Jacobi Apostoli in Hispania*, Coloniae Agrippinae, Anno MDCIX, cap. vi, p. 9 *b*.

[55] Mariana, *op. cit.*, *ibid.*

[56] Mariana, *op. cit.*, *ibid.*, p. 11 *a*; "*De adventu Apostoli siluisse non miror, nullus enim nostrorum illius etatis historicus extat*".

[57] Mariana, *op. cit.*, caps. xi y xiv.

ción y acompañados de reflexiones llenas de enseñanzas para nosotros por un criollo de Lima, Pedro de Peralta y Barnuevo, en su *Historia de España vindicada*, aparecida en 1730. La obra lleva como subtítulo "Se defiende irrefragable la venida del apóstol Santiago, la aparición de Nuestra Señora al santo, en el Pilar de Zaragoza, y el traslado de su sagrado cuerpo".[58] Este apologista de la historia de España (el primero de una serie, en el siglo XVIII) nos aclara ingenuamente —en su prefacio— la difícil transmutación de una creencia devota en prueba racional. "Pero no sé si, haciéndose la devoción estudio, ha podido hacerse prueba la verdad." [59] Así advertidos, podemos abordar la lectura de los argumentos "irrefragables de la venida del apóstol Santiago" a España. Primer argumento: si aparentemente no sucede nada entre la última guerra cantábrica y el imperio de los godos, es porque "la fe debía ser preludio del imperio, ya que España fue primero monarquía celeste que terrena".[60] Aquí estamos en presencia del modelo peninsular de la *monarquía indiana*, la *monarquía celeste*. Todas las naciones están orgullosas de sus hombres ilustres, *a fortiori* deben estarlo de un apóstol de Cristo, recuerda Peralta y Barnuevo. España, en cuanto a ella, se contentaría con san Pablo, si le perteneciera, pero había predicado por todas partes en el imperio romano, mientras que Santiago era su apóstol exclusivo. La prueba está en que en el misal mozárabe, inspirado por san Isidoro de Sevilla y decretado por el IV Concilio de Toledo, "Santiago se canta colocado a la diestra del Salvador; Juan, ilustrando al Asia, y a la siniestra Santiago a la España".[61] A la autoridad de san Isidoro podemos agregar con Peralta las de san Julián de Toledo, san Beato de Liébana, varios venerables extranjeros y, sobre todo, la gran devoción a Santiago del papa Calixto II. Éste nos dice que Santiago había elegido siete discípulos en Galicia, que lo acompañaron a Jerusalén. De esta circunstancia ha nacido posiblemente la leyenda popular de los "Siete hermanos santos", todavía hoy viva. Señalemos también la tradición de las huellas prodigiosas del bordón de Santiago, de sus caderas o de sus pies, en la región del cabo Finisterre, en Pas-

---

[58] Pedro de Peralta y Barnuevo, *Historia de España vindicada*, Lima, 1730.
[59] Peralta y Barnuevo, *op. cit.*, Prólogo.
[60] Peralta y Barnuevo, *op. cit.*, *ibid.*
[61] Peralta y Barnuevo, *op. cit.*, III, cap. II, pp. 683 *ss.*

toriza.[62] Los vestigios del paso de Santiago por España prefiguran, pues, las huellas de santo Tomás por América. Peralta y Barnuevo, fiel continuador de Mariana, recuerda la respuesta de su antecesor a la objeción mayor, de que los cronistas españoles anteriores al siglo x omitieran a Santiago: "que siendo tan célebre, no juzgaron que necesitaba de monumentos de letras lo que se hallaba en los labios de todos".[63]

Todos los argumentos venían bien para sostener la tradición de la evangelización por Santiago: el silencio de los historiadores pesaba muy poco ante la fe popular, los milagros hechos por las reliquias y la autoridad de los santos y de los papas. Peralta y Barnuevo hizo la confesión ingenua de una devoción ante todo útil: "Porque ese privilegio excita la devoción y ésta hace eficaz el patrocinio (...) España posee su sagrado cuerpo; y entiende bien que en él tiene guardada parte del cielo, y en su sepulcro una urna de todas las gracias."[64] No cabe describir mejor esta búsqueda del tesoro sobrenatural, la "urna de todas las gracias" a la que se entregaban los países del mundo hispánico. La evangelización de España por Santiago (y sobre todo las reliquias del apóstol) y la evangelización de América por santo Tomás no tenían otro sentido que colmar la aspiración colectiva a poseer "una parte del cielo". Como escribió Américo Castro: "Mientras los europeos pensaban, los españoles se dejaban sumir en el abismo maravilloso de su creencia (...) Y toda América está inclusa en el mismo funcionamiento de vida."[65]

Los apologistas de santo Tomás de América, en primer lugar fray Servando Teresa de Mier, sólo tuvieron que buscar en la literatura apologética de Santiago de Compostela para encontrar los argumentos que necesitaban. Los rastros físicos bajo forma de huellas de pies en la piedra venían quizá del sustrato céltico de Galicia, o quizá de más lejos en el tiempo y en el espacio. La ausencia de documentos contemporáneos se debía, en América, a la destrucción sistemática y desconsiderada de los códices indígenas por los primeros evangelizadores, que,

[62] Ramón Otero Pedrayo, *Historia de Galiza*, Buenos Aires, 1962, vol. I, pp. 363 y 365.
[63] Peralta y Barnuevo, *op. cit.*, III, cap. II, p. 700.
[64] Peralta y Barnuevo, *op. cit.*, III, p. 369.
[65] Américo Castro, *Santiago de España*, Buenos Aires, 1958, pp. 135-137.

como **Zumárraga** en México, "todo lo endiablaron". En cuanto
a las autoridades religiosas, el P. Ruiz de Montoya invocó la
de santo Toribio de Mogrovejo, que había peregrinado tras las
huellas de santo Tomás, en un pueblo de la provincia de Chachapoyas, en Perú. Si los problemas de la apologética y los
materiales hagiográficos eran los mismos, el clima religioso-
patriótico era también similar en España y en Nueva España.
En su respuesta a Marmontel y a Cornelius de Pauw, *Reflexiones imparciales...*, Juan de Nuix y Perpiñá había escrito en
1783: "Los misioneros españoles fueron los apóstoles elegidos
por el Señor para anunciar el Evangelio en estos países desconocidos." [66] La apuesta estaba en saber cuál de los pueblos sería
el nuevo pueblo elegido, o por lo menos cuál había recibido del
cielo una gracia más abundante. ¿Cómo asombrarse de que fray
Servando, tan consciente de la competencia (en estilo político
hablaríamos de *challenge*) con España, haya visto el interés que
habría en enriquecer la apologética de santo Tomás-Quetzalcóatl con un episodio mariano? La idea desarrollada por él en
su famoso sermón de 1794, que hacía remontar la imagen de
Guadalupe al apóstol Santo Tomás, estaba directamente inspirada en el modelo ibérico, que había asociado la prodigiosa
imagen de María venerada en el Pilar de Zaragoza a la evangelización de Santiago. Si Mier hubiera podido persuadir impunemente a su auditorio, y sobre todo al arzobispo de México, se
hubiera abierto el camino para que México conquistara una
completa igualdad con España en la gracia divina. Hay una profunda relación entre el papel desempeñado por el apóstol de
Galicia en la formación de la conciencia nacional española y
el de santo Tomás-Quetzalcóatl en el despertar del sentimiento
nacional mexicano. Ello se explica por el hecho de que el segundo fue inspirado en parte por el primero, pero hay coincidencias más secretas que los unen, y uno se sorprende retrospectivamente de que no hayan hecho la felicidad de un esoterista
del pasado como Borunda. Contemplando la Vía Láctea y pre-
guntándose por su misterioso significado, el emperador Carlomagno tuvo la visión sobrenatural del apóstol Santiago, que le
decía: "El camino de estrellas que viste en el cielo significa
que desde esas tierras hasta Galicia has de ir con un gran

---

[66] Juan de Nuix y Perpiñá, *Reflexiones imparciales sobre la humanidad de los españoles en Indias...*, Cervera, 1783, *Reflexión quinta*,
p. 499.

ejército a liberar mi camino y mi tierra (...) Y después de ti todos los pueblos, de mar a mar, irán en peregrinación." [67] Ahora bien, una de las tradiciones mexicanas menos sospechosas de sincretismo ibérico presentaba a Quetzalcóatl como el hijo de una divinidad mayor del politeísmo azteca: Mixcóatl, la "Serpiente de estrellas" o la Vía Láctea (paternidad seguramente vinculada con la metamorfosis final de Quetzalcóatl en Tlahuizcalpantecuhtli, el "Señor de la noche" o estrella de la mañana). Santiago y santo Tomás, unidos en la tradición neotestamentaria y simétricos en los procesos evolutivos de las mentalidades nacionales española y mexicana, se vuelven a encontrar asociados en el primer nivel del simbolismo estelar, fondo común de nuestra cultura, salida del Cercano Oriente mediterráneo, y de la cultura azteca, heredera de la astrología olmeca-maya.

Encontramos un ejemplo de la preocupación por demostrar que el Occidente era el nuevo "Oriente", en un criollo de Lima, León Pinelo. Este autor, tratando de conciliar su fe en un "Paraíso americano" con la verdad revelada, recordó que Moisés había escrito la descripción del Paraíso terrestre cuando estaba en su exilio en el desierto adonde había conducido al pueblo de Dios. Y si bien es cierto que Moisés había situado el Paraíso al este, eso no era incompatible a sus ojos con la afirmación de que el Paraíso estuvo en América; bastaba hacer un simple cálculo de longitud: "con total rigor geográfico se puede afirmar que México se incluye en el medio globo que era oriental a Moisés cuando escribía".[68]

Si la hierba estaba siempre verde en el "camino de santo Thomé",[69] prolongación americana del "camino de Santiago", es porque la estrella que se había levantado en el Oriente de la escatología judaica había cumplido durante dieciséis siglos su revolución hacia el Occidente, nuevo "norte" de la esperanza cristiana.

---

[67] *Codex Calixtinus*, p. 408.

[68] Antonio de León Pinelo, *El Paraíso en el Nuevo Mundo* (1650), public. por Raúl Porras Barrenechea, Lima, 1943, libro III, cap. III, t. I, p. 330.

[69] Antonio Ruiz de Montoya (S.J.), *Conquista espiritual* (...) *del Paraguay, Paraná, Uruguay y Tape*, Bilbao, 1892, cap. XXII.

EPÍLOGO

Los "cuatrocientos" Quetzalcóatl modernos

La actitud espiritual que había impulsado a los evangelizadores españoles a reconocer en los indios de Amazonia a los "judíos escondidos" de la Escritura, y monumentos cartagineses en las ruinas de Tiahuanaco, tres siglos después seguía siendo la misma. Sólo que en el siglo XVI la asimilación de los fenómenos culturales americanos al patrimonio del Occidente mediterráneo tenía como garantía la verdad revelada, mientras que en el siglo XIX el comienzo de los estudios sobre los indoeuropeos y la moda de la egiptología permitía la vestidura seudocientífica del eurocentrismo tradicional. El paso que Champollion había franqueado asimilando a Hermes a Eykton o Kneph, el demiurgo de los egipcios, autorizaba a Brasseur de Bourbourg a saltarse el Atlántico. Bajo el título de *Viracocha, Bochica, Quetzalcóhualt*, el mismo autor revela las analogías de los dioses incaico, colombiano y mexicano, para asimilar los tres al "personaje jeroglífico de Thoth que sirve de expresión —dice Eckstein— a los rudimentos de un cuerpo literario del más viejo Egipto".[1] El movimiento hacia las fuentes indoeuropeas es característico del final del siglo XIX. Esta nueva forma de vinculación del Nuevo Mundo con el Antiguo completaba y prolongaba la anexión histórica consecutiva al descubrimiento de Colón. El *ser* de América quedaba así limitado a su *ser para* los europeos.[2] El Nuevo Mundo, en su ser antiguo, incluso precolombino, debía su cultura y sus creencias más importantes al Mundo Antiguo. Aun habiendo conquistado su independencia política a comienzos del siglo XIX, América no escapaba todavía a su estatuto colonial.

Todas esas hipótesis, cuyo valor científico sería muy fácil de criticar, revelan la misma tendencia permanente del espíritu europeo a negar el carácter autóctono de las culturas del Nuevo Mundo. La identificación del principal dios civilizador de los

[1] Brasseur de Bourbourg, *Relation des choses de Yucatan*, Lyon-Madrid, 1864, cap. XV, p. 105.
[2] Luis Villoro, *La Revolución de Independencia*, México, 1953, capítulo III.

indios, Quetzalcóatl (y sus variantes americanas), primero con un apóstol de Cristo, luego con un religioso de la Edad Media, no es más que un aspecto de una interpretación general de la historia de la humanidad en la cual a América se le asigna un lugar de segundo rango. Las obras que tendían a demostrar el carácter exógeno de las creencias americanas desde los más remotos tiempos se multiplicaron: después de la *Histoire légendaire de la Nouvelle-Espagne rapprochée de la source indoeuropéenne* (1874), de Charencey, apareció en Londres, en 1882, *Indian Mythes or legends traditions and symbols of the aborigines of America compared with those of other Countries including Hindostan, Egypt, Persia, Assyria and China*, de Russel-Emerson. En 1896, Beauvois publicó las *Pratiques et institutions religieuses d'origine chrétienne chez les Mexicains du Moyen Age.*[3] Dos años más tarde, Charencey publicaba en Caen su nueva obra *Yama, Djemschid et Quetzalcóatl*.

Puede parecer más asombroso que las metamorfosis del mito seudocientífico de Quetzalcóatl hayan seguido desarrollándose hasta hoy. Desde el ensayo de José Díaz Bolio, *La serpiente emplumada*,[4] que revela una inquietante manía ofidiana, hasta el del Dr. Díaz Infante, *Quetzalcóatl (Ensayo psicoanalítico del mito nahua)*,[5] donde el autor analiza la personalidad del héroe "a la luz del complejo de Edipo" (p. 19), Quetzalcóatl conoció recientemente los avatares más inesperados. Hasta los secuaces ideológicos del nazismo lo han aludido superficialmente en un libro titulado *Ich fand den weissen Gott*,[6] cuyo autor ha preferido ocultar su identidad bajo un seudónimo.

En el propio México, dentro del cuadro trivial de inmuebles edificados con el concurso de la administración de la Seguridad Social, una estatua de proporciones monumentales [7] (vagamente inspirada en el monolito que se conserva en Castillo de Teayo,

---

[3] E. Beauvois, *Pratiques et institutions religieuses d'origine chrétienne chez les Mexicains du Moyen-Age, Revue des Questions Scientifiques*, jul.-oct. de 1896, serie II, t. X, Lovaina, 1896.

[4] José Díaz Bolio, *La serpiente emplumada —eje de culturas—*, Mérida (Yucatán), 1957.

[5] Fernando Díaz Infante, *Quetzalcóatl (Ensayo psicoanalítico del mito nahua)*, Xalapa, 1963. Véase también en el mismo sentido: Jorge Carrión, "Ruta psicológica de Quetzalcóatl", *Cuadernos Americanos*, núm. 5, sep.-oct. de 1949, año VIII, pp. 98-112.

[6] Pierre Honoré (seud.), *Ich fand den weissen Gott*, Frankfurt am Main, 1962.

[7] *Política*, vol. 1, núm. 8, 15 de agosto de 1960, México.

en el estado de Veracruz) reconoce oficialmente a Quetzalcóatl el papel prometedor del reino de justicia y de prosperidad, que nunca perdió en el espíritu del pueblo. De este espíritu también procede la iniciativa de un ministro revolucionario de reemplazar a "Santa Claus" (el san Nicolás de los países germánicos) por su homólogo mexicano: Quetzalcóatl.

Pero junto al Quetzalcóatl prometeico, que había dado a los indios la vida y las técnicas, hay también un Quetzalcóatl dios de los ladrones, y éste, al igual que los "cuatrocientos conejos" (*centzon totochtin*) de la leyenda azteca, se ha multiplicado hasta el infinito para pillar los jacales de los peones; la historia dirá un día si los que hoy se disimulan tras de la efigie de Quetzalcóatl dan todavía dos golpes con el antebrazo de una mujer muerta de parto (como nos lo dice Sahagún),[8] o han inventado otros narcóticos para adormecer a sus víctimas antes de despojarlas. Imagen secular de una edad de oro perdida, Quetzalcóatl queda como el símbolo ambiguo de las esperanzas frustradas del México moderno.

[8] Sahagún, *Historia general...*, libro IV, cap. XXXI, t. I, p. 358.

Libro III

GUADALUPE O LA NUEVA EPIFANÍA

I. SANTA MARÍA Y TONANTZIN

En el primer libro de su *Historia general*, sobre las divinidades de los antiguos mexicanos, Sahagún consagra los capítulos VI al XII a las diosas. El primero se lo dedica a Tonantzin, porque la considera la más importante: "La primera de estas diosas se llama Cihuacóatl, que quiere decir mujer de la culebra; y también la llamaban Tonantzin, que quiere decir nuestra madre." [1] En lo que se refiere a los atributos de esta diosa, Sahagún nos dice poco (mientras que está muy bien documentado sobre otras divinidades): "Decían que esta diosa daba cosas adversas como pobreza, abatimientos, trabajos; ...dicen también que traía una cuna a cuestas, como quien trae su hijo en ella." [2] Recuerda, por lo demás, que los antiguos mexicanos tenían la costumbre de celebrar "muy solemnes sacrificios" en tres o cuatro lugares "cerca de los montes", y precisa: "El uno de estos es aquí en México, donde está un montecillo que se llama Tepeaca (...) en este lugar tenían un templo dedicado a la madre de los dioses que llamaban Tonantzin, que quiere decir nuestra madre (...) y venían a ellos de muy lejanas tierras." [3] Esas indicaciones están confirmadas (o están tomadas de Sahagún) por fray Juan de Torquemada, que, por su parte, escribe: "Y en otro lugar que está a una legua de esta ciudad de México, a la parte del norte, hacían fiesta a otra diosa, llamada Tonan, que quiere decir nuestra madre, cuya devoción de dioses prevalecía cuando nuestros frailes vinieron a esta tierra, y a cuyas festividades concurrían grandísimos gentíos de muchas leguas a la redonda." [4]

En el siglo XVIII, el jesuita Clavijero, catalogando las divinidades de los antiguos mexicanos, dice esto a propósito de To-

---

[1] Sahagún, *op. cit.*, libro I, cap. VI, p. 46.
[2] Sahagún, *op. cit.*, *ibid.*
[3] Sahagún, *op. cit.*, libro XI, *Apéndice-Adición sobre supersticiones*, 7, vol. III, p. 352.
[4] Fray Juan de Torquemada (OFM), *Monarquía Indiana*, t. II, libro X, cap. VII, p. 245 *b* (ed. facsimilar de la ed. de Madrid, 1723, México, 1943).

nantzin: "Tonantzin, nuestra madre, era, según creo, la misma diosa Cintéotl, de quien ya he hablado. Su templo estaba en un monte, a tres millas de México, hacia el norte, y a él acudían en tropel los pueblos a venerarla con un número extraordinario de sacrificios." [5] Los testimonios de los misioneros concuerdan, pues, en lo esencial: Tonantzin era una divinidad mayor, su principal santuario se encontraba en el cerro del Tepeyac, a una legua al norte de la ciudad de México, y a él acudían peregrinos de todo el país.

Hay que observar que Sahagún identifica a Tonantzin con la diosa Cihuacóatl, mientras que Clavijero no duda de que se trata de Cintéotl. Varias razones nos llevan a pensar que vale más tenerle confianza a Sahagún, investigador escrupuloso y testigo más próximo del pasado prehispánico. La razón determinante es que Sahagún considera a Cihuacóatl como la diosa principal de los antiguos mexicanos, y repite dos veces "también la llaman Tonantzin", el nombre de "nuestra madre" es muy adecuado a la diosa principal. Por otra parte, el franciscano describe a Tonantzin y precisa que "los atavíos con que esta mujer aparecía eran blancos",[6] lo que corresponde exactamente con la descripción de la diosa Cihuacóatl en la *Historia* del dominico fray Diego Durán: "La diosa Cihuacóatl tenía (...) un hábito de mujer, todo blanco de enaguas, camisa y manto." [7] Teniendo en cuenta la importancia de los colores en la simbología religiosa de los antiguos mexicanos, hay pocas posibilidades de que dos divinidades vecinas pero diferentes hayan podido estar ambas vestidas de blanco. Por último, Sahagún y Durán representan dos tradiciones distintas, pero igualmente importantes, de la historiografía del pasado mexicano, y la convergencia de sus testimonios es un argumento poderoso. Desgraciadamente, Durán no dice que a Cihuacóatl la llamaran Tonantzin. Sin embargo, Sahagún relata lo siguiente de Cihuacóatl-Tonantzin: que desaparecía entre las mujeres, abandonando la cuna de su niño, y dejando "un pedernal como hierro de lanzón,

---

[5] Francisco Javier Clavijero (SJ), *Historia antigua de México*, libro VI, § 7, México, 1958, t. II, p. 82.

[6] Sahagún, *op. cit.*, libro VI, cap. XII, *Apéndice*..., § 7 y 11, volumen III, pp. 352-354.

[7] Fray Diego Durán (OP), *Historia de las Indias de Nueva España e islas de Tierra Firme, Libro de los ritos y ceremonias*..., sección 1ª, cap. XIII, México, ed. Garibay, 1967, t. I, p. 125.

con que ellos mataban a los que sacrificaban".[8] Esta indicación coincide plenamente con lo que cuenta Durán: "los endemoniados sacerdotes de este templo (...) si veían que se pasaban los ocho días que no sacrificaban ninguno, buscaban una cuna de niño y echaban en ella el cuchillo de pedernal con que sacrificaban, al cual llamaban 'el hijo de Cihuacóatl' ".[9] Durán agrega aún que la fiesta de la diosa Cihuacóatl era *huey tecuilhuitl*, la octava del calendario, es decir "la gran fiesta de los señores", y que "a esta diosa Cihuacóatl llamábanla hermana de Huitzilopochtli, el gran dios de México".[10] Sahagún, a propósito de la fiesta del *huey tecuilhuitl*, escribe que "hacían esta fiesta a la diosa llamada Xilonen",[11] y Durán explica: "Lo primero que hacían era que, veinte días antes de esta fiesta, compraban una esclava y purificábanla y luego vestíanla a la mesma manera que está vestida la de piedra (Cihuacóatl), de blanco toda, con su manto blanco. La cual, así vestida representaba a la diosa (...) Llamaban a esta india Xilonen, desde el día que la purificaban hasta que la mataban..."[12] Tonantzin designaba a Cihuacóatl del mismo modo que Nuestra Señora designa a la Virgen María en el cristianismo; Xilonen (la diosa de los *xilotes*, las espigas del maíz aún tierno) es el nombre de la diosa Cihuacóatl en su encarnación provisional, un poco como Jesús fue *mutatis mutandis* la encarnación de uno de los elementos de la Santísima Trinidad: el Hijo. Podemos admitir, siguiendo a Sahagún, que *huey tecuilhuitl* era la fiesta de Xilonen, pero también puede irse más allá de su significado formal y entrever, gracias a Durán, que alzó la punta del velo, uno de los misterios de la religión mexicana. La diosa Cihuacóatl, "que quiere decir mujer de la culebra",[13] es llamada a la vez Tonantzin, e identificada con Xilonen en cierta circunstancia, la de la fiesta de *huey tecuilhuitl*; es también Cintéotl, según los informantes indios de Sahagún; Teteoinnan (según la misma fuente), la madre de los dioses, o de los mexicanos, llevaba también una falda blanca. También resulta que Xilonen llevaba atavíos idénticos a los de Chicomecóatl, diosa de los víveres, y no podemos dejar

[8] Sahagún, *op. cit.*, libro I, cap. VI, vol. I, p. 46.
[9] Durán, *op. cit.*, t. I, cap. XIII, vol. I, p. 130.
[10] Durán, *op. cit.*, t. I,, cap. XIII, vol. I, pp. 126 y 131.
[11] Sahagún, *op. cit.*, libro II, cap. VIII, vol. I, p. 118.
[12] Durán, *op. cit.*, t. I, cap. XIII, vol. I, pp. 126-127.
[13] Sahagún, *op. cit.*, libro I, cap. VI, vol. I, p. 46.

de señalar la semejanza de los atavíos rituales de Chalmecacíhuatl, patrona de Chalma, hermana de Yacatecuhtli (una de las in-
vocaciones de Quetzalcóatl), y Tonantzin. Entre las indicaciones
fragmentarias dadas por los informadores de Sahagún, relativas
a las atribuciones de las divinidades, leemos lo siguiente, lapi-
dario e indiscutible: "Cihuacóatl, la madre de los dioses; la
madre de los dioses, lo mismo; la mujer blanca, lo mismo." [14]
Podríamos alargar esta cadena haciendo entrar a Toci, madre de
los dioses; Citlalinicue, la diosa de la falda de estrellas...

Existe a la vez una identidad profunda y una diferencia entre
cada una de esas divinidades, como lo ha señalado bien Jacques Soustelle, y hay "una imbricación recíproca" entre las
diferentes representaciones de la diosa madre. El análisis más
penetrante de la espiritualidad mexicana, después del de J.
Soustelle (*La pensée cosmologique...*), fue hecho por Miguel
León-Portilla, en su estudio *La filosofía náhuatl estudiada en
sus fuentes*. Nos limitaremos a citar un pasaje de capital importancia para nuestro objeto:

"*Línea 18.* (Se trata del *Manuscrito de 1558.*) Y tan pronto
llegó, la que se llama Quilaztli, que es Cihuacóatl, los molió y
los puso después en un barreño precioso."

Quilaztli, que, como el texto lo indica, es la misma que Cihuacóatl, se presenta aquí como la comadre de Quetzalcóatl
(...) la pareja Quetzalcóatl-Cihuacóatl, inventando al hombre en
Tamoanchan, no es sino un nuevo ropaje con que se viste Ometecuhtli-Omecíhuatl, a quien, como se ha visto, corresponde el
título de inventor del hombre (Teyocayani)." [15]

Si, de acuerdo con León-Portilla, vemos en la pareja Quetzalcóatl-Cihuacóatl una de las representaciones del principio dual
Ometéotl, en el origen de toda vida y de toda cosa, no duda-
remos en ver su reflejo en todas las instituciones del antiguo
México: "Su Tlacatecuhtli, o rey, es el representante de Quetzalcóatl, mientras que su teniente o 'coadjutor' (como lo llaman
los cronistas) recibe el título de Cihuacóatl." [16] Así, a través del

---

[14] Miguel León-Portilla, *Ritos, sacerdotes y atavíos de los dioses*
(UNAM), México, Sección III, § 42, pp. 156-157-158.
> *Ciua covatl: in nantzin in teteu,*
> *teteuinnan: idem*
> *Iztac ciuat: idem*

[15] León-Portilla, *La filosofía náhuatl estudiada en sus fuentes. El
origen del hombre*, México, 1959, p. 184.

[16] *Loc. cit.*

bosque de símbolos, asistimos a un agrupamiento de las diferentes diosas-madres y de la fecundidad alrededor de cualquiera de sus figuras; tomemos a Tonantzin como eje, y más allá aparecerá simétricamente la figura (igualmente desdoblada muchas veces, como hemos visto) de Quetzalcóatl. Una de las parejas fundamentales del panteón mexicano, o más bien una de las expresiones dominantes (sobre todo en el espíritu de la casta dirigente) del principio creador universal, es la de Tonantzin-Quetzalcóatl, cuyos avatares criollos son inseparables. Desde el pasado precolombino, aparecen ligados, como las dos caras —macho y hembra— del primer principio creador.

El hecho de que Durán haya visto en Cihuacóatl a la patrona de Xochimilco no modifica para nada nuestra perspectiva, así como el patronazgo de la Virgen del Pilar de Zaragoza no impide que la Virgen María y la Inmaculada Concepción tengan una importancia espiritual en el cristianismo universal, sin referencia alguna a la ciudad de Zaragoza. Los misioneros españoles, aun los más escrupulosos, no pudieron captar en su unidad viviente la espiritualidad mexicana, cegados como estaban por muchos factores. Sus informantes inclinaban el relato en el sentido que predisponía su propia pertenencia a una comunidad local. La cultura clásica de los religiosos les imponía el ejemplo romano antiguo como el arquetipo de toda religión politeísta; el hecho de pertenecer al cristianismo y las opciones espirituales que éste implicaba no les permitía ver una multitud de idolatrías particulares, una religión coherente, que culminaba en un principio creador divino. Si pensamos que Durán no ha estado en lo justo al hacer de Cihuacóatl la diosa particular de Xochimilco, es en un sentido parcial. Sin duda Cihuacóatl fue, como lo escribió el dominico, la diosa tutelar de Xochimilco, pero eso no es lo importante. También Quetzalcóatl fue visto por los cronistas como la divinidad protectora de Cholula, pero su significado religioso está muy lejos de agotarse en ese desempeño local. Una vez más se impone la comparación con la Virgen del Pilar o con cualquier otra devoción hispánica; la línea divisoria entre la más alta espiritualidad y la idolatría (en sentido estricto) pasa aquí a través del cristianismo como a través de la religión mexicana. La importancia de esos santuarios es primordial; sobre la base topográfica de dichos santuarios se operó el sincretismo entre las grandes divinidades del antiguo México y los santos del cristianismo, y el ejemplo más notable es justamente el que ofrece el cerro del Tepeyac, lugar de peregrinación y santuario de Tonantzin-Cihuacóatl, luego de Nuestra Señora de Guadalupe.

Del mismo modo que los cristianos construyeron sus iglesias primitivas con los morrillos y las columnas de los templos del paganismo antiguo, muchas veces utilizaron las costumbres paganas con fines de devoción. Así, los lugares de peregrinaciones druídicas o ibéricas fueron conservados, siendo sustituida la imagen pagana por un santuario cristiano. Los evangelizadores de México no hicieron más que dar una mano a un fenómeno de reinterpretación espontánea, cuyos antecedentes europeos habían sido numerosos. Recordemos tan sólo, en el caso de la devoción mariana ibérica, el caso de Nuestra Señora de las Batallas, la Virgen de Covadonga. En el momento en que el infante Pelayo se refugió en la gruta, acorralado por los moros, ya había allí un santuario, y es sabido al menos que las aguas que brotan de ese peñasco dan nacimiento a un río llamado Deva o Diva, del nombre de la diosa madre de los celtas. Si Covadonga se deriva de *cova dominica*, al principio la identidad de la *Domina* fue tan ambigua como lo sería la de Tonantzin-Guadalupe.

La evangelización de América y, en el caso que aquí nos importa, de México, se conformó a la costumbre. Incluso se lee expresamente en las constituciones del primer concilio de Lima, reunido en 1552, lo que sigue: "(...) mandamos que todos los ídolos y adoratorios que hubiere en pueblos donde hay indios cristianos sean quemados y derrocados, y si fuera lugar decente para ello se edifique allí iglesia o a lo menos se ponga una cruz".[17] Si bien esta política misionera fue codificada en Lima, también se aplicó en México, como lo prueban Sahagún y Torquemada. Este último escribió precisamente: "Pues queriendo remediar este gran daño, nuestros primeros religiosos, que fueron los que primero que otros entraron a vendimiar esta viña inculta, y a podarla (...) determinaron de poner iglesia (...) en Tonantzin, junto a México, a la Virgen Santísima que es Nuestra Señora y Nuestra Madre."[18]

La intención de los evangelizadores no dejaba lugar a dudas, como lo recuerda Torquemada: se trataba de encaminar a los

[17] Francisco Mateos (SJ), *Constituciones para indios del primer concilio limense* (1552), "Missionalia Hispanica", año VII, núm. 19, 1950, p. 554 (constitución III, fol. 2).
[18] Torquemada, *op. cit.*, t. II, pp. 245 *b* y 246 *a*.

peregrinos hacia Nuestra Señora, la Virgen "que es Nuestra Señora y Nuestra Madre", de sustituir a la diosa-madre de los antiguos mexicanos por la madre de Cristo, madre de la humanidad, cuya redención había permitido.

Si recordamos que la Virgen María ha sido tradicionalmente calificada de "nueva Eva", las consideraciones de Sahagún toman aún más relieve: "Esta diosa se llama Cihuacóatl, que quiere decir 'mujer de la culebra', y también la llamaban Tonantzin, que quiere decir 'nuestra madre'."

"En estas dos cosas parece que esta diosa es nuestra madre Eva, la cual fue engañada de la culebra, y que ellos tenían noticia del negocio que pasó entre nuestra madre Eva y la culebra." [19] Este profundo error del más ilustre de los historiadores del antiguo México es doblemente instructivo para nosotros. Nos muestra a un espíritu prisionero de la tradición bíblica, para el cual "nuestra madre" no puede ser sino Eva, y la serpiente, el símbolo del demonio. Sabemos por el contrario (y en particular gracias al estudio de los manuscritos náhuatl encontrados, publicados y comentados por A. M. Garibay y León-Portilla) que la serpiente era el símbolo de la religión en el antiguo México. El error de Sahagún es interesante desde otro punto de vista; contradice la convicción que en otras partes proclama sin rodeos de que los antiguos mexicanos no habían sido nunca evangelizados hasta la llegada de los franciscanos. Ahora bien, bastará creer en una primera evangelización apostólica de los indios, para que Tonantzin pase de Eva a la Nueva Eva, María. Sin duda, tales fenómenos no son objeto de gestiones plenamente conscientes y concertadas; sin embargo, entrevemos aquí una de las vías posibles para un futuro sincretismo. Otro camino más seguro indicado por Sahagún lo ofrecía la filología: "Y ahora que está allí edificada la iglesia de Nuestra Señora de Guadalupe, también la llaman Tonantzin, tomada ocasión de los predicadores que a la Madre de Dios la llaman Tonantzin (...) y es cosa que se debía remediar, porque el propio nombre de la Madre de Dios Señora Nuestra no es Tonantzin, sino Dios y Nantzin; parece esta invención satánica, para paliar la idolatría debajo la equivocación de este nombre Tonantzin, y los indios vienen de muy lejos, tan lejos como de antes, la cual devoción también es sospechosa, porque en todas partes hay

[19] Sahagún, *op. cit.*, libro I, cap. VI, vol. I, p. 46.

muchas iglesias de Nuestra Señora, y no van a ellas, y vienen de lejanas tierras a esta Tonantzin, como antiguamente." [20] La lucidez del franciscano nos asegura la sinceridad de su intención: describir las antiguas formas de la religión mexicana para ayudar a extirpar la idolatría.

La posición de Sahagún ante este ejemplo de sincretismo es típica de la espiritualidad de los primeros evangelizadores franciscanos, que ya hemos evocado. Para él era deseable una ruptura total con las creencias politeístas, ya que toda tentativa de asimilación introducía una ambigüedad perjudicial en la pureza de la nueva fe, utilizada por el maligno con fines de perversión. En este apéndice consagrado a las "supersticiones", Sahagún cita otros ejemplos, como el de Toci, "que quiere decir nuestra abuela (...) y llaman así a santa Ana, tomando ocasión de los predicadores, que dicen que porque santa Ana es abuela de Jesucristo es también nuestra abuela, de todos los cristianos".[21] Se refiere a un santuario próximo a Tlaxcala, pero el proceso es el mismo y Sahagún agrega: "Y todos los que vienen como antiguamente a la fiesta de Toci, vienen con color de santa Ana, pero como el vocablo es equívoco y tiene respeto a lo antiguo, más se cree que vienen por lo antiguo que por lo moderno y en el interior de la gente popular que allí vienen está claro que no es sino lo antiguo." [22] (Un francés no puede dejar de pensar en santa Ana de Auray, cuya fiesta solemne fue anterior a la cristianización de Bretaña.) El rigor intransigente de los pioneros franciscanos de México ilumina con crudeza los orígenes de la devoción a la Virgen en el cerro del Tepeyac; sitúa el fenómeno en un conjunto más vasto, donde también situamos el culto de Tezcatlipoca, otra divinidad mayor del panteón mexicano (recordemos su papel relacionado con Quetzalcóatl, en una simbología cósmica), asimilada a san Juan Bautista. Sahagún, que había adquirido una ciencia profunda de la religión indígena y de la lengua náhuatl, les echa la culpa a los predicadores recién llegados (¿jesuitas o sacerdotes seculares?) que se prestaban involuntariamente al renacimiento de la idolatría. En efecto, el apéndice que acabamos de citar fue redactado en 1576, cuatro años después de la llegada de los primeros jesuitas y del comienzo del magisterio del arzobispo

---

[20] Sahagún, *op. cit.*, libro XI, cap. XII, *apéndice* § 7, vol. III, p. 352.
[21] *Ibid.*, p. 353.
[22] *Idem.*

Moya de Contreras que iba a transferir progresivamente las misiones indígenas del clero regular al secular. Por esta fecha, Sahagún toma una resuelta posición con respecto a la devoción a Guadalupe (al mismo tiempo que condena otros casos análogos): "Es evidente que en el fondo de ellos mismos, las gentes del pueblo que van allí en peregrinación no son movidos sino por su antigua religión",[23] negando todo sincretismo, sólo cree en un simulacro: "Persuadidos y amonestados de los demonios o de sus sátrapas, para ocultar la idolatría bajo la ambigüedad de ese nombre de Tonantzin." [24] Cada término debe ser entendido aquí en su primer sentido. Alude a Satán, habla de "paliar", velar con la ayuda de un *pallium*; "ambigüedad" expresa el carácter equívoco (opuesto a "unívoco") de Tonantzin, designando a "Nuestra Madre" en la antigua religión y a "Nuestra Señora" en la nueva. Pero un nombre o un malentendido no alcanzarían a testimoniar sobre la permanencia de una creencia, y mucho menos sobre el surgimiento de una creencia nueva, indiscutiblemente sincrética, la devoción a Nuestra Señora de Guadalupe del Tepeyac. Ya es hora de evocar a Nuestra Señora de Guadalupe de Extremadura, aquella cuya imagen era venerada con predilección por los conquistadores españoles de México y por su jefe Hernán Cortés, nativo de Medellín, burgo de Extremadura bastante próximo al santuario de Las Villuercas.

Nuestra Señora de Guadalupe de Extremadura,
protectora de la cristiandad ibérica

La nueva Tonantzin, o, como hubiera dicho Sahagún, Dios-Nantzin, venerada en el cerro del Tepeyac, tenía para españoles y criollos el nombre más familiar de Guadalupe. El origen y la significación de ese nombre son todavía discutidos; se está de acuerdo, en general, en reconocerle un radical árabe: *guad*, bastante generalizado en la toponimia peninsular (Guadalquivir, Guadiana, Guadalete, etcétera) para designar ríos y arroyos; acerca de este punto hay pocas dudas. En cambio, el sufijo ha sido interpretado durante mucho tiempo como de origen latino: *lupum*, el lobo, de donde tendríamos "el río de los lobos"; fuera de que resultaría sorprendente la asociación de un radical ára-

[23] *Ibid.*, p. 354.
[24] *Ibid.*, p. 352.

be y de un sufijo latino culto (la evolución popular normal de la lengua castellana dio la forma moderna lobo), una breve investigación filológica (al es el artículo árabe) y una rápida mirada sobre el lugar nos llevan a pensar que *guad al upe* más bien significa río oculto, es decir, corriente encajonada. En el primer caso, el único que nos interesa por el momento, la Virgen recibió el nombre del santuario donde es venerada en el corazón de una sierra oriental de Extremadura (cerca de Las Villuercas) y que según la tradición fue fundado después de una aparición milagrosa de María. Esta tradición está bien establecida por una serie de relatos de los siglos XIV y XV, debidos a religiosos jerónimos, que tuvieron la guarda del santuario, desde 1389 hasta 1835. Fuera del interés intrínseco de las crónicas primitivas de la Guadalupe, que merecerían ser publicadas íntegramente (dentro del espíritu en el que los bolandistas recogieron las vidas de santos, incluso apócrifas) por las aclaraciones que proporcionaban sobre los orígenes de la devoción mariana en el Occidente europeo, esas crónicas nos ayudarán a comprender la "milagrosa aparición de María" en el cerro del Tepeyac.

Los trabajos de fray Arcángel Barrado Manzano, en especial, nos dispensan de un largo trabajo de erudición. El lector curioso podrá remitirse a la introducción de su edición de la *Crónica del monasterio de Guadalupe*, obra de un monje jerónimo, muerto en 1484, el padre Alonso de la Rambla. Existe una colección de manuscritos auténticos bastante provista como para que todos los aspectos de la tradición milagrosa hayan llegado hasta nosotros. Aunque la obra más clásica es la *Historia de Nuestra Señora de Guadalupe*, del padre Germán Rubio, pensamos que el estudio más riguroso es el de fray A. Barrado M., *Libro de la invención de Santa María de Guadalupe*; [25] sin embargo, conviene señalar que el padre Rubio nos da una versión modernizada del manuscrito más antiguo, que trae la historia legendaria de "la morenita de Las Villuercas", la imagen vene-

[25] El santuario de Extremadura, abandonado por los jerónimos en 1835, no fue confiado de nuevo a religiosos (franciscanos) hasta 1908. Es de lamentar que los manuscritos relativos a los *Milagros de Ntra. Sra. de Guadalupe*, anteriores a 1564, que están conservados allí todavía, no sean accesibles a los investigadores, aunque su existencia esté atestiguada por la *Guía de fuentes para la historia de Iberoamérica* (t. II, p. 528), publicada en 1966 bajo los auspicios de la UNESCO y del Consejo Internacional de los Archivos.

rada en el santuario de Guadalupe. Los manuscritos posteriores
derivan del primero o lo reproducen. Nos permitimos tomar
de A. Barrado M., el cuadro cronológico de las fuentes:

1º *Códice anterior a 1400*, desconocido.
2º *Códice 555 del Archivo Histórico Nacional*, escrito en 1440.
3º *Códice del padre Alonso de la Rambla* (1484).
4º *Códice 344 del Archivo Histórico Nacional*, escrito en 1500.
5º *Códice del padre Diego de Écija* († 1534).
6º *Códice del padre Juan Herrera, de la Biblioteca de El
   Escorial*, IV-a-10, escrito en 1535.

Los códices 3º y 5º fueron publicados por A. Barrado M., el
6º estudiado por éste en la introducción a la edición del 5º; los
2º y 4º estudiados en la introducción a la edición del 3º; de
modo que (con la salvedad de una siempre posible reaparición
del manuscrito anterior a 1400) todos los manuscritos han sido
publicados o comentados por el padre Barrado M.

Después de tomar conocimiento de los manuscritos publicados, consultamos los manuscritos inéditos, en especial el más
antiguo de los accesibles, el de 1440, y el 4º, el de 1500. El
primero es un cuadernillo de pergamino, de veinticuatro hojas;
los folios 5 a 8 retuvieron nuestra atención particularmente
porque contienen lo esencial de la tradición. Indicaremos más
adelante algunas variantes presentadas por el *Códice 344*, claramente posterior, que no modifican en lo fundamental la tradición, pero embellecen aún más la leyenda, según un proceso que
no tiene nada de insólito.

Mejor que resumir el contenido, preferimos dar aquí nuestra
transcripción (al menos parcial) del *Códice de 1440*, a fin de
conservar en el relato la ingenuidad original (*fol. 6 r*): "Que
habla cómo apareció Nuestra Señora la Virgen María a un pastor que guardaba vacas y le mandó que fuese a su tierra y
llamase a los clérigos y a otras gentes y que cavase allí do ella
estuviera y que hallarían una imagen suya. Después que el cuchillo de los moros pasó por toda la mayor parte de España,
plugo al Señor Dios de esforzar los corazones de los cristianos
para que tornasen a cobrar las fuerzas que habían perdido.
Y así fue que cobraron mucha fuerza de aquélla [la Virgen
María]." [26]

[26] Padre Diego de Écija, *Libro de la invención de Santa María de*

Ese simple comienzo nos transporta al clima habitual en esas leyendas piadosas: una imagen santa escondida en la montaña, una aparición cuyo testigo es un pastor, en esos tiempos difíciles en los cuales los cristianos tenían necesidad, justamente, de una manifestación de Dios y de su gracia sobrenatural. La Virgen, madre de Jesús, aparecía como el intercesor privilegiado entre Dios y los hombres. La continuación del relato traduce admirablemente lo maravilloso en su sobriedad *(folio 6 v)*: "En el tiempo en que aquí este rey don Alonso reinaba en España, apareció Nuestra Señora la Virgen Santa María a un pastor en las montañas de Guadalupe, en aquesta manera (...) Dijo a este pastor: 'No hayas miedo ca yo soy la Madre de Dios, por la cual alcanzará la humanal generación su redención.' " *(Fol. 7 v)*: "El pastor llegó a su casa, halló a su mujer llorando, y él dijo a su mujer: '¿Por qué lloras?', y ella respondió: 'Vuestro hijo es muerto', y él dijo: 'No hayas cuidado ni llores ca yo lo prometo a santa María de Guadalupe, que ella me lo haga vivo y sano' (...) Y en esta hora se levantó el mozo bueno y sano, y dijo a su padre: 'Señor padre, aguijad; vamos para santa María de Guadalupe", y todos los que estaban allí fueron maravillados (...) Este pastor llegó a los clérigos y les dijo (...) que la Virgen haría venir a su casa a muchas gentes de muchas partes por muchos milagros que haría (...) y que allí en aquella gran montaña se haría un gran pueblo. Desque oyeron los clérigos y las otras gentes estas cosas, pusiéronlo luego por obra..." [27] La leyenda piadosa es del mismo tipo de las que han circulado en el Occidente medieval, sobre todo en la península ibérica. La elección por la Virgen de un humilde pastor como mensajero de su gracia es una ley del género. El hijo resucitado, consagrado al futuro santuario de la Virgen, es como el sello de autenticidad de la aparición. Por boca de la propia Virgen se anuncia proféticamente la edificación del pueblo. A los sacerdotes y a los laicos de Cáceres no les queda sino ponerse en camino por la sierra de Guadalupe y exhumar la imagen (la estatuita) santa, lo que se apresuran a hacer después de escuchar al bienaventurado pastor Gil Cordero (de nombre predestinado) y presenciar la resurrección de su hijo.

¿Había que ser realmente profeta para prever el impulso del

Guadalupe, introducción y edición por fray Arcángel Barrado Manzano (OFM), Cáceres, 1953.

[27] *Códice 555,* Madrid, Archivo Histórico Nacional, fol. 6 *r* a 8 *r.*

culto mariano a la Guadalupe, la edificación de una abadía, la de un pueblo a su alrededor, los milagros o por lo menos la creencia en milagros que atrajeran a los peregrinos? Diríamos que no, ya que podrían citarse numerosos ejemplos de lugares de peregrinación de origen semejante que prosperaron desde la Edad Media hasta pleno siglo XIX. En cuanto al relato del prodigio (el más antiguo conocido, el que acabamos de transcribir), es posterior en más de un siglo al origen del santuario de Guadalupe. Cuando fue redactado por un religioso jerónimo del convento de Guadalupe, el templo, el convento, el pueblo, los milagros y los peregrinos ya no eran una visión profética, sino una realidad cotidiana o por lo menos una imagen de esta realidad apta para conservar el fervor popular. Así se popularizó e impuso esta versión de los orígenes o de "la invención" de santa María de Guadalupe, de acuerdo con el término empleado por su quinto cronista, el padre Écija (muerto en 1534). Sin duda, el *Códice de 1440* debe ser considerado como un texto de propaganda piadosa (*de propaganda fide Sanctae Mariae a Guadalupe*). Es muy probable que el pastor Gil haya encontrado por casualidad, buscando una de sus vacas extraviadas, una gruta obstruida por un peñasco, y, esperando encontrar en ella un tesoro, haya penetrado con ayuda de sus compañeros. Para esto no se requiere ningún prodigio. ¿Estaba la imagen santa en la gruta? ¿Fue puesta allí por una mano piadosa para volver a ser mejor descubierta poco tiempo después? Sería aventurado pretender dilucidarlo. ¿Quizá nunca hubo un pastor Gil Cordero?

Según el mismo *Códice de 1440*, el origen de la Virgen morena *con el Niño*, sería el siguiente: "A esta sazón [en el siglo VIII] huyeron de Sevilla todas las gentes, entre las cuales huyeron unos clérigos santos que traían la imagen de Nuestra Señora, santa María (...) y en estas montañas hicieron una cueva que estos santos clérigos a manera de sepulcro cercaron (...) con muy grandes piedras; pusieron dentro la imagen de Nuestra Señora, santa María, con ella una campanilla y una cosa en la cual (...) estaba escrito cómo aquella imagen de santa María fuera enviada a Roma a san Leandro, arzobispo de Sevilla, con otras reliquias que le enviaba el doctor san Gregorio."[28] El *Códice 443* presenta una ligera variante respecto al

---

[28] *Códice 555*, Madrid, Archivo Histórico Nacional, fol. 5 *v.*

relato anterior, ya que nos dice que en la gruta también estaban las reliquias de san Fulgencio y que la campana tocaba a maitines por sí sola... Aquí, aún más que en el relato de los prodigios, estamos en plena leyenda. No es nada inverosímil que a sacerdotes sevillanos que escapaban de la invasión almohade se les haya ocurrido, durante su huida hacia el norte por la parte montañosa de Extremadura, preservar algunas reliquias para sustraerlas a los profanadores. Pero ya es más sorprendente que los sacerdotes sevillanos hayan cavado una gruta en lugar de utilizar las anfractuosidades naturales, y hayan señalado el sitio a los saqueadores con piedras grandes "como losas sepulcrales". Y en cuanto a dejar una especie de ficha museográfica, indicando el origen de la estatuita morena y su historia, para uso de los visitantes indiscretos, eso ya denota una pura fantasía. Es forzoso pensar que la información histórica, supuesto que haya existido, fue redactada *a posteriori*, así como el relato de las apariciones, por el celo piadoso de un religioso jerónimo del convento de Guadalupe. Y qué decir de la campana que sonaba de *motu proprio* llamando a maitines, sino que el folklore de la península ibérica (y en especial el de Galicia) rebosa de ejemplos semejantes, aun en pleno siglo xx.

Fuera de su aparición milagrosa, la estatuita de la Virgen con el Niño, notable por su color oscuro de "Virgen negra" y por su aspecto bizantino, tenía una historia ya cargada de leyenda: había sido tallada por el evangelista san Lucas, enterrada en Bizancio (durante una primera ocultación) y llevada a Roma por el papa san Gregorio el Grande; allí, la Virgen, que todavía no era "de Guadalupe", había hecho un milagro, al ser llevada en procesión contra una peste en la Ciudad Eterna; luego cuando otra epidemia desolaba a la antigua Hispalis, el papa san Gregorio había regalado la sagrada imagen a Leandro, arzobispo de Sevilla, que obtuvo de ella igual socorro. ¿Qué se desprende de todo esto? Es casi seguro que estamos ante una obra bizantina, probablemente de los primeros siglos (los ricos atavíos de que está adornada no permiten de ningún modo hacer un examen completo). Esta presunción, fundada sobre criterios artísticos, parece confirmada por un análisis reciente del material, que es cedro, madera muy común en el Oriente mediterráneo y, sin duda, más rara en el Occidente europeo en la época considerada. El cincel del evangelista, la desaparición en Bizancio, los prodigios en la Ciudad Eterna, los lazos de amistad entre san Gregorio Magno y el arzobispo san Leandro, son todas circunstancias dudosas, destinadas en la tradición a reforzar el poder sacro de la imagen santa. Dentro de la especie de carrera de reliquias y milagros a que se entregaron los cristianos de la Edad Media, eran muy escasas las auténticas reliquias y la invención piadosa suplía esta carencia. Tan sólo a ese precio cada región pudo jactarse de haber recibido, como la provincia de Cáceres, un socorro prodigioso del cielo y eso en el momento en que la oportunidad es patente a los ojos del cronista tardío: "Después que el cuchillo de los moros pasó por toda la mayor parte de España, plugo al Señor Dios de esforzar los corazones de los cristianos..." [29]

Después de esto, a partir de 1340, prefigurando el gesto de Felipe II en El Escorial, el rey Alfonso XI hizo edificar la iglesia gótica y el priorato, en acción de gracias por la victoria del Salado; luego, en 1389, el rey Juan I encargó a la orden de los jerónimos la custodia del santuario. Después del cardenal-regente Cisneros, Cortés, Pizarro, Andrea Doria, Francisco de Borja..., vinieron a prosternarse a los pies de la Virgen de Guadalupe. Todavía hoy puede admirarse, en el tesoro, el escorpión de oro que el conquistador de México ofreció a la Virgen como exvoto, después de haberse curado de una picadura de escorpión. El monasterio fue hasta el siglo XIX uno de los más ricos de España; de ahí que muchos españoles, religiosos o laicos, simples devotos o historiadores, hayan considerado a Nuestra Señora de Guadalupe de México tan sólo como un trasunto de la santa imagen de Extremadura, remontándose, sin más, a la historia legendaria de la "morenita de Las Villuercas", debido al cincel del evangelista san Lucas. Es en todo caso lo que dice una de las tradiciones recogidas por un manuscrito anónimo: "envió Gregorio a san Leandro dicha imagen de la Virgen Madre de Nuestro Señor y nuestra, la cual tenía él en su oratorio, porque se decía que la haya hecho san Lucas".[30]

Una circunstancia semejante no carece de importancia, ya que vincula la devoción guadalupanista española a los cultos apostólicos, que se han desarrollado en el Occidente europeo en concurrencia con las peregrinaciones a Jerusalén, como lo ha demostrado A. Dupront. Ese desplazamiento geográfico, que ha requerido un milenio, se explica a la vez por la distancia,

---

[29] *Códice 555*, Madrid, Archivo Histórico Nacional, fol. 6 *r*.
[30] *Manuscrito 1176*, Madrid, Biblioteca Nacional, fol. 2 *v*.

MOMENTOS DE HISTORIA

las dificultades prácticas del viaje a Tierra Santa a causa de los "turcos", que eran los amos, y de los berberiscos, que espumaban el Mediterráneo. Las grandes cruzadas finalmente fracasaron en sus tentativas de resolver este problema. Pero la razón última del desarrollo de los centros de peregrinación de España, y generalmente de Europa, es la tendencia profunda de la conciencia religiosa al arraigamiento autóctono de la devoción.

Si bien el cronista árabe Ibn Hayyan pudo escribir, en el siglo XI, que el santuario de Santiago de Compostela era tan venerable para los cristianos como lo era la Kaaba para los musulmanes, en La Meca, esta situación se modificaría a mediados del siglo XIV. Santiago de Compostela fue probablemente el principal centro de gravedad sacra del "Santo Imperio" espiritual, que sobrevivió al desmembramiento del imperio de Carlomagno. Pero el progreso de la reconquista de la península ibérica por los reinos cristianos arrastró una migración de los centros de peregrinación, de tal modo que el principal foco de la espiritualidad ibérica (ya no europea) tendió a acercarse al centro geográfico e incluso, podríamos decir, geométrico de la península. Se ha escrito que "Guadalupe es la historia de España desde la batalla del Salado hasta la edificación de El Escorial",[31] es decir, de 1340 a 1561. La erección de un foco espiritual específicamente hispánico fue como la consagración de la gran separación entre España y las demás regiones de Europa occidental, que terminaría con el aislamiento cultural de ésta. Américo Castro ha llamado la atención sobre la importancia histórica del papel de una orden típicamente española, los jerónimos. La historia (poco estudiada en una perspectiva extramonástica) de esta orden se confunde casi con la del monasterio de Guadalupe, luego, más tarde, con la de San Lorenzo de El Escorial. En su catálogo de los monasterios de san Jerónimo de España, el prior de Guadalupe, fray Gabriel de Talavera, pudo citar especialmente cuatro en 1597: San Bartolomé de Lupiana, Nuestra Señora de Guadalupe, Yuste y, por último, San Lorenzo el Real (El Escorial), por orden de creación. Si se tiene en cuenta el hecho de que esas sucesivas fundaciones fueron realizadas por emigración, puesto que Guadalupe fue poblada por monjes de Lupiana, y más tarde El Escorial y Yuste por religiosos de Guadalupe (incluso el prior de Guadalupe se

---

[31] *Monasterio de Guadalupe*, año VI, febrero de 1922, núm. 121, p. 27.

trasladó a El Escorial), se percibirá la continuidad espiritual subyacente. No puede dejar de llamar la atención otro aspecto, el lazo estrecho entre la historia dinástica española y la historia monástica jeronimiana. El 29 de octubre de 1389 el rey Juan I fundó el priorato jeronimiano de Guadalupe, adonde envió a fray Fernando Yáñez con treinta monjes de Lupiana. En 1408 fue fundado Yuste, adonde Carlos V se retiró en 1557, y para crear el nuevo monasterio acudió a los jerónimos de Guadalupe. Después, Felipe II realizó el voto que había formulado cuando la batalla de San Quintín: la edificación de un monasterio a san Lorenzo mártir; fue también con los monjes de Guadalupe para llevar a buen fin su devota empresa.

Pero Guadalupe (y luego El Escorial) no fue tan sólo una especie de jardín real. A. Castro recuerda que allí, en ese santuario por excelencia del catolicismo español, llegaron a realizarse ceremonias criptojudaicas. La historia de Guadalupe está ligada a la de las persecuciones inquisitoriales contra los judaizantes. Esos lazos con la historia política fueron, si es posible, aún más estrechos, y hasta podemos decir constitucionales, puesto que el priorato fue fundado como una acción de gracias por la victoria del Salado. En esta intención, la lámpara de cobre del barco almirante turco capturado en Lepanto pende todavía en la nave de la iglesia. Entre la colección de milagros terapéuticos de la santa imagen hay que hacer un lugar estadísticamente importante a las liberaciones milagrosas de cristianos prisioneros de los moros y a los votos de marinos en peligro de naufragio. La alianza del monasterio con la dinastía castellana no estuvo siempre sin nubes. Bajo la regencia del cardenal Cisneros, que pretendió limitar la expansión territorial del monasterio, dos procesos opusieron a los jerónimos con el gran reformador, y éste los gravó con mil maravedíes anuales, en 1508. Quizá el momento más crítico de las relaciones entre los monjes y la monarquía fue la gran crisis nacional de las "Comunidades de Castilla", en 1521. Si es más conocido el papel de un franciscano de Cáceres, fray Juan de Torres, en el movimiento comunero de Extremadura, parece comprobado que los monjes del monasterio de Guadalupe vieron con simpatía la causa de la resistencia regional a las pretensiones del joven soberano extranjero —Carlos I de España (Carlos V de Alemania)— sobre el país. Cuando, unos veinte años antes Cristóbal Colón retornó de sus primeros viajes al Nuevo Mundo, la devoción a la Guadalupe estaba en su cenit: su nombre fue dado a una de las pequeñas Antillas (la Guadalupe), y los primeros indios americanos que tocaron suelo de España fueron bautizados allí bajo los auspicios de los reales padrinos. El juicio retrospectivo, y para nosotros lleno de iluminadora severidad, del padre Germán Rubio (OFM), en su historia clásica de la Guadalupe, llama la atención sobre un aspecto que encontraremos en el corazón del problema de los orígenes de la imagen mexicana de Guadalupe: "De tan universal devoción a Nuestra Señora nacieron en España, Portugal, las Américas y en otros puntos del mundo multitud de santuarios en su honor levantados, y hubiéranse multiplicado hasta lo infinito si el mezquino criterio de los jerónimos guadalupenses no lo hubiera impedido con todas sus fuerzas, combatiendo el perjuicio que de los mismos podría seguirse en la constante afluencia de limosnas a la santa casa."[32]

La "mariolatría" americana

Para los criollos de México, la "milagrosa imagen" del Tepeyac era una gracia suprema que María había hecho al pueblo mexicano, y *non fecit taliter omni nationi*.[33] En esta perspectiva, Nuestra Señora de Guadalupe no es sino la prolongación de una tradición occidental, puramente cristiana, y se ubica entre una serie de imágenes de la Virgen que en otras comarcas de América tenían reputación de haber realizado milagros o prodigios. El estudio del padre Vargas Ugarte, *Historia del culto de María en Iberoamérica*, presenta un catálogo casi completo de los santuarios dedicados a la Virgen María en América Latina, bajo diferentes advocaciones. Este autor cita una obra en la que han sido registrados, sólo para México, 1 756 topónimos que invocan a la Virgen María. En el caso que nos ocupa, el análisis es instructivo: la Virgen de Guadalupe está a la cabeza con 256, contra apenas 21 de la de los Remedios.

Criticar esas cifras sería una tarea muy larga y de poco interés; aunque no fuesen rigurosamente exactas, las relaciones

---

[32] Fray Germán Rubio (OFM), *Historia de Ntra. Sra. de Guadalupe*, Barcelona, cap. v, art. III, pp. 223-224.

[33] Cita del *Salmo 147*, debida originalmente a Francisco de Florencia (SJ), y reproducida por el papa en 1756.

que expresan son elocuentes. De las diferentes advocaciones de la devoción a la Virgen María, Guadalupe es claramente la más extendida hoy. En cambio, la protectora de los conquistadores en la Noche Triste, la Virgen de los Remedios, se ve hoy menos favorecida, como corresponde a la "gachupina" en un México espiritualmente mestizo.

Según la leyenda piadosa, tal como nos la ha transmitido el jesuita Florencia en el último cuarto del siglo XVII, el tío milagrosamente curado del indio Juan Diego fue el encargado por la aparición de decirle al obispo Zumárraga "que cuando edificara su templo y colocara en él su milagrosa estatuilla, la llamara santa María de Guadalupe".[34] Esta denominación no es incompatible con la mujer del *Apocalipsis*, y eso desde la Edad Media europea, cuando las dos imágenes se confundían en la iconografía. Aunque algunos exegetas distinguen a una de la otra, hay quienes, como Joaquín de Flora (ya citado, y cuya influencia sobre los evangelizadores de México fue importante), interpretan el *Apocalipsis 12* de modo deliberadamente anfibológico: la mujer es la Iglesia de los ermitaños y de los monjes, que volverá para edificar la Iglesia espiritual, pero ella es también María, madre de Cristo, arquetipo de la Iglesia, nuestra madre de todos... La exégesis moderna tiende a rechazar la asimilación de la mujer del *Apocalipsis* con la Virgen María. Parece que esta interpretación se generalizó en la América hispánica, incluso en toda la cristiandad occidental. Tomamos de una letanía mariana citada por Vargas Ugarte y atribuida por algunos a santo Toribio de Mogrovejo, estos apóstrofes a la Virgen:

Luminare coeli
Pulchra ut luna
ut sol electa

que podían aplicarse sin ninguna dificultad a la imagen del Tepeyac. Fue en su imagen de la Virgen María como Guadalupe se convirtió en el objeto de la devoción oficial y popular en Nueva España.

A ese título el culto a Guadalupe, tan específicamente mexicano, se inserta en un conjunto más vasto, la devoción ma-

[34] Francisco de Florencia (SJ), *Historia de la milagrosa imagen de María Santísima de Guadalupe, escrita en el siglo XVII...*, Guadalajara, 1895, p. 26.

riana, de la cual parece como un caso particular regional. No podemos, dentro de los límites de este libro, emprender el estudio general, ni siquiera limitado a la América hispánica. Dentro de esos límites continentales la obra de Vargas Ugarte nos proporciona todos los datos necesarios para permitirnos algunas reflexiones. En primer lugar, podemos comprobar la amplitud del fenómeno en el conjunto de los países surgidos de las antiguas posesiones españolas y portuguesas. Cada uno de éstos, o la mayoría, se colocaron bajo la protección de una imagen nacional de la Virgen: Guadalupe, en México; Luján, en la Argentina; Nuestra Señora de Guápulo, en Ecuador; Nuestra Señora de Copacabana, en el antiguo Perú (que comprendía la actual Bolivia); el Perú moderno tiene por patrona a Nuestra Señora de las Mercedes; Nuestra Señora de Caacupé, en Paraguay. En realidad, numerosas ciudades de la América hispánica llevan uno de los nombres de la Virgen y están colocadas bajo su protección (Nuestra Señora de la Paz, capital de Bolivia...). El desarrollo del culto mariano en América depende, al parecer, de muchas causas. Históricamente, la primera es, sin duda, la devoción a María, extendida entre la mayoría de los jefes de las expediciones de la conquista, originarios de Extremadura o de otras provincias ibéricas. Los ejemplos más famosos son los de los hermanos Pizarro, nativos de Trujillo, y, en el caso de México, el de Hernán Cortés, originario de Medellín. La primera imagen del cristianismo dada a los indios fue la de Santiago, que se les apareció como un temible dios de los combates y del trueno, y después la de la Virgen María, cuya apariencia, por contraste, debió parecer tranquilizadora a los vencidos. Esta introducción del culto mariano a los indios fue pronto reforzada por la llegada de los primeros evangelizadores, especialmente de los religiosos franciscanos, que tenían particular devoción por la Virgen María.

La Iglesia indiana, soñada por el franciscano Jerónimo de Mendieta, se presentaba, pues, con un rostro mariano. Hacia el último cuarto del siglo XVI, cuando la espera milenarista fue menos febril, el culto a la Virgen María no dejó por ello de conocer un nuevo impulso. Los jesuitas pusieron el acento en la Inmaculada Concepción, y crearon las hermandades marianas, que contribuyeron poderosamente al desarrollo de los templos y de la propia devoción; pero en este mismo camino habían sido precedidos por los franciscanos. Desde el tercer concilio provincial mexicano, reunido en 1585, la fiesta de la Inmaculada Concepción de la Virgen fue declarada obligatoria, bajo pena de pecado mortal. El culto a la Inmaculada tomó en España, y en el imperio, las proporciones de un asunto nacional; una Junta de la Inmaculada, creada por instigación de la monarquía española, se reunió episódicamente entre 1616 y 1770, con la mira de obtener la promulgación del dogma de la Inmaculada Concepción. Esta Junta permanecería hasta cerca de 1820. En el siglo XVIII, el culto a la Inmaculada alcanzó su apogeo en el mundo hispánico (en la misma época que la devoción a la Guadalupe en México), pero la Santa Sede dio largas al asunto y no acordó nada. La Junta había intentado especialmente obtener en 1655 "que el papa instituyera la fiesta del patronato de la santísima Virgen María sobre España y sus posesiones".[35] Ese precedente es interesante y demuestra en medio de qué clima lucharon los criollos mexicanos en el siglo siguiente para lograr que les fuera concedido el "patronato universal" de Guadalupe del Tepeyac. Al "desafío español", representado en esta fecha más por la Virgen del Pilar que por la Guadalupe de Extremadura, se agregaba en el Nuevo Mundo el "desafío peruano", ya que santa Rosa de Lima estaba entonces reconocida como "universal patrona" de las Indias Occidentales. El extraordinario impulso de la devoción mariana en general, y de la Inmaculada Concepción en particular, se explica en parte por el clima de la reforma católica (después del Concilio de Trento), cuyos grandes artesanos fueron los jesuitas. Las nuevas confesiones protestantes se mantenían distanciadas ante el culto a María. La espera escatológica de las órdenes mendicantes, en especial, y la angustia del pecado, que dominaría por mucho tiempo al luteranismo, encontraban en María Inmaculada una tabla de salvación. La Virgen, la única entre los mortales en escapar a la mácula universal de la descendencia de Adán, portaba la promesa de un rescate. En virtud de una especie de dialéctica de los designios impenetrables de Dios, los religiosos pensaban, como Sahagún, que allí donde había abundado el pecado más que en otras partes, entre los indios entregados a la idolatría desde hacía siglos, la gracia

---

[35] *Archivo Iberoamericano*, año XV, enero-julio de 1955, núms. 57-58 (número extraordinario dedicado al tema de la Inmaculada), pp. 626 ss. El 7 de julio de 1664, el breve *Quae inter praeclara* hizo canónicas en España y en las Indias el oficio y la misa de la Inmaculada con octava, lo que constituía un éxito parcial de la Junta.

tendría que abundar de ahora en adelante. Los mestizos y los criollos, mezclados por los gachupines en el mismo oprobio que los indios, sentían pesar sobre ellos siglos de idolatría y de pecados mortales. La Virgen María vino a traerles la gracia y la dignidad bajo la forma de "apariciones" prodigiosas, situadas casi todas en el último cuarto del siglo XVI y el primero del siglo XVII. La madre de Cristo pasaba así a significar la salvación del Nuevo Mundo, tierra elegida por ella para una cristiandad renovada al menos, si no completamente nueva, ya que el clima había cambiado respecto a este último punto. La devoción a María apareció cada vez más inseparable del culto a la Inmaculada Concepción, mucho antes de que el dogma fuera proclamado por el soberano pontífice.

Las leyendas "aparicionistas" americanas se parecen de extraño modo. En lo sustancial provienen de la Edad Media europea; sin embargo, son profundamente americanas. En efecto, el pastor elegido de las tradiciones españolas es reemplazado aquí por un indio. Vemos de golpe todas las ventajas de esta versión indigenista. Los indios reencontraban en la nueva religión a la diosa madre que habían tenido en la antigua. (Ya hemos citado las reservas semánticas de Sahagún sobre este punto.) En Perú, con la Virgen de Copacabana se produjeron los mismos fenómenos que en México: espontáneamente, los indios la denominaron *Pachamama*, la diosa-tierra, madre de los pueblos. Por lo demás, estas imágenes de la Virgen tienen la piel morena de los indígenas, quienes muy pronto las llamaron "indias". El éxito inmediato, entre los indios, de estas imágenes más o menos milagrosas (algunas no eran consideradas tales) se explica fácilmente por los aspectos que acabamos de señalar. Mucho más complejas son, en cambio, las causas de que los criollos abandonaran relativamente las imágenes primitivas de María en América, como la de los Remedios en México. En verdad el antagonismo entre los criollos y los españoles nacidos en la península y enviados como funcionarios a las Indias debió desempeñar un papel importante. Los españoles rendían culto a las imágenes tradicionales de María, es decir, a las réplicas de aquellas que existían en España, en su provincia de origen. Por otra parte, muchos de ellos debían sentir repugnancia de mezclarse con "la indiada", la multitud de los devotos indígenas de Guadalupe, por ejemplo. Los criollos, de cepa española, pero nacidos en el Nuevo Mundo, podían sentir esta misma repugnancia, ¡pero cómo hubieran podido ser insensibles a los prodigios que señalaban a su patria como la tierra de elección de la Virgen María! Criollos, mestizos e indios de Nueva España se encontraron desde temprano unidos bajo el pendón de Guadalupe; al menos desde los tiempos en que el arzobispo Montúfar emprendió su famosa investigación sobre la Guadalupe, en 1556. La incredulidad de los gachupines, ante las pretendidas apariciones, no hizo sino reforzar la unidad de los devotos americanos y borrar las diferencias de castas que los separaban, para unirlos en un mismo fervor religioso y nacional, frente a los agentes de la dominación peninsular.

El carisma de que se creyeron dotados los mexicanos gracias a las "apariciones" de la Virgen María en el Tepeyac, que transformaron su país en un "paraíso occidental", no es ejemplo único, sólo el más rico en implicaciones sociopolíticas. Perú, Ecuador, Colombia, etc., están jalonados de santuarios de la Virgen María, y en torno a ellos cristalizó el espíritu regional. Por otra parte, se nota una especie de geminación, en especial en el caso de la Guadalupe. Su imagen fue copiada y transportada a otros lugares. Mucho antes de que la Iglesia romana reconociera —y no sin reticencias y reservas mentales— el patronato de María de Guadalupe sobre todo México (a mediados del siglo XVIII) iglesias, conventos y colegios habían sido puestos bajo su advocación en las principales ciudades de Nueva España. La Virgen de Copacabana conoció una fortuna comparable en Perú, e incluso el gran autor dramático español Pedro Calderón de la Barca escribió un "auto sacramental" titulado *La aurora en Copacabana*, en el que a la manera de las alegorías medievales puso en escena a la idolatría, que cede su sitio a María Inmaculada en el corazón de los indios. Las semejanzas y las diferencias entre ambas tradiciones, la de Guadalupe en Nueva España y la de Copacabana en Perú, están llenas de enseñanzas. Una y otra hacen intervenir a un indio como iniciador del culto, y ahí radica, al parecer, la causa principal del desarrollo ulterior de la devoción. A diferencia de la imagen de Guadalupe, de génesis milagrosa, la de la Virgen de Copacabana tenía un origen puramente humano: según la tradición había sido esculpida por el indio Tito Yupanqui, originario de un pueblo, a orillas del lago Titicaca, llamado Copacabana, nombre de un ídolo incaico que tenía allí su santuario. Como en el caso del Tepeyac (antiguo santuario de Tonantzin), la nueva religión recupera un antiguo centro de peregrinación. La "aparición" de la Virgen de Copacabana fue posterior a su efigie, y vino a confirmar la voluntad divina de ver prosperar al nuevo santuario. En ambas tradiciones, existen relatos presuntamente originales en lengua indígena, que son a la vez su fundamento y su garantía nacional. El origen indio —tanto por el papel de Juan Diego con relación a la Guadalupe como por el de Tito Yupanqui con la Virgen de Copacabana— cuenta manifiestamente más que el origen prodigioso de la imagen. Este esencial aspecto autóctono de la devoción a imágenes puramente americanas de la Virgen es una de las vías por las que el sentimiento de la patria americana pudo expresarse de modo semiconsciente, en un tiempo en que la desconfianza de la monarquía española (y la represión correlativa) eran la ley. La devoción de los criollos a las imágenes "indias" de la Virgen es un aspecto de un fenómeno más general, la rehabilitación imaginativa del pasado indígena por la élite criolla, que implicaba también una revisión de la historiografía oficial de la conquista de América.

Podemos concluir, de manera provisional, que la devoción a la Guadalupe, tan específicamente mexicana por su contenido, presenta una configuración ampliamente americana. Las vinculaciones que hemos establecido con la Virgen de Copacabana en Perú no son sino un ejemplo privilegiado entre otros. También podría señalarse que la Virgen de Guápulo, en Ecuador, era una réplica de la Guadalupe de Extremadura, una Virgen con el Niño, y que fue transportada con gran pompa de Quito (donde había sido colocada por una cofradía de comerciantes) a Guápulo, un pueblo de indios chibchas, probablemente en 1587. Esta imagen, como la de Guadalupe, en las grandes calamidades públicas será llevada en procesión a la capital, durante los siglos de la colonia, y las masas indígenas irán en peregrinación a su santuario. De la Virgen de Caacupé, del Paraguay, se dice que fue (como la de Copacabana) esculpida por un indio, que, en peligro de muerte, invocó el socorro de la Virgen e hizo el voto de esculpir su imagen, si se salvaba, en el tronco del árbol en que se había escondido de una banda de indios bravos, los mbyas. Ante esos ejemplos, la imagen de la Guadalupe aparece retrospectivamente como la más apropiada para inflamar el ardor de los devotos, por su origen sobrenatural; ello y la elección de un humilde lugareño indígena por la Virgen María

(¡que se le aparece cinco veces seguidas!), para que fuese su mediador ante el arzobispo y el iniciador del nuevo culto, eran hechos propios para lavar esa "tierra de pecados", según había sido considerado el México indígena. Tan visible manifestación de la gracia de María era como un bautismo colectivo de las poblaciones de Nueva España, encarnadas en uno de sus más humildes representantes, el indio Juan Diego, un neófito convertido por los franciscanos. La Virgen María tuvo una parte decisiva en ese movimiento de conversión, santificado por milagros, con su personalidad ambigua de mujer del *Apocalipsis*, anunciadora de la parusía, y de madre de Cristo, intercesor privilegiado de los hombres. En ese doble sentido, Guadalupe prolonga indiscutiblemente la tradición mariana europea, y eso lo han sentido bien los españoles, que habiéndola rechazado en un principio como dudosa y apócrifa, trataron luego de apropiársela, hasta nuestros días, en los que Guadalupe se ve calificada de "reina de la hispanidad" (una noción en la que, sin duda, entran más intenciones políticas que fervor espiritual).

II. LOS ORÍGENES DE GUADALUPE

EL NOMBRE Y LA IMAGEN, PERTURBADORAS CONTRADICCIONES

¿POR QUÉ la imagen de la Virgen María venerada cerca de México en el cerro del Tepeyac (llamado por los criollos Tepeaquilla), tan diferente de la Guadalupe de Extremadura, lleva el mismo nombre? Tal es la perturbadora pregunta muchas veces planteada por los historiadores y nunca resuelta satisfactoriamente. Siendo Guadalupe un topónimo, su transferencia a Nueva España —a un lugar que tenía ya un nombre muy conocido, puesto que era un santuario religioso— se presenta como un enigma. La solución que el padre Vargas Ugarte da a este enigma, en su obra clásica sobre la historia del culto a María en la América hispana, no puede satisfacer al espíritu crítico; júzguese: "Si bien se mira ni una ni otra opinión puede sostenerse con fundamento, y es preciso concluir que, o se le dio este nombre por una especie de asociación de ideas, muy explicable en aquellas circunstancias, o mejor aún, porque esta fue la voluntad de la Virgen aparecida."[1] Si dejamos a un lado la segunda solución, subordinada a un acto de fe, para examinar la primera que propone el sabio jesuita, entrevemos una posible dirección de búsqueda. Aunque los jerónimos no hayan tomado parte directamente en la evangelización de México, la imagen de la Virgen de Guadalupe de Extremadura no ha dejado de estar presente en el horizonte espiritual de la conquista. Eso deriva de su condición de símbolo de la cristiandad hispánica en su lucha contra los musulmanes y, por extensión, en las guerras contra los idólatras del Nuevo Mundo. ¿Debemos recordar que Gómara sentía las conquistas americanas como una prolongación natural de la reconquista peninsular? Por otra parte, el origen regional de Cortés y de muchos de sus compañeros, extremeños como él, favoreció el desarrollo en Nueva España de la devoción a una imagen de la Virgen, que era la honra de Extremadura. Ese fue el terreno, eminentemente favorable, en que germinaría la nueva devoción mexicana a una Virgen de Guadalupe

---

[1] Rubén Vargas Ugarte (SJ), *Historia del culto de María en Iberoamérica*, 2ª ed., Buenos Aires, 1947, libro II, cap. II, p. 189.

que presenta, sin embargo, la desconcertante particularidad de ser completamente diferente de su presunto modelo peninsular.

Los testimonios del siglo XVI que pueden aclarar los orígenes de la imagen del Tepeyac son, a decir verdad, poco numerosos, y todos ellos sensiblemente posteriores a 1531, año considerado por los devotos (a partir de 1648) como el de las apariciones. El más antiguo es, según lo que sabemos, el de un criollo interrogado durante una investigación ordenada en 1556 por el obispo Montúfar, después de un sermón antiguadalupanista del provincial de la orden franciscana, fray Francisco de Bustamante. Ese testigo atribuyó al franciscano las palabras siguientes dichas durante el sermón: "y que agora decirles [a los indios] que una imagen pintada por un indio hacía milagros, sería gran confusión".[2] He aquí una indicación que, aunque no permita resolver la cuestión del modelo iconográfico de la imagen del Tepeyac, es interesante. Es sabido, por lo demás, que un indio llamado Marcos había logrado por esta fecha gran reputación de pintor en México. No es, pues, *a priori* inverosímil que la imagen del Tepeyac hubiera sido pintada por un indio. El testimonio posterior de Dávila Padilla, respecto a la costumbre que tenían los indios mexicanos de componer con flores imágenes piadosas y colgarlas en las paredes de las iglesias, nos inclina en el mismo sentido. El del franciscano Alonso de la Rea, casi exactamente contemporáneo del primer "evangelio" guadalupanista de Miguel Sánchez (aunque se refiera a los tarascos de Michoacán y a las imágenes de Cristo), puede ayudarnos a hacer la luz sobre el origen de la efigie "milagrosa" del Tepeyac. La Rea escribe, en efecto, sobre los tarascos: "Son tan eminentes pintores, con tan linda gala y primor, que todas las iglesias de esta provincia están adornadas de lienzos y láminas hechas de los mismos indios, sin que tengan que envidiar al pincel de Roma."[3] Le bastaría al lector moderno pensar en los ejemplos de artes precolombinas que enriquecen nuestros museos, para comprender que no había ninguna exageración en el juicio del cronista franciscano. Recordemos que existía la costumbre en Nueva España

---

[2] *Información del Excmo. Sr. Montúfar* (...), 1556, ms., fol. 5 *r*, Archivo del Cabildo de la Catedral de México.
[3] Alonso de la Rea (OFM), *Crónica de la Orden de N. Seráfico P. S. Francisco* (...) *de Mechoacán, en la Nueva España*, México, 1643, cap. IX: "Del ingenio del tarasco, de la eminencia en sus obras..."

(en particular, pero no sólo en Michoacán) de colgar en las iglesias imágenes pintadas por los indios. Junto a las imágenes pintadas, lienzos, y a las imágenes de flores, había prolongaciones del arte plumario; a propósito de éste, La Rea ha indicado lo que le toca a cada uno en el nuevo arte religioso mexicano: "Y aunque el ejemplar de la efigie lo tuvieron los tarascos (claro está) de los franciscanos al hacerla de una pasta tan ligera y tan capaz de darle el punto, ellos son los inventores."[4] Tanto La Rea como Dávila Padilla tienden a confirmar indirectamente la afirmación de su predecesor Bustamante, en cuanto al origen indio de la imagen del Tepeyac: obra de un artista indígena, ejecutada según un modelo de origen evidentemente europeo.

Una decena de años después de la investigación del obispo Montúfar, según podemos deducir del hecho de que Bernal Díaz del Castillo terminó su *Historia* en 1568, el cronista de la conquista escribió: "La santa casa de Nuestra Señora de Guadalupe, que está en Tepeaquilla, donde solía estar asentado el real de Gonzalo de Sandoval cuando ganamos a México..."[5] Sin que ese pasaje de la *Historia verdadera* permita inferir algo relativo al origen de la imagen, nos da un dato sobre el origen probable del nombre de Guadalupe: se establece un lazo entre el cuartel general de uno de los capitanes de la conquista y el santuario de la Virgen María. Estaría muy de acuerdo con lo que sabemos, gracias a los cronistas de la conquista, del comportamiento religioso de los conquistadores españoles de América, que Sandoval hubiese sido devoto de Guadalupe y que hubiera colocado allí una imagen protectora, aunque no se diga. Sin embargo, apenas se trata de una hipótesis. Es necesario recurrir al único documento explícito, y oficial (si exceptuamos la indagación de Montúfar), una carta del virrey Martín Enríquez, fechada el 25 de septiembre de 1575: "Pusieron nombre a la imagen de Nuestra Señora de Guadalupe, por decir que se parecía a la de Guadalupe de España."[6] Esto es algo formal, y

---

[4] *Loc. cit.*
[5] Bernal Díaz del Castillo, *Historia verdadera de la conquista de la Nueva España*, cap. ccx (B. A. E., t. XXVI, pp. 311 b-312 a).
[6] *Cartas de Indias*, Madrid, ed. del Ministerio de Fomento, p. 310. Francisco de la Maza, *El guadalupanismo mexicano*, México, 1953, p. 14: "El por qué la imagen se llamó Guadalupe, haciendo a un lado, con todo respeto, a la tradición, creemos que es porque a

formalmente inaplicable a la imagen conocida del Tepeyac. Nada permite suponer que el virrey Enríquez haya escrito a la ligera, y no vemos qué interés podría tener en falsificar la verdad. La fecha de su carta (el 25 de septiembre) es un dato suplementario en favor del origen extremeño de la imagen del Tepeyac. Hay que recordar que la fiesta de Guadalupe de Extremadura se celebra el 8 de septiembre, y que, todavía en 1600, el capítulo de México decidió que la natividad de la Virgen sería celebrada el 10 de septiembre en la ermita de Guadalupe del Tepeyac porque estaba bajo su advocación. No hemos podido determinar exactamente en qué momento la fiesta de la Guadalupe mexicana fue desplazada del 8 o 10 de septiembre al 12 de diciembre (fecha actual); pero llama la atención el paralelismo entre el cambio del calendario y el cambio de imagen. Uno y otro revelan la intención de distanciarse de la imagen matriz y de su culto; se quiso distinguir totalmente a la Guadalupe mexicana de la Guadalupe de Extremadura, de la que sólo se conservó el nombre. Todo lo que sabemos con seguridad es que la sustitución de imagen tuvo lugar cerca de 1575, y la modificación del calendario de las fiestas, cerca de 1600. Hay muchas presunciones de que esas dos etapas decisivas de la mexicanización de una devoción tan específicamente ligada a los conquistadores tuvo lugar casi exactamente al mismo tiempo que la publicación del libro de Miguel Sánchez, que, relacionando la imagen del Tepeyac con la visión profética de Juan, en el *Apocalipsis*, dio a la devoción un alcance universal.

Surge entonces naturalmente una pregunta: ¿por qué los indios o los criollos, o sus guías religiosos, sintieron tan pronto la necesidad de distinguir su Guadalupe de la de Extremadura? La pregunta es importante, porque es correlativa del nacimiento de una tradición "aparicionista" cuya razón de ser deriva de esta misma voluntad de distanciarse, y también del deseo de aproximar geográficamente el foco de los milagros, para evitar a los peregrinos el "gran viaje" (Gómez Moreno) a un santuario lejano. El objeto mismo de este libro es tratar de responder a esto: podríamos decir, en una palabra, que aquél fue el primer paso de la conciencia nacional mexicana. No obstante, hay que buscar las causas inmediatas y mantenerse en un nivel más modesto, el de la práctica devota y el de la vida religioso-co-

los principios se colocó en la ermita una imagen de la Virgen de Guadalupe de Extremadura."

mercial de los santuarios cristianos del siglo XVI. Una publicación reciente de fray Arturo Álvarez (OFM) viene oportunamente en nuestro auxilio; se trata del diario del viaje por América del Sur de un religioso jerónimo de Guadalupe, fray Diego de Ocaña, entre 1599 y 1605. La misión de este religioso es contemporánea de los comienzos de la devoción, oficialmente reconocida, a Guadalupe en México. Fray Diego, llegado a Potosí, por entonces famosa ciudad minera del Perú, nos da este informe ingenuo de su misión: "Y yo, con buen celo y ánimo, tomé los pinceles del óleo; cosa que en toda mi vida había hecho (...) y guiándolos la Virgen Santísima, hice una imagen con tanta perfección, del mismo alto y tamaño de la de España, que toda la villa se movió con mucha devoción. Y en el entretanto que esto se hacía, envié al señor obispo de Charcas (...) un tanto de la cédula del rey nuestro señor, con una petición mía en que pedía me diese licencia para poder pedir limosna y asentar por cofrades de Nuestra Señora de Guadalupe a todos, ansí en aquella villa como en todo su obispado; la cual licencia me despachó luego, porque era de Extremadura y muy devoto de Nuestra Señora." [7] Vemos cómo la exportación del arte de la iluminación (que dio gloria al monasterio de Extremadura) y la solidaridad regionalista, entre el religioso y el obispo, llevaron a crear en Potosí (lugar previlegiado para recaudar limosnas) un santuario secundario de la Guadalupe de Extremadura. Con esta iniciativa, los jerónimos de España, al margen de una empresa evangelizadora confiada a las órdenes mendicantes, se aseguraban a través de las hermandades marianas una influencia espiritual y una prometedora fuente de entradas en el Nuevo Mundo. No hay duda de que ese fue el sentido de la misión confiada a fray Diego de Ocaña; veamos las reflexiones que se hacía a sí mismo, el día de septiembre en que tuvo lugar la instalación de su imagen de Guadalupe, una estampa ampliada: "En ese tiempo pusimos un bufete en la puerta de la iglesia (...) Y allí comencé a asentar por cofrades a todos los que me lo iban pidiendo; y de esta manera junté de limosna, en aquellos ocho días, cuatro mil pesos de plata corriente. Y si no hiciera esta imagen, no juntara cuatro mil reales (...) Y si no hiciera la imagen, en volviendo yo las espaldas todo se olvidara y se acabara (...) Y en esta ocasión no puedo dejar de quejarme del

[7] Fray Diego de Ocaña (jerónimo), *Un viaje por la América...*, Madrid, ed. fray Arturo Alvarez, 1969 (ed. príncipe), p. 168.

descuido de la casa de Guadalupe, que tuvieron en enviarme algunas cosas que yo envié a pedir, en especial las estampas que si a esta sazón hubiese tenido en Potosí sobre la mesa donde estaba, veinte mil o treinta mil estampas, todas las gastara, porque cada uno la llevara para tenerla en su aposento: y por cada una lo menos que me podían dar era un peso de plata, que son ocho reales." [8] Es fácil suponer (y quizá sería posible establecer su pasaje) que si otro jerónimo, tan activo y hábil como Diego de Ocaña, fue enviado a México y trató de sacar provecho —para la casa matriz— de la naciente devoción del Tepeyac, chocó con la hostilidad de los criollos. Ahora bien, la cédula real era terminante: las limosnas recogidas por las reproducciones debían pertenecer a la imagen original. La sustitución de la primitiva imagen del Tepeyac, por aquella que conquistó luego a la totalidad del mundo hispánico, fue la probable consecuencia del deseo de conservar las limosnas en Nueva España; la modificación del calendario de las fiestas y la elaboración de una tradición "aparicionista", en la cual un neófito indio desempeña el primer papel, respondieron, al menos en parte, a esta intención. Lo que nos llevaría a adoptar esta explicación es que el silencio de los historiadores del pasado sobre este punto, su turbación incluso, permiten suponer motivaciones inconfesables en un asunto de devoción.

Una especie de prueba en contra nos es proporcionada en el siglo XVIII por fray Francisco de San José, antiguo prior de Guadalupe de Extremadura, quien, en una *Historia universal de la primitiva y milagrosa imagen*..., tratará a toda costa de ligar al santuario de España la imagen del Tepeyac, que estaba adquiriendo importancia, y de adoptar su culto. Este apologista se entrega a ejercicios peligrosos, en los que el interés compite con la devoción; acepta la tradición "aparicionista" mexicana, pero en la imagen de la Virgen colocada en el coro de la basílica de Extremadura cree reconocer el modelo de la del Tepeyac. Sin tratar de desentrañar las razones de la elección de un modelo marginal en la devoción de la época, se remite al divino numen (como lo harán los padres Germán Rubio y R. Vargas Ugarte), escribiendo al respecto: "Por qué quiso la Virgen, habiendo de poner a su imagen mexicana el nombre de Guadalupe, se copiase a imitación de esta de nuestro coro, y

[8] Diego de Ocaña, *op. cit.*, p. 175.

no de la célebre, antiquísima y principal portadora de este nombre, toca a los juicios de Dios, que no debemos investigar curiosos, sino es venerarlos rendidos." [9] La evasiva ante una explicación molesta, invocando los misteriosos designios de Dios, tiene la virtud de ponernos sobre la pista de un posible origen de la nueva imagen de Guadalupe. La imagen del coro presenta llamativas similitudes con la Guadalupe del Tepeyac. El padre Rubio, por lo demás, ha hecho observar que "ni la corona, ni menos el pabellón que hoy le sirven de complemento son primitivos; y más bien se ocultan ciertos detalles más por los cuales se aumenta el parecido con la mexicana".[10] Si admitimos al menos la verosimilitud de la explicación, que nos parece la más plausible para esta sustitución de la imagen del Tepeyac, captaremos sin esfuerzo la habilidad de la maniobra: reemplazar a la Guadalupe "universal" por una imagen de María igualmente amparada por el famoso monasterio y, para desbaratar toda tentativa de anexión por parte de los jerónimos españoles, modificar esta imagen secundaria en un único punto muy visible. La Virgen del coro es una Virgen con el Niño; la del Tepeyac es una Inmaculada tradicional. Observemos todavía que uno de los antifonarios del coro de Guadalupe de Extremadura, fechado en el siglo XV, está ilustrado con estampas entre las cuales aparece una Inmaculada, que habría podido servir de modelo a la del Tepeyac. Por lo demás, la imagen no tiene nada de excepcional. La del coro del monasterio de Extremadura es de 1499; se puede ver otra, pintada sobre las puertas de madera que separan a la iglesia parroquial del claustro del convento de las clarisas de Moguer (provincia de Huelva) que data de la misma época y que está relacionada con la imagen del Tepeyac, tanto por su factura como por sus atributos simbólicos.

El problema de la primitiva imagen de Guadalupe del Tepeyac, la imagen desaparecida, y luego de la imagen actual, es inseparable de la cuestión más general de la fabricación artesanal de imágenes piadosas en el monasterio de la sierra de Las Villuercas y de su difusión; fray Arturo Álvarez nos recuerda que la reina Isabel había encargado a los jerónimos de Extre-

---

[9] Fray Francisco de San José (jerónimo), *Historia universal de la primitiva y milagrosa imagen de Nuestra Señora de Guadalupe...*, Madrid, 1743, cap. XXI, p. 146 *a*.

[10] Germán Rubio (OFM), *Historia de Ntra. Sra. de Guadalupe*, Barcelona, 1926, cap. V, art. III, pp. 228 *s*.

madura que iluminaran su *Flos Sanctorum*, y todavía hoy pueden admirarse en el monasterio ochenta y nueve códices iluminados por los monjes del pasado. Las propias denuncias de fray Diego de Ocaña, en Potosí, prueban *a contraris* que se imprimían o que se dibujaban a pincel réplicas de la imagen sagrada, en cantidades si no industriales por los menos considerables. Hay que distinguir los "grabados" destinados a la devoción individual en la "cámara", de las efigies destinadas a los lugares de culto, sobre las cuales estamos menos informados. Sin embargo, fray Francisco de San José nos dice en su *Historia* que "la nobilísima ciudad de Jerez de la Frontera tiene una imagen de bulto de la Madre de Dios, con el título de Nuestra Señora de Guadalupe",[11] pero este autor discute la tradición local que la hace remontar al rey Alfonso el Sabio, puesto que, escribe, Guadalupe apareció en 1324 en la sierra de Las Villuercas, cuarenta años después de la muerte del rey Alfonso el Sabio. Hay que observar que la Guadalupe de Jerez había sido depositada en la iglesia de San Lucas, sin duda a causa de la tradición que atribuía la estatuilla original al apóstol san Lucas. Esta reproducción de la Virgen morena de Las Villuercas no es la única en España; todavía puede verse otra (de bulto) a algunas leguas de Úbeda (provincia de Jaén), cuya patrona es; cada año, en mayo, es conducida allí en procesión; la tradición "aparicionista" es análoga en todos sus puntos a la de Las Villuercas. La arquitectura y la disposición del santuario que guarda la santa imagen permite suponer que éste fue ocupado por algunos religiosos en la época de su construcción, que podría remontarse a fines del siglo xv.

La migración del culto a la Virgen de Guadalupe de la provincia de Cáceres y su polarización alrededor de santuarios secundarios parece explicarse por la necesidad que tenían los peregrinos de los pueblos de hacer el viaje de ida y vuelta a pie, desde su casa hasta el santuario, entre el amanecer y la caída del sol. Esta condición se cumple, al menos para el santuario de Úbeda, el de México y, contemporáneo de este último, el de Manila. Un agustino de las Filipinas, fray Gaspar de San Agustín, nos narra en su obra *Conquistas de las islas Filipinas*, publicada a fines del siglo xvii, lo que sigue: "En el año de 1601, a devoción de la milagrosa imagen que se venera en Es-

---

[11] Francisco de San José, *op. cit.*, cap. xx, p. 131 *a*.

paña con el título de Guadalupe, habiéndole traído de aquel Reino una imagen de talla, muy parecida, y sacada por la que se venera en Extremadura, se edificó una iglesia y convento en una fragosa y áspera serranía, dos leguas de la ciudad de Manila, subiendo el río grande de Pasig." [12] La existencia anterior al del Tepeyac, o contemporánea de éste, de santuarios periféricos de Nuestra Señora de Guadalupe, que dependían materialmente (por la entrega de una estatuilla esculpida en los talleres anejos al monasterio de Extremadura, y copiada de la original) y espiritualmente (gracias a la fidelidad de la copia; lo que implicaba la transferencia de los legados y de las limosnas a Extremadura), permiten suponer que la primitiva imagen de Guadalupe del Tepeyac fue también una imagen de bulto importada de España. El viajero inglés Miles Phillips la pintó, en 1582, como una estatua de plata dorada, de tamaño natural. Que el asunto de los legados y de las limosnas haya sido el trasfondo del cambio producido en la primera mitad del siglo XVII, tanto en la iconografía como en el calendario sagrado y en la tradición milagrosa (que no lo era antes) de la Guadalupe del Tepeyac, está confirmado incluso por la muy oficial *Historia universal* del P. Francisco de San José. Este autor, que escribía, recordémoslo, en 1743, no pudo eludir el asunto de las limosnas, pendiente todavía bajo Felipe V, y después de haber reconocido que "anduvo liberalísima con los mexicanos la divina misericordia", agregó que "los mexicanos, expresando su divina voluntad a la Madre de Dios de Guadalupe, que ellos llaman la extremeña, para distinción de la suya, en la obligación de cierta cantidad de moneda, que por banda forzosa dejan a esta Santa Casa cuantos hacen testamento (...) y aunque se ofrecieron algunas diferencias años pasados sobre estas mandas, nuestro católico monarca (...) declaró que por su real decreto el año mil y setecientos que esos legados vengan a nuestro santuario".[13] Así nada escapaba a la explotación colonial; al quinto del rey y a todas las contribuciones excepcionales (donativos) con que estaban gravados los mexicanos, se agregaba el drenaje de los legados y de las limosnas que un decreto real de 1736

---

[12] Fray Gaspar de San Agustín (agustino), *Conquistas de las islas Filipinas: la temporal por las armas del señor don Felipe segundo el prudente; y la espiritual, por los religiosos del orden de Nuestro Padre San Agustín*, Madrid, 1698, libro III, cap. XXI, p. 498 b.

[13] Francisco de San José, *op. cit.*, cap. XXI, pp. 147 b-148 a.

había convertido en obligatorias. Uno se explica que en estas condiciones la Guadalupe del Tepeyac no haya parado hasta cambiar de rostro, transformándose sin ninguna duda en la "indita" nacida de la devoción popular.

GUADALUPE, MANZANA DE LA DISCORDIA ENTRE EL ARZOBISPO DE MÉXICO Y LOS FRANCISCANOS (1556)

Algunos años antes de que fray Bernardino de Sahagún hubiera formulado por escrito, en su *Historia general*, las graves reservas a las que hemos aludido antes (y que permanecerían inéditas durante tres siglos), otra voz franciscana había denunciado ya el carácter sospechoso de la devoción a la Guadalupe. En un sermón pronunciado el 8 de septiembre de 1556, con motivo del nacimiento de la Virgen, el padre Francisco de Bustamante se había alzado públicamente, en presencia de las autoridades civiles, contra la reciente y ya popular devoción a la imagen de la Virgen María de Guadalupe, cuyo nombre incluso discutió: "que han llamado de Guadalupe".[14] El manuscrito autógrafo de este sermón no ha sido conservado, pero es conocido por el acta de una investigación dispuesta por el arzobispo de México, fray Alonso de Montúfar, que el predicador no había vacilado en cuestionar. Una de las razones de la oscuridad de la figura de Guadalupe en sus orígenes es que estuvo mezclada en la querella entre la más poderosa de las órdenes mendicantes en Nueva España y el clero secular, más precisamente un arzobispo que se esforzó (al suceder a un obispo franciscano: Zumárraga) en meterse con el reinado, antes sin rivales, de los monjes evangelizadores. El arzobispo Montúfar había favorecido a la nueva devoción y el provincial de los franciscanos denunció los efectos perniciosos de esto. Se recordará que los franciscanos habían practicado desde su llegada una política de ruptura con las creencias indígenas; según los pioneros de la evangelización, el riesgo de confusión entre la figura mítica de Tonantzin y la Virgen María debía ser evitado a toda costa. Su hostilidad para con la nueva devoción sospechosa era más resuelta porque sus antecesores habían instituido el culto a la

---

[14] Montúfar, fray A. de, *Información* (...) *Investigación histórica y documental...*, México, 1952, p. 92 (ed. original, México, 1888-1890).

Virgen del Tepeyac con objeto de combatir la antigua devoción por Tonantzin, venerada en ese mismo lugar.

La contradicción sólo es aparente, y la protesta del P. Bustamante nos ilumina respecto a la pureza erasmista de la fe de los franciscanos de México, en una fecha en que el erasmismo había sido ya violentamente extirpado en la península. Este religioso declaró, en tono apasionado, que, según los testimonios a los que se había interrogado, "una de las cosas más perniciosas para la buena cristiandad de los naturales, que se podían sustentar, era la devoción de Nuestra Señora de Guadalupe, porque desde su conversión se les había predicado que no creyesen en imágenes, sino solamente en Dios y en Nuestra Señora (...) y que agora decirles que una imagen pintada por un indio hacía milagros, que sería gran confusión y deshacer lo bueno que estaba plantado, porque otras devociones que había, como Nuestra Señora de Loreto, u otras, tenían grandes principios, y que ésta se levantase tan sin fundamento estaba admirado".[15]

Esa llamada a un cristianismo esencial, libre de toda idolatría, da un sonido que pronto dejará de oírse en Nueva España. Observemos que en esta ocasión no se mencionó la "prodigiosa aparición" de la santa imagen, sino tan sólo su intercesión milagrosa. Si en esta fecha hubiese existido una tradición análoga a la que se impondría en el siglo XVII, relativa a una "aparición" de la Virgen, el P. Bustamante no hubiese dejado de referirse a ella, aunque sea para combatirla. Pero no la alude, indicando expresamente que la Virgen de Guadalupe del Tepeyac había sido pintada por un indio. Otro testigo aseguró haber entendido "que los religiosos se habían esforzado en hacer comprender a los naturales que Nuestra Señora no era Dios", y "que si no se ponía remedio a la situación presente, renunciaría de por vida a predicar a los indios". Un tercer testigo atribuyó estas palabras al franciscano: "en consecuencia, que fuera bien que al primero que lo inventó (que esta imagen de Guadalupe hacía milagros) le dieran ciento o doscientos azotes".[16]

El vigor de estas protestas franciscanas se explica por el sentimiento de los evangelizadores de "que eso era arruinar la obra misionera".[17] Si recordamos que fray Bernardino de Sa-

---

[15] Montúfar, fray A. de, *Información...*, *ibid.*, p. 92.
[16] Montúfar, *op. cit.*, p. 135.
[17] *Idem.*

hagún escribió su *Historia general* a fin de instruir
indígenas, evitando que las antiguas prácticas religio
mularan bajo el ritual católico, no nos sorprenderán los temores
de los franciscanos respecto a la devoción por la Guadalupe.
Guadalupe-Tonantzin, imagen femenina del principio dual universal, debía, inevitablemente, aparecérsele a los indios como
"Dios". De esta ambigüedad inicial nacería el guadalupanismo
mexicano, una forma original del cristianismo, en la que la Virgen María en su Inmaculada Concepción *es* mexicana. Así, el
impulso repentino de la devoción del Tepeyac fue sentido con
gran clarividencia por los pioneros franciscanos como el primer
golpe de zapa de los demoledores de aquella "Iglesia indiana"
que ellos habían tratado de construir en México. De ahí el favor que el clero secular concedió a la nueva devoción, cuyo
éxito equivaldría a desautorizar a los pioneros de la evangelización, empañando su ascendiente tanto sobre los indios como
sobre los criollos. Más allá de la rivalidad entre los regulares, fundadores de la Iglesia, y los seculares que los suplanta-
rían, registramos dos aspectos del cristianismo europeo. Uno de
inspiración erasmista, desconfiado de las imágenes y de las devociones; otro, que iba a dominar a la Contrarreforma y a darle un
gran lugar a los sacramentos, a la comunión frecuente y al aparato del culto. A partir de 1572 —o sea, pocos años después del
sermón de fray Francisco de Bustamante—, los jesuitas serán
los principales artesanos de esta metamorfosis de la "Iglesia
indiana", que se hará cada vez más "criolla". Tanto en la elocuencia sagrada como en la arquitectura —ya se trate de efímeros arcos de triunfo o de templos que desafían los siglos—,
una frondosidad barroca conduce o acarrea mezcladamente a los
héroes antiguos y a los dioses del politeísmo mexicano, con un
optimismo evemerista enteramente opuesto a la "ruptura" con
las antiguas creencias practicadas por los fundadores franciscanos.

Éstos fueron ciertamente los únicos, en 1556, en presentir
los riesgos que acechaban a la pureza de la fe de los neófitos
indígenas por una devoción que iba a arruinar su obra misionera. Consideraciones morales y espíritu de campanario ani-
maban a los partidarios del nuevo culto, según nos dice uno de
los testigos interrogados durante la indagación ordenada por el
arzobispo: "que le parece que es cosa que se debe favorecer y
llevar adelante, especial que en esta tierra no hay otra devoción

señalada, donde la gente haya tomado tanta devoción, y que con esta santa devoción se estorban muchos de ir a las huertas, como era costumbre en esta tierra, y agora se van allí donde no hay aparejo de huertas ni otros regalos ningunos, más destar delante de Nuestra Señora, en contemplación y en devoción, de manera que van en Madrid a Nuestra Señora de Atocha".[18] Cualquiera que hoy se haya paseado un domingo por el bosque de Chapultepec, registrará sin más comentarios la alusión a las "huertas y otros regalos" de la vida mexicana de esa época remota. Un selecto contemporáneo, Zumárraga, primer obispo de México, había denunciado en su *Doctrina breve* esas "fiestas profanas". Guadalupe traía una finalidad providencial y una justificación devota a esos paseos dominicales de los mexicanos. Al mismo tiempo, dotaba a la capital de Nueva España, émula de Madrid, de —*mutatis mutandis*— su santuario de Atocha. Así pues, originalmente la devoción guadalupana aparece como un elemento de prestigio para México, en su naciente rivalidad con la capital de España, y tomará en el siglo XVIII la forma de un sentimiento de superioridad. Un sentimiento menos confesable (si creemos al encolerizado franciscano) habría animado al arzobispo Montúfar, es decir: el interés por las limosnas, los legados, etc., que la devoción guadalupana no dejaba de suscitar; si tales eran las expectativas del arzobispo, el futuro le daría toda la razón. Ya se ve que en todo esto la fe tenía poca participación. Los devotos parecían atraídos sobre todo por la "reputación milagrosa" de la imagen, y le llevaban sus niños enfermos: "dice que iba a Nuestra Señora de Guadalupe, porque tenía una hija mala de tos".[19] Pero entre los indios uno de los factores decisivos del éxito de la nueva devoción fue sin duda (fuera de la coincidencia topográfica con el santuario de Toci, denunciada por Sahagún) el carácter "indio" de la imagen. Sobre este punto al menos hay acuerdo entre los devotos de la Guadalupe y los adversarios de una devoción equívoca.

Uno de los testigos interrogados recuerda expresamente esta frase del predicador franciscano: "porque era una pintura hecha por Marcos, un pintor indígena".[20] Asimismo, Bernal Díaz del Castillo menciona a un cierto Marcos de Aquino como uno de los tres célebres pintores indígenas del México de esa época. Pero

[18] Montúfar, *op. cit.*, p. 129.
[19] Montúfar, *op. cit.*, p. 131.
[20] Montúfar, *op. cit.*, p. 123.

la factura de la imagen de la Guadalupe mexicana no presenta ningún carácter indígena típico, salvo su característica variante con referencia a su probable modelo del santuario de Extremadura, la ausencia del Niño Jesús. El mismo nombre de Guadalupe, atribuido quizá por esta circunstancia, fue discutido por otro franciscano de México, fray Alonso de Santiago, quien había dicho, según un testigo: "Habría de mandar que no se nombrase Nuestra Señora de Guadalupe, sino de Tepeaca o Tepeaquilla, porque si en España Nuestra Señora de Guadalupe tenía aquel nombre, era porque el mismo pueblo se decía así, de Guadalupe." [21] Esto es lo que de esencial nos dice el más antiguo documento de segura autenticidad. Pero la devoción fue entonces calificada de nueva por el predicador, y eso significaba que no era a sus ojos obra de los primeros evangelizadores. Dado el vigor de la protesta, se puede suponer que los franciscanos estaban vigilantes y no habrían esperado años para reprobar una devoción que consideraban tan dañina para los neófitos indios. La expresión aplicada en 1556 por el P. Bustamante a la imagen del Tepeyac confirma el carácter reciente de la propia imagen: "pintada la víspera por un indio".[22] La noticia de curaciones milagrosas provocó, después de 1550, un brusco impulso en la devoción a la imagen de María venerada en la capilla del cerro del Tepeyac. A grandes rasgos, tal es la historia primitiva del guadalupanismo mexicano. Lo que antes hemos escrito sobre las devociones marianas en la América hispana, y en especial sobre Nuestra Señora de Copacabana, agrega al documento de 1556 el apoyo de la verosimilitud. La imagen del Tepeyac y el impulso inicial de la devoción indígena y criolla presentan rasgos típicos que vuelven a darse, con pocos años de intervalo, en las manifestaciones principales de la devoción a María en el Nuevo Mundo (recordemos también el ejemplo de la Virgen de Pacasmayo en Perú). Esta primera salida del guadalupanismo mexicano aparece como un fenómeno precoz comparado con las devociones análogas de la América meridional. (Perú, abordado diez años más tarde por los conquistadores españoles, luego asolado por la guerra pizarrista, estaba notablemente atrasado en todos los dominios.) Una evangelización anterior e intensa, una colonización urbana prontamente llevada, una población indígena salida de un imperio poderoso,

[21] Montúfar, *op. cit.*, p. 121.
[22] Montúfar, *op. cit.*, p. 135.

son otras tantas circunstancias que pueden explicar la anterioridad de un culto original de la Virgen María en Nueva España.

La "invención" de la Guadalupe por el bachiller Sánchez: la mujer del "Apocalipsis" (1648)

Se recordará que un monje español, el P. Diego de Écija, había escrito, probablemente en el primer cuarto del siglo XVI, el *Libro de la invención de Santa María de Guadalupe*. Este jerónimo tendría un émulo en la persona del bachiller mexicano Miguel Sánchez, quien en 1648 publicó: *Imagen de la Virgen María Madre de Dios de Guadalupe milagrosamente aparecida en México*.[23] Se trataba, con cerca de un siglo de intervalo, de la Guadalupe de Extremadura en el primer caso y de la del Tepeyac en el segundo. Pero, *mutatis mutandis*, el proceso fue análogo. Más de un siglo separa en ambos casos la fecha de la aparición según la tradición y el más antiguo escrito conocido de esta misma tradición. Fue, efectivamente, en 1531 cuando la "prodigiosa imagen" de Guadalupe (el más antiguo documento que la califica de prodigiosa es el libro de Miguel Sánchez) se apareció en México. Cabe suponer que, entre 1556 y 1648, o bien los franciscanos habían renunciado a oponerse a esta devoción, o bien el fervor popular había desbordado su resistencia. Luego se habían "acriollado", como lo atestiguan el agustino Calancha con respecto al Perú y el visitador fray Alonso Ponce en el caso de Nueva España, en 1584. Recordemos que la devoción había sido estimulada oficialmente por el arzobispo Montúfar, quien en 1555 había fundado la primera basílica de Guadalupe, hecho que provocó el escándalo que ya sabemos. La muerte de los últimos pioneros franciscanos —Motolinía en 1569 y Olmos en 1571—, la llegada de los primeros jesuitas en 1572 y el ascenso al arzobispado de Pedro Moya de Contreras, el mismo año, habían renovado el clima espiritual de la Nueva España. Si el P. Sahagún vivió hasta 1590, los manuscritos de su *Historia* habían sido incautados en 1577, y el tercer concilio provincial mexicano, reunido en 1585, había consagrado la pre-

---

[23] Miguel Sánchez (Br.), *Imagen de la Virgen María Madre de Dios de Guadalupe milagrosamente aparecida en México*, México, 1648. Véase fig. 18.

eminencia del arzobispo y de los obispos sobre las órdenes mendicantes. La espiritualidad jesuítica, llamada a reemplazar cada vez más a la de los pioneros de la evangelización, era mucho más acogedora con las manifestaciones de una fe que los franciscanos habían calificado de idólatra. Los curas venidos de España estaban acostumbrados a las devociones locales a la Virgen María, con su cortejo de ventajas diversas para el clero, y no podían sino alentar la devoción a una "imagen" de Guadalupe, aunque fuese "indiana".

Se dan todas las condiciones para suponer que el fervor guadalupanista, tanto de los indios (que sin duda veían a la vieja Toci bajo los rasgos de la Virgen María) como de los criollos deseosos de tener su propia patrona ligada al suelo de su nueva patria, aumentó después de 1556. En su carta de 1575, el virrey Martín Enríquez evocó la existencia hacia 1555 de la capilla de Guadalupe del Tepeyac y precisó que "la devoción comenzó a crecer porque un ganadero publicó que había cobrado la salud yendo a aquella ermita",[24] lo que corrobora, con veinte años de intervalo, el testimonio de fray Francisco de Bustamante. En 1585 fray Alonso Ponce cuenta en su famoso *Viaje* que los españoles (es decir, sin duda, los españoles y los criollos, por oposición a los mestizos y a los indios) iban a la basílica de Guadalupe, en el Tepeyac, para asistir a misa, dicha por un sacerdote al parecer adscrito a la capilla de Guadalupe. Las actas del capítulo eclesiástico mexicano, reunido el 29 de agosto de 1600, disponen que el 10 de septiembre será celebrada la Natividad de la Virgen "en la capilla de Guadalupe, porque ella está puesta bajo su advocación". Hay que recordar, además, que el 8 de septiembre era la fiesta de la Guadalupe de Extremadura. La capilla del Tepeyac aparece todavía a los ojos del capítulo mexicano como un santuario de la Virgen María entre otros en Nueva España, sin que se haga alusión alguna al carácter "milagroso" de la imagen. En una obra de devoción mariana publicada en 1621 por el mercedario Luis de Cisneros, la devoción a la Guadalupe del Tepeyac está simplemente mencionada, en términos vagos, como antigua: "casi después de la conquista del país".[25] Pero, en esa fecha, el año 1550 podía aparecer como la época remota en que México había sido conquistado y coloni-

[24] *Cartas de Indias*, LXVI, p. 36.
[25] Fray Luis de Cisneros, *Historia de Nuestra Señora de los Remedios*, México, 1621.

zado, por lo menos el valle de México. Si en 1611 el dominico Martín de León había reproducido los argumentos del franciscano Sahagún contra la devoción guadalupana, el arzobispado, sin embargo, había seguido alentándola, después de Montúfar, y en 1622 el arzobispo Juan de la Serna consagró una nueva basílica de Guadalupe, en el Tepeyac.

Antes del bachiller Miguel Sánchez, nadie destacó formalmente una "aparición" de la imagen del Tepeyac. El pasaje de Suárez de Peralta, que no puede ser posterior a 1589, citado por el padre Cuevas, no resulta concluyente. Este cronista criollo, probable devoto de Nuestra Señora de Guadalupe, escribió a propósito de una visita del virrey "que es una piadosísima imagen que está a dos leguas cortas de México y que ha hecho muchos milagros"[26] (cosa que ya sabíamos por la indagación de Montúfar), y agrega lacónicamente: "Apareció entre peñascos y todo el país es devoto de ella."[27] Habiendo Suárez de Peralta abandonado Nueva España en 1570, el padre Cuevas deduce que por esta fecha, a más tardar, la tradición "aparicionista" del Tepeyac ya era comúnmente aceptada en Nueva España. Si interpretamos correctamente la cita de Suárez de Peralta, significa que:

— el virrey Martín Enríquez fue al Tepeyac, a su llegada a México. Esa información es muy interesante, porque después todos los virreyes y arzobispos de México deberán profesar una devoción ostensible a la imagen del Tepeyac, condición primera de la confianza de la población mexicana;

— la fama que había atribuido curaciones milagrosas a Guadalupe, en 1556, no había perdido nada de su fuerza; por el contrario, de una sola curación se había pasado a "muchos milagros";

— la devoción por la Guadalupe se había extendido por toda la comarca (el valle de México).

No hay en esto nada que no supiéramos ya, o que no pudiéramos prever razonablemente con la ayuda de los datos proporcionados por la indagación de Montúfar. Toda la argumentación "aparicionista" del P. Cuevas se funda sobre esta parte de la

---

[26] Mariano Cuevas, *Álbum histórico guadalupano...*, p. 84, facsímil del ms. de Juan Suárez de Peralta, *Tratado del descubrimiento de las Indias*.

[27] *Loc. cit.*

frase: "apareció entre peñascos". Pero, gracias a toda la literatura guadalupanista posterior, sabemos que la mención de la aparición está seguida siempre de un cortejo de adverbios, por lo general "prodigiosamente y milagrosamente". Si Suárez de Peralta hubiese pensado que la imagen del Tepeyac había aparecido en forma milagrosa, es seguro que habría insistido sobre ese punto, como lo hicieron todos los autores posteriores a Miguel Sánchez; no se hubiera contentado con una mención seca y como furtiva; no hubiese puesto en evidencia esos "muchos milagros" (las curaciones), pobres milagros terapéuticos junto a la "mariofanía" del Tepeyac, tal como la presentará una tradición posterior. Por lo demás, muchas de las imágenes de la Virgen María veneradas en España habían "aparecido", es decir: habían sido "descubiertas" por los devotos. Citemos por lo menos el ejemplo de la Guadalupe de Extremadura, cuyos lazos con la Guadalupe mexicana ya mostramos. Podríamos invocar también los de la Virgen de Montserrat, en Cataluña, y tantos otros.

Desde el "descubrimiento" de la imagen del Tepeyac (comparable en eso a la de los Remedios, estatuita encontrada sobre un maguey por un cacique cristiano), mencionado por Suárez de Peralta, y que parece corresponder a la creencia, común hacia 1570, en la "aparición", cuyo campeón pasará a ser Miguel Sánchez en 1648, transcurren cerca de ochenta años. En 1556 ningún testigo evoca apariciones milagrosas, ni siquiera un "descubrimiento" de la imagen del Tepeyac "entre los peñascos". En 1570, pero con más seguridad en 1587, fecha en la cual escribió Suárez de Peralta, la idea de haber sido descubierta la Guadalupe "entre los peñascos" del Tepeyac es expresada por primera vez y por un criollo mexicano que está en España desde hace diecisiete años y ha tenido todo el tiempo para aprender a conocer la tradición de la primitiva Guadalupe, descubierta en el hueco de un peñasco de una sierra de Extremadura. Estamos ante simples indicios de una posible contaminación de la naciente tradición mexicana por la tradición española ya fijada.

La "invención" de la tradición guadalupanista mexicana fue obra de Miguel Sánchez, famoso predicador y teólogo, en su libro titulado *Imagen de la Virgen María Madre de Dios de Guadalupe* (...) *celebrada en su historia por la profecía del capítulo doce del Apocalipsis.*[28] Recordemos los primeros versículos del

---

[28] Miguel Sánchez, *op. cit.*, México, 1648.

Apocalipsis 12, que hacen aparecer de golpe a la imagen de la Guadalupe del Tepeyac como la expresión plástica de la mujer del *Apocalipsis*:

> Y apareció en el cielo una grande señal: una mujer cubierta de sol, y la luna debajo de sus pies, y en su cabeza una corona de doce estrellas.

La imagen "prodigiosa" venerada en el cerro del Tepeyac es, sin duda, una mujer "cubierta de sol", y a sus pies hay una luna creciente. Ya no está coronada de estrellas, pero lo estuvo al menos hasta el siglo XIX, y sus numerosas réplicas mexicanas antiguas están coronadas. Sin duda esta corona puede ser interpretada como la de la Virgen María, "Reina de los cielos"; sin embargo, el conjunto (muy abundante) de la iconografía guadalupanista presenta una serie de rasgos tomados de la mujer del *Apocalipsis*. A este respecto, el versículo 14 del *Apocalipsis 12* nos trae un indicio precioso:

> Y fueron dadas a la mujer dos alas de grande águila, para que volase al desierto a su lugar, en donde es guardada por un tiempo, y dos tiempos, y la mitad de un tiempo, de la presencia de la serpiente.

El lector más distraído reconocerá aquí el simbolismo de la tradición azteca, donde el águila triunfa sobre la serpiente.

Conviene también distinguir lo que Mircea Eliade llamaría la "solidaridad de las epifanías lunares" en el seno de las creencias indias, por una parte, y la luna de Pascua con su cortejo de símbolos antiguos asimilados por el cristianismo, sobre todo en san Pablo y en san Ambrosio. No hay duda acerca de que la luna en creciente de la Guadalupe debe más, mucho más, a la tradición del antiguo mundo europeo y del Cercano Oriente que al pasado mexicano.

Francisco de la Maza ha citado esta dedicatoria del bachiller Jerónimo de Valladolid, en el libro del jesuita Florencia: "La mujer apocalíptica se representó para prodigiosa señal del nacimiento y progreso de la primitiva Iglesia de Europa; y la Virgen de Guadalupe, para señal portentosa de los exordios y aumentos de la primitiva Iglesia de nuestra América." [29]

[29] Francisco de la Maza, *op. cit.*, p. 62.

El *Apocalipsis* —por lo menos el *Apocalipsis 12*— se convirtió, bajo el efecto de una exégesis audaz, en una profecía, por así decirlo, mexicana.

En la aprobación liminar a *La transmigración de la Iglesia a Guadalupe* (1748) se lee: "En el capítulo doce del *Apocalipsis*, donde está descrita con tanta verdad la milagrosa aparición de Nuestra Señora de Guadalupe, justo después de la visión del evangelista en éxtasis de ese prodigio, esta mujer celestial..."[30] En el ensayo del bachiller Sánchez apareció verdaderamente, por primera vez, la tradición guadalupanista mexicana, con los rasgos que serían los suyos hasta hoy, las raíces proféticas y las implicaciones patrióticas que han hecho su originalidad.[31] El análisis de Francisco de la Maza nos impide, bajo pena de plagio o de repetición, intentar otro aquí. Reanudaremos nuestra investigación en el punto en que este autor concluye la suya, cuando escribe: "Miguel Sánchez se acoge, pues, a la tradición guadalupanista y la desarrolla, dándole su fundamentación teológica, sin la cual hubiera seguido siendo una leyenda informe."[32] De la tradición en que el bachiller —el "primer evangelista de Guadalupe"—, al decir de Francisco de la Maza pudo inspirarse no conocemos más que los aspectos iluminados por la investigación de Montúfar. Por tanto, hay que suponer o bien que Miguel Sánchez la inventó casi enteramente, o bien que se fue creando durante los años —algo menos de un siglo— que separan la protesta de Bustamante de la apología de Sánchez. La primera hipótesis es poco verosímil, aunque haya sido adelantada por los "antiaparicionistas". Estos últimos se fundaron en la carta dirigida a Miguel Sánchez por Luis Lasso de la Vega, "vicario de la santa capilla de Guadalupe", después de que leyó su libro. En efecto, el vicario de Guadalupe, desarrollando extensamente el tema, escribió: "Yo y todos mis predecesores hemos sido Adanes dormidos poseyendo a esta Eva segunda en el Paraíso de su Guadalupe mexicano."[33] Esta confesión es, sin duda, conmovedora; parecería indicar que los sacerdotes vinculados al servicio de la basílica de Guadalupe desde su fundación, que se

---

[30] Francisco Javier Carranza (SJ), *La transmigración de la Iglesia a Guadalupe*, Medina, núm. 3931.
[31] Miguel Sánchez, *op. cit.*, México, 1648.
[32] Francisco de la Maza, *op. cit.*, p. 50.
[33] Luis Lasso de la Vega, *Carta al autor*, en: Miguel Sánchez, *op. cit.*, p. 38.

remontaba a 1622 (o sea, veintiséis años en ese año de 1648), ignoraban todo de la tradición de las "apariciones" y de la "prodigiosa imagen", hasta la publicación del libro de Miguel Sánchez. Sin embargo, hay que situar esta frase en su contexto y tener en cuenta la parábola. Lasso de la Vega (nuevo san Pablo, siguiendo al evangelista Sánchez) escribe, a continuación: "Mas agora me ha cabido ser el Adán que ha despertado para que la vea en estampa y relación de su *Historia*: formada, compuesta y compartida, en lo prodigioso del milagro, en el suceso de su aparición; en los misterios que su pintura significa (...) puedo decir lo que Adán..."[34] Esto no significa otra cosa, pensamos, en una carta de agradecimiento al autor que le había ofrecido su libro, que el elogio hiperbólico de un devoto de Guadalupe, como debía serlo necesariamente un sacerdote devoto de su imagen del Tepeyac. Al comienzo de su carta, Lasso de la Vega, escribe: "entregando a mi cuidado la soberana reliquia de la imagen milagrosa de la Virgen María, a quien solamente los ángeles merecían tener de compañera para servirla".[35] Antes de haber leído a Miguel Sánchez, el vicario de Guadalupe, Lasso de la Vega, sabía que servía a "una reliquia" y a "una imagen milagrosa"; lo que descubre en Miguel Sánchez fue la ordenación (formada) de los elementos de la tradición, la claridad de la exposición (compuesta) y sobre todo el desciframiento del símbolo guadalupanista a la luz del *Apocalipsis 12*, que otorgaba una significación patriótica al mismo tiempo que una trascendencia nueva a la "mariofanía" o nueva epifanía del Tepeyac.

Los datos anecdóticos, por así decirlo, de la tradición milagrosa de Guadalupe, reunidos por Miguel Sánchez, fueron ordenados e interpretados o más bien "descifrados" por él, a la luz de la Escritura, ¿pero dónde los había encontrado? Es imposible eludir esta pregunta, si admitimos que la aportación del bachiller Sánchez fue exegética más que documental. De haber sido de otro modo, su libro habría corrido el riesgo de escandalizar a los devotos, como cada vez que se modificaba una tradición piadosa. Es plausible al menos pensar, con F. de la Maza, que el relato edificante de las "apariciones" sucesivas de María lo había tomado Sánchez de la representación que de ellas daban los ya numerosos exvotos de la basílica; y, agregamos nosotros, de la tradición oral. De la Maza ha aclarado bien

[34] Lasso de la Vega, *op. cit.*, p. 38.
[35] Lasso de la Vega, *op. cit.*, p. 37.

los lazos que asocian al bachiller Sánchez con el vicario Lasso de la Vega. Este último publicaría un año más tarde, en náhuatl, la leyenda piadosa para uso de los indios: *Huei tlamahuiçoltica omonexiti in ilhuicac tlatoca çihuapilli Santa María. Totlaçonantzin Guadalupe in nican huei altepenahuac México itocayocan Tepeyacac.*[36] Este libro ha dado lugar a controversias; según unos, como Joaquín García Icazbalceta, es la adaptación, para un público ingenuo, de las audacias exegéticas del bachiller Sánchez; otros prefieren ver en él la copia de una crónica indígena más antigua, obra de cierto Antonio Valeriano. Una vez más, deberemos remitir al lector al estudio de F. de la Maza, que descarta esta hipótesis. En el capítulo II se estudió un caso comparable: el del grupo de historias de fray Diego Durán, Juan de Tovar y Tezozómoc, que, según ciertos autores, derivarían de una fuente común (llamada *Crónica X* por Robert H. Barlow), una crónica indígena. En los dos casos se trata de restituir a los indios mexicanos la propiedad de su historia, ya sea antigua o milagrosa, o ambas cosas a la vez. En el caso de Lasso de la Vega, hay que tener presente que declara tres veces en su prefacio que ha escrito en náhuatl la tradición milagrosa y (como lo hará en el siglo siguiente el autor del *Prontuario manual mexicano*) reconoce su insuficiente conocimiento de esta lengua: "que alcance yo su lengua de fuego, para escribir en idioma náhuatl el excelso milagro de su aparición a estos pobres naturales".[37] A falta de razones serias para acusar a Lasso de la Vega de superchería literaria, admitiremos que es el autor de *Huei tlamahuiçoltica...*; si hubiera habido falsificación, más bien habría tenido por objeto hacer pasar el relato por una obra indígena.

Parece que la primera tentativa sintética para fundar la tradición guadalupanista, sobre fuentes indígenas en lengua náhuatl, haya sido la mucho más tardía del caballero Boturini, que le consagró a Guadalupe los últimos capítulos (XXIV a XXVI) de su *Catálogo del Museo histórico indiano*, catálogo que termina con esta profesión de fe: "*Laus Deo, et Virgini Guadalupensi per infinita saeculorum saecula. Amen.*"

Boturini afirma que la historia de Lasso de la Vega "no es, ni puede ser de dicho autor" sin explicar las razones de una

---

[36] Lasso de la Vega, *Huei tlamahuiçoltica...*, México, 1649 (ed. Primo Feliciano Velázquez, 1926). Véase fig. 19.
[37] *Ibid.*, p. 23.

afirmación tan categórica. Tenía que demostrar que el autor era Antonio Valeriano o algún otro indio, "alumno del Colegio de Santiago Tlatelolco, contemporáneo del milagro de dichas apariciones".[38] Desgraciadamente, la historia de Nuestra Señora de Guadalupe, que Boturini tenía el proyecto de escribir y en la cual se proponía probar todo lo que había adelantado en el *Catálogo*..., no vería nunca la luz, a consecuencia de la incautación de su biblioteca y de su expulsión de Nueva España. No puede suponerse seriamente, a pesar de su celo guadalupanista, que el caballero romano haya inventado pieza por pieza los manuscritos guadalupanistas en lengua náhuatl, cuya lista y análisis muy sucinto da en su *Catálogo*. Menos aún puede dudarse de la existencia de esos documentos, que un hijo ilustre de Puebla, Mariano Fernández de Echeverría y Veytia, heredero de los escritos de Boturini, aprovecharía para redactar una versión sintética de la tradición milagrosa de Guadalupe; pero Boturini y Veytia escribían a fines del siglo XVIII.

Significación patriótica de la Guadalupe

Sin embargo, el problema de la autenticidad de las inasequibles fuentes en lengua náhuatl, mencionadas por Boturini para apuntalar la tradición guadalupanista, tiene poca importancia desde nuestra perspectiva. Para el historiador de México, Guadalupe "aparece" no tanto en 1531 como lo quiere la tradición piadosa, ni siquiera en 1556 cuando la investigación de Montúfar confirma la existencia de una nueva devoción, sino principalmente en 1648 y 1649. Los dos ensayos guadalupanistas, de Miguel Sánchez primero y de Lasso de la Vega después, aparecieron con un año de intervalo. Los dos libros, el primero sobre todo, habían venido a ocupar un lugar entre las muy numerosas obras de devoción publicadas en Nueva España en esta época. Tuvieron una resonancia particular, si no a corto plazo por lo menos a mediano plazo, puesto que fueron el primer paso hacia el reconocimiento de la Guadalupe como símbolo nacional mexicano. En el capítulo precedente evocamos la impresión que había causado en Lasso de la Vega el ensayo guadalupanista de Miguel Sánchez:

[38] Lorenzo Boturini Benaduci, *Catálogo del Museo histórico indiano, Historia de Guadalupe*, p. 312, México, 1871.

una verdadera revelación. El sacerdote devoto de Guadalupe, en su basílica del Tepeyac, hasta el día de la lectura había sido "como un nuevo Adán dormido", pero el libro del bachiller Sánchez metamorfoseó la "reputación milagrosa" de la imagen del Tepeyac en un acontecimiento trascendente.

¿Cuál fue, pues, la aportación de Miguel Sánchez a la tradición oral y a su representación ingenua en los exvotos? Ante todo les dio una raíz profética, cuya resonancia escatológica tomará toda su importancia un siglo más tarde, en un periodo en que renació la espera milenarista. Por el puente tendido entre el Tepeyac y el *Apocalipsis* de Juan se lanzarían audazmente, después de los predicadores del siglo XVIII, los revolucionarios del siglo XIX. Pero por ahora atengámonos a ese mediados del siglo XVII en que la Nueva España criolla buscó su destino en la Escritura. El primer capítulo del libro de Sánchez explica el título, en el que ya aparece mencionada la profecía del *Apocalipsis 12*: "Original profético de la Santa Imagen piadosamente previsto por el evangelista san Juan, en el capítulo doce de su *Apocalipsis*." [39] El primero que ha "*visto*", proféticamente, el original celeste de Guadalupe fue, pues, según el bachiller Sánchez, el apóstol san Juan, puesto que la pintura que hizo de la mujer del *Apocalipsis* corresponde a la imagen del Tepeyac. El autor prosigue, fundándose en san Agustín, para quien la más fiel imagen de Dios en este mundo es la de la Virgen María, cuya réplica más perfecta es la Guadalupe, "tan milagrosa en las circunstancias de su aparición, y tan primera en esta tierra".[40] Deduce, por silogismo: "Luego (siempre están bien con el estilo de los lógicos, por las consecuencias...), luego, Dios ha realizado su admirable designio en esta su tierra de México, conquistada para tan gloriosos fines, ganada para que apareciese imagen tan de Dios." [41] No nos llamemos a engaño, esto significa una verdadera revolución.

Sin duda, el bachiller criollo compara al rey de España con el Sol, pero también invoca al profeta David en el *Salmo 47*, para sostener la opinión de que si María vivió en la montaña de Sión, "esto nos autoriza a llamar así al monte de Guadalupe".[42] Si el Tepeyac es una nueva montaña de Sión, es por-

[39] Miguel Sánchez, *op. cit.*, portada, y pp. 41-46.
[40] Sánchez, *op. cit.*, p. 49.
[41] Sánchez, *op. cit.*, p. 49.
[42] Sánchez, *op. cit.*, p. 181.

que la "transmigración" de la Virgen María a su santuario de Guadalupe, que será objeto un siglo más tarde de un sermón famoso, es ya una idea admitida. Por lo demás, María "se mostró con Juan Diego, como Rebeca con su hijo Jacob".[43] Ya tenemos al humilde neófito indio promovido a nuevo émulo de Jacob. También la mujer fuerte de los *Proverbios* "profetizó a María Virgen en el campo de Guadalupe, donde fundó su ermita".[44] Sin embargo, se le presenta una dificultad al devoto bachiller: la Virgen de los Remedios, rival inevitable cuya tradición circulaba impresa desde 1624 (Grijalva). ¿Cómo admitir, en efecto, que la Virgen María no haya elegido su imagen de los Remedios, tan cercana a la casa del indio enfermo, para volverle la salud? Ruth y Noemí ofrecen al apologista una tabla de salvación; así como Noemí "era una criolla de Belén", y Ruth había venido desde su patria (Moab) para acompañarla, así "la Virgen de los Remedios venida desde España en compañía de los conquistadores" no era menos digna de veneración que la nueva Noemí, "la de Guadalupe, criolla y aparecida en México".[45] De esta manera, los devotos de la de los Remedios no tendrían de qué quejarse ante los de la Guadalupe. Pero lo digno de destacar es la identificación de la realidad mexicana con la Tierra Santa y con los libros proféticos. Reconocemos en esto esos "conceptos predicables" de los que Vieira era maestro en el mundo lusobrasileño, donde texto y realidad sensible se volvían intercambiables. El dominico Mier ironizará en el siglo XVIII sobre las imaginaciones del predicador Sánchez.

Miguel Sánchez no vacila en afirmar que la imagen de Guadalupe es "originaria de este país y primera mujer criolla".[46] En todo lo profético el tiempo de la historia es abolido: Guadalupe es mexicana desde toda la eternidad, criolla, ¿no es así como la había visto Juan en Patmos? En cuanto a los criollos mexicanos, descendientes de españoles nacidos en el país de Anáhuac, no son nada menos que "hijos de la Virgen de Guadalupe". En realidad, para Miguel Sánchez todos los santuarios de la Virgen María se parecen, a excepción de uno solo: el del Tepeyac, "nuevo Paraíso, reservado, seguro y protegido".[47] Así queda fundado,

[43] Sánchez, *op. cit.*, p. 184.
[44] Sánchez, *op. cit.*, p. 194.
[45] Sánchez, *op. cit.*, p. 195.
[46] Sánchez, *op. cit.*, *ibid*.
[47] Sánchez, *op. cit.*, p. 206.

sólidamente, sobre los libros proféticos, el mito del "Paraíso occidental", conocido principalmente por una obra posterior de uno de los más grandes autores de la Nueva España, Carlos de Sigüenza y Góngora. Más tarde, sor Juana Inés de la Cruz y Sigüenza y Góngora, y luego los predicadores del siglo XVIII, no tendrán más que glosar, desarrollar y embellecer esta visión a la vez profética e idílica de la patria criolla mexicana, preservada de todos los azotes (el dragón del *Apocalipsis*) por la Guadalupe. Miguel Sánchez se nos presenta como el verdadero fundador de la patria mexicana, ya que sobre las bases exegéticas que le ha proporcionado a mediados del siglo XVII podrá desarrollarse hasta la conquista de su independencia política, bajo el pendón de Guadalupe. A partir del día en que los mexicanos aparecieron a sus propios ojos como un pueblo elegido, estuvieron potencialmente emancipados de la tutela española.

¿Miguel Sánchez fue simplemente un devoto de Guadalupe, al que la Escritura le era más familiar que a la multitud restante, o un patriota consciente del poder subversivo de su libro piadoso? En este caso, habría que atribuir a la bajeza o al disimulo el pasaje consagrado al "Sol católico de las Españas" que, gracias a la conquista, ilumina a México. Esto es muy improbable; según la interpretación del *Salmo 61* dada por Miguel Sánchez, el Sol es España y México es la Luna, en la línea de la exégesis, histórico-alegórica. Hacer de Miguel Sánchez un revolucionario mexicano anticipado sería cometer un anacronismo. Pero fue seguramente un patriota criollo, plenamente consciente de serlo, como asegura la dedicatoria final de su libro a Guadalupe: "Lo he hecho para la patria, para mis amigos y mis compañeros, para los ciudadanos de este Nuevo Mundo."[48] La última expresión resume las precedentes; la patria americana ha inspirado al bachiller su libro devoto; cosa que él demuestra en una apóstrofe final al apóstol san Juan (apologista criollo defendiendo lo suyo): "El honor de la ciudad de México (...) la gloria de todos los fieles que permanecen en este Nuevo Mundo."[49] El sello apocalíptico que Miguel Sánchez pone sobre el destino histórico de su patria, a la vez que la cargaba de expectativa parusíaca, confería a sus poblaciones un privilegio de elección. Sobre todo, la idea tradicional, según la cual los

[48] Sánchez, *op. cit.*, p. 209.
[49] Sánchez, *op. cit.*, p. 214.

españoles, nuevo pueblo elegido, habían sido designados por la Providencia para traer el Evangelio a los gentiles del Nuevo Mundo, quedaba arruinada por las audacias exegéticas del bachiller criollo. Sánchez había deducido "por silogismo", como se recordará, que la conquista de México "tierra de Dios (...) ganada para que en ella aparezca una imagen tan divina" se explicaba "por tan gloriosos fines",[50] lo que representaba una revolución copernicana. Se propone así una nueva interpretación providencialista de la conquista, incompatible con la corriente. Aunque los conquistadores españoles siguieran apareciendo como el brazo de Dios, perdían el papel principal, devuelto ahora a "la primera de las criollas", la Virgen de Guadalupe. Por tanto, no sólo la historiografía de la conquista tendría que ser reconsiderada; también el pasado indígena anterior a esta conquista, e incluso la historia de la cristiandad en marcha hacia su consumación, es decir, el desenvolvimiento providencial de la historia de la humanidad, iluminada con una luz nueva por una interpretación guadalupanista de la visión apocalíptica de Juan. En el camino abierto por Miguel Sánchez iban a orientarse las siguientes generaciones criollas, sin echar una mirada crítica sobre los sueños proféticos y patrióticos del padre espiritual de la nación mexicana.

¿Fueron conscientes los contemporáneos inmediatos de Sánchez de la importancia de su libro? ¿Alcanzaron a medir que la revelación, de un lazo entre la esperanza parusíaca de la cristiandad y la devoción criolla por la Guadalupe, iba a hacer de México una nueva Tierra Santa, y de sus habitantes un nuevo pueblo elegido? Al menos lo vieron algunos, como ese profesor sustituto "de prima de teología" en la Universidad, también "racionero de la santa iglesia metropolitana de México",[51] que, rompiendo con la costumbre del cumplido en verso, escribió una carta a modo de prefacio al ensayo de Miguel Sánchez. Ese doctor, Francisco de Siles, declara que en esta ocasión se ha convertido en el portavoz de todos sus compatriotas: "Hablo y escribo por toda la patria que recibe esta *Historia*, ejecutoria de su grandeza."[52] Evidentemente, la *Historia* de Sánchez es la "ejecutoria" de la grandeza mexicana, es decir, el documento que confiere un título de nobleza o una gracia real; pero ésta

[50] Sánchez, *op. cit.*, p. 49.
[51] Francisco de Siles, dedicatoria a M. Sánchez, *op. cit.*, p. 31.
[52] Sánchez, *op. cit.*, p. 32.

es concedida por el propio Dios. Lo que el rey había concedido
con parsimonia a los criollos, Dios se lo daba generosamente, por
la intercesión de la Virgen María en su imagen milagrosa del
Tepeyac. ¿Qué podrían valer de ahora en adelante a los ojos de
los mexicanos las "ejecutorias" del rey de España? El autor y
su prologuista se cuidan muy bien de decirlo, pero a los lectores
no les costó mucho comprenderlo. Baste recordar cómo el propio Cortés tuvo que mendigar las "gracias", que fue uno de
los pocos conquistadores que obtuvieron un título de marqués,
que fue desposeído en principio de su gobierno, y que su mar-
quesado y los privilegios anexos le fueron discutidos y amputa-
dos. Toda la literatura del virreinato, civil o religiosa, resuena
con la reivindicación de los criollos (fuesen o no descendientes
de los conquistadores), frustrados en rentas y en honores, en
poderes y dignidad. Miguel Sánchez les proporcionó, pues, una
compensación metafísica evidente, "puesto que habéis introducido en el sagrado de la divina Virgen María a todos los nacidos
en este país", como escribe el doctor Siles: el sagrado, es decir,
el asilo inviolable donde Guadalupe, "otra Esther, cabeza y reina
nuestra",[53] protegerá a los mexicanos contra todos los ataques.
Observemos de paso que Guadalupe aparece aquí por primera
vez como "reina de los mexicanos", idea que recorrerá un largo
camino en la historia.

En lo futuro, escribe el doctor Siles, la historia de Guadalupe,
tal como Sánchez la ha escrito, servirá "para que todos los de
la nación tengan, como los otros, cartas y provisiones selladas
(...) Que servirá en cualquier parte del mundo; de crédito, seguridad y abono de todos los nacidos en este Nuevo Mundo."[54]
En estas expresivas palabras reconocemos la rivalidad de los
criollos frente a los españoles de la península, los gachupines,
que desembarcaban en Nueva España ignorándolo todo del país
y de sus habitantes (que *a priori* consideraban bárbaros), pero
provistos, por el rey y por el Consejo de Indias, de "provisiones
selladas", poderes legales a los que no les faltaba ningún sello,
de modo que usaban de ellos como de un palio. Llevando la
competencia al nivel sobrenatural, Miguel Sánchez permitió a
sus compatriotas triunfar "mágicamente" sobre los gachupines,
esos "otros" mencionados en términos velados por el doctor

[53] Sánchez, *op. cit.*, p. 33.
[54] Sánchez, *op. cit.*, p. 34.

Siles. En adelante, los criollos mexicanos estarían, "como los otros" (los españoles de la península), provistos de "cartas y provisiones selladas"; ya que el rey no había querido dárselas, Dios les había hecho la gracia de ellas. Guadalupe sería, por siglos e *in saecula saeculorum*, la "carta ejecutoria" que ennoblece al pueblo mexicano. El papel del doctor Siles en el origen de la conciencia nacional mexicana no debe ser minimizado, porque formuló más claramente, y más audazmente que el propio Miguel Sánchez, las consecuencias que tendrían para su patria las lucubraciones del bachiller. Habiendo llegado a ser canónico magistral de la catedral de México, Francisco de Siles, quizá favorecido por una sede vacante del arzobispado, escribió a la Santa Sede, en 1663, para solicitar de la Congregación de los Ritos un oficio especial del 12 de diciembre, en honor de la Guadalupe. Fue, pues, el iniciador de una serie de gestiones, continuadas más tarde, y que no tendrían éxito hasta 1754. Junto con su carta, Siles había remitido un ejemplar del piadoso libro de Miguel Sánchez. El fracaso de esta tentativa provocó las publicaciones posteriores de apologética guadalupanista, en especial los libros de Becerra Tanco y del padre Florencia. Pero, más inmediatamente, el canónico Siles tomó la iniciativa de revisar la tradición guadalupanista, por segunda vez, después de la investigación del arzobispo Montúfar, la cual tenía más de un siglo cuando el canónigo pudo reunir las *Informaciones* en 1666.

III. LA QUERELLA DE LAS APARICIONES

La pequeña guerra de los blasones sobrenaturales

Aunque la realeza de la Virgen de Guadalupe fue reconocida en Nueva España antes de serlo en Roma y en Madrid, no se impuso de golpe. Hay dos fechas que se destacan al tratar de señalar las etapas de la evolución del culto a la Guadalupe mexicana. En primer lugar, la de 1629; como lo ha recordado el padre Florencia, la imagen sagrada, llevada en procesión desde el Tepeyac hasta México, había librado en aquel momento a la capital de la amenaza de las aguas. Guadalupe fue entonces reconocida como "principal protectora" contra las inundaciones. Si recordamos que desde la época azteca México-Tenochtitlan vivió bajo esta amenaza periódica (que se repetía en septiembre casi todos los años) se entenderá la profundidad que cobraban en la conciencia pública las plegarias o conjuros destinados a desviarla. México era una ciudad lentamente reconquistada a las lagunas; los emperadores aztecas habían comenzado importantes trabajos de drenaje, que fueron continuados por Cortés, Porfirio Díaz y otros gobernantes. Es un problema secular, que la técnica moderna no ha resuelto completamente. Para los mexicanos del siglo XVII sólo una intervención sobrenatural podía poner diques al azote. La imagen del Tepeyac, que había demostrado su eficacia en 1629, en una situación desesperada, se aseguró la supremacía entre las efigies protectoras de la ciudad.

Si la inundación era la más antigua calamidad de México, desde la conquista por los españoles un nuevo azote periódico, aunque no dependiera de las estaciones, golpeaba mortalmente a una parte importante de la población, especialmente a los indios: las pestes. Las más mortíferas habían ocurrido en 1545, de 1576 a 1579 y en 1595 en el valle de México; muchas habían alcanzado diversas regiones de Nueva España durante el siglo XVII y el sarampión hizo aún más estragos de 1725 a 1728. Peor en un sentido que la inundación —a la cual muchas veces sucedía— la peste (*cocoliztli*), a causa de su aparición imprevista y de origen misterioso, dejaba al pueblo desamparado, presa de un terror sagrado, que sólo podía remediarse con un conjuro colectivo de las fuerzas sobrenaturales. Según el jesuita Alegre, en su

Historia, la epidemia de 1736 causó por lo menos 40 000 muertes en la ciudad de México, que contaba a lo sumo 150 000 habitantes en esa fecha. Se hicieron rogativas con objeto de salvar al país (al país en general, puesto que la epidemia fue todavía más mortífera en Puebla, en Querétaro, etcétera); la imagen de los grandes cataclismos bíblicos y la del fin catastrófico de los soles aztecas debían obsesionar a la población, fuese indígena o criolla.

En ese clima de fin del mundo, la imagen de Guadalupe del Tepeyac mostró toda su eficacia terapéutica (muy conocida desde los orígenes de la devoción), a una escala numérica que la hizo pasar de golpe de protectora de cada uno de sus devotos en particular al rango de salvadora de todo el cuerpo social. La aspiración a la salvación, no ya en el más allá, sino antes que nada en esta vida, la sed de supervivencia, fue el verdadero juramento de fidelidad de todos los mexicanos a la imagen protectora de Guadalupe. Ese juramento solemne, prestado por los regidores y los "capítulos" civil y eclesiástico, en nombre de toda la nación mexicana, unida en un mismo destino, tuvo una importancia comparable, *mutatis mutandis*, para la unidad de México, con la del juramento de la federación para la unidad de la Francia revolucionaria. En México, en 1737, se creó un lazo sagrado entre todos los mexicanos, que se reconocían "siervos de Guadalupe"; según los usos religiosos, ese gesto de la comunidad civil equivalía a dedicar su vida a la imagen del Tepeyac en reconocimiento del prodigio salvador, de una victoria sobre la hidra epidémica que había sido la réplica perfecta de la victoria sobre la bestia del *Apocalipsis*. El arte y la literatura mexicanos de ahora en adelante serán una interminable acción de gracias, un proteiforme y barroco exvoto colectivo, en el cual las danzas rituales (mitotes) de los indios y los legados de los mineros, los sermones de los religiosos y las tesis de los teólogos, las obras de arte de los pintores y de los arquitectos, los mil objetos del artesanado popular y aun de la confitería, celebrarán la imagen de Guadalupe y su piadosa leyenda.

No puede comprenderse cómo la Guadalupe se convirtió en el emblema nacional mexicano en el momento de las guerras de Independencia, sin recordar las etapas precedentes de la iconografía guadalupanista. Tenemos que señalarle al lector la lámina 7 de *El guadalupanismo mexicano*, en la cual el escudo azteca, el águila devorando a la serpiente sobre un nopal, aparece como soporte de la imagen del Tepeyac.[1] Un ángel, que con sus brazos separa los paños del manto de María, cabalga curiosamente sobre el águila azteca. En los cuatro rincones del cuadro están representadas en medallones las "apariciones" de la Virgen a Juan Diego, primero; luego, al arzobispo Zumárraga; la asociación del águila azteca y de la Virgen (juzgada quizá peligrosamente sincrética) no tuvo consecuencias, que sepamos. En cambio, la combinación, sobre una misma tela o grabado, de la imagen de Guadalupe y de los momentos de su prodigiosa manifestación, pintados en medallones bajo forma de cuadros edificantes, se volverá tradicional; en esta forma se popularizará la Guadalupe mexicana, primero en México, luego en España y en los otros países hispanoamericanos. Es sorprendente ver figurar así a la Guadalupe en la iglesia de Santa Prisca (en Taxco, construida hacia 1754, el año de la bula pontificia que instituía el oficio del 12 de diciembre en honor de la Guadalupe), ocupando el lugar de honor. El altar mayor barroco está dominado por un retablo en cuyo centro un relicario contiene la imagen del Tepeyac. Un coro de ángeles mofletudos señalan con el gesto a los devotos la urna que sostienen. A la derecha de la Guadalupe está colocada una imagen de santa Prisca, virgen y mártir, titular y, sin embargo, lateral. A la izquierda del crucero, otro retablo representa a la Guadalupe, y a la derecha una Virgen con el Niño. Sobre las naves laterales, dispuestos como las estaciones de un viacrucis, grandes medallones evocan las "apariciones" sucesivas de la Guadalupe. Pueden hacerse el mismo tipo de observaciones en iglesias de distintas regiones de México. Por ejemplo, en San Antonio, Texas, la iglesia de la misión de San José, fundada por el bienaventurado Antonio Margil de Jesús ("el Atlante del Septentrión"), permite admirar todavía hoy en el centro del tímpano, dominando un admirable portal barroco, la imagen de la Guadalupe.

Los jesuitas evangelizadores de California (los nombres de fray Junípero Serra y del padre Kino son famosos por más de un motivo) crearon una ciudad de Guadalupe en ese desierto que habían proyectado integrar a Nueva España. Antonio Margil, ilustre evangelizador franciscano, había salido del colegio apostólico de *Propaganda fide* de Zacatecas, colocado bajo la advocación de la Guadalupe. Fundado en 1721, el Colegio de Gua-

---

[1] Francisco de la Maza, *El guadalupanismo mexicano*, lám. 7.

dalupe formó más de setecientos religiosos misioneros; no es exagerado decir que la prosecución de la expansión misionera de Nueva España en el siglo XVIII encontró allí su base logística. En esta medida también (el apoyo de una ciudad minera como Zacatecas y el patronato de Guadalupe del Tepeyac) podemos afirmar que estamos ante una empresa verdaderamente mexicana, obra en principio de franciscanos criollos, y proseguida por los jesuitas, y nuevamente confiada a los franciscanos después de la expulsión de la Compañía de Jesús.

En la creencia popular el carácter de escudo nacional le fue reconocido a la imagen del Tepeyac, sin duda, desde su victoria ante las inundaciones de 1629, pero no fue afirmado expresamente hasta 1737 al instituirse su patronato sobre la capital. A este respecto, una obra, famosa en la historia del guadalupanismo mexicano, de Cabrera y Quintero marca un hito; escrita en 1738, el año que siguió al del juramento solemne, se titula así: *Escudo de armas de México: celestial protección de esta nobilísima ciudad, de la Nueva España, y de casi todo el Nuevo Mundo, María santísima, en su portentosa imagen del mexicano Guadalupe, milagrosamente aparecida en el palacio arzobispal el año de 1531 y jurada su principal patrona el pasado 1737. En la angustia que ocasionó la pestilencia, que cebada con mayor rigor en los indios, mitigó sus ardores al abrigo de tanta sombra.*[2]

En este título, se expresan por voluntad del autor, un sacerdote de la arquidiócesis de México, portavoz autorizado del arzobispo criollo J. A. de Vizarrón y Eguiarreta, los principales aspectos de la devoción guadalupanista a la hora en que se volvió nacional. Está presentada como el escudo radiante de la ciudad imperial y sus devotos aspiran a hacer de ella la "patrona universal" del Nuevo Mundo. De las sucesivas apariciones sólo se menciona la última, que había tenido lugar en el propio México y en el corazón de su iglesia, en el palacio arzobispal. Este último punto ha sido siempre discutido incluso por los devotos de la Guadalupe, pero era fundamental para la Iglesia nacional mexicana (resurgimiento de la "Iglesia indiana" de Mendieta) haber

---

[2] Cayetano Cabrera y Quintero, *Escudo de armas de México* (...), México, 1746, Medina, núm. 3752. Es significativo que este apologista de la Guadalupe haya sido también un partidario de la tradición de la evangelización apostólica de México por santo Tomás, al que califica (en la dedicatoria al rey Carlos III) de "original conquistador de estos sus reinos".

recibido en sus orígenes, y en presencia de su primer obispo, ese signo del favor del cielo. La intervención milagrosa de Guadalupe contra la epidemia se produjo casi exactamente dos siglos después de las "apariciones". Esta circunstancia era de una naturaleza tal como para fascinar a los espíritus criollos obsesionados por el milenarismo y a los indios impregnados de una concepción cíclica de su historia. El arzobispo le encargó, pues, a Cabrera y Quintero una obra de apologética guadalupanista, que primero se editó en ochocientos ejemplares (tiraje elevado, teniendo en cuenta el número de adquirentes eventuales y de lectores potenciales). El consejo de los regidores, que quería eternizar el juramento solemne del "patronato", tomó a su cargo los gastos de impresión. El ejemplo de la capital fue seguido muy pronto por las principales ciudades de Nueva España, que reconocieron y "juraron" a la Guadalupe como "principal protectora" contra las epidemias, azote que amenazaba la propia existencia de lo que ya era una comunidad de fe, aunque no todavía la nación mexicana.

No hay que perder nunca de vista, sin embargo, que en el trasfondo de la triunfante devoción a la Guadalupe estaba todo el sedimento espiritual del culto a la Virgen en España y en el Nuevo Mundo. (El padre Constantino Bayle, en su libro *Santa María en Indias*, y el padre Vargas Ugarte, en su *Historia del culto de María en Iberoamérica*, dan de ese fenómeno un cuadro mucho más completo que el que hemos esbozado en un capítulo precedente.) Recordemos, además, que los jesuitas de Nueva España habían favorecido enormemente la devoción por el rosario y la creación de las cofradías marianas, soportes económicos y sociológicos esenciales del culto a la Virgen. Las cofradías eran en Nueva España (como lo son todavía hoy en España) las verdaderas células de la vida religiosa y municipal, o comunitaria en el caso de las comunidades agrarias indias. La Virgen María figuraba desde los orígenes en el escudo del Nuevo Mundo, puesto que su pendón había sido el de Cristóbal Colón. La Guadalupe, convertida en el emblema de Nueva España o América septentrional, aparecía retrospectivamente como una especificación regional de la imagen de María, y no como una efigie nueva sobre el campo de azur de las armas de América.

J. A. Maravall ha llamado la atención, después de Weisbach, sobre la importancia de la expresión simbólica en la pintura nacida del clima espiritual de la Contrarreforma. No es menos cierto que san Ignacio de Loyola atribuía una gran importancia a la actividad imaginativa de los sentidos. La belleza conmovedora de la imagen del Tepeyac fue un factor importante de su éxito devoto. El valor simbólico de los colores en las representaciones religiosas de los indios vino a contribuir a la acumulación de potencia sacra que representaba la efigie de la Virgen María confundida con la mujer del *Apocalipsis*. En efecto, el azul del manto de María no se diferenciaba del azul jade de Quetzalcóatl, color fundamental de la religión mexicana. La jadeíta (*chalchihuitl*), en la cual se esculpía el bezote del sacerdote supremo, era de color azul-verde; la lengua náhuatl disponía de un solo adjetivo para designar el verde y el azul. Pero, cosa todavía más importante, desde el punto de vista de la espiritualidad criolla mexicana, todo el pensamiento que calificaríamos de "barroco", a falta de un término más preciso, era emblemático. La convergencia, en la Nueva España del declinante siglo XVII y del XVIII, del conceptismo y del culteranismo en el campo literario, por una parte, y por otra de la espiritualidad jesuítica que concedía un lugar privilegiado en los ejercicios espirituales a las representaciones sensibles, confirieron al emblema religioso una nueva importancia.

El simple enunciado de los títulos de las obras apologéticas, los sermones y la lectura de las poesías contemporáneas dedicadas a la Guadalupe, o a otros temas devotos, revelan la aplastante preponderancia del emblema. El título dado por Cabrera y Quintero a su tratado guadalupanista: *Escudo de armas...*, subraya evidentemente la intención emblemática, pero pueden citarse otros ejemplos: *Sagrado paladión, Estrella Polar, Sello de los milagros, Árbol de la vida, Eclipse del Sol divino, Flor de milagros, Lirio celeste, Zodíaco guadalupano, Nueva Jerusalén, Columna de la América...*[3] Todos esos títulos de publicaciones piadosas, inspiradas por la devoción a la Guadalupe, se prestan fácilmente a una representación plástica. El perfecto emblema, tal como lo definió Orozco y Covarrubias, debía comprender una figura compuesta y una leyenda; ésta le faltó a la imagen de la Guadalupe hasta la cita del padre Florencia, inspirada en el *Salmo 147*, que quedó desde ese momento unida a la

---

[3] Medina, *La imprenta en México, passim.* (Hemos establecido una *Bibliografía* de Nuestra Señora de Guadalupe, de 1648 a 1831, que aparecerá separadamente, junto con un estudio del simbolismo y un ensayo de análisis formal.)

imagen sagrada: *Non fecit taliter omni nationi.* El emblema nacional mexicano era, pues, perfecto a fines del siglo XVII, perfecto incluso desde el punto de vista de la definición caballeresca que distinguía el emblema de la alegoría, sirviendo el primero para recordar una hazaña del caballero que lo llevaba sobre su "escudo de armas". La imagen de Guadalupe, rodeada de los medallones que recordaban las apariciones y subrayada con su divisa carismática, era el más radiante escudo de armas que una ciudad caballeresca haya podido soñar. La utopía criolla de la *Primavera indiana* culmina en esa obra de arte de una emblemática renovada.

Forma simbólica, el emblema cuando tiene un sentido religioso y no caballeresco, toma fácilmente la forma hermética de un jeroglífico o de un enigma. El genio de la época llamada del barroco se daba tanto en busca de la belleza plástica por sí misma como del *concepto;* así veremos resurgir en una proliferación frondosa todo un lenguaje esotérico de origen cabalístico o alegórico en torno a las figuras centrales de la simbología religiosa cristiana. Ya aludimos a la simbiosis que se realiza por ese entonces entre los jeroglíficos mexicanos y los símbolos cristianos ya asociados a los de la antigüedad clásica, cuando estudiamos la obra de Sigüenza y Góngora. Si el águila azteca pudo confundirse con el águila de Patmos por llevar sobre sus alas a la Virgen María al cerro del Tepeyac, la iconografía de los Evangelios apócrifos reforzaría la aparente ortodoxia de la simbología solar y selénica. Además, la estrella que anunciaba al Mesías davídico, pero que recordaba también uno de los avatares de Quetzalcóatl: la estrella matutina, aparecía sobre el manto doblemente azulado de Guadalupe. No quedamos, pues, demasiado sorprendidos de que esta "Luna inmaculada" haya eclipsado al "Sol divino", por efecto de una enigmática victoria del nuevo escudo mexicano sobre la monarquía española, señora de un imperio en el que el Sol no se ponía jamás. Valdría la pena emprender la constitución de un *corpus* emblemático mexicano de los siglos XVII y XVIII haciendo un análisis tipológico previo a un desciframiento general. Tal estudio sería inseparable de una búsqueda sobre la expresión emblemática (y a menudo enigmática) de la reivindicación criolla frente a España.

La aparición, unida a la de la Virgen María, de aquel en el que algunos creían reconocer al arcángel Gabriel y otros al arcángel san Miguel no dejó de inspirar desbordamientos de una elocuencia sacra que buscaba, en la ampulosidad correspondiente a la de la escultura contemporánea, el modo de conmover: "La mayor gloria del máximo de los celestiales espíritus, del primero de los mayores príncipes, el archiserafín señor san Miguel, declarada en su insigne aparición en México a las soberanas plantas de María, nuestra reina, que se venera en Guadalupe." [4] A la proliferación alegórica y metafórica correspondía la de la imaginación emblemática. En el libro I hemos lanzado una ojeada a la multiplicidad de las imágenes piadosas, a menudo tenidas por prodigiosas y siempre consideradas capaces de milagros. En su *Historia*, el jerónimo fray Gabriel de Talavera, del monasterio de Guadalupe de Extremadura, ya había afirmado: "No ha de quitar crédito a los milagros que de esta gran Señora nos refieren, el no estar escritos por autores muy antiguos." [5] Los milagros realizados en el pasado reciente por la Guadalupe mexicana, y los de la de España, bastaban para confirmar la autenticidad de la tradición "aparicionista". Esta doctrina era igualmente válida para las numerosas imágenes de María y de "santos Cristos" venerados en las diferentes diócesis de Nueva España; del mismo modo, ninguna de las Vírgenes milagrosas del país estaba dispuesta a borrarse ante la nueva estrella, Guadalupe, escudo de la capital. En el propio México, cuatro imágenes protectoras de la Virgen María podían en principio disputarse el "patronato"; así lo hace pensar una obra de devoción de Echeverría y Veytia, autor de primera línea en esos temas: *Baluartes de México. Relación histórica de las cuatro sagradas y milagrosas imágenes de Nuestra Señora, la Virgen María, que se veneran en sus extramuros, y descripción de sus templos.*[6] Este libro no fue impreso hasta 1820 en México, pero el manuscrito es necesariamente anterior a 1780, año de la muerte del autor. En esta segunda mitad del siglo XVIII, la preponderancia de la Guadalupe sobre sus rivales ya no era discutida, y es significativo que Echeverría y Veytia haya consagrado dos tercios de su libro a la Virgen del Tepeyac, casi un tercio a la de los Remedios y sólo siete páginas

[4] Fray Antonio Claudio de Villegas (OP), *La mayor gloria...*, México, 1751 (Medina, núm. 4064).

[5] Fray Gabriel de Talavera (jerónimo), *Historia de Nuestra Señora de Guadalupe*, Toledo, 1597, p. 461.

[6] M. Fernández de Echeverría y Veytia, *Baluartes de México...* (*Manuscritos de América*, núm. 375, signatura 27 75, Biblioteca de Palacio, Madrid), Palau, *Manual del librero hispanoamericano*, número 88423.

a Nuestra Señora de la Piedad y a Nuestra Señora de la Bala, respectivamente. Estas dos últimas efigies de la Virgen María están hoy "olvidadas" en comparación con la de la Guadalupe, devoción nacional e incluso internacional, o con la de la Virgen de los Remedios, emblema del partido gachupín durante las guerras de Independencia. El fervor de los mexicanos podía dividirse entre la Guadalupe y la de los Remedios; pero esta Virgen estaba directamente ligada a un episodio dramático de la conquista: la "Noche triste", durante la cual los españoles, en su huida, estuvieron a punto de perecer todos, y la de Guadalupe por el contrario, según la leyenda, había hecho beneficiario de su gracia a un humilde neófito indio y a su familia. A medida que la necesidad de una unidad de fe nacional era confusamente sentida por los criollos, la Guadalupe estaba más cerca de simbolizar la esperanza común.

En el origen de una elección hábil entre ambas imágenes sagradas, sin sacrificar ninguna, encontramos al "primer evangelista" de Guadalupe, Miguel Sánchez. En sus novenas de la Virgen María de los Remedios y de la Guadalupe nos entrega sus "meditaciones espirituales" preparatorias; la del sábado, "Del corazón a los tronos", merece ser resumida aquí. Es una exégesis alegórica del *Salmo 88* de David: 'Su trono será como el Sol y como la Luna en mi presencia... Gloso las dos palabras a la Virgen. El trono Luna, la imagen conquistadora de los Remedios, en quien se verifican las propiedades y nombres de la Luna; hermosura de la noche (antorcha)... en la noche grande (triste) Diana, compañera de cazadores... quiso descubrirse la Virgen y aparecerse (...) en el monte (...) madre del rocío... madre de las lluvias, remedio en las grandes sequías. El trono, como el Sol, se dispuso en la imagen divina de Guadalupe, apareciéndose pintada en medio de un Sol (...) o para que si la Luna, en los Remedios, comunica las aguas en las sequías, el Sol de Guadalupe las seque en las inundaciones; como lo hizo en la mayor que se ha visto."[7] La exégesis alegórica no era, según el sentir del bachiller Miguel Sánchez, sino un trampolín desde donde se lanzaba hasta las cimas de la espiritualidad sincrética

[7] Miguel Sánchez, *Novenas de la Virgen María* (...) *de los Remedios y Guadalupe* (1665), *Colección de obras y opúsculos pertenecientes a la milagrosa aparición de la bellísima imagen de Nuestra Señora de Guadalupe que se venera en su santuario extramuros de México, reimpresas todas juntas*, ed. Madrid, 1785, pp. 241-243.

criolla: "Para las apariciones de estas sus dos imágenes, eligió la Virgen dos montes vecinos, que perpetuamente confrontados, se están mirando y contemplando gloriosos, como los dos milagrosos Tabor y Hermón (...) Los dos indios, hermanos en la nación y en el nombre de Juan; la planta, una misma, el maguey, en que asistió y se apareció en el cerro de los Remedios, y de esta planta y género se tejió la manta humilde en que se apareció y estampó la de Guadalupe." [8] ¿Qué ecos despertarían tales meditaciones de llegar a oídos indígenas? Una Virgen apareció sobre un maguey, y otra, prodigiosamente impresa sobre un tejido de fibras de maguey; una, trayendo la lluvia como Tláloc, y la otra, aureolada de sol como Tonatiuh. A través de la metamorfosis de las creencias, los mexicanos recuperaban su emblema solar, velado por la conquista durante un tiempo. Quizá sea éste uno de los secretos de la enigmática figura del Tepeyac.

El escudo de México, otorgado por Carlos V, sólo recordaba la hazaña de la conquista, no era un "signo" sobrenatural, y en este aspecto otra ciudad "imperial" (denominación conferida por privilegio a una pequeña cantidad de ciudades) de Nueva España estaba mucho más favorecida. El escudo de Puebla recordaba el sueño profético del obispo de Tlaxcala, fray Julián Garcés (OFM); en él se veían ángeles midiendo el terreno y delimitando el recinto de la naciente colonia. (Una puebla en la España medieval era una ciudad nueva, como las "bastidas" de la Edad Media francesa.) "La Puebla de los Ángeles", nacida de una visión inspirada, era una creación utópica, realizada simbólicamente junto a un gran santuario de la idolatría, Cholula, ciudad sagrada de Quetzalcóatl. Los criollos veían en esta circunstancia una intención de la divina Providencia. En la cima de la gran pirámide de Quetzalcóatl, comparada a menudo con la torre de Babel, los religiosos habían edificado una capilla dedicada a la Virgen de los Remedios. De este modo, Puebla fue la única ciudad de Nueva España que pudo disputarle a México la primacía en la gracia. Cuando los mexicanos, aprovechando el reconocimiento del patronato de Guadalupe sobre México (ejemplo imitado por otras ciudades), cambiaron su escudo caballeresco, concesión del emperador, por el emblema dado por el cielo, Puebla de los Ángeles se sintió postergada en el orden de los símbolos jeroglíficos. México acababa de asegurarse el pri-

[8] *Ibid.*, pp. 170 s.

mer puesto entre las ciudades de Nueva España, en el único campo en el que no lo había tenido aún; estaba ahora "protegida, señalada y marcada con los reales sellos del Altísimo".[9] La negativa del maestro de ceremonias de la catedral de Puebla, de plegarse al decreto canónico que se aplicaba a la Guadalupe "a título de patrona electa y jurada", no era sino una protesta impotente, ya que "el patronato disputado"[10] no podía ser disputado a la Guadalupe del Tepeyac, ni tampoco la preeminencia de la ciudad de México, que en adelante tenía sus cartas de nobleza divina.

LOS HETERODOXOS DEL GUADALUPANISMO PERSEGUIDOS;
EL SERMÓN DE MIER (1794)

La importancia de la devoción a Nuestra Señora de Guadalupe en la vida espiritual mexicana, con sus numerosos efectos sobre la actividad intelectual y artística, sólo era comparable a la insuficiencia de los fundamentos históricos de la tradición piadosa. En esta contradicción entre las fuerzas de expansión poco común del guadalupanismo y la debilidad de las "pruebas", reside la explicación de la interminable "querella de Guadalupe" (no clausurada todavía hoy). Esta doble atracción: impulso de la devoción y búsqueda apasionada de los fundamentos historiográficos, fue registrada casi desde su llegada por un caballero milanés, llamado Lorenzo Boturini Benaduci. Llegó a Nueva España en febrero de 1736, enviado por la condesa de Santibáñez, descendiente de Moctezuma, y puede decirse que la sombra de Moctezuma pesó sobre su destino mexicano. El padre Díaz de la

[9] Matías de la Mota y Padilla, *Historia de la Conquista del Reino de la Nueva Galicia* (1742), Guadalajara-México, 1920, cap. XXXVI, p. 258.

[10] A. Bera Cercada (seudónimo de C. Cabrera y Quintero), *El patronato disputado. Disertación apologética, por el voto, elección y juramento de patrona, a María Santísima, venerada en su imagen de Guadalupe de México, e invalidado para negarle el rezo del común (que a título de patrona electa, y jurada, según el decreto de la Sagrada Congregación de Ritos se le ha dado en esta metrópoli) por el Br. D. Juan Pablo Zetina Infante, maestro de ceremonias en la catedral de Puebla, en el singularísimo dictamen, y parecer, que sin pedírselo dio en aquella y quiso extender a esta ciudad, a corregir al que le pareció arrojo de esta metropolitana...*, México, 1741 (Médina, núm. 3566).

Vega pudo escribir de él en 1793: "Entre los autores que he visto (...) el que más favor hace a los indios es el caballero don Lorenzo Boturini."[11] Lo que no nos atrevemos a llamar anacrónicamente su "indigenismo" tomó la forma devota natural a la sociedad contemporánea. Él mismo escribió: "Apenas llegado [a México] me sentí estimulado de un superior tierno impulso para investigar el prodigioso milagro de las apariciones de Nuestra Señora de Guadalupe; en cuya ocasión hallé la historia de ella fundada en la sola tradición, sin que se supiese en dónde ni en qué manos parasen los monumentos de tan peregrino portento."[12] Básicamente, su actitud espiritual sigue siendo la misma de sus antecesores, los religiosos criollos, que habían buscado las huellas del apóstol santo Tomás. No se dudaba de la predicación de santo Tomás, ni de las apariciones de Guadalupe, se trataba tan sólo de organizar una especie de búsqueda del tesoro documental. Los códices reunidos por Boturini, cuyo conjunto constituía el *Museo histórico indiano*, inspiraron al desdichado coleccionista esta reflexión: "Se lo puede considerar como uno de los mayores tesoros de las Indias."[13] Exhumar el pasado de la gentilidad y dar un fundamento documental indiscutible a la tradición de la Guadalupe eran los dos aspectos complementarios de una misma empresa.

Ésta se vio gravemente comprometida a causa del exceso de celo devoto del caballero. Habiendo obtenido de la Santa Sede, en 1740, las autorizaciones canónicas necesarias para un coronamiento público de la imagen del Tepeyac, Boturini no solicitó la autorización del Consejo de Indias (por intermedio de sus correspondientes en España). Sobre todo, tuvo la imprudencia de organizar una colecta para cubrir los gastos de su devoto proyecto, escribiendo a las comunidades y a los particulares. El conde de Fuenclara, el virrey que acababa de llegar, lo hizo arrestar y comparecer ante el tribunal criminal. En el fondo, lo que le fue imputado se reduce a esto: ser un extranjero sin permiso de residencia en Nueva España, haber organizado sin autoriza-

[11] Fray José Díaz de la Vega (OFM), *Memorias piadosas de la nación indiana recogidas de varios autores* (...), *año de 1782*, capítulo VIII, fol. 62, *"Colección Boturini"*, signatura A/ 153, 9/ 4886, Academia de la Historia, Madrid.
[12] Lorenzo Boturini Benaduci, *Idea de una nueva historia general de la América Septentrional* (...), Madrid, 1746, dedicatoria al rey.
[13] Boturini, *op. cit., ibid.*

ción una colecta de fondos y mezclarse indiscretamente en un asunto nacional. El proceso que se le hizo a Boturini, en 1742, reconoció prácticamente que la Guadalupe era asunto de Estado. Por tanto, el imprudente caballero fue desterrado a España y sus documentos quedaron incautados. Si bien es cierto que algunos años más tarde fue rehabilitado y nombrado historiógrafo oficial de las Indias, no es menos cierto que fue la primera víctima ilustre de la prohibición guadalupanista mexicana.

Su obra no fue, sin embargo, inútil; fuera del rescate material de numerosos documentos, logró reunir los únicos manuscritos en lengua náhuatl relativos a las "apariciones" de la Guadalupe. En el *Catálogo del Museo histórico*... figura en especial el testamento del cacique indio Francisco Verdugo Quetzalmamalitzin, el más antiguo rastro documental de la existencia de la devoción a la Virgen de Guadalupe del Tepeyac. Aunque la "Historia de Guadalupe", proyectada por Boturini, nunca haya visto la luz, su *Prólogo galeato* dejaba esperar treinta y un fundamentos de la tradición aparicionista. Lo que era nuevo y haría escuela sería el considerar los códices y los himnos de los indios como documentos históricos dignos de fe y no simplemente como "fábulas", cuando se trataba de instruir el proceso de autenticidad de una tradición religiosa cristiana. En otros términos, los indios estaban habilitados como testigos en materia de tradiciones piadosas, mientras que ante la justicia sus testimonios eran recusados, por considerarlos menores. Observemos también (lo que lleva nuestra atención hacia los emblemas y el lugar que ocupaban en el pensamiento de la época) que le fue reprochado a Boturini haber pretendido imponer sobre la corona destinada a Guadalupe un emblema que no era el de las armas del rey. Por todas las razones evocadas en las líneas anteriores, los piadosos designios del caballero Boturini fueron recibidos por las autoridades mexicanas (y, sin duda, también por los criollos que no le otorgaron el sostén financiero que había esperado) como la profanación, por una mano extranjera (aunque ciertamente bien intencionada), de un santuario nacional.

Desde este punto de vista fue muy distinta la situación de fray Servando Teresa de Mier, hijo de la aristocracia criolla, que se había graduado en la Universidad Real y Pontificia de México, predicador bastante estimado como para haber sido invitado a pronunciar el sermón en la basílica del Tepeyac el 12 de diciembre de 1794, día de la fiesta de la Guadalupe. Medio siglo después de Boturini, también fray Servando resultó víctima de la devoción guadalupanista servida con un celo que fue juzgado indiscreto. Es notable que el origen del sermón que valió un largo exilio a fray Servando haya sido el mismo que el de los proyectos historiográficos de su antecesor milanés. Mier sintió después de Boturini la fragilidad de la tradición piadosa y trató como él de relacionarla con el pasado indígena para darle un fundamento inconmovible. Pero, espíritu menos escrupulosamente erudito y más especulativo que Boturini, se entregó, siguiendo al licenciado Borunda, a una exégesis alegórica de los jeroglíficos indígenas. De este modo, el sermón en que expuso sus opiniones sobre la tradición guadalupanista, ante el arzobispo y las autoridades religiosas y civiles reunidas, provocó una reacción del espíritu inquisitorial por parte del arzobispo Haro y Peralta, él mismo devoto de la Virgen del Tepeyac. Mier fue efectivamente conducido ante el tribunal de la Inquisición (del cual su tío había sido presidente), exigiéndosele que renegara de sus tesis. Como Boturini, antes que él, y Veytia (este último a título póstumo), vio incautada su biblioteca. También como el milanés, fue rehabilitado unos años más tarde por el Consejo de Indias. Fray Servando, a diferencia de su antecesor Boturini, era un criollo como Veytia, quien le servirá de fiador. El papel de Veytia en la elaboración de las tradiciones piadosas del México criollo aparecía privilegiado, si recordamos que se vio negar la impresión de sus manuscritos en Nueva España y que éstos fueron utilizados por fray Servando Teresa de Mier. Los *Baluartes de México*,[14] obra (de 1755) en que la Virgen de Guadalupe ocupa el primer rango, no se imprimirán hasta 1820, y su monumental *Historia antigua de México* no aparecerá hasta 1836.[15] En cuanto a lo que podría llamarse, por analogía con los códices del Vaticano y de Reims, el *Códice Veytia*,[16] una serie de láminas destinadas a ilustrar la *Historia antigua...*, deberá esperar hasta 1945 para ver la luz. A su muerte, sus manuscritos incautados habían sido remitidos a la biblioteca del rey, donde Juan Bautista Muñoz fue el primero en usarlos, tomando como base de su *Discurso histórico-crítico*, dirigido contra la tradición milagrosa de la Guadalupe,

---

[14] *Manuscritos de América*, Bibl. de Palacio, Madrid, núm. 375 del catálogo de J. D. Bordona.
[15] Colección Muñoz, ms. A/ 31, Bibl. Real Acad. Hist., Madrid.
[16] *Manuscritos de América*, Bibl. de Palacio, Madrid, núm. 371 del catálogo de J. D. Bordona.

la versión elaborada por Veytia, la cual era una prudente síntesis de los escritos anteriores. La obra póstuma de Veytia comprendía además una importante *Historia de la fundación de la Puebla de los Ángeles* y unas *Tablas cronológicas para ajustar el calendario tolteca con el nuestro*. Esos diversos escritos constituyen en su conjunto un verdadero *corpus* consagrado a los principales aspectos de la historia espiritual y cultural del México antiguo y colonial. (Hallamos las últimas menciones en los tomos IV y V de los manuscritos de la colección Muñoz de la Biblioteca de la Real Academia de la Historia, en Madrid, y allí los consultamos.) Marcel Bataillon ha llamado nuestra atención justificadamente sobre el interés que tendría, para completar esta obra, un estudio de conjunto de las obras de Veytia, verdadera encrucijada de la historiografía criolla mexicana y de su crítica peninsular. Corresponsal de Clavijero en el exilio, Veytia, nacido en la ciudadela del criollismo: el obispado de Puebla, fue a la vez apologista de la Guadalupe y de santo Tomás-Quetzalcóatl.

En cuanto a Mier, propuso la identificación del apóstol santo Tomás con la divinidad mexicana Quetzalcóatl, idea que, según él mismo confesó, no era nueva, pero que él acompañó de una hipótesis que sí lo era. Hasta entonces los historiadores de la conquista, inspirados por el espíritu providencialista, habían razonado del modo siguiente: "No sin providencia especial, preparó la sabiduría infinita el elevado solio del cerro de Cholula en esta América septentrional, para que fuese trono de otras piedades, y el Remedio de los afligidos (...) Algunos dicen que aquí veneraba la gentilidad a una diosa, a quien ofrecían sacrificios."[17] Del mismo modo que la pirámide de Quetzalcóatl, en Cholula, había sido misteriosamente edificada para servir de zócalo a la futura basílica de la Virgen de los Remedios, el santuario de Tonantzin en el cerro del Tepeyac, centro de peregrinaciones, había sido una "adaraja" de Nuestra Señora de Guadalupe. Tomando al revés una historia que padecía aún por

[17] Fray Francisco de Ajofrín (capuchino), *Alocución sobre la imagen de Nuestra Señora de los Remedios, venerada en un cerro de la ciudad de Cholula, a dos leguas de la Puebla de los Ángeles* (s. f.) (*Manuscritos de América*, signatura 20 419 33, Biblioteca Nacional, Madrid), y Luis Becerra Tanco, *Felicidad de México en el principio, y milagroso origen, que tuvo el santuario de la Virgen María N. Señora de Guadalupe, extramuros* (...), México, 1675 (desarrolla la idea de que María debía expulsar a la Tonantzin), Medina, núm. 1121.

la política de "ruptura" de los pioneros franciscanos y se inspiraban también en san Agustín, fray Servando sugirió la asimilación pura y simple del politeísmo indígena al cristianismo. En su *Apología* justificará los términos del sermón: "¿Quién era la Tzenteotinantzin, o Tonantzin, dada a conocer por Quetzalcóatl, que desde aquellos tiempos fue venerada en el cerrillo de Tepeyac, al cual comunicó el nombre de Tonantzin? Para saberlo basta leer a Torquemada y a Cabrera. Era una Virgen consagrada a Dios, en el servicio del templo, que por obra del cielo concibió y parió sin lesión de su virginidad al Señor de la Corona de Espinas o Teohuitzahuac, que constaba de naturaleza humana y divina, nació hecho varón perfecto, *femina circumdabit virum*, y destruyó en naciendo una serpiente que perseguía a su madre, *tu insidiaberis calcaneo mulieris et ipse* (conforme al texto hebreo y griego) *conteret caput tuum*. Este Señor de la Corona de espinas a quien pintaban también desnudo y con una cruz en la mano, formada con cinco globos de pluma, se llamaba por otro nombre Mexi." [18] Estos conceptos eran más que suficientes para enviar a fray Servando a la hoguera, y sin embargo, en el clima espiritual de la Nueva España del siglo XVIII, el sermón quizá hubiera pasado inadvertido si el imprudente predicador no hubiera menoscabado la tradición guadalupanista.

Lo que pareció herético (con respecto a una ortodoxia guadalupanista cuyo derecho canónico habitual era más riguroso que el derecho escrito de la Congregación de los Ritos) fue la actitud "antiaparicionista" de Mier. Éste, inspirándose simplemente en la tradición apologética de la Virgen del Pilar (tal como la encontramos mencionada por Juan de Mariana y luego por Peralta y Barnuevo, que hacían remontarse la aparición de María a los tiempos de la evangelización de España por el apóstol Santiago), tuvo la idea de relacionar la evangelización de México por el apóstol santo Tomás con la imagen del Tepeyac. Pero se quedó a mitad de camino en su deseo de competencia con España, asimilando el divino ayate a una cualquiera de las pinturas antiguas de México. En consecuencia, los "protomédicos" que durante la investigación de 1666 habían reconocido la "renovación prodigiosa" de la imagen sagrada se veían desmentidos por la crítica externa, por el estudio puro y simple de los

[18] Mier, *Apología del Dr.* (...), *Memorias*, México, 1946, t. I, páginas 37-38.

procedimientos de pintura tradicionales entre los aztecas. Más tarde, en su *Apología*, fray Servando llegará a escribir (*diabolicum perseverare*): "La imagen de Nuestra Señora de Tecaxique [Calixtlahuaca] es idéntica en pintura y lienzo a Nuestra Señora de Guadalupe, y nadie dice por eso que está en la capa de un indio, aunque allá también se cuenta una aparición, como otras innumerables en el reino reciente de la conquista, porque entonces —dice Torquemada— se dieron los indios a pintar muchas imágenes que llevaban y dejaban en las iglesias, donde cada día remanecían sin saber quién las había traído." [19]

El dominico echó por tierra, pues, los principales aspectos de la tradición piadosa, proponiendo explicaciones racionales a todo lo que los apologistas de Guadalupe, desde hacía un siglo y medio, se habían esforzado en presentar como manifestaciones sobrenaturales. Nos dice además que los indios siguieron celebrando la fiesta de Guadalupe el 8 de septiembre, y no el 12 de diciembre, como los criollos, y nos recuerda: "Torquemada dice (...) que cuantas imágenes se veneraban hasta su tiempo en los retablos de Nueva España se pintaron a espaldas de San Francisco, en el taller de pintura que puso para los indios el leguito flamenco fray Pedro de Gante." [20] Así, todo se aclara, y Mier escribirá antes que nadie que Miguel Sánchez fue el "inventor" de la tradición aparicionista.

Por sorprendente que parezca, fray Servando no tenía otra intención que la de establecer sobre bases inconmovibles la devoción guadalupanista, y en este punto intervino su imaginación asociada a la de Borunda. Más tarde se jactará de haber arrastrado la adhesión del historiógrafo oficial de las Indias, Juan Bautista Muñoz: "Analizó mi sermón y demostró que su sistema era el único arbitrio, si lo hubiese, para evadir los argumentos contra la tradición de Guadalupe; y no se podía negar que el medio inventado por Borunda de convertir la imagen de Guadalupe en jeroglífico mexicano para sostener lo milagroso de su pintura era muy ingenioso y único." [21] El auxilio que fray Servando ofreció a la tradición guadalupanista consistía en suponer que el ayate del Tepeyac no era la capa del indio Juan Diego, sino la del apóstol santo Tomás; este auxilio fue rechazado por el arzobispo de México (portavoz de los devotos, a

[19] Mier, *Memorias*, t. I, p. 49.
[20] Mier, *Memorias*, t. I, p. 65.
[21] Mier, *Memorias*, t. I, p. 273.

pesar de que Mier pretendiera otra cosa). El proceso inquisitorial hecho contra el dominico queda como la constancia de una herejía juzgada contraria a la ortodoxia de la fe guadalupanista mexicana, la única que fue celosamente protegida en la "Nueva Roma", México.

El "Discurso histórico-crítico" de Muñoz, sentencia de la Real Academia de la Historia (1794)

Ante la importancia adquirida por la devoción guadalupanista mexicana, los desbordamientos de la elocuencia sagrada y el florecimiento de la literatura apologética de la Guadalupe en Nueva España, el tribunal supremo de la historiografía hispánica, la Real Academia de la Historia, no podía dejar de pronunciarse sin faltar a su misión. Lo hizo por medio de uno de sus miembros, que sólo era en aquel entonces miembro supernumerario, pero uno de los más capacitados para reunir la documentación necesaria. En 1779, don Juan Bautista Muñoz había sido encargado por el rey para escribir una historia de América; a fin de facilitarle la tarea, había sido dada la orden permanente de abrirle todos los archivos públicos. Muñoz emprendió en seguida el inventario de los Archivos de Indias: "Efectivamente, descubrí un tesoro: que así puede llamarse un cúmulo de papeles originales de toda especie como sepulto allí, de que no se tenía idea"; [22] escribió esto en el primer tomo de su *Historia del Nuevo Mundo*, que logró publicarlo en 1793. Pero éste fue el único volumen de una serie que prometía ser un monumento irreemplazable para la historiografía de las Indias Occidentales y que hubiera sido oportunamente útil a la monarquía española para disipar la espesa sombra extendida sobre sus posesiones de América por el abate Raynal, en su *Historia filosófica y política* (...) *de los europeos en ambas Indias*.[23] En las primeras páginas del prólogo de su *Historia*, Muñoz definió su método de trabajo en los términos más claros: "quedando enteramente a

---

[22] Juan Bautista Muñoz, *Historia del Nuevo Mundo*, t. I, Madrid, 1793, Prólogo, p. IV.
[23] Guillaume Thomas Raynal, *Histoire philosophique et politique des établissements et du commerce des Européens dans les deux Index*, Amsterdam, 1770 (diecisiete ediciones entre 1770 y 1786, la mayoría en Amsterdam, La Haya y Ginebra).

mi arbitrio y libertad las cosas, la disposición, el estilo..." [24]
"Púseme en el estado de una duda universal sobre cuanto se
había publicado en la materia, con firme resolución de apurar la
verdad de los hechos y sus circunstancias hasta donde fuese
posible en fuerza de documentos ciertos e incontrastables." [25]
Henos aquí informados sobre el estado de espíritu con que, al
año siguiente, abordará el examen de la tradición guadalupanista
mexicana, expresando "todas las verdades de importancia, sin
callar alguna por respetos del mundo".[26]

En cuanto a su documentación sobre el tema, tenemos la
prueba de que una gran parte había sido ya reunida a fin de
escribir la *Historia del Nuevo Mundo*, en especial los manuscritos de la colección Muñoz conservada en la Academia de la
Historia. En una carta fechada el 29 de diciembre de 1783 (por
tanto, once años antes de la lectura delante de la Academia del
Discurso histórico-crítico), el archivista de Simancas escribió a
Muñoz para anunciarle "el envío, por correo certificado, de una
serie de documentos de los Archivos", entre los cuales se mencionan expresamente los informes relativos a Nuestra Señora de
Guadalupe de México.[27] Tanto por su personalidad de historiador
como por su cargo de historiógrafo de las Indias y por los documentos que disponía, Juan Bautista Muñoz era, sin duda alguna, el hombre más calificado, en la España de fines del siglo
XVIII, para poner en claro la espinosa cuestión de la tradición
guadalupanista mexicana.

Lo publicado en el tomo V de las *Memorias de la Real Academia de la Historia*, en 1817 tan sólo, bajo el título normalizado
de *Memoria sobre las apariciones y el culto de Nuestra Señora de Guadalupe de México*,[28] había sido llamado originalmente
por su autor: *Discurso histórico-crítico sobre las apariciones y
el culto de Nuestra Señora de Guadalupe de México*.[29] La expre-

---

[24] J. B. Muñoz, *op. cit.*, *ibid.*, p. II.
[25] J. B. Muñoz, *op. cit.*, *ibid.*, p. V.
[26] J. B. Muñoz, *op. cit.*, nota 1, *ibid.*, p. XXVI.
[27] *Carta de Larrañaga a Juan Bautista Muñoz*, Simancas, 29 de diciembre 1783, *Colección Muñoz*, t. 91, manuscrito A/ 118 9/ 4853,
fol. 138, Real Academia de la Historia, Madrid, *Catálogo de la Colección Muñoz*, t. II, p. 455.
[28] *Memoria sobre las apariciones y el culto de Nuestra Señora de
Guadalupe de México. Leída en la Real Academia de la Historia por
su individuo supernumerario Don Juan Bautista Muñoz, Memorias
de la Real Academia de la Historia*, t. V, Madrid, 1817, pp. 205-224.
[29] *Discurso histórico-crítico sobre las apariciones y el culto de*

sión "discurso histórico-crítico" definió con exactitud el espíritu de esta comunicación a la Academia que Muñoz leyó el 18 de abril de 1794 y que fue presentada al examen de dos "verificadores con mandato" antes de ser aprobada por la asamblea ordinaria del 30 de enero de 1795 y publicada. La "aprobación" por un voto de la Academia sobre el informe de los dos censores hizo aparecer el *Discurso histórico-crítico* como la expresión oficial e incluso (teniendo en cuenta el ambiente polémico consecutivo al sermón de Mier) como la sentencia de un cuerpo que tenía precisamente como misión definir y proteger una ortodoxia historiográfica. El *Discurso histórico-crítico* emplea todos los documentos y todos los principales argumentos que alimentarán luego la historiografía antiaparicionista. El autor comienza por distinguir los milagros canónicos (respaldados por la Escritura o por los *Actos de los Apóstoles*), que todo católico está obligado a creer, de los milagros cuya creencia es asunto de juicio. Entre estos últimos, algunos están totalmente desprovistos de verosimilitud, y "haylos, en fin, ni tan infundados como éstos, ni tan ciertos como los primeros, respecto de los cuales se puede dar o denegar el asenso sin nota alguna de temeridad".[30] Luego plantea la cuestión de saber en cuál de las tres categorías se pueden clasificar las apariciones de Nuestra Señora de Guadalupe de México, pero se cuida de contestar en principio a dicha cuestión. A grandes rasgos, la argumentación de Fernández es ésta:

1. Toma como base de la discusión la relación de Fernández de Echeverría y Veytia, pues la considera como la síntesis contemporánea más representativa del conjunto de las publicaciones aparicionistas: "Esta relación de Veytia se conforma en lo sustancial con la que a mediados del siglo pasado publicó el licenciado Miguel Sánchez, primer historiador de estas apariciones; con la que en 1666 escribió el bachiller Luis Becerra Tanco, maestro de lengua y catedrático de matemáticas, y con las que, siguiendo a éstos, hicieron el célebre don Carlos de Sigüenza y Góngora, su copiante Gemelli Carreri, el P. Francisco Florencia, don Cayetano Cabrera y algunos otros." [31]

Nuestra Señora de Guadalupe de México, trabajado y leído en la Real Academia de la Historia por su individuo supernumerario D. Juan Bautista Muñoz el 18 de abril de 1794, Manuscrito 11/ 8235, Academia de la Historia, Madrid.
[30] J. B. Muñoz, *Memoria* (...), p. 206.
[31] *Ibid.*, p. 211.

Muñoz ha señalado, pues, el primero, a tres de los cuatro "evangelistas" de la Guadalupe; el que él omite es el difusor de la tradición en lengua náhuatl, ya se trate de Lasso de la Vega o de otro autor de *Huei tlamahuiçoltica*.

2. Objeta a la tradición aparicionista el silencio historiográfico contemporáneo y posterior a 1531, fecha presunta de las apariciones: "Señaladamente es poderosa la prueba tomada del silencio del P. Torquemada (...) Lo mismo se puede decir del silencio del P. Luis de Cisneros." En cuanto a la relación copiada, según Sigüenza y Góngora, por Alva Ixtlilxóchitl: "Muéstrese..."[32]

3. En cambio, Muñoz invoca documentos inéditos anteriores a todos los que han sido propuestos por los aparicionistas (y que él sospecha haber sido todos fabricados por Miguel Sánchez de acuerdo con las necesidades de su causa).

Los documentos nuevos en ese entonces, y muy a menudo citados después, son:

— la carta del virrey Martín Enríquez, fechada el 25 de septiembre de 1575;
— el pasaje de la *Historia general* de Sahagún (en aquel entonces inédita) relativo al santuario de Tonantzin del Tepeyac.

A la luz de esos documentos irrefutables, Muñoz desenmascara a Miguel Cabrera, que ha citado inexactamente a Sahagún, y niega toda autenticidad al testamento de Juana Martín, considerado por Boturini "una pieza de la mayor importancia".[33]

4. En el origen de la tradición guadalupanista mexicana había, pues, falsos documentos según Muñoz, quien se dispone a reconstruir el clima de la aparición de la leyenda piadosa. Ésta es la parte más preciosa de ese cuadernillo manuscrito de unas veinte páginas: "Tales son los modos como nacen las fábulas, y con otros semejantes se les va dando cuerpo. Un pintor, por ejemplo, representó a Nuestra Señora de Guadalupe en su cerro del Tepeyac con un devoto a sus pies orando. Ofreciósele a un indio simple si la Virgen se habría aparecido a su devoto. Otro, que oyó la especie, la propaló afirmativamente. De ahí, cundiendo la voz, y añadiéndose cada día nuevas circunstancias, vino

---

[32] *Ibid.*, pp. 212 y 213.
[33] *Ibid.*, p. 219.

a componerse la narración entera. Éste es uno de tantos modos como pudo empezar el cuento... Acerca del tiempo y ocasión en que tuvo principio el cuento, yo sospecho que nació en la cabeza de los indios por los años de 1692 a 1634. Todo este tiempo, con motivo de una inundación terrible, estuvo la imagen de Guadalupe en la capital, obsequiada con tan extraordinarias demostraciones que, según frases de Cabrera, soltó México los diques de su devoción (...) desahogóse el fervor en danzas, bailes, prevenidos coloquios y cantares de indios, en que se mentaron las apariciones (antes inauditas); los trasuntos de la imagen, antes rarísimos, se multiplicaron infinitos." [34]

La retirada de las aguas de la capital inundada hizo florecer las rosas milagrosas de la imagen de Guadalupe: "De ese florecer maravilloso vino a mi ver el fruto de las apariciones. ¡Qué no es capaz de producir la fantasía de los indios acalorada y fecundada de aquel entusiasmo?" [35]

5. El autor refiere en seguida los progresos de la devoción por la Guadalupe e insiste sobre la creciente prosperidad del santuario, gracias a la afluencia de limosnas, hasta la erección de la nueva colegiata de Guadalupe, por el arzobispo Rubio y Salinas, en 1749: "Costó el edificio todo cuatrocientos veinte y dos mil pesos, habidos de limosnas." [36]

Muñoz también recuerda que los herederos del principal donante, Andrés de Palencia, todavía debieron desembolsar doscientos noventa y tres mil pesos, y agrega: "De esta cantidad y sus réditos resultó el capital de quinientos veinte y siete mil ochocientos treinta y dos pesos, los cuales tomó el rey, y sus réditos a razón de cinco por ciento fueron situados en reales novenos de los diezmos de las diócesis de México y Puebla de los Ángeles." [37]

No volveremos sobre el papel del capital constituido por los legados y las fundaciones piadosas en la economía de Nueva España, ni sobre la cuestión de las limosnas que opuso por largo tiempo a los jerónimos de Guadalupe de Extremadura y a los canónigos del Tepeyac. Observemos solamente la riqueza considerable del santuario mexicano de Guadalupe, la parte leonina atribuida al rey y la preocupación por mantener el equilibrio

[34] *Ibid.*, pp. 219 *s.*
[35] *Ibid.*, p. 220.
[36] *Ibid.*, p. 222.
[37] *Ibid.*, p. 224.

entre el arzobispado de México, principal (y al comienzo: único) beneficiario de la devoción guadalupanista, y el obispado de Puebla, doblemente lesionado, y al fin reconciliado con la devoción nacional.

6. El historiador oficial de las Indias concluirá hábilmente que la devoción por la Guadalupe es un "culto muy razonable y justo, con el cual nada tiene que ver la opinión que quiera abrazarse acerca de las apariciones".[38]

Es interesante observar que, con algunos meses de intervalo y sin que ningún intercambio de documentos haya tenido lugar entre ellos, Juan Bautista Muñoz, en Madrid, y fray Servando Teresa de Mier, en México, tuvieron los mismos pensamientos respecto a la debilidad de la tradición guadalupanista. Pero fray Servando era un monje criollo, que compartía con sus semejantes la aspiración de dotar a su patria de un lugar santo y de una reliquia suplementaria, signos del favor divino. Por lo cual buscó en las imprecisas ideas de Borunda los medios de modificar la tradición piadosa para reforzarla. Ya sabemos lo que sucedió: el escándalo de los devotos, el exilio de fray Servando... Ahora bien, el dominico nos dice en sus *Memorias* que Borunda había escrito sobre las antigüedades mexicanas invitado por la Academia de la Historia, que había podido tomar esta iniciativa por instigación de Muñoz, consciente de su propia insuficiencia de información con respecto al pasado mexicano y a la significación de los códices, como él mismo escribió con modestia.

En su *Apología*, fray Servando recordará como argumento de peso, a favor de las tesis "heréticas" expuestas en su sermón de 1794, que "formó el cronista [J. B. Muñoz] una disertación, pulidamente escrita, en que se propuso probar que la historia de Guadalupe es una fábula".[39] Pero los lugares y el auditorio correspondientes a fray Servando y a J. B. Muñoz eran completamente diferentes. Los académicos aplaudieron la luminosa argumentación del historiógrafo de las Indias. Los devotos de Guadalupe y el arzobispo de México se indignaron contra el demasiado ingenioso predicador. Esta significativa coincidencia demuestra que en 1794 el tema del guadalupanista mexicano estaba en el aire en ambas orillas atlánticas, en España y en

---

[38] *Loc. cit.*
[39] Fray Servando Teresa de Mier, *Memorias*, t. I, p. 19.

Nueva España. Puede decirse más precisamente que la preocupación (ya sea crítica o apologética) por la tradición guadalupanista mexicana fue uno de los aspectos del diálogo secular entre criollos y españoles, precisamente, en la última fase de la dominación colonial.

CUARENTA AÑOS DE POLÉMICA, RÉPLICAS MEXICANAS A MUÑOZ

La controversia, cuyas cumbres fueron el sermón de fray Servando y el *Discurso* de Muñoz, trajo consecuencias. Los criollos mexicanos recogieron el guante en vísperas de la Independencia, con la voz de un oratoriano de México: *Defensa guadalupana* (...) *contra la disertación de don Juan Bautista Muñoz*.[40] Fue en 1819, y esta fecha puede parecer tardía, pero es probable que el ensayo de Muñoz no fuese conocido en México antes de su publicación, en 1817, en las *Memorias* de la Academia de la Historia, que, por cierto, aparecieron en una fecha real posterior a la que lleva el tomo V. El autor de la *Defensa guadalupana* no refutó a Muñoz punto por punto (se hubiera visto en apuros para hacerlo), pero volvió a emplear el argumento de Florencia: la fuerza de la tradición. Invoca también los "tan numerosos y tan irrefutables documentos" de los apologistas. Hábilmente, atacó a Muñoz en lo que, a buen seguro, era su punto débil: los antiguos tiempos de México; este argumento, "el conocimiento del país", ha sido invocado sin cesar por los criollos contra los gachupines, desde el siglo XVI: "Si don Juan Bautista Muñoz hubiera estudiado el caso con imparcialidad y hubiese tenido la inteligencia en el idioma, caracteres y escrituras antiguas de los mexicanos, ni habría tenido la debilidad de despreciar estos monumentos [los códices pictográficos], ni con ese tono de seguridad habría dejado correr la pluma en un asunto de tanto interés para todo el reino."[41] Observemos la exaltación de los monumentos escritos del pasado indio, apreciación constante en los criollos mexicanos, a partir de Sigüenza y Góngora, y sobre todo el sentimiento carismático desde el cual el conjunto del mundo

---

[40] Manuel Gómez Marín, *Defensa Guadalupana escrita por el P. Dr. y Mtro. (...), presbítero del Oratorio de S. Felipe Neri de Méjico, contra la disertación de D. Juan Bautista Muñoz*, México, 1819, The University of Texas Library, G. 265 TxU.

[41] M. Gómez Marín, *op. cit.*, *Corolario*, pp. 54-55.

hispánico dirige sus plegarias a la imagen del Tepeyac: "a toda la Monarquía, sí, pues toda ella en sus necesidades y aflicciones, animada de esta creencia, dirige sus ruegos al Tepeyac Guadalupano".[42] Encontramos pues, en 1819, en la pluma del oratoriano Manuel Gómez Marín, lo esencial de la argumentación del P. Florencia, en 1668: tradición e interés nacional.

Sin embargo, el debate no estaba cerrado, y veintidós años después de la independencia de México, otro adversario aceptó el desafío (sin duda en parte inconsciente) lanzado por Muñoz, el desafío de Madrid. El licenciado Carlos María de Bustamante, uno de los historiadores oficiales del México de entonces, publicó en 1843: *La aparición guadalupana en México, vindicada de los defectos que le atribuye el doctor don Juan Bautista Muñoz en la Disertación que leyó en la Academia de la Historia de Madrid...*[43] La refutación de Bustamante está dentro de la lógica de la ruptura con España, producida poco después del ensayo del padre Gómez Marín. Al igual que la *Historia de la Revolución de Nueva España* de Mier, Bustamante denigra la historiografía colonial en su conjunto, porque a causa del miedo estuvo impedida para decir la verdad. Si la *Historia* de Sahagún había padecido las tribulaciones ya conocidas, ¿qué fe podía depositarse en ella? Y si Torquemada no había hablado de las apariciones de Guadalupe, era porque se había visto obligado a practicar la autocensura, como sus contemporáneos, víctimas potenciales de la tiranía de los gachupines. Para Bustamante, la prueba de las "apariciones" de la Guadalupe radica, en primer lugar, en que: "Sabemos que Jesucristo, el segundo Adán celestial, se ligó tan estrechamente en todo y para todo con la segunda Eva, *María*, su madre, que no quiso (...) retirarse a la diestra de su padre, ni entrar en su gloria sin haber confiado a su Muy Santa Madre la Iglesia naciente".[44] ¿Hasta qué punto Bustamante creía en la fuerza de un argumento tan general? Es difícil asegurarlo, pero su contemporáneo Lorenzo de Zavala juzgaba así a este autor: "su *Cuadro histórico* (...) aquel fá-

[42] M. Gómez Marín, *op. cit, ibid*
[43] Carlos María de Bustamante, *La aparición guadalupana de México, vindicada de los defectos que le atribuye el Dr. D. Juan Bautista Muñoz en la Disertación que leyó en la Academia de la Historia de Madrid en 18 de abril de 1794*, México, 1843, The University of Texas Library, G. 265 TxU.
[44] C. M. de Bustamante, *op. cit.*, pp. 65-66.

rrago de una infinidad de hechos falsos, absurdos y ridículos de que está lleno el tal *Cuadro histórico*".[45]

Para Bustamante, el silencio historiográfico de los primeros tiempos (más de un siglo) de la devoción guadalupanista se explica simplemente por la opresión colonial. La continuación de su discurso revela hasta qué punto dependía de las ideas de Mier. En efecto, recordando que la Virgen María había servido de tutora a los apóstoles, especialmente a Santiago en España, agrega: "¿Y quién sabe lo que haría con Tomás, si es cierto que este apóstol fue el encargado de derramar la luz por las Indias orientales?"[46] Aquí nos remite a una nota final: "Ya hoy está fuera de duda que el Evangelio se anunció en esta América a los antiguos indios por un apóstol que el padre Mier ha demostrado (...) fue Santo Tomás, conocido por el nombre de Quetzalcóatl".[47] Después viene una mención del regalo de los adornos rituales de Quetzalcóatl a Cortés y de la astucia del conquistador, acompañada de una consideración reveladora de la atmósfera del momento: "ilusión criminal y al par que ridícula; de otro modo, Moctezuma no lo habría recibido ni obsequiado, y probablemente no habría penetrado el ejército español a lo interior".[48] Durante un segundo, en la imaginación del autor y de sus lectores mexicanos, la misma conquista queda abolida, los españoles son arrojados al mar; sólo la traición había podido darles la victoria sobre los mexicanos. El clima de guerra abierta que caracterizaba entonces las relaciones hispano-mexicanas llevaba a una nueva revisión de la historiografía de la conquista, como testimonian otros documentos guadalupanos contemporáneos. El *Manifiesto de la Junta Guadalupana*, publicado en 1831 con ocasión del tricentenario de las "apariciones", contenía ya una *Disertación histórico-crítica sobre la aparición* [49] —del mismo Carlos María de Bustamante— cuyo título había sido sacado de Muñoz. Bustamante recuerda en esta *Disertación*

---

[45] Lorenzo de Zavala, *Umbral de la Independencia*, México, 1949, *Prólogo del autor*, p. 11.

[46] C. M. de Bustamante, *op. cit.*, p. 66.

[47] C. M. de Bustamante, *op. cit.*, *Nota*.

[48] C. M. de Bustamante, *op. cit.*, *Nota*.

[49] *Manifiesto de la Junta Guadalupana a los mexicanos, y disertación histórico-crítica sobre la aparición de Nuestra Señora en Tepeyac; escrita por el licenciado don Carlos María de Bustamante, diputado al Congreso de la Unión, por el estado libre de Oaxaca*, México, 1831 (The University of Texas Library, G. 265 TxU).

que en 1829 había hecho publicar el libro XII de Sahagún, "obra
suelta que imprimí para mostrar las crueldades de los españoles y hacer entender a los mexicanos que les esperaba la misma
suerte que a los conquistados por Cortés, si llegaba a penetrar
la expedición que se aprestaba, y que el siguiente año desembarcó en Tampico al mando del general don Isido Barradas".[50]
En un *Informe crítico-legal* (...) *para el reconocimiento de la
imagen de Nuestra Señora de Guadalupe*,[51] ordenado por el
capítulo de la catedral de México en 1835, se puede leer esto:
"Los españoles todo lo acomodan a lo de España (...) sin reflexionar la esencial diferencia que había entre imagen e imagen,
y que el tipo de la mexicana es *original*" [52] (en bastardilla en el
texto). El año siguiente, en 1836, había aparecido *El gran día
de México* (la fecha del 10 de diciembre revela de entrada que
se trata del aniversario de las "apariciones" de la Virgen de
Guadalupe), donde puede leerse que María había querido
en 1531 "consolar a esa afligida gente (los indios)... Tan gran
fineza fue preciso ocultarla por el arzobispo don fray Juan de
Zumárraga, para que no fuese un nuevo motivo de persecución
a la desventurada nación, que la había recibido".[53]

Así, la crueldad de los españoles y la opresión que hicieron
imperar en México habían sido las únicas causas de la ausencia
de testimonios auténticos de las "apariciones" de la Guadalupe.
En los años críticos en que los mexicanos vivieron bajo la amenaza de una reconquista militar por los españoles (la llegada
de Ángel Calderón de la Barca como primer embajador de España en 1840 señaló la distensión), la polémica relativa a las
apariciones de la Guadalupe, entablada casi un medio siglo atrás
por Juan Bautista Muñoz, era todavía una de las formas del
desafío criollo a España.

[50] C. M. de Bustamante, *op. cit.*, p. 11.
[51] *Informe crítico-legal, dado al muy ilustre y venerable cabildo
de la Santa Iglesia Metropolitana de México, por los comisionados
que nombró para el reconocimiento de la Imagen de Ntra. Sra. de
Guadalupe de la Iglesia de San Francisco, pintada sobre las tablas
de la mesa del Iltmo. Sr. Obispo D. Fr. Juan de Zumárraga*, México,
1835 (The University of Texas Library, G. 265 TxU).
[52] *Op. cit.* nota 51, p. 10.
[53] *El gran día de México, 10 de diciembre de 1836* (anónimo) (The
University of Texas Library, G. 265 TxU).

IV. GUADALUPE, EMBLEMA NACIONAL MEXICANO

El progreso del santuario (Tepeyac) y la devoción (1555-1831)

Recordamos en primer lugar los hechos materiales que conciernen al santuario del Tepeyac. En 1555, el arzobispo Montúfar había fundado la primera basílica de Guadalupe, un edificio modesto, pues que hasta 1609 no se construyó el primer "templo de albañilería abovedado" en el Tepeyac. Ese nuevo santuario pudo ser construido gracias a una suscripción pública, lo que demuestra que la devoción por la Guadalupe del Tepeyac contaba ya con un número suficiente de devotos como para reunir con qué construir un edificio en una época en que el impulso de la construcción en México movilizaba la mano de obra disponible y no podía dejar de implicar una gran alza de los precios de la construcción. Se sabe, además, que la primera ermita había sido construida gracias a la contribución de los devotos. Según un documento citado por el padre Cuevas, la basílica percibía, desde 1570, "seis mil u ocho mil pesos de renta".

El templo, cuya primera piedra había sido colocada en 1609, fue terminado trece años más tarde, y la santa imagen fue instalada en él por el arzobispo Pérez de la Serna, en 1622. Pero como la multitud de peregrinos no cesaba de aumentar y la devoción por la Guadalupe ocupaba un lugar cada vez más oficial en la vida de Nueva España, se decidió en 1694 emprender la edificación de una nueva basílica, todavía más vasta que la anterior, el edificio actual (que amenaza ruina a causa de un hundimiento del terreno). Esta iglesia mide 77 metros de largo, 37 metros de ancho y 30 metros de alto; estas cifras carecerían de interés si no dieran idea de la proporción respecto a la catedral de México y a las demás catedrales de Nueva España. La primera basílica, llamada "de los indios", todavía albergó la imagen venerada durante el periodo de la construcción del templo actual, que fue edificado en el exacto emplazamiento del precedente. (¿Cómo no recordar la antigua y ritual práctica mexicana de edificar las nuevas pirámides sobre las antiguas?)

A partir de 1694 (en todo caso, de 1709), el santuario del Tepe-

Este plano de 0,74 m × 0,54 fue trazado antes de que se echaran los cimientos de la actual basílica, cuya construcción fue emprendida en 1694. Forma parte de los papeles del P. Pichard, conservados en la Biblioteca Nacional de París (Colección Goupil-Aubin número 79). El autor de la copia, un cura de las Indias, llamado José Alarcón, lo fechó en 1795,1 dándolo como1 copia de un plano encontrado entre documentos en lengua náhuatl en el pueblo de Santa Isabel Tola, con motivo de una investigación sobre los orígenes de la devoción a la Guadalupe.

Una leyenda detallada, que aparece en la parte inferior del plano, permite identificar con precisión los sitios y los edificios indicados en el plano con letras mayúsculas o con números. Las alusiones al presente deben ser referidas por el lector a los finales del siglo XVIII.

A) *Primera capilla* en la cual fue colocada la santa imagen de Nuestra Señora de Guadalupe en 1531.

B) *Primer templo con nave* erigido gracias a una colecta en 1609.

C) *Cementerio de la primera capilla* (allí se edificó la capilla hoy llamada «*la vieja capilla*», que fue consagrada el 25 de marzo de 1695 para que se depositara allí a Nuestra Señora mientras se construía el templo famoso que hoy se ve).

D) *Primera capilla de la colina* (del monte Tepeyac); se remonta a 1660.

E) *Primera capilla del «Pozo Chico»;* es de 1648 ó 1649 (se acababan de destruir sus cimientos, el 1 de junio de 1777).

F) Casa destinada a alojar a los fieles de México o de otras partes que hacían novenas y venían en peregrinación a ese santuario. Hoy es el *convento de los capuchinos.*

G) *Capilla del barrio San Lorenzo,* en ruinas.

H) *Viejo puente;* fue transferido frente a la puerta principal de la Iglesia.

Y) *Arroyo de Tlanepantla.*

I) *Tepeyacac* (la colina del Tepeyac o el monte Tepeyac).

J) *La fuente vieja,* de la que sólo quedan vestigios.

L) *La estancia,* o «la casita».

M) Construcción de la que se dice que perteneció a una rica familia de la ciudad, los Roxas.

N) Tres pequeñas cascadas, dos de las cuales están frente al Pozo chico, que aparecen cuando llueve; la tercera, más grande y cubierta por una bóveda en la esquina de una casa, está frente a la imagen de la Iglesia vieja.

O) Eminencia que forma una figura extraña con el monte, destruida hoy al haberse construido en este lugar la calzada que sube al Tepeyac.

P) Arbol de la Virgen o «árbol de granos».

Q) Puente de Santa Isabel Tola.

R) Pueblo de San Pedro Zacatenco.

S) Pueblo de Tecoma.

T) Pueblo de San Juan Iztmatepetla.

V) Pueblo de Santiago Atzacualco.

X) Dos personajes sentados sobre mojones, que representan una querella sobre los derechos de propiedad de un terreno.

Y) Eminencia que, según los antiguos títulos de propiedad, habría sido la tierra de un cacique indio.

Z) Huellas de pies por medio de las cuales se representan los senderos.

1. Tepeyacac (la cima de la colina).
2. Quauhzahuatitlan (el árbol estéril o que no da frutos).
3. Quahuitzco (el espinoso).
4. Yohuiztecal (en la casa de piedras oscuras).
5. Coyoco (el lugar de los agujeros).
6. Zacahuitzco (en las hierbas espinosas).
7. Tepechcalli (la tumba o la casa de piedras).
8. Xochitla (el lugar de las flores).
9. Techichipezco (allí donde están las piedras que se mueven).
10. Quauhtlamazohualco (la base de la colina).
11. Izuatepetl (la colina de las hojas o de las hierbas).
12. Tecoma (allí donde las piedras están juntas en filas).
13. Zacatema (arroyo de las hierbas).
14. Tola (lugar donde crecen los juncos).
15. Atzacualco (canal o represa).
16. Zacacalco (la casa de las hierbas gramíneas).
17. Huehue calotli (el viejo camino de los canales).
18. Chicuayo (el lugar de los cesteros).
19. Tecpayotepetl (la colina de los silex).

Clisé de la fototeca de la Biblioteca nacional, París.

Estando à mi cuidado ̃ el reedificar úmovarmientude el Pueble de S.ᵗᵃ Ysabel Tola-
Visita del Sant.ᵗ

mo de N.ᵗˢ S.ᵗᵃ de Guadalupe por encargo del S.ᵗ Alguacial D. L.
y Escalante, encuentre en este Pueble este Plan con otros papeles útiles ...
incuestrase en el una planta de elevacion, segun se hallava el Santuario hasta el
año de 1694 quanze menos y por que en la Venidao no se abundorase por che ...
eportuve no se esfortasa pareçen, me concede atomajar por se orden esfuleente lo
que en el se demuestra, sufitandome a las noticias de los historind. Guadalupanas y otra
que he adquirido por monumentos antiguos authorisados que se conservan en la Sacristía ...
de este Pueble en unos titulos de tierras el fecha año de 1734. y de remitir al Colegio ...

yac se distinguió de los demás santuarios de María en Nueva
España: por las dimensiones, su basílica, situada en los aledaños
de México, es comparable a una catedral de provincia. Robles, en su
Diario, en 1675 (unos veinte años antes de la construcción de la
nueva colegiata) nos dice: "Empezóse la calzada de Nuestra
Señora de Guadalupe (...) hace quince ermitas a los quince
misterios del rosario." [1] Esta indicación demuestra la importancia
que el virrey atribuía al santuario del Tepeyac, tal como para
unirlo a México por una calzada jalonada por quince capillas.
En cuanto a la naturaleza de la devoción, nos dice que el culto a
la Guadalupe estaba asociado a la devoción al rosario, la cual,
dominica en su origen, llegó a ser un rasgo típico de la espiritualidad jesuita. El 12 de diciembre de 1678, fiesta de la imagen:
"Corrió el agua en la pila de Guadalupe por orden y costo de
su excelencia." [2] En el momento de emprender la construcción
de la nueva basílica, en 1694, Robles nos cuenta esto: "Domingo
primero de agosto, se empezó en San Francisco a pedir por los
clérigos sacerdotes limosna para hacer la iglesia de Nuestra
Señora de Guadalupe, y hay para empezar 50 000 pesos que dan
Pedro Ruiz de Castañeda, mercader rico, y el licenciado don Ventura Medina, clérigo sacerdote, ambos criollos." [3] En el más
venerable convento de México se hizo un llamado a la devoción
pública para completar un depósito inicial ya muy importante
debido a dos benefactores *criollos*, como subraya Robles. Esta
última precisión responde, evidentemente, a la intención del autor de hacer aparecer la devoción a la Guadalupe como el patrimonio de sus compatriotas criollos, distinguidos implícitamente de los gachupines.

Al progreso material: construcción de basílicas sucesivas cada
vez más grandes y suntuosas (tres fueron emprendidas en un
siglo y medio, o sea, casi exactamente tres "soles" aztecas), calzada de acceso desde México, etc., correspondió, naturalmente,
el brillo creciente de las fiestas sagradas, con signos de la devoción oficial: "Este día [31 de octubre de 1603] el señor
corregidor dijo que, como a la ciudad le consta, los señores
marqueses pidieron que se les hiciesen dos comedias en Guadalupe, por lo cual concertó con Velázquez y su gente que fuesen
a la ermita de Guadalupe en dos días diferentes y allí hiciesen

---

[1] Antonio de Robles, *Diario, Año de 1675*, México, 1946, t. I, p. 189.
[2] Robles, *Diario, Año de 1678*, t. I, p. 254.
[3] Robles, *Diario, Año de 1694*, t. II, p. 308.

dos comedias a sus excelencias. Y lo concertó en ciento doce pesos de oro común".[4]

Muchos indicios llevan a pensar que el Tepeyac fue prontamente un lugar al que los devotos iban a meditar en las circunstancias difíciles de su existencia. Guijo refiere que en 1661 el duque de Alburquerque, virrey saliente que se vio sometido a un juicio de residencia severo, "entre estos desabrimientos, salió de esta ciudad (...) sábado 26 de marzo a las dos de la tarde para la ermita de Guadalupe (...) acompañóle el virrey y virreina y gente de palacio..."[5] Al parecer en la corte de los virreyes se impuso la costumbre de ir al Tepeyac a recibir a los huéspedes distinguidos, así como la de acompañarlos hasta la basílica de Guadalupe cuando partían. El 29 de diciembre de 1681, Robles escribió en su Diario: "Entró el señor obispo de Michoacán en Guadalupe por la tarde, y fue el cabildo a verlo y recibirlo, y salía ya de la iglesia."[6] Cuando el conde de Galve y su mujer partieron para España, el 10 de mayo de 1696, "fue la Audiencia, tribunales y virrey nuevo hasta Nuestra Señora de Guadalupe a dejarlos".[7] Y en 1702, el 25 de enero: "Estos días han ido a Guadalupe los oidores y otros muchos personajes a visitar al presidente de Guatemala, que está allí haciendo novenas a Nuestra Señora para proseguir su viaje, y no se ha venido a la ciudad por no detenerse en pagar visitas."[8] Asilo prometido a toda la cristiandad en el día del juicio, el Tepeyac era, más simplemente, el refugio de las tribulaciones, la etapa de los adioses para los virreyes que llegaban al término de su gobierno y una especie de embajada celeste, que gozaba del privilegio de la extraterritorialidad a una media legua al norte de la capital. Otro hecho consignado por Guijo, en su Diario, confirma esta índole del Tepeyac: "El jueves 22 de julio (1660) murió Garcí Tello de Sandoval, antiguo corregidor que era de esta ciudad, y estaba suspenso desde junio del año pasado; quedó de-

[4] Actas de Cabildo de México, XV, p. 250.
[5] Gregorio M. de Guijo, Diario, Año de 1661, México, 1953, t. II, p. 145.
[6] Robles, Diario, Año de 1681, t. I, p. 307.
[7] Robles, Diario, Año de 1696, t. III, p. 45.
[8] Robles, Diario, Año de 1702, t. III, p. 196; véase también, el mismo año, el 22 de noviembre: "Miércoles 22, fue el señor arzobispo a Guadalupe por la mañana; y este día llegó allí el virrey, y comieron juntos; dio la comida su Ilma., que se hizo en casa de la Sosa, y la cargaron a Guadalupe más de treinta indios" (p. 238).

biendo muchos dineros, y su mujer arrebató el cuerpo y lo llevó a la ermita de Guadalupe, y allí lo enterraron dicho día." [9]

Si el Tepeyac se convirtió en un asilo sagrado, tanto para los muertos como para los vivos, y en lugar de retiro para los notables, y si la calzada construida en 1675 fue como una gran avenida desde el palacio virreinal, y la avenida triunfal que llevaba a México, todo ello sólo eran la señales semiprofanas de la devoción.

La acumulación de poder sacro representada por la imagen de Guadalupe tuvo como primer efecto (y ella misma era también un efecto) provocar grandes peregrinaciones y expresiones multitudinarias de la devoción colectiva. Las peregrinaciones de los indios del siglo xx al Tepeyac dan una idea aproximada de lo que fueron los vastos campamentos de los siglos pasados en los accesos al santuario, migraciones periódicas con la llegada del 8 de septiembre, por ese entonces (del 12 de diciembre probablemente después de la Independencia). Las manifestaciones colectivas de la fe indígena, los mitotes de indios adornados de plumas que danzaban con cascabeles de madera en los tobillos y en los puños, los autos sacramentales en lengua náhuatl, imitados del teatro edificante introducido por los misioneros, y que recordaban las apariciones de Guadalupe a Juan Diego, componen un fresco coloreado, en el que se prolongan las danzas sagradas del antiguo politeísmo y los misterios cristianos de la Edad Media hispánica. La expresión de la fe individual del indio permanece estrechamente aprisionada en el ritual azteca; el devoto quema el copal en una pequeña copa de barro, ofrece flores o espigas de maíz a la imagen santa; a esos gestos inmemoriales vienen a agregarse los signos de la cruz y las genuflexiones del ritual católico. La plegaria, aunque se trate de una letanía mariana, es sentida por el devoto como un conjuro; va normalmente acompañada de una súplica de abundancia. El indio, a cambio de su ofrenda, pretende obligar al numen a intervenir en su favor; el eventual fracaso de la plegaria conjuradora puede acarrear, por parte del devoto, cóleras e imprecaciones contra la imagen sagrada. Que los peregrinos indios del Tepeyac no conocieron cambios profundos en su creencia tradicional en Tonantzin es cosa atestiguada por Sahagún en el siglo XVI, por Torquemada en el XVII, por fray Servando Te-

---

[9] Guijo, *Diario, Año de 1660*, t. II, p. 136.

resa de Mier en el XVIII. Hay testimonios formales que emanan de la propia autoridad arzobispal y confirman la naturaleza ya no "ambigua" (como por error se ha repetido), sino claramente extraña al cristianismo, de la devoción de los peregrinos indígenas del Tepeyac. En 1753, el arzobispo Rubio y Salinas recuerda que en su diócesis creó, aplicando la ley, escuelas para enseñar el castellano a los indios; pero pinta la situación en estos términos (por medio del escrito que el abad y los canónigos de la colegiata de Guadalupe le presentaron): "Entre los indios que acuden con frecuencia al santuario y colegiata de Guadalupe son muchos los que del todo ignoran el idioma castellano (...) siendo tal vez ésta la causa de que dicha concurrencia india no soliciten que en él se les administren los sacramentos, ni asistan a la explicación de la doctrina cristiana (...) y no habiendo en la colegiata ministros que sepan los suyos, es regular que se retiren, viendo que no pueden aprovecharse de su devoción." [10]

El nombre español de "Guadalupe" era todavía desconocido para la mayoría de los peregrinos indígenas del Tepeyac (ya fuesen de lengua náhuatl —la generalidad—, otomí u otra) a mediados del siglo XVIII, en el momento mismo en que la Santa Sede concedió un reconocimiento indirecto a la tradición "aparicionista" del Tepeyac, cuyos fundamentos más sólidos eran los documentos en lengua náhuatl invocados por Becerra Tanco, y luego y sobre todo, por Boturini. Para los doctores romanos sólo había una imagen más de María Inmaculada; para los españoles era una copia de la Guadalupe de Extremadura, pero a los ojos de los indios en el Tepeyac sólo estaba la diosa madre de los aztecas, Tonantzin.

Sería interesante conocer la composición étnica de la procesión solemne del 12 de diciembre, que Robles señala lacónicamente: "Lunes 11, por la tarde, salió de la Merced la procesión de Nuestra Señora de Guadalupe." Pero el 31 de diciembre resulta más evocador del final de las fiestas en el Tepeyac: "El 31 se cerró el cimborrio de la iglesia nueva de Nuestra Señora de Guadalupe; los indios pusieron muchos fuegos, y se repre-

---

[10] "El arzobispo (...) informa por medio del escrito adjunto que el abad y los canónigos de la colegiata de Ntra. Sra. de Guadalupe le presentaron (...) de ver la mitad de los canónigos y racioneros instruidos en la lengua de los indios, que allí concurren. México, 28 de noviembre de 1753" (México, ms. 2607, Archivo General de Indias, Sevilla).

sentaron dos comedias, y hubo fiesta con misa cantada, en acción de gracias." [11] En esta fecha, en 1702, bien puede considerarse que la devoción a la Guadalupe se había convertido en un culto completamente oficial (y ya no solamente indio y popular), después de cerca de medio siglo. El año 1703 estuvo marcado por una fiesta guadalupana en el mismo México y en uno de los más famosos conventos de la capital: "Miércoles 12 (diciembre), se celebró en la Merced con gran solemnidad la fiesta de Nuestra Señora de Guadalupe y dedicación de su claustro (...) hubo gran concurso." [12] Se le ha podido reprochar a Antonio de Robles, licenciado en derecho canónico y comisario de la Inquisición, cierta falta de calidades en su diario y haberse limitado a consignar fallecimientos y novedades oficiales civiles o eclesiásticas. Del mismo modo, interesa señalar que este cronista menciona mucho más a menudo a la Virgen de los Remedios que a la de Guadalupe; ésta, devoción popular en su origen, sólo figura en su diario a medida que es reconocida por las autoridades. Siendo Robles muy sobrio en adjetivos y en asombros, cobra más valor "la gran solemnidad" y "la gran asistencia de gente" de ese 12 de diciembre de 1703, del cual quizá exista una relación barroca y detallada en los depósitos de algún archivo... De todos modos, bien podían los albaceas del caballero Andrés de Palencia escribir al Consejo de Indias, en 1717, "que no podían acaballar el hecho de que el santuario de Nuestra Señora de Guadalupe era el principal centro de devoción no sólo de la ciudad de México, sino de todos los reinos de Nueva España, y que si el edificio era imponente y suntuoso, sus rentas eran pocas, como la cantidad de sacerdotes y el monto de sus prebendas". [13]

[11] Robles, *Diario, Año de 1702*, t. III, pp. 245 y 250.
[12] Robles, *Diario, Año de 1703*, t. III, p. 303.
[13] *Manda de Don Andrés de Palencia para fundar en México un convento de Religiosas Agustinas de Sta. Mónica o un Colegio en el santuario de Nuestra Señora de Guadalupe —en 17 de febrero de 1717—. El Consejo se conformó con la Colegiata (Manuscritos de América*, signatura 195 12, fol. 368 r-v, Biblioteca Nacional, Madrid).
Noticias de la ciudad de México... (*Memorias de México*, t. XIV, manuscrito A/135 9/4870, Academia de la Historia, Madrid): "Murió en México por los años de 1707 un noble y piadoso caballero, don Andrés de Palencia, dejando en su testamento cien mil pesos..." (fol. 50 *v*). El rey Felipe V decidió el 26 de octubre de 1708 destinar ese legado a la colegiata de Guadalupe. La Santa Sede hizo esperar las bulas necesarias hasta el 9 de febrero de 1725.

Una forma de devoción más personal debió ser la de numerosos criollos, clérigos o laicos. El jesuita Florencia describe con amor la efigie de Guadalupe: "(...) parece que se arranca el alma y abalanza el corazón a mirarla y remirarla y a quererla con mil ternuras".[14] Tal ímpetu no sorprende dentro de la atmósfera en que floreció el arte barroco americano; por la belleza plástica y la disposición enigmática de los elementos significantes de un simbolismo religioso se difundían la piedad y los misterios divinos. No obstante, el padre Florencia era un devoto, más que un exegeta inspirado; la modestia del rostro y la indecible serenidad de la expresión de la Virgen del Tepeyac conmovían su corazón. También puede considerarse un caso típico (aunque extremo) de devoción guadalupanista el que narra el P. Isidro Félix de Espinosa, de su maestro fray Francisco Frutos (franciscano de San Diego). El ejemplo del P. Frutos es tanto más significativo por cuanto no era criollo, y testimonia, antes de Boturini, la atracción fascinante que ejercía la imagen del Tepeyac sobre los espíritus, aun aparte del sentimiento patriótico-carismático que para los mexicanos podía mezclarse en ella.

Fray Francisco Frutos había venido del convento de San Diego de Alcalá, en Castilla; Isidro F. de Espinosa dice que era un gran lector de santa Teresa de Ávila, de Juan de la Cruz y de la venerable María de la Antigua. Tenía una gran devoción por Nuestra Señora de Guadalupe del Tepeyac, y, encontrándose afectado por una oclusión intestinal y considerando sus médicos que estaba en las últimas, se encomendó a Guadalupe; contra todas las esperanzas curó al cabo de algunos días, "de suerte que los médicos confesaron abiertamente ser su curación de milagro".[15] En seguida fue a pie, desde el convento de Propaganda Fide de la Santa Cruz de Querétaro donde se hallaba, hasta el santuario del Tepeyac. Allí hará ejecutar por el excelente pintor Juan Correa una réplica exacta de la imagen pintada por los ángeles con flores, mientras que él mismo se mantuvo en oración junto al artista, actitud tradicional del donante en los retablos. También hizo pintar una miniatura sobre una

[14] Florencia, *La Estrella del Norte*..., citada por Francisco de la Maza, *El guadalupanismo*..., p. 65.
[15] Fray Isidro Félix de Espinosa (OFM), *Crónica apostólica seráfica de todos los colegios de Propaganda Fide de esta Nueva España* (...), parte I, México, 1746, libro IV, cap. XII, p. 296 b.

conchilla, que llevó siempre consigo desde ese momento, y ante la cual pedía a los demás que recitaran el rosario y que cantaran letanías. De regreso a su convento, fray Francisco solicita y obtiene el permiso de colocar en la iglesia la copia de tamaño natural de Guadalupe, y celebra la misa cada día al pie de la imagen sagrada. Recorría el país pidiendo la limosna de algunos cirios para adornar el altar de Guadalupe, "y era con mucho gusto con que se las daban, por oírle decir que era para la abuelita de Guadalupe".[16] Esta indicación testimonia tanto las formas de la devoción del religioso y de los laicos como la difusión provincial del culto guadalupanista en la primera mitad del siglo XVIII. El P. Frutos (y con seguridad no fue el único) se convirtió en activo propagandista de la imagen de Guadalupe. Según nos narra Isidro F. de Espinosa, coleccionaba las copias de la efigie sagrada y "en todas las cosas procuraba que estuviese la imagen de esta Señora", y donde no la veía se quejaba abiertamente: "No hallo la abuelita de Guadalupe." [17] El calificativo de "abuelita" puede ser la traducción española de *tonantzin*, término que quizá el P. Frutos empleaba para designar a "Nuestra Señora" al dirigirse a los indios. Cuando murió (poco después de la llegada de fray Antonio Margil como guardián de su convento), una gran luz apareció en el campo, según escribe su biógrafo. Murió con los ojos fijos en la imagen de Guadalupe, y en su último instante nombró a santa María. Este fin edificante, a los cuarenta y seis años, de un misionero castellano en Nueva España muestra cómo las tradiciones hagiográficas y las leyendas de las imágenes milagrosas se daban mutuamente la mano. La vida del P. Frutos, consagrada a la Guadalupe, sirvió para que se extendiera la devoción del Tepeyac, y recíprocamente los prodigios obrados por la imagen sagrada, primero en su persona y luego en ocasión de ser llamado por Dios, eran los primeros pasos de una leyenda hagiográfica que hubiera podido conducir a una posterior beatificación. (Ya referimos las resistencias de la Santa Sede con motivo del proceso de beatificación de Palafox y del venerable Gregorio López, y también el ardor con que los devotos deseaban esta distinción para el santo local, canonizado por la *vox populi*.) Por último, la devoción a la Guadalupe condujo a los criollos mexicanos a una exaltación comparable,

[16] *Ibid.*, p. 297 *a*.
[17] *Ibid.*, p. 297 *b*.

en la espiritualidad hispánica, a la de los españoles que habían pretendido en los felices tiempos del camino de Santiago transferir la cabeza de la Iglesia a la tumba del apóstol en Compostela, Galicia. *La transmigración de la Iglesia a Guadalupe* [18] fue predicada por el jesuita Carranza en esta misma ciudad de Querétaro, donde, algunos años antes, el franciscano Frutos (si Miguel Sánchez había sido el san Juan de Guadalupe, Frutos fue el san Pablo local) difundió la buena palabra guadalupanista, autentificada por el prodigio que había acompañado a su muerte.

Medio siglo más tarde, al conquistarse la Independencia, bajo el pendón de la Guadalupe, ésta fue consagrada una vez más protectora de México, como lo atestigua un proyecto de medalla destinado a recompensar a los vencedores de "juegos seculares en honor de la milagrosa aparición de Nuestra Señora de Guadalupe", organizados con motivo del tricentenario, en 1831, diez años después de la Independencia:

"Los premios podrían consistir en medallas grabadas (...) En el anverso de ellas podría representarse a la América según el estilo corriente en una joven vestida al uso de las antiguas indias nobles y señalando con la mano derecha la imagen de Nuestra Señora de Guadalupe en acto de bajar del Cielo, y con la izquierda cadenas destrozadas, unas barras de metales y la cornucopia vertiendo toda clase de frutos sobre la tierra. En la parte superior se podría escribir este lema:

CUNCTIS PRAETIOSIOR ILLA

en castellano: "Todo es nada en su cotejo". En el anverso podría ponerse esta inscripción:

MÉXICO, A SU DIVINA PROTECTORA
MARÍA SEÑORA DE GUADALUPE,
POR TRES SIGLOS DE BENEFICIOS
AÑO 1831 [19]

[18] Francisco Javier Carranza (SJ), *La transmigración de la Iglesia a Guadalupe* (...), México, 1749, Medina, 39 31.
[19] *Convite a los mexicanos para unos juegos seculares en honor de la milagrosa aparición de Ntra. Sra. de Guadalupe*, 1831 (*Manuscritos de América*, signatura 20427, Biblioteca Nacional, Madrid).

GUADALUPE, "REINA DE LOS MEXICANOS"

El hecho de que la espiritualidad mexicana se viera invadida en el siglo XVIII por la devoción a la "prodigiosa imagen" del Tepeyac tuvo efectos secundarios en la mayoría de las manifestaciones de la vida social. Tratándose de signos reveladores, pensaríamos cometer una grave omisión no mencionándolos. Una de las formas derivadas de la devoción a Guadalupe, trivial en su sentido pero muy significativa, es la moda de ese nombre en Nueva España (y más tarde en el México ya independiente, hasta nuestros días). Parece ser (para afirmarlo habría que hacer una investigación muy profunda en el conjunto de los archivos parroquiales, allí donde han quedado conservados) que el nombre de Guadalupe (empleado tanto por los hombres como por las mujeres) no apareció en Nueva España antes de la segunda mitad del siglo XVII, es decir, después que Nuestra Señora de Guadalupe fue jurada patrona de México contra las inundaciones y después que la obra de Miguel Sánchez hubo autorizado la leyenda de las "apariciones". Sor Juana Inés de la Cruz menciona una "doña María de Guadalupe Alencastre [Lancaster]", pero se trata de una dama del círculo del virrey, perteneciente a una familia de la nobleza peninsular, probablemente nacida en España y bautizada con el nombre de la Guadalupe de Extremadura, a mediados del siglo XVII. Sabemos indirectamente por Mier que era de buen tono en México a fines del siglo XVIII llamar a la hija "Guadalupe"; atacando a un notorio gachupín que había querido aparentar amor por el país, escribe: "El picarón caco de Branciforte le puso por eso acá Guadalupe a su hija; pero luego que volvió a España le mudó el nombre." [20] Se piense lo que se piense del personaje y de su modo de proceder, y aunque podamos tener reservas sobre el testimonio siempre parcial de fray Servando Teresa de Mier, cómo no ver en esto un índice de la presión social que se ejercía en favor del nombre "Guadalupe".

En esta época, en la cristiandad hispánica, la elección de un nombre era un acto religioso; llamar a un niño Guadalupe equivalía a consagrarlo a esta imagen sagrada y creaba un lazo de sumisión y de protección. El ejemplo del nombre elegido por una persona al entrar en religión es aún más convincente desde

[20] Mier, *Memorias*, t. II, p. 197.

este punto de vista; podemos citar al menos uno, que se conservó en el título del sermón de un sacerdote de Guadalajara: el día 15 de mayo de 1797, doña Juana María Josefa Sánchez Leñero tomó el velo en las dominicas del convento de Santa María de las Gracias de Guadalajara, bajo el nombre de religión de "sor Juana María de Guadalupe". Es un caso análogo al de los numerosos religiosos que, por la misma época en Nueva España, se hacían llamar "Francisco Javier", o de las religiosas que, como Juana de Asbaje, habían elegido el nombre de "santa Inés", devoción muy difundida.

La "guadalupanización" de Nueva España se extendió también a los topónimos. En su *Diccionario geográfico-histórico de las Indias Occidentales o América*, publicado en Madrid en 1787, Alcedo menciona en la rúbrica Guadalupe (además de la isla de las Pequeñas Antillas) quince ciudades o pueblos y dos ríos. Desgraciadamente, no indica el origen exacto de la denominación ni la fecha. La historia de los nombres de los pueblos mexicanos, o más bien de sus cambios de nombre, aclararía la intrahistoria de México (sólo es secreta por nuestra ineptitud para reconocer los signos visibles). Observemos en este caso que la mayoría de los "Guadalupes" censados por Alcedo (que debió omitir muchos) estaban en Nueva España. Un Guadalupe de Perú, en el obispado de Trujillo, debía su nombre a la imagen de Extremadura; otro de Nueva Granada y un tercero de la isla de Guadalupe son seguramente vinculables a la devoción peninsular. Los casos de dos pueblos de las "misiones" jesuíticas del Ecuador resultan más embarazosos, y nos inclinamos por relacionarlos con la Guadalupe mexicana. Registremos, por fin, el caso de un "Guadalupe" en el estado de Pernambuco, en Brasil, que podía derivar de un santuario secundario portugués, situado en el Alentejo.

Podemos pensar, pues, con poco riesgo de equivocarnos, que de todos los pueblos de las Indias Occidentales que llevaban el nombre de Guadalupe, a finales del siglo XVIII, dos tercios se lo debían a la imagen mexicana del Tepeyac. Entre éstos, siete eran pueblos de las misiones de Nueva España, y dos eran de las misiones jesuíticas de la América meridional; a la cabeza de la lista encontramos el "Guadalupe" del Tepeyac, nacido junto al santuario. La toponimia confirma el sentido del apostolado jesuítico en California, en la Tarahumara y en Sinaloa, así como el de las misiones franciscanas de Nuevo México y de Nueva

Vizcaya. Esos pueblos, en su mayoría, eran recientes cuando Alcedo hizo su diccionario; tenían la edad de las fundaciones misioneras del norte y del oeste, es decir, la misma edad que la devoción del Tepeyac. Los primeros pueblos rebautizados por los españoles en los años que siguieron a la conquista se llamaban todos con nombres dobles, que asociaban el topónimo náhuatl al nombre de un santo católico elegido como patrono, por ejemplo: San Juan Guelache, San Pedro Guelatao, Santiago de Gueyapa.

En las regiones ocupadas por indios con frecuencia nómadas, los pueblos creados por los misioneros jesuitas y franciscanos en el siglo XVII y en el XVIII, y designados con el nombre de Guadalupe, testimoniaban el patronazgo que Nuestra Señora de Guadalupe ejercía sobre la empresa evangelizadora, enseñaban a los neófitos el nombre de una imagen bajo cuyos rasgos la Virgen María había querido aparecer para darles a entender a los indios mexicanos que se instituía en su eminente protectora. Para esos pescadores de almas que eran los misioneros, Guadalupe era un signo de la gracia divina dispensada a los recién convertidos; por ello, para los evangelizadores denotaba un signo doblemente expresivo.

Muy distinto era el origen del nombre de Guadalupe dado al pueblo que se había desarrollado naturalmente a la sombra del santuario y de cuya existencia dependía totalmente. El pueblo de Guadalupe, situado en los accesos al Tepeyac, no habría podido llamarse de otro modo, y la voluntad de los hombres no intervino arbitrariamente en la elección del nombre, como ocurrió respecto a los pueblos de las misiones. Es interesante ver bajo qué rasgos se le aparecía este pueblo a un coronel de guardias (tal era el cargo de Alcedo) por 1785, en momentos en que culminaba el entusiasmo guadalupanista mexicano: "Tiene el mismo nombre un pueblo de la Nueva España en el corregimiento de México, situado en un cerro de terreno árido y estéril, célebre por el magnífico templo y santuario de Nuestra Señora de Guadalupe, que se apareció el año 1531 al indio mexicano Juan Diego, pintada en el lienzo de un ayate o manta; es de primorosa arquitectura, y dotado de mucha riqueza a costa de la singular devoción que le tiene todo el reino; el vecindario de este pueblo está compuesto de 60 familias de españoles y mestizos, y 110 de indios; está a una legua de México, cuya distancia es de una calzada de piedra que tiene una vara

[83 cm] de alto." [21] Alcedo destaca la esterilidad del lugar, la fecha de las apariciones según la tradición difundida por la sobre-abundante literatura apologética de Guadalupe, "la particular devoción de todo el reino". Describe con bastante precisión la calzada que llevaba de México al Tepeyac, y elogia la belleza de la arquitectura, así como la riqueza de la nueva basílica del pueblo de Guadalupe, en el que están representados los tres principales grupos de la sociedad mexicana de esos tiempos. Desgraciadamente, Alcedo (gachupín en eso) no distingue a los mestizos de los criollos, pero en esa época debe de haber habido más mestizos que descendientes puros de españoles en el pueblo de Guadalupe. La proporción entre los habitantes de dominante blanca o europea, por un lado, y los indios ilustra bien el hecho de que la Virgen se le apareció a un indio y que "el pueblo indio" se sentía favorecido. En los pueblos preexistentes a la conquista española, es natural que los indios hayan seguido siendo la gran mayoría de la población, pero en un pueblo como Guadalupe de Tepeyac, nacido en un desierto árido, como un derivado socioeconómico del santuario y como rebote de la devoción, los habitantes lo eran por elección. Había casi el doble de familias indias que de familias mestizas: 110 por 60.

Esta observación nos lleva a atender el aspecto indígena, "indigenista" incluso, de la devoción a la Guadalupe. Este aspecto aparece con particular claridad en las *Memorias piadosas de la nación indiana, recogidas de varios autores*,[22] del franciscano Díaz de la Vega, memorias contemporáneas del *Diccionario* de Alcedo y que, aunque permanecieron inéditas, fueron redactadas en 1782. El autor no dice quiénes eran esos "varios autores", de los cuales había tomado las leyendas piadosas, pero no nos cuesta mucho imaginarlo. Unos, a los que a veces cita, eran cronistas encargados de escribir la historia de su provincia religiosa, otros eran apologistas devotos. Pero estos autores, como

[21] Antonio de Alcedo, *Diccionario geográfico-histórico de las Indias Occidentales o América* (...) *escrito por el Coronel Don Antonio de Alcedo, Capitán de Reales Guardias Españolas. Con licencia*: Madrid: *en la imprenta de Manuel González*, 1787, pp. 251-253.

[22] José Díaz de la Vega (OFM), *Memorias piadosas de la nación indiana recogidas de varios autores, por el P. Fr.* (...) *predicador general e hijo de la Provincia del Santo Evangelio de México, año de 1782* (168 fol. ms.), *Colección Boturini*, t. XXXII, sign. A/ 153, 9/488, Academia de la Historia, Madrid.

el mismo padre Díaz de la Vega, habían extraído la materia de las tradiciones piadosas (directa o indirectamente) de los himnos indígenas o del teatro edificante. Los himnos eran el receptáculo de la memoria colectiva, que sólo retenía del pasado los acontecimientos cargados de una significación escatológica en cada grupo étnico. Por eso en las "piadosas memorias" hay al menos tantas apariciones de María cuantas etnias indias había en el México central. El capítulo v está consagrado al "Especialísimo beneficio del cielo a la nación indiana, en la portentosa aparición de María Santísima, en su imagen celestial de Guadalupe." [23] Nuestra Señora de Guadalupe fue erigida en divinidad tutelar de los indios "mexicanos" (*stricto sensu*), en el periodo que podríamos llamar el "Sol de María" adoptando la cronología indígena tradicional, a fin de permitir la integración de los mexicanos en el nuevo orden trascendente. La imagen mítica de Guadalupe desempeñó el mismo papel, en el espíritu de los indios del antiguo señorío de Tenochtitlan, que la del héroe epónimo Tenoch durante el "Sol de Huitzilopochtli", último Sol azteca que precedió a la conquista española. Según otra leyenda, la Virgen se le había "aparecido", en su imagen de Ocotlán, a un indio tlaxcalteca, y también se le "apareció", bajo los rasgos de Virgen de los Remedios, a un indio otomí. Así, los tres grupos étnicos cuya historia había marcado más profundamente la historia precolombina del México central: el viejo fondo rural otomí, los conquistadores mexicanos y los irreductibles tlaxcaltecas, quedaban dotados por la leyenda de una imagen protectora de la Virgen María. La Santísima Cruz de Querétaro garantizaba además a los chichimecas el beneficio de la gracia divina, mientras que la Cruz de Tepic aseguraba a los tarascos igual favor... Cuarenta años antes que el padre Díaz de la Vega, el licenciado de la Mota y Padilla había escrito: "(...) si a México debe el mundo emular sus felicidades, por la aparición de un signo tan grande como María Santísima, que le protege, el signo que al reino de la Nueva Galicia sombrea y defiende es también grandísimo, y ambos signos lo son del colmo de felicidades".[24] Los signos de la gracia divina habían sido repartidos por igual entre las diversas etnias indias de México, y los indios tenían que felicitarse por ello, cosa a la que los invitará el padre

---

[23] J. Díaz de la Vega, *op. cit.*
[24] Matías de la Mota y Padilla, *Historia de la conquista del Reino de la Nueva Galicia* (1742), Guadalajara, 1920, cap. XXXVI, p. 258 a.

Díaz de la Vega: "Regocíjense muchas veces los indios generalmente en todas sus naciones, pues como hijos especialísimos de
María Santísima lograrán la protección de sus piedades, prometida en Tepeyac, Ocotlán y Otoncapulco." [25] La fabulación mítica
lleva tan lejos la preocupación por la simetría y la igualdad
entre los diferentes grupos étnicos, que los "tres indios a quienes consecutivamente quiso hacer secretarios fidelísimos de sus
más altos designios y gloriosos precursores de su aparición en
México y de su invención en Ocotlán y en Otoncapulco" [26] se
llamaban Juan. Ya hemos señalado la fascinación ejercida sobre
los espíritus religiosos por la homonimia entre san Juan Evangelista, Juan Diego (el indio testigo de las apariciones del Tepeyac) y el arzobispo de México, el franciscano fray Juan de
Zumárraga. Los "Juanes" se habían convertido en el siglo XVIII
en una pléyade de visionarios de María. El esoterismo onomástico hacía pareja con el de la cronología. ¿Qué pensar del hecho
de que el arcángel san Miguel se haya aparecido a un indio
tlaxcalteca en 1531, justamente el año de las apariciones de la
Virgen en el Tepeyac? Este otro neófito privilegiado no se llamaba Juan como los otros, sino Diego como el Juan del Tepeyac.
Caemos en un vértigo en medio de este entrecruzamiento de
signos sobrenaturales, que se corresponden con rigurosa y desconcertante simetría de un santuario al otro.

En el trasfondo del esoterismo de los nombres y de los números se perfilaban las antiguas rivalidades tribales, como nos lo
confirma involuntariamente el padre Díaz de la Vega: "Aparece
María Santísima a otro indio, Juan Diego, en la provincia de
Tlaxcala..." La germinación de Juan Diego (el de Tepeyac) era
como para sorprender incluso a un lector contemporáneo, y el
memorialista franciscano da las razones de esta coincidencia:
"Habiendo sido la nobilísima y muy dichosa provincia de Tlaxcala la primera en cuyos horizontes radicaron las luces del
divino Sol Cristo Jesús (...) era precisa consecuencia que en
sus albores resplandecieran benignas claras influencias de la mejor Sagrada Aurora María su Madre Purísima, para ennoblecerla
más con su protección y amparo." [27]

[25] Díaz de la Vega, op. cit., fol. 49.
[26] Ibid., cap. VII, "Premia Dios la humildad, y sencillez de la nación
indiana en la parcialidad de los otomíes con la aparición de Nuestra
Señora de los Remedios, y su invención feliz" (fols. 48 ss.).
[27] Ibid., cap. VI: "Aparece María Santísima a otro indio, Juan

Los tlaxcaltecas, los primeros incorporados al cristianismo, aliados de Cortés y artesanos de la toma de México-Tenochtitlan, estaban dentro del campo de los vencedores y, por tanto, no podían haber tenido peor suerte ante la gracia divina que los grandes vencidos de la conquista, sus enemigos seculares: los mexicas.

Esta breve incursión en las tradiciones piadosas más directamente surgidas del fondo indígena da una profundidad nueva a la rivalidad entre México y Puebla (esta última inseparable de Tlaxcala, sede primitiva de su obispado); la expresión de esta concurrencia en los emblemas de los escudos tenía sus raíces en el pasado intertribal mexicano. Puede decirse que todos los fenómenos determinantes de la evolución espiritual y, en general, de la historia social de Nueva España emanaban más o menos directamente de los indios. Todavía en los tiempos de Humboldt, los indios constituían casi la mitad de la población de Nueva España; sus creencias ancestrales eran como el mantillo en donde germinaban las devociones criollas. Sin embargo, Guadalupe, imagen de la Virgen María, pertenecía íntegramente a la gran corriente espiritual de la devoción mariana que recorría, algo sumergida, la cristiandad occidental, desde comienzos del siglo XVII. Si hemos creído reconocer la influencia de la escritura jeroglífica en la asociación del nopal, glifo de México-Tenochtitlan, con la efigie de la Virgen, ¿qué pensar de estampas parisienses en las que María aparece representada sobre la nave de Lutecia? Así, bajo todos los cielos, los caminos de la heráldica y de la emblemática sólo se trazan a partir de las limitaciones inherentes a la escritura simbólica y a la invención mitificante.

De no mediar su identificación con la Inmaculada Concepción, la devoción por Nuestra Señora de Guadalupe del Tepeyac no hubiese alcanzado tal importancia en Nueva España. Los lentos progresos canónicos del problema, desde su aprobación por el papa Sixto IV en 1476, y las largas gestiones de la monarquía española ante la Santa Sede para apresurar la promulgación de un dogma y la institución de un rito *primae classis* (que se haría esperar hasta León XIII) aclaran la imagen de Guadalupe sobre su faz cristiana en su verdadera luz escatológica. Karl Rahner

Diego, en la provincia de Tlaxcala, y honra a la nación indiana con su celestial imagen de Ocotlán" (fols. 40 *ss.*).

escribió, en una sola frase que ilumina toda la historia de la devoción mariana: "Esta persona humana que llamamos María es en la historia de la Salvación como el punto de esta historia sobre el cual cae perpendicularmente la irradiación salvadora de Dios vivo, para extenderse desde allí a toda la humanidad."

La significación escatológica del guadalupanismo mexicano ha sido expresada en los términos más explícitos por un predicador criollo, el franciscano descalzo Baltasar de Arizmendi, en un sermón guadalupanista pronunciado en Guanajuato, en 1797: "Pues ello es cierto, que si en este nuevo mundo debía aparecer un nuevo cielo, una nueva tierra y nuevas criaturas, según el orden de la Providencia, no podía diferirse sino aquel tiempo que tardase María en visitarnos..." [28] No hay en esto nada sorprendente; para los católicos, María es la dispensadora de todas las gracias. Esta virtud material procede naturalmente de su lugar no en el orden humano, ni aun en el de la gracia, sino en el orden hipostático, que sobrepasa infinitamente a los otros dos. Cedamos sobre ese punto la palabra a un teólogo moderno: "María, en virtud de su maternidad divina, entra a formar parte del orden hipostático y es un elemento indispensable —en la actual economía de la Divina Providencia— para la encarnación del Verbo y la Redención del género humano." [29] Eso, la encarnación del Verbo y la salvación del género humano, era lo que estaba en juego en la devoción guadalupana; oigamos al jesuita Francisco Javier Carranza: "Cuenta san Mateo (...) desde Adán hasta David catorce generaciones: desde David hasta la transmigración de Babilonia, catorce generaciones; desde la transmigración de Babilonia hasta el nacimiento de Cristo, catorce generaciones (...) El Verbo se aparece en carne al catorceno de las edades; María se aparece en rosas al catorceno de aquella fiebre aguda cuya sanidad milagrosa en Juan Bernardino fue seguro testimonio de aquella maravilla. Allá fue alegoría, aquí fue realidad. Allá a un mundo entero, acá a una sola parte del mundo (...) El Verbo Encarnado está para establecer la eternidad de su Reino curó el peligrosísimo catorceno de los siglos, para fundamentar la permanencia de su Iglesia. La señora de

---

[28] Fray Baltasar de Arizmendi, *Sermones en las festividades de María Santísima predicados en diversos lugares...*, t. I, fol. 440, *Manuscritos americanos*, signatura 124 59, Bibiloteca Nacional, Madrid.

[29] Antonio Royo Marín (OP), *La Virgen María. Teología y espiritualidad marianas*, Madrid, 1968, cap. III, p. 71.

Guadalupe, casi a los dos siglos de aparecida, curó a los catorcenos peligrosísimos también del matlazáhuatl [tifus]..." [30]

Esto aclara por completo la "mariofanía" del monte Tepeyac: en la economía de la salvación, el prodigio de Guadalupe aparece como la segunda Encarnación del Verbo Divino. Con esta misma profundidad se arraigaba el sentimiento patriótico y carismático mexicano, porque ya hemos leído (y los auditores del padre Carranza lo oyeron el 12 de diciembre de 1748): "eso fue aquí realidad". El orador hablaba ontológicamente, y no por metáforas. Si en la primera Encarnación, la de Jesús, el Verbo había venido a rescatar al género humano, esta segunda Encarnación, la de María en el Tepeyac, sólo traía la salvación a la dichosa México. ¿Quién podrá negar que el guadalupanismo mexicano había sido un resurgimiento de la vocación de Abraham? Ya llamamos la atención sobre la ambición criolla de ver en México una nueva Jerusalén; ya citamos al maestro Ita y Parra: "En esto no sólo a Israel, a todas las naciones del mundo excede y se adelanta el indiano." [31] He aquí cómo un teólogo católico moderno (ignorante probablemente de la historia de la espiritualidad mexicana) define la vocación de Abraham: "La vocación de Abraham es una intervención de Dios totalmente nueva (...) Como Rey y Señor de toda la tierra aparta para sí mismo entre todos los pueblos a un pueblo para que sea su santa propiedad y su dominio real (...) Gracias a esta vocación, Israel, pueblo atrasado en otros aspectos, supera de lejos a todos los demás pueblos. A esta altura Israel se encuentra totalmente solitario." [32] Sin modificar el sentido del texto, se puede aplicar este resumen a la historia espiritual de México; basta reemplazar Abraham por Guadalupe e Israel por México.

Una vez más, Ita y Parra escribe: "Así se aparece María en Guadalupe dándose a toda [América], y la América toda se da a María, formándose su reconocimiento." [33]

---

[30] Francisco Javier Carranza (SJ), *La transmigración de la Iglesia a Guadalupe. Sermón que el 12 de diciembre de 1748 años* (...), México, 1749, p. 4.

[31] B. F. de Ita y Parra, *El círculo del amor* (...), Medina, 3837.

[32] Renckens, *Creación, paraíso y pecado original*, Madrid, 1969, p. 41 (ed. original, La Haya, 1960).

[33] B. F. de Ita y Parra, *El círculo del amor formado por la América Septentrional, jurando a María Santísima en su Imagen de Guadalupe, la Imagen del Patrocinio de todo su Reino. Sermón pa-*

Todas las manifestaciones de la devoción mexicana por Guadalupe derivan como de una misma fuente de la advocación de Guadalupe. Guadalupe, a la vez reina y madre de los mexicanos; en el primer caso son "esclavos" de María, y en el segundo "hijos" de María; son las dos vías de la perfecta consagración a María, según san Luis María Grignon de Montfort: "Consiste en darse completamente, como un esclavo, a María y a Jesús a través de ella, y hacer además todo por María, en María y para María." [34]

Los mexicanos eran un pueblo entero "consagrado a María de Guadalupe", según las dos vías de la devoción mariana. Les bastaba recitar la letanía de Nuestra Señora de Loreto, en el orden descendiente de las criaturas, reemplazando mentalmente Loreto por Guadalupe:

> *Reina de los Ángeles*
> *Reina de los Patriarcas*
> *Reina de los Profetas*
> *Reina de los Apóstoles*
> *Reina de los Mártires*
> *Reina de los que confiesan su fe*
> *Reina de las Vírgenes*
> *Reina de todos los santos*
> *Reina sin pecado concebida*
> *Reina elevada al Cielo*
> *Reina del Santísimo Rosario*
> *Reina de la Paz*
> *y, por último, "Reina de los mexicanos".*

Ya insistimos antes sobre el hecho de que Guadalupe había sido primero la "madre de los indios": "mi clemencia llena de amor y la merced que tengo por los naturales",[35] le ha hecho decir al padre Díaz de la Vega. Los criollos mexicanos reclamaron su parte de la gracia concedida a la "nación indiana". La evolución semántica del nombre "mexicano", que ya observamos en Clavijero, refleja ese esfuerzo de apropiación del *mexicáyotl*

negírico que predicó en el día de su aparición, 12 de diciembre de 1746..., México, 1747.

[34] Saint Louis Marie Grignon de Montfort, *Traité de la véritable dévotion à la Sainte Vierge* (comienzo del siglo XVII), citado por A. Royo Marín, *op. cit.*, pp. 367 y 398.

[35] Díaz de la Vega, *op. cit.*, cap VI: "celestial imagen de Ocotlán".

por la minoría de origen europeo. Si Guadalupe fue la mediadora entre Dios y los hombres, entre Dios y los mexicanos, su mediación no se limitó a eso. Fue la mediadora entre el rey y los "americanos", como lo dijo también Ita y Parra. Este papel casi político importa menos que la corriente espiritual que circuló en una sociedad fraccionada como lo era la de Nueva España. Virgen de color aceitunado aparecida a un indio, Guadalupe hizo de los criollos, de los mestizos y de los indios un solo pueblo (al menos virtualmente), unido en la misma fe carismática. El diálogo de las culturas no llegó a ser realmente vivo (superando las cuestiones de derecho y de interés) sino a partir del momento en que la apologética guadalupanista fue el tema principal. Todos los campeones mexicanos que respondieron a los desafíos de España y de toda Europa, en nombre de la patria americana, fueron grandes devotos de Guadalupe: Sigüenza y Góngora y Florencia, en el siglo XVII; Eguiara y Eguren, Clavijero, Mier, en el siglo XVIII; Lizardi ("El Pensador Mexicano") en el XIX. Podemos rastrear las polémicas como la del "Parnaso americano", provocada por un juicio sumario del deán Martí, de Valencia, y por la *Biblioteca*, de Eguiara. El problema del "hombre americano", planteado por el abate Cornelius de Pauw, provocó la reacción del ex jesuita Clavijero. El *Discurso histórico-crítico* de Juan Bautista Muñoz, que había atacado directamente el tema central de la espiritualidad criolla, la devoción por la Guadalupe, arrastró una serie ininterrumpida de contraataques mexicanos entre 1794 y 1843 por lo menos, es decir, durante medio siglo. Por Medina sabemos que la defensa guadalupana del oratoriano Gómez Marín, mediocre refutación de Muñoz, se vendía a seis reales en la oficina de Alejandro Valdés, en México. Era, pues, un fascículo de propaganda guadalupanista puesto al alcance de todos, y una de las formas de la lucha ideológica que los patriotas mexicanos llevaban sordamente contra España en 1819-1820.

Guadalupe se convirtió naturalmente en el estandarte de los insurgentes cuando el cura Hidalgo lanzó el "grito de Dolores", en 1810. Ya diez años antes un grupo de conspiradores tenía por nombre "los Guadalupes"; en las actas del proceso que se les siguió vemos que esos jóvenes sin recursos, incapaces de amenazar realmente la seguridad política del virreinato, habían encomendado el éxito de su empresa subversiva a Nuestra Señora de Guadalupe. Uno de ellos, que era orfebre, había trabajado una insignia "explicando que la abertura en forma de luna creciente estaba destinada a recibir la imagen de Nuestra Señora de Guadalupe".[36] Fracasaron; pero cuando triunfaron las armas de la Independencia, los *Sentimientos de la Nación* ya se habían manifestado sin equívocos: "Que en la misma [legislación] se establezca por ley constitucional la celebración del día 12 de diciembre en todos los pueblos, dedicado a la patrona de nuestra libertad, María Santísima de Guadalupe."

Recordemos también la proclama en que Morelos, establecía que "deberá todo hombre generalmente, de diez años para arriba, traer en el sombrero la cucarda de los colores nacionales, esto es, de azul y blanco, una divisa de listón, cinta, lienzo o papel, en que declarará ser devoto de la santísima imagen de Guadalupe, soldado y defensor de su culto".[37]

Así, ese 11 de marzo de 1813, desde el campo de Ometepec se lanzaba una orden que afirmaba la permanencia espiritual del México real en guerra contra el México legal (Nueva España). Guadalupe se había convertido en el estandarte de un combate político. Esta metamorfosis se operó a espaldas de los devotos patriotas, que creyeron llegado el fin de los tiempos, llamado en un lenguaje nuevo "el Día de Gloria". Pero esta gloria, directamente tomada de la Revolución francesa, ¿no venía acaso de más lejos, de la misma fuente judeo-cristiana que la mujer del *Apocalipsis*? Esta mujer que cabalga sobre el dragón en el libro de san Beato de Liébana y que, para sus devotos de la España medieval, pisoteaba la media luna del Islam amenazante, al final de su traslación hasta el extremo occidente mexicano, simbolizó a la Iglesia y a la patria que luchaban contra un mítico Anticristo, Napoleón I, sostenido por los gachupines. La elección de los colores de María como colores nacionales y de Guadalupe como símbolo de la unidad nacional que sellaba la sangre derramada era la consecuencia de su papel ya secular como protectora de México. El primer presidente de la República Mexicana llevaba el nombre predestinado de Guadalupe Victoria.

[36] *Autos formados con motivo de la conjuración intentada en la Ciudad de México por criollos contra los europeos*, 27 oct. 1800. (*Consejo*, leg. 21 061, núm. 458, fol. 25, Archivo Histórico Nacional, Madrid.)
[37] *Sentimientos de la Nación* (copia de 1814), *Boletín del Archivo General de la Nación*, II serie, t. IV, núm. 3, México, 1963 (ss. p.).
Proclama de D. José María Morelos, 11 de marzo de 1813, en *Album Histórico Guadalupano del IV Centenario*, México, 1930, p. 229.

En verdad todo había comenzado con el signo que Guadalupe les había hecho a los mexicanos, signo del bachiller Miguel Sánchez a sus compatriotas, que el sacerdote Siles había registrado antes que nadie en el mes de junio de 1648 y que se transmitiría y repetiría infinitamente en el curso de los siglos por manos mexicanas:

Signum
Signo, milagro, estandarte, imagen, sello, fin,[38]

había escrito Miguel Sánchez, en ese lenguaje emblemático que incita a la glosa. Como *Los nombres de Cristo* del bienaventurado Luis de León, los nombres de Guadalupe llaman la atención del exegeta. No tememos traicionar la expectativa del bachiller Sánchez, ni la verdad histórica, dejándonos tentar por la aventura:

Signo: santo y seña de la connivencia patriótica mexicana.
Milagro: milagro de la unidad nacional realizada.
Estandarte: estandarte de las guerras de Independencia.
Imagen: imagen del pueblo mexicano.
Sello: sello indeleble de las dos culturas enfrentadas a la tercera.
Fin: la salvación histórica del pueblo mexicano, finalidad misteriosa de la devoción guadalupanista.

La primitiva y la nueva Guadalupe ante la historia

La pieza principal del expediente constituido inicialmente por el canónigo Siles y transmitido a la Congregación de los Ritos, era la investigación de 1666. En realidad, ese expediente no había llegado a Roma, ya que el canónigo sevillano Mateo de Bicunia, que estaba encargado de presentar esta petición, murió sin haber podido cumplir su tarea. Esta circunstancia bastaría por sí sola para explicar el fracaso, pero el jesuita criollo Francisco

---

[38] Miguel Sánchez, *Imagen de la Virgen María...*, *Signum*, pp. 117-130. Véase también: fray Agustín de Vetancurt, *Teatro mexicano*, t. III, p. 351: "fue [Juan Diego] al señor obispo, que para certificarse le pidió *señal* (...) volvió Juan Diego (...) diciendo que (...) le pedía *señal* cierta para su crédito (...) la señora [Guadalupe)] dándole por *señas* aquellas flores...".

de Florencia expuso las dificultades canónicas del problema en su famosa obra (cuarto "Evangelio" guadalupano) *La Estrella del Norte de México* (...) *Nuestra Señora de Guadalupe*, de 1688. El resumen que hace Florencia del tenor de las *Informaciones* de 1666 dispensa de un análisis detallado: "Y salió la información tan cabal y llena, que aunque no pudo haber testigos de vista del milagro, por haber pasado ya, cuando se hizo, ciento y treinta y cinco años; pero hubo ocho testigos, naturales, de oídas, que lo supieron y creyeron que los que vivían cuando sucedió, y que conocieron a Juan Diego y a Juan Bernardino, y al señor arzobispo don fray Juan de Zumárraga, sujetos principales de la milagrosa aparición (...) Y en la testificación del licenciado Luis Becerra Tanco se hallan citados por él cuatro testigos españoles, los tres sacerdotes y un intérprete del juzgado eclesiástico de los naturales, que conocieron a los que se hallaron al tiempo del prodigio (...) En que parece que no puede haber moralmente engaño." [39]

La argumentación del P. Florencia se remite al aforismo latino: *Traditio est, nihil amplius quaeras*. Florencia pretendió demostrar por sus efectos la autenticidad de la tradición piadosa: "porque la tradición común y asentada, de siglo y medio; el concurso de todo México, a su santuario, a invocar a la Señora por medio de su santa imagen; la devoción y veneración que le tienen; el templo suntuoso que ahora sesenta y seis años le labraron; los dones y presentes de tanto precio que le han hecho; los favores que por su invocación experimentan; los milagros que la Santísima Virgen ha obrado (...) son un argumento tangible... [40] En materia de pruebas documentales, el *Sufragio...* de Luis Becerra Tanco, que acompañaba al expediente constituido por Siles en 1666, le pareció por sí solo suficiente.

Los modernos métodos de la investigación histórica no consideran como pruebas aceptables las de la tradición oral, cuando se trata de establecer hechos. De ahí la toma formal de posición del sabio mexicano Joaquín García Icazbalceta, para el cual las declaraciones bajo juramento de los sacerdotes y de los notables criollos interrogados en 1666 fueron efecto de la senilidad. El que podemos considerar como fundador de la historia del México colonial objetó a esos testimonios, en primer lugar, el si-

[39] Florencia, *op. cit.*, Guadalajara, 1895, p. 70.
[40] Florencia, *op. cit.*, p. 77.

lencio del arzobispo Zumárraga, testigo principal del prodigio según la tradición piadosa, y el silencio general de apologistas mexicanos como Bernardo de Balbuena, que todavía a comienzos del siglo XVII menciona todos los santuarios y todas las devociones de cierta importancia en México sin decir palabra de la Guadalupe del Tepeyac. Los escritos de Sahagún, luego los de Torquemada, y sobre todo la investigación de Montúfar, debilitan irremediablemente la tradición. La ambigüedad de la prueba, tal cual la presentaba Florencia, proviene del hecho de que él consideraba como probanza el *consensus* devoto; ahora bien, el *consensus* prueba tan sólo la existencia de la devoción, no el origen milagroso de su objeto. Parecía que la resistencia de la Congregación de los Ritos no vino tanto de la naturaleza sospechosa de las pruebas reunidas por la investigación como de la preocupación administrativa de evitar un precedente, como lo da a entender la carta del cardenal Rospillozi, citada y resumida por Florencia: "Una máxima muy prudente que observan, así el Sumo Pontífice como la Congregación de los Ritos, de no abrir la puerta a canonizar imágenes milagrosas de que hay tanta copia en la cristiandad, que si se hace ejemplar no se podrá resistir a todos los demás." [41]

Los considerandos de la respuesta pontificia llaman la atención sobre ciertos aspectos de la devoción a la Guadalupe del Tepeyac, que iluminan para nosotros su imagen enigmática. Los mexicanos habían solicitado una plegaria canónica (rezo propio) para el 12 de diciembre, fecha tradicional de la aparición. Esta fecha del 12 de diciembre correspondía al cuarto día de la octava de la Inmaculada Concepción, y, por tanto, la Congregación de los Ritos respondió: "Que supuesto que la imagen era de la Concepción, y la aparición había sido en un día de su octava, parecía excusado darle otro rezo que el que la Iglesia le daba a aquesta Soberana Señora en ella." [42] Así, Roma consideraba que la Guadalupe mexicana era una réplica de la Inmaculada, entre muchas otras del mundo hispánico. Para consuelo del canónigo Siles, un breve concedía "un jubileo plenísimo para aquel día"; [43] desgraciadamente, el breve pontificio reemplazó la fecha del 12 de diciembre por la del 12 de septiembre.

Ese *lapsus* de la Congregación de los Ritos tendía a confirmar

[41] Florencia, *op. cit.*, cap. XIII, § VI, p. 72.
[42] Florencia, *op. cit.*, p. 71.
[43] Florencia, *op. cit.*, p. 72.

que la Guadalupe de México era considerada todavía en Roma, a fines del siglo XVII, como una réplica de la Guadalupe de Extremadura, cuya fiesta tenía lugar el 8 de septiembre. Las razones que Florencia adelantó para explicar este "error" (probablemente deliberado) de la Congregación de los Ritos, si bien no son convincentes, aclaran involuntariamente la cuestión del cambio de almanaque en la devoción a la Guadalupe del Tepeyac. El jesuita atribuye el error a "alguno que debió de haber leído que la fiesta de Nuestra Señora se hacía por septiembre, como es así; y confundió la fiesta de septiembre (que se hace por este tiempo, por ser esta santa imagen patrona contra las inundaciones de México [sic], y ser aquél el mes arriesgado a ellas, y en el que sobrevino la memorable inundación del año 1629, en que por esta causa llevaron la santísima imagen a México) con el día 12 de diciembre, en que se celebra la milagrosa aparición, por haber acaecido ese mes y ese día".[44]

Se desprende de esto que la primitiva imagen del Tepeyac había sido copiada de la Guadalupe de Extremadura, cuya fiesta coincidía providencialmente con el periodo de las grandes lluvias en el valle de México. La intercesión de Guadalupe se había mostrado especialmente eficaz durante las terribles inundaciones de 1629. Es seguro que esta circunstancia estaba presente en la memoria de los criollos mexicanos, pero es mucho menos probable que fuera conocida en Roma. En la fecha en que Florencia escribía, las dos fiestas de Guadalupe estaban en competencia: la primitiva del 12 de septiembre, herencia de la Guadalupe de Extremadura reforzada por el ciclo de las lluvias (importante en las creencias del politeísmo mexicano y fuente de angustias periódicas para los criollos de México), y la nueva del 12 de diciembre que los apologistas de la "aparición" tendían a imponer. De haber convertido en fiesta obligatoria el 12 de diciembre, la Congregación de los Ritos hubiese rematado el proceso de mexicanización de la imagen del Tepeyac, que así habría roto su lazo calendárico (después de haber roto su filiación iconográfica) con la Guadalupe española. Por otra parte, implícitamente el oficio del 12 de diciembre habría confirmado la "aparición", situada afortunadamente durante la octava de la Inmaculada Concepción, devoción por ese entonces en pleno auge en la cristiandad hispánica. Por último, esas rosas

---

[44] Florencia, op. cit., p. 72.

de diciembre con las cuales habría sido compuesta la imagen del Tepeyac simbolizaban admirablemente la situación de la indiada desamparada por la derrota y salvada por la gracia de María.

Según la tradición, la devoción a la Virgen de Guadalupe de Extremadura se desarrolló en un clima parecido. Por otra parte, los milagros de la Guadalupe de Manila, destacados por fray Gaspar de San Agustín en sus *Conquistas de las islas Filipinas* (1698) ya citadas, tienen en común con los de la Virgen del Tepeyac el haberse obrado en beneficio de los indígenas (de Luzón). Si bien la imagen de Manila no tenía fama de ser prodigiosa como la del Tepeyac, pasaba por producir milagros terapéuticos, entre ellos la resurrección de un niño tagalo, de un año de edad. En una relación contemporánea encontramos la historia de los orígenes de la imagen de Guadalupe de Manila contada en estos términos: "En un principio, que fue el año 1601, estaba dedicada tan hermosa iglesia a Nuestra Señora de Gracia, imagen de talla muy parecida a la que en Extremadura de España se venera con la misma advocación. Transcurridos tres años, o sea, en 1604, a petición de los españoles que a la sazón vivían en Manila, sustituyeron el nombre de Nuestra Señora de Gracia por el de Nuestra Señora de Guadalupe, para que hubiera en Filipinas una iglesia dedicada a la Reina y Señora de cielos y tierra, tan venerable y obsequiada en la Nueva España..." [45]

El papel de los agustinos en la precoz migración de la imagen del Tepeyac hacia las Filipinas (se recordará que formaban parte de las provincias religiosas dependientes de Nueva España) fue, sin duda, decisivo, pero en 1604, ¿podía tratarse de la Guadalupe del Tepeyac? Es dudoso, y más bien hay que pensar en la Virgen de Guadalupe de Extremadura, dado que por los mismos años fue "descubierta prodigiosamente", en un río de la isla de Luzón, una réplica de Nuestra Señora de la Peña de Francia, otra Virgen morenica venerada en Extremadura. El extraordinario impulso tomado por la devoción a la Guadalupe de México a partir del siglo XVIII debió aparejar una revisión de la tradición filipina, lógica en la medida en que las islas eran anexo religioso, administrativo y económico de Nueva España.

En todo caso, queda en pie un ejemplo de sustitución de una imagen de la Virgen María por otra que, sin tardar, demuestra

[45] Fray Gaspar de San Agustín (agustino), *Conquistas de las islas Filipinas*, Madrid, 1698, libro III, cap. XXI, p. 498 *b*.

su eficacia mediante milagros. La cuestión de la transferencia de las virtudes sacras de la Guadalupe original de Las Villuercas (Cáceres) a sus copias es un aspecto esencial de la devoción y de las peregrinaciones. El P. Francisco de San José, en su *Historia* (1743), ya citada, de la primitiva imagen de Guadalupe (la de Extremadura), escribe: "mostrándose en sus retratos maravillosa, como si fuera la primitiva (...) y de la Virgen de Guadalupe se oyen innumerables prodigios por sus medallas, lienzos y papeles, de que pudiera referir muchos individuales casos".[46] Y agrega el religioso que se parece en eso al Sol, que comunica su luz a los objetos que baña. Si recordamos la importancia del simbolismo lunar en la imagen mexicana de Guadalupe, podremos vislumbrar a través de los fenómenos astronómicos las relaciones simbólicas entre el Sol de la Guadalupe de Las Villuercas y la Luna de la Guadalupe del Tepeyac. La tradición "aparicionista" mexicana se volvió inútil en esas condiciones para explicar los milagros del Tepeyac.

Si bien los términos de la bula *Non est equidem* (1754) eran restrictivos en cuanto a la autenticidad de las apariciones de Guadalupe, "*In ea specie anno 1531 mirabiliter picta Deiparae Imago Mexici aparuisse fertur*", la tal bula hizo olvidar el fracaso de 1666. El tratado de Florencia *La Estrella del Norte de México* (1688) tuvo un efecto decisivo en la historia del guadalupanismo mexicano. El jesuita había consagrado también un ensayo a la imagen rival, a la de los Remedios, pero fue *La Estrella*... el libro que se publicó de nuevo en 1741, y esta vez en España, después de la muerte del P. Florencia, quizá por iniciativa de otro gran mariólogo criollo mexicano, también jesuita, Francisco Javier Lazcano. Éste publicó por sí mismo en Venecia un tratado, *De principatu Marianae gratiae*, y en Roma, un ensayo, *Brevis notitia Apparitionis mirabilis B. Mariae Virginis de Guadalupe*, el primero en 1755 y el segundo en 1756; estos datos coinciden con el reconocimiento pontificio del patronazgo de Guadalupe sobre Nueva España. En su libro, Florencia había dado consejos sobre la manera de tener éxito en la negociación ante la Congregación de los Ritos;[47] según parece, los jesuitas del siglo XVIII supieron sacar partido de sus opiniones.

[46] Francisco de San José (jerónimo), *Historia universal de la primitiva y milagrosa imagen de Nuestra Señora de Guadalupe...*, cap. XX, p. 130 *a*.
[47] Francisco de Florencia (SJ), *La Estrella del Norte de México*,

En realidad, el expediente del guadalupanismo mexicano no debió parecer en Roma ni mejor ni peor que cualquier otro. Llama la atención su similitud con el de la Guadalupe de Extremadura, tal como fue expuesto, casi un siglo antes, por el prior del monasterio jerónimo de Las Villuercas, fray Gabriel de Talavera. Los argumentos del prior, a favor de la autenticidad de la tradición extremeña, son idénticos a los que servirían al jesuita Florencia para sostener la tradición mexicana.

GUADALUPE DE LAS VILLUERCAS (*España*)	GUADALUPE DEL TEPEYAC (*Nueva España*)

IMAGEN

— esculpida por el apóstol Lucas; — conservación milagrosa;	— pintada por el ángel Gabriel; — "milagro continuado" de su conservación.

TESTIGO DE LA APARICIÓN

— un humilde pastor de Extremadura;	— un humilde neófito indio.

LUGAR DE LA APARICIÓN

— una montaña, entre los peñascos, cerca de un río encajonado;	— una colina, entre peñascos, cerca de una fuente.

CIRCUNSTANCIAS DE LA APARICIÓN

— incredulidad del clero de la capital provincial; — repetición de la aparición, voluntad de la Virgen de fijar su santuario en el lugar de la aparición; — resurrección de un pariente próximo del testigo de la aparición; — iluminación del clero que organiza una procesión e inaugura el santuario;	— incredulidad del clero de la capital. — repetición de la aparición, voluntad expresada por la Virgen de que su santuario se establezca en el lugar de la aparición. — resurrección de un pariente próximo del testigo de la aparición. — iluminación del arzobispo; instala la imagen en el nuevo santuario.

Historia de la milagrosa imagen de María Stma. de Guadalupe..., Guadalajara, 1895, cap. XII, § VI: "Pero advierto, que si esta materia se hubiese de reproducir en Roma, sea yendo persona de por acá, inteligente, que la trate con empeño y viveza" (p. 73).

— adhesión popular inmediata y masiva;
— época de desconcierto de la comunidad cristiana, después de la invasión de los musulmanes;

— adhesión popular masiva (en especial de los indios).
— época de desconcierto de los neófitos indígenas después de la conquista española, seguida de grandes epidemias.

DESARROLLO DE LA DEVOCIÓN

— silencio historiográfico desde 1322, fecha presunta de la aparición, hasta 1440, fecha del primer manuscrito de apologética guadalupanista;
— fundación del monasterio de Guadalupe en 1340 por el rey Alfonso XI, en acción de gracias por la victoria del Salado, sobre los moros;
— Nuestra Señora de Guadalupe de Las Villuercas es el santuario más favorecido de la península, de Alfonso XI a los Reyes Católicos (apogeo al final de la Reconquista y durante la conquista de América, finales del siglo XV y principios del XVI);
— multiplicación de los milagros terapéuticos en los orígenes, luego papel de protección sobrenatural con relación a la comunidad nacional (Reconquista);

— silencio historiográfico desde 1531, fecha presunta de la aparición, hasta 1648, fecha de la primera obra de apologética guadalupanista.
— edificación del primer santuario del Tepeyac, por suscripción pública, 80 años después de la fecha de la aparición. según la tradición (1609).
— Nuestra Señora de Guadalupe del Tepeyac es jurada como "Patrona principal" de México, dos siglos después de su "aparición" (1737).
— reconocimiento pontificio de la tradición guadalupanista y "Patronazgo universal" de Guadalupe sobre todo México (1754).
— multiplicación de los milagros terapéuticos en favor de los indios, al principio, luego salvaguardia de la comunidad étnica (inundaciones 1629; epidemia 1737).

El P. Talavera consagra toda una disertación a demostrar la fuerza de la tradición en general: "pues sabemos, cuánta fe se da en la Iglesia a la costumbre, cuánto caso hace della San Pablo y cuánta fuerza y autoridad tiene la tradición con los prudentes".[48] Fue así como el papa Julio II reconoció por medio de una bula el santuario de Nuestra Señora de Loreto, sin otra prueba que la tradición: "Y así en cosa tan pública bien podemos decir que voz tan conforme de pueblo lo es de Dios."[49] En

[48] Fray Gabriel de Talavera (jerónimo), *Historia de Nuestra Señora de Guadalupe*, Toledo, 1597, p. 325.
[49] Fray Gabriel de Talavera, *op. cit.*, p. 333.

virtud de la tradición oral ininterrumpida, el silencio historiográfico no debilitó la fuerza de la leyenda piadosa; el autor invoca
el precedente de los Evangelios cuyos originales se perdieron y
cuyas copias tienen no menor autoridad. Fray Alonso de Oropesa, prior de Guadalupe, hizo componer la primera relación
en 1455: "Entonces se compuso la historia famosa de Guadalupe, y sus autores confiesan haberla sacado de los libros antiguos, compuestos en el tiempo que aún duraban muchos que se
hallaban a los milagros y prodigios de su admirable invención." [50]
Según este autor, si hubiera habido engaño por parte del primer
monje historiógrafo, los testigos aún vivos lo habrían desmentido y la tradición hubiera perdido su fuerza de inmediato. Si
los contemporáneos del milagro no lo habían contado por escrito, fue a causa de la bien conocida negligencia de los españoles, "ocupados en armas unos, otros en el gobierno y los menos
estorbados en propios negocios". Los documentos más antiguos
han desaparecido "con el desasosiego de las guerras".[51] Lo que
quedaba como última prueba era la "devoción universal" confirmada por innumerables milagros.

Uno de los prodigios más asombrosos es quizá "el haberse
conservado la imagen santa sin mudanza ni menoscabo (...)
más de seiscientos años en aquel sitio húmedo con la vecindad
del río".[52] Esto recuerda (o prefigura) "la renovación por sí
misma de la imagen del Tepeyac, comprobada por pintores y
médicos, y objeto del libro de Miguel Cabrera.[53] La conservación milagrosa de las imágenes sagradas, lejos de ser rara, en
el divino ayate del Tepeyac aparece como un lugar común de las
tradiciones piadosas. En su *Viaje a Covadonga*, Ambrosio de
Morales, sacerdote enviado al santuario por el rey Felipe II
para averiguar sobre la tradición, escribió: "Esta iglesia dicen
que labró el rey don Alfonso el Casto de la manera que ahora
está, y que así dura desde entonces, milagrosamente, sin po-
drirse la madera." [54] Morales es incrédulo y ve en ella "mani-

[50] Fray Gabriel de Talavera, *op. cit.*, p. 336.
[51] Fray Gabriel de Talavera, *op. cit.*, pp. 340 y 344.
[52] Fray Gabriel de Talavera, *op. cit.*, p. 355.
[53] Miguel Cabrera, *Maravilla americana, y conjunto de raras maravillas, observadas con la dirección de las reglas de el arte de la
pintura en la prodigiosa imagen de Nuestra Señora de Guadalupe
de México por don Miguel Cabrera, pintor* (...), Impr. del Real
(...) Colegio de San Ildefonso, México, 1756.
[54] Ambrosio de Morales, *Viaje* (...) *por orden del Rey D. Phe-*

fiestas señales en todo de obra nueva"; sin embargo, acompaña su duda de esta reflexión que nos remite al P. Talavera: "Dios más que esto puede hacer." La reverencia ante el numen divino es el común denominador de la incredulidad del primero y de la credulidad del segundo. Al contarnos el descubrimiento de un *Eccehomo* en Cebú, realizado por un soldado que cavaba los cimientos de su casa, fray Gaspar de San Agustín califica el acontecimiento de "milagrosa invención", y añade esta reflexión: "hallaron una imagen muy devota de un *Eccehomo* de escultura sobre madera, muy bien tratado por haber estado tantos años en parte semejante".[55]

Había otro rasgo común a la imagen de Las Villuercas y a la del Tepeyac: la humildad del testigo de la "aparición", un pastor en España, un macehual indio en México. A causa de esta humildad del elegido, la gracia recibida alcanzaba a toda la comunidad. Por la misma razón, los sacerdotes de Cáceres, y más tarde el arzobispo Zumárraga, se mostraron incrédulos; fue necesaria la insistencia de la propia Virgen para que se aceptara el prodigio y la basílica fuera fundada en el nuevo lugar de peregrinación; tal es al menos la tradición. No vamos a volver sobre las constantes topográficas (distancia de la ciudad, eminencia, fuente o río próximo...) pero hay que insistir sobre el carácter popular de todas estas tradiciones. Venidas del pueblo en la voz de los monjes que a menudo provenían de éste, las leyendas piadosas (en especial las marianas) solían chocar con la resistencia de los obispos letrados, que las consideraban sospechosas. Cuando más adelante la fama multiplicaba los milagros, la Iglesia no podía desautorizar una devoción que atraía a los peregrinos, y no tenía más recurso que relacionar el significado de un santuario, originalmente regional, con la trascendencia universal del cristianismo. La negativa pontificia a reconocer un origen religioso a cada una de las imágenes regionales, en particular, estaba inspirada en la preocupación de no romper el lazo que las unía a la devoción, únicamente católica, por la Virgen María en su Inmaculada Concepción.

lipe II a los Reynos de León, Galicia y Principado de Asturias, para reconocer las reliquias de Santos, sepulcros reales, y libros manuscritos de las cathedrales, y monasterios, Impr. Antonio Marín, 1765 (en Apéndice a Luis Menéndez Pidal, *La cueva de Covadonga...,* Oviedo, 1958, p. 111).
[55] Fray Gaspar de San Agustín, *op. cit.,* libro II, cap. xv, p. 273.

En cuanto a la imagen del Tepeyac, pintada y no esculpida, nada hay en ella que deba sorprender en una Guadalupe: fray Diego de Ocaña, el monje enviado a la América meridional desde el monasterio de Extremadura, había pintado, en 1602, para la catedral de Sucre, una réplica de la Guadalupe de Las Villuercas "sobre tela", "que en el mundo todo no hay imagen de la forma de ésta, y así pintada, con tanta riqueza, que a todos cuantos la ven, espanta". Quizá se recordará que este jerónimo sólo tenía vagas nociones del arte de iluminar, según propia confesión; así agrega: "Y yo también estoy espantado de mí mismo (...) lo cual fue evidentemente con la ayuda de la Santísima Virgen de Guadalupe." [56] El pasmo de los devotos ante la belleza sobrehumana de la imagen era análogo al que experimentaban los peregrinos a la vista de la Guadalupe del Tepeyac. Sólo una intervención sobrenatural podía justificarla. Un cuadro mexicano del siglo XVIII representaba al Espíritu Santo pintando la imagen del Tepeyac, unos autores atribuían el cuadro al arcángel san Miguel, otros a Gabriel... Los más entusiastas afirmaban que era la propia Virgen María quien, *motu proprio*, había impreso su imagen sobre la tilma del neófito indio Juan Diego. El precedente del pilar de mármol donde la Virgen había aparecido en Zaragoza, a los ojos del apóstol Santiago, autorizaba un nuevo autorretrato de María en México.

Ya se trate de los detalles anecdóticos de la leyenda piadosa, de las condiciones topográficas del santuario, del origen popular "espontáneo" de la devoción, de la resistencia de la Iglesia, del silencio historiográfico durante más de un siglo, del florecimiento tardío de toda una literatura apologética, o de la expansión material del santuario, causada por la creciente afluencia de peregrinos, la devoción del Tepeyac aparece repitiendo la devoción de Extremadura. Eso no significa que la primera deba ser considerada como un simple reflejo de la segunda. Se puede comprobar, eso sí, que en un mismo universo espiritual, las pruebas históricas comparables que amenazan la existencia de una comunidad han dado nacimiento a análogas respuestas míticas, a más de dos siglos de intervalo. El historiador sólo puede dejar constancia de la emigración de los lugares de peregrinación; los dioses acompañan a los hombres en la medida en

---

[56] Fray Diego de Ocaña, *Viaje por la América meridional* (1599-1605), Madrid, 1969, p. 354.

que traen la promesa de salvación a las comunidades. Con un retraso de más de un siglo, natural cuando se trata de la transferencia de un lugar santo, la "nueva Guadalupe" vino a agregarse a la Nueva España, como una reserva de oxígeno espiritual requerido por la nueva sociedad para afirmar su identidad y estimular su desarrollo. Si reflexionamos, como sugiere A. Dupront, sobre el hecho de que fueron necesarios un milenio y muchas cruzadas infructuosas para que se operara la transferencia de los Santos Lugares, de Palestina al Occidente europeo (precisamente a Santiago de Compostela), observamos a partir del siglo XVII americano una aceleración de la historia, al menos de esos procesos espirituales que jalonan su curso.

EPÍLOGO

Guadalupe en la actualidad

El punto principal sigue radicando para nosotros en lo que desde hace mucho se ha llamado la "mariofanía" mexicana. El término es adecuado, ya que se trata de una nueva epifanía; la imagen de Guadalupe ha sido interpretada como tal a partir de la *Historia* de Miguel Sánchez, publicada en 1648, y por ello ha suscitado toda una literatura devota, aún en pleno siglo XIX, con un tardío resurgimiento en el siglo XX, señalado especialmente por la publicación del *Álbum guadalupano del IV centenario* del padre Mariano Cuevas (S. J.), en 1931. Inspirándonos en Marc Bloch, podríamos expresar nuestra posición en estos términos: el problema, en una palabra, no consiste en saber si la imagen de Nuestra Señora de Guadalupe, venerada en el cerro del Tepeyac, es el resultado de un prodigio o la obra de un artista indígena: "Lo que se trata ahora de comprender es cómo se explica que tantos hombres hayan creído, y crean en nuestra época (en un México donde han triunfado primero una revolución de inspiración positivista y luego una revolución de influencia marxista) en el carácter milagroso de la imagen del Teyeyac."[1]

La devoción a la Guadalupe es el tema central al que debe llegar inevitablemente todo estudio de la conciencia criolla o del patriotismo mexicano, a menos que parta de él.

La mariofanía mexicana se nos presenta como una epifanía patriótica, en la que confluyen una de las corrientes quizá más permanentes del cristianismo: el culto a María Inmaculada, y una de las creencias fundamentales de la antigua religión mexicana: el principio dual. Ese fenómeno aclara la historia de la nación mexicana en la medida en que, dentro de una cierta ética y de un sistema de pensamiento que ya no es de nuestro tiempo, ha sido, según la feliz expresión de Francisco de la Maza, "el espejo" de la conciencia nacional. Para este autor: "El guadalupanismo y el arte barroco son las únicas creaciones auténticas del pasado mexicano."[2] La devoción a la Guadalupe

[1] Marc Bloch, *Apologie pour l'histoire* (...), p. 5.
[2] Francisco de la Maza, *El guadalupanismo mexicano*, p. 9.

fue para México el aspecto espiritual de la rebeldía colonial. Es posible registrar en la historia de México la permanencia de una búsqueda de sí, de la "mexicanidad", muy anterior a Justo Sierra y a Antonio Caso. Esta búsqueda apasionada del alma nacional (el *mexicáyotl* de los antiguos) fue, desde el siglo XVI, inseparable de una sed de apropiación de la gracia y de los prodigios que la habían manifestado; así, más tarde, Justo Sierra querrá "mexicanizar el saber",[3] la ciencia, esta gracia de los tiempos positivistas. Según los distintos momentos de la historia mexicana, el espejo de la conciencia nacional se llamó santo Tomás-Quetzalcóatl, Tonantzin-Guadalupe, o con algún otro nombre. El primero corresponde al momento de la evangelización primitiva, para liberar de algún modo a los indios de un cristianismo al que sólo la fuerza de las armas había podido abrirle camino, y sobre todo de dieciséis siglos de tinieblas espirituales, que los habían entregado por completo al enemigo del género humano. La identificación de Quetzalcóatl con santo Tomás resultaba un modo de "mexicanizar el cristianismo", parafraseando a Justo Sierra. El impulso relativamente tardío de la devoción a la Guadalupe (habrá que esperar más de un siglo después de la aparición, presuntamente en 1531, para que aparezca el primer "evangelio" de Guadalupe) coincidió, como vimos, con el favor de que gozaba por entonces el culto a la Inmaculada Concepción. En ambos casos, la aspiración colectiva tendía a lo universal a través de lo nacional, al reconocimiento de la dignidad nacional en el concierto de las naciones. Siglos antes de Samuel Ramos, México elaboró, en cada momento de su historia, una filosofía que era la expresión de su "circunstancia", en el sentido en que la ha definido Ortega y Gasset. El desarrollo del culto cívico al joven abuelo Cuauhtémoc desempeñó ese papel después del triunfo de la Revolución mexicana, a la hora en que la corriente indigenista rehabilitaba al indio, considerado como el núcleo primero de la originalidad nacional. Alfonso Reyes cita oportunamente a la escritora Victoria Ocampo: nuestros antepasados se sentían, dice ella, "poseedores de un alma sin pasaporte";[4] la expresión es reveladora de una constante de la historia mexicana. Los criollos mexicanos han

[3] Justo Sierra, *Discurso inaugural de la Universidad de México* (1910), *Obras completas*, UNAM, 1948, t. V, pp. 447-462.

[4] Alfonso Reyes, *Notas sobre la inteligencia americana*, Buenos Aires, 1936, *Obras completas*, t. XI, México, 1960, p. 89.

dirigido a la Virgen María en su milagrosa imagen de la Guadalupe, este "celestial tesoro", un sentimiento ferviente y posesivo, puesto que ella ha sido el "pasaporte" de su alma pecadora y de su patria avasallada.

En el siglo de la velocidad, Guadalupe se ha convertido en la imagen tutelar del conductor de camión y del piloto de avión. Colocada en el cuadro de mandos de todos los taxis de México, con la elocuente divisa: "Santa Virgen, protégeme", la imagen conjuradora es velada por una lamparita roja que reemplaza a los cirios de antes. Su "patronato universal" se ha diversificado y ensanchado con el imperio de las técnicas, extendido a los nuevos peligros del siglo xx.

PERSPECTIVAS

LAS ESPAÑAS Y MÁS ALLÁ DE ELLAS

EL FENÓMENO central de la formación de la conciencia nacional mexicana es lo que podemos llamar el diálogo de las culturas. Sus efectos asoman a cada paso a lo largo de la historia de Nueva España, pero hay que distinguir sus diferentes niveles. En el campo tecnológico está hecho de cambios y de préstamos; por ejemplo, la imagen europea de la Virgen de Guadalupe fue pintada sobre un tosco tejido de fibra de agave (*ayatl*), utilizado comúnmente por los indios para hacer capas (*tilmatli*). Respecto a las creencias, el asunto es evidentemente más complejo, pero encontramos el mismo tipo de intercambios. Reinterpretación de Tonantzin; desafío criollo a España mediante la devoción por la Guadalupe del Tepeyac; imitación de la apologética de Santiago de Compostela por los apologistas criollos de santo Tomás-Quetzalcóatl. En este último caso, el espíritu criollo se apoya sobre la imitación consciente de España. La voluntad de ruptura —con España— de los mexicanos no impide el mimetismo frente al lenguaje y las creencias peninsulares. Incluso en medio de las controversias que opusieron a Eguiara y Eguren con el deán Martí, y a Juan Bautista Muñoz con varios autores mexicanos, el diálogo entre la cultura hispánica y la cultura azteca prosiguió sin interrupción. La creación de imágenes míticas nuevas que asociaban los aportes ibéricos a significantes jeroglíficos amerindios fue la forma más perfecta de esa simbiosis. La expresión enigmática de los mitos mestizos en el lenguaje emblemático criollo representa la interiorización máxima de la fusión de las culturas; incluso en la existencia de nuevos mitos y en su expresión original radica el acta de nacimiento de una cultura nueva. Pero si la civilización mexicana surge tempranamente de este esfuerzo violento, descrito por W. Jiménez Moreno,[1] las dos culturas madres se han seguido expresando cada una en su propia lengua. La expresión pictográfica mexicana se ha transformado y enriquecido con jeroglíficos de un nuevo género, fruto de la necesidad de expresar conceptos y símbolos cristianos. Los estudios de Joaquín Galarza sobre los medios de expresión

[1] Wigberto Jiménez Moreno y A. García Ruiz, *Historia de México, una síntesis*, México, 1962, p. 31.

de la simbólica cristiana en los códices tardíos dan una buena
idea de la riqueza sincrética de esos documentos. Mas no se ve
bien la evolución sufrida por los cantos y las danzas rituales,
que hoy siguen siendo los medios de expresión más característicos de fe de los indios mexicanos. ¿Conocemos mejor acaso las
imitaciones que la elocuencia sagrada criolla hizo del conceptismo español, abusivamente reducidas a las exageraciones de
fray Gerundio de Campazas?

La remodelación de las tradiciones piadosas mexicanas sobre
los patrones tradicionales de la hagiografía ibérica y los caminos
reiterados por la esperanza escatológica mexicana muestran, de
manera indiscutible, la completa integración de Nueva España
a la "vivencia" hispánica. Incluso el rasgo en que radica la originalidad de la vida espiritual novohispana —el. resurgimiento
de la vocación de Abraham bajo la nueva forma de la vocación de Guadalupe— está evidentemente tomado de un cristianismo hispanoportugués saturado de judaísmo a lo largo de los
siglos.[2] Un estudio de la espiritualidad o de la historia general
de Nueva España no estará bien orientado si no gira en torno
a la existencia de lazos íntimos y permanentes con España. En
efecto, México tomó de España su propia sustancia; si bien los
españoles explotaron abusivamente las fuerzas productivas, los recursos minerales y las producciones agrícolas de México, también, a su pesar, hicieron de México una nación. Hasta el estilo
de la guerra de Independencia mexicana es el de la guerra de
Independencia española. ¿Incluso, habrían tomado las armas los
mexicanos para liberarse de la tutela española, si el pueblo de
los gachupines no les hubiera dado el ejemplo (que era también
un desafío) alzándose contra el invasor napoleónico? Nos llama
la atención la similitud de los campos nocionales que revela el
análisis de la literatura revolucionaria española y de las proclamas de los liberales mexicanos. Hay un rico dominio en que
la unión de la Ilustración con la herencia judeo-cristiana podría enseñarnos mucho acerca de los orígenes de las ideologías
progresistas y sus lazos con la esperanza mesiánica. Los métodos de Sperber y de Guiraud (sobre los cuales A. Dupront ha
llamado la atención de los historiadores) [3] podrían proporcionar

---

[2] Jacques Lafaye, "Le Messie dans le monde ibérique: aperçu",
MCV, t. VII, 1971, pp. 163-185.

[3] A. Dupront, *Langage et histoire*, XIII Congreso Internacional de
las Ciencias Históricas, Moscú, 1970, pp. 48 *ss*.

herramientas preciosas para una investigación de esta naturaleza.

Hemos podido comprobar que sería simplificar indebidamente la realidad mexicana reducir el diálogo de las culturas a un intercambio entre la antigua cultura azteca dominante y la nueva cultura dominante hispánica. Podrían emprenderse estudios ricos y muy nuevos, por ejemplo, sobre Michoacán. Lejos del foco irradiante de México, los tarascos que habían permanecido al margen de la dominación mexicana elaboraron una cultura y creencias originales, en esta zona ocupada por ellos que siguió siendo marginal y que desempeñaría, como se sabe, un papel determinante en las guerras de Independencia. Varias veces hemos llamado la atención sobre la situación privilegiada de la etnia tlaxcalteca, base humana casi única de la diócesis de Puebla. Negros y mulatos crearon también en México, como en otras regiones de América, embriones de una "contra cultura", de la cual el *Diario* [4] de Robles nos ha dejado al menos un testimonio. Sin embargo, se trata de fenómenos regionales, cuyos efectos sobre la formación de la nación mexicana sólo pudieron ser limitados y ocasionales. La orientación de la vida espiritual en Nueva España y el desarrollo de una conciencia nacional mexicana fueron ante todo variantes regionales de la evolución del mundo hispánico.

El más notable ejemplo que puede darse de esto es el conjunto de la literatura apologética de santo Tomás-Quetzalcóatl. La evangelización apostólica de los indios habría hecho de ellos "cristianos viejos" y los habría lavado de ese nuevo pecado original inventado tardíamente por las comunidades cristianas de España: ser "cristiano nuevo". Por extensión, muy fácil de que se produjera, los indios se veían asimilados, de modo más o menos expreso, a los judíos y a los moros. Para evitarles compartir la indignidad de esos súbditos de segunda clase del rey de Castilla, se les ofrecía un solo medio a sus protectores, los religiosos misioneros: demostrar la evangelización apostólica del Nuevo Mundo. Una tentativa de esta naturaleza no se diferenciaba en nada de los falsos cronicones redactados en los mismos años por los apologistas de los moriscos granadinos y de los judíos convertidos a la fuerza. En una sociedad en la que

[4] Antonio de Robles, *Diario de sucesos notables* (1665-1703), México, 1946, t. III, p. 228.

los individuos se adornaban con una genealogía prestada ates-
tiguando su "pureza de sangre", único modo de restaurar su
dignidad social y de acceder a los honores, los grupos étnicos
considerados "innobles" también recurrieron a historiadores
hábiles que les componían un pasado de "cristiano viejo".[5] La
incredulidad de los historiógrafos oficiales de España fue el
primer desafío lanzado a los apologistas criollos. Negar la identidad de Quetzalcóatl y del apóstol santo Tomás, negar la autenticidad de las apariciones de la Virgen María en el Tepeyac,
eran modos de incluir a los indios (y después a los criollos) en el
estatuto de indignidad de los infieles y de los idólatras. También,
aspirar a la dignificación ha sido una constante en las sociedades
hispanoamericanas, que sobrevivió con creces a la Independencia, como lo prueba el éxito del justicialismo peronista, cuyo
eslogan era: "Perón cumple, Evita dignifica." La sed de justicia
se confundía, por lo demás, con la espera de la parusía del Cristo
o de su variante mexicana, el reino de Guadalupe, o el de Quetzalcóatl[6] (el primero remitiendo al futuro y el segundo al pasado).

Las grandes corrientes espirituales que atravesaron la cristiandad entre fines del siglo XI y el siglo XIX (para no hablar
del siglo XX, en el cual la emigración española ha jugado un
papel ideológico de primer orden en México) afectaron a México
a través de España. En primer lugar, el maravilloso clima en
que se bañaban los conquistadores del Nuevo Mundo era herencia directa de las grandes cruzadas o más bien de sus secuelas
espirituales, en particular el espíritu de cruzada, que marcaría
tan profundamente a la Iglesia de Occidente. El sentimiento
carismático criollo encuentra en ese primer momento su raíz;
los conquistadores, como antes los cruzados, se sentían elegidos de Dios. En un relato anónimo de las cruzadas, publicado
por Émile Bréhier, vemos a santos montados en caballos blancos venir en socorro de los cruzados contra los turcos, muchos
siglos antes de que Santiago "matamoros" viniera a derrotar
a los indios. Como ya nos ocupamos de eso, no insistiremos sobre la importancia del espíritu de pobreza que en los "doce"
corría pareja con la esperanza del fin de los tiempos. Las Indias

[5] Antonio Domínguez Ortiz, *La clase social de los conversos en
Castilla en la Edad Moderna*, Madrid, 1955, p. 214 *ss*.
[6] Jacques Lafaye, *L'utopie mexicaine*, "Diogène", núm. 78, abril-junio
1972, pp. 20-39.

Occidentales fueron el último refugio del espíritu feudal de España, y del espíritu de renovación evangélica de las órdenes mendicantes que muy pronto se hizo sospechoso en la península. España, utópica en sus orígenes; Nueva España seguirá siéndolo más allá de su independencia política, y su constante rivalidad con España, alimentada por el debate relativo a Quetzalcóatl y a Guadalupe, se explica en primer lugar por el sentimiento de los mexicanos de que su patria era una tierra prometida.

Si el próximo fin de los tiempos fue el horizonte permanente de la espiritualidad mexicana, por el efecto conjugado de la escatología cristiana posterior a la renovación evangélica y del mesianismo judaico, el nuevo espacio cosmogónico mexicano era totalmente tributario de las cruzadas. Después de la caída de Jerusalén, la espiritualidad occidental tomó formas de alguna manera compensadoras: peregrinaciones, culto de las reliquias.[7] Hecho sorprendente, el Oriente mítico se conmovió y comenzó una lenta revolución hacia la última Tule. Una primera estación de la Nueva Jerusalén tuvo lugar en Santiago de Compostela, corazón de la cristiandad de Occidente durante los siglos en los que ésta renacía de sí misma después de haber soportado el pesado fracaso de las cruzadas y pasado el cabo del primer milenario. La conquista de América fue como una nueva partida de las fuerzas jóvenes de Europa hacia una nueva cruzada, esta vez hacia el oeste. Fue como si, no habiendo podido reconquistar y conservar la Jerusalén histórica, los nietos de los cruzados hubieran partido (caballeros andantes "a la divina", habría escrito santa Teresa de Ávila) a construir una Nueva Jerusalén en los antípodas de la antigua. Esta aventura sobrenatural fue autentificada por signos; en primer lugar, la aparición de la Virgen María en el Tepeyac promovió al santuario mexicano al rango de nuevo norte sacro de la cristiandad hispánica.

---

[7] Paul Alphandéry y A. Dupront, *La Chrétienté et l'idée de croisade,* París, 1954.

LA HISTORIA COMO HERMENÉUTICA Y COMO CATARSIS

LA HISTORIA tal como ha sido escrita en el Occidente cristiano, desde Gregorio de Tours hasta la Revolución francesa, ha derivado esencialmente de la economía de la salvación. Para el mundo hispánico, documentos como las *Tablas cronológicas*[1] de J. E. Nieremberg, publicadas a fines del siglo XVII, hacen aparecer claramente ese estatuto. La *Historia de España vindicada* (ya citada), después de la *Historia* de Mariana, sitúa los acontecimientos de la historia de España con respecto a la Encarnación y le da un lugar predominante a los acontecimientos que revistieron una importancia escatológica, como la predicación del apóstol Santiago en la península ibérica, la aparición de la Virgen María en el Pilar de Zaragoza y el descubrimiento de las reliquias del apóstol. El menologio cristiano completa esta visión del pasado hispánico. Estos caracteres de la historiografía estaban fijados desde antiguo, puesto que brotaban de la propia revelación. "Cántico de gloria, la historia se inserta, pues, en la inmensa liturgia que los monasterios proponen como ejemplo de vida perfecta y despliegan como una prefiguración de las alegrías celestes. La historia, en fin, permite discernir con más claridad, en la trama de los tiempos, los caminos de la humanidad en marcha hacia la salvación (...) La Escritura santa, que no difiere mucho de una historia, la describe como una ascensión progresiva en tres tiempos..."[2] Estas líneas, que Georges Duby ha consagrado a la evocación de los monjes historiógrafos del siglo XI, podrían aplicarse sin rectificación a la historiografía de las Indias Occidentales. Dos vías concurrentes de una hermenéutica histórica se oponen a lo largo de la historia de Nueva España. La historiografía providencialista de la conquista, de la cual son buenos ejemplos la obra de Acosta y la de Solórzano Pereira, ha presentado esta conquista como una acción santa reservada por la Providencia a los elegidos de Dios, Colón y Cortés, sobre todo,

---

[1] Juan E. Nieremberg, *Tablas cronológicas* (...) *de los descubrimientos, conquistas* (...), Zaragoza, 1676.

[2] Georges Duby, *Adolescence de la chrétienté occidentale* (980-1140), Ginebra, 1967, pp. 181-182.

pero también a los españoles en general (aun los aragoneses en
particular). Como lo ha visto bien Robert B. Tate, "el ascenso
político de España estuvo acompañado de una florescencia de
historia mitológica".³ A esta visión providencialista, opondrían
los criollos mexicanos, con ayuda de sermones o de tratados de
apologética guadalupana, otra visión providencialista. Según estos últimos, la conquista había sido realizada para permitir la
nueva Encarnación del Verbo en el Tepeyac; en consecuencia,
los elegidos ya no eran los españoles, sino los indios y los res-
tauradores criollos del antiguo esplendor mexicano. Todo el
problema histórico se reducía a una cuestión de exégesis que
tradujo la constante preocupación de los historiógrafos por la
cronología. Los tiempos, resolución de la aventura sobrenatural
de la humanidad, han sido siempre esperados con ansia, como
el momento en que se abrirían las puertas de la gloria, pero
también con un terror sagrado. La historia tenía por fin tran-
quilizar a los pueblos sobre ese punto; el medio más seguro era
persuadirlos de que habían sido designados como los elegidos.
De ahí los malabarismos esotéricos sobre coincidencias de fechas y de cifras, en los que es pródiga la literatura devota y
hagiográfica de Nueva España. La búsqueda, se sienten tenta-
ciones de escribir el "escudriñamiento", de los signos visibles de
la gracia divina, promesa de la gloria venidera, era uno de los
objetos esenciales de la historia. La historia de Israel tenía un
valor arquetípico y un efecto normativo sobre la escritura histórica. Los hechos de la historia contemporánea eran iluminados
con regularidad por tal o cual episodio de la historia sagrada.
Cada historia nacional era registrada como un reflejo de la historia de Israel; en tanto mayor grado, cuanto cada cantón de
la cristiandad hispánica se sentía con más vocación por la Alianza. Las controversias entre historiadores y cronistas españoles y
criollos del Nuevo Mundo parecerían vanas si no estuvieran
constantemente iluminadas por su trasfondo escatológico. Por
eso hemos preferido como subtítulo para este estudio: *Escatología e historia*,⁴ en vez de adoptar el más explícito de *La formación de la conciencia nacional en México*. Tratando de impo-

³ Robert B. Tate, *Ensayos sobre la historiografía peninsular del
siglo XV*, Madrid, 1970, p. 28.
⁴ Jacques Lafaye, *Quetzalcóatl et Guadalupe, Eschatologie et histoire au Mexique* (1521-1821), tesis presentada para el doctorado de
estado, Biblioteca de la Sorbona, W 1971 (52), 1-4.

ner una nueva versión providencialista de su historia, Nueva España triunfó por sobre España en el campo cerrado de la hermenéutica, realizando su emancipación espiritual, preludio necesario a su independencia política.

Pero si la historiografía mexicana fue al principio una hermenéutica sagrada, no por eso dejó de ser una catarsis. Antes dijimos que la imagen de su pasado que una sociedad se da a sí misma es más significativa del estado de su conciencia que la formulación utópica del futuro al que aspira esa sociedad. En realidad, los dos aspectos son complementarios, pero la visión catártica es más inteligible para el historiador. La imagen del futuro nacional es reveladora de las carencias: el criollo mexicano aspiraba a la dignidad. La imagen del pasado nacional no es el producto de la imaginación en libertad, debe contar con las realidades conservadas por las crónicas, en este caso los códices pictográficos y los comentarios manuscritos de los religiosos evangelizadores o de sus alumnos indígenas. Para cumplir de modo satisfactorio su función catártica, la historia debe escoger entre los datos de la crónica. Así hemos visto a los cronistas gachupines describir complacidos los sacrificios humanos y las borracheras rituales de la religión azteca, mientras que los autores criollos compararon a los *tlatoani* mexicanos con los emperadores de la antigua Roma y fustigaron la traición de Cortés, única causa a sus ojos de la derrota mexicana.[5] La omisión o por el contrario la insistencia prolija son los procedimientos más llamativos de una historia destinada, ante todo, a asear a la patria difunta. Hay medios más sutiles que ni siquiera pueden ser calificados de procedimientos, ya que los historiadores, sin duda, no eran conscientes de ello. Miembros ellos mismos de la sociedad de Nueva España, no eran más que los mediadores entre la visión de un pasado ya nimbado de epopeya y de un aire maravilloso en las crónicas primitivas, y los lectores ávidos de leer la confirmación de su seguridad carismática. Es por eso que la historia aparece ya como un incidente dentro del discurso triunfalista de la literatura devota, ya como una apologética indigenista. Ésta sólo cobra sentido en función de una hermenéutica: los indios forman parte de la progenie de Adán, fueron evangelizados por un apóstol, sus profetas habían anun-

[5] Francisco Javier Clavijero, *Historia antigua de México* (1780), México, 1958-1959 (4 t.), *passim*.

ciado la conquista, sus neófitos han recibido signos del favor del cielo. En el universo liberado de una historia que extrae su sustancia de la Escritura más que del pasado nacional, la fantasía creadora criolla podía tomar un estrepitoso desquite sobre los gachupines, protegidos por la doble muralla de la "verdad" histórica y de la verdad de la Escritura. Hermenéutica a la vez por el lado criollo y por el lado español, la historiografía de las Indias Occidentales fue, sobre todo, una catarsis liberadora para los criollos americanos. El "diálogo de las culturas" se desplegó particularmente dentro del discurso historiográfico.

SUGERENCIAS PARA UNA HISTORIA
"INTRAHISTÓRICA" DE MÉXICO [1]

EL ESTUDIO que acabamos de presentar no pretende agotar la materia que ofrecen los dos temas de Quetzalcóatl y de la Guadalupe. En verdad, sólo han sido un medio, para nosotros, de aclarar la historia de México desde el ángulo espiritual. Cumplir con los deseos de Alfonso Reyes [2] hubiera implicado una investigación folklórica general que sólo varios equipos de investigadores habrían podido realizar. Hemos plantado aquí suficientes jalones como para demostrar la importancia primordial de las creencias religiosas en la formación de la nación mexicana. Si no hay, propiamente hablando, un espacio geográfico mexicano que haya podido dar de una vez sus fronteras naturales al México moderno, hubo en cambio un "espacio sagrado" cuya existencia ha ordenado como un campo de fuerzas las potencialidades nacionales de las sociedades de Nueva España. El estudio de las profundas continuidades que caracterizan el desarrollo, la expansión y luego el declinar de las grandes imágenes míticas nacionales revela los lentos procesos de transformación social de Nueva España. Correlativamente, las sacudidas de una historia tan a menudo turbada por azotes naturales y por accidentes políticos contribuyeron a precipitar en más de una ocasión la toma de conciencia nacional. El accidente sísmico, epidémico o político tiene mayor o menor importancia en el curso de la historia de una sociedad, según la interpretación que de él se propone a los espíritus o que éstos se forjan espontáneamente. Sobre la base de los testimonios dispersos que nos han sido conservados puede esbozarse un estudio de las reacciones ante los acontecimientos en Nueva España. J. Ocampo ha llevado a cabo un intento de ese tipo con relación al momento de la Independencia, y nosotros mismos hemos apuntado un cuadro de la conciencia pública mexicana en una crisis decisiva, a propósito de la expulsión de los jesuitas. La historia de lo que Alfonso Reyes ha llamado con un giro un poco romántico "el alma na-

---

[1] Miguel de Unamuno, *En torno al casticismo*, I, 111 (1895), *Ensayos*, Madrid, 1945, t. I, pp. 40-49.
[2] Alfonso Reyes, *La X en la frente*, México, 1952, pp. 87-88.

cional" de México está aún por escribirse. Nosotros hemos querido mostrar tan sólo que los avatares del mito de Quetzalcóatl en la apologética criolla, y la devoción por la Guadalupe han sido algunos de los aspectos más característicos de esta "alma nacional" mexicana que se estaba formando del siglo XVI al XIX. Pero otras figuras míticas y otras creencias revelarían la misma textura. Cada santuario podría ser objeto de un estudio profundizado, comenzando por el del Tepeyac, que apenas hemos delineado. El Cristo de Chalma, la Cruz de Tepic, la Virgen de Ocotlán, etc., son otros tantos componentes regionales de la formación de una conciencia nacional mexicana cuya afirmación suponía la integración de una extraordinaria diversidad étnica.

En esto radica, por cierto, el corazón del problema. Si es verdad, como ha escrito Roger Bastide, que "todo folklore es una mediación simbólica entre los individuos y los grupos, y entre los grupos",[3] el folklore mexicano estudiado por todos los medios disponibles (archivos inquisitoriales de México, que apenas hemos tocado; investigaciones en el terreno, muy incompletas aún) es el lugar privilegiado para el etnohistoriador. Hacemos nuestro aquí, dándole el más amplio de los sentidos posibles, el juicio de Lévi-Strauss: "También todo buen libro de historia está impregnado de etnología."[4] La noción de desafío cultural, cuya importancia en sociología se ha revelado en ocasión de estudios sobre las culturas afroamericanas, subyace en los fenómenos que mencionamos como sincréticos. Las sustituciones y las reinterpretaciones de creencias tomadas de la cultura dominante por la cultura dominada no son, en último análisis, sino tentativas de rescate de la segunda. La devoción a Tonantzin se prolongó durante siglos al abrigo de un santuario de la Virgen María. Junto a la permanencia de los santuarios y de la revitalización de las imágenes míticas en un contexto religioso nuevo, se observa la actividad creadora de la memoria colectiva. Un género muy popular: el corrido (poesía compuesta muy a menudo de octosílabos como el romance español, del cual es el retoño americano), soplo épico y lírico de la nación mexicana, entregaría con su sabor original los terrores y las aspiraciones del "alma nacional", si urgentemente fuera reunido en un *corpus* sonoro

[3] Roger Bastide, *Etat actuel et perspectives d'avenir des recherches afroaméricaines*, en "Journal de la Société des Américanistes", t. LVIII, París, 1971, p. 26.
[4] Claude Lévi-Strauss, *Anthropologie structurale*, París, 1958, p. 31.

(e impreso) antes de que se extinga.[5] Podría decirse, imitando a Melville J. Herskovits, que uno de los aspectos esenciales de la conciencia nacional mexicana ha sido "el mito del pasado indígena".[6] La imagen del indio precolombino es inseparable de los signos de la gracia que se suponía que había recibido en los tiempos apostólicos (evangelización de santo Tomás-Quetzalcóatl) o después de la conquista española (apariciones de la Virgen: de Guadalupe, de Ocotlán; cruz milagrosa de Tepic, etc.) La historia del nacimiento y de la evolución de una imagen mítica del indio, resultado de una interpretación criolla de las tradiciones historiográficas indígenas (conservadas en los códices pictográficos y en los himnos) es quizá un hilo conductor de una historia de la nación mexicana. Hemos tratado de mostrar la importancia, desde este punto de vista, de autores como Sigüenza y Góngora y Clavijero (que ya habían llamado la atención de los historiadores mexicanos sobre el particular), pero la investigación tendría que alcanzar más allá de los autores: a la conciencia colectiva. Lo que Guijo pensaba de los indios en su *Diario*, cómo el indio se le aparecía a un testigo en un proceso, a un religioso misionero en determinada región, o al obispo Palafox, son índices preciosos. Un problema correlativo del precedente, el del origen de los indios americanos, cuyas implicaciones espirituales a comienzos del siglo XVII ya indicamos, no ha dejado de ser objeto de publicaciones y controversias en Europa y en América (incluso en la anglosajona) hasta pleno siglo XIX, por no decir nada del XX. Esta vasta cuestión merecería ser replanteada.

Hay otra cuya importancia no se había percibido hasta hoy, que sepamos al menos, y es el estudio de la expresión emblemática. Apenas si hemos podido abordarla a propósito de los títulos y de las imágenes de la literatura apologética guadalupanista y del escudo de México. Ahora bien, la devoción mexicana a las imágenes protectoras (culto a la vez religioso y patriótico)

---

[5] A. de María y Campos, *La Revolución mexicana a través de los corridos populares*, México, 1962 (3 vols.). Vicente T. Mendoza, *Lírica narrativa de México* (*el corrido*), México, 1964. *Catálogo de grabaciones del laboratorio de sonido del Museo Nacional de Antropología e Historia*, México, 1968. Nicole Girón, *Heraclio Bernal: bandido, "cacique" o precursor de la Revolución* (*1855-1888*), París, 1973 (tesis de 3º ciclo, Universidad de París).

[6] Melville J. Herskovits, *The Myth of the Negro Past*, 1941.

se expresó en la voz de los predicadores, en su nivel superior de elaboración; no lo resolvemos hablando de exuberancia barroca, hasta la hinchazón e incoherencia; ya tratamos de demostrar que estamos ante un modo de expresión original, de un lenguaje.[7] Quiérase o no, el lenguaje enigmático de los predicadores criollos es aquel que primero formuló la reivindicación nacional mexicana. El intrincamiento de las imágenes mitológicas de la antigüedad clásica, del pasado mexicano y de la tradición bíblica, según los principios del conceptismo entonces en su cenit en España, fue la textura de un lenguaje cuya semántica queda por descubrir. Recordemos que la escritura barroca mexicana es indisociable de la expresión plástica contemporánea de los mismos sentimientos religioso-patrióticos y en especial de una heráldica renovada por las necesidades de la apologética devota y hagiográfica.

Bajo otra forma, los exvotos populares fueron el lenguaje ingenuo de la devoción en Nueva España; ya han sido objeto de estudios en México, pero cada año que pasa se hace más difícil el descubrimiento de un exvoto de segura autenticidad. Junto a esos testimonios inmóviles, hay que determinar un amplio lugar a las representaciones dramáticas de inspiración devota y a los cantares acompañados de danzas. La toma del discurso gesticular o musical de la cultura hispánica, ella misma nacida a menudo de la fusión de diversos préstamos (celtíberos, arabe-magrebinos, visigóticos, latinos, judaicos, etc.), se produce raramente sin cambios semánticos; lo mismo ocurre con la permanencia de componentes amerindios en apariencia intactos.[8]

Nuevas indagaciones pueden ensanchar la comprensión de la historia de Nueva España, pero permanecerían incompletas si no tuvieran prolongaciones en el México moderno. El estudio de Jean Meyer, *La cristiada I. La guerra de los cristeros* (Siglo XXI, 1973), es una contribución muy interesante para esta historia de la conciencia mexicana, cuya evolución del siglo XVI al XIX hemos tratado de aclarar. A partir de la Independencia la imagen de la Guadalupe va virando, desde su función principal de protectora contra las epidemias, hasta convertirse en "diosa de las victorias" y de la libertad. Cada momento histórico es, pues, capaz

---

[7] Jacques Lafaye, *La biografía devota de Nuestra Señora de Guadalupe, México, 1648-1831. Ensayo de análisis formal* [aparecerá].
[8] Paulo de Carvalho Neto, *History of Iberoamerican Folklore (Mestizo Cultures)*, Anthropological Publications, Costerhout, 1969.

de proporcionar a la imagen piadosa una recarga sagrada, dotándola de un poder nuevo adaptado a nuevas aspiraciones. Este enriquecimiento estaba contenido en la noción de "patronazgo universal", es decir, polivalente y no específicamente limitada a las inundaciones y a las epidemias. Más tarde, por una suerte de deslizamiento de atribuciones, la Virgen de Guadalupe aparecerá como el símbolo del partido conservador, tras haber pretendido el partido progresista sustituir —por así decirlo— al poder sagrado de la imagen prodigiosa con el efecto mágico de una ideología progresista. La permanencia de la devoción a la Guadalupe en un México profundamente descristianizado (al menos en el medio urbano) merecería investigaciones de sociología religiosa. No menos interesante sería interrogarse sobre el sentido profundo, desde el punto de vista de la conciencia nacional, del resurgimiento como tema literario del mito de Quetzalcóatl. Sobre todo, los poetas han sido fascinados por esta imagen mítica del pasado indígena; junto a mexicanos como García Pimentel, Agustí Bartra y Carlos Fuentes,[9] encontramos a la chilena Gabriela Mistral y también a D. H. Lawrence.[10] Sin anticipar las conclusiones de un estudio que aclararía, sin duda, "el alma mexicana", es decir, la sociedad, puede señalarse que el renacimiento literario de Quetzalcóatl es contemporáneo del movimiento indigenista de los años 20 al 30 de este siglo.

Si se acepta el juicio de un psicólogo de las profundidades, según el cual: "La historia de las culturas se resume en el proceso de la creación de las imágenes míticas, de su dogmatización y de su destrucción",[11] se reconocerá que la cultura virreinal, heredada de Nueva España, llegó a su extenuación en el México actual. Guadalupe será un día un astro extinguido como la Luna, a la cual está asociada; resultará apasionante estudiar el surgimiento de la imagen mítica que la reemplace. Por

[9] M. A. Asturias, *Cuculcán. Leyendas de Guatemala*, Madrid, 1930. Alfredo Chavero, *Quetzalcóatl* (drama histórico inédito). J. García Pimentel, *El señuelo del sacrificio, coloquio de la derrota y triunfo de Quetzalcóatl*, México, 1939 (teatro). E. Abreu Gómez, *Quetzalcóatl, sueño y vigilia*, México, 1947 (poesía). Agustí Bartra, *Quetzalcóatl*, México, 1960 (poesía). Ramón J. Sender, *Jubileo en el Zócalo*, Barcelona, 1966. Carlos Fuentes, *Todos los gatos son pardos*, México, 1970 (teatro).

[10] D. H. Lawrence, *The Plumed Serpent*, Nueva York, 1926 (novela).

[11] Paul Diel, *La Divinité*, París, 1949, p. 18.

el contrario, Quetzalcóatl, más ligado al politeísmo mexicano, y hoy separado de su circunstancial gemelo santo Tomás, parece tener mayores posibilidades de futuras recargas sagradas en una sociedad laicizada, como la del México de hoy. El mito de Quetzalcóatl ha seguido vivo, a través de sus sucesivos avatares, en el México colonial, y después en el independiente, porque es la expresión simbólica del pasado indio que la conciencia criolla se ha esforzado en hacer renacer de sus cenizas para fundar sobre él la reivindicación de independencia nacional. José Vasconcelos escribió, evocando los orígenes de la Revolución Mexicana, que "Quetzalcóatl-Madero lograba una victoria sin precedentes".[12] Después de Madero, el pueblo mexicano ha creído ver en el Quetzalcóatl-Cárdenas la nueva encarnación del mesías indio venido del fondo de las edades y que, ave fénix, renace a cada "Sol" de las cenizas del precedente. Como la aspiración a la justicia, Quetzalcóatl es imperecedero; apenas expulsado o, como lo fue Madero, asesinado por un moderno Tezcatlipoca, está pronto a reencarnarse bajo los rasgos de un nuevo jefe político. México es, a la vez que un espacio sagrado, el país de los "hijos de Guadalupe" y, en el tiempo, una tensión nostálgica hacia el paraíso perdido de Quetzalcóatl, mito flotante pronto a posarse sobre el elegido.

---

[12] José Vasconcelos, *Ulises criollo* (13ª ed.), México, 1969, p. 266.

CRONOLOGÍA SUMARIA DE LA HISTORIA DE MÉXICO
Del siglo x a 1831

Hacia 900 Fundación de Tula (México Central).
      987 Exilio de Quetzalcóatl Topiltzin, gran sacerdote de Tula.
  1156 Caída de Tula.
  1325 Fundación de México-Tenochtitlan.
  1502 Advenimiento de Moctezuma II Xocoyotzin, a México.
  1517 Advenimiento de Carlos V al trono de España, bajo el nombre de Carlos I.
  1518 Grijalva descubre la costa del golfo de México.
  1519 Hernán Cortés funda la Villa Rica de la Veracruz.
         Llegada de Cortés a México.
  1520 Cisma de Lutero.
  1521 Cuauhtémoc encabeza la resistencia mexicana.
         Cortés sitia México y se apodera de ella.
         Cuauhtémoc es hecho prisionero.
  1522 Carlos V designa a Cortés "capitán general y gobernador" de Nueva España.
  1523 "Los doce" (primeros misioneros franciscanos) desembarcan en Veracruz.
  1527 Instauración de la primera Audiencia de México.
  1528 El franciscano fray Juan de Zumárraga llega a obispo (y muy pronto a arzobispo) de México y a "protector de los indios".
  1530 Fundación de Puebla (*La Puebla de los Ángeles*).
  1531 Aparición de Nuestra Señora de Guadalupe al indio Juan Diego y al arzobispo de México, Juan de Zumárraga, según la tradición piadosa.
  1535 Instalación del primer virrey de Nueva España, Antonio de Mendoza.
  1536 Inauguración del colegio de indios de Santa Cruz de Tlatelolco, obra franciscana.
  1537 Vasco de Quiroga es nombrado obispo de la provincia de Michoacán.
  1539 Proceso de idolatría del cacique de Texcoco.
         Introducción de la imprenta en México.
  1542 Publicación en Nueva España de las "Leyes Nuevas" de Indias.
  1544 El dominico fray Bartolomé de las Casas es nombrado obispo de Chiapas.
  1545 Primera gran epidemia (*cocoliztli*).
  1550 Instalación del virrey Luis de Velasco (llamado "el Viejo").
  1553 Apertura solemne de la Universidad Real y Pontificia de México.

1555 Fundación de la primera basílica de Nuestra Señora de Guadalupe del Tepeyac por el arzobispo Montúfar.
Reunión del primer concilio provincial mexicano.
1556 Advenimiento de Felipe II en España.
Investigación del arzobispo Montúfar sobre la devoción y la tradición piadosa de Nuestra Señora de Guadalupe.
1565 Reunión del segundo concilio provincial mexicano.
1566 Complot separatista del segundo marqués del Valle, Martín Cortés.
1568 Desembarco de los corsarios ingleses Drake y Hawkins en San Juan de Ulúa.
1571 Instalación del primer tribunal de la Inquisición de México.
1572 Llegada a México de los primeros jesuitas (quince) de Nueva España.
Pedro Moya de Contreras asciende a arzobispo de México.
1573 Inauguración del Colegio (de criollos) de San Pedro y San Pablo, obra de los jesuitas.
Comienzo de la construcción de la catedral de México. *El Zócalo*.
1576-1579 Grandes epidemias.
1585 Reunión del tercer concilio provincial mexicano.
1592 Población del centro minero de San Luis Potosí.
1598 Gran epidemia.
1607 Instalación del virrey Luis de Velasco (llamado "el Joven").
1609 Construcción (por colecta pública) de la primera basílica de piedra de Nuestra Señora de Guadalupe del Tepeyac.
1615 Entra en vigor en Nueva España la Real Cédula de 1603, que confería a los obispos el "derecho de visita" de las órdenes religiosas de su diócesis.
1624 Motín en México, causado por la escasez.
1642 Proceso inquisitorial de Guillén de Lampart, personaje del séquito del virrey, que había tramado una conjuración revolucionaria y separatista.
1644 Súplica del Ayuntamiento de México, al rey, tratando de obtener la prohibición para la fundación de nuevos conventos y la limitación de su crecimiento territorial.
1647 Excomunión de los jesuitas de Puebla por el obispo Palafox.
1666 Indagación del capítulo de la catedral de México sobre la tradición piadosa de Nuestra Señora de Guadalupe.
1669 Primera conversión de sor Juana Inés de la Cruz.
1681 *Manifiesto filosófico contra los cometas*, de Carlos de Sigüenza y Góngora.
1692 Motín en México, a causa de la escasez.
1693 Publicación del primer periódico mexicano, el *Mercurio volante*, de Carlos de Sigüenza y Góngora.
1725-1728 Epidemia de sarampión.

1729 Construcción de la Real Casa de Monedas, en México.
1730 J. A. de Vizarrón y Eguiarreta, arzobispo (criollo) de México, se instala en su diócesis.
1735 Edicto inquisitorial contra Manuel de Bahamón, oficial de marina, sedicioso e iluminado (26 de febrero).
1736 Epidemia.
Construcción de un nuevo e imponente tribunal de la Inquisición en México.
1737 Nuestra Señora de Guadalupe es jurada solemnemente como la "Patrona principal" de México.
1746 Instalación del virrey Revillagigedo.
1747 Edicto del tribunal de la Inquisición de México confiscando todas las licencias para leer los libros del Índice.
1748 La imprenta del colegio jesuita de San Ildefonso, de México, comienza a funcionar.
1752 El consejo de los profesores de la Universidad de México presta juramento solemne a su nuevo patrón, san Luis Gonzaga.
1753 La imprenta de la *Biblioteca mexicana*, de J. J. de Eguiara y Eguren, comienza a funcionar en México.
1754 Bula del papa Benedicto XIV (24 de abril) reconociendo por un oficio canónico la tradición guadalupanista mexicana.
1758 Erupción del volcán del Jorullo.
1759 Advenimiento de Carlos III en España.
1762 Toma de La Habana por los ingleses.
1766 Carta abierta de los inquisidores de México denunciando las ideas revolucionarias que circulaban entre los soldados de origen extranjero.
1767 El decreto del rey Carlos III, expulsando a los jesuitas de sus estados de Europa y de América, se convierte en ejecutoria en Nueva España, el 25 de junio.
Motines en México, Guanajuato, Pátzcuaro, San Luis Potosí, etc., en favor de los jesuitas expulsados.
1768 Edictos del tribunal de la Inquisición de México (20 de mayo y 15 de junio) ordenando recoger los libelos injuriosos para el rey y a favor de los jesuitas, así como la imagen de san Josafat (véase fig. 4).
Codificación de los privilegios militares (fuero militar) en Nueva España.
1770 Reunión (por el arzobispo Lorenzana) del cuarto concilio provincial mexicano.
1770-1778 Crisis de la "Vida comunitaria", que opone el poder virreinal a las órdenes religiosas (especialmente en Puebla).
1778 Crisis del fuero eclesiástico en las Provincias Internas de Nueva España.
1780 Proclamación del estado de guerra en Nueva España.
1782 La congregación de Nuestra Señora de Guadalupe adopta nuevas constituciones y nuevas reglas.
1791 Rebelión de los esclavos negros de Santo Domingo.

1792 Inauguración de la Escuela de Minas de México.

1794 Sermón del dominico fray Servando Teresa de Mier (12 de diciembre) en la colegiata de Nuestra Señora de Guadalupe, atacando a la tradición piadosa y asociando la "milagrosa imagen" con la evangelización de los mexicanos por el apóstol santo Tomás-Quetzalcóatl.

1795 Proceso inquisitorial de fray Servando Teresa de Mier.

1800 Proceso de los conjurados criollos (*Los Guadalupes*) de México.

1804 Patente real relativa a la alienación de los bienes de las fundaciones piadosas (Cédula de consolidación), cuyo producto deberá ser transferido a España.

1805 Publicación del primer diario mexicano: *El Diario de México*.

1808 Levantamiento del pueblo de Madrid contra el ejército de Napoleón (*Dos de Mayo*).

1810 Hidalgo lanza el llamado a la Independencia mexicana (*grito de Dolores*) y reúne a los insurgentes en torno del pendón de Guadalupe (16 de septiembre).
Reunión de las Cortes de Cádiz.

1811 El obispo de Michoacán, Abad y Queipo, excomulga al cura Hidalgo.
Hidalgo, prendido por el ejército regular, es juzgado por el tribunal de la Inquisición y ejecutado (30 de julio).

1812 El virrey Venegas suspende el fuero eclesiástico (25 de junio), requisa la Universidad de México y los conventos para acantonar la tropa, suspende la exención del servicio militar para los estudiantes.
Publicación de una ordenanza que establece la libertad de prensa.
Establecimiento de una monarquía constitucional en España por las Cortes de Cádiz.

1813 Morelos proclama los *Sentimientos de la Nación*; se impone el emblema de Guadalupe a todos los patriotas mexicanos.
Proclamación de la Independencia por el Congreso de Chilpancingo (6 de noviembre).
Abolición del tribunal de la Inquisición en España, por las Cortes de Cádiz.
Publicación, en Londres, de la *Historia de la Revolución de Nueva España* de S. T. de Mier, en el exilio (esta obra comprende un largo apéndice destinado a probar la evangelización de México por santo Tomás-Quetzalcóatl).

1814 Promulgación de la Constitución de Apatzingán (22 de octubre) por el Congreso mexicano.
Restablecimiento del tribunal de la Inquisición en España, por un decreto de Fernando VII.

1815 Morelos, hecho prisionero por el ejército regular, es juzgado por el tribunal de la Inquisición y ejecutado (22 de diciembre).

1817 Francisco Javier Mina, revolucionario español, desembarca (acompañado de S. T. de Mier) en México (15 de abril); después de una incursión fulminante es tomado preso por el ejército regular y ejecutado (11 de noviembre).

1821 Entrevista histórica del jefe revolucionario Vicente Guerrero y del general Iturbide y proclamación del "Plan de las Tres Garantías" (Independencia, Unión y Religión) (24 de febrero).

Entrada en la ciudad de México del "ejército de las Tres Garantías", realizando la Independencia mexicana (27 de septiembre, día de la Independencia).

Muerte de Juan O'Donojú, último virrey de Nueva España.

1822 El general Iturbide se proclama emperador bajo el nombre de "Agustín I" (18 de mayo), y disuelve el Congreso constituyente.

Decreto de Agustín I, creando la Orden nacional de Guadalupe y la Orden imperial del Águila azteca.

Pronunciamiento, a favor del Congreso, de los generales López de Santa Anna y Guadalupe Victoria.

1823 Abdicación de Iturbide (19 de marzo) y proclamación de la República.

Apoteosis de los mártires de la Independencia mexicana (16 de septiembre) celebrada (en especial) en la colegiata de Nuestra Señora de Guadalupe del Tepeyac.

1824 Iturbide, puesto fuera de la ley por el Congreso, es hecho prisionero y ejecutado (19 de julio).

Representación en el Congreso constituyente del capítulo de la colegiata de Nuestra Señora de Guadalupe.

1831 Fiestas solemnes (procesiones, juegos poéticos...) del tricentenario de las apariciones de la Virgen de Guadalupe de México.

ALGUNAS EVALUACIONES ESTADÍSTICAS

1519 25 millones de indios, aproximadamente, en México, de los cuales 1 500 000 en el valle de México.

Fines del siglo XVI { Unos 70 000 indios sobrevivientes en el valle de México.
10 000 españoles, criollos y emigrados de cepa europea.

1545 800 000 indios muertos durante la epidemia.

1736 { 40 000 muertos en México / 50 000 muertos en Puebla / 20 000 muertos en Querétaro } durante la peste.

Durante el curso del siglo XVII } 23 virreyes gobernaron Nueva España.

Durante el periodo colonial } 8 grandes epidemias; 5 grandes sismos o erupciones volcánicas; 19 rebeliones importantes de los indios (en el norte del país).

BIBLIOGRAFÍA

ABREVIATURAS Y SIGNOS CONVENCIONALES EMPLEADOS

** *Documento* (obra, artículo...) *fundamental* dentro de la perspectiva elegida, por ejemplo:
IV-*c*) *Origen* (...) *de los indios*:
García, Gregorio, ** *Origen de los indios del Nuevo Mundo e Indias Occidentales*, Valencia, 1607.
* *Documento* (obra, artículo...) *importante* dentro de la perspectiva elegida, por ejemplo:
VI-*d*) *La devoción a Guadalupe* (...) *en Nueva España:*
Gómez Marín, Manuel, * *Defensa guadalupana* (...), México, 1819, G 26 5, Tx.U.

Archivos y bibliotecas citados con más frecuencia:

AD   Archivos de la Curia General Dominica, Roma.
AGI   Archivos Generales de las Indias, Sevilla.
AGN   Archivo General de la Nación, México.
AHN   Archivos Históricos Nacionales, Madrid.
ASI   Archivos de la Compañía de Jesús, Roma.
BNM   Biblioteca Nacional, Madrid.
BNP   Biblioteca Nacional, París.
BPM   Biblioteca del Palacio Real, Madrid.
JCB   Biblioteca John Carter Brown, Providence (EUA).
NYP   Biblioteca Pública de Nueva York.
RAH   Biblioteca de la Academia Real de Historia, Madrid.
Tx.U   Biblioteca de la Universidad de Texas, Austin (EUA).

Revistas, centros editoriales, instituciones de investigación:

A   *Ábside* (revista), México.
Actas C. I. A.   Actas del Congreso Internacional de Americanistas.
AEA   *Anuario de Estudios Americanos*, Sevilla.
AESC   *Anales, Economías, Sociedades, Civilizaciones*, París.
AHSI   *Archivum Historicum Societatis Iesu*, Roma (revista).
AIA   *Archivo Iberoamericano* (revista).
AIIE   *Anales del Instituto de Investigaciones Estéticas*, México.
AS   *The Americas* (Academy of American Franciscan History), Washington (revista).
BAC   Biblioteca de Autores Cristianos, Madrid (ed.).
BAE   Biblioteca de Autores Españoles, Madrid (col.).
BAN   *Boletín del Archivo General de la Nación*, México.

BBN	*Boletín de la Biblioteca Nacional*, México.
BH	*Bulletin hispanique*, Burdeos.
BRAH	*Boletín de la Real Academia de la Historia*, Madrid.
CA	*Cuadernos Americanos*, México.
CAL	*Cahiers des Amériques Latines*, París.
CDHI	Colección de Documentos Inéditos para la Historia de la Independencia de México.
CDHM	Colección de Documentos Inéditos para la Historia de México.
CDIHE	Colección de Documentos Inéditos para la Historia de España.
CDU	Colección de Documentos Inéditos para la Historia de Ultramar.
CMHLB	*Cahiers du monde hispanique et luso-brésilien* (Caravelle), Toulouse.
CNRS	Centre National de la Recherche scientifique (Francia).
CSIC	Consejo Superior de Investigaciones Científicas (centro de investigaciones) **(Madrid).**
CUP	Cambridge University Press (Gran Bretaña).
ECN	*Estudios de Cultura Náhuatl*, México.
EPHE	École Pratique de Hautes Études, París (centro de investigación).
EUDEBA	Editorial Universitaria de Buenos Aires (ed.).
FCE	Fondo de Cultura Económica, México-Buenos Aires (ed.).
HAHR	*The Hispanic American Historical Review*, Washington.
HM	*Historia Mexicana*, México.
IEP	Institut d'ethnologie de Paris (centro de investigación y ed.).
IHEAL	Institut des Hautes Études de l'Amérique latine, París.
INAH	Instituto Nacional de Antropología e Historia, México.
IPGH	Instituto Panamericano de Geografía e Historia.
JSA	*Journal de la Société des Américanistes*, París (revista).
JWH	*Journal of World History* (Cahiers d'histoire mondiale), UNESCO.
LIM	Libro Primero de votos de la Inquisición de México.
MA	*El México antiguo*, México (revista).
MCV	*Mélanges de la Casa de Velázquez*, Madrid-París.
MG	*Monasterio de Guadalupe*, Cáceres (España) (revista).
MH	*Missionalia Hispanica* (revista).
N	*Numen* (International Review of the History of Religions).
PH	*La Palabra y el Hombre*, Jalapa (Veracruz-México) (revista).
PIH	Procesos de Indios Idólatras y Hechiceros (col. doc.).
P.U.F.	Presses Universitaires de France (ed.).
REAA	*Revista Española de Antropología Americana*, Madrid.
REE	*Revista de Estudios Extremeños*, Badajoz (España).
RH	*Revue historique*, París.
RHA	*Revista de Historia de América*.

RHR	*Revue d'histoire des religions*, París.
RI	*Revista de Indias*, Madrid.
RMEA	*Revista Mexicana de Estudios Antropológicos*, México.
T	*Tlalocan*, México (revista).
TILAS	Travaux de l'Institut d'études latino-américaines de Strasbourg.
U. Cal. P.	University of California Press, Berkeley (ed.).
U. Col. P.	University of Columbia Press, Nueva York (ed.).
U. Flo. P.	University of Florida Press, Gainesville (ed.)
UNAM	Universidad Nacional Autónoma de México (ed.).
U. Tex. P.	University of Texas Press, Austin (ed.).

I. METODOLOGÍA

a) *Historia en general e historiografía*

Aranibar, Carlos, ** "Algunos problemas heurísticos en las crónicas de los siglos XVI-XVII", *Nueva Crónica*, núm. 1, Universidad Nacional Mayor de San Marcos, Lima (Perú), 1963.

Barnes, Harry E., *A History of Historical Writing*, 2ª ed. revisada, Nueva York, 1962.

Bataillon, Marcel (y E. O'Gorman), ** *Dos concepciones de la tarea histórica*, México, 1955.

Bloch, Marc, ** *Apologie pour l'histoire ou métier d'historien* (1941), Armand Colin, París, 1959.

Braudel, Fernand, * "Histoire et sociologie", *Traité de Sociologie*, publicado bajo la dirección de G. Gurvitch, t. I, P. U. F., París, 1958.

Castro, Américo, *De la edad conflictiva*, 3ª ed. aumentada, Taurus, 1972.

Chaunu, Pierre, "Les dépassements de l'histoire quantitative", *MCV*, t. VIII, 1972.

Dupront, Alphonse, "L'histoire après Freud", *Revue de l'Enseignement supérieur*, núms. 44-45, París, 1969.

Gardiner, Patrick, * *The Nature of historical Explanation*, Oxford, U. P., 1961.

Iglesia, Ramón, * "Dos ensayos sobre la función y la formación del historiador", *Jornadas 51*, El Colegio de México, México, 1945.

L'Histoire et ses interprétations (Diálogo sobre Arnold Toynbee bajo la dirección de Raymond Aron), París-La Haya, 1961.

Marrou, Henri I., *De la connaissance historique*, Seuil, París, 1962.

Ortega y Gasset, José, "Historia como sistema" (1941), *Revista de Occidente*, Madrid, 1962.

Rossi, Pietro, *Lo storicismo tedesco contemporaneo*, Einaudi, Milán, 1956.

Simpson, Lesley B., "Dos ensayos sobre la función y la formación del historiador", *Jornadas 51*, El Colegio de México, 1945.

Sorokin, Pitirim, *Modern Historical and Social Philosophies*, Nueva York, 1963.

BIBLIOGRAFÍA

Tate, Robert B., *Ensayos sobre la historiografía peninsular del siglo xv*, Gredos, Madrid, 1970.
Tenenti, Alberto, *La storiografia in Europa dal Quattro al Seicento in nuove questioni di storia moderna*, Milán, 1963.
Vilar, Pierre, "L'histoire après Marx", *Revue de l'Enseignement supérieur*, núms. 44-45, 1969.

b) *Historia de las religiones, mitología, historia cultural*

Bastide, Roger, *Les Amériques noires*, Payot, París, 1967.
Berger, Peter L., *Para una teoría sociológica de la religión*, Barcelona, 1971.
Buarque de Holanda, Sergio, *Visão do Paraiso*, Universidade de São Paulo (Brasil), 1969.
Caillois, Roger, *Le mythe et l'homme*, Gallimard, París, 1938.
Chifflot, Th. G., *Approches d'une théologie de l'histoire*, ed. del Cerf, París, 1960.
Chinard, Gilbert, "Exotisme et primitivisme", Actes du IXᵉ Congrès international des sciences hist., Rapports I, París, 1950.
Diel, Paul, *La divinité. Étude psychanalytique*, P. U. F., París, 1950.
Dumézil, Georges, *Mythe et épopée. L'idéologie des trois fonctions dans les épopées des peuples indo-européens*, Gallimard, París, 1968.
Dupront, Alphonse, ** "Langage et histoire", Actas del XIII Congreso Internacional de Ciencias Históricas, Moscú, 1970.
Eliade, Mircea, *Traité d'histoire des religions*, Introd. de G. Dumézil, Payot, París, 1964.
Foucault, Michel, * *Les mots et les choses, une archéologie des sciences humaines*, Gallimard, París, 1966.
Frazer, J. G., *The Golden Bough. A study in Magic and Religion*, 1922 (reimpr. abrev. Macmillan Press, Londres, 1971; FCE, México, 1951).
Jung, C. G., *L'homme et ses symboles*, Robert Laffont, París, 1964.
Lévi-Strauss, Claude, ** *Anthropologie structurale*, Plon, París, 1958.
— *La pensée sauvage*, Plon, París, 1967.
** *Problèmes et méthodes d'histoire des religions*, EPHE, V sección, ciencias religiosas, París, 1968.
Sapir, Edward, ** *Anthropologie*, vol. 2: *Culture*, ed. de Minuit, París, 1969.
Sens et usages du terme "structure" dans les sciences humaines, ed. de Roger Bastide, Mouton, La Haya, 1962.
Sturtevant, William C., *Anthropology, History and Ethnohistory*, Boston, 1968.

c) *Espiritualidad judeo-cristiana*

Aigrain, René, *L'Hagiographie*, Poitiers, 1953.
Alphandery, Paul (y A. Dupront), *La Chrétienté et l'idée de croisade*, París, 1954.

Bultmann, Rudolf, *Histoire et eschatologie*, Delachaux, Neuchâtel, 1959.

Cullman, Oscar, *Le salut dans l'histoire*, Delachaux, Neuchâtel, 1966.

Daniélou, Jean, *Les symboles chrétiens primitifs*, Seuil, París, 1961.

Duby, Georges, ** *Adolescence de la chrétienté occidentale*, Ginebra, 1967.

Martin Achard, R., ** *Israël et les Nations*, Neuchâtel, 1959.

Mölsdorf, Wilhelm, ** *Christliche Symbolik der Mittelalterlichen Kunst*, Leipzig, 1926 (reimpr.: Graz, 1968).

Rahner, Hugo, * *Mythes grecs et mystère chrétien*, Payot, París, 1954.

Renckens, H., *Israël visie op het verleden aver Genesis I-3*, La Haya, 1960 (ed. española, *Creación, Paraíso y pecado original*, Madrid, 1969).

Secret, François, "Guillaume Postel et les courants prophétiques de la Renaissance", *Studi francesi*, año I, 1957.

— "Histoire de l'ésotérisme chrétien", *Problèmes et méthodes d'histoire des religions*, EPHE, V sección, cit. *supra*.

Scholem, Gershom G., ** *Les grands courants de la mystique juive*, Payot, París, 1968.

d) *Utopías, mesianismos y milenarismos*

Annales du Centre d'études des religions, núm. 2, "Religions de salut", Institut de sociologie de l'Université libre de Bruxelles (ULB), 1962.

Archives de sociologie des religions, núm. 4, julio-diciembre de 1957, y núm. 5, enero-junio de 1958, *Messianismes et millénarismes*, ed. del C. N. R. S., París,

Cantel, Raymond, * *Prophétisme et messianisme dans l'oeuvre d'Antonio Vieira*, París, 1960.

Cohn, Norman, ** *The Pursuit of the Millennium*, Harper Torchbook, Nueva York, 1961.

Dagron, C. (y L. Marin), "Discours utopique et récit des origines", *AESC*, 26º año, núm. 2, marzo-abril de 1971.

Duby, Georges, *L'An mil*, Julliard, París, 1967.

Lanternari, Vittorio, * *Movimenti religiosi di libertà e di salvezza dei popoli oppressi*, Milán, 1960.

— "Riconsiderando i movimenti social-religiosi nel quadro dei processi di acculturazione", *Religioni e Civiltà*, I.

More, Thomas, * *L'Utopie*, versión francesa y comentario de Marie Delcourt, La Renaissance du Livre, París, s. f.

Mühlmann, Wilhelm, ** *Chiliasmus und Nativismus*, Berlín, 1961 (ed. francesa, *Messianismes révolutionnaires du tiers monde*, Gallimard, París, 1968).

Pereira de Queiroz, María Isaura, * *O mesianismo no Brasil e no mundo*, Saõ Paulo, 1965.

Reeves, Marjorie, ** *The Influence of Prophecy in the later Middle Ages. A Study in Joachimism*, The Clarendon Press, Oxford, 1969.

Ruyer, Raymond, *L'Utopie et les utopies*, P. U. F., París, 1950.

Séguy, J., "Une sociologie des sociétés imaginées: monachisme et utopie", *AESC*, 26º año, núm. 2, marzo-abril de 1971.

e) *Conciencia nacional en general*

Caro Baroja, Julio, * *El mito del carácter nacional. Meditaciones a contrapelo*, Hora H., Madrid, 1970.
Castro, Américo, ** *La realidad histórica de España*, FCE, México, 1954.
Historia mexicana (*en su vigésimo aniversario*), núm. 82, vol. XXI, oct.-dic., 1971.
Mandrou, Robert, *Introduction à la France moderne. Essai de psychologie historique* (*1500-1640*), París, 1961.
Silva Michelena, José A., "Création d'États et formation de nations en Amérique latine", *Revue internationale des sciences sociales*, vol. XXIII, núm. 3, UNESCO, 1971.
Unamuno, Miguel de, *En torno al casticismo* (*1895*), ed. Aguilar, Madrid, 1945, *Ensayos*, t. I.
Vilar, Pierre, * "Nation et patrie dans le vocabulaire de la guerre d'Indépendance espagnole", *Annales historiques de la Révolution française*, núm. 72, 1972.
Zea, Leopoldo, *América en la historia* (*1957*), Madrid, 1970.

II. BIBLIOGRAFÍAS, CATÁLOGOS, MANUALES, COLECCIONES DE DOCUMENTOS

a) *Bibliografías*

Adams, Eleanor, *A Bio-Bibliography of Franciscans Authors in Colonial Central America*, Washington, 1953.
Alcina Franch, José (y Josefina Palop Martínez), *América en la época de Carlos V. Aportación a la bibliografía de este periodo desde 1900*, Madrid, 1958.
Andrade, Vicente P., *Bibliografía mexicana del siglo XVII*, México, 1899.
Beristáin de Souza, José Mariano, ** *Biblioteca / hispano-americana septentrional*, México, 1947.

Bibliografía americanista

"Archéologie et préhistoire, anthropologie et ethnohistoire", por Mireille Guyot.
"Linguistique amérindienne", por Bernard Pottier y Jürg Gasché, Publicaciones de la Sociedad de Americanistas, Museo del Hombre, París (anual).
Bibliotheca scriptorum Societatis Iesu, Roma, 1776.
Eguiara y Eguren, ** *Bibliotheca Mexicana* (ed. part. A. Millares Carlo; ms. archivos de la catedral de Puebla, México).

El Instituto Nacional de Antropología e Historia, su contribución a la bibliografía nacional, INAH, 1962.

García Icazbalceta, Joaquín, ** *Bibliografía mexicana del siglo XVI*, México, 1886.

González de Cossío, Francisco, * *La imprenta en México (1594-1820)*, México, 1947.

Historiografía y bibliografía americanistas, Publicación de la Escuela de Estudios Hispanoamericanos, dir. por Francisco Morales Padrón, Sevilla (3 ed. por año).

Impresos mexicanos del siglo XVI (Incunables americanos), por el Dr. Emilio Valton, Imprenta Universitaria, México, 1935.

León, Nicolás, ** *Bibliografía mexicana del siglo XVIII*, México, 1906.

List of Latin American Imprints before 1800, selected from the Bibliographies of José Toribio Medina, microfilmes de Brown Univ., Providence (EUA), 1952.

Medina, José Toribio, ** *La imprenta en México*, Santiago de Chile, 1907-1912 (reimpr. Amsterdam, 1965).

— *La imprenta en Puebla* (1643-1821).

— *La imprenta en Guadalajara de México* (1793-1831).

— *La imprenta en Vera Cruz* (1794-1821).

— *La imprenta en Oaxaca* (1720-1820).

Palau, *Manual del librero hispanoamericano*.

Ramírez, José F., *Adiciones y correcciones a Beristáin*, México, 1898.

Teixidor, Felipe, *Adiciones a "La imprenta en la Puebla de los Ángeles", de J. T. Medina*, México, 1961.

The Handbook of Latin American Studies, U. Flo. P., 1926 *sqq.* (anual).

b) *Catálogos, guías de archivos*

** *Catálogo de documentos de la sección novena del Archivo General de Indias*, por Cristóbal Bermúdez Plata.

** *Catálogo de la Biblioteca de Palacio* (Madrid), t. IX, "Manuscritos de América", por Jesús Domínguez Bordona, Madrid, 1935.

** *Catálogo de la colección de D. Juan Bautista Muñoz*, RAH, Madrid, 1954-1956 (3 vols.).

Catálogo XX del Archivo General de Simancas (títulos de Indias), por Ricardo Magdaleno, Valladolid, 1954.

Catálogo de los fondos del Centro de Documentación del Museo Nacional de Historia, en el Castillo de Chapultepec, Memorias de la Academia Mexicana de la Historia, t. X, núm. 4, octubre-diciembre de 1951.

* *Catálogo de los manuscritos de América existentes en la "Colección de Jesuitas" de la Academia de la Historia*, por A. Rodríguez Moñino, Badajoz, 1935.

** *Catálogo del Museo histórico indiano del caballero Lorenzo Boturini Benaduci*, México, 1871.

** *Catalogue raisonné de la collection de M. E. Coupil* (Documentos para servir a la historia de México), por E. Boban, París, 1891.

Fonds américaniste ancien de la BNUS (Bibliothèque nationale et universitaire de Strasbourg), por Jacques Lafaye y María Elena Arias López, Universidad de Strasbourg, 1968.

Fuentes documentales para la historia de la Independencia de América, I, "Misión de investigación en los archivos europeos", por Ricardo Donoso, México, 1960.

Guía de fuentes para la historia de Iberoamérica, fasc. IV, 1 y 2, "Fuentes conservadas en España", Madrid, 1966-1969.

Guía de las obras en lenguas indígenas existentes en la Biblioteca Nacional, BBN, XVII, 1 y 2, enero-junio 1966 (México).

Guide to Jewish References in the Mexican Colonial Era (1512-1821), por Seymour B. Liebman, Filadelfia, 1964.

* *Guide to Latin-American Manuscripts at the University of Texas*, por Carlos E. Castañeda y Jack Autrey Dabbs, Cambridge (EUA), 1939.

"Guide to the *Chapter Archives* of the Archbishopric of Mexico", *HAHR*, t. XLV, 1965, por Michael P. Costeloe.

"Liste catalogue des sources pour l'étude de l'ethnologie dans l'ancien Mexique au Musée de l'Homme", por Joaquín Galarza, en *JSA*, nueva serie, XLIX, 1960.

** *Los archivos de la historia de América*, por Lino Gómez Canedo (2 vols.), México, 1961.

"Manuscritos en lengua náhuatl de la Biblioteca Nacional de México", por A. M. Garibay K., en *BBN*, XVII, 1 y 2, enero-junio 1966 (México).

** *Repertorio bibliográfico de los archivos mexicanos y de los europeos y norteamericanos de interés para la historia de México*, por Agustín Millares Carlo, México, 1959.

"The Abecedario and a Check List of Mexican Inquisition Documents at the Henry Huntington Library", por Seymour Liebman, en *HAHR*, XLIV, núm. 4, nov. 1964.

c) *Manuales, diccionarios...*

Garibay, A. M., *Llave del náhuatl*, Otumba, 1940.

Millares Carlo, Agustín (e Ignacio Mantecón), ** *Álbum de paleografía hispano-americana de los siglos XVI y XVII*, México, 1955.

Molina, fray Alonso de, "Vocabulario en lengua castellana y mexicana", *Colección de incunables americanos*, vol. LIV, Madrid, 1944.

Santamaría, Francisco J., *Diccionario de mejicanismos*, ed. Porrúa, México, 1959.

Siméon, Rémi, *Dictionnaire de la langue naheralt ou mexicaine*, impr. nacional, París, 1885 (reimp. Akad. Druck, Graz, 1963).

d) *Colección de documentos*

* "Apoteosis de los mártires de la guerra de Independencia mexicana en 1823" (compilación de textos), por E. Lemoine Villicaña, en *BAN*, serie II, t. VI, núm. 2, México, 1965.

* *Cartas de Indias*, ed. del Ministerio de Fomento, Madrid.

** *Cedulario indiano* (*1596*), por Diego de Encinas (3 vols.), Madrid, 1945.

** *Códice franciscano del siglo XVI.* Nueva colección de Documentos para la Historia de México, México, 1941.

** *Colección de documentos inéditos* (...), t. VI, "Causa contra Hidalgo", por Genaro García, México, 1905-1911.

Colección de documentos inéditos para la historia de España, Madrid, 1842, *sqq.*

Colección de documentos para la historia de la formación social de Hispanoamérica (*1493-1810*), Madrid, 1953-1962 (3 vols.), por Richard Konetzke.

** *Colección de documentos para la historia de la guerra de Independencia de México*, México, 1877-1882 (6 vols.).

** *Colección de documentos inéditos relativos al descubrimiento, conquista* (...) *de Ultramar*, Madrid, 1885-1932 (25 vols.).

** *Colección de obras y opúsculos pertenecientes a la milagrosa aparición de la bellísima Imagen de Nuestra Señora de Guadalupe que se venera en su santuario extramuros de México, reimpresas todas juntas*, Madrid, 1785.

Constituciones (Las) de la antigua Universidad, por Julio Jiménez Rueda, edición del Cuarto Centenario, UNAM, México, 1951.

Cuerpo de documentos del siglo XVI, México, 1943.

Documentos para la historia de la cultura en México. Una biblioteca del siglo XVII, México, 1947.

Documentos sobre la expulsión de los jesuitas y ocupación de sus temporalidades en Nueva España (*1772-1783*), por V. Rico González, México, 1949.

** *Dos etapas de la Independencia* (documentos), por Xavier Tavera Alfaro, Univ. Michoacana de S. Nicolás Hidalgo, 1966.

** *Epistolario de Nueva España*, por Francisco del Paso y Troncoso, México, 1939-1942.

Grados de licenciados, maestros y doctores (...) *de la Universidad de Méjico*, por Guillermo S. Fernández de Recas, UNAM, México, 1963.

* *Historia documental de México*, I, por Miguel León-Portilla, Antonio Barrera Vázquez, Luis González, Ernesto de la Torre Villar, María del Carmen Velázquez, UNAM, México, 1964.

Indias (Las) caciques de Corpus Christi, por Josefina Muriel, UNAM, México, 1963.

** *Información que el Arzobispo de México, D. Fray Alonso de Montúfar mandó practicar* (...) *acerca de la devoción y culto de Nuestra Sra. de Guadalupe* (*1556*), México, 1953.

* *Judíos (Los) en la Nueva España*, Publicaciones del AGN, XX, México, 1939.

** *Libro primero de votos de la Inquisición de México* (*1573-1600*), México, 1949.

* *Monumenta mexicana societatis Iesu*, ed. Félix Zubillaga (S. I.), Roma, 1956-1959 (2 vols.).

Periodismo (El) en México durante la dominación española, INAH, México, 1910.

** *Procesos de indios idólatras y hechiceros*, Publicaciones del AGN, México, 1912.
** *Provisiones, cédulas, instrucciones para el gobierno de la Nueva España*, por Vasco de Puga, ed. México, 1878-1879.
Real y Pontificia Universidad de Méjico. Medicina, nómina de bachilleres, licenciados y doctores (*1607-1780*), por G. S. Fernández de Recas, UNAM, México, 1960.
Recopilación de las leyes de los reynos de las Indias, Madrid, 1791.
Virgen (La) María venerada en sus imágenes filipinas, Manila (islas Filipinas), 1904.
"Zitácuaro, Chilpancingo y Apatzingán, tres grandes momentos de la insurgencia mexicana", por E. Lemoine Villicaña, en *BAN*, serie II, t. IV, núm. 3, 1963.

III. Nueva España: SOCIEDAD

a) *Sociedad criolla*

Fuentes:

Agustín de la Madre de Dios, fray, * *Discurso apologético en favor de los criollos del Reyno Mexicano*, ms. 653 G.88.15, U. Tex. P.
Ajofrín, fray Francisco de, "Diario del viaje que por orden de la Sagrada Congregación de Propaganda Fide hizo a la América Septentrional en el siglo XVIII", *Archivo Documental Español*, t. XII, Madrid, 1958.
Alzate, José Antonio, *Estadística comparativa entre Madrid y México hacia fines del siglo XVIII*, Colección Goupil-Aubin, ms. 261, BNP.
Bolívar y de la Redonda, Pedro de, ** *Memorial, informe y discurso legal* (...) *en favor de los españoles que en ellas [las Indias] nacen, estudian y sirven* (*1667*).
Bustamante, Carlos María de, *Mañanas de la Alameda de México*, México, 1835.
Caballero, Ramón Diosdado, ** *Medios para estrechar más la unión entre los españoles americanos y los europeos* (*1787*), Papeles varios, ms. 2429, núm. 10, BPM.
Cervantes de Salazar, Francisco, * *Tres diálogos latinos* (*1554*), México, 1875 (reimpr. UNAM, 1964).
Descripción del Arzobispado de México, hecha en 1570, México, 1897.
Dorantes de Carranza, Baltasar, *Sumaria relación de las cosas de Nueva España*, México, 1902.
* *El Pensador Mexicano* (J. J. Fernández de Lizardi), México, 1817, Biblioteca del Estudiante Universitario, núm. 15, UNAM, 1940.
Fernández de Lizardi, José Joaquín, *El Periquillo Sarniento*, Colección de escritores mexicanos, núms. 56-58.
* *Gacetas de México* (siglo XVIII).
Gemelli Carreri, * *Viaje a la Nueva España* (*1700*), ed. por Fernando B. Sandoval, México, 1955.
Guijo, Gregorio M. de, *Diario* (*1648-1664*), México, 1953.

Humboldt, Alejandro de, ** *Essai politique sur le royaume de la Nouvelle Espagne*, París, 1811 (4 vols. + atlas).
** *Instrucciones que los Virreyes de Nueva España dejaron a sus sucesores*, México, 1873 (ms. BPM).
** *Manifiesto al Rey, del Ayuntamiento de México, 1771*, ms. T 9b, JCB.
México. Su evolución social, ed. Justo Sierra, México, 1900-1901 (3 volúmenes).
O'Crowley, Pedro Alonso, *Description of the Kingdom of New Spain (1774)*, ed. John Howell Book, Dublín, 1972.
Ponce, Alonso, * *Relación breve y verdadera de (...) la Nueva España*, Madrid, 1873.
* *Relación de los obispados de Tlaxcala, Michoacán y otros lugares*, París, 1904.
Relación e informe que dio el Excmo. Señor Duque de Linares, Virrey de la Nueva España, a su sucesor Marqués de Valero (1716), manuscrito 2 831, BPM.
* *Relaciones de Texcoco y de la Nueva España (Pomar-Zurita)*, México, 1941.
Representación vindicatoria que en el año de 1771 hizo a su Majestad la Ciudad de México, Cabeza de aquel Nuevo Mundo, en nombre de toda la Nación Española Americana, contra la sinrazón de un Ministro o Prelado de aquellas partes (...), manuscrito número 2 828, BPM.
Salazar y Olarte, Ignacio, *Historia de la conquista de México, población y progreso de Nueva España (...)*, Madrid, 1785 (2ª edición).
Suárez de Peralta, Juan, * *Tratado del descubrimiento (...) en la Nueva España, y de la suceso del Marqués del Valle, segundo, Don Martín Cortés, de la rebelión que se le ynputó y de las justicias y muertes (...) (1589)*, ed. por Justo Zaragoza, Madrid, 1878.
Vázquez de Espinosa, Antonio, * *Primera Parte del compendio y descripción de las Indias Occidentales (1624?)*, México, 1944.
Villaseñor y Sánchez, José Antonio, ** *Theatro americano. Descripción general de los reynos y provincias de la Nueva España y sus jurisdicciones*, México, 1748.
Zerón Zapata, Miguel, * *Crónica de la Puebla de los Ángeles*, México, s. f. (1697).
Zorita, Alonso de, ** *Historia de la Nueva España (post. 1564)*, ed. por Serrano y Sanz, Madrid, 1909.

Estudios:

Chevalier, François, "Signification sociale de la fondation de Puebla de los Ángeles, *RHA*, t. XXIII, junio de 1947.
García Icazbalceta, Joaquín, ** *Obras* (10 vols.), México, 1896-1899.
Gerhard, Peter, *México en 1742*, México, 1962.
Gibson, Charles, * *Tlaxcala in the Sixteenth Century*, Stanford University Press, 1952.
Gurría Lacroix, Jorge, *Trabajos sobre historia mexicana*, INAH, México, 1964.

Jiménez Moreno, Wigberto (y Antonio García Ruiz), ** *Historia de México*, México, 1962.

Mc Alister, Lyle N., "Social Structure and Social Change in New Spain", *HAHR*, XLIII, 1963.

Minguet, Charles, "Le créole américain à travers quelques écrits français et espagnols du xviiie siècle", CAL, núm. 6, 1964.

Olmeda, Lauro, "El desarrollo de la sociedad mexicana", en t. II: *La formación de la nacionalidad*, Madrid, 1969.

Parry, John, * *The Audiencia of New Galicia in the Sixteenth Century*, CUP, 1948.

Wolf, Eric R., ** "The Mexican Bajío in the Eighteenth Century: an Analysis of cultural Integration", Tulane University, *Publication 17*, núm. 3, Nueva Orleáns, 1955.

b) *Sociedad india*

Fuentes:

* *Códice de Yanhuitlán*, ed. por W. Jiménez Moreno y S. Mateos Higuera, Museo Nacional, México, 1940.

Neumann, Joseph, ** *Révoltes des Indiens Tarahumars (1742)*, ed. por Luis González, IHEAL, 1969.

Palafox y Mendoza, Juan, *Virtudes del indio (hacia 1650)*, Colección de libros raros o curiosos que tratan de América, Madrid, 1893.

Pomar, Juan Bautista, *Relación de Tezcoco (1582)*, México, 1941.

Relaciones originales de Chalco Amaquemecan, por Frade San Antón Muñón Chimalpahin (...), ed. S. Rendón, México, 1965.

Sahagún, fray Bernardino de, ** *Historia general de las cosas de Nueva España (hacia 1565)*, ed. por Ángel María Garibay K., México, 1956.

Estudios:

Berthe, Jean-Pierre, * "Aspects du l'esclavage des Indiens en Nouvelle-Espagne pendant la première moitié du xvie siècle", *JSA*, t. LIV-2, 1965.

Borah, Woodrow (y Cook, Sherburn F.), *The Aboriginal Population of Central Mexico on the Eve of the Spanish Conquest*, Berkeley, 1963.

Borah, Woodrow, *The Indian Population of Central Mexico (1531-1610)*, U. Cal. P., 1960.

— "La defensa fronteriza durante la gran rebelión tepehuana. Mesa redonda de San Luis Potosí", 1963 (publ. en *HM* 61, vol. XVI, núm. 1, 1966).

— ** *Essays in Population History*: *Mexico and the Caribbeean*, vol. I, U. Cal. P., 1971.

Cline, Howard F., * "Civil Congregations of the Indians in New Spain, 1598-1606", *HAHR*, XXXIX, 1949.

— "Hernando Cortés and the Aztec Indians in Spain", *The Quar-*

terly Journal of the Library of Congress, vol. XXVI, núm. 2, abril de 1969.

Fernández de Recas, Guillermo S., *Cacicazgos y nobiliario indígena de la Nueva España*, UNAM, 1961.

** *Florentine Codex, General History of the Things of New Spain*, publicado por la School of American Research y la University of Utah [Charles Dibble], 1950-1963, Santa Fe, Nuevo México (8 vols.).

Garibay K., Ángel M., ** *Historia de la literatura náhuatl*, México, 1953-1954 (2 vols.).

Gibson, Charles, ** *The Aztecs under Spanish Rule (A History of the Indians of the Valley of Mexico), 1519-1810*, Stanford, 1964.

González Obregón, Luis, *Las sublevaciones de indios en el siglo XVII*, Museo Nacional, México, 1907.

** *Handbook of Middle American Indians*, vol. XII, U. Tex. P., 1972.

Katz, Friedrich, ** *Situación social y económica de los aztecas en los siglos XV y XVI*, UNAM, 1966.

López Austin, Alfredo, *Augurios y abusiones*, UNAM, 1969.

Marín Tamayo, Fausto, *La división racial en Puebla de los Ángeles bajo el régimen colonial*, Centro de Estudios Históricos de Puebla, 1960.

Moerner, Magnus, "¿Separación o integración?", *JSA*, LIV, fasc. I, 1965.

Rosenblat, Ángel, * *La población indígena y el mestizaje en América*, Buenos Aires, 1954 (2 vols.).

Ruedas de la Serna, Jacinto (*et al.*), *Tratado de las idolatrías, supersticiones, dioses, ritos (...) de las razas indígenas de México*, México, 1953.

Zavala, Silvio, ** *Los esclavos indios en la Nueva España*, El Colegio Nacional, 1968.

— "Guerra de indios en Sonora en 1696", *HM*, vol. XVII, núm. 2, oct.-dic. de 1967.

Zubillaga, Félix, "Intento de clero indígena en Nueva España en el siglo XVI y los jesuitas", *AEA*, XXVI, 1969.

c) *"Castas" (mestizos, negros, mulatos...)*

Fuentes:

Gemelli Carreri, * *op. cit., supra*, p. 452.

Humboldt, * *op. cit., supra*, p. 453.

** *Índice del ramo de Inquisición*, AGN, México.

Estudios:

Aguirre Beltrán, G., ** *La población negra de México, 1519-1810, estudio etnohistórico*, México, 1946.

Borah, * *op. cit., supra*, p. 454.

Byrd Simpson, Lesley, *Many Mexicos*, Berkeley, 1941.

Moerner, Magnus, ** *Race Mixture in the History of Latin America*, Boston, 1967 (ed. en francés de H. Favre, Fayard, París, 1971).

Ricard, Robert, "Les morisques et leur expulsion au Mexique", en *BH*, t. XXXIII, 1931.
Rosenblat, *op. cit., supra*, p. 455.
Sierra, Justo, *Evolución política del pueblo mexicano*, México, 1906.

d) *Minorías de origen europeo (italianos, judíos de Portugal, franceses, etc.)*

Fuentes:

** *Índice del ramo de Inquisición*, AGN, México.
** "Judíos (Los) en la Nueva España", Publicaciones del AGN, México, 1939.

Estudios:

Domínguez Ortiz, Antonio, * *Los judeoconversos en España y América*, Madrid, 1971.
Parry, *op. cit., supra*, p. 454.
Pérez Marchand, * *Dos etapas ideológicas del siglo XVIII a través de los papeles de la Inquisición*, México, 1945.
Ricard, Robert, "Pour une étude du judaïsme portugais au Mexique pendant la période coloniale", *Revue d'histoire moderne*, XIV, nueva serie, t. VIII, núm. 39, agosto-sep. de 1939 (reimpreso en *Etudes sur l'histoire morale et religieuse du Portugal*, Fundación Calouste Gulbenkian, París, 1970).

e) *Administración y vida económica; vida cotidiana*

Fuentes:

AGI (Secciones): "México, ** Audiencia, Papeles varios, Indiferente general".
Gage, Thomas, *Nueva relación de las Indias Occidentales o viajes de...*, Londres, 1648.
Guijo, Gregorio M. de, *Diario (1648-1664)*, México, 1953.
Humboldt, * *op cit., supra*, p. 453.
León Pinelo, Antonio de, *El gran canciller de Indias*, ed. G. Lohmann Villena, CSIC, Sevilla, 1953.
Robles, Antonio de, ** *Diario de sucesos notables (1665-1703)*, México, 1946.
Sigüenza y Góngora, Carlos de, *Los infortunios de Alonso Ramírez*, México, 1690.
Villaseñor y Sánchez, * *op. cit., supra*, p. 453.
Vivero, Rodrigo de, *Du Japon et du bon gouvernement de l'Espagne et des Indes* (1564-1636), ed. de J. Monbeig, SEVPEN, París, 1972.

Estudios:

Bakewell, P. J., * Silver Mining and Society in Colonial Mexico: Zacatecas, 1546-1700, CUP, 1971. [Hay ed. en español del FCE.]

Bobb, Bernard E., The Viceregency of Antonio María de Bucareli in New Spain (1771-1779), U. Tex. P. (Austin), 1967.

Brading, D. A., * Miners and Merchants in Bourbon Mexico (1763-1810), CUP, 1971. [Hay ed. en español del FCE.]

Chevalier, François, ** La formation des grands domaines au Mexique, IEP, 1952 (ed. en inglés, Land and Society..., U. Cal. P., 1963). [Hay ed. en español del FCE.]

Cline, Howard F., * "The Relaciones geográficas of the Spanish Indies (1577-1586)", HAHR, XIV, núm. 3, agosto de 1964.

García Icazbalceta, op. cit., supra, pp. 449 y 453.

México a través de los siglos, ed. Vicente Riva Palacio, México, 1884-1889 (5 vols.).

Miranda, José, España y Nueva España en la época de Felipe II, México, 1962.

Moerner, Magnus, "La reorganización imperial en Hispanoamérica (1760-1810)", Iberomanskt, vol. IV, núm. 1, Estocolmo, 1969.

— La corona española y los foráneos en los pueblos de indios de América, Estocolmo, 1970.

Orozco y Berra, Manuel, * Historia de la dominación española en México, México, 1938.

Ots Capdequí, José María, * El Estado español en las Indias, México, FCE, 1941.

Priestly, Herbert Ingram, José de Gálvez, Visitor General of New Spain (1765-1771), ed. por M. Moerner, Nueva York, 1965.

Ricard, Robert, "Contribution à l'étude des fêtes de Moros y Cristianos", en JSA, nueva serie, XXIV, 1932.

— "Encore les fêtes de Moros y Cristianos au Mexique", en JSA, nueva serie, XXIX, 1937.

Rubio Mañé, José I., * Introducción al estudio de los virreyes de Nueva España (1535-1746), México, 1955-1961 (3 vols.).

Sánchez Castañer, Francisco, Don Juan de Palafox, Virrey de Nueva España, Zaragoza, 1964.

The New World look at its History, ed. por Archibald Lewis y Thomas Mc Gann, U. Tex. P., 1963.

f) *Geografía, historia natural; urbanismo y arquitectura*

Fuentes:

Ajofrín, fray Francisco de, * "Diario del viaje a la América Septentrional en el siglo XVIII" (cf. supra, p. 452).

Balbuena, Bernardo de, * Grandeza mejicana (1603), Real Academia Española, Madrid, 1831.

Bustamante, Carlos María de, Mañanas de la Alameda de México, México, 1835.

Cárdenas, Dr. Juan de, * Problemas y secretos maravillosos de las Indias, México, 1591.

Cortés, Hernán, * Cartas de relación de la conquista de México (1519-1526), BAE, t. XXII.

Fernández de Oviedo, * Sumario de la natural historia de las Indias, Toledo, 1526.

Hernández, Francisco, ** Rerum medicarum Novae Hispaniae thesaurus, ed. Joannes Fabri, Roma, 1628 (add. 1649).

** Historia general y natural de las Indias, Sevilla, 1535, BAE, tomos CXVII-CXXI.

Humboldt, * op. cit., supra, p. 453.

López de Gómara, Francisco, ** Segunda Parte de la Historia General de las Indias (Conquista de Méjico), Amberes, 1552, BAE, t. XXII.

Mota y Escobar, Alonso de la, Descripción geográfica de los reinos de Nueva Galicia, Nueva Vizcaya y Nuevo León, ed. de Joaquín Ramírez Cabañas (2ª ed.), ed. Pedro Robredo, México, 1940.

Ortelius, Abraham, Theatrum - Orbis terrarum, Amberes, 1570.

Relaciones geográficas de Indias, ed. de Jiménez de la Espada, Publicaciones del Ministerio de Fomento, Madrid, 1881-1897 (4 vols.).

Sahagún, ** op. cit., supra, p. 454.

Villaseñor y Sánchez, * op. cit., supra, p. 453.

Zerón Zapata, * op. cit., supra, p. 453.

Estudios:

Bataillon, Claude, Les régions géographiques au Mexique, IHEAL, París, 1967 (ed. en español, Siglo XXI, México).

Carracido, José R., El P. José de Acosta y su importancia en la literatura científica española, Madrid, 1899.

Gante, Pablo C. de, Tepotzotlán, su historia y sus tesoros artísticos. México, 1958.

García Icazbalceta, ** op. cit., supra, pp. 449-453.

Gasparini, Graziano, "La ciudad colonial como centro de irradiación de las escuelas arquitectónicas y pictóricas", Actas C. I. A., XXXIX, vol. 2, Lima, 1970.

Gerhard, Peter, ** Guide to the Historical Geography of New Spain, CUP, 1972.

Gustin, Monique, "Façades d'églises rurales mexicaines du XVIIIe siècle, iconographie et symbolisme", CAL (serie "Arts et littératures"), núm. 2, 1970.

Kubler, George, * Mexican Arquitecture of the Sixteenth Century, 1948 (reimpr. 1972).

— "The Unity of cities in the Americas", JWH, IX-4, UNESCO, 1966.

Leander, Birgitta, "Mestizaje ecológico en México: algunas frutas, legumbres y semillas", JSA, t. LIX, 1970.

Minguet, Charles, Alexandre de Humboldt, historien et géographe de l'Amérique espagnole (1799-1804), IHEAL, 1969.

Palm, Erwin W., "La ciudad colonial como centro de irradiación...", Actas C. I. A., XXXIX Congreso, vol. II, Lima, 1970.

— "La ville espagnole au Nouveau Monde dans la première moitié du XVIᵉ siècle", coloquio: *La découverte de l'Amérique* (1966), Centre d'études supérieures de la Renaissance, Tours, ed. J. Vrin, París, 1968.

Toussaint, Manuel, ** *Arte colonial en México*, UNAM, 1948.

Valle-Arizpe, Artemio de, *Historia de la ciudad de México según los relatos de sus cronistas* (4ª ed.), México, 1946.

Villoro, Luis, "La naturaleza americana en Clavijero", *PH*, núm. 28, oct.-dic. de 1963.

g) *Órdenes religiosas y clero secular*

Fuentes:

Alegre, Francisco Javier, ** *Historia de la Compañía de Jesús en Nueva España* (*s. XVII*), ed. por Ernest J. Burrus y Félix Zubillaga, Roma, 1956-1960, (4 vols.).

Al Rev. P. *Vicario Generale* (...) *dalla Metropoli di Messico nell' America Settentrionale di 22 di maggio 1647* (firmado: Fra Vittorio Ricci), ms. AD.

Burgoa, fray Francisco de, * *Palestra historial de virtudes y ejemplares apostólicos*, México, 1670.

Dávila Padilla, fray Agustín, *Historia de la fundación y discurso de la Provincia de Santiago de la orden de Predicadores* (...), Bruselas, 1625.

Espinosa, fray Isidro Félix de, ** *Crónica de los colegios de Propaganda Fide de la Nueva España* (*1747*), ed. de Lino Gómez Canedo, Washington, 1964.

Florencia, Francisco de, * *Historia de la Provincia de la Compañía de Jesús de Nueva España*, México, 1694.

González Dávila, Gil, *Teatro eclesiástico de la primitiva Iglesia de la Nueva España en las Indias Occidentales* (*1649*), Madrid, 1959-1960 (2 vols.).

Lozano, Pedro, *Historia de la Compañía de Jesús*, Madrid, 1754.

Mendieta, fray Jerónimo, ** *Historia eclesiástica indiana* (*1596*), México, 1945.

Mota y Padilla, Matías de la, ** *Historia de la conquista del reino de la Nueva Galicia* (1742), Guadalajara (México), 1922.

Rea, fray Alonso de la, ** *Crónica de la Orden de Nuestro Seráfico Padre San Francisco, Provincia de San Pedro y San Pablo de Mechoacán en la Nueva España*, México, 1643.

** *Relación breve de la venida de los de la Compañía de Jesús a la Nueva España* (*1602*) [Martín Rentería], México, 1945.

Vetancurt, fray Agustín de, ** *Teatro mexicano*, Madrid, 1961.

Estudios:

Baudot, Georges, "*Le complot* franciscain contre la première Audience de Mexico", *CMHLB*, núm. 2, 1964.

Costeloe, Michael P., *Church Wealth in Mexico* (*A Study of the "Juzgado de capellanías" in the Archbishopric of Mexico 1800-1856*), CUP, 1967.

Cuevas, Mariano, *Historia de la Iglesia en México*, México, 1923.

Farriss, Nancy M., ** *Crown and Clergy in colonial Mexico* (1759-1821), The Athlone Press, Londres, 1968.

Lafaye, Jacques, "La règle de l'alternance dans la Province dominicaine de la Nouvelle-Espagne au XVIIᵉ siècle", *CAL*, núm. 6, 1964.

Lopetegui, L. (y F. Zubillaga), ** *Historia de la Iglesia en la América española* (*México...*), BAC, 1966.

Ricard, Robert, ** *La "conquête spirituelle" du Mexique* (...) (*1523 à 1572*), IEP, 1933 (ed. en español, México, 1947; en inglés, U. Cal. P., 1966). [Hay ed. en español del FCE.]

Steck, Francis Borgia, * *El primer colegio de América, Santa Cruz de Tlaltelolco*, México, 1944.

Zubillaga, Félix, "Intento de clero indígena en Nueva España en el siglo XVI y los jesuitas", *AEA*, XXVI, 1969.

—** *Monumenta mexicana Societatis Iesu*, ed. F. Zubillaga, Roma, 1956-1959.

IV. NUEVA ESPAÑA: HISTORIA ESPIRITUAL Y CULTURAL

a) *Historiografía de la conquista española*

Fuentes:

Cortés, Hernán, ** *Cartas de relación de la conquista de Méjico* (1519-1526), BAE, t. XXII.

Díaz del Castillo, Bernal, ** *Historia verdadera de la conquista de la Nueva España*, Madrid, 1632 (ed. J. Ramírez Cabañas, México, 1955, 2 vols.).

Lasso de la Vega, G., *Primera parte de Cortés valeroso y mejicano*, Madrid, 1588.

López de Gómara, Francisco, ** *Hispania victrix*. II Parte: *Historia de la conquista de Méjico*, Amberes, 1552, BAE, t. XXII.

Mota y Padilla, Matías de la, *Historia de la conquista del reino de la Nueva Galicia* (*1742*), Guadalajara (México), 1922.

Relación del Conquistador Bernardino Vázquez de Tapia (hacia el año de 1544), edición preparada por Manuel Romero de Terreros, México, 1939.

Robertson, William, *L'histoire de l'Amérique* (...), trad. del inglés, 2ª ed., París, 1790 (ed. original Londres, 1767).

Salazar y Olarte, Ignacio, *Historia de la conquista de México* (...), Madrid, 1785 (2ª ed.).

Solís, Antonio de, ** *Historia de la conquista de Méjico*, Madrid, 1684, Colección Austral, núm. 699.

Suárez de Peralta, Juan, * *Tratado del descubrimiento* (...) *en la Nueva España* (...) (*1589*) (ed. de D. Justo Zaragoza, Madrid, 1878).

Zorita, Alonso de, *Historia de la Nueva España* (a partir de 1564), ed. por Serrano y Sanz, Madrid, 1909.

Estudios:

Alvar, Manuel, *Americanismos en la "Historia" de Bernal Díaz del Castillo*, CSIC, Madrid, 1970.

Arocena, Luis A., * *Antonio de Solís, cronista indiano*, EUDEBA, Buenos Aires, 1963.

Bataillon, Marcel, "Hernán Cortés, autor prohibido", *Libro jubilar de Alfonso Reyes*, México, 1956.

Elliot, John H., "The Mental World of Hernán Cortés", *The Transactions of the Royal Historical Society*, 5th. Series, vol. XVII, 1967.

García Icazbalceta, Joaquín, * *Cartas de...*, ed. de Felipe Teixidor, México, 1937.

Gibson, Charles, * *The Aztecs under Spanish Rule (...)*, *1519-1810*, Stanford, 1964.

Humphreys, Robin (y Francisco Cuevas Cancino), *Historiadores de América: William Robertson*, IPGH, México, 1958.

Iglesia, Ramón, ** *Cronistas e historiadores de la conquista de México*, México, 1942.

Jiménez Moreno, * *Historia de México*, México, 1962.

Keen, Benjamin, "The White Legend revisited (...)", *HAHR*, vol. LI, núm. 2, mayo de 1971.

Kirkpatrick, F. A., *The Spanish Conquistadores* (1934), reimp. Pionner Hist., A. & C. Black, 1963.

Lafaye, Jacques, *Les conquistadores*, Le Seuil, París, 1964 (reimp. 1973) (ed. en español, Siglo XXI, México, 1970).

León-Portilla, *Visión de los vencidos*, Biblioteca del Estudiante Universitario, UNAM, 1959.

Leonard, Irving, ** *Books of the Braves*, Harvard U. P., 1949 (ed. en español: *Los libros del Conquistador*, México-Buenos Aires, FCE, 1953).

Morales, Padrón, Francisco, *Fisonomía de la conquista indiana*, CSIC, Sevilla, 1955.

Orozco y Berra, Manuel, * *Historia antigua y de la conquista de México*, México, 1960.

Prescott, William, * *History of the Conquest of Mexico*, reimp. Random House, Nueva York, s. d.

Ricard, Robert, "Le règne de Charles Quint, 'Age d'Or' de l'histoire mexicaine", *Revue du Nord*, XIII, núm. 166, Lille, 1960.

Sáenz de Santamaría, Carmelo, *Introducción crítica a la Historia verdadera de Bernal Díaz del Castillo*, Madrid, 1967.

Salas, Alberto Mario, ** *Las armas de la Conquista*, Buenos Aires, 1950.

Toscano, Salvador, *Cuauhtémoc*, FCE, 1953.

Washburn, Wilcomb E., * "The Meaning of 'Discovery' in the Fifteenth and Sixteenth Centuries", *The American Historical Review*, vol. LXVIII, núm. 1, oct. de 1962.

b) *Evangelización y política cultural*

Fuentes:

Acosta, José de, ** *De procuranda indorum salute* (*1588*), Colonia, 1596, BAE, t. LXXIII.
Alegre, Francisco Javier, * *op. cit., supra*, p. 459.
Burgoa, Francisco de, * *op. cit., supra*, p. 459.
Coloquios de los Doze (*1524*), México.
** *Concilium mexicanum III*, México, 1770.
Córdoba, fray Pedro de, * *Doctrina cristiana para instrucción* (...) *de los indios*, (*1544*), Publ. U. Santo Domingo, vol. XXXVIII, 1945.
Dávila Padilla, Agustín, *op. cit., supra*, p. 459.
* *Doctrina cristiana en lengua española y mexicana, por los religiosos de la Orden de Santo Domingo* (*1548*), Colección de Incunables Americanos, vol. I, Madrid, 1944.
Espinosa, fray Isidro Félix de, * *op. cit., supra*, p. 459.
** *Examen del Concilio IV Provincial Mexicano* (...) *en 5 de marzo de 1776*, ms. de América, núm. 1439, BPM.
Flora, Joaquín de, ** *Liber concordie Novi ac Veteris Testamenti*, Venecia, 1519 (ed. en francés por Manuel Aegerter, París, 1928).
Florencia, Francisco de, * *op. cit., supra*, p. 458.
Gante, fray Pedro de, * *Catecismo de la doctrina cristiana,* Amberes (1528?), reimp. facsimilar, Dirección General de Archivos y Bibliotecas, Madrid, 1970.
González Dávila, Gil, *op. cit., supra*, p. 459.
Grijalva, J. de, * *Crónica de la Orden de N. S. Padre San Agustín en las Provincias de Nueva España*, México, 1624.
Moro, Tomás, *Utopia*, Lovaina, 1516.
Palafox y Mendoza, Juan de, ** *Direcciones para los señores obispos y cartas pastorales* (...), *Obras de...*, t. III, Madrid, 1762.
Rea, fray Alonso de la, * *op. cit., supra*, p. 459.
* *Relación breve de la venida de los de la Compañía de Jesús a la Nueva España* (cit. *supra*, p. 459).
Sahagún, fray Bernardino de, ** *op. cit., supra*, p. 454.
Torquemada, fray Juan de, ** *Monarquía indiana* (*1609?*), ed. 1723 (reimp. facsimilar, México, 1944, 3 vols.).
Vetancurt, fray Agustín de, * *op. cit., supra*, p. 459.
Zumárraga, fray Juan de, ** *Regla cristiana breve*, ed. por José Almoina, México, 1951.

Estudios:

Bataillon, Marcel, "Le Brésil dans une vision d'Isaïe", según el P. Antonio Vieira, *Bulletin des Études Portugaises*, nueva serie, t. XXV, 1964.
— *Érasme au Mexique*, II Congreso Nacional de Ciencias Históricas, Argelia, 1932 (reimp. en español en *Erasmo y España*, t. II: *Erasmo y el Nuevo Mundo*, FCE, 1950).
— * "L'esprit des évangélisateurs du Mexique", *Annuaire du Collège de France*, 1950.

— "Vasco de Quiroga et Bartolomé de las Casas", *RHA*, t. XXXIII, enero de 1952.
— "Nouveau Monde et fin du monde", *L'Éducation nationale*, núm. 32, 1952 (reimp. en portugués, *Revista de Historia da Universidade de São Paulo*, núm. 18, 1954).
— ** "Évangélisme et millénarisme au Nouveau Monde", *Actes du colloque de Strasbourg*, CNRS, París, 1959.
Baumgartner, Jakob, ** *Mission und Liturgie in Mexico (Der Gottesdienst in der jungen Kirche Neuspaniens)*, Beckenried, 1971 (2 volúmenes).
Bayle, Constantino, *El clero secular y la evangelización de América*, CSIC, Madrid, 1950.
Beckmann, Johannes, *Utopien als missionarische Stosskraft, Festschrift 50 Jahre Missionsgesellschaft Bethlehem Immensee*, Beckenried, 1971.
Burrus, Ernest, J., "Pioneer Jesuit Apostles among the Indians of New Spain (1572-1604)", *AHSI*, vol. XXV, 1956.
Castañeda, Carmen, "Un colegio seminario del siglo XVIII", *HM*, volumen XXII, abril-junio de 1973, núm. 4.
Cuevas, Mariano, *op. cit.*, *supra*, p. 460.
Galarza, Joaquín "Glyphes et attributs chrétiens dans les manuscrits pictographiques mexicains du XVIᵉ siècle", *JSA*, LV, fasc. I, 1966.
García Icazbalceta, J., ** *Don Fray Juan de Zumárraga (1881)*, reimp. México, 1947.
Gómez Canedo, Lino, "Escuelas y colegios para indios en la América española", *Actas C. I. A.*, XXXVI Congreso, Sevilla, 1966, vol. IV.
González Casanova, Pablo, ** *El misoneísmo y la modernidad cristiana en el siglo XVIII*, El Colegio de México, 1948.
Hanke, Lewis, "The Dawn of Conscience in America: Spanish Experiments and Experiences with Indians in the New World", *Proceedings of the American Philosophical Society*, vol. CVII, núm. 2, abril de 1963.
Heath, Shirley B., ** *Telling Tongues (Language Policy in Mexico Colony to Nation)*, U. Col. P., 1972.
Ichon, Alain, *La religion des Totonaques de la sierra*, CNRS, París, 1969.
Jiménez Moreno, Wigberto, *Los indígenas frente al cristianismo. Estudios de Historia colonial*, INAH, VIII, 1958.
Lafaye, Jacques, * "Une lettre inédite du XVIᵉ siècle relative aux collèges d'Indiens de la compagnie de Jésus en Nouvelle-Espagne", *Annales de la faculté des lettres d'Aix-Marseille*, t. XXXVIII, 1964.
Lanczkowski, Günter, "Die Begegnung des Christentums mit der aztekischen Religion", *N*, vol. V, fasc. I, enero de 1958.
Lopetegui L. (y F. Zubillaga), ** *Historia de la Iglesia en la América española (México...)*, BAC, 1966.
Maravall, José Antonio, *La utopía político-religiosa de los franciscanos en Nueva España*, AEA, I, 1949.
Phelan, John Leddy, ** *The Millennial Kingdom of the Franciscans in the New World. A Study of of Writings of Gerónimo de Mendieta (1525-1604)*, U. Cal. P., 1956 (reimp. aumentada, 1970).

Ricard, Robert, ** *La "conquête spirituelle" du Mexique* (...), IEP, 1933, *op. cit., supra*, p. 460.

— * "Le problème de l'enseignement du castillan aux Indiens d'Amérique durant la période coloniale", *TILAS*, I, Estrasburgo, 1961.

— "La 'Conquête spirituelle' du Mexique: revue après trente ans", actas del coloquio: *La découverte de l'Amérique* (1966). Institut d'études supérieures de la Renaissance, Tours, ed. J. Vrin, París, 1968.

Saint-Lu, André, ** *La Vera Paz, esprit évangélique et colonisation*, Centre de Recherches de l'Institut d'études hispaniques, París, 1968.

Steck, Francis Borgia, * *op. cit., supra*, p. 460.

Tobar, Baltasar de, * *Bulario índico*, CISC, Sevilla, t. I, 1954.

Torres, P., "Vicisitudes de la *Omnimoda* de Adriano VI en el aspecto de sus privilegios en la labor misional de Indias", *MH*, t. III, núm. 8.

Villaseñor, Raúl, "Luciano, Moro y el utopismo de Vasco de Quiroga", *CA*, LXVIII, marzo-abril de 1958.

Wolf, Eric R., *op. cit., supra*, p. 454.

Zavala, Silvio, *Ideario de Vasco de Quiroga*, México, 1941.

— *Sir Thomas More in New Spain. A Utopian Adventure of the Renaissance*, The Hispanic and Luso-Brazilian Council, Londres, 1955.

— * *Recuerdo de Don Vasco de Quiroga*, México, 1965.

Zubillaga, Félix, ** *Historia de la Iglesia* (...), BAC, 1966.

— * *Tercer Concilio mexicano, 1585. Los memoriales del P. Juan de la Plaza, S. I.*, Roma, 1961.

c) *Origen, estatuto y salvación de los indios*

Fuentes:

Acosta, José de, *op. cit., supra*, p. 462.

— ** *De temporibus novissimis*, Roma, 1590 (ed. utilizada: Lyon, 1592).

— ** *Historia natural y moral de las Indias* (1590), BAE, t. LXXIII.

Ben Israël, Menasseh, ** *Origen de los americanos, esto es esperanza de Israel*, Amsterdam, 1650 (reimp. Madrid, 1881).

** Biblia, en particular: Génesis, Salmos, Profetas, Evangelios de Juan y de Mateo, Epístola de Pablo, Apocalipsis de Juan (ed. utilizada: École française de Jérusalem).

Calancha, fray Antonio de la, ** *Crónica moralizada de la Orden de San Agustín en el Perú*, Barcelona, 1639.

Calvete de Estrella, Juan Cristóbal, *De rebus indicis* (1583?), ed. de José López de Toro, CSIC, Madrid, 1950.

Cárdenas, Dr. Juan de, *op. cit., supra*, p. 458.

Casas, fray Bartolomé de las, * *Apologética historia sumaria* (hacia 1559), ed. de Edmundo O'Gorman, UNAM, 1967 (2 vols.).

Clavijero, Francisco Javier, * *Storia antica del Messico*, Cesena, 1780 (*Historia antigua de México*, ed. México, 1958).

— "Des Herrn Abts Clavijero Abhandlung (...)", *Der Teutsche Merkur*, julio, agosto, octubre de 1786 (Weimar).

Durán, fray Diego, ** *Historia de las Indias de Nueva España y islas de Tierra Firme*, México, 1867-1880 (2 vols.) (véase ed. de A. M. Garibay, México, 1967, 2 vols.).

Fernández de Echeverría y Veytia, ** *Historia de las gentes que poblaron la América Septentrional*, ms. ante 1780, Colección Muñoz A/31, RAH (ed. bajo el título de *Historia antigua de México*, México, 1836, 3 vols.).

García Gregorio, ** *Origen de los indios del Nuevo Mundo e Indias Occidentales*, Valencia, 1607.

— ** *Predicación del Evangelio en el Nuevo Mundo viviendo los Apóstoles*, Baeza, 1625.

Grotius, Hugo, * *Dissertatio de origine gentium americanarum*, París, 1642.

— * *De origine gentium americanarum dissertatio altera*, París, 1643.

Laet, Jean de, *Novus Orbis seu descriptionis Indiae Occidentalis, libri XVIII*, Leiden, 1633.

— *Responsio ad dissertationem secundam Hugonis Grotii*, Amsterdam, 1644.

López de Gómara, Francisco, *op. cit., supra*, p. 460.

Malvenda, fray Tomás, ** *De Antichristo tomus primus*, Roma, 1604 (ed. utilizada: Lyon, 1647).

Mendieta, fray Jerónimo de, * *op. cit., supra*, p. 459.

Nortman, Robert, *De origine gentium americanarum dissertatio*, Amsterdam, 1644.

Nuix y Perpiñá, Juan de, *Reflexiones imparciales sobre la humanidad de los españoles en Indias*, Cervera, 1783.

Pauw, Cornelius de, *Recherches philosophiques sur les Américains*, Berlín, 1768.

Paz, fray Matías de, *Del dominio de los reyes de España sobre los indios* (1512?), trad. del latín y editada por Silvio Zavala, FCE, 1954.

Rocha, Diego Andrés, *Tratado único y singular del origen de los indios del Perú, Méjico, Santa Fe y Chile (1681)*, Libros raros y curiosos que tratan de América, t. III y IV, Madrid, 1891.

Sigüenza y Góngora, Carlos de, * *Obras históricas*, México, 1944.

Solórzano Pereira, Juan de, ** *Política indiana*, Madrid, 1648.

Vitoria, Francisco de, ** *Relatio de Indis* (1539), CSIC, Madrid, 1967.

Estudios:

Achútegui, P. de, ** *La universalidad del conocimiento de Dios en los paganos según los primeros teólogos de la Compañía de Jesús (1534-1648)*, CSIC, Roma, 1951.

Armellada, Cesáreo de, *La causa indígena americana en las Cortes de Cádiz*, Madrid, 1959.

Barlow, Robert H., "La Crónica X: versiones coloniales de la historia de los mexica-tenochca", *RMEA*, t. VII, enero-diciembre de 1945.

Bataillon, Marcel, ** "L'unité du genre humain, du P. Acosta au

P. Clavijero", *Mélanges à la mémoire de Jean Carrailh*, t. I, París, 1966.

— ** "Les Indes Occidentales, découerte d'un monde humain", actas del coloquio: *La découverte de l'Amérique* (1966), Centre d'études supérieures de la Renaissance, Tours, ed. J. Vrin, París, 1968.

— *Études sur Bartolomé de las Casas*, reunidos por R. Marcus, Centre de Recherches de l'Institut d'études hispaniques, París, 1965.

Bataillon, Marcel (y André Saint-Lu), *Las Casas et la défense des Indiens*, col. "Archives", Julliard, París, 1971.

Baumel, Jean, *Les leçons de Francisco de Vitoria sur le problèmes de la colonisation et de la guerre*, Montpellier-París, 1936.

Burrus, Ernest J., "Clavijero and the lost Sigüenza y Góngora's Manuscripts", *ECN*, vol. I, México, 1959.

Carracido, José R., *El P. José de Acosta y su importancia en la literatura científica española*, Madrid, 1899.

Cioranesco, Alexandre, *La "Historia de las Indias" y la prohibición de editarla*, Estudios lascasianos, ed. de Francisco Morales Padrón, AEA, Sevilla, 1966.

Comas, Juan, *El origen del hombre americano y la antropología física*, UNAM, 1961.

Chinard, Gilbert, *L'Amérique et le rêve exotique...*, París, 1913 (reimp. Ginebra, 1970).

Duviols, Pierre, ** *La lutte contre les religions autochtones dans le Pérou colonial (l' "extirpation de l'idolâtrie" entre 1532 et 1660)*, Institut Français d'Études Andines, Lima, 1971.

Elliot, John H., * *The Old World and the New (1492-1650)*, CUP, 1970.

Garibay, Ángel M., ** *Historia de la literatura náhuatl* (cit. *supra*, p. 455).

Gerbi, Antonello, ** *Viejas polémicas sobre el Nuevo Mundo*, Lima, 1946.

— ** *La disputa del Nuevo Mundo*, FCE, 1960 (ed. original en italiano, 1955).

Gómez Canedo, Lino, ** *¿Hombres o bestias? (Nuevo examen crítico de un viejo tópico)*, Estudios de Historia Novohispana, vol. I.

— ** "La cuestión de la racionalidad de los indios en el siglo XVI", *Actas C. I. A.*, XXXVI, vol. IV, Sevilla, 1966.

Hanke, Lewis, ** *The Spanish Struggle for Justice in the Conquest of America*, Filadelfia, 1949 (ed. en francés, *Colonisation et conscience chrétienne au XVIe siècle*, Plon, París, 1957).

— * *Aristotle and the American Indians*, Londres, 1959.

Huddleston, Lee E., *Origins of the American Indians (European Concepts, 1492-1792)*, U. Tex. P., 1967.

Hrdlicka, Ales, *The origin and antiquity of the American Indian*, The Smithsonian Report for 1923, publicación número 2778, Washington, 1928.

Keen, Benjamin, ** *The Aztec Image in Western Thought*, Rutgers U. P. Nueva Jersey, 1971.

Lafaye, Jacques, "L'Église et l'esclavage des Indiens, de 1537 à 1708", en *TILAS*, V, Estrasburgo, 1965.

— ** *Manuscrit Tovar, Origines et croyances des Indiens du Mexique,* ed. y comentarios de J. Lafaye, UNESCO-Akademische Druck- und Verlagsanstalt, Graz, 1972.

Mac Gowen, Kenneth (y Joseph Hester, Jr.), *Early Man in the New World*, Doubleday Anchor Book, Nueva York, 1962.

Malagón, Javier (y José M. Ots Capdequí), *Solórzano y la "Política indiana"*, FCE, 1965.

Mejía Sánchez, *Las Casas en México (1566-1966)*, UNAM, 1967.

Rivet, Paul, *Les origines de l'homme américain*, Montreal, 1941 (ed. en Francia, Gallimard, 1957).

Vilar, Sylvia, "La trajectoire des curiosités espagnoles sur les Indes (Trois siècles d' 'Interrogatorios' et 'Relaciones')", *MCV*, t. VI, 1970.

Villoro, Luis, ** *Los grandes momentos del indigenismo en México*, El Colegio de México, 1950.

Zavala, Silvio, ** *La filosofía política en la conquista de América*, México, 1947.

d) *Humanismo criollo y espiritualidad*

Fuentes:

Alegre, Francisco Javier, * *op. cit., supra*, p. 459.

Balbuena, Bernardo de, ** *Grandeza mejicana, (1603)*, ed. de la Real Academia Española, Madrid, 1831.

Bramón, Francisco, *Los sirgueros de la Virgen sin original pecado (1620)*, México, 1943.

Cárdenas, Dr. Juan de, *op. cit., supra*, p. 458.

Cervantes de Salazar, Francisco, ** *op. cit., supra*, p. 452.

Clavijero, Francisco Javier, * *op. cit., supra*, p. 464.

Cruz, sor Juana Inés de la, ** *Obras completas*, ed. de A. Méndez Plancarte, FCE, México, 1951-1957.

Eguiara y Eguren, Juan José de, ** *Prólogos a la "Biblioteca mexicana" (1755)*, ed. y trad. del latín por Agustín Millares Carlo, México, 1944.

Fama y obras posthumas del Fénix de México, Sor Juana Inés de la Cruz (...), Madrid, 1744.

Fernández de Echeverría y Veytia, Mariano, ** *op. cit., supra*, p. 465.

Garcilaso de la Vega (*El inca*)..., *Diálogos de amor de León Hebreo*, Madrid, 1590, trad. del italiano por Garcilaso (BAE, t. XIII).

Landívar, Rafael, *Rusticatio mexicana*.

Mendieta, fray Jerónimo de, *op. cit., supra*, p. 459.

Palafox y Mendoza, Juan de, *Vida interior*, Colección de libros raros o curiosos que tratan de América, t. X, Madrid, 1893.

Sigüenza y Góngora, Carlos de, * *Triunfo parténico* (1683), México, 1941.

— * *Paraíso Occidental, plantado y cultivado por la liberal benéfica mano* (...), México, 1683.

— ** *Libra astronómica y filosófica* (1690), ed. de José Gaos, UNAM 1959.

Sigüenza y Góngora, Carlos de, *Obras históricas*, México, 1944.
Vida que hizo el siervo de Dios, Gregorio López, en Nueva España,
Madrid, 1642.

Estudios:

Arrom, Juan José, *El teatro en Hispanoamérica en la época colonial*,
La Habana, 1950.
Baudot, Georges, "Une lettre inédite de l'humaniste Cervantes de Sa-
lazar", *CMHLB*, núm. 8, 1967.
Burrus, Ernest J., "Sigüenza y Góngora's Efforts for Readmission
into the Jesuit Order", *HAHR*, vol. XXXIII, núm. 3, 1953.
Díaz Thomé, Jorge Hugo, *Francisco Cervantes de Salazar. Estudios
de historiografía de la Nueva España*, ed. de Ramón Iglesia, Mé-
xico, 1945.
Gallegos Rocafull, José M., *El pensamiento mexicano en los siglos
XVI y XVII*, México, 1951.
García Icazbalceta, ** *Obras de...*, cit. *supra*, p. 453.
González Casanova, Pablo, * *El misoneísmo y la modernidad cris-
tiana* (...), cit. *supra*, p. 463.
*Homenaje a Sor Inés de la Cruz en el tercer centenario de su naci-
miento*, Real Academia Española, 1952.
Iglesia, Ramón, ** *La mexicanidad de don Carlos de Sigüenza y Gón-
gora*, El Colegio de México, 1944.
Jiménez Rueda, Julio, *Letras mexicanas*, Colección Tierra Firme,
FCE, 1944.
Lafaye, Jacques, "L' 'Age d'Or' littéraire en Nouvelle-Espagne", Actas
del VIII Congreso Nacional de Hispanistas Franceses (1972), Gre-
noble, 1973.
Leonard, Irving, ** *Don Carlos de Sigüenza y Góngora, a Mexican
Savant of the seventeenth Century*, Berkeley, 1929.
Le Riverend, Julio, * *La "Historia antigua de México", del P. Fran-
cisco Javier Clavijero. Significación de la obra*, Estudios de histo-
riografía de la Nueva España, ed. de Ramón Iglesia, México, 1945.
Malagón Barceló, Javier, *La literatura jurídica española del Siglo
de Oro en la Nueva España*, México, 1959.
Maravall, José Antonio, *Teatro y literatura en la sociedad barroca*,
Madrid, 1972.
Maza, Francisco de la, *Catarina de San Juan, Princesa de la India
y visionaria de Puebla*, México, 1971.
Méndez Plancarte, Gabriel, * *El humanismo mexicano*, Seminario de
Cultura Mexicana, Colección de ensayos, II y III sección, México,
1970.
— *Horacio en México*, México, 1937.
Navarro, Bernabé, *La introducción de la filosofía moderna en Mé-
xico*, México, 1948.
Paz, Octavio, * *Las peras del olmo (Introducción a la historia de la
poesía mexicana: Sor Juana Inés de la Cruz)*, México, 1957 (reimp.
revisada, Barcelona, 1971).
Reyes, Alfonso, ** *Letras de Nueva España*, México, 1948.

Reyes, Alfonso, *Medallones*, Colección Austral, núm. 1054, Buenos Aires, 1951.

Ricard, Robert, "Antonio Vieira et Sor Juana Inés de la Cruz", *Bulletin des Études Portugaises*, nueva serie, t. XII, 1948 (reimp.: R. Ricard, *Études sur l'histoire morale et religieuse du Portugal*, ed. Fundación Calouste Gulbenkian, París, 1970).

— ** *Une poétesse mexicaine du XVIIᵉ siècle, Sor Juana Inés de la Cruz*, SEVPEN, París, 1954.

Robertson, Donald, ** "The Sixteenth Century Mexican Encyclopedia of Fray Bernardino de Sahagún", *JWH*, IX, 3, 1966.

Rojas Garcidueñas, José, *Don Carlos de Sigüenza y Góngora, erudito barroco*, México, 1945.

— * *Bernardo de Balbuena, la vida y la obra*, México, 1958.

— "La novela en la Nueva España", *AIIE*, vol. VIII, núm. 31, México, 1962.

Romero Flores, Jesús, *Documentos para la biografía del historiador Clavijero, Anales* del INAH, t. I, 1945.

Rubio Mañé, José Ignacio, "Bernardo de Balbuena y su *Grandeza mexicana*", *BAN*, vol. I, núm. 1, enero-marzo de 1960.

— "Noticias biográficas adicionales acerca de Bernardo de Balbuena", *BAN*, vol. VII, núm. 4, 1966.

e) *Imprenta en Nueva España*

Fuentes (véase *supra*: II, Bibliografías..., pp. 448-452.

* *Diario de México* (1805-1812).

* *Gacetas de México* (siglo XVIII).

* *Real cédula de 28 de octubre de 1741*, ms. *Indiferente general*, legajo núm. 1655, AGI.

** *Recopilación de las leyes* (...) *a los impresores, mercaderes y tratantes en libros* (...), impr. Sanz, Madrid, 1754 (México, legajo 1938, AGI).

Estudios:

García Icazbalceta, Joaquín, *Cartas de...*, cit. *supra*, p. 453.

Medina, José Toribio, ** *Historia de la imprenta en los antiguos dominios españoles de América y Oceanía* (reimp. Santiago de Chile, 1958, t. I: *La imprenta en México*, t. II: *La imprenta en Puebla*).

Torre Revello, José de, * *El libro, la imprenta y el periodismo en América durante la dominación española*, Buenos Aires, 1940.

Wold, Ruth, * *El diario de México*, Madrid, 1970.

f) *Inquisición de México*

Fuentes:

Corsarios franceses e ingleses en la Inquisición de la Nueva España, siglo XVI, ed. de Julio Jiménez Rueda, México, 1945.

Edicto del Tribunal de la Inquisición de Nueva España, de 26 de febrero, año de 1735 (contra Bahamón), J. T. Medina, *op. cit., infra.*
** *Libro primero de votos de la Inquisición de México (1573-1600),* México, 1949.
* *Lista de libros prohibidos por la Inquisición (s. XVIII),* núm. 535, Tx. U. (Austin).
** *Procesos de indios idólatras y hechiceros,* Publicaciones del AGN, México, 1912.
* *Ramo de Inquisición, Archivo General de la Nación,* México, Índice (part. t. VIII, fin s. XVI).

Estudios:

Conway, G. R. G., *An Englishman and the Mexican Inquisition, 1556-1560,* México, 1927.
Hair, P. E. H., "An Irishman before the Mexican Inquisition, 1574-1575", *Irish Historical Studies,* vol. XVII, núm. 67, marzo de 1971, Dublín U. P.
Jiménez Rueda, Julio, * *Herejías y supersticiones en la Nueva España (Los heterodoxos en México),* México, 1946.
Lopetegui, L., y F. Zubillaga, *op. cit., supra,* p. 460.
Medina, José Toribio, ** *Historia del Tribunal del Santo Oficio de la Inquisición en México,* ed. ampliada por Jiménez Rueda, México, 1952.
Pérez Marchand, Monelisa Lina, * *Dos etapas ideológicas del siglo XVIII a través de los papeles de la Inquisición,* México, 1945.

g) *Expulsión de los jesuitas* (1767)

Fuentes:

Carayon, Auguste, * "Charles III et les jésuites de ses États d'Europe et d'Amérique en 1767" (documentos inéditos), París, 1868.
* *Colección de varias poesías alusivas a la restauración de la sagrada Compañía de Jesús* (...), *año de 1816,* ms. I.053 G 367, Tx. U.
** *Defensa por los RR. Jesuitas* (...), ms. FHA 63.15, JCB.
* *Expediente sobre las especies de fanatismo difundidas en aquella ciudad* (...) (1767), Consejo de Indias, Méjico, cajón 2778, AGI.

Estudios:

Batllori, Miguel, ** *La cultura hispano-italiana de los jesuitas expulsos,* Madrid, 1966.
Burrus, Ernest J., "A Diary of Exiled Philippine Jesuits (1769-1770)", *AHSI,* vol. XX, 1951.
Farriss, Nancy, ** *op. cit., supra,* p. 460.
Leturia, Pedro de, *Relaciones entre la Santa Sede e Hispanoamérica,* ed. de A. de Egaña, IPGH, Caracas, 1959.

Lopetegui, L., y F. Zubillaga, * op. cit., supra, p. 460.
Moerner, Magnus, * "The Expulsion of the Jesuits from Spain and Spanish America in 1767 in Light of eighteenth Century Regalism", AS, XXIII, núm. 2, 1966.
— "Los motivos de la expulsión de los jesuitas del imperio español", HM, XVI, núm. 1, julio-diciembre de 1966.
Priestly, Herbert I., José de Gálvez, Visitor General of New Spain (1765-1771), reimp. de M. Moerner, The Expulsion of the Jesuits from Latin America, Nueva York, 1965.
Ramírez Camacho, Beatriz, * "Breve relación sobre la expulsión de los jesuitas de Nueva España", BAN, serie II, VII, núm. 4, 1966.
Ruedas de la Serna, J. A., "Un poema desconocido del P. José Julián Parreño, jesuita expulso en 1767", BAN, VII, núm. 4, 1966.
Zelis, Rafael, * Catálogo de los sugetos de la Compañía de Jesús que ..formaban la Provincia de México el día del arresto, 25 de junio de 1767, México, 1871.

h) *Clima de la Independencia*

Fuentes:

** Bosquejo de la anarquía de América, manuscrito Americ, número 3049, BNM.
Bustamante, Carlos María de, * Tres estudios sobre Don José María Morelos y Pavón (hacia 1830), México, 1963.
** Diario de México, 1805-1812.
** El Despertador americano (primer periódico insurgente) (1810-1811), ed. de Antonio Pompa y Pompa, serie historia, XII, INAH, 1964.
Guerra, José (seudónimo de fray Servando Teresa de Mier), ** Historia de la revolución de Nueva España, antiguamente Anáhuac, Londres, 1813 (reimp. México, 1922).
Humboldt, Alejandro de, op. cit., supra, p. 453.
Lizardi, José Joaquín Fernández de (conocido bajo el nombre de Lizardi), * El Pensador Mexicano, México, 1817 (Bibl. Estudiante Universitario núm. 15, UNAM, 1940).
López Cancelada, Juan, * La verdad sabida y buena fe guardada: origen de la espantosa revolución de Nueva España comenzada en 15 de septiembre de 1810, Cádiz, 1811 (Papeles varios 9 3435, RAH).
Méjico, ms. 1477, AGI.
Mier, Servando Teresa de, * Memorias (1822), México, 1946 (2 vols.).
— * Escritos inéditos de..., ed. de H. Díaz Thomé y J. M. Miquel i Vergés, México, 1944.
— * Cartas de..., ms. 1319, núm. 629, Tx. U.
— ** Idea de una constitución..., en Escritos inéditos, cit. supra.
Mora, José María Luis, ** México y sus revoluciones, México, 1836.
Payno, Manuel, La reforma social en España y México (Apuntes históricos y principales leyes sobre desamortización de bienes ecle-

siásticos), México, 1831, ed. de Francisco González de Cosío, México, 1958.

Puente, Pedro de la, * *Reflexiones sobre el bando de 25 de junio* (...) *para con los eclesiásticos rebeldes*, México, 1812.

* *Sobre las leyes que prohíben la introducción y circulación de libros impíos y pinturas obscenas* (firmado: A. Maniau), ms. amer. I. 087 G. 420, U. Tex. P.

Zavala, Lorenzo de, ** *Ensayo histórico de las revoluciones de México, desde 1808 hasta 1830*, París, 1831, Nueva York, 1832 (vol. II) (reimp. México, 1949).

Estudios:

Armellada, fray Cesáreo de, *op. cit., supra*, p. 465.

Batllori, Miguel, * *El abate Viscardo* (*Historia y mito de la intervención de los jesuitas en la independencia de Hispanoamérica*), Publ. núm. 10, IPGH, Caracas, 1953.

Cruz, Salvador, "El padre Las Casas y la literatura de Independencia en México", *AEA*, XXXVI, 1967.

Chaunu, Pierre, "Interprétation de l'Indépendance de l'Amérique Latine", *TILAS*, III, mayo-junio de 1963.

Farris, Nancy M., ** *Crown and Clergy in Colonial Mexico (1759-1821)*, (*The Crisis of Eclesiastical Privilege*). The Anthlone Press, Londres, 1968.

Flores Caballero, Romeo, *La contrarrevolución en la Independencia*, El Colegio de México, 1969.

Furlong, Guillermo, *Los jesuitas y la escisión del reino de Indias*, Buenos Aires, 1960.

García Ruiz, Alfonso, * *Ideario de Hidalgo*, México, 1955.

Gil Munilla, Octavio, "Un proyecto de reconquista de Nueva España", *AEA*, VI, 1949.

Guzmán, José R., "Francisco Javier Mina en la isla de Galveston y Soto la Marina", *BAN*, serie II, núm. 4, 1966.

Humphreys, Robin A., * *Tradition and Revolt in Latin America*, Weidenfeld & N., Londres, 1969.

Kahle, Günter, ** *Militär und Staatsbildung in den Anfängen der Unabhängigkeit Mexikos*, Colonia-Viena, 1969.

Kossok, Manfred, "Alejandro de Humboldt y el lugar histórico de la revolución de independencia latinoamericana", *Alexander von Humboldt Festschrift*, Akademie Verlag, Berlín, 1969.

— *Der iberische Revolutionszyklus 1789-1830*, Studien über die Revolution, Berlín, 1969.

Lafaye, Jacques, "Aspectos ideológicos del movimiento emancipador en México", Actas del IV Congreso Internacional de Historia de América, Buenos Aires, 1966 (t. V).

— "Une liste d'écrits séditieux saisis au Mexique en 1812", *Mélanges à la mémoire de Jean Sarrailh*, París, 1966 (t. II).

— * "L'Université de Mexico et l'Indépendance en 1816", *TILAS*, VII, Estrasburgo, 1967.

Lafuente Ferrari, Enrique, *El Virrey Iturrigaray y los orígenes de la Independencia de México*, CSIC, Madrid, 1941.

Lemoine Villicaña, Ernesto, * "Zitácuaro, Chilpancingo y Apatzingán, tres grandes momentos de la insurgencia mexicana", *BAN*, serie II, IV, núm. 3, 1963.

Lynch, John, *Spanish American Revolutions 1808-1862* (Revolutions in the Modern World), reimp. 1973.

Mac Alister, Lyle N., * *The "Fuero militar" in New Spain*, U. Flo. P. (Gainesville), 1957.

Marcus, Raymond, "La transformación literaria de Las Casas en Hispanoamérica", *AEA*, XXIII, 1966.

Mejía Sánchez, Ernesto, "Mier, defensor de Las Casas", *BBN*, II época, t. XIV, núms. 3-4, julio-diciembre de 1963.

Miquel i Vergés, J. M., *La Independencia mexicana y la prensa insurgente*, El Colegio de México, 1941.

Ocampo, Javier, * *Las ideas de un día* (*El pueblo mexicano ante la consumación de su Independencia*), El Colegio de México, 1969.

Torre, Ernesto de la, ** *La Constitución de Apatzingán y los creadores del Estado mexicano*, México, 1964.

Valle, Rafael H., *Cómo era Iturbide*, México, 1922.

Velázquez, María del Carmen, ** *El estado de guerra en Nueva España (1760-1808)*, El Colegio de México, 1950.

Villoro, Luis, ** *La Revolución de Independencia*, México, 1953.

i) *Visión del pasado y conciencia nacional*

Fuentes:

Clavijero, Francisco Javier, ** *op. cit.*, *supra*, p. 464.

Durán, fray Diego, *op. cit.*, *supra*, p. 465.

Eguiara y Eguren, Juan José de, * *op. cit.*, *supra*, p. 467.

Fernández de Echeverría y Veytia, Mariano, ** *op. cit.*, *supra*, p. 465.

Mendieta, fray Jerónimo de, *op. cit.*, *supra*, p. 459.

Mier, fray Servando Teresa de, ** *Historia de la Revolución*...

Real Academia de la Historia en consulta de 27 de diciembre (1776), ms. México-Indiferente, expediente 659, AGI.

Sigüenza y Góngora, ** *Obras históricas.*

Torquemada, fray Juan de, *Monarquía indiana*, cit. *supra*, p. 462.

Estudios:

González Casanova, Pablo, ** *Una utopía de América*, México, 1953.

Grajales, Gloria, ** *Nacionalismo incipiente en los historiadores coloniales*, UNAM, 1961.

Iglesia, Ramón, * *Cronistas e historiadores de la conquista de México*, México, 1942.

Keen, Benjamin, * *The Aztec Image*... (cit. *supra*, p. 466).

Lafaye, Jacques, ** "Introduction au Manuscrit Tovar", ed. de J. Lafaye, UNESCO, 1972 (cit. *supra*, p. 466).

— * "L'utopie mexicaine", *Diogène*, núm. 78, abril-junio de 1972 (UNESCO-Gallimard).

Lafaye, Jacques, ** *Conciencia nacional y conciencia étnica en la Nueva España* (*Un problema semántico*), Actas del IV Congreso Internacional de Estudios Mexicanos [a publicarse por U. Cal. P.].

León-Portilla, Miguel, *Visión de los vencidos*, Biblioteca del Estudiante Universitario, México.

Le Riverend, Julio, *La "Historia antigua de México" del P. Francisco Javier Clavijero...*, cit. *supra*, p. 454.

Marcus, Raymond, "Las Casas in Literature", *Bartolomé de las Casas in History*, ed. por J. Friede y B. Keen, North Illinois University Press, 1971.

Meyer, Jean A., "La Cristiada", en *Extremos de México. Homenaje a don Daniel Cosío Villegas*, El Colegio de México, 1971.

Orozco y Berra, Manuel, *Historia antigua y de la conquista de México*, México, 1960.

Ortega y Medina, Juan A., "Historia de un resentimiento...", *Extremos de México*, 1971.

Palm, Erwin W., "Tenochtitlan y la ciudad ideal de Dürer", *JSA*, nueva serie, t. XL, 1951, (véase fig. 2).

Paz, Octavio, ** *El laberinto de la soledad*, México, 1950.

Pérez Bustamante, Ciriaco, *Antonio de Alcedo y su "Memoria" para la continuación de las "Décadas" de Herrera*, CSIC, Madrid, 1968.

Reyes, Alfonso, *Visión de Anáhuac* (1519), México, 1917.

— *La X en la frente*, México, 1952.

Saint-Lu, André, "L'image du passé dans la 'Lettre prophétique' de Simón Bolívar", *TILAS*, VII, mayo-junio de 1967.

— * *Condition coloniale et conscience créole au Guatemala*, P. U. F., París, 1970.

Turner, Frederick C., *The Dynamic of Mexican Nationalism*, U. of North Carolina P. (Chapel Hill), 1968.

Vázquez de Knauth, Josefina, * *Nacionalismo y educación en México*, El Colegio de México, 1970.

Zea, Leopoldo, * *El occidente y la conciencia de México*, ed. Porrúa y Obregón, México, 1953.

j) *México antiguo* (*ant. a la conquista española*)

Fuentes:

Acosta, José de, *Historia natural y moral* (...), cit. *supra*, p. 464.

Casas, fray Bartolomé de las, *Historia de las Indias*, BAE, t. XCV.

Clavijero, Francisco Javier, * *op. cit.*, *supra*, p. 464.

Durán, fray Diego, *op. cit.*, *supra*, p. 465.

Fernández de Echeverría y Veytia, *op. cit.*, *supra*, p. 465.

* *Historia de los mexicanos por sus pinturas*.

Landa, Diego de, * *Historia de las cosas de Yucatán*, ed. de A. M. Garibay, México, 1959.

Motolinía, fray, Toribio de, ** *Historia de los indios de la Nueva España*... (1541?), edición preparada por Daniel Sánchez García, México, 1956.

Motolinía, fray Toribio de, * Memoriales de... (ant. 1504), ed. de Luis García Pimentel, México-París-Madrid, 1903.

Pomar, Juan Bautista, Relación de Texcoco (1582), México, 1941.

Sahagún, fray Bernardino de, ** Historia general..., cit. supra, p. 454.

Torquemada, fray Juan de, ** Monarquía indiana, cit. supra, p. 462.

Estudios:

Anderson, Arthur J. O., "Sahagun's Nahuatl Texts as Indigenist Documents", ECN, vol. II, 1960.

Barlow, Robert H., "Conquistas de los antiguos mexicanos", JSA, nueva serie, t. XXXVI, 1947.

Bernal, Ignacio, * Mesoamérica. Periodo indígena, IPGH, México, 1953.

Burland, Cottie A., The Gods of Mexico, Nueva York, 1967.

Canedo, Lino G., "Toribio Motilinía and his historical writings", The Américas, vol. XXIX, enero de 1973.

Fernández, Justino, Coatlicue. Estética del arte indígena antiguo, México, 1954.

Garibay, Ángel, María, Veinte himnos sacros de los nahuas, UNAM, 1958.

— ** Historia de la literatura náhuatl. "Relaciones internacionales en los pueblos de la Meseta de Anáhuac", ECN, vol. III, 1962.

— ** Poesía náhuatl, UNAM, 1964, sqq.

** Handbook of Middle American Indian, vol. X y XI, Archaeology of Northern Mesoamérica, ed. de Gordon Ekholm e Ignacio Bernal, U. Tex. P., 1971.

Jiménez Moreno, Wigberto, * Fray Bernardino de Sahagún y su obra, México, 1938.

Katz, Friedrich, * op. cit., supra, p. 455.

Kubler, George, ** The Art and Architecture of Ancient America, Baltimore, 1962.

Leander, Birgitta, "La poesía náhuatl. Función y carácter" Etnologiska Studier, núm. 31, Göteborg Etnografiska Museum, 1971.

— "Herencia cultural del mundo náhuatl a través de la lengua", Sepsetentas, 35, México, 1972.

León-Portilla, Miguel, "Tres formas de pensamiento náhuatl", Cuadernos del seminario de problemas científicos y filosóficos, núm. 14, II serie, UNAM, 1959.

— ** La filosofía náhuatl estudiada en sus fuentes, México, 1956.

— * Trece poetas del mundo azteca, UNAM, 1967.

López Austin, Alfredo, Juegos rituales aztecas, UNAM, 1967.

Nicolau d'Olwer, Luis, Historiadores de América: Fray Bernardino de Sahagún (1499-1590), IPGH, México, 1952.

Piña Chan, Román, Una visión del México prehispánico, México, 1967.

Rosenblat, Ángel, La población de América en 1492. Viejos y nuevos cálculos, México, 1967.

Soustelle, Jacques, ** La vie quotidienne des Aztèques à la veille de la conquête espagnole, París, 1954. Ed. en FCE, México, 1956.

Toscano, Salvador, * Arte precolombino de México y la América Central, México, 1944.

k) *España y el imperio español de las Indias Occidentales*

Fuentes:

Acosta, José de, ** *Historia natural y moral*... Cit. *supra*, p. 464.
Benzoni, Girolamo, * *Historia del Mondo Nuevo*, Venecia, 1565.
Bry, Theodor de, *Collectiones* (...) *in Indiam orientalem et occidentalem*, Nuremberg, 1590.
Casas, fray Bartolomé de las, * *Historia de las Indias*...
Castellanos, Juan de, *Elegías de varones ilustres de las Indias*, Madrid, 1589.
Ens, Gaspar, *Indiae Occidentalis Historia*, Colonia, 1612.
Fernández de Oviedo, Gonzalo, ** *Historia general y natural de las Indias*, Sevilla, 1535, BAE, t. CXVII-CXXI.
Hakluyt, Richard, *The Principal Navigations, Voiages and Discoveries of the English Nation*, Hakluyt Society (reimp. ed. 1589), Cambridge U. P., 1965 (2 vols.).
Herrera, Antonio de, ** *Historia general de los hechos de los castellanos en las islas y Tierra Firme del Mar Océano*, Madrid, 1726 (5 vols.).
Juan, Jorge, y Antonio de Ulloa, ** *Noticias secretas de América* (s. XVIII), Londres, 1826 (reim. Madrid, 1918) (2 vols.).
— *Apologética historia*...
León Pinelo, Antonio de, *El gran canciller de Indias* (1625?), ed. por Guillermo Lohmann Villena, CSIC, Sevilla, 1954.
López de Gómara, Francisco, * *Historia general de las Indias* (1ª parte), BAE, t. XXII.
Maffei, J. P., *Historiarum Indicarum*, Libri XVI, 1593.
Mariana, Juan de, * *Historia de España* (1623), (ed. utilizada: Madrid, 1780).
Martyr, Petrus... de Anghiera, ** *De Orbe novo decades tres*, Alcalá, 1516 (reimp. Akademische Druck-..., Graz, 1966).
Muñoz, Juan Bautista, * *Historia del Nuevo Mundo*, t. I [único], Madrid, 1793.
Ramusio, Giovanni B., * *Navigazioni e viaggi*, Venecia, 1563.
Raynal, Guillaume Thomas, * *Histoire philosophique et politique* (...) *dans les deux Indes*, Amsterdam, 1770.
Román y Zamora, fray Jerónimo, *Repúblicas de Indias*...
Solórzano Pereira, *op. cit.*, *supra*, p. 465.
Varinas, marqués de (G. Fernández de Villalobos), * *Vaticinios de la pérdida de las Indias* (...), IPGH, Caracas, 1949.

Estudios:

Bataillon, Marcel, "La herejía de fray Francisco de la Cruz y la reacción antilascasiana", *Miscelánea Fernando Ortiz*, La Habana, 1955 (t. I) (reimp. en *Études sur Bartolomé de las Casas*, cit. *supra*, p. 466).
— * *Érasme et l'Espagne*, París, 1937 (ed. en español, FCE, 1950).
Bataillon, Marcel, y Saint-Lu, André, *Las Casas et la défense des Indiens*. Cit. *supra*, p. 465.

Carande, Ramón, *Siete estudios de historia de España*, Ariel, Barcelona, 1969.

Caro, Baroja, Julio, *El Señor Inquisidor y otras vidas por oficio* (capítulo II, "Lope de Aguirre"), Alianza Editorial, Madrid, 1968.

— * *Los judíos en la España moderna y contemporánea*, Madrid, 1961 (3 vols.).

"Charles Quint et son temps", Actas del Coloquio Internacional CNRS del 30 sep. al 3 oct. de 1958 (París), CNRS, 1959.

Chaunu, Pierre, ** *Conquête et exploitation des Nouveaux Mondes*, "Nouvelle Clio", P. U. F., 1969.

— *Séville et l'Atlantique*, París, 1955-1957.

Domínguez Ortiz, Antonio, * *La clase social de los conversos en Castilla en la Edad Moderna*, CSIC, Madrid, 1955.

— * *La sociedad española en el siglo XVIII*, Madrid, 1955.

Elliott, John H., ** *Imperial Spain*, Londres, 1963 [ed. en español, *La España Imperial (1469-1716)*, Barcelona, 1965].

Ezquerra, Ramón, "La crítica española de la situación de América en el siglo XVIII", *RI*, núms. 85-88.

Gerbet, Marie-Claude, "Les guerres et l'accès à la noblesse en Espagne de 1465 à 1592", *MCV*, t. VIII, 1972.

Gerbi, Antonello, *op. cit.*, *supra*, p. 466.

Gibson, Charles, *Spain in America*, Harper Torchbook, Nueva York, 1966.

Herr, Richard, *España y la revolución del siglo XVIII*, Aguilar, Madrid, 1964 (ed. original: *The Eighteenth Century Revolution in Spain*, Princeton U. P., 1958).

Lussagnet, Suzanne, *Les Français en Amérique*, P. U. F., París, 1953.

Lynch, John, "British Policy and Spanish America, 1783-1808", *Journal of Latin American Studies*, I, I.

Maravall, José Antonio, ** *La philosophie politique espagnole au XVIIe siècle dans ses rapports avec l'esprit de la Contre-Réforme*, trad. del español por L. Cazes y P. Mesnard, París, 1955.

— *Estudios de historia del pensamiento español*, CSIC, Madrid, 1967.

Menéndez Pidal, Ramón, ** *España y su historia*, Madrid, 1957 (2 volúmenes).

Menéndez y Pelayo, ** *Historia de los heterodoxos españoles*, Madrid, 1911-1932 (7 vols.).

Moerner, Magnus, * *Le métissage dans l'histoire de l'Amérique latine*, trad. al francés de H. Favre, París, 1971.

Morales Padrón, Francisco, "Sevilla y América", *Atlántida*, vol. VIII, núm. 48, 1970.

Parry, John H., * *The Spanish Seaborne Empire*, Hutchinson & Co., Londres, 1966.

Pastor, Ludwig von, * *The History of the Popes from the Close of the Middle Age*, Londres, 1891-1898 (reimpresa en Saint Louis, Missouri).

Pedro, Valentín de, *América en las letras españolas del Siglo de Oro*, Buenos Aires, 1954.

Pérez, Joseph, *La révolution des "comunidades" de Castille (1520-1521)*, ed. Université de Bordeaux, 1970.

Picón Salas, Mariano, *De la Conquista a la Independencia. Tres siglos de historia cultural hispanoamericana*, México, 1958.

Quinn, David Beers, *England and the Discovery of America, 1481-1620*, ed. Alfred A. Knopf, Nueva York, y George Allen, Londres, 1973.

Sarrailh, Jean, * *L'Espagne éclairée de la seconde moitié du XVIIIe siècle*, Klincksieck, París, 1954. [Hay ed. en esp.: FCE, 1957.]

Sicroff, Albert A., *Les controverses des statuts de pureté de sang en Espagne du XVe au XVIIe siècles*, Didier, París, 1960.

The New World look at its History, cit. *supra*, p. 445.

Tuberville, A. S., *The Spanish Inquisition*, Oxford U. P., 1932 (ed. en español, FCE, México, 1948).

Vicens Vives, Jaime, * *Historia de España y América*, dirigida por J. Vicens Vives, Barcelona, 1957-1959 (5 vols.).

Whitaker, Arthur P., *Latin America and the Enlightenment*, ed. de A. P. Whitaker, Cornell U. P., Nueva York, 1942.

Zavala, Silvio, *América en el espíritu francés del siglo XVIII*, México, 1949.

— ** *El mundo americano en la época colonial*, Porrúa, México, 1967 (2 vols.).

V. QUETZALCÓATL

a) *Quetzalcóatl en el México antiguo*

Fuentes:

** "Anales de Cuauhtitlán", *Códice Chimalpopoca*, Imprenta Universitaria, México, 1945.

Codex Borgia, ed. E. Seler, Berlín, 1906.

Códices matritenses del Real Palacio y de la Biblioteca de la Real Academia de la Historia, ed. facsímil por Francisco del Paso y Troncoso, Madrid, 1906-1907.

** *Histoyre du Mechique*, ed. de Edouard de Jonghe, *JSA*, nueva serie, t. II, núm. 1, 1905.

** "Leyenda de los Soles", *Códice Chimalpopoca*, cit. *supra*.

Motolinía, fray Toribio de, ** *Memoriales... Historia de los indios de la Nueva España...*

Sahagún, ** *Historia general...*

Tovar, Juan de, ** *Ritos, dioses y ceremonias...* (en *Manuscrit Tovar*, ed. de Jacques Lafaye, UNESCO-Akademische Druck-..., Graz, 1972).

Estudios:

Armillas, Pedro, "La serpiente emplumada, Quetzalcóatl y Tláloc", *CA*, año VII, enero-febrero de 1947.

Barlow, Robert H., "The Tlacotepec Migration Legend", *Tlalocan*, vol. II, núm. 1, 28.I; 25.III, 1945.

Brinton, Daniel G., *Essays of an Americanist*, Filadelfia, 1890 (Parte I).

Broda de Casas, Johanna, "Las fiestas aztecas de los dioses de la lluvia", *REAA*, vol. VI, 1971.

Carrasco Pizana, Pedro, "Quetzalcóatl, dios de Coatepec de los Costales, *Tlalocan*, vol. II, núm. 1, 28-II/I, 1945.
Caso, Alfonso, * *La religión de los aztecas*, México, 1936.
— *El pueblo del sol*, México, 1953.
Cornyn, John H., * *The Song of Quetzalcóatl*, Yellow Springs, 1930.
Du Solier, Wilfrido, "Una representación pictórica de Quetzalcóatl en una cueva", *RMEA*, t. IV, 1939.
Florescano, Enrique, ** "La Serpiente emplumada, Tláloc y Quetzalcóatl", *CA*, año XXIII, vol. CXXXIII, 2, marzo-abril de 1964.
Garibay, K., * *Veinte himnos sacros de los nahuas*, UNAM, 1958.
— *Poesía náhuatl*, UNAM, 1964, *sqq.*
González Casanova, Pablo, * "El ciclo legendario del Tepoztécatl", *RMEA*, t. II, I-2, 1928.
Kelley, David M., "Quetzalcóatl and his Coyote Origins", *MA*, t. VIII, diciembre de 1955.
Kirchhoff, Paul, * "La ruta de los Tolteca-Chichimeca entre Tula y Cholula", *Miscelánea Paul Rivet*, México, 1958, t. I.
— "Das Toltekenreich und sein Untergang", *Speculum*, núm. 12, 1961.
Lafaye, Jacques, "Les mythes et l'histoire dans le Mexique ancien", *TILAS*, I, B. F. L. de Estrasburgo, año 39, nº 6, 1961.
— "Quetzalcóatl à la lumière de l'Edda scandinave", *JSA*, t. LX, 1971.
Lanczkowski, Günter, "Quetzalcóatl-Mythos und Geschichte", *N*, volumen IX, fasc. I, enero de 1962.
León-Portilla, Miguel, ** *La filosofía náhuatl estudiada en sus fuentes*, 1956.
— *Ritos, sacerdotes y atavíos de los dioses* (*textos de los informantes de Sahagún*), UNAM, 1958.
— "Quetzalcóatl, espiritualismo del México antiguo", *CA*, núm. 4, julio-agosto de 1959.
— *Quetzalcóatl*, México, 1968.
Martí, Samuel, "Simbolismo de los colores, deidades, números y rumbos", *ECN*, vol. II, 1960.
Medellín Zenil, Alfonso, "La deidad Ehécatl-Quetzalcóatl en el centro de Veracruz", *Revista de la Universidad Veracruzana*, núm. 2, abril-junio de 1957.
Mendizábal, Miguel, Othón de, "El templo de Quetzalcóatl en Teotihuacan", *Obras completas*, México, (t. II).
Mito y simbolismo del México antiguo (varios autores), México, 1965.
Moedano Koer, Hugo, "*Ce ácatl* igual *ome ácatl* como fin de Xiuhmolpilli", *RMEA*, t. XII, 1951.
Morley, Sylvanus G., *The Ancient Maya*, Stanford, 1956.
Myron, Robert, "L'art symbolique dans les groupements indiens du Sud-Est des États-Unis", *JSA*, t. XLVII, 1958.
Nicholson, H. B., ** *Topiltzin Quetzalcóatl of Tollan: a Problem in Mesoamerican Ethnohistory*, Ph. d. Univ. of Harvard, 1957, (inédito).
— "An Aztec monument dedicated to Tezcatlipoca", *Miscelánea Paul Rivet*, México, 1958, t. I.
Preuss, Konrad, Th., * "El concepto de la estrella matutina, según

textos recogidos entre los mexicanos del estado de Durango", *Actas C. I. A.*, XXI Congreso, Göteborg, 1925.

Raynaud, Georges, ** "Les nombres sacrés et les signes cruciformes dans la moyenne Amérique précolombienne", *RHR*, t. XLIV, 1901.

Sáenz, César, *Quetzalcóatl*, México, 1962.

Séjourné, Laurette, "El mensaje de Quetzalcóatl", en *CA*, año XIII, núm. 5, 1954.

— *El universo de Quetzalcóatl*, México, 1962.

Seler, E., ** *Gesammelte Abhandlungen zur amerikanischen Sprach und Altertumskunde*, Berlín, 1902-1923 (vol. IV), reimp. Akademische Druck-..., Graz, 1960-1961.

Sodi, Demetrio, "Consideraciones sobre el origen de la toltecáyotl", *ECN*, vol. III, 1962.

Soustelle, Jacques, ** *La pensée cosmologique des anciens Mexicains*, Hermann, París, 1940.

Spinden, Herbert, "New Light on Quetzalcóatl in Teotihuacan", *Actas C. I. A.*, XVIII Congreso, París, 1947.

Thompson, J. Eric S., *The Rise and Fall of Maya Civilization*, U. of Oklahoma P., 1954.

Villamil Tapia, Enrique, *Tepoztlán en la historia y leyendas*, Tepoztlán, 1951.

b) *Quetzalcóatl en la encrucijada del politeísmo y del cristianismo*

Fuentes:

Acosta, José de, *Historia natural y moral de las Indias*.

Borunda, Ignacio, ** "Clave general de jeroglíficos americanos", en: Nicolás León, *Bibliografía mexicana del siglo XVIII*, Sección I, Parte III.

Burgoa, fray Francisco de, *Palestra historical*..., México, 1670.

Casas, fray Bartolomé de las, *Apologética historia*...

— *Historia de las Indias*.

Clavijero, Francisco Javier, *Historia antigua de México*.

** *Codex Telleriano Remensis*, ed. por E. T. Hamy, París, 1899.

** *Codex Vaticanus* A 3738, ed. del duque de Loubat, Roma, 1900.

Durán, fray Diego, ** *Historia de las Indias*..., ed. por A. M. Garibay, México, 1967.

* *Florentine Codex*, ed. y versión de Charles Dibble y Arthur Anderson, Santa Fe (Nuevo México), 1950-1963 (8 vols. aparecidos, índice por aparecer).

** *Histoyre du Mechique*, ed. por E. de Jonghes, en *JSA*, nueva serie, t. II, núm. 1, 1905.

López de Cogolludo, Diego, *Historia de Yucatán* (*1688*), reimp. Akademische Druck-..., Graz, 1973.

López de Gómara, Francisco, *Historia general de las Indias* (Parte I).

Lozano, Pedro, *Historia de la Compañía de Jesús*, Madrid, 1754.

** *Manuscrito del ramo de Inquisición*, t. II, núm. 10, año 1539, AGN.

Núñez Cabeza de Vaca, Álvar, *La relación que dio... de lo acaecido en las Indias en la armada donde iba* (...) *desde el año de 27,* Zamora, 1542 (BAE, t. XXII).

Relación de Ameca (s. XVI), México, 1951.

Remesal, fray Antonio de, *Historia de la Provincia de San Vicente de Chiapa y Guatemala,* Madrid, 1619 (BAE, t. CLXXV y CLXXXIX).

Román y Zamora, fray Jerónimo, *Repúblicas de Indias (1575).*

Sahagún, fray Bernardino de, ** *Historia general de las cosas de la Nueva España* (s. XVI), México, 1956, lib. XI, t. III.

Sigüenza y Góngora, Carlos de, * *Piedad heroica de don Fernando Cortés* (hacia 1694), ed. de Jaime Delgado, Porrúa, Madrid, 1960.

Torquemada, fray Juan de, ** *Monarquía indiana* (ed. 1723, repr. facsimilar, México, 1944, 3 vols.).

Tovar, Juan de, ** *Relación del origen de los indios que habitan en esta Nueva España* (1587), ed. de Jacques Lafaye, UNESCO-Akademische Druck-..., Graz, 1972.

Vetancurt, fray Agustín de, ** *Teatro mexicano* (s. XVII), Madrid, 1961 (t. IV).

Estudios:

Barlow, Robert H., * "La Crónica X: versiones coloniales de la historia de los mexica-tenochca", *RMEA,* enero-diciembre de 1945.

Bataillon, Marcel, "¿Zárate ou Lozano?", *CMHLB,* núm. 1, 1963.

Burrus, Ernest J., * "Two lost mexican Books of the sixteenth Century", *HAHR,* vol. XXXVII, núm. 3, agosto de 1957.

Caso, Alfonso, "La correlación de los años aztecas y cristianos", *RMEA,* t. III-I, 1939.

— "Nuevos datos para la correlación de los años aztecas y cristianos", *ECN,* vol. I, México, 1959.

Cline, Howard F., "A Note on Torquemada's native Sources and historiographical Methods", *AS,* vol. XXV, núm. 4, abril de 1969.

Duviols, Pierre, *La lutte contre les religions autochtones* (...), cit. *supra,* p. 466.

Gandía, Enrique de, *Historia crítica de los mitos y leyendas de la conquista americana,* Buenos Aires, 1946.

Keen, Benjamin, ** *The Aztec Image...,* cit. *supra,* p. 466.

Kubler, George (y Charles Gibson), * *The Tovar Calendar,* Memoria ante la Connecticut Academy of Art and Sciences, New Haven, 1951.

Lafaye, Jacques, "Les miracles d'Álvar Núñez Cabeza de Vaca", *Mélanges offerts à Marcel Bataillon,* en *BH,* t. LXIV bis, 1962.

— "Relación textual del *Códice Ramírez* con el *Manuscrito Phillips*", A. del XXXVII C. A., Mar del Plata (Argentina), 1966, t. III.

Lehmann, Walter, * *Sterbende Götter und Christliche Heilbotschaft (Coloquios y doctrina cristiana...),* Stuttgart, 1866.

Ramírez, José F., *Noticias de la vida y escritos de fray Toribio de Motolinía,* CDHM, t. I, México, 1858.

— *Adiciones y correcciones a Beristáin,* México, 1898.

c) *El apóstol santo Tomás en la India y en las Indias Occidentales (y Santiago en España y en América)*

Fuentes:

Cabello Balboa, Miguel, *Miscelánea antártica* (s. XVI), Instituto de Etnología, Lima, 1951.

Cabrera y Quintero, Cayetano, ** *Féniz del Occidente, ave intelectual de rica pluma, el Apóstol Santo Thomas, Predicador de el Nuevo Mundo, Missionero de ambas Américas, de la India, la China y el Japón...*, ms. núm. 231, Collection Goupil-Aubin, BNP.

Cervantes de Salazar, *op. cit., supra*, p. 452 (lib. I).

Claude d'Abbeville, P., *Histoire de la mission des pères capucins en l'Ile de Maragnan...*, París, 1614 (reimp. Akademische Druck-..., Graz, 1963).

Codex Calixtinus, Liber Sancti Jacobi (s. XII), Santiago de Compostela, CSIC, 1951.

García, fray Gregorio, ** *Predicación del Evangelio en el Nuevo Mundo viviendo los apóstoles*, Baeza, 1625.

Ignacio de Loyola, san, *Autobiografía*, en *Obras... completas de...*, BAC, 1952.

Landa, Diego de, *Historia de las cosas de Yucatán (s. XVI)*, ed. A. M. Garibay, México, 1959.

León Pinelo, Antonio de, ** *El Paraíso en el Nuevo Mundo (1650)*, ed. por Raúl Porras Barrenechea, Lima, 1943.

Léry, Jean de, *Histoire d'un voyage fait en la terre de Brésil* (s. XVI), ed. 1957.

Lozano, Pedro, *Historia de la Compañía de Jesús*, Madrid, 1754, tomo II, lib. VI).

Lucarelli de Pisauro, Fr. Giovanni Battista, * *Relaciones et epistolae Fratrum Minorum*, IV Part., *Sinica Franciscana*, vol. II, Quaracchi (Florencia), 1933.

Mariana, Juan de, *De adventu B. Jacobi Apostoli in Hispania*, Colonia, 1609.

Mier, fray Servando Teresa de, ** *Disertación sobre la predicación del Evangelio en América antes de la Conquista. Apéndice a Historia de la Revolución de la Nueva España*, cit. *supra*, p. 473 (t. II).

— *Apología del Dr. Mier*, en *Memorias*, cit. *supra*, p. 471 (t. I).

— *Discurso como diputado...*, en *Escritos inéditos de...*, ed. por H. Díaz Thomé y J. M. Miquel i Vergés, México, 1944.

** *Monumenta Brasiliae Societatis Iesu*, ed. Serafim Leite, Roma (lib. I y V).

Polo, Marco, * *La description du monde* (fin du XIIIe s.), ed. en francés, París, 1955.

Ruiz de Montoya, Antonio, * *Conquista espiritual (...) del Paraguay, Paraná, Uruguay y Tape (s. XVII)*, Bilbao, 1892.

Sigüenza y Góngora, Carlos de, ** *Pluma rica, nuevo Phénix de Occidente...* (atribuida a C. de Sigüenza), en: Nicolás León, *Bibliografía mexicana del siglo XVIII*, Colección de noticias y memorias colectadas y ordenadas por José F. Ramírez, pp. 353-560.

Thevet, André, *Les singularités de la France antarctique* (*XVIᵉ s.*), ed. de Paul Gaffarel, París, 1878.

Estudios:

Castro, Américo, *Santiago de España*, Buenos Aires, 1958.

Duviols, Pierre, ** *L'extirpation de l'idolâtrie...* (cap. I).

Hosten, Rev. H., ** *Antiquities from San Thome and Mylapore. The traditional Site for the Martyrdom and Tomb of St. Thomas the Apostle*, Calcuta, 1936.

Kendrick, Thomas, *Saint James in Spain*, Methuen, Londres, 1960.

León, Nicolás, ** ed. de *Pluma rica...* (atribuida a Manuel Duarte o a Sigüenza y Góngora), *Bibliografía mexicana del siglo XVIII*.

Rosso, Giuseppe, "Niccolò Mascardi, missionario gesuita esploratore del Cile e della Patagonia (1624-1674)", *AHSI*, año XIX, fasc. 37-38, 1950.

Sánchez Albornoz, Claudio, *Españoles ante la historia*, Buenos Aires, 1958.

Valle, Rafael Heliodoro, * *Santiago en América*, México, 1946.

VI. GUADALUPE

a) *Tonantzin, diosa madre del México antiguo*

Fuentes:

Borunda, Ignacio, * *Clave general de jeroglíficos americanos*, ed. del duque de Loubat, Roma, 1898.

Boturini, Lorenzo, ** *Historia general de la América septentrional*, ed. por Manuel Ballesteros Gaibrois, CDIHE, Madrid, 1949.

Códice Veytia, ms. americ. núm. 371, BPM.

Durán, fray Diego, * *op. cit., supra*, p. 465.

Sahagún, fray Bernardino de, ** *op. cit., supra*, p. 454.

Torquemada, fray Juan de, * *Monarquía indiana*, cit. *supra*, p. 462.

Vetancurt, fray Agustín de, * *op. cit., supra*, p. 459.

b) *Nuestra Señora de Guadalupe de Extremadura* (*España*)

Fuentes:

* *Codex "del Padre Juan de Herrera"* (1535), ms. núm. IV-a-10, Biblioteca de El Escorial.

** *Codex de 1400*, ms. núm. 555 b, AHN.

* *Codex de 1500*, ms. núm. 344, AHN.

Diego de Écija, fray, ** *Libro de la invención de Santa María de Guadalupe*, ed. de fray A. Barrado Manzano, Cáceres, 1953.

Francisco de San José, fray, * *Historia universal de la primitiva y milagrosa Imagen de Nuestra Señora de Guadalupe*, Madrid, 1743.

Gabriel de Talavera, fray, * Historia de Nuestra Señora de Guadalupe, Toledo, 1597.

Estudios:

Álvarez, fray Arturo, Breve guía histórico-crítica del Real Monasterio de Guadalupe, Sevilla, 1961.
— "Guadalupe, pila bautismal del Nuevo Mundo", RI, año XX, enero-marzo, núms. 7-9, 1960.
Barrado Manzano, fray Arcángel, ** "Introducción a la Crónica del P. Alonso de la Rambla", Revista de Estudios Extremeños, XI, enero-diciembre, I-IV, 1955.
Martínez Cardos, José, Gregorio López, consejero de Indias, glosador de las Partidas, Madrid, 1960.
* Monasterio de Guadalupe [revista] 1916-1924 especialmente; año II, 1 dic. 1917, núm. 35; año VI, agosto 1921, núm. 115; año VI, feb. 1922, núm. 121; año IX, dic. 1924, núm. 155, Cáceres.
Peña y Cámara, José de la, Guadalupe y la hispanidad, Madrid, 1965.
Rubio, fray Germán, * Historia de Nuestra Señora de Guadalupe, Barcelona, 1926.

c) La devoción a la Virgen María en el imperio español
   (salvo Nueva España)

Fuentes:

Acosta, José de, * De temporibus novissimis, cit. supra, p. 464.
Andrés de San Nicolás, fray, ** Imagen de N. S. de Copacavana portento del Nuevo Mundo, ya conocido en Europa, Madrid, 1663.
Calderón de la Barca, Pedro, La Aurora de Copacabana (1640?), auto sacramental.
Diego de Ocaña, fray, ** Un viaje por la América meridional (hacia 1605), Madrid, 1969.
Gaspar de San Agustín, fray, * Conquistas de las islas Filipinas, Madrid, 1698.
Isorna, P., A Guadalupe de Rianxo (Pontevedra?), 1969.
José de Santo Domingo, fray, Historia de la prodigiosa Imagen de la Santísima Virgen de Magallón, aparecida y venerada en los montes de Leciñena. Apénd. I: Acto público de translación de la Sta. Imagen, con histórica relación de su Aparición (que se venera desde el mes de marzo de 1283), Zaragoza, 1814.
Lacunza, Emmanuel, ** La venida del Mesías en gloria y majestad, Londres, 1826, parte II, fenómeno VIII, t. III (otras ed.: Puebla, 1821; México, 1825).
Lorente, Francisco, Historia panegírica de la aparición y milagros de María Santísima del Tremedal, venerada en un monte del lugar de Orihuela, Zaragoza, 1766 (lib. I, cap. IV).
Malvenda, fray Tomás, ** De antichristo..., cit. supra, p. 465.
Marracio, Hipólito, * De Diva Virgine Copacavana, Roma, 1656.

Morales, Ambrosio de, *Viage que por orden del Rey D. Phelipe...*
para reconocer las reliquias de santos, sepulcros reales, y libros
manuscritos de las cathedrales, y monasterios, Madrid, 1765.
Nieremberg, Juan E., *Tablas cronológicas* (...) *de los descubrimien-*
tos, conquistas (...), Zaragoza, 1676.
Ramírez de Luque, Fernando, *El Patronato único de Nra. Sra. de*
Araceli, en Lucena, defendido contra las fábulas modernas (...),
Málaga, 1795.
Ramos Gavilán, fray Alonso, ** *Historia de Nuestra Señora de Copa-*
cabana, 1621.

Estudios:

* *Archivo Ibero-Americano*, año XV, 57-58 (número especial consa-
grado a la devoción de la Inmaculada Concepción y a la Junta en
España).
Carol, J. B. (*et al.*), *Mariología*, BAC, 1964.
Duviols, Pierre, "Les traditions miraculeuses du siège du Cuzco
(1536) et leur fortune littéraire", *TILAS*, II, abril de 1962.
Egaña, A. de, *Relaciones entre la Santa Sede e Hispanoamérica*, cit.
supra.
Gerbet, Marie-Claude, * "Les confréries religieuses à Cáceres de 1467
à 1523" *MCV*, t. VII, 1971.
Lafaye, Jacques, "Le Messie dans le monde ibérique: aperçu", *MCV*,
t. VII, 1971.
Lopetegui, L., y F. Zubillaga, ** *Historia de la Iglesia en la América*
española, cit. *supra*, p. 460.
Maravall, José A., "La idea de cuerpo místico, en España antes de
Erasmo", *Cultura hispánica*, 1967.
Martin, Henri-Jean, *Livre, Pouvoirs et société à Paris au XVIIe siècle*,
Droz, París, 1969 (2 vols.) (t. I) (*La dévotion mariale*).
Menéndez Pidal y Álvarez, Luis, * *La cueva de Covadonga, santuario*
de Nuestra Señora la Virgen María. Instituto de Estudios Asturia-
nos, Oviedo, 1958.
Neuss, W. ** *Die Apocalypse in der altspanischen und altchristlichen*
Bibelillustration, Münster, 1931.
Otero Pedrayo, Ramón, *Historia de Galiza*, cit. *supra* (vol. I).
Pérez, Nazario, *La Inmaculada y España*, Sal Terrae, 1954.
Powell, T. G. E., *The Celts*, Thames and Hudson, Londres, 1958.
Prigent, Pierre, ** *Apocalypse 12, histoire de l'exégèse*, Tübingen, 1959.
Rahner, Hugo, *Mythes grecs et mystère chrétien* (ed. en francés,
Payot, París, 1954).
Rahner, Karl, *María Mutter des Herrn*, Friburgo (ed. en español,
Barcelona, 1967).
Royo Marín, Antonio, *La Virgen María. Teología y espiritualidad ma-*
rianas, BAC, 1968.
Vargas Ugarte, Rubén, ** *Historia del culto de María en Iberoamé-*
rica (2ª ed.), Buenos Aires, 1947.
Villaret, E., "Les premières origines des congrégations mariales dans
la compagnie de Jésus", *AHSI*, año VI, fasc. I, 1937.

d) *La devoción a Guadalupe, el santuario del Tepeyac, en Nueva España*

Fuentes:

** *Actas de Cabildo de México*, XV.

Aguirre, José María, *Voto del ciudadano...*, *cura de la Santa Veracruz de México, sobre el proyecto de solemnidad (...) por la Junta Guadalupana (...)*, México, 1831.

Ajofrín, fray Francisco de, *Alocución sobre la imagen de Nuestra Señora de los Remedios, venerada en un cerro de la ciudad de Cholula (...)*, ms. americ. núm. 20 419, BNM.

Alcedo, Antonio de, * *Diccionario geográfico-histórico de las Indias Occidentales o América (...)*, Madrid, 1787.

Alegre, Francisco Javier, ** *Historia (...)*, cit. *supra*, p. 459.

Antonio Claudio de Villegas, fray, *La mayor gloria del archiserafín Sr. San Miguel (...)*, México, 1751.

Arismendi, fray Baltasar de, *Sermones en las festividades de María Santísima (siglo XVIII)*, ms. americ. núm. 124 59, BNM.

** *Autos formados con motivo de la conjuración intentada en la ciudad de México por criollos contra los europeos, 27 de octubre de 1800*, Consejo legajo 21 061, núm. 458, AHN.

Becerra Tanco, Luis, ** *Felicidad de México (...)*, México, 1675.

Boturini Benaduci, Lorenzo, ** *Catálogo del Museo histórico indiano del caballero... (s. XVIII)*, México, 1871.

— ** *Idea de una nueva historia general de la América Septentrional*, Madrid, 1746.

Bramón, Francisco, *Los sirgueros de la Virgen sin original pecado*, México, 1620 (ed. utilizada: México, 1943, lib. III).

Bustamante, Carlos María de, * *La Aparición guadalupana de México, vindicada (...)*, México, 1843, G. 265, Tx. U.

Cabrera, Miguel, ** *Maravilla americana y conjunto de raras maravillas (...)*, México, 1756.

Cabrera y Quintero, Cayetano, *El patronato disputado. Disertación apologética (...)*, México, 1741.

— *Escudo de armas de México*, México, 1746.

Canal, fray José de la, *Sermón que en la festividad de Nuestra Señora de Guadalupe de Méjico, celebrada por su Real Congregación en la iglesia de San Felipe el Real de esta Corte el día 12 de diciembre de 1819...*, Madrid, 1820.

Carranza, Francisco Javier, *La transmigración de la Iglesia a Guadalupe*, México, 1749.

Carta de Larrañaga a D. Juan Bautista Muñoz, Col. Muñoz, t. XCI, ms. A. 118 9/4853, RAH.

** *Cartas de Indias*, ed. Ministerio de Fomento, Madrid, (LXVI, p. 310).

** *Causa formada a Don Lorenzo Boturini*, ms. amer. JGI, Tx. U.

Cisneros, fray Luis de, *Historia de Nra. Sra. de los Remedios*, México, 1621.

Clavijero, Francisco Javier, *Historia antigua (...)*, cit. *supra*.

Clavijero, F. J., *Breve ragguaguio della prodigiosa e rinomata Immagine della Madonna di Guadalupe del Messico*, Cesena (Italia), 1782.

Consulta a los sabios sobre la aprocsimación [sic] *de la segunda venida de Nuestro Señor Jesucristo, por un magistrado mexicano*, Toluca (México), 1835.

Convite a los mexicanos para unos juegos seculares en honor (...) *de Guadalupe*, 1831, ms. americ. sign., 20 427, BNM.

Díaz de la Vega, fray José, **Memorias piadosas de la nación indiana recogidas de varios autores, año de 1782; Colección Boturini*, ms. A-153, 9-4886, RAH.

Díaz del Castillo, Bernal, *Historia verdadera* (...), op. cit., supra, página 460.

Durán, fray Diego, *Historia de las Indias...*, cit. supra, p. 465.

El Arzobispo informa (...), *México, 28 de nov. de 1753*, México, ms. 2607, AGI.

El gran día de México (...) (anónimo), G. 265, Tx. U.

Espinosa, fray Isidro Félix de, *Crónica apostólica seráfica de todos los colegios de Propaganda Fide de esta Nueva España*, México, 1746 (Parte I).

Farías, fray Manuel Ignacio, *Eclipse del Divino Sol, causado por la interposición de la Inmaculada Luna María Sra. Nuestra, venerada en su sagrada Imagen de Guadalupe, para librar de contagiosas pestes* (...), México, 1742.

Fernández de Echeverría y Veytia, Mariano, **Baluartes de México...*, ms. americ. núm. 375, BPM, ed. México, 1836.

Florencia, Francisco de, **Historia de la milagrosa imagen de María Stma. de Guadalupe, escrita en el siglo XVI, por el P. Florencia*, Guadalajara (México), 1895.

— *Milagroso hallazgo del tesoro escondido: Historia de la Imagen de Nuestra Señora de los Remedios de México*, México (reimp. Sevilla, 1745).

— *Zodíaco mariano* (...), México, 1755.

Fuentes, Andrés Diego, *Guadalupanae B. Mariae Virginis imago quae Mexici colitur carmine descripta*, Faenza, 1773.

Gómez Marín, Manuel, *Defensa guadalupana* (...), México, 1819, G. 265, Tx. U.

Ignacio de Paredes, padre, *Prontuario manual mexicano*, México, 1759 [en apéndice, sermón de apologética guadalupanista en náhuatl, para uso de los misioneros].

Informe crítico-legal (...) *para el reconocimiento de la Imagen de Nra. Sra. de Guadalupe* (...), México, 1835, G. 265, Tx. U.

**Investigación histórica y documental sobre la aparición de la Virgen de Guadalupe, de México* (1556), México, 1953.

Ita y Parra, Bartolomé F. de, *El círculo del amor formado por la América Septentrional, jurando a María Santísima en su Imagen de Guadalupe...*, México, 1747.

Lasso de la Vega, Luis, **Huei tlamahuiçoltica...*, México, 1649 (primera versión impresa, en náhuatl, de la tradición guadalupanista mexicana; véase figura 19).

Lazcano, Francisco Javier, ** *Guadalupano zodíaco* (...), México, año de 1776.

León, Nicolás, ** *Bibliografía mexicana del siglo XVIII*, Sección I, Parte III, *Autos formados sobre el sermón que predicó el P. Doctor Servando de Mier del Orden de Santo Domingo en la insigne y real colegiata de Nra. Sra. de Guadalupe...*

Lizardi, José Joaquín Fernández de... (llamado "Lizardi"), *Auto mariano* (...) *para recordar la milagrosa Aparición de Nuestra Señora de Guadalupe* (1817), ms. americ. G. 265, U. Tex. (atribuido a Lizardi).

López Gregorio, * *Tratado del Apocalipsis de San Juan, traducido del latín al castellano con su explicación interlineal* (s. XVI), Madrid, 1804.

* *Manda de D. Andrés de Palencia para fundar en México un convento de religiosas o* (...) *(1717)*, ms. americ. núm. 195 12, BPM.

* *Manifiesto de la Junta Guadalupana a los mexicanos*, México, 1831, ms. americ. G 265, Tx. U.

Manuscrito de América, núm. 1176, BNM.

Medina, José Toribio, ** *La imprenta en México*, Santiago de Chile, 1907-1912, núms. 678, 685, 893, 946, 1010, 1229, 1258, 1289, 1290, 1332, 1412, 1768, 2056, 2215, 2217, 2242, 2281, 2309, 2333, 2616, 2639, 2870, 2931, 3052, 3240, 3272, 3352, 3475, 3476, 3486, 3566, 3606, 3626, 3641, 3653, 3654, 3679, 3691, 3694, 3736, 3742, 3752, 3753, 3837, 3894, 3908, 3931, 3953, 3991, 4000, 4064, 4147, 4246, 4270, 4310, 4391, 4396, 4402, 4411, 4412, 4413, 4417, 4427, 4441, 4445, 4451, 4460, 4461, 4468, 4470, 4482, 4487, 4490, 4508, 4519, 4532, 4556, 4568, 4577, 4584, 4634, 4732, 4760, 4789, 4791, 4866, 4904, 4949, 4979, 5077, 5113, 5116, 5214, 5224, 5238, 5251, 5252, 5281, 5325, 5382, 5391, 5493, 5517, 5521, 5625, 5763, 5853, 5855, 5877, 5879, 5892, 5941, 6000, 6007, 6065, 6090, 7071, 7109, 7192, 7200, 7260, 7351, 7353, 7354, 7389, 7392, 7438, 7452, 7465, 7483, 7553, 7583, 7624, 7625, 7629, 7641, 7657, 7665, 7808, 7935, 7962, 8018, 8025, 8029, 8055, 8107, 8169, 8207, 8238, 8282, 8284, 8332, 8384, 8393, 8403, 8423, 8427, 8513, 8518, 8519, 8554, 8612, 8617, 8626, 8629, 8686, 8701, 8718, 8761, 8767, 8993, 9014, 9178, 9179, 9180, 9183, 9221, 9222, 9227, 9292, 9387, 9416, 9418, 9428, 9453, 9462, 9466, 9473, 9484, 9508, 9515, 9533, 9589, 9594, 9632, 9637, 9706, 9780, 9802, 9833, 9836, 9870, 9879, 9929, 9943, 9946, 9949, 9973, 9995, 10077, 10088, 10128, 10131, 10161, 10178, 10244, 10246, 10444, 10480, 10511, 10523, 10526, 10549, 10613, 10622, 10645, 10771, 10797, 10896, 10978, 11018, 11068, 11088, 11097, 11139, 11195, 11224, 11241, 11243, 11262, 11293, 11301, 11307, 11428, 11486, 11497, 11505, 11517, 11518, 11520, 11591, 11666, 11672, 11897, 12015, 12059, 12078, 12147, 12168, 12216, 12360, 12366 (reimp. Amsterdam, 1965). Obras y opúsculos relativos a Nuestra Señora de Guadalupe de México; muchos han sido conservados en la Biblioteca Nacional de Chile (Colección Medina).

Mier, Servando Teresa de, * *Memorias (1822). Apología del Dr. Mier*, México, 1946 (t. I).

— *Discurso del Dr...*, *sobre la encíclica del papa León XII*. Quinta impresión revisada y corregida por el autor. Imprenta de la Federación, en Palacio, México, 1825.

Mota y Padilla, Matías de la, *Historia de la conquista del reino de la Nueva Galicia* (1742).

Muñoz, Juan Bautista, ** *Discurso histórico-crítico sobre las apariciones y el culto de Nuestra Señora de Guadalupe de México* (1794), ms. II/8235, RAH, publicado bajo el título: *Memoria sobre las apariciones...*, en: *Memorias de la Real Academia de la Historia*, t. V, Madrid, 1817.

— *Historia del Nuevo Mundo*, t. I (único), Madrid, 1793, (véanse en la introducción los principios históricos de J. B. Muñoz).

Nos el Dr. D. Alonso Núñez de Haro y Peralta (...) Arzobispo de México (...) 12 de agosto de 1776, HAM 44-28-Medina 5947, JCB.

Noticias de la ciudad de México, Memorias de México, tomo XIV, ms. A-135 9-4870, RAH.

* *Officium in festo B. Mariae Virginis de Guadalupe duplex primae classis cum octava (...)*, (Bula *Non est equidem*, 1754), Col. Medina 9 180, BN, Santiago de Chile.

Osuna, fray Joaquín de, *El Iris celeste de las católicas Españas...* (Medina 3742), HA-M 51-19, JCB.

** *Relación y estado del culto, lustre, progresos y utilidad de la Real Congregación sita en Madrid (...) bajo la especial protección del Rey nuestro Señor, constituyéndose S. M. Hermano Mayor de ella: erigida al portentoso Simulacro de María Santísima, aparecida en México, y conocida con el título de Guadalupe*, Madrid, 1757, Colección de obras y opúsculos (...) de Nra. Sra. de Guadalupe, Madrid, 1785.

Rea, fray Alonso de la, *Crónica de la Orden de N. Seráfico P. S. Francisco de Mechoacán en la Nueva España*, México, 1643.

Robles, Antonio de, * *Diario de sucesos notables* (1665-1703), México, 1946.

Sahagún, fray Bernardino de, * *op. cit.*, lib. I y XI. *Apéndice sobre supersticiones*.

Sánchez, Miguel, Pbro., ** *Imagen de la Virgen María Madre de Dios de Guadalupe milagrosamente aparecida en México, celebrada en su historia, con la profecía del capítulo doze del Apocalipsis (...)*. Impr. de la Viuda de Bernardo Calderón, México, 1648 (Medina núm. 678). (Se trata del primer "evangelio" de Guadalupe; véase fig. 18.)

Sigüenza y Góngora, Carlos de, ** *Primavera indiana-Poema sacro histórico-Idea de María Santísima de Guadalupe de México* (1668), ed. de Fernando Sandoval, México, 1945.

— *Paraíso occidental, plantado y cultivado por la liberal benéfica mano de los muy católicos y poderosos reyes...*, México, 1684.

Suárez de Peralta, * *op. cit.*, supra, p. 441.

* *Testamento de D. Francisco Verdugo Quetzalmamalictzin* (s. XVI), en *Memorias de Nueva España*, t. I, ms. A/122, fol. 33v-39v, RAH

Torquemada, fray Juan de, *op. cit.*, supra, p. 462.

Trimegisto, Hermes, *Museum hermeticum*, t. II, *Symbolae aureae mensae*, Frankfurt am Main, 1678.

Zavala, Lorenzo de, *Umbral de la Independencia* (hacia 1830), México, 1949.

Estudios:

Amaya, Jesús, *La Madre de Dios, Génesis e historia de Nuestra Señora de Guadalupe*, México, 1931.

Berthe, Jean-Pierre, "Pour une histoire de la pratique religieuse au Mexique", *AESC*, julio-sept. de 1956.

Cuevas, Mariano, *op. cit., supra*, p. 460.

— * *Album histórico guadalupano del IV centenario*, México, 1930.

García Gutiérrez, Jesús, *Album fotográfico guadalupano* (fotos de Manuel Ramos), México, 1923.

— "La Virgen de Guadalupe y la Real y Pontificia Universidad de Méjico", *Memorias de la Academia Mexicana de la Historia*, t. IX, enero-marzo de 1952, núm. 1 (tesis de doctorado dedicadas a Guadalupe).

García Icazbalceta, Joaquín, ** "Carta acerca del origen de la imagen de Nuestra Señora de Guadalupe de México (1883)", *BRAH*, núm. 29 (Madrid), 1896.

Garibay, Ángel María, ** "Temas guadalupanos", *A*, IX, 1 a 4, México, 1945.

Iglesias, Eduardo, *Juicio crítico de la carta de D. Joaquín García Icazbalceta y fuentes históricas de la misma*, México, 1931.

Junco, Alfonso, *Un radical problema guadalupano*, ed. Academia mexicana de Nuestra Señora de Guadalupe, junio de 1932.

— * *El Milagro de las Rosas*, México, 1958.

León, Nicolás, * *op. cit.*, Sección I, Parte III, México, 1906.

Lopetegui, L., y F. Zubillaga, * *op. cit.* (cap. X).

López Beltrán, Lauro, *Preámbulo a Historia* (...) *de M. Sánchez*, México, 1952.

Martí, Samuel, *La Virgen de Guadalupe y Juan Diego*, México, 1972.

Maza, Francisco de la, ** "Los evangelistas de Guadalupe", *CA*, VIII, 6, México, 1949.

— * *El Tlalocan pagano de Teotihuacan y el Tlalocan cristiano de Tonantzintla*, Homenaje al Dr. Alfonso Caso, México, 1951.

— ** *El guadalupanismo mexicano*, Porrúa, México, 1953.

— *Catarina de San Juan, Princesa de la India y visionaria de Puebla*, México, 1971.

Meyer, Jean A., "Pour une sociologie des catholicismes mexicains", *Cahiers de sociologie économique*, núm. 12, mayo de 1965.

Prigent, Pierre, * *Apocalypse 12* (...), cit. *supra*, p. 485.

Rojas, Pedro, *Tonantzintla*, México, 1956.

Vargas Ugarte, Rubén, * *op. cit.* (lib. II, cap. II).

ÍNDICE ANALÍTICO *

Abad y Queipo, Manuel: 191
Abbeville, Claude d': 266
Abdías (profeta): 88
Abraham, vocación de: 401, 424
Academia de la Historia: 290, 291, 374-376, 379, 380
Acapulco: 165
Acatempan: 198
Acatzingo (Pue.): 60
Achútegui, Pedro S. de: 97, 98
Acolhuatl: 214
Acosta, José de: 90, 97, 176, 241, 246, 248, 250-253, 274, 284, 428
Acta Thomae: 235, 238, 240, 260, 262, 270
Actopan: 104
Aculco: 189
Adams, Henry: 12
Adán: 85, 87, 323
Adriano VI: 79
África: 87, 262
africanos: 174
águila: 132, 151, 346, 363; azteca, 359, 363
Agustina de Santa Clara (monja): 67
agustinos: 109, 134, 409
Alburquerque, virrey duque de: 386
Alcalá: 96
Alcedo, Antonio de: 394-396
Alegre, Francisco Javier: 52, 159, 175, 177, 357
Alemania: 176
Alfonso el Casto: 413
Alfonso el Sabio: 335
Alfonso XI: 317, 412
"alma mexicana": 433, 436
Almeida: 66
Alonso de Santiago (fray): 341
Alto Perú (= Bolivia): 89
Alva Ixtlilxóchitl, Juan de: 21, 377
Alvarado, Pedro de: 189, 256, 288

Álvarez, fray Arturo: 332, 334
Allende, Miguel: 20, 189
amazonas: 85, 86, 108
Amazonia: 298
Amecameca: 128
América: 20, 34, 46, 50, 51, 79, 85, 87, 88, 90, 98, 100, 122, 127, 128, 135, 138, 155, 173, 176, 180, 191, 205, 207, 229, 234, 235, 251, 253, 266, 267, 272, 278, 279, 282, 288, 291, 293-295, 297, 299, 320, 382, 401, 425, 427; anglosajona, 155; del Sur, 332, 394, 415; hispánica, 113, 321, 322, 341; latina, 27, 136, 320; septentrional, 134, 147, 155, 361, 371
americanos: 134, 146, 172, 205, 403
Amsterdam: 269
Anáhuac: 15, 18, 19, 23, 56, 62, 63, 108, 110, 116, 151, 187, 188, 189, 193, 201, 205, 273, 282, 285, 352
Anales de Cuauhtitlán: 223
ángeles: 94
animismo africano: 71
Antequera (= Oaxaca): 48
anticlericalismo: 64
Anticristo: 70, 77, 78, 146, 149, 150, 154, 180, 184, 404
antiespañolismo: 19
antifonarios: 334
antigüedades mexicanas: 158, 177, 286, 379
Antiguo Testamento: 15, 76, 82, 92, 146, 154, 234
Antillas: 262, 320, 394
antípodas: 88
antisemitismo: 92
antropología: 173
apaches: 51
apariciones: 81, 324-326, 329, 333, 338, 344, 345, 347, 348, 359, 361, 368, 369, 376-379, 381, 387, 393, 397, 408, 410, 411, 414, 426, 434
Apatzingán (Mich.): 186, 197

* Elaborado por Jas Reuter.

Apocalipsis: 77, 79, 82, 83, 106, 116, 131, 146, 149, 151, 152, 154, 159, 160, 188, 193, 269, 321, 327, 331, 342, 346-348, 351, 353, 358, 362, 404
Apodaca, virrey: 197
apostasía: 71
apóstoles: 61, 93-96, 267, 270, 271, 276, 280, 282, 291, 292
Aragón: 91, 292
árbol de la vida: 152, 231; de los mayas, 151
Archivos de Indias: 374
arcos de triunfo: 119, 128, 134, 143, 339
areitos: 194
Argel: 27, 28
Argentina: 168, 171, 322
Arias Montano: 99
aristocracia criolla: 70, 140, 369; indígena, 55; mexicana, 202, 288
Aristóteles: 88, 89, 93
Arizmendi, Baltasar de: 400
Arlegui, José de: 151
arquitectura: 16, 21, 114
arte: 358, 417; *véase* barroco
artes plásticas: 16; precolombinas, 329
artesanado: 66, 216
arzobispos: 344
Asia: 87, 251, 262
astrología: 12
astrónomos: 214
ateísmo: 64, 170, 204
Atlixco (Pue.): 211
Atotonilco: 178
Audiencia de México: 182, 184, 185
autos sacramentales: 128, 387
autosacrificio: 216, 223, 247, 248; *véase* sacrificios
Axayácatl, tesoro de: 53
aymaras: 266
ayuno: 263
aztecas: 18, 23, 24, 33, 34, 52, 72, 86, 94, 119, 146, 164, 187, 217, 225, 228, 256, 297; *véase* indios
Azuela, Mariano: 198

Babel, torre de: 214, 233, 366

Babilonia: 12, 278
Bahamón, Manuel de: 70
Bahía (Brasil): 264, 276
Baja California: 52
Balaam (mago): 234, 253, 258
Balbuena, Bernardo de: 21, 103-113, 116, 119, 123-125, 127, 407
Balleza: 187
Baltasar (cacique de Culhuacán): 64
Baltasar Carlos (príncipe): 113
Bandelier: 242
bandidaje social: 197, 198
bárbaros: 93
Barlow, Robert H.: 242, 349
Barradas, Isidro: 383
Barrado Manzano, fray Arcángel: 312, 313
barroco: 16, 362, 363; *véase* arte
Bartra, Agustí: 436
Bastide, Roger: 433
Bataillon, Marcel: 27, 33, 37, 371
Batllori, Miguel: 171, 175, 176
bautismo: 257
Bayle, Constantino: 361
Beauvois: 299
Becerra Tanco, Luis: 277, 278, 356, 376, 388, 406
Ben Israel, Menasseh: 269
Benavente (España): 66, 211
Benavente, conde de: 211
Benedicto XIV: 134, 148, 292
Bengoechea, Agustín de: 148
Bentham, Jeremy: 287
berberiscos: 318
Beristáin de Souza, José Mariano: 143
Berlín: 157
Bernal, Ignacio: 24
Biblia, *véase* Sagradas Escrituras
Biblioteca mexicana: 138, 141, 153, 158
bibliotecas: 139, 140
Bicunia, Mateo de: 405
bigamia: 65
Bizancio: 316
blancos: 19, 43, 49
blasfemos: 63, 66
Bloch, Marc: 28, 35, 37, 417
Bochica: 266, 277

bocinas: 65
Bogotá: 47
bolandistas: 312
Bolívar, Simón: 206-208, 287
Bolivia: 322; *véase* Alto Perú
Bonaparte, José: 184
Borah, Woodrow: 53
Borja, Francisco de: 317
Borunda, Ignacio: 280, 282, 296, 370, 373, 379
Boscán: 106
Botticelli, Sandro: 107, 123
Boturini, Lorenzo: 158, 274, 275, 283, 349, 350, 367-370, 377, 390
Bourbourg, Brasseur de: 298
Brasil: 98, 227, 261, 264, 266, 270, 276, 277, 394
Brehier, Émile: 426
Bretaña: 310
brujería: 60
brujos: 61, 62
Bucareli (virrey): 181
Buenos Aires: 168, 183
Buffon, conde de: 46, 204
bulas alejandrinas: 68, 84, 100
Burgoa, Francisco de: 267
Bustamante, Carlos María de: 193, 381, 382
Bustamante, Francisco de: 194, 329, 330, 337-339, 341, 343, 347

cabalismo: 67
Caballero de Santa María, Antonio: 260
Cabeza de Vaca, Álvar Núñez: 227
Cabrera, Miguel: 131, 377, 378, 413
Cabrera y Quintero, Cayetano: 138, 360-362, 372, 376
Cacama: 189
Cáceres: 314, 317, 319, 335, 414
caciques: 54, 55, 58, 59, 70
Cádiz: 88, 183, 185
Calahorra (España): 64
Calancha, Antonio de la: 95, 267-269, 273, 275, 276, 342
Calderón (España): 189
Calderón de la Barca, Ángel: 383
Calderón de la Barca, Pedro: 16, 17, 128, 325

calendario: 213, 214, 217, 223, 230, 247; de fiestas, 333
California: 150, 159, 165, 167, 359, 394
Calixtlahuaca (Méx.): 216, 231, 373
Calixto II: 288, 293, 294
Calleja del Rey, conde de Calderón, Félix María (virrey): 191
calmecac: 255
calpullli: 55
Caltzontzin: 189, 195
Camaxtli: 60, 211-213, 221, 247
Campazas, fray Gerundio de: 424
Campeche: 230, 232
canarios: 85
caníbales: 267
Cantar de los Cantares: 106, 160
canto: 244, 435
caña de azúcar: 50
capuchinos: 265
Caracas: 47
Carácuaro (Mich.): 186
Cárdenas, Juan de: 45
Cárdenas, Lázaro: 437
cargos públicos: 44, 45
carisma: 140, 142, 146, 199-201, 325, 426
Carlomagno: 296, 318
Carlos III: 51, 168, 170, 181, 182, 184, 199, 287, 360
Carlos V: 75, 81, 83, 98, 100, 154, 226, 319, 366
Carranza, Francisco Xavier: 24, 149, 156, 160, 392, 400, 401
cartagineses: 88, 89, 93, 256, 298
Cartago: 89
Carvajal, Gaspar de: 66
Carvajal, Luis de: 66, 90
Casafuerte, virrey marqués de: 156
castas: 49-51, 71, 72, 92, 114, 129, 135, 147, 164, 165, 174, 203
castellano, enseñanza del: 55
castidad: 67
Castiglione, Baltasar: 108
Castilla: 43, 91, 390, 425
Castillo de Teayo (Ver.): 299
Castorena y Ursúa, Juan Ignacio: 125

Castro, Américo: 37, 148, 294, 295, 318, 319
Castro, Francisco de: 130, 131
Cataluña: 268, 293, 345
Catay (= China): 262
catedral de México: 147, 149, 383; de Puebla, 145, 161, 367
catolicismo: 18, 71; español, 12
caudillismo: 197, 208
Cavo, Andrés: 175, 177
Cebú (Filipinas): 414
celtas: 308
censura: 137, 139, 147
centralistas: 201
Cercano Oriente: 346
Cervantes Saavedra, Miguel de: 51, 108
Cervantes de Salazar, Francisco: 108, 114
Cesena (Italia): 171
cíclopes: 85, 86
ciencia: 11, 12, 17, 21
científicos: 11, 12
Cihuacóatl: 303-307, 309
Cintéotl: 304, 305
Cipango (= Japón): 262
Cisneros, cardenal: 317, 319
Cisneros, Cristóbal de: 60
Cisneros, Luis de: 343, 377
Citlalinicue: 306
Citlaltonalli: 250
ciudades de Nueva España: 156, 165
civilización prehispánica: 15
clarisas: 334
Clavijero, Francisco Javier: 46, 120, 172-175, 177, 186, 188, 204, 256, 284, 303, 304, 371, 401-403, 434
clero: 69
Coatepec (Méx.): 216
Codex Telleriano remensis: 246-248, 250
Codex Vaticanus 3738: 228, 230, 233, 248, 250, 256
Codex Vaticanus A (= Códice Ríos): 246
Códice Fejérvary-Mayer: 231
Códice Ríos, véase Codex Vaticanus A

Códice Ramírez: 242, 245
Códice Veytia: 370
códices: 158, 236, 238, 240, 245, 246, 274, 277, 279, 294, 295, 313, 368-370, 379, 424, 434
cofradías: 54, 361
Cohn, Norman: 80
colegiata de Guadalupe: 134, 378
colegio de San Ildefonso: 134, 138, 141, 142, 153, 160
colegio de San Pedro y San Pablo: 150
colegio de San Ramón Nonato: 154
colegio de Santiago Tlatelolco: 58, 215, 350
colegios: 55, jesuitas, 157
Colhua: 214
Colhuacan: 214
Colima: 186
Colombia: 266, 277, 325
Colón, Cristóbal: 76, 83, 85, 88, 130, 234, 257, 258, 262, 298, 361, 428
colonos: 86
colores, simbolismo de los: 304, 362, 404
cometas: 159
Compañía de Jesús, véase jesuitas
Comunidades de Castilla: 319
comunidades indígenas: 55, 71
conceptismo: 435
conciencia europea: 113; nacional española, 296; nacional mexicana, 33, 34, 36, 46, 68, 73, 113, 117, 130, 132-134, 137, 169, 171, 173, 194, 287, 331, 356, 417, 418, 423, 425, 432, 433, 434, 435
Concilio de Lima, primero: 308; de Toledo, cuarto, 294; de Trento, 323
concubinato: 60, 65
confesores: 66
confusionismo: 249
congregación de Guadalupe en Madrid: 157
Congregación de los Ritos: 405, 407, 408, 410
Congregación de Nuestra Señora de Guadalupe: 173

Congreso Constituyente, primer: 205; Chilpancingo, 187

Conquista: 15, 25, 53, 59, 61, 75, 108, 195, 228, 243, 281, 427; espiritual, 58, 147, 149; leyenda negra de la, 283

conquistadores: 43, 69, 76, 81, 85, 90, 207, 226, 230, 330, 426; mexicanos, 397

Consejo de Castilla: 99

Consejo de Indias: 99, 136, 138, 355, 368, 370, 389

conservación milagrosa de la imagen de la Virgen: 411, 413

Constitución de Apatzingán: 179, 189, 190; mexicana, 185, 203

Contrarreforma: 18, 263, 339, 361

contrarrevolución: 204

convento de Santo Domingo (México, D. F.): 194

conventos: 55, 67, 68, 69, 71, 104, 136, 163, 165, 181

Copacabana (Bolivia): 325; véase Virgen de Copacabana

Coppet, Marcel de: 27

Córcega: 164

Cordero, pastor Gil: 314, 315

Córdoba (Ver.): 198

Coromandel, costa de: 261

Correa (cura): 187

Correa, Juan: 390

corrido: 433

corsarios: 66

Cortés, Hernán: 24, 53, 59, 61, 75, 76, 79, 81, 86, 91, 107, 109, 120, 121, 123, 154, 174, 177, 184, 199, 225, 226, 227, 230, 243, 257, 284, 286, 288, 311, 317, 322, 328, 355, 357, 383, 399, 428, 430

Cortés, Martín: 68

Cortes de Cádiz: 57, 197, 201, 205

Cos, José María: 187

Costa Rica: 27

Covadonga: 308

creencias indígenas: 12, 19, 35, 37, 53, 57, 114, 151, 152, 193, 216, 219, 235, 256, 258

criollismo: 130

criollo argelino: 27

criollos: 13, 18, 19, 20, 23, 28, 43-

46, 49, 51, 65, 70, 78, 100, 114-116, 119, 120, 124, 125, 129, 133, 135-137, 146, 147, 152, 155-159, 162, 164, 172, 173, 177, 179, 180, 184, 186-188, 202-204, 240, 270, 272, 273, 277, 278, 284, 320, 323-326, 352, 355, 356, 365, 373, 385, 401, 402, 418, 429, 431

criptojudaísmo: 67, 90, 319

cristeros: 196

cristianismo: 57, 58, 63, 213, 230, 235, 249, 250, 261, 271, 276, 277, 282, 307, 339

cristianos: 81, 84, 279; viejos, 425

Cristo: 154; de Ixmiquilpan, 140, 142; de Querétaro, 141, 142, 151; véase Jesús

Croix, virrey marqués de: 161

Crónica X indígena: 238, 242, 349

Cruillas (virrey): 183

cruz: 230-232, 271, 276; de Palenque, 231; de San Andrés, 231; de Tepic, 397, 433, 434

Cruz, Francisco de la: 285

cruzadas: 318, 426, 427

Cuauhtémoc: 16, 123, 154, 164, 189, 194, 230, 418

Cuautla (Mor.): 189

Cuevas, Mariano: 344, 384, 417

Culhuacán: 64, 222

Culiacán: 105, 107

cultura indígena: 216

culturas, diálogo de las: 423, 425, 431; fusión de: 423

curanderos: 63

curas de indios: 64

Chachapoyas (Perú): 296

Chalco (Méx.): 216

Chalma (Méx.): 306, 433

Chalmecacíhuatl: 306

Chalmecatecuhtli: 65

chamanes: 52

Champollion: 298

Champotón: 232

chapetones (= gachupines): 268

Charcas, obispo de: 332

Charencey: 299

Chavero, Alfredo: 245

checos: 43

chibchas: 227, 266, 326
Chicomecóatl: 127, 305
chichimecas: 223, 397
Chihuahua: 52
Chilam Balam: 234
Chile: 266, 267
Chilpancingo (Gro.): 196
Chimalman: 221, 247
China: 260, 262
Chinantla: 61
chingada: 23, 50
Cholula (Pue.): 146, 211-213, 215, 216, 223, 226, 247, 255, 291, 307, 366, 371; como torre de Babel, 214, 233, 366
cholultecas: 228, 237, 243, 245, 252, 254

Dante: 81
danza de los Santiagos: 289; *véase* "moros y cristianos"
danzas indígenas: 424, 435
Darién: 86
Darmangeat, Pierre: 27
David: 270, 351, 365
Dávila Padilla, Agustín: 284, 329, 330
deísmo: 170, 204
democracia: 21
Der Teutsche Merkur: 176
derecho de gentes: 84, 204
Descartes, René: 13
descubrimiento de América: 83, 270, 271, 298
desfiles militares: 183
devociones, *véase* Virgen María
Diario de México: 183
Díaz, Diego (cura de Ocuituco): 63
Díaz, Porfirio: 357
Díaz Bolio, José: 299
Díaz de la Vega, José: 367, 396-398, 401, 402
Díaz del Castillo, Bernal: 64, 91, 109, 226, 230, 231, 287, 340
Díaz Infante: 299
dictadura: 21
Diego de Ecija (padre): 315, 342
diezmos: 56, 190
diluvio: 233, 247, 248, 257, 263

diosas mexicanas: 303, 305-307, 309
Dolores (Gto.): 178, 187
dominicos: 96, 134, 144, 283
Donne, John: 17
Doria, Andrea: 317
Du Bellay: 111
Duarte, Manuel: 24, 273-278, 280, 281
Duby, Georges: 428
Dupront, A.: 317, 416, 424
Durán, Diego: 105, 118, 228, 235-245, 247-250, 254, 256-259, 304, 305, 307, 349
Durango (Dgo.): 48

Ecatepec (Méx.): 216
eclipse de sol: 159
Ecuador: 322, 325, 326, 394
Edad Media: 76, 82, 158, 317, 324, 366, 387
Egipto: 92, 298
egiptología: 298
Eguiara y Eguren, Juan José: 138, 141, 153, 157, 158, 403, 423
Ehécatl: 65, 223, 272
Einstein, Albert: 11
ejército: 51, 52, 183; de las Tres Garantías, 199, 205
El Escorial: 317-319
El Venadito: 198
Eliade, Mircea: 346
emancipación espiritual: 133-160
emperadores aztecas: 120, 357; romanos, 120
encomenderos: 53, 263
encomienda: 54
Enríquez, virrey Martín: 330, 331, 343, 344, 377
ensaladillas: 128
enseñanza: 170
epidemias: 50, 53, 102, 145, 159, 316, 358, 361, 412, 435, 436
Epinal: 178
erasmismo: 104, 263, 338
Erasmo: 108, 119
Escalona (virrey): 68
escandinavos: 216
escatología: 62, 76, 80, 81, 84, 91, 100, 133, 134, 154, 280
esclavitud, abolición de la: 202

esclavos: 49, 50, 66, 70, 71; africanos, 174; cazadores de, 98, 240
Escobar y Mendoza: 141
escudo azteca: 358; de México, 366, 434; de Puebla, 366
Escuela de Minas: 156
esoterismo onomástico: 398
España: 14, 16, 17, 20, 28, 46, 54, 57, 66, 75, 81, 90, 92, 104, 107, 115, 121, 125, 134, 136, 138, 139, 148, 149, 153, 155, 157, 158, 160, 170, 173, 178, 181, 183-185, 197-199, 201, 202, 253, 268, 278, 279, 287, 290-295, 318, 320, 323, 340, 343, 345, 351, 355, 359, 372, 375, 379, 381-383, 403, 404, 424-427, 430
Española, Isla (Santo Domingo): 86, 88, 227
españoles: 13, 19, 22, 24, 43-45, 49, 61, 81, 84, 100, 122, 134, 143, 173, 174, 191, 201, 227, 228, 237, 284, 383; americanos, 284; europeos, 136; véase gachupines
Espinosa, Isidro Félix de: 390, 391
Estado/Iglesia: 21
Estados Unidos: 18, 156, 191
estrella de David: 231
estructuralismo: 36
Etiopía: 88, 251, 262
etnocentrismo: 234
etnología: 12, 215
eurocentrismo: 269, 298
Europa: 17, 78, 81, 86, 87, 123, 136, 157, 162, 170, 176, 178, 184, 191, 196, 204, 206, 258, 259, 263, 287, 318, 403, 434
europeos: 19, 34, 175, 176, 180, 192, 271
Eva: 87, 111, 309
Evangelios: 413; apócrifos, 363
evangelismo: 263
evangelización de América: 34, 47, 58, 59, 61, 70, 72, 85, 92-96, 107, 154, 181, 276, 278, 284, 295, 343, 418; apostólica: 204, 207, 219, 231, 232, 235, 239, 240, 253, 254, 260-264, 267, 268, 272, 275, 277, 281, 282, 284, 290, 292, 309, 360, 372, 425, 434; de España, 294; del Oriente, 260-262; universal,

262, 269; véase preevangelización de América
evangelizadores: 43, 55, 76, 78, 79, 82, 88, 98, 104, 132, 194, 200, 218, 223, 230, 298, 308, 310, 341
evemerismo: 151, 152, 339
Evemero: 254
Éxodo: 239, 240
exterminio de sacerdotes: 15
Extremadura: 81, 159, 293, 311, 312, 316, 319, 322, 328, 332-334, 336, 341, 394, 415
exvotos populares: 435

Farissol, Abraham: 90
fe patriótica: 153
federalistas: 201
Feijóo, Benito Jerónimo: 87
Felipe II: 273, 317, 319, 413
Felipe III: 90, 279
Felipe V: 336, 389
fenicios: 93
Fénix de Occidente: 273
Fernández de Echeverría y Veytia, Mariano: 350, 364, 376
Fernández de Lizardi, José Joaquín: 49, 206, 403
Fernández de Palos, J.: 140
Fernando VII: 184, 198, 203
Ferrara: 90
Ferreras: 292
fiestas: 143
Filipinas: 162, 165, 274, 335, 409
filosofía: 21
filósofos griegos: 89
Finisterre, cabo: 294
flamencos: 43, 66
Flora, Joaquín de: 15, 62, 76-80, 82, 91, 96, 263, 321
Florencia, Francisco: 97, 107, 117, 121, 320, 321, 346, 356, 357, 362, 376, 380, 390, 403, 406-408, 410, 411
Florida: 150
folklore: 216, 316, 433
frailes, véase monjes
franceses: 18, 43, 66, 184, 205
Francia: 84, 170, 183, 184, 206, 409
franciscanos: 15, 46, 47, 53, 59, 61,

66, 71, 75-80, 82, 94-97, 104, 108, 109, 116, 144, 147, 153, 163, 164, 169, 170, 211, 212, 218, 223, 235, 238, 249, 252, 255, 256, 260, 261, 264, 283, 310, 322, 337, 338, 339, 341, 360, 372, 395
Francisco de la Cruz (fray): 67
Francisco de San José (fray): 333, 335, 336, 410
frontera norte de México: 51, 183
fronteras, defensa de las: 52
Frutos, fray Francisco: 390-392
Fuenclara, virrey conde de: 368
fuente de la juventud: 108
Fuentes, A. Diego: 175
Fuentes, Carlos: 436
funcionalismo: 36
Furlong (padre): 168

Gabriel (arcángel san): 363, 411, 415
Gaceta de México: 156
gachupines: 43-45, 115, 122, 127, 134, 143, 157, 158, 185, 186, 189, 196, 202, 254, 268, 281, 284, 289, 325, 355, 381, 385, 404, 424, 431; véase españoles
Galarza, Joaquín: 423
Galicia: 294-296, 316, 392
Galve (virrey conde de): 386
Gálvez (virrey Bernardo de): 181, 183
Gandía, Enrique de: 108
Ganges (río): 235, 260, 262
Gante, fray Pedro de: 373
Garcés, Julián: 64, 366
García, Gregorio: 86, 87, 88, 89, 90, 91, 92, 266, 268, 285
García Icazbalceta, Joaquín: 211, 250, 349, 406
García Pimentel, J.: 436
Garcilaso de la Vega: 104, 107
Garibay K., Ángel Ma.: 219, 309
Gaspar de San Agustín, fray: 335, 409, 414
Gemelli Carreri: 47, 48, 50, 104, 106, 127, 376
Génesis: 106, 247, 249
gentiles: 81, 91, 95, 97
Gerbi, Antonello: 177, 202, 207

Gibraltar: 88
Gibson, Charles: 54, 55, 242, 250
Gide, André: 21
Goethe, J. W. von: 176
Gog: 77
Gómara, Francisco López de: 81, 83, 226, 227, 269, 288, 328
Gómez Marín, Manuel: 381, 403
Gonçalves de Cámara (padre): 264
Góngora, Luis de: 16, 113, 124
gracia divina: 134, 135, 148, 267, 281, 282, 429
Gregorio (abate): 204
Gregorio de Tours: 428
griegos: 93, 256, 278
Grignon de Montfort, Luis María: 401, 402
Grijalva, Juan de: 230, 243
"grito de Dolores": 178, 181, 186, 196, 403
Guadalajara (Jal.): 48, 105, 165, 288
Guadalete: 311
Guadalquivir (río): 311
guadalupanismo: 35, 117, 130-132, 146, 148, 149, 165, 205, 339, 341, 345, 347, 350, 360, 367, 369, 372-374, 377, 379, 391, 400, 401, 410, 411, 417
guadalupanización de Nueva España: 394
Guadalupe, basílica de: 193, 342, 344, 347, 348, 351, 369, 384-386, 396, 414
Guadalupe, ciudad de (Zac.): 359
Guadalupe, colegiata de: 194
Guadalupe, etimología de: 311, 312
Guadalupe, isla antillana: 320, 394
Guadalupe, pueblo de: 395, 396
Guadalupe, querella de: 367
Guadalupe, sierra de: 314
Guadalupe de Extremadura, Nuestra Señora de: 293, 311, 317, 328, 331-334, 336, 342, 343, 364, 378, 388, 393, 408-411; de Jerez de la Frontera, 335; de Manila, 409
Guadalupe del Tepeyac, Nuestra Señora de: 13, 22, 33-37, 47, 62,

63, 72, 75, 81, 106, 110, 111, 114, 116, 121, 123, 125, 129, 130-132, 134, 144-153, 155-161, 164, 165, 167-169, 173, 178, 180, 182, 186, 193, 199-201, 205, 218, 268, 277, 280-282, 287, 290, 296, 308, 311, 315, 317-321, 323, 325, 326, 328, 330, 331, 333, 334, 337-341, 343, 344, 346-352, 354, 356, 358-371, 373, 375-377, 379, 381, 383, 384, 387-397, 399, 401, 403-405, 407, 408, 413, 415-417, 419, 423, 427, 432-436; como reina de los mexicanos, 355, 357, 393; como símbolo nacional mexicano, 350, 384; fiesta de, 373; *véase* apariciones, Virgen María

Guadalupe - Quetzalcóatl - Las Casas: 207

"Guadalupes, los" (conspiradores): 403

Guadiana (río): 311

Guanajuato: 47, 156, 186, 189, 400

Guápulo (Ecuador): 326

guaraníes: 227, 266

Guatemala: 64, 139, 159, 386

Guerra Civil: 204

Guerra de España con Inglaterra: 182, 183

Guerra de los Siete Años: 183

guerras en Europa: 157

Guerrero, Vicente: 198

guerrilleros: 197, 200

Guevara: 103

Guijo, Gregorio Martín de: 386, 434

Guinea: 262

Guiraud: 424

Guzmán, Nuño de: 195, 288

Guzmán, Sebastián de: 275

haciendas: 54

hebreos: *véase* judíos, 146

Hechos de los apóstoles: 262

Hegel, Georg Wilhelm Friedrich: 177

Heliodoro Valle, Rafael: 289

Helvecio: 191

Henríquez Ureña, Pedro: 16

heraclidas: 225

herejía: 58, 71, 151, 192, 285; luterana, 66, 84

Hermón, monte: 366

hermandades marianas: 322; *véase* cofradías

Herodoto: 12

héroes: 192, 194, 195, 198, 233, 249, 266

Herrera (cronista de la Corona): 275

Herskovits, Melville J.: 434

heterodoxia: 57, 58, 165

Hidalgo, Miguel: 20, 22, 24, 36, 70, 131, 178-180, 185-187, 189-191, 194-199, 203, 206, 287, 289, 403

himnos indígenas: 397, 434

hispanidad: 201

historia: 11, 12, 25, 28, 35, 37, 76, 77, 80, 82, 94, 117, 118, 154, 267, 428-430; de España, 428; de las creencias, 12, 37; de las ideas, 12, 135, 275; de México, 172; del virreinato, 143; oficial, 14; prehispánica, 15

historiadores: 11, 16, 24, 170, 224, 253, 274, 275

historiografía: 207, 208, 290, 371, 374, 376, 381, 382, 426, 428, 430, 431

Histoyre du Méchique: 219, 221, 222, 223, 224, 236

Hobbes, Thomas: 191

Hogal, José Bernardo de: 138-141

holandeses: 43

hongos alucinógenos: 62

Horacio: 106, 109

Huaquechula (Pue.): 227

Huasteca: 52, 53

Huatulco: 276

Huaxtepec: 60

huéhuetl: 65

Huémac: 216, 236, 237

Huerta, Victoriano: 25

Huexotzinco (Pue.): 212

huey tecuilhuitl (= fiesta de los señores): 305

Huey tlamahuiçoltica: 377

Huitzilopochtli: 65, 187, 305

Humboldt, Alexander von: 47, 49, 156, 177, 196, 204, 286, 399

Iappy Guazú (jefe tupinamba): 265
iberos: 93, 278
ideas: 12, 35, 113, 135, 142, 275; nuevas, 192, 197, 287; subversivas, 137
identidad cultural: 53; nacional, 173
idolatría: 60, 79, 92, 114, 115, 117, 118, 152, 215, 252, 307, 310, 323-325, 366
Iglesia: 85, 149, 178; española, 83; indiana, 78, 79, 106, 147, 169, 280, 322, 339, 360; nacional, 169; romana, 78, 98
iglesia de Santa Prisca (Taxco): 359
igualdad: 203
Ilhuimécatl: 246
iluminismo: 153, 191, 263
Ilustración: 168, 170, 176, 177, 201, 277, 424
imágenes milagrosas: 145
imperio español: 36; mexicano, 171
imprenta: 57, 137-141, 143, 153, 157
Inca Garcilaso de la Vega: 108, 257, 268
incas: 86, 257
Ind: 54, 65, 70, 102
Independencia de México: 13, 14, 16, 18, 20, 35, 51, 126, 136, 169, 171, 174, 179, 183, 189, 190, 193, 195-198, 200, 204, 205, 207, 287, 298, 358, 365, 392, 404, 424, 426; como restauración, 14, 25
India: 90, 97, 99, 112, 235, 260, 262
Indias Occidentales: 64, 68, 84, 88, 91, 93, 94, 96, 98-100, 115, 150, 155, 170, 183, 207, 235, 253, 258, 261, 262, 264, 267, 269, 271, 278, 292, 323, 374, 394, 426, 428, 431
indigenismo: 368, 418, 436
indios: 12, 15, 19, 20, 22, 34, 49-53, 59, 62, 63, 65, 71, 72, 80, 85, 86, 89-101, 105, 114-116, 119, 122, 123, 125, 129-131, 147, 159, 162-165, 169, 172-174, 183, 189, 191, 194, 196, 197, 200, 207, 211, 225, 228, 231, 241, 243, 263-266, 278, 283,

288, 289, 320, 324, 325, 349, 358, 373, 378, 388, 395, 399, 425, 426, 429, 430, 434; humanidad de los, 85, 86; levantamientos de, 162, 164, 165, 168, 169, 179, 197, 218, 249; origen de los, 34, 256; origen judío de los, 249, 256; protección de los, 34, 55
indios amazónicos: 298; bravos, 53; de Brasil, 98; de teatro, 128; del norte, 135; en encomienda, 54, 135; preadamitas, 87
infalibilidad papal: 84
Inglaterra: 182
ingleses: 18, 43, 66, 155, 160, 183
Inmaculada Concepción: 307, 322-324, 339, 399, 407, 408, 414, 418
Inocencio X: 150
Inquisición: 43, 57, 58, 60, 63-65, 70, 90, 113, 135, 147, 165, 168, 179, 190, 192, 197, 199, 202-205, 208, 248, 253, 370
inquisidores: 59, 63, 187
instantaneísmo: 179
insurgentes: 197
integración cultural: 195
inundaciones: 63, 357, 360, 378, 393, 408, 412, 436
irlandeses: 256
Isabel la Católica: 86, 334
Isaías: 88, 152, 251
Islam: 12, 28, 84, 404; véase musulmanes
Israel: 97, 147, 173, 175, 185, 187, 188, 269, 285, 287, 401, 429; tribus de, 285
Israel, Menasseh Ben: 90
Ita y Parra, B. F. de: 147, 149, 401, 403
Italia: 46, 127, 164, 171, 175-177, 204
italianos: 43
Iturbide, Agustín de: 195-201, 204, 207
Iturrigaray (virrey): 183, 185, 197
Ixmiquilpan (Hgo.): 140, 142

Jacob: 352
jadeíta: 362
Jalisco: 288

Jamaica: 105
Janitzio (Mich.): 289
Japón: 112, 262
Jaurua, valle del: 266
Jerónimo de Valladolid (bachiller): 346
Jerez (Zac.): 165
Jerez de la Frontera: 335
jerónimos: 312, 317-320, 328, 332, 334, 378
Jerusalén: 294, 317; destrucción de, 95, 174, 269, 427
jesuitas: 15, 16, 47, 52, 64, 75, 96, 97, 102, 109, 113, 114, 130, 134, 142-144, 147, 153, 157, 161, 162, 164-170, 176-178, 200, 204, 249, 252, 261, 263-266, 322, 323, 339, 360, 361, 395; disolución de la orden de los, 170; expulsión de los, 121, 161-165, 167, 169-171, 175, 177, 181, 182, 432
Jesús: 95, 147, 233, 235, 250, 257, 262, 265, 266, 280, 305, 309, 310, 314; véase Cristo
Jiménez Moreno, Wigberto: 113, 114, 423
joaquinismo: 116, 147
Jonghe, E. de: 219
Jorge (franciscano): 64
Jorullo (volcán): 159
Jovellanos: 205
Juan Bernardino: 406
Juan Diego: 153, 280, 321, 326, 327, 352, 359, 373, 387, 395, 398, 406
Juan I: 317, 319
Juana Inés de la Cruz, sor (Juana de Asbaje): 16-19, 50, 104, 112, 124, 126-132, 143, 174, 181, 194, 273, 353, 393, 394
Juárez, Benito: 24, 25
Judá: 148
judaísmo: 58, 67, 71, 230, 424
judaizantes: 66, 91, 319
judíos: 43, 71, 81, 84, 90-92, 99, 146, 240, 425; conversos, 43, 90, 241; escondidos, 298
juicio final: 70
Julio II: 412
Juncosa (dominico): 149
justicialismo peronista: 426

Kaaba: 318
Kino (padre): 359
Kubler, George: 242, 250
Kukulcán: 277

La Habana: 139, 183
La Marsellesa: 180
La Meca: 318
La Peyrère, Isaac: 87
Lacunza, Emmanuel: 57
Lafaye, Jacques: 12-15, 20, 22, 24, 25
lagunas de México: 106; drenaje de las, 54; véase inundaciones
Lampart, Guillén de: 68-70
Landívar, Rafael: 175
Las Casas, Bartolomé de: 86, 90, 98, 99, 110, 187, 206, 207, 229, 234, 238, 253, 254, 276-278, 283
Las Cruces: 189
Las Villuercas (Cáceres): 159, 311, 312, 317, 334, 335, 410-415
Lasso de la Vega, Luis: 347-350, 377
Lawrence, D. H.: 436
Lazcano, Francisco Javier: 410
Le Tellier, obispo de Reims: 246
legislación de Indias: 99
León (Gto.): 198
León X: 79
León XIII: 399
León, Martín de: 344
León, Nicolás: 274
León Hebreo: 108
León Pinelo, Antonio de: 297
León-Portilla, Miguel: 306, 309
Leonard, Irving A.: 108, 109, 113, 274
Lepanto: 319
lépero: 49, 52
Lery, Jean de: 267
Lévi-Strauss, Claude: 25
Leyes de Indias: 101, 206, 207, 287
liberalismo democrático: 18
Libro primero de votos de la Inquisición de México: 65
libros de caballería: 109; impresos, 138-141; véase imprenta
Lima: 47, 67, 294, 297
Lima, José Ambrosio de: 140

loas: 128
Logroño: 64
Londres: 198, 202, 205
Lope de Vega: 104, 123
López, Gregorio: 391
López de Cogolludo (franciscano): 231
Lotería Nacional: 13
Lucarelli, Giovanni Battista: 260
Luciano: 85
Luis de León (fray): 88, 106, 405
luna en creciente: 346
Lupiana: 318, 319
Luria, Isaac: 67
luteranismo: 323
Lutero: 77, 78, 191
Luzón (Filipinas): 409

lluvia: 62, 63, 156, 366, 408

macehuales: 53
Machado, Antonio (rabino): 66
Macuilxóchitl: 65
Madero, Francisco I.: 437
Madrás (India): 261
Madrid: 104, 155-157, 173, 181, 182, 184, 201, 340, 357, 379, 381
magia: 12, 17
Magreb: 28, 262
maguey: 366
Malabar, costa de: 260
malinchismo: 45
Malipur: 97
Malvenda, Tomás: 101, 150
mamelucos: 201
Mammón: 251, 252
Mancera, virrey marqués de: 123
Maneiro: 175
Manila: 281, 335, 336, 409
Manuscrito Phillips: 242
Manuscrito Tovar: 242, 251, 254
mapuches: 266
María de la Antigua: 390
Maranhão: 265
Maravall, José Antonio: 361
maravilloso americano: 114; criollo, 122; cristiano, 142
Marcos, pintor indio: 329, 340
Margil de Jesús, Antonio: 159, 359, 391

Mariana, Juan de: 293-295, 372, 428
marianismo: 129, 144, 155, 164, 165
Marignolli, Giovanni: 260
Marina, doña: 226
mariofanía: 146, 159, 345, 348, 401, 417
Marmontel: 296
Martí (deán): 157, 158, 403, 423
Martí, José: 155
Martín, Juana: 377
Martín Ignacio, fray: 260
mártires: 165, 167
Marx, Karl: 12
Mascardi, Nicolás: 266, 267
Matamoros (cura): 187
Matlacxóchitl: 222
Matos: 66
Maximiliano de Habsburgo (emperador): 25
mayas: 151, 277, 283
Maza, Francisco de la: 33, 116, 346-349, 417
mbyas, indios: 326
Medea: 229
Medellín (Extremadura): 311, 322
Medina, José Toribio: 68, 137, 138, 403
Mediterráneo, mar: 318
memoria colectiva: 433
Mendieta, Jerónimo de: 76, 102, 105, 107, 116, 147, 199, 254, 259, 279, 322, 360
menologios: 68
mercedarios: 148
Mérida (Yuc.): 48, 231
mesianismo: 35, 100, 115, 149, 160, 225, 227, 230, 266, 285
mesías: 82, 167, 222, 233, 234, 257, 258, 270, 363; indígenas, 62, 63
Mesoamérica: 87, 195
mestizaje: 50, 51, 57, 121, 129
mestizos: 13, 18-23, 49, 50, 125, 129, 130, 135, 174, 272, 324, 325
metales preciosos: 54, 156, 160
mexicanidad: 418
mexicanización de Nueva España: 115
mexicanos: 401, 403
mexicas: 399

mexicáyotl: 401, 402, 418
México: *passim;* ciudad de: 21, 22, 43, 46, 48, 103, 111, 121, 122, 149, 153, 154, 156, 183, 199, 358, 367, 378, 399; como ciudad imperial, 154; como Florencia, 103; como nueva Jerusalén, 160, 175, 401; como nueva Roma, 153, 154, 156, 160, 374; como paraíso occidental, 325; como Venecia, 103; golfo de, 183, 227; valle de, 55, 65, 110, 111, 114, 123, 164, 357, 408
México-Tenochtitlan: 18, 24, 53, 357, 397, 399
Meyer, Jean: 435
Michelet: 12
Michoacán: 53, 187, 191, 195, 196, 200, 289, 329, 330, 386, 425
Mictlancalco: 216
Mier, fray Servando Teresa de: 15, 34, 36, 157, 185, 195, 198, 202-208, 260, 279, 280-287, 290, 292, 294-296, 352, 367, 369-373, 376, 379-381, 388, 392, 403
milagros: 138, 141-143, 146, 152, 154, 157, 160, 268, 271, 314, 315, 317, 338, 344, 345, 364, 376, 405, 409-413
milenarismo: 33, 35, 57, 70, 75-84, 90, 95, 96, 101, 109, 116, 206, 241, 351, 361
milicias: 52, 183
militares: 183, 184, 200
Milton, John: 199
Mina, Francisco Xavier: 198, 205
mineros: 157, 160, 358
Miranda: 205
misioneros: 59, 63, 78, 271; *véase* evangelizadores, franciscanos, jesuitas, 270
misiones: 162-164, 170, 182, 394, 395; africanas, 80; de California, 159, 165; franciscanas, 150; jesuitas, 150
Mistral, Gabriela: 436
mito jesuita: 167, 168
mitología grecolatina: 119, 120, 124, 146, 154; mexicana, 119, 120, 124, 152, 154, 219, 266, 282, 286
mitologías americanas: 216

mitos: 12, 13, 15, 22, 25, 35, 36, 212, 215, 259, 272, 423
mitotes: 194, 288, 358, 387
Mixcóatl, Andrés: 62, 63
Mixcóatl: 212, 297
Moab: 352
Moctezuma (emperador): 18, 60, 61, 189, 202, 214, 225-227, 243, 252, 284, 367, 382
Mogodorio (España): 66
Moguer (Huelva): 334
Moisés: 233, 249, 297
monarquía española: 43, 96, 98, 100, 165, 203, 273; indiana, 294
monjes: 65, 68, 70-72, 79, 82, 106, 115, 169, 188, 190, 200, 202, 319; *véase* frailes
Monte Corvino, Giovanni de: 262
Montemayor: 104, 107
Monterrey (N. L.): 66, 198, 202, 205, 207, 279
Montserrat (Cataluña): 293
Montúfar, arzobispo Alonso de: 114, 325, 329, 330, 337, 340, 342, 344, 347, 350, 356, 384, 407
Montúfar, Juan José M.: 141
Morales, Ambrosio de: 413
Morelos, José Ma.: 36, 70, 178, 186-191, 193-200, 203, 404
Moro, Tomás: 79, 187
moros: 81, 120, 308, 313, 317, 319, 412, 425
"moros y cristianos", danza de: 120, 289
Moscú: 12
Mota y Padilla, Matías de la: 195, 397
Motolinía, fray Toribio de Paredes (originario de Benavente): 47, 66, 103, 120, 194, 211-215, 219, 221, 225, 235, 245, 246, 250, 254, 258, 274, 342
Moya de Contreras, arzobispo Pedro: 75, 102, 182, 311, 342
muerte, fascinación por la: 23
Mühlmann, Wilhelm: 33
mujeres mexicanas: 111, 123
mulatos: 13, 49, 50, 66, 105, 122, 129, 174, 425
música: 193, 194

musulmanes: 71, 81, 279, 318, 328, 412; *véase* Islam
Muñoz, Juan Bautista: 176, 290, 370, 373-377, 379-383, 403, 423
Mylapore (India): 235, 261

Nabucodonosor: 253
nación: 173, 175; mexicana, 172, 361, 425, 432
nacionalismo: 19; mexicano, 16
nahuas: 53
náhuatl: 55, 129, 130, 211, 217, 224, 226, 227, 245, 246, 289, 310, 369, 377, 388
Napoleón I: 184, 198, 201, 404
Natal, Alejandro: 292
Navagero, Andrea: 107
Nayarit: 267
Nazaret: 148
nazismo: 299
negros: 19, 49-51, 66, 85, 122, 129, 130, 135, 425
Neher, André: 90
nestorianos: 260
Newton, Isaac: 11
Nezahualcóyotl: 252
Nicaragua: 215
Nicéforo: 267
Nieremberg, Juan E.: 428
Njördr: 216
Nóbrega, Manuel de: 264, 265, 276
Noche Triste, la: 21, 281, 321, 365
Noemí: 352
nómadas: 52
norteamericanos: 19
novenas: 140-142, 156, 161, 365
Nuestra Señora, *véase* Virgen María (y sus advocaciones)
Nueva California: 177
Nueva España: *passim;* ambigüedad de la: 19, 22; como Roma de América, 14
Nueva Galicia: 105, 397
Nueva Vizcaya: 394
Nueva York: 12
Nuevo León: 66, 90, 280
Nuevo México: 288, 394
Nuevo Mundo, *véase* América
Nuevo Testamento: 15, 77
Nuix y Perpiñá, Juan de: 296

Núñez de Haro y Peralta, Alonso, arzobispo: 202, 284, 370

O'Donojú, virrey Juan: 198
O'Gorman, Edmundo: 85
Oaxaca: 53, 232, 246
obispos: 44, 47, 69-71, 114, 136, 147, 161, 164, 190
Ocampo, Javier: 199, 201, 432
Ocampo, Victoria: 418
Ocaña, fray Diego de: 332, 333, 335, 415
Occidente: 12, 36
Océlotl, Martín: 59-63
Ocotlán (Tlax.): 152, 397, 398, 433, 434
Ocuituco: 63, 239
olmecas: 33
Olmos, Andrés de: 211, 215, 219, 223, 250, 342
Ometecuhtli-Omecíhuatl: 306
Ometéotl: 34, 221, 228, 306
Ometepec: 36, 404
oración fúnebre: 143
órdenes mendicantes: 52, 55, 57, 78, 80, 91, 105, 109, 114, 149, 163, 323, 337, 427; religiosas, 44, 144, 153, 169, 181, 182, 190, 200, 284
Orellana: 108
Orígenes: 88, 95
Oropesa, fray Alonso de: 413
Orozco y Covarrubias: 362
Ortega y Gasset, José: 12, 418
ortodoxia: 65, 182, 189, 195, 200, 204, 253
Osuna, Joaquín de: 149
otomíes: 53, 397
Otoncapulco: 398
Otumba: 288
Ovidio: 109, 132

Pablo III: 86
Pachamama: 324
Pacífico, océano: 262
paganismo: 114, 152, 216, 243
Paiva: 66
Palafox, obispo Juan de: 47, 68, 70, 114, 144, 164, 182, 291, 391, 434
Palencia, Andrés de: 378, 389

paleontólogos: 87
paleontología: 91
Palestina: 416
Panamá: 177
Pánuco, región del río: 255
Paraguay: 97, 227, 261, 266, 270, 277, 322, 326
paraíso mexicano: 110; occidental, 353; terrestre, 297
pardos: 51
Paredes, Antonio de: 142
Paredes, virrey conde de: 20, 119, 120
París: 12, 27
Parnaso americano: 403
parroquias: 54, 167, 188
Parry: 43
Pasig, río (Filipinas): 336
Pastoriza (España): 294
Patmos: 131, 132, 352, 363
patria: 137; mexicana, 136
patriotismo: 19, 20, 153, 287; mexicano, 417
Pauw, Cornelius de: 46, 176, 177, 204, 296, 403
Pay Zumé: 265, 266, 277
Payno, Manuel: 178
Paz, Octavio: 26
pecado: 82, 135, 323; mortal, 324; original, 127, 425
Pedro de San Francisco, fray: 148
Pelayo (infante): 308
penitencias: 257
peones: 54
Peralta y Barnuevo, Pedro: 294, 295, 372
peregrinaciones: 200, 387
Pernambuco (Brasil): 394
Perú: 86, 89, 90, 95, 112, 250, 264, 266-268, 270, 277, 285, 296, 322, 324-326, 332, 341, 342, 394
peste: 159, 316, 357
pestilencias: 259
Petrarca: 106, 107, 112, 113
Phelan, John Leddy: 75
Phillips, Miles: 336
pieds noirs: 28
Pimería: 52, 150
Pisauro (Italia): 260
pistoleros: 52

pitonisa de Saúl: 253
Pizarro, Francisco: 86, 317
Pizarro, hermanos: 322
Plan de Iguala: 198
plata: 54, 103, 127, 155
Plata, Juan de la: 67
Plata, países del: 171
pluralidad étnica: 19; lingüística, 19
Plutón: 251
población de América: 87, 88, 267, 434; de la Nueva España, 49, 53, 55, 135
poesía: 11, 12, 16, 17, 21
poeta: 11
poligamia: 60, 63
politeísmo: 58, 59, 71, 109; mexicano, 146, 182, 194, 230, 297, 310, 339, 372, 387, 408, 437
Polo, Gil: 107
Polo, Marco: 85, 260-262
Ponce, Alonso: 343
Ponce de León: 108
Portugal: 43, 66, 90, 170, 225, 320
portugueses: 43, 66, 265, 266, 269
Potosí (Bolivia): 332, 333, 335
prédicas: 143
preevangelización de América: 232, 233, 235, 236, 251; véase evangelización apostólica
prensa, libertad de: 197
presciencia de Dios: 34
presidios: 52, 170
primavera indiana: 110, 116
prior: 44
procesiones religiosas: 183
profecías: 88, 96, 97, 146, 153, 251; indígenas, 225, 227-232, 239, 241, 243, 249, 252-254, 257; judaicas, 270, 279; paganas, 258
Profetas: 82, 83, 89, 234, 241, 251
profetismo: 263; judaico, 230
prosperidad económica: 155
providencialismo, ideas sobre el: 75, 78, 81, 100, 115, 207, 257, 258, 371, 429, 430
Provincias internas: 170
Ptolomeo: 85
Puebla: 70, 181, 182, 291, 350, 358, 371, 379, 425; ciudad de, 46, 47,

67, 139, 144, 165, 183, 211, 273, 275, 366, 367, 378, 399
pueblo elegido: 135, 156, 158, 188, 269, 282, 285, 296, 353, 354
Puerto Rico: 105
pulque: 123
pureza de sangre: 51, 92, 426

Querétaro: 141, 142, 151, 156, 288, 358, 390, 392
Quetzalcóatl: 14, 16, 22-24, 33, 34, 36, 37, 65, 72, 75, 92, 94, 116, 118, 205-207, 211-219, 221-237, 239-259, 277, 282-284, 286, 287, 289, 291, 297, 299, 300, 306, 307, 310, 362, 363, 366, 418, 426, 427, 432, 433, 436, 437; histórico, 217, 225, 244
Quetzalcóatl-Cortés: 225, 227
Quetzalcóatl-Cárdenas: 437
Quetzalcóatl-Ehécatl: 231, 237
Quetzalcóatl-Grijalba: 228
Quetzalcóatl-Madero: 437
Quetzalcóatl-Santo Tomás: 12, 18, 25, 62, 118, 124, 213, 254, 272, 273, 277, 279, 280, 290, 296, 371, 418, 423, 425, 434; véase Santo Tomás apóstol
Quetzalcóatl-Topiltzin: 23, 25, 167, 214, 236-239, 243-245, 247, 254, 259, 272
Quilaztli: 306
Quiroga, Vasco de: 28, 79, 85, 108, 187, 195
Quito: 47, 326
Qumran: 146

racionalismo: 84
Rahner, Karl: 399
Rambla, Alonso de la: 312
Ramírez, José Fernando: 211, 242, 245, 273, 274, 281
Ramos, Samuel: 418
Ramusio: 261
Rayón (licenciado): 189, 203
Raynal, Guillaume Thomas: 374
Rea, Alonso de la: 329, 330
Rebeca: 352
Reconquista de España: 91, 318, 412
regicidio: 169, 170

Reims: 246, 370
religión indígena: 245; maya, 283; mexicana, 12, 283, 310, 417, 430; nacional, 193; patriótica, 151
religión y fueros: 196
religiones de minorías: 71
religiosas: 67
religiosos: 66, 69, 86, 99, 113, 140, 149, 150, 184
Remedios, cerro de los (Méx.): 366
Remesal: 284, 288
Renacimiento: 84, 103, 105, 107, 108, 114
rencor contra europeos: 127
Representación vindicatoria (1771): 45
Reubeni: 90
revelaciones: 67, 167, 168, 269, 282
revolución democrática: 200; francesa, 136, 173, 178, 180, 185, 203, 404, 428; mexicana, 25, 418, 437; liberal de 1857, 25
revuelta de 1692: 63
Reyes, Alfonso: 16, 194, 207, 418, 432
Reyes, Socorro: 196
Reyes Católicos (Isabel y Fernando): 100, 412
Ribadeneyra: 119
Ricard, Robert: 27, 43, 75, 79, 130, 211, 289
Ríos, Pedro de los: 246, 248-250
ritos chinos: 249
ritualismo: 194
Rivera, María de: 138, 140, 141, 145
Rivera, Miguel de: 138
Rivet, Paul: 27
Robertson, William: 176
Robles, Antonio de: 385, 386, 388, 389, 425
Rodríguez Calado, Joaquín: 150
Rojas Garcidueñas, José: 107
Rojo, mar: 249, 250
Roma: 140, 149, 150, 160, 266, 315, 316, 357, 405, 407, 408, 411, 430
romanos: 93, 174, 256, 278
rosario, devoción al: 143, 385
Rospillozi (cardenal): 407

Rousseau, Jean-Jacques: 168, 202, 287
Rubio, Germán: 312, 320, 333, 334
Rubio y Salinas, arzobispo Manuel: 134, 378, 388
Ruiz de Alarcón, Juan: 16
Ruiz de Castañeda, Pedro: 385
Ruiz de Montoya (padre): 296
Russel-Emerson: 299
Ruth: 352

Saada, Diar es: 28
Saavedra Fajardo: 119
sacerdotes: 135, 136, 139; aztecas, 59, 237
sacrificios: 62, 303; humanos, 94, 212, 233, 430; véase también autosacrificio
Sagradas Escrituras: 33, 68, 79, 82-85, 88, 90, 93, 95, 96, 98, 109, 149, 151, 152, 159, 173, 206, 234, 240, 251, 253, 271, 272, 277, 291; véase Apocalipsis, Antiguo Testamento, Cantar de los Cantares, Evangelios, Éxodo, Génesis, Profetas, Vulgata
Sagrado Corazón de Jesús, devoción del: 143
Sahagún, Bernardino de: 15, 79, 80, 94, 105, 120, 146, 211, 212, 215-219, 224, 227-229, 232, 234-236, 244-246, 250, 253-255, 258, 259, 271, 273, 276, 277, 283, 286, 300, 303-306, 308-311, 323, 324, 337, 339, 340, 342, 344, 377, 381, 383, 387, 407
Saint-Lu, André: 206
Salado, victoria del: 317-319, 412
Salamina: 260
Salmanasar (rey): 85, 91
Salustio: 239
San Agustín: 12, 15, 80, 93, 229, 255, 257, 272, 351, 372
San Ambrosio: 346
San Antonio (Texas): 168, 359
San Beato de Liébana: 294, 404
San Benito: 77
San Bernabé: 266, 267
San Bernardo: 144
San Blas, puerto de: 165

San Braulio: 293
San Clemente: 88
San Cristóbal Ecatepec (Méx.): 191
San Felipe: 198
San Felipe Neri: 144
San Francisco (California): 168
San Francisco de Asís: 76, 144
San Francisco de Borja: 96
San Francisco Javier: 144, 261
San Fulgencio: 316
San Gregorio: 262, 315-317
San Hermenegildo: 130
San Hipólito: 82
San Ignacio de Loyola: 144, 264, 362
San Isidoro de Sevilla: 293, 294
San Jerónimo: 88, 95, 96, 144, 269
San José: 144
San Josafat: 193
San Juan apóstol: 131, 146, 351-353, 398
San Juan Bautista: 310
San Juan Crisóstomo: 95, 269
San Juan de la Cruz: 106, 144, 390
San Juan de los Lagos (Jal.): 152
San Juan de Ulúa (Ver.): 205
San Julián de Toledo: 294
San Leandro: 315-317
San Lucas: 316, 317, 335, 411
San Luis de la Paz (Son.): 162
San Luis Gonzaga: 144
San Luis Potosí (S.L.P.): 145, 155, 165
San Marcos: 95, 238, 240, 269
San Mateo: 96, 267
San Miguel, arcángel: 363, 364, 398, 415
San Nicolás: 300
San Pablo: 93, 97, 255, 262, 267, 290, 294, 346
San Pedro: 144, 151, 290; trono de, 150
San Petersburgo (Rusia): 157
San Quintín, batalla de: 319
Sánchez, Miguel: 116, 121, 130, 131, 329, 331, 342, 344, 345, 347, 348, 349, 350, 351, 352, 353, 354, 355, 356, 365, 373, 376, 377, 392, 393, 405, 417

Sánchez, Pedro (rector de Alcalá): 96
Sánchez de Badajoz: 111
Sánchez Leñero, Juan María Josefa: 394
Sandoval, Gonzalo de: 330
Sandoval y Zapata, Luis de: 16, 23
Sannazaro: 107
Santa Ana: 310
Santa Ana de Auray: 310
Santa Ana (barco): 167
Santa Catalina de Siena: 144
Santa Claus: 300
Santa Gertrudis: 144
Santa Isabel de Hungría: 131
Santa Prisca: 359
Santa Rosa de Lima: 323
Santa Sede: 79, 147, 356, 368, 388, 389, 391, 399
Santa Teresa de Ávila (Teresa de Cepeda y Ahumada): 390, 427
Santiago apóstol: 144, 148, 268, 288-297, 322, 372, 382, 415, 426, 428
Santiago de Compostela: 287, 318, 392, 416, 423; como nueva Jerusalén, 427
Santibáñez, condesa de: 367
Santísima Trinidad, devoción a la: 144
Santo Tomás apóstol: 14, 16, 22, 24, 34, 36, 72, 94, 97, 205, 218, 223, 235, 238, 239, 241, 245, 258-264, 272-277, 280, 283, 290, 291, 294, 297, 360, 368, 372, 373, 418, 426, 437; de América, 267-269, 279, 282, 287, 293; de Aquino, 13, 269; de Mylapore, 261, 280, 286; huellas de, 264-266, 270, 271, 276, 292, 294-296; pseudo, 96
Santo Tomás-Quetzalcóatl, *véase* Quetzalcóatl-Santo Tomás
Santo Toribio de Mogrovejo: 296, 321
santos, vidas de: 312
sarampión: 145, 357
Satán: 82, 249
Saúl: 253
Savonarola: 107

Schiller, F.: 176
Sebastián de Portugal: 225
Séneca: 88, 229, 258
Sepúlveda: 98, 238
sermones: 142-146, 149, 151, 152, 156, 161, 188, 280, 282, 337, 358, 369, 370, 372, 373, 394, 429
Serna, arzobispo Juan de la: 344
serpiente: 309, 346; culto de la, 283
Serra, Junípero: 359
Sevilla: 63, 315, 316
sibaritismo: 107
Sierra, Justo: 418
Siglo de las Luces, *véase* Ilustración
Siglo de Oro: 124
signos sobrenaturales: 159, 161, 234, 245, 266, 272, 276, 366, 405, 429
Sigüenza y Góngora, Carlos de: 14, 16, 18-21, 24, 106, 107, 110, 112, 115-118, 120, 121, 123, 124, 127, 128, 174, 188, 192, 201, 273-276, 278-281, 353, 363, 376, 377, 380, 403, 434
Siles, padre Francisco de: 121, 354, 356, 405-407
Simancas: 375
simbolismo lunar: 410
Simpson: 53
Sinaloa (Méx.): 394
sincretismo: 15, 19, 57, 114, 272, 297, 307, 309-311, 433
Sión, montaña de: 351
sirenas: 85
Sixto IV: 399
soberanía nacional: 190
sociedad: 12-14
Solís, Antonio de: 176
soles, leyenda de los: 61, 223, 227
Solórzano Pereira, Juan de: 44, 45, 99, 100, 115, 276, 428
Soto la Marina (Tams.): 198
Soustelle, Jacques: 27, 306
Sperber: 424
Suárez, Francisco: 97, 168, 185, 272
Suárez de Peralta, Juan: 344, 345
subversión política: 191

Sucre (Bolivia): 415
supersticiones: 59

Tabasco (Méx.): 288
Tabor (monte): 366
Tácito: 12
tahúres: 52
Talamantes, Melchor de: 185
Talavera, fray Gabriel de: 318, 364, 411, 412, 414
tambor: 65
Tamoanchan: 193, 194, 306
Tampico (Tams.): 383
Tarahumara: 52, 150, 394
tarascos: 195, 201, 289, 329, 397, 425
Tate, Robert B.: 429
Taxco (Gro.): 359
Teayo (Ver.): 216; véase Castillo de Teayo
técnica: 12
Tello de Sandoval, Garcí: 386
templos indígenas: 59, 91
Tenayuca (Méx.): 216, 222
Tenoch: 397
Tenochtitlan: 59, 62, 109, 397; véase México-Tenochtitlan
Teotihuacan (Méx.): 21, 23, 24, 146, 216, 289
téotl: 214, 225
Tepeaca (Pue.): 60
Tepeaca (= Tepeyac): 303
Tepeyac: 34, 72, 107, 114, 116, 118, 120, 123, 125, 127, 130, 131, 145-150, 153, 159, 160, 165, 168, 304, 308, 310-312, 320, 321, 323, 325, 328-331, 333, 334, 336-339, 341-346, 348, 351, 355, 357, 359, 360, 362-364, 366, 368, 369, 371, 372, 377, 378, 381, 384-388, 390, 393-395, 398, 399, 401, 407-410, 412-415, 417, 423, 426, 427, 433; véase Guadalupe del Tepeyac, Nuestra Señora de
Tepic (Méx.): 195, 397, 433, 434
teponaxtli: 65, 289
Tepotzotlán (Méx.): 113
Tepozteco: 223
Tepoztlán (Mor.): 216
terremoto de Guatemala: 159

Teteoinnan: 146, 305
teúles: 193
Texcoco (Méx.): 21, 58, 60, 211, 252
Teyocayani: 306
Tezcatlipoca: 221, 222, 245, 291, 310, 437
Tezozómoc, Fernando A.: 241, 242, 349
Thévet: 223
Tiahuanaco: 89, 298
Tierra Firme (= Venezuela): 270
tifus: 401
Tirso de Molina (fray Gabriel Téllez, llamado): 104
Titicaca (lago): 325
Titlacahua: 255
Tito Livio: 239
Tlahuizcalpantecuhtli (= planeta Venus): 214, 233, 247, 249, 259, 272, 297
Tlalnepantla (Méx.): 259
Tláloc: 62, 63, 193, 225, 366
Tlapallan: 216-218, 225; como Mar Rojo, 249, 250
Tlatelolco: 58, 104; véase colegio de Santiago Tlatelolco
tlatoani: 61
Tlaxcala (Méx.): 47, 53, 213, 215, 237, 310, 366, 398
tlaxcaltecas: 213, 247, 397, 399, 425
Toci: 146, 306, 310, 340, 343
tocotín: 128, 132
Toledo: 104
Tolomeo: 262
toltecas: 217, 221, 227, 228, 291
Toluca (Méx.): 216
Tonacatecuhtli: 247
tonalámatl: 245, 247
Tonàntzin: 34, 72, 305-307, 309-311, 325, 337-339, 371, 372, 377, 387, 388, 391, 423, 433
Tonantzin-Cihuacóatl: 303, 308
Tonantzin-Cintéotl: 304
Tonantzin-Guadalupe: 12, 22, 23, 34, 418
Tonatiuh: 146, 366
Topiltzin, véase Quetzalcóatl-To-piltzin
topónimos náhuatl: 395; que invo-

can a la Virgen de Guadalupe, 320, 394

Torquemada, Juan de: 94, 116, 252, 254, 256-259, 276, 277, 285, 286, 303, 308, 372, 373, 377, 381, 407

Torres, fray Juan de: 319

Tovar, Juan de: 241-245, 248-253, 257-259, 273

Tovar y Guzmán: 105

Tovar y Guzmán, Isabel de: 104, 105

trabajo forzado: 159

Traggia: 290, 292

transculturación: 115

Tres Garantías: 199, 204, 205; véase ejército

triunfalismo: 121, 123, 158, 161

Troya: 154

Trujillo (España): 322

Trujillo (Perú): 394

Tula (Hgo.): 23, 24, 167, 214, 216, 217, 221, 223, 225, 227, 236, 237, 244, 248, 255, 256, 259, 278

Tulancingo (Hgo.): 221

tupíes: 227, 266

tupinambas: 264-266

turcos: 78, 262, 264, 318, 426

Tzatzitépec (Hgo.): 259

Tzintzuntzan (Mich.): 104

Úbeda (Jaén): 335

Uiztly: 62

Unamuno, Miguel de: 37

unidad nacional: 195

unión nacional: 204

Universidad de México: 44, 112, 144, 148, 172, 186, 188, 369; de Salamanca, 84

urbanismo: 21

utopía: 187, 195; criolla, 102, 123

Valdez, Alejandro: 403

Valencia (España): 403

Valeriano, Antonio: 349, 350

Valladolid (Mich.): 48, 145, 146, 180, 186, 196

Vargas Ugarte: 321, 322, 333, 361

Vargas Ugarte, Rubén: 320, 328

Vasconcelos (jesuita): 276

Vasconcelos, José: 437

Vaticano: 370; véase Santa Sede

Velasco, Alonso de: 140

velorio: 194

Venezuela (Caracas): 270

Venus: 111, 248

Venus (planeta): 214, 222, 247

Vera, Francisco de: 96

Veracruz (Ver.): 48, 70, 135, 165, 167, 183, 185, 198

Verdugo Quetzalmamalintzin, Francisco: 369

Verduzco: 187

Vespucio, Américo: 262

Vetancurt, Agustín de: 47, 275

Veytia: 370, 371

vicios: 243

Victoria, Guadalupe: 404

Vieira (jesuita): 269, 352

Villa, Francisco: 27

Villafañe, Diego León: 171

villancicos: 128, 129, 132, 194

Villegas, Antonio C. de: 151

Villoro, Luis: 179

violencia: 51, 56

Viracocha: 266, 277, 282

Virgen María: 111, 127, 142, 143, 144, 148, 154, 288, 289, 305, 307, 309, 313, 314, 320-325, 327, 328, 337, 342, 343, 351, 352, 355, 363-365, 395, 409, 414, 419, 426, 427

Advocaciones: Virgen de Atocha, 340; de Caacupé (Paraguay), 322, 326; de Coapacabana (Bolivia), 322-326, 341; de Covadonga, 158; de Guápulo (Ecuador), 322, 326; de Guadalupe, véase Guadalupe, Nuestra Señora de; de la Bala, 365; de la Luz, 143, 152; de la Merced, 148; de la Paz (Bolivia), 322; de la Peña (Francia), 409; de la Piedad, 365; de la Soledad, 152; de las Batallas (= Virgen de Covadonga), 308; de las Mercedes (Perú), 322; de Loreto, 143, 338, 401, 402, 412; de los Dolores, 152; de los Remedios, 63, 143, 145, 152, 255, 281, 320, 321, 324, 345, 352, 364-366, 371, 389, 397, 410; de Luján

(Argentina), 322; de Montserrat, 268, 345; de Ocotlán, 152, 397, 433; de Pacasmayo (Perú), 341; de San Juan de los Lagos, 152; del Carmen, 143, 152; del Pilar, 148, 149, 158, 201, 268, 292, 296, 307, 323, 372, 428
Virgilio: 109, 111, 258
Virginia: 150
virginidad de la Virgen María: 67
virreyes, 21, 43, 44, 46, 57, 120, 136, 147, 159, 170, 197, 344, 386
viruela: 53
Viscardo (jesuita): 168, 171, 205
Vitoria: 84, 98, 238
Vizarrón y Eguiarreta, arzobispo Juan Antonio de: 134, 360
Voltaire: 191
Vulgata: 251; *véase* Sagradas Escrituras

Weimar: 176
Weisbach: 361

Xicoténcatl: 189

Xilonen: 305
Xiuhcóatl: 92
Xochicalco (Mor.): 216
Xochimilco: 104, 307
Xólotl: 247

Yacatecuhtli: 306
Yanhuitlán: 58
Yáñez, Fernando: 319
Yucatán: 89, 211, 231
Yupanqui, Tito: 325, 326
Yuste: 318, 319

Zacatecas (Zac.): 43, 359, 360
Zapata, Emiliano: 22
Zaragoza (España): 148, 292, 296, 307, 415, 428
Zavala, Lorenzo de: 179, 186, 189, 381
Zavala, Silvio: 79
Zempoala (Ver.): 222
Zitácuaro (Mich.): 189
Zumárraga, Juan de: 58, 59, 82, 108, 121, 280, 296, 337, 340, 359, 383, 398, 406, 407, 414

ÍNDICE GENERAL

Prefacio 11

Entre orfandad y legitimidad 11

Evocaciones 27

Agradecimientos 31

Obertura 33

Libro I

NUEVA ESPAÑA
DE LA CONQUISTA A LA INDEPENDENCIA
1521-1821

Primera Parte

CLIMA ESPIRITUAL

Una sociedad de segregación

I. Hermanos enemigos: españoles y criollos 43

II. Enemigos irreconciliables: indios, mestizos, mulatos . 49

III. Creencias salvajes bajo la Inquisición 57

Segunda Parte

MOMENTOS DE HISTORIA

Etapas de toma de conciencia nacional

I. El indio, problema espiritual (1524-1648) 75

La fe providencialista y la esperanza milenarista . . 75
El problema del origen de los indios 84
La evangelización apostólica y la presciencia de Dios . 92

II. La utopía criolla de la "Primavera indiana" (1604-1700) 102

La "Grandeza de México" según Bernardo de Balbuena
(1562?-1627) 102
Un Petrarca mexicano, don Carlos de Sigüenza y Góngora (1645-1700) 112
Sor Juana Inés de la Cruz, nuevo Fénix de México
(1648-1695) 123

III. La emancipación espiritual (1728-1759) 133

La generación de 1730 y sus libros 133
El carisma criollo 142
México, nueva Jerusalén 153

IV. La guerra santa (1767-1821) 161

La hora de la expulsión de los jesuitas (1767-1770) . . 161
Los curas "guerrilleros", Hidalgo y Morelos (1810-1815) 178
Un monje inspirado y un general providencial: Mier
contra Iturbide (1821-1823) 195

Libro II

QUETZALCÓATL O EL AVE FÉNIX

I. Los primitivos franciscanos 211

Fray Toribio de Motolinía (?-1568) 211
Fray Bernardino de Sahagún (1500?-1590) 215
La "Histoyre du Méchique" (1543?) 219

II. La génesis del mito criollo 225

Las profecías indígenas y los prodigios precursores de
la conquista 225
Los signos cruciformes y las analogías rituales . . . 230
Los defensores de la evangelización apostólica de México 235

Fray Diego Durán, O. P., 235; Fray Juan de Tovar, S. J., 241

Los comentadores de los códices de Reims y del Vaticano 246

Un censor oficioso, el jesuita Acosta 250
Una imagen demoniaca de Quetzalcóatl en Torquemada
(OFM) 254

III. Santo Tomás-Quetzalcóatl, apóstol de México . . . 260

Santo Tomás en la India Oriental, según Marco Polo 260
El "camino de santo Tomás", en las Indias Occidentales 264
La serpiente emplumada: nuevo "Fénix de Occidente" 273
La "Disertación sobre santo Tomás-Quetzalcóatl" del
dominico Mier (1813). 279
Santiago de Compostela y santo Tomás del Nuevo
Mundo 287

Epílogo 298

Los "cuatrocientos" Quetzalcóatl modernos 298

Libro III

GUADALUPE O LA NUEVA EPIFANÍA

I. Santa María y Tonantzin 303

Tonantzin, diosa madre de los mexicanos 303
Nuestra Señora de Guadalupe de Extremadura, protec-
tora de la cristiandad ibérica 311
La "mariolatría" mexicana 320

II. Los orígenes de Guadalupe 328

El nombre y la imagen, perturbadoras contradicciones 328
Guadalupe, manzana de la discordia entre el arzobispo
de México y los franciscanos (1556) 337
La "invención" de la Guadalupe por el bachiller Sán-
chez: la mujer del "Apocalipsis" (1648) 342
Significación patriótica de la Guadalupe 350

III. La querella de las apariciones 357

La pequeña guerra de los blasones sobrenaturales . . 357
Los heterodoxos del guadalupanismo perseguidos; el
sermón de Mier (1794) 367

El "Discurso histórico-crítico" de Muñoz, sentencia de la Real Academia de la Historia (1794) 374

Cuarenta años de polémica, réplicas mexicanas a Muñoz 380

IV. Guadalupe, emblema nacional mexicano 384

El progreso del santuario (Tepeyac) y la devoción (1555-1831) 384

La primitiva y la nueva Guadalupe ante la historia . . 405

Epílogo 417

Guadalupe en la actualidad 417

Perspectivas

Las Españas y más allá de ellas 423

La historia como hermenéutica y como catarsis . . . 428

Sugerencias para una historia "intrahistórica" de México . 432

Cronología sumaria de la historia de México (del siglo X a 1831) 438

Bibliografía 443

Índice analítico 491

Este libro se terminó de imprimir y encuadernar
en el mes de diciembre de 1995 en Impresora y
Encuadernadora Progreso, S. A. de C. V. (IEPSA),
Calz. de San Lorenzo, 244; 09830 México, D. F. Se
tiraron 2 000 ejemplares.